Klaus-Peter Kaletsch

Border Line
Palästina-Israel
Wer zieht die Grenzen?

Klaus-Peter Kaletsch

Border Line

Palästina-Israel
Wer zieht die Grenzen?

2. Auflage

Rediroma-Verlag

Bibliografische Information der Deutschen Nationalbibliothek:
Die Deutsche Nationalbibliothek verzeichnet diese Publikation in der Deutschen Nationalbibliografie; detaillierte bibliografische Daten sind im Internet über http://portal.dnb.de abrufbar.

ISBN 978-3-98885-504-6

2. Auflage

Titelfoto: UNRWA: Al-Burj
Village, nördliches Galiläa, 1948

www.rediroma-verlag.de
24,95 Euro (D)

Inhalt

Man tut uns keinen Gefallen, wenn man uns nicht kritisiert. Wer einen Menschen liebt, darf und muss ihm die Wahrheit ins Gesicht sagen. Deutsche, die für die Existenz Israels sind, sollten die Ersten sein, diejenigen Israelis zu unterstützen, die für Frieden und Gerechtigkeit kämpfen.

Uri Avnery
Israelischer Journalist, Schriftsteller und Politiker

Vorwort

Bevor ich begann, dieses Buch zu schreiben, hatte ich ein schlechtes Gewissen. Nicht, dass ich mir im Zusammenhang mit diesem Buch etwas vorzuwerfen hätte – nein, nein, ganz im Gegenteil. Was mich plagte, war das schlechte Gewissen gegenüber dem palästinensischen Volk. Jenen vielen Menschen, denen ich täglich auf der Straße anonym begegnete, jenen, mit denen ich kurz- oder langfristig zusammentraf, jenen, mit denen ich mich anfreundete, und jenen, die ich nie kennen gelernt habe und die ich trotzdem als Helden bezeichne. Ein schlechtes Gewissen, das mich verfolgt seit dem Tag, als ich Bescheid wusste. Ein Gewissen, das mich belastet, obwohl ich mir selbst keiner direkten Schuld bewusst bin. Es ist das schlechte Gewissen um das Schweigen. Genau das Schweigen, das der Generation Nazi-Deutschlands vorgeworfen wird — geschwiegen zu haben.

Also werde ich denen, die berechtigterweise das Schweigen dieser Generation verurteilen, keine Gelegenheit geben, auch mich anzuklagen, weil ich geschwiegen habe. Und so schweige ich nicht, um der Wahrheit willen, denn wer Wahrheit fordert, muss sie ohne Tabus fordern, ohne Ausnahme und ohne Wenn und Aber. Und so erzähle ich die Wahrheit meines 16-jährigen Aufenthaltes in Palästina von 1992 bis 2008, wo ich mit Palästinensern und Israelis zusammenkam und mehr über die wahren Ursachen des Konflikts beider Völker mitbekam, als ich mit meinem Gewissen vereinbaren kann, um sie zu verschweigen.

Dabei geht es mir beileibe nicht darum, die jüdische Religion zu diffarmieren oder gar um eine Ablehnung des Judentums und auch nicht darum, Antisemiten Material in die Hände zu spielen. Wer immer das Buch so begreift, hat den eigentlichen Sinn nicht verstanden. Hier geht es nicht um Antisemitismus, hier geht es um die berechtigte Kritik am Staat Israel – zwei völlig verschiedene Dinge, wie wir noch sehen werden –, hier geht es um die Ideologie des Zionismus, dessen Auslegung und dessen geschichtliche Darstellung, die dringend, nach innen und nach außen, einer Korrektur bedarf, und es geht darum, durch die Wahrheit dessen, was ich erlebt habe, diejenigen Juden zu stärken, die sich, gegen alle Widerstände aus den Reihen der eigenen Glaubensbrüder und ihrer Lobbyisten, einer Aufklärung verschrieben haben. Vieles, was diese Aufklärer in ihren Büchern und Schriften publiziert haben, hat sich während meiner Zeit bestätigt – im Kleinen wie im Großen.

Auch ich möchte aufklären. Natürlich auch die Deutschen, die eine so starke Affinität zum jüdischen Volk haben, über ihre eigene Geschichte. Sind nicht gerade wir Deutsche aufgrund des Holocaust moralisch dazu verpflichtet, gegen Unrecht aufzutreten, wie und wo immer es sich auch äußert? Also tue ich genau das und kläre die auf, die über die so genannte freie Medienlandschaft, wenn überhaupt, dann erst zu später Stunde informiert werden, die, die sich um eine Lösung des Konflikts bemühen und um Ansätze ringen, die, die sich leichtsinnig und rücksichtslos vor einen Propagandawagen spannen lassen und genau das Gegenteil von dem bewirken, für das sie eigentlich einstehen wollen. Ich möchte die aufklären, die sich um ihr schlechtes Gewissen, Deutsche zu sein, Gedanken machen und sich dadurch an der Wahrheit vorbeiführen lassen, und ich möchte die aufklären und stärken, die sich in den Nationen Europas eine starke und selbstbewusste jüdische Gemeinschaft wünschen, die sich zuallererst zu Bürgern dieser Nationen und zu Bürgern Europas erklärt und sich dann im Umgang mit dem israelisch-zionistischen Staat auch so verhält.

Auch geht es mir sicherlich nicht um die Verteidigung des Islam und dessen satanischer und fanatischer Ausgeburt des Islamo-Faschismus, der sich in Terrorakten im Nahen Osten und auf der ganzen Welt äußert. Es geht darum, die Gründe für solchen Fanatismus zu beleuchten und Terror zu deuten.

Und es geht mir nicht darum, mit diesem Buch etwas zu verändern, obwohl die Lösung recht einfach sein kann, wie wir noch sehen werden; Veränderung haben so viele vor mir nicht geschafft und auch mir wird sie mit diesem Buch allein nicht gelingen. Doch möchte ich Denkanstöße zur Lösung geben. Um ein Einlenken der israelischen Politik zu bewirken, braucht es schon anderer Kaliber als nur die Worte eines Buches. Mir geht es darum, den Interessierten, der zum Teil bewusst in Unkenntnis der Lage im Nahen Osten gehalten wird, zu informieren und den öffentlichen Druck auf Israel durch das Aufdecken und Bekanntmachen von Wahrheit zu erhöhen. Dabei ist diese Wahrheit natürlich auf das bezogen, was ich selbst erlebt und recherchiert habe, und erhebt selbstverständlich keinen Anspruch auf Vollständigkeit.

Wer immer mich nun des Antisemitismus bezichtigt, der liegt voll daneben – ich bin kein Antisemit. Und wer dieses Buch als antisemitisch begreift, der erkennt den wahren Beweggrund nicht. Nicht zum Schaden Israels und des jüdischen Volkes, sondern zur Aufbereitung seiner Geschichte und zur Gegenwartsbewältigung ist es geschrieben. Eine Conditio sine qua non, die als einzige in eine friedliche Zukunft für den jüdischen Staat führen kann. Nur aus dem Erkennen und Eingestehen von Fehlern, aus dem Entlarven einer falschen Doktrin, aus der Selbsterkenntnis und seiner Einschätzung kann ein Umdenken erfolgen, das die gesamte israelische Gesellschaft durchlaufen muss. Die Deutschen meiner Generation haben diesen Prozess hinter sich. Und er hat gut getan.

Oft wurde ich bei meinen Heimataufenthalten gefragt, wie sich denn nun der Nahostkonflikt darstelle, oder einmal sogar ganz naiv: „Wer ist denn nun der Gute und wer ist der Böse?“ Viele der Frager begreifen, dass sie schlecht und einseitig informiert werden. Das führt offensichtlich zum gegenteiligen Phänomen, das Argwohn hervorruft. Nur bruchstückhaft kommt Wahrheit, oft auch noch zeitlich verzögert, zu Tage, die sich mit den aktuellen Nachrichten selten in Einklang bringen lässt. Auch sind die Eiferer am Werk, die sich dem jüdischen Staat mit ganzer Seele verschrieben haben und doch so schwer getäuscht werden. Der erste Eindruck ist selten der richtige. Und Eindrücke bekommt man viele, wenn man das schöne Land Israel bereist. Nur muss man die Zeichen auch deuten können, die einem begegnen.

Meine Familie und ich haben lange Zeit in Israel und Palästina verbracht. Wir kamen unvoreingenommen und wir gingen mit schlechtem Gewissen. Trotzdem eine glückliche Zeit für uns, was auch an der Bevölkerung dieses Landes liegt. Die jüdische Bevölkerung ist uns als Deutschen der Nachkriegsgeneration zu keiner Zeit anklagend gegenübergetreten. Wir haben auf beiden Seiten – Israel und Palästina – liebenswerte Menschen und großartige Köpfe kennen gelernt. Wir sind durch ein Land voller Wunder gefahren und haben auf den biblischen Stätten nach Antworten für das Heute gesucht. Antworten, die helfen sollen, diesen unerträglichen Konflikt zu beenden, den der israelische Staat mit seiner unerbittlichen Ideologie im Nahen Osten geschaffen hat. Wir sind den Menschen dieses Staates begegnet, die so sehr den Frieden suchen. Aber die meisten erkennen den Weg dahin nicht mehr. Sie sind verführt von einer Doktrin und einer Elite, die sich militärisch und radikal von einer Katastrophe zur nächsten bewegt und die jeden in diesen Selbstmordstrudel mit hineinreißt. Denn den totalen Sieg wird es auch für die Atommacht Israel nicht geben. Sie wird an diesem Sieg zugrunde gehen.

Ich hatte Einblick in politische und menschliche Reflexionen und begann die Zusammenhänge zu begreifen, die diesen Konflikt auslösen. Ich saß in Konferenzen und Verhandlungen und habe auch mit denen gesprochen, die die große Politik mitgestaltet haben. Meine Position als Regierungsberater für den Aufbau eines palästinensischen Berufsbildungssystems im Auftrag der internationalen Entwicklungszusammenarbeit gab mir die Gelegenheit, die Verhaltensweisen beider Seiten zu verstehen und einzuordnen. Wie viele meiner Kollegen habe ich dabei mit der Zeit eine eindeutige Position bezogen, die leider in den Informationsveranstaltungen von Presse, Funk und Fernsehen in Deutschland nicht sehr gefragt war. Nur selten ist einer von uns, die wir da lebten und arbeiteten, aufgefordert worden, seine Meinung zum Nahostkonflikt zu äußern. Natürlich sind diese Meinungen und Urteile subjektiver und persönlicher Art und stehen in keiner Beziehung zu unseren Tätigkeiten vor Ort, die als Beitrag der internationalen Gemeinschaft zu einer friedlichen Entwicklung des Nahen Ostens gesehen werden müssen und damit also auch im Interesse des israelischen Staates waren. Aber konnten nicht gerade wir, die dort lebten und arbeiteten, die Situation so einschätzen, wie sie wirklich war? Wie gesagt, unsere Meinung war in unseren Medien nicht sehr gefragt.

Wer mich heute fragt, wie denn die Chancen auf einen Frieden im Nahen Osten sind, dem antworte ich desillusioniert. Ich traue dieser israelischen Elite nicht zu, auch nur halb so viel abzugeben, dass ein Frieden nachhaltig für die akzeptabel wird, denen alles genommen wurde. Und ich traue den internationalen Politikern und Vermittlern eines Friedens nicht zu, dass sie unvoreingenommen und objektiv an einer wirklichen Vermittlung arbeiten. Sie sind nur Marionetten eines großen Spiels um Strategien, Macht und Geld, von militärischen und wirtschaftlichen Interessen und von Lobbyverbänden, die ihre Klientel versorgen. Ausnahmen mögen die Regel bestätigen.

Wem ich es zutraue, das ist der palästinensischen und der israelischen Bevölkerung, wenn die Aufklärung und danach das Verzeihen untereinander begonnen hat, wobei die Israelis sehr viel mehr nachzuholen haben als die Palästinenser.

Ich kann nur mein Haupt neigen vor den vielen ungenannten Helden meines Buchs, die um ihr Leben betrogen werden, die sich tagtäglich demütigen lassen müssen, die wie Tiere abgefertigt werden, die rechtlos ihrer Wege gehen, die geschlagen werden und widerspruchslos aufstehen, die ihre Kinder trotz allem vor der Verführung retten, die unschuldig in Gefängnissen sitzen, die gefoltert werden, die sich ihren Stolz erhalten haben, die klaglos ein menschenunwürdiges Dasein in den Lagern ertragen, die ihre Hoffnung nicht aufgeben, obwohl sie um alles gebracht wurden und und und …

Ich verneige mich mit Respekt vor dem palästinensischen Volk.

Lange habe ich mir Gedanken gemacht, wie ich mit den Namen all derer umgehen soll, die hier vorkommen und Zeitzeugen dessen geworden sind, was ich erlebt habe. Ich bin nach Abwägen aller Für und Wider zu dem Schluss gekommen, die Namen der meisten Personen nicht wahrheitsgemäß zu nennen, sondern ein Synonym einzusetzen, um ihnen eventuelle Nachstellungen zu ersparen. In nur einigen wenigen Fällen und bei öffentlichen Personen, sind die Namen authentisch und vollständig angegeben. Sollte daraus einem der Namensträger oder seinen Angehörigen eine Nachstellung oder Verfolgung erwachsen, wird das die Täter mehr entlarven als mein Buch selbst. Ich werde nicht ruhen und mich bemühen, dass auch das publik wird.

Ich habe versucht, ein sehr komplexes Thema aufzuarbeiten, indem ich meine eigenen Erlebnisse den historischen Tatsachen der Region gegenübergestellt und sie miteinander verknüpft habe in der Hoffnung, dass dadurch ein besseres Verständnis der geschichtlichen Entwicklung des Nahen Ostens entsteht. Denn nur das Verständnis der Geschichte lässt auch das Verstehen des Konflikts zu. Ich bin mir bewusst, dass der historische Stoff nicht jedermanns Sache ist, und bin trotzdem davon überzeugt, dass der Weg, den ich gewählt habe, meinem Ziel der Aufklärung entgegenkommt. Dazu habe ich Recherchen angestellt, in Büchern und Zeitschriften gelesen, mit Zeitzeugen gesprochen und mit den Menschen Palästinas gelebt und gearbeitet. Ihnen möchte ich hiermit ausdrücklich meinen Dank aussprechen.

Mein besonderer Dank gilt meiner Gattin Lydia, die in unermüdlichem Eifer akribisch Informationen und Literatur zusammengetragen hat, ohne die die Verwirklichung dieses Buches nicht möglich gewesen wäre.

Bad Berleburg, im Oktober 2009

Ich glaube, dass Deutschland seine Vergangenheit noch nicht überwunden hat, daher dieser ungesunde Zustand, der jede normale Diskussion über den Palästinakonflikt in Deutschland unmöglich macht. Wenn ich Deutscher wäre, würde ich die Politik Israels in vielem ablehnen, und ich hoffe, ich hätte den Mut, dann auch zu sagen, was ich hier und heute als Israeli vertrete. Eigentlich hätte doch jede deutsche Partei die Möglichkeit, die wirkliche Situation in Israel und Palästina zur Kenntnis zu nehmen. Sie haben jedoch alle Angst davor, als antisemitisch bezeichnet zu werden.

Uri Avnery

Jahrgang 1923, geboren in Beckum, Deutschland, 1933 ausgewandert nach Palästina, ehemaliges Mitglied der Irgun, verwundeter Kämpfer im israelischen Unabhängigkeitskrieg, Parlamentsabgeordneter der Knesset. Heute einer der bekanntesten israelischen Kritiker des Zionismus. 2001 erhielt er den Alternativen Nobelpreis. Seit März 2006 besteht ein Aufruf der extremen israelischen Rechten, ihn zu liquidieren.

Geschichtlicher Abriss der Ereignisse in Palästina

1517 bis 1917:
Osmanische Herrschaft über Palästina.

Oktober 1915:
Der britische Hochkommissar in Ägypten, MacMahon, sichert dem Sharifen von Mekka (siehe Index 2) schriftlich die Errichtung eines unabhängigen großarabischen Reiches nach dem 1. Weltkrieg zu.

16. Mai 1916:
Im Sykes-Picot-Abkommen legen Frankreich und Großbritannien unabhängig davon ihre Einflussgebiete im Nahen Osten fest.

2. November 1917:
Die britische Regierung erteilt durch Außenminister Balfour (siehe Index 1) eine Sympathieerklärung zugunsten der Zionisten, die aber die Rechte nichtjüdischer Gemeinschaften gewahrt sehen möchte.

24. Juli 1922:
Der Völkerbund überträgt Großbritannien das Mandat für Palästina mit der Auflage, über die Balfour-Erklärung einen jüdischen und einen arabischen Teil in Palästina zu schaffen.

1933 bis 1939:
Sprunghafter Anstieg der Zahl jüdischer Einwanderer nach Palästina. Am 17. Mai 1939 beschränkt die britische Regierung in einem Weißbuch (siehe Index 6) die Einwanderung.

April 1936 bis März 1939:
Arabischer Aufstand gegen die britische Mandatsmacht, um die massiven Landkäufe der Juden einzuschränken. Kontakte über Amin Al-Husseini zu Nazi-Deutschland. Niederschlagung des Aufstands durch die Briten mit Hilfe zionistischer paramilitärischer Gruppen, die dadurch gestärkt werden und später selbst gegen die Briten vorgehen. Ende der wirtschaftlichen Beziehungen zwischen Juden und Arabern.

1947:
Im Februar 1947 ist die britische Regierung, aufgrund arabischer und jüdischer Terroraktionen bereit, die Mandatsverwaltung über Palästina niederlegen. Sie legt der Vollversammlung der UNO die Palästina-

Frage zur Prüfung vor. Im Mai 1947 setzt die UNO einen Sonderausschuss ein, der Palästina bereist. Diese Kommission empfiehlt in Anlehnung an den schon 1946 von der Jüdischen Agentur in Palästina unterbreiteten Plan die Teilung Palästinas in einen jüdischen und einen arabischen Staat. Die UN-Vollversammlung nimmt am 29. November 1947 diesen Teilungsplan an (siehe Karte). Jerusalem bleibt danach international. Die Bevorzugung der Juden in diesem Plan lässt noch am gleichen Tag Kämpfe zwischen Arabern und Juden ausbrechen.

14. Mai 1948:
Einen Tag vor dem Ablauf des britischen Mandats ruft Ben-Gurion (siehe Index 1) den Staat Israel aus.

15. Mai 1948 bis Februar 1949:
1. israelisch-arabischer Krieg. Truppen Ägyptens, Jordaniens, des Irak, Syriens und des Libanon ziehen in Palästina ein. Aufgrund eines Geheimabkommens, das die „grüne Grenze“ im Voraus festlegt, bleibt die Arabische Legion Jordaniens (siehe Index 9) weitgehend inaktiv und beschränkt sich hauptsächlich auf die Verteidigung dieser Frontlinie. Die israelische Armee dringt über das im UN-Teilungsplan vorgesehene Gebiet hinaus und gewinnt ganz Galiläa, die Neustadt von Jerusalem und angrenzende Gebiete der Negev-Wüste hinzu. Die Altstadt von Jerusalem wird von der Arabischen Legion gehalten. Bis zur Unterzeichnung der Waffenstillstandsverträge, die von arabischer Seite jedoch ausdrücklich keine Anerkennung des Staates und der Grenzen Israels beinhalten, sind mehr als 700.000 Araber geflohen oder vertrieben worden. Die UN-Generalversammlung verabschiedet die Resolution 194 (siehe Index 11).

24. April 1950:
Jordanien annektiert die von ihm durch die Arabische Legion gehaltenen Gebiete, das Westufer des Jordan (Cisjordanien), das eigentlich Teil des arabischen Palästinenserstaates sein sollte. König Abdullah I. wird darauf am 20. Juli 1951 in Ost-Jerusalem erschossen. Der Gazastreifen wird von Ägypten besetzt, jedoch nicht annektiert.

26. Juli 1956:
Der ägyptische Staatspräsident Nasser verstaatlicht die Suez-Kanal-Gesellschaft, deren Aktien zu etwa vierzig Prozent in britischem Besitz sind, und löst damit politische Spannungen aus.

29. Oktober bis 22. Dezember 1956:
2. israelisch-arabischer Krieg (Suezkrieg). Invasion israelischer Truppen im Sinai. Wie vorher in Allianz abgesprochen, beginnen am 31. Oktober Großbritannien und Frankreich mit der Bombardierung ägyptischer Flughäfen. Der Suezkanal fällt unter die Kontrolle der Allianz. Der Konflikt droht durch Eingreifen der Sowjetunion zu eskalieren. Im November 1956 werden Großbritannien und Frankreich von UNO und USA zum Waffenstillstand und Rückzug gezwungen. Israel räumt den Sinai und Gaza erst im Frühjahr 1957.

22. Mai 1967:
Ägypten sperrt die Straße von Tiran für israelische Schiffe.

5. bis 10. Juni 1967:
3. israelisch-arabischer Krieg (Sechs-Tage-Krieg). Während nur sechs Tagen (siehe Index 3) zerstört Israel mit einem Präventivschlag die Luftwaffen Ägyptens, Jordaniens, Syriens und des Irak am Boden und erobert dann die syrischen Golanhöhen, Westjordanien, die Altstadt von Jerusalem sowie die Halbinsel Sinai bis zum Suez-Kanal und den Gazastreifen. Das israelische Territorium hat sich durch die eroberten Gebiete verdreifacht. Mehr als eine Million Araber gelangen unter israelische Militärherrschaft, 250.000 fliehen. Schon im September beginnt Israel mit der Besiedlung der besetzten Gebiete.

1. September 1967:
Auf der vierten arabischen Gipfelkonferenz in Khartum beschließen die Araber: „Keine Anerkennung Israels, keine Verhandlungen und kein Friede mit Israel".

22. November 1967:
Der UN-Sicherheitsrat verabschiedet die Resolution 242 (siehe Index 11), die den Rückzug aus den besetzten Gebieten verlangt.

1968 bis 1972:
Die 1964 gegründete PLO (siehe Index 5) bekennt sich 1968 zur Gewalt als einzigem Weg, um Palästina zu befreien. Israel wird das Ziel palästinensischer Terrorangriffe. Die PLO wird im September 1970 aus ihrer Operationsbasis Jordanien vertrieben und geht in den Libanon.

6. bis 24. Oktober 1973:
4. israelisch-arabischer Krieg (Jom-Kippur-Krieg). Am israelischen Versöhnungsfest greifen ägyptische und syrische Truppen Israel an

(siehe Index 17). Jordanien tritt am 13. Oktober und Saudi-Arabien am 14. Oktober in den Krieg ein. Mit dem Durchbruch der bislang als uneinnehmbar geltenden israelischen Bar-Lev-Befestigungslinie zerstört die ägyptische Armee den Mythos von der Unbesiegbarkeit der israelischen Armee. Bis zum 15. Oktober erleidet Israel schwere Niederlagen, dann erobert es den Sinai und Teile des Golan zurück, bis auf Druck der UNO am 24. Oktober ein Waffenstillstand eintritt.

17. Oktober 1973:
Die OPEC-Länder beschließen, Erdöl als politische Waffe einzusetzen, um Israel zum Rückzug aus den besetzten Gebieten zu zwingen.

Oktober 1974:
Auf der siebten arabischen Gipfelkonferenz in Rabat wird der PLO das Recht zugesprochen, als einzig legitime Vertreterin des palästinensischen Volkes die souveräne Herrschaft über die besetzten Gebiete zu beanspruchen.

13. November 1974:
Rede von PLO-Führer Jassir Arafat (siehe Index 1) vor der UN-Vollversammlung in New York. Die UNO erkennen das Recht des palästinensischen Volkes auf Selbstbestimmung und Unabhängigkeit an.

Mai 1977:
Menachem Begin (siehe Index 1), Likud, wird neuer Premierminister Israels.

14. bis 21. März 1978:
1. Invasion Israels im Libanon: „Operation Litani". Installation einer Sicherheitszone im Süden des Landes, der darauf von den christlichen Verbündeten Israels einem Terrorregime unterworfen wird.

17. September 1978:
Im Abkommen von Camp David (siehe Index 16) einigen sich Israel und Ägypten über Prinzipien eines allgemeinen Nahostfriedens. Es sieht den Rückzug der israelischen Armee auf Sicherheitspositionen, die Beendigung der Militärverwaltung im Westjordanland und in Gaza, die palästinensische Selbstverwaltung und die Regelung der Zukunft der Palästinenser nach einer Zeit von fünf Jahren vor. Das zweite Abkommen betrifft den ägyptisch-israelischen Friedensvertrag.

26. März 1979:
Unterzeichnung des ägyptisch-israelischen Friedensvertrages in Washington. Die Arabische Liga beschließt daraufhin den Abbruch der diplomatischen Beziehungen zu Ägypten. Beginn des Rückzugs der Israelis aus dem Sinai gegen den Widerstand der eigenen Siedler.

13. Juni 1980:
In der „Erklärung von Venedig" spricht sich die Europäische Gemeinschaft für die Anerkennung des Selbstbestimmungsrechtes der Palästinenser und die Forderung aus, die PLO an Friedensverhandlungen zu beteiligen.

30. Juli 1980:
Das israelische Parlament annektiert per Gesetz Ost-Jerusalem und erklärt es zur ewig ungeteilten Hauptstadt Israels.

14. Dezember 1981:
Israel annektiert die 1967 eroberten syrischen Golanhöhen und unterstellt sie der Zivilverwaltung.

25. April 1982:
Der israelische Abzug aus dem Sinai ist abgeschlossen.

6. Juni 1982:
2. Invasion Israels im Libanon: „Frieden für Galiläa". Truppen dringen bis Beirut vor und beschießen mit christlichen Milizen Lager der PLO, die ihr Hauptquartier nach Tunis verlegt. Erst im Juni 1985 schließt Israel seinen Truppenrückzug aus dem Libanon ab, behält aber eine etwa zehn Kilometer breite Sicherheitszone im Süden bei.

9. Dezember 1987:
Beginn der ersten Intifada (siehe Index 4).

15. November 1988:
Als König Hussein I. von Jordanien auf das von Israel besetzte Westjordanland verzichtet, proklamiert der Palästinensische Rat in Algier den unabhängigen Staat Palästina mit der Hauptstadt Jerusalem.

30. Oktober 1991:
In Madrid beginnt die Nahost-Friedenskonferenz. Erstmals treffen sich israelische und syrische Regierungsvertreter. Zum ersten Mal gibt es auch offizielle Kontakte Israels mit einer jordanisch-palästinensischen und einer libanesischen Delegation.

23. Juni 1992:
Jizchak Rabin (siehe Index 1), Arbeiterpartei, wird neuer Premierminister Israels.

19. Januar 1993:
Aufhebung des israelischen Gesetzes über ein PLO-Kontaktverbot.

27. April 1993:
In Washington stellt Israel den Palästinensern Autonomie in den besetzten Gebieten in Aussicht.

12. Juli 1993:
PLO-Führer Arafat bestätigt Geheimverhandlungen mit Israel in der norwegischen Hauptstadt Oslo.

3. September 1993:
Israel erklärt sich bereit, das Grundlagenabkommen über die Rückgabe des Gebiets um Jericho und eine Selbstverwaltung der PLO auch ohne vorherige Anerkennung zu unterzeichnen.

5. September 1993:
Nach Syrien akzeptiert auch der jordanische König Hussein I. die geplante Teilautonomie in Gaza und Jericho. Die USA, die Europäische Gemeinschaft und die Golf-Staaten erklären sich bereit, einen finanziellen Beitrag zum Friedensprozess zu leisten. Neben den Nahostverhandlungen in Washington gibt es geheime Gespräche zwischen Israel und der PLO in Oslo, Paris und Madrid.

10. September 1993:
Israel und die PLO erkennen sich gegenseitig offiziell an. Die PLO anerkennt das Recht Israels in sicheren Grenzen. Israel anerkennt die PLO als alleinige Vertreterin des palästinensischen Volkes.

13. September 1993:
In Washington unterzeichnen Israel und die PLO das Autonomieabkommen für Gaza und Jericho (siehe Index 14).

Juli 1994:
Arafat lässt sich als Chef der neuen Palästinensischen Autonomiebehörde (PNA) zuerst in Gaza, später in Ramallah nieder.

Oktober 1994:
Friedensvertrag zwischen Israel und Jordanien.

24. September 1995:
Arafat und Rabin unterzeichnen in Washington das Taba-Abkommen (siehe Index 14), Oslo II, das mehr Selbstverwaltung der Palästinenser im Westjordanland und in Gaza vorsieht.

4. November 1995:
Rabin wird von einem fundamentalistischen Juden ermordet.

Januar 1996:
Jassir Arafat, Fatah, wird Präsident des Palästinenserparlaments.

Mai 1996:
Benjamin Netanjahu (siehe Index 1), Likud, wird neuer Premierminister Israels.

Oktober 1998:
Arafat, Netanjahu und Clinton einigen sich im Wye-Abkommen (siehe Index 20) auf weiteren Rückzug Israels aus der Westbank.

Januar 1999:
Israels Regierung zerbricht, Wye-Zeitplan wird storniert.

Mai 1999:
Ehud Barak (siehe Index 1), Arbeiterpartei, wird neuer Premierminister Israels.

23. Mai 2000:
Rückzug des israelischen Militärs aus dem Südlibanon.

12. bis 26. Juli 2000:
Arafat und Barak treffen sich ergebnislos im historischen Wochenend-Domizil des amerikanischen Präsidenten in Camp David, um eine Friedenslösung für den Nahen Osten zu finden (siehe Index 16).

28. September 2000:
Der Besuch des israelischen Oppositionsführers Ariel Scharon auf dem Tempelberg in Jerusalem löst die zweite Intifada (siehe Index 4) aus. Im Laufe der nächsten Jahre folgen palästinensische Anschläge und schwere israelische Vergeltungsmaßnahmen auf die Palästinensergebiete.

7. März 2001:
Ariel Scharon (siehe Index 1), Likud, wird neuer Premierminister Israels.

27. bis 28. März 2002:
Friedensinitiative der Arabischen Liga auf der Konferenz in Beirut. Anerkennung Israels bei Rückzug auf die Grenzen von 1967.

28. März 2002:
Israelische Operation: „Schutzwall". Angriff auf sieben große Städte in der West-Bank.

10. April 2002:
Zusammenarbeit der USA, der EU, Russlands und der UNO im Nahost-Quartett in Madrid. Die Roadmap wird am 3. Juni 2003 von Scharon und Mahmoud Abbas (siehe Index 1) öffentlich akzeptiert. Das israelische Kabinett billigt die Roadmap am 25. Mai 2003 unter Hinweis auf 14 Vorbehalte. Der UN-Sicherheitsrat indossiert sie mit der Resolution 1515 (siehe Index 11). Die Roadmap zerbricht an der andauernden Gewalt und der Fortführung des Siedlungsbaus.

September 2002:
Zerstörung der Muqata'a (Sitz der palästinensischen Autonomiebehörde) in Ramallah und Hausarrest Arafats.

19. März 2003:
Offizielle Aufforderung von Arafat an Abbas, Fatah, das Amt des Ministerpräsidenten der PNA zu übernehmen.

11. September 2003:
Beschluss der israelischen Regierung zur Ausweisung Arafats.

November 2004:
Nach dem krankheitsbedingten Tod Arafats übernimmt Abbas das Amt des PLO-Vorsitzenden und wird am 15. Januar 2005 Präsident der PNA.

4. Januar 2006:
Nach dem Schlaganfall Scharons, mittlerweile in der neuen Kadima-Partei, übernimmt Ehud Olmert, Kadima, vorläufig die Regierungsgeschäfte und wird später als Ministerpräsident Israels bestätigt.

Januar 2006:
Die Hamas gewinnt die Wahlen in Palästina.

Juni 2007:
Nach bürgerkriegsähnlichen Auseinandersetzungen zwischen Fatah und Hamas erklärt Abbas das Einheitskabinett beider Parteien für abgesetzt und beruft am 15. Juni 2007 eine Notstandsregierung. Die

Fatah hält militärisch die West-Bank, die Hamas den Gazastreifen. Sowohl die EU als auch die USA unterstützen seither Abbas in der Westbank. Der Gazastreifen der Hamas ist international isoliert.

Dezember 2008:
Israelische Operation: „Gegossenes Blei“. Angriff auf Gaza.

Januar 2009:
Weiterer Rechtsruck bei den israelischen Parlamentswahlen. Mit Unterstützung ultrarechter Parteien wird Netanjahu, Likud, neuer Premierminister Israels.

Für Freiheit und für Menschenrecht

Die Befreiung Palästinas wird vom menschlichen Standpunkt aus dem einzelnen Palästinenser seine Würde, seinen Stolz und seine Freiheit wiedergeben. Demgegenüber erwartet das arabisch palästinensische Volk die Unterstützung all derer in der Welt, die an die Würde des Menschen und seine Freiheit glauben.

Palästinensische Nationalcharta
Artikel 12

Die Würde des Menschen ist unantastbar.
Sie zu achten und zu schützen ist Verpflichtung aller staatlichen Gewalt.

Grundgesetz der Bundesrepublik Deutschland
Artikel 1

Euer Gott ist fort. Jetzt haben wir hier das Sagen.
Minarettansage eines Tzahal-Soldaten nach der israelischen Besetzung Salfits im März 1988 während der Kinderintifada.

1 Ouvertüre

Ich stand im siebten Stock am Fenster meines Hotelzimmers in Amman und blickte auf die Lichter des Wohn- und Geschäftsviertels Jebel. Der Name war passend gewählt. El Jebel – arabisch der Berg. Er erhob sich nach einer tiefen Senke unmittelbar dem Hotel gegenüber. Ich schaute angestrengt hinüber, allerdings gab mir El Jebel seine Geheimnisse nicht mehr preis. Es war der 30. August 1992 und bereits 19 Uhr. Am Ende des Sommers liegt der Nahe Osten zu dieser Zeit schon in tiefer Dunkelheit. Ich erkannte nur schemenhaft die Umrisse der flachen Häuser, die kleinen Gärten und die schmalen Straßen im Halbdunkel der unzureichenden Beleuchtung. Kaum konnte ich Leben unter den Laternen erkennen. Aus den Häusern schien spärliches Licht.

Den ganzen Tag schon ging mir der Song von Chris de Burgh nicht mehr aus dem Kopf. „Jerusalem is lost“ – der Refrain des Liedes „Crusader“ über Saladin[1], den Helden der muslimischen Welt, die Kreuzritter und die Rückeroberung der heiligen Stadt für den Islam aus den Händen der Christen am Ende des 12. Jahrhunderts. Zu jener Zeit konnte Jerusalem nachts auch nicht viel anders ausgesehen haben. In meiner Vorstellung jedenfalls.

Ich war auf dem Weg nach Jerusalem, der heiligen, mythischen Stadt, der „Stadt des Friedens[2]“, Mittel- und Streitpunkt dreier Weltreligionen und vielleicht der bekannteste Ort auf unserem Planeten. Den Anspruch auf die Stadt hatten schon viele verkündet und jeder von ihnen erklärte ihn für legitim. Die Frage, wessen Stadt Jerusalem ist, beschäftigt die Menschheit nicht erst seit 1949, dem Ende des ersten israelisch-arabischen Krieges. Sie hatte schon so viele Herren, und ihre Heiligkeit stand bei diesem Streit für keinen außer Zweifel.

---

1 Siehe Index 1 – Personenregister

2 Hebräische Bedeutung für Frieden: Shalom: arabisch: Salam – „Jerusalem“

Aber jeder der Herren richtete so über den Grad der Heiligkeit für den anderen, wie er das gerade für richtig hielt.

Zwischenstation auf meiner Reise nach Jerusalem war Amman. Ich übernachtete im Hotel Philadelphia, das 13 Jahre später, am 9. November 2005, nun allerdings unter dem neuen Namen Radisson SAS, kurzfristig traurige Berühmtheit erlangen sollte. Eine arabische Terrorgruppe sprengte zeitgleich mit zwei weiteren Anschlägen auf Hotels in Amman eine Hochzeitsgesellschaft in die Luft und das Königreich Jordanien in heftige Betriebsamkeit und in die Gewissheit, dass offensichtlich auch die letzte Bastion einer den Vorstellungen des Westens entsprechenden und gleichzeitig islamisch-traditionell orientierten Gesellschaftsform gefallen war. Ein schmerzlicher Nackenschlag für den Westen, der sich mit dem Modell Jordanien sein historisches Gewissen im Nahen Osten erleichterte und sein selbstbetrügerisches Weltbild mit dem so umfangreich unterstützten Dasein des gemäßigt genannten Königreichs beweisen wollte. Amerika und seine strategischen Partner hatten so sehr daran geglaubt und darauf gehofft. Wieder einmal eine grobe Fehleinschätzung der Realität. Der junge Hashemitenkönig[3] Abdullah II. wurde in einem Bekennerschreiben der Terrorgruppe um Al-Sarkawi vom Irak aus beschuldigt, er sei der Verräter, der diese Hotels zu einem „Garten für die Feinde der Religion[4]" gemacht habe. Zu lange schon waren in Jordanien der Geheimdienst und die Spitzel zu täglichen Begleitern der Bevölkerung geworden. Es brodelte im Untergrund, wie überall im Nahen Osten, aber der Westen in seinem Hang zu schwerwiegender Selbstüberschätzung seiner einseitig gerichteten politischen und militärischen Einflussnahme in der Region und mit seinen überheblichen und fehlgeleiteten Entscheidungsträgern hatte auch von frühzeitigen Expertenwarnungen keine Notiz genommen. Spätestens jetzt war die alles überschattende und alles ausschließende amerikanische Nahostpolitik am Ende.

Von alleiniger amerikanischer Nahostpolitik konnte allerdings schon lange keine Rede mehr sein. Das, wofür eine fehlgeleitete Politik im Nahen Osten, der jegliches Maß für Objektivität abhanden gekommen war, im Jahr 2005 verantwortlich war, war im Spätsommer des Jahres 1992 in dieser dramatischen Dimension kaum vorauszusehen, und doch, so wurde mir später klar, war und ist diese Ent-

---

[3] Siehe Index 2 – Hashemiten

[4] *Die Welt* vom 10. November 2005

wicklung Teil und logische Konsequenz eines Konflikts und einer andauernden ethnischen Tragödie, die sich vor den Augen der Weltöffentlichkeit abspielt und vor der die Augen der Welt dennoch fest verschlossen sind – es geht um nichts weniger und um nichts mehr als um den Anspruch des zionistischen Staates Israel im Nahen Osten und dessen beispiellose Beeinflussung der amerikanischen Supermacht. Das Machtspiel eines kleinen Landes, das die Großen dieser Welt zu seinen Gunsten infiltriert und dabei seine Chancen wild entschlossen ergreift oder strategisch abwartend die breite Rückendeckung des Westens klug vorausplanend ausnutzt. Eine Tragödie, die die Existenz eines Volkes gegen die eines anderen aufhebt. Ein Konflikt, der von Ideologie, Fanatismus, Fatalismus und Machtstreben geprägt ist und der in wenigen Jahren einen Hass erzeugt hat, der die ganze Welt beeinflusst und den die ganze Welt mittlerweile selbst ertragen muss. Dieser Konflikt ist die Grundlage des so genannten Islamo-Terrors, der seine Energie aus der menschenrechtsunwürdigen Situation der palästinensischen Bevölkerung in den israelisch besetzten Gebieten und aus dem Schicksal der vertriebenen palästinensischen Flüchtlinge zieht. Ein Konflikt, der Europa und Amerika massiv beeinflusst und der in einer globalen Welt keine Grenzen mehr kennt. Ein Konflikt, der Gut und Böse so eindeutig unterscheidet, weil zwischen Gut und Böse nur einseitig entschieden wird. Ein Konflikt, in dem Ursache und Wirkung bewusst verschleiert und manipuliert werden. Die Frage von Ursache und Wirkung jedoch ist das zentrale Thema bei der Suche nach einer Lösung, wenn eine akzeptable Lösung tatsächlich auch angestrebt wird. Die fatalen Auswirkungen des Terrors sind jedem Einzelnen hinlänglich bekannt, die ihn, obwohl weit vom Brandherd entfernt, unvorbereitet selbst treffen können. Die böse Fratze zeigt sich in Toten und Verletzten, denen die Metallsplitter der selbst gebauten Bomben den Körper aufreißen und verbrennen. Die Alarmglocken schrillen laut und unvorstellbare Geldsummen werden in wildem Aktionismus zur Abwehr des Terrors bereitgestellt. Und doch sind die machtvollen Staaten des Westens nicht wirklich bereit, der Ursache, obwohl offensichtlich und leicht erkennbar, unvoreingenommen ins Auge zu schauen und diese Ursache mit den zur Verfügung stehenden Mitteln zu beseitigen. Dieser Zustand der Agnosie wird forciert, indem bewusst mit zweierlei Maß gemessen wird und Berichterstattung, auch aus historischer Scham, ausgerichtet und gesteuert ist. Auch mir war damals als Normalbürger in einem Wohlstandsland des Westens die ganze Bandbreite des palästinensischen Dramas in all seinen Facetten nicht bekannt, doch sollte ich in den folgenden Jahren genug Zeit und Gelegenheit bekommen, mir ein authentisches Bild zu machen und die eigene scheuklappenhafte Beurteilung dessen abzulegen.

Ich stand also am Fenster mit Chris de Burgh im Kopf. Was mich wohl erwartete? Ich war für eine große international tätige Organisation[5] unterwegs, die entwicklungspolitische Projekte umsetzt. Seit 1984 war ich mit meiner Familie, meiner Gattin Lydia und mit meinen beiden Töchtern, die während dieser Zeit geboren wurden, an zwei Standorten in Saudi-Arabien stationiert gewesen, um beim Aufbau der beruflichen Bildung für das Königreich Saudi-Arabien beratend tätig zu sein. Hofuf in der Oase Al Hassa im Osten der arabischen Halbinsel und ab 1987 Jeddah am Roten Meer waren für uns Abenteuer und Lebensmittelpunkt zugleich gewesen.

Im Juni 1992 waren wir endgültig aus Saudi-Arabien nach Hause zurückgekehrt. Noch während meines Urlaubs wurde ich dienstlich kontaktiert. Am Telefon war Werner Holtmann, ein deutscher Kollege, der in der Abteilung unserer Zentrale für berufliche Bildung zuständig war. Wir kannten uns schon lange. Er war von 1984 bis 1986 mein Teamleiter und Chef in Saudi-Arabien gewesen.

„Es geht um die palästinensischen Gebiete. Wir haben den Auftrag bekommen den Entwicklungsstand der beruflichen Bildung im arabischen Ost-Jerusalem zu erfassen. Da müsste mal einer runterfahren und vor Ort recherchieren. Dabei sind wir auf dich gekommen. Hast du Lust?" Nach kurzer Bedenkzeit sagte ich zu.

Bis alles geregelt und zur Abreise bereit war, verging fast der August. Die Unterredung in unserer Zentrale bezog sich vor allem auf die gegenwärtigen politischen Umstände, die Sicherheitslage und meine entsprechende Verhaltensweise. Denn immerhin betrat ich Israel für die Unterstützung palästinensischer Institutionen im besetzten Jerusalem – und das auch noch während der Intifada[6]. Das war Neuland und meine Gesprächspartner und ich waren uns klar in welchem politischen Umfeld wir operierten. Am Ende gab mir jeder seine guten Wünsche mit auf den Weg und klopfte mir Mut machend auf die Schulter. Ich sollte mich in jedem Fall vorsichtig verhalten.

---

[5] Der Name wird aus politischen und rechtlichen Gründen verschwiegen

[6] Siehe Index 4 – Intifada. Arabisch **انتفاضة**, vom Verb intafada **انتفض** *„sich erheben, loswerden, abschütteln"*

Ein italienischer Kollege war bereits seit kurzem vor Ort, eine Art Vorhut für weitere Maßnahmen, mehr oder weniger inkognito und äußerst behutsam agierend. Seine Kontaktadresse war in meiner Tasche und er war über mein Kommen informiert.

Das also war's und da stand ich nun in Amman und blickte auf El Jebel. Die Klimaanlage lief auf vollen Touren und versuchte verzweifelt, in dem aufgeheizten Zimmer eine einigermaßen erträgliche Temperatur zu schaffen. Draußen war es noch immer sehr warm, trotz der angebrochenen Nacht.

Jerusalem is lost – was sich bei Chris de Burgh auf das christliche Abendland zum Ende des 12. Jahrhunderts bezieht, war mittlerweile Wirklichkeit für die Muslime des Nahen Ostens in der Gegenwart geworden. Jerusalem war jetzt für sie selbst verloren – so schien es jedenfalls. Die Herrschaft hatte wieder einmal gewechselt. Wenige Jahre nach der israelischen Unabhängigkeitserklärung hatte Ben-Gurion[7] schon 1950[8] und die Knesset[9] später 1953 erklärt, dass Jerusalem die Hauptstadt Israels war, ist und bleibt. Dann, am 30. Juli 1980, erließ die Knesset das Jerusalemgesetz, das faktisch die Annexion der gesamten Stadt bedeutete. Selbst die UN-Vollversammlung konnte Israel nicht zur Räumung der besetzten Gebiete einschließlich Ost-Jerusalems bewegen[10]. Die westliche Reaktion auf die wiederholte israelische Ignoranz von UN-Resolutionen erging sich, wie gewohnt devot, in schnell abflauenden, kleinlauten Protesten. Die palästinensische jedoch ließ weit länger auf sich warten, um dann aber letztendlich mit größerer Kraft auszubrechen, als das bisher überhaupt vorstellbar gewesen war.

Wir hatten in Saudi-Arabien die Bilder der Intifada im Fernsehen verfolgt, die sich seit Dezember 1987 aus Protest gegen die israelische Besatzungspolitik von Gaza aus in Windeseile über das gesamte Westjordanland und Ost-Jerusalem ausgebreitet hatte. Ausgehend von Steine werfenden Jugendlichen und dem harten Vorgehen der israelischen Soldaten gegen die Kinder der Intifada, führte das 1988 zu einer Ausweitung des Aufstands mit täglichen Generalstreiks, Großkundgebungen und Straßenbarrieren. Die Fernsehbilder der

---

[7] Siehe Index 1 – Personenregister

[8] Am 6. Januar

[9] Israelisches Parlament

[10] Siehe Index 11 – UN-Resolutionen (478)

Straßenschlachten gingen um die Welt. Jugendliche Palästinenser gegen israelische Armeeangehörige, die zumeist mit Steinen oder anderen Gegenständen beworfen wurden. Die oftmals aggressiven Soldaten reagierten darauf häufig mit unangemessener Gewalt. Diese Gewalt führte letztlich auf der politischen Ebene zur Gründung der Hamas[11] und der Unterstützung des Aufstands durch die PLO und den Islamischen Dschihad[12] nur ein Jahr nach dem Ausbruch.

Übermorgen, am 1. September, war meine Weiterreise geplant. Am Tag dazwischen sollte ich mich mit Informationen und fachlichem Material versorgen. Dazu suchte ich am folgenden Morgen ein jordanisches Institut in Amman auf. Seit dem Sechs-Tage-Krieg[13] war die West Bank und Ost-Jerusalem zwar israelisch besetzt, aber noch immer waren die jordanischen Lehrpläne für die arabischen Berufsschulen maßgebend. Vom Hotel aus war der Weg nicht allzu weit.

Bis auf den Weg am gestrigen Abend in der Dämmerung vom Flughafen in die Innenstadt kannte ich Amman nur als Durchgangsstation etlicher Flugreisen nach Saudi-Arabien und war aus dem Terminal weit außerhalb der Stadt bisher noch nicht herausgekommen. Was ich jetzt sah, hatte ich nicht erwartet. Der Unterschied zu allen anderen arabischen Städten, die ich kannte, war frappierend. Kaum das obligatorische Chaos auf den Straßen, keiner fuhr auf den weißen Linien, sondern alle dazwischen. Kein Hupen, kein Drängeln, kein Selbstrecht. Wo waren der unvermeidliche arabische Müll, die Essensreste und Plastiktüten an den Straßenrändern? Während im Jemen selbst höchste Bäume vom immerwährenden Wind mit bunten Plastikresten in allen erdenklichen Farben und Kreationen geschmückt waren, hatten die Bäume hier ihre natürliche Farbe und Gestalt. War ich wirklich in einer arabischen Stadt? Ich blickte verzweifelt umher und suchte nach dem Heer von dünnen, braungebrannten Bangladeshies und Indern, die in Jeddah so schön für Sauberkeit gesorgt hatten. Nichts zu sehen. Kein Zeichen einer solchen Mannschaft in grünen Overalls, an die ich so gewöhnt war. Hier war etwas anders – eine andere Welt.

---

11 Siehe Index 15 – Muslimbruderschaft. Abkürzung von حركة المقاومة الإسلامية, arabisch für *„Bewegung des islamischen Widerstands"*

12 Islamistische militante Untergrundorganisation in Palästina mit Sitz in Damaskus, von حركة الجهاد الإسلامي , arabisch für *„heiliger Krieg"*

13 Siehe Index 3 – Sechs-Tage-Krieg

Wie mir bald klar werden sollte, hatte dieser Unterschied einen triftigen Hintergrund. Seit dem Sechs-Tage-Krieg 1967 und dem zweiten Exodus großer Teile der palästinensischen Bevölkerung aus ihrer Heimat in die benachbarten arabischen Staaten nach 1948 blieben die Flüchtlinge aus der West-Bank im jordanischen Königreich Staatsbürger im eigenen Land. Die Palästinenser der zweiten Fluchtwelle, die sich nach der Vertreibung nicht dem direkten Kampf zur Befreiung ihrer Heimat anschlossen, hatten großen Anteil am Aufbau des jordanischen Staatswesens. Administration, Wirtschaft, Rechtswesen und Bildung wurden später nachhaltig von der palästinensischen Elite der Flüchtlinge jener Tage geprägt. Unterstützung fanden sie im jordanischen König Hussein I., der seit den frühen fünfziger Jahren mit westlicher Hilfe bemüht war, aus einem rückständigen Wüstenland und einer Bevölkerung nomadischer Schaf- und Ziegenhirten einen westlich orientierten, modernen Staat zu errichten, und der sich des Potentials, das nun in großen Massen über den Jordan drängte, wohl bewusst war. Palästina war zwar von 1950 bis 1967 jordanisches Staatsgebiet gewesen, jedoch war der Zuzug, gerade der palästinensischen Elite aus der West-Bank, in die Wüstenregion östlich des Jordan gering gewesen. Amman, die Hauptstadt Jordaniens, war 1967 nicht mehr als eine verschlafene arabische Kleinstadt mit Sitz des Hashemitenhauses und der Regierung. Die geistigen Zentren des Königreichs waren die größeren Städte des Westjordanlandes: Ost-Jerusalem, Ramallah, Nablus und Hebron. Das Interesse der Palästinenser an einem Übertritt nach Transjordanien hatte sich auch nach dem Wechsel von Abdullah I. zu seinem jungen und toleranteren Enkel Hussein I. kaum verändert. Abdullah hatte den Rest Palästinas westlich des Jordan, der nach der Staatsgründung Israels 1948 übrig geblieben war, im israelischen Unabhängigkeitskrieg im Auftrag der Arabischen Liga verteidigt, 1950 annektiert und war mit harter Hand gegen die rebellierenden Palästinenser vorgegangen, denen im UN-Teilungsbeschluss von 1947[14] noch Autonomie versprochen worden war. Abdullah selbst wurde 1951 Opfer eines Attentats auf dem Tempelberg in Jerusalem. 1953 folgte ihm sein Enkel Hussein I.

Nachdem ich meine Informationen erhalten hatte begab ich mich auf den Weg zurück und war drei Stunden später wieder im Hotel. Es war früher Nachmittag und ich entschloss mich, neugierig geworden, zu Fuß ins Zentrum von Amman zu laufen. „Ein Marsch von

---

[14] Siehe Index 11 – UN-Resolutionen (181)

etwas mehr als einer halben Stunde, leicht zu finden, immer geradeaus und den Berg hinab in die alte Medina[15]", so erklärte mir der Concierge des Hotels den Weg. Verwundert blickte er schon drein und versuchte mich noch zu überreden, ein Taxi zu nehmen. Ich verstand spätestens nach fünf Minuten, warum er so besorgt war. Ammans Straßen sind nicht für Fußgänger gebaut; jedenfalls nicht die neuen großen Verkehrsadern. Immer wieder musste ich viel zu hohe Stufen auf dem Bürgersteig bewältigen, die durch den Ausgleich der abschüssigen Straße entstanden waren. Ammans Straßen sind oftmals eine Berg- und Talbahn, nur das alte Zentrum liegt flach in einer großen Senke zwischen Hügeln verborgen.

Als ich die Senke erreichte, merkte ich an der zunehmenden Anzahl von Läden, Passanten und Verkehr, dass ich der Altstadt näher kam. Nach zwei Abzweigungen ging es um die nächste Ecke und ich stand im Souk[16] von Amman. Das Bild war mir sehr vertraut. Es ist in allen arabischen Altstädten gleich. Ein Geschäft am anderen, Marktstände an der Straße, Obst, Gemüse, der Duft von Gewürzen, billiger Tand, zuweilen moderne Auslagen und dazwischen ein Gewimmel von Kauf- und Schaulustigen. Hier und da ein kleiner Handwerksladen mit undurchdringlichem Warenlager auf engstem Raum, dem Inhalt einer unüberschaubaren Wundertüte vergleichbar. Die Straße auf beiden Seiten war lückenlos zugeparkt und voll gestopft mit Durchgangsverkehr und Lieferwagen in der zweiten Reihe, die gegenseitig keine Gnade kannten. So war ich es gewohnt; Papier, Plastiktüten und Packreste zuhauf, Abfall in den Ecken. Also doch – ich war irgendwie erleichtert!

Und so warf ich mich in die Menge auf dem schmalen Bürgersteig und ließ mich mittragen. Die Straße ging in einen großen Platz über. Im Hintergrund ein recht gut erhaltenes römisches Amphitheater mit runden Sitzreihen in den steilen Berg geschnitten und davor ein restaurierter antiker Marktplatz mit Resten von Kolonnaden und Säulen. Eine angrenzende grüne Parkanlage mit hohen Palmen sowie Tee- und Kaffeestuben, die zum Sitzen im Freien einluden, rundete das Gesamtbild nicht nur optisch, sondern auch für den müden Wanderer recht anziehend ab. Dieses einladende Ziel verlangte jedoch die Überquerung des Platzes. Der war überfüllt mit Fußgängern und Autos, die sich gegenseitig die Vorfahrt nahmen. Ich kannte

---

[15] Arabisch für „*Stadt*"
[16] Arabisch für „*Markt*"

dieses Szenario gut und nahm also die Aufgabe todesverachtend in Angriff. Letztendlich kam ich gesund drüben an, durch Vertrautheit und wie immer getragen von der Zuversicht meiner Leidensgenossen, durch unsere konzertierten Aktionen gleicher Zielrichtung und durch die gegenseitige Toleranz, die diesem Verkehrschaos in arabischen Städten eigen ist. Erst später erkannte ich die Ampelanlage weiter unten, die jedoch durch ihre Entfernung unter demonstrativer Missachtung der anwesenden Passanten litt. Der verzweifelte Polizist in der Mitte des Platzes hatte ernsthafte Bemühungen, des Chaos Herr zu werden, schon längst aufgegeben und blieb, im Grunde genommen, nur durch den permanenten Gebrauch seiner Pfeife am Leben.

Ich setzte mich an einen freien kleinen runden Tisch im Schatten einer altersschwachen Pergola, so dass ich das Amphitheater und das Treiben auf dem Platz gleichermaßen im Blick hatte. Die Teestube war Bestandteil eines langen, einstöckigen antiken Gebäudes mit vielen Abteilen und dazu gehörenden spitzbogenförmigen Öffnungen hin zur Straßenseite. Nach eingehender Betrachtung der Stabilität des Gebäudes verstand ich die alte Pergola auch als stützendes Element der Gesamtkonstruktion.

„Shai arabi", so war meine Antwort auf die Frage des Kellners nach meinem Wunsch. Ich hatte mir angewöhnt, im Laufe der Jahre, den heißen, süßen arabischen Tee zu lieben. „Tee ohne Zucker ist wie eine Frau ohne Brust", hatte mir mal ein alter Lehrer an meiner Schule in Hofuf zugezwinkert. Da war was dran.

Der Kellner kam aus dem Halbdunkel der Teestube zurück und ich bekam das heiße Getränk aus einer Kanne mit langem Schnabel gezielt mit zunehmender Höhe in das kleine goldverzierte Glas eingeschenkt. Nachdem er seinen Auftrag erledigt hatte, setzte er sich zu mir an den Tisch. Ich schätzte ihn auf um die 60 Jahre und er hatte ein sonnengegerbtes Gesicht. Auf seinem Kopf saß eine weiße Kappe und sein Spitzbart gab ihm ein orientalisches Aussehen. Er trug eine runde Nickelbrille auf der Nase.

„Wo kommst du her?", fragte er.

„Ich bin Deutscher."

Er hob seinen Kopf und schaute mich über die Brille an. „Almani! Tamam. Deutschland ist ein großes Land. Woher sprichst du Arabisch?"

„Ich habe in Saudi-Arabien gearbeitet und verstehe besser, als ich reden kann."

„In Saudi, where?"

Er sprach jetzt Englisch, und zwar mit recht gutem Akzent. Ich erzählte ihm von meinem Aufenthalt und meiner Arbeit in Saudi-Arabien. „Mit Familie", sagte er, „das ist gut. Ich war am Golf in den Emiraten, in Kuwait und Qatar, aber ohne Familie. Die durfte ich nicht mitnehmen." Er hatte mehr als 20 Jahre auf verschiedenen Großbaustellen gearbeitet, am Ende als Vorarbeiter. Daher konnte er so gut Englisch. Die Ingenieure kamen fast alle aus Europa und Asien. 1984 war er nach Jordanien zurückgekehrt. Er hatte sich am Golf einen bescheidenen Wohlstand erarbeitet und hier in Amman die Teestube eröffnet. Zusammen mit der Rente von seiner Baufirma reichte das jetzt für seinen Lebensunterhalt. Er hieß Bassam und hatte mit seiner Frau zusammen acht Kinder gezeugt. Sich darauf stolz zurücklehnend fragte er: „Bist du Tourist?"

„Ich gehe morgen weiter nach Palästina."

Seine Augen fingen an zu leuchten und er beugte sich zu mir herüber. „Ich bin Palästinenser", sagte er und fügte hinzu: „Jedenfalls bin ich da geboren. Jetzt bin ich Jordanier."

Er war zwischen 1935 und 1936 geboren, als jüngster Sohn von fünf Kindern eines Bauern in einem Dorf im nördlichen Galiläa. Das Dorf hieß Kufr[17] Buteima't und lag etwa zwanzig Meilen südöstlich von Haifa, wie er mir erzählte. Seine Vorfahren im Dorf gingen auf sieben Generationen zurück. Es gab 30 Häuser, alle aus Stein, mit einer kleinen Moschee, die auch als Versammlungsraum diente, und einem Brunnen auf dem zentralen Platz. Die Familien des Dorfs lebten hier schon seit langer Zeit und waren zum Teil miteinander verwandt. Das Dorf lag auf einer niedrigen Anhöhe und war umgeben von den Feldern, die die Bewohner bewirtschafteten. Zweimal im Jahr kamen die Steuereintreiber aus Haifa, die von den Fella-

[17] Arabisch für „*kleines Dorf, Häuseransammlung*"

chen[18] die Pachtzinsen für die großen Landbesitzer aus Damaskus eintrieben.

Sie hatten ein bescheidenes, aber ruhiges und auskömmliches Leben geführt. Der Mukhtar[19] hatte sogar ein Auto mit Ladefläche gehabt. Das wurde benutzt, um die Früchte des Dorfes auf den Markt nach Haifa zu fahren, wenn die Einkäufer von dort nicht selbst im Dorf vorbeikamen.

Bis auf Haifa, Acre[20] und die nähere Umgebung hatte er als Junge nicht viel gesehen. Nur einmal, als er ungefähr zehn war, hatten ihn der Mukhtar und sein Vater auf dem Auto mit nach Jerusalem genommen. Sie wollten alte Rechte auf das Land des Dorfs beim Mufti[21] eintragen lassen. Es war bekannt geworden, dass in der Vergangenheit Großgrundbesitzer aus Syrien mehrfach ihre Ländereien zu hohen Preisen an eine jüdische Organisation[22] verkauft hatten. Dies war in den Augen der Vertragspartner mehr oder weniger rechtmäßig, je nachdem, von welcher Seite man das Recht auslegte. Die Bearbeiter des Landes, die vom Land lebten, waren bei diesem Handel nicht gefragt worden; sie waren keine Eigentümer. Alles jedoch, was sich auf dem Land befand, wie die Häuser, der Brunnen oder die vielen, über 200 Jahre alten Olivenbäume, die schon ihre Vorfahren gepflanzt hatten, gehörte nach verbürgtem arabischen Recht den Fellachen des Dorfes. Das war jetzt allerdings nirgendwo mehr schriftlich festgehalten. Das osmanische Rechtssystem gab es nicht mehr. Dokumente existierten nicht. Trotz der britischen Beschränkung[23] von Landverkäufen an Juden hatten viele arabische Bewohner anderer Dörfer in der Gegend nicht nur ihr Eigentum ersatzlos verloren, sondern waren dazu noch aus den Dörfern vertrieben worden. Die Briten hatten viel zu spät gemerkt, was da vor sich ging. Der Jewish National Fund hatte das Land billig an Juden verkauft und die

---

18 Arabisch für „*Pflüger*", vom Verb falaha: „*den Boden spalten/ bearbeiten*"

19 Arabisch für „*Dorfvorsteher, Dorfältester*"

20 Das heutige Akko

21 Arabisch für „*Rechtsgelehrter*"

22 Jewish National Fund (Jewish Agency): Eine prästaatliche zionistische Organisation, die bis 1948 vor allem den Landerwerb im britischen Mandatsgebiet Palästina betrieb, gestützt auf finanzielle Hilfe durch die jüdischen Gemeinden weltweit. Der Boden wurde nur an jüdische Siedler weitergegeben. Auch heute noch, neben weiteren Aufgaben, aktiv.

23 Siehe Index 6 – Weißbuch

hatten darauf Kibbuze errichtet. Alles, was sich darauf befand, war in jüdischen Besitz übergegangen. Der Unmut der arabischen Fellachen wuchs und äußerte sich in offenen Auseinandersetzungen, die letztendlich auch zu direkter Gewalt gegen Juden führten. Diebstahl, Zerstörung und sogar Mord waren die Folge. Und die Juden zahlten mit gleicher Münze zurück.

Die Reise war ein gefährliches Unterfangen, wie er sich erinnerte, denn die Straßen waren unsicher von Banditen und den jüdischen und arabischen Milizen beider Seiten. Sie hatten zu ihrem Schutz die große Pistole des Mukhtar unter der Sitzbank der Fahrerkabine verstaut. In Jerusalem hatte er zum ersten Mal auch britische Soldaten in hellbraunen Uniformen gesehen, die von draußen das Regierungsgebäude bewachten und im gesamten Gebäude herumliefen. Und sie waren einem Offizier begegnet, der nach dem Besuch beim Rechtsgelehrten[24] zusammen mit einem Schreiber die Eintragung ihrer Rechte in einem großen Buch vornahm. Der hatte die Namen des Mukhtar, seines Vaters und eines Nachbarn aufgeschrieben. Sie bekamen je ein Papier mit Stempel und einer langen Registrationsnummer überreicht. Er durfte die Zeilen selbst laut vorlesen und war mächtig stolz darauf gewesen. Dann waren sie noch auf den Tempelberg gegangen und er hatte den Felsendom betreten und in der Al-Aqsa-Moschee mit dem Vater gebetet.

Damals lebten im Dorf um die 120 Menschen. Eine Schule für die Kinder gab es nicht. Was man zum Leben brauchte, lernte man bei der täglichen Feldarbeit. Nur der alte Imam[25] des Dorfes brachte den Kindern beim Studium des Korans Lesen und Schreiben bei. Rechnen lernte er beim An- und Verkauf von Lebensmitteln und anderen Gütern von seinem Vater. Sein Großvater war sogar stolzer Besitzer eines Vorderladers gewesen, den er von den Türken mitgebracht hatte, als er in der Garnison bei Haifa als Soldat dienen musste. Mit dem konnte man gut die umherstreifenden Wölfe von den Ziegenherden vertreiben. Leider mangelte es zu oft an Pulver, als dass er öfter in Gebrauch genommen werden konnte.

---

[24] Seit 1941 von den Briten eingesetzt war Sheikh Hussam Al-din Jarallah aus der Familie der Nashashabi als Ersatz für seinen Erbfeind Mohammed Amin al-Husseini, der im Oktober 1937 vor den Briten in den Libanon geflohen war.

[25] Arabisch für „*Vorsteher, Vorbild*"

Auf der Landstraße weiter unten, die am Wadi im Norden entlangführte und von wo der Feldweg zum Dorf abzweigte, waren in den letzten Jahren immer öfter auch Juden mit Lastwagen und Motorrädern vorbeigefahren. Man konnte sie von den Arabern deutlich unterscheiden. Die Kinder hatten auch ihnen von den Häuserdächern oder den Feldern zugewinkt. Ins Dorf gekommen waren sie nie und es hatte auch nie einen Zwischenfall gegeben. Nur einmal war der älteste Sohn eines Nachbarn nicht mehr nach Hause gekommen. Der hatte das einzig brauchbare Gewehr des Dorfes mitgenommen, einen alten Karabiner, auf dessen Schloss die Jahreszahl 1912 aufgedruckt war. Man sagte, er habe sich arabischen Freiheitskämpfern angeschlossen, aber bis hierher würden die immer häufigeren Kämpfe zwischen arabischen und jüdischen Milizen nicht kommen. Da war man sich sicher.

Der Dorfrat hatte sich daraufhin aber doch in der Moschee versammelt und beschlossen, einen neuen Karabiner mit Munition aus Haifa zu kaufen und in der Nacht eine Wache an der Einfahrt zum Dorf aufzustellen. Bis auf die Einfahrt war das Dorf durch eine undurchdringliche wilde Kakteenhecke am Rand der Anhöhe vor direktem Zugang gut geschützt. Das gesamte Dorf hatte dann verfolgt, wie der Mukhtar mit dem neuen Gewehr aus großer Entfernung einen Ast von einem Baum geschossen hatte, und alle waren sich einig – jetzt war nichts mehr zu befürchten.

Ein paar Monate später, im Winter 1947/48, wurde das Dorf jedoch aufgeschreckt. Ein arabischer Händler, der mit seinem Eselskarren regelmäßig die Dörfer im Umkreis besuchte, erzählte, dass die arabische Kleinstadt Balad Al-Shaykh nahe bei Haifa von jüdischen Milizen überfallen und mindestens vierzig Bewohner ermordet worden waren[26]. Darunter seien auch Frauen und Kinder gewesen. Was immer der Grund dazu gewesen sein mochte, Bassam kannte ihn nicht. Aber er kannte den Ort gut, denn sein Vater hatte dort einen entfernten Verwandten, bei dem sie hier und da übernachtet hatten, wenn sie nach Haifa gereist waren. Der fragte jetzt besorgt nach und erhielt die Antwort, dass viele Bewohner des Ortes in den Hafen von Haifa oder nördlich nach Acre geflüchtet waren. Sie hätten versucht, Schiffe in den Libanon zu bekommen. Der Händler sagte, man solle

---

[26] 31. Dezember 1947: Die zionistischen Angreifer kamen über die Südhügel, warfen erst Handgranaten auf die Häuser und anschließend feuerten sie auf die unbewaffneten Einwohner.

aufpassen, die Situation würde immer bedrohlicher. Er selbst würde sich vor jüdischen und arabischen Kämpfern in Acht nehmen. Keinem sei mehr zu trauen.

Als das Frühjahr und die ersten warmen Tage gekommen waren, hörte Bassam eines Tages Gewehrschüsse hoch oben bei den Hügeln im Norden. Er war gerade mit seiner Schwester auf dem Feld. Sie wussten, dass einige Dörfer zusammen mit der Arab Liberation Army[27] weiter im Norden einen Kibbuz vertreiben wollten, der ihnen ihr Ackerland durch Landkauf weggenommen hatte. Die Kinder rannten nach Hause. Dort erschien am Abend der Mukhtar des Nachbarortes Khubbayza auf seinem Pferd und erzählte aufgeregt, jüdische Milizen hätten vor zwei Tagen Abu-Shusha, Al-Mansi und einige andere Dörfer bei einem Gefecht um den Kibbuz Mishmar Ha'emeg eingenommen, und Palmach-Kämpfer[28] hätten mit den Kibbuzim alle Einwohner der Dörfer vertrieben, weil sie sich an den Kämpfen beteiligt hatten. Heute hätten sie auch Al-Kafrayn angegriffen, das nur drei Meilen nördlich lag. Die meisten Bewohner seien in die Berge nach Osten geflüchtet, andere seien nach Khubbayza und Umm Al-Shawf gekommen. Beide Dörfer waren größer als Buteima't. Er habe gehört, die Juden kämen jetzt auch zu ihnen. Sie sollten besser ihre Häuser aufgeben und auch nach Khubbayza kommen, wo man sicherer wäre und sich zusammen besser verteidigen könnte. Dort wären auch einige Kämpfer der Arab Liberation Army eingetroffen, die zum Schutz dableiben wollten.

Der Dorfrat kam in der Moschee zusammen. Al-Kafrayn war immer noch größer gewesen als Khubbayza und Umm Al-Shawf zusammen, und wenn schon diese größere Ortschaft gefallen war, so konnten die beiden kleineren sicherlich auch nicht gehalten werden. Man kam zu dem Entschluss, dass sie neutral geblieben seien und nichts zu befürchten hätten, denn sie hätten niemandem irgendetwas getan und keiner aus dem Dorf habe sich an irgendwelchen Kämpfen beteiligt.

---

27 Die Arab Liberation Army war eine Freiwilligenarmee mehrer arabischer Länder unter dem Kommando von Fawzi Al-Qawuqji. Sie operierte vollkommen ineffektiv und unwirksam. Sie wurde von der israelischen Armee in den Libanon getrieben. Ihre Stärke wird mit maximal 4.000 Kämpfern angegeben.

28 Siehe Index 8 – Haganah, Palmach

Trotzdem wurden Lebensmittel für den Ernstfall gesammelt und verstaut, und ab jetzt sollte die Wache verdoppelt werden. Zwei Tage später waren in der Nacht sein acht Jahre älterer Bruder Karim und sein etwa gleichaltriger Neffe zur Wache eingeteilt. Am nächsten Morgen bei der Ablösung waren beide verschwunden gewesen. Mit dem Karabiner, der Munition und unserem Vorderlader ohne Pulver hatten sie sich mit einigen anderen jungen Männern der Nachbardörfer den palästinensischen Freiheitskämpfern in den Bergen angeschlossen und waren gemeinsam in Richtung Tiberias gezogen. Er sollte Karim nie wieder sehen.

Am nächsten Tag hatten dreizehn Familien angefangen zu packen und waren Richtung Umm Al-Shawf aufgebrochen. Es hieß jetzt, dass Haifa schon von den Juden besetzt sei und viele Palästinenser mit Booten aufs Meer geflüchtet waren. Die Dorfbewohner wollten Gleichgesinnte suchen und in einem großen Treck in den Libanon aufbrechen. Von da sollte die libanesische Armee kommen, Galiläa von den Juden befreien und man könne dann in ihrem Rücken zurückkehren. So war man sich wieder einmal sicher. Sie würden nicht lange wegbleiben. Der Mukhtar versuchte die Flüchtlinge zum Bleiben zu bewegen, aber es nutzte nichts. Der Rest der Familien blieb in großer Besorgnis zurück.

Hier und da hörte man in den folgenden Tagen von ferne auch Schüsse und Explosionen, und einmal donnerten sogar zwei Flugzeuge über das Dorf. Eine Woche später dann – Bassam erinnerte sich genau – waren die Juden da. Sie kamen mit zwei Transportwagen, einem Panzerwagen mit Kanone und zwei Motorrädern. Ungefähr 20 Männer und zwei Frauen. Fast konnte man sie nicht unterscheiden. Alle hatten glatte Gesichter und waren mit weiten Hemden und Hosen zivil gekleidet. Nur die Frauen trugen offene längere Haare, die Männer hatten sie glatt zurückgekämmt. So etwas hatte der Junge noch nie gesehen. Männer und Frauen gleich! Sie waren ganz anders als die Juden, die er von Haifa in Erinnerung hatte.

Besonders auffällig waren ihre Waffen. Leichte Maschinenpistolen um die Schultern und einige hatten sogar Handgranaten an den Gürteln. Es waren junge Kämpfer der Palmach und Siedlermilizen aus Mishmar Ha'emeg und sie ließen die Verbliebenen auf dem Platz antreten. Ob hier Waffen wären, wollte der Anführer wissen.

„Nein“, sagte der Mukhtar, verschwieg ihm die große Pistole, die er noch besaß, und blickte ihm fest in die Augen.

„Wir geben euch 24 Stunden, dann seid ihr verschwunden.“

„Wo sollen wir hin? Das ist unser Zuhause!“

„Wir kommen morgen wieder. Wer dann noch hier ist, wird erschossen. – Vielleicht könnt ihr später zurückkommen“, fügte der Mann dann noch hinzu. Das Auto des Mukhtar wurde beschlagnahmt und zusammen mit den zwei Benzinkanistern mitgenommen.

Nun war kein Halten mehr und jeder packte eiligst die notwendigsten Sachen zusammen. Am Abend stand ein trauriger Zug auf dem Dorfplatz zur Abreise bereit. Bassam erinnerte sich, dass sie alles auf einen Pferdewagen geladen hatten und sein Großvater, seine drei Schwestern und er darauf Platz nahmen. Auf dem Bock saß seine Mutter und der Vater stand neben dem Maultier. Es wurden noch drei Ziegen an den Wagen gebunden. Die Mutter hatte den ganzen Tag über geweint.

Als der Abschied kam, war nur der alte Imam nicht bereit mitzugehen; sie könnten ihm nichts tun, er sei nur Allah verantwortlich und werde für sie alle beten. Außerdem müsse jemand dableiben und auf die Häuser und Tiere aufpassen, bis sie zurückkämen. Bei ihm gaben sie die Schlüssel ihrer Häuser ab. Nach lautem Abschied setzte sich der kleine Zug in Bewegung, den Hang hinunter in Richtung Landstraße. Dort angekommen stockte der Zug. Alle wendeten sich nach Westen, wo Khubbayza lag, aber Bassams Vater bestand darauf, nach Osten zu gehen. Er wollte seinen verschwundenen Sohn finden und mitnehmen. Und so teilte sich die Gruppe nochmals auf. Sieben Familien zogen Richtung Westen und Bassams Familie östlich in die Berge.

Die ganze Nacht hindurch trieb der Vater das Maultier an. Am Tag setzten sich alle in einer Mulde nieder, die abseits der Straße lag, und versteckten sich so gut wie möglich hinter Büschen und Hecken. In der folgenden Nacht fanden sie weitere Flüchtlinge, die von einer Reise nach Tiberias abrieten. „Tiberias haben die Juden bereits eingenommen. Die Araber sind alle geflüchtet. Wir müssen nach Süden und versuchen, Jenin oder Nablus zu erreichen“, sagte der Anführer der anderen Gruppe. „Im Norden sind schon zu viele Juden. Sie wollen einen Angriff der Libanesen und Syrer abwehren. Die Arabische Liga hat beschlossen, eine Invasion aller arabischen Staaten in Palästina durchzuführen und die Juden zu vertreiben, wenn die Briten das Land endlich verlassen haben. Dann werden wir siegen und können in unsere Dörfer zurück", so sagte er frohgemut. Die Familie hatte keine andere Wahl und schloss sich den Flüchtlingen an.

Zwei Tage später waren sie in Nablus. Am Rand der Stadt wimmelte es von Menschen. Sie zogen mit vielen anderen in ein Camp auf einem freien Feld. In die Stadt wurden sie nur mit Genehmigung eingelassen.

Im Laufe der nächsten Tage kamen immer mehr Flüchtlinge an und die Situation im Camp wurde von Tag zu Tag unerträglicher. Sie erzählten, dass sogar britische Flugzeuge versucht hätten, die Haganah bei der Einnahme der arabischen Stadt Jaffa aufzuhalten, aber die Juden hätten am Ende die Einwohner der Hafenstadt aus ihren Häusern getrieben und viele erschossen. Die Araber, die entkommen konnten, seien aufs Wasser geflüchtet. Sie hätten wenig mitnehmen können. Und dann kamen auch einige Dorfbewohner aus Buteima't, von denen man sich vor einem Monat getrennt hatte. Khubbayza und Umm Al-Shawf waren drei Wochen später von Milizen der Haganah und der gefürchteten Irgun[29] angegriffen worden Die wenigen Freiwilligen der Arab Liberation Army und einige palästinensische Milizen konnten den Angriff nicht abwehren. Viele seien tot und der Rest der Bewohner wurde in einer langen Kolonne nach Osten getrieben. Dabei wurde in einem Wagen der Flüchtlinge eine Pistole gefunden – die Pistole des Mukhtar, der beim Kampf getötet worden war. Als keiner bereit war, darüber Auskunft zu geben, wurden die mutmaßlichen Besitzer, sieben Männer an der Zahl, vor den Augen ihrer Familien vom Kommandanten der Irgun erschossen.

Um Nablus versammelten sich auch immer mehr palästinensische Freischärler, um mit der angekündigten Offensive der arabischen Armeen Richtung Westen vorzustoßen. Bassams Vater hatte gehofft, seinen Sohn unter den Milizen zu finden – vergeblich. Irgendwann war dann der Vater wieder zurück in Richtung Jenin gegangen, seinen Sohn zu suchen. Bassam wusste noch die Abschiedsworte, die ihm sein Vater auftrug für den Fall, dass er nicht wiederkehren würde. Dann solle er für die Familie sorgen. Das hatte ihm Bassam mit

[29] Siehe Index 10 – Lechi, Irgun

seinen 13 Jahren versprochen. Auch den Vater sollte er nie wieder sehen.

Am 14. Mai waren dann die Truppen der Arabischen Liga in den Kampf eingetreten. Drei Tage darauf waren irakische Verbände eingetroffen und zogen weiter Richtung Norden. Bassam erzählte, er habe auch mit Stolz die Soldaten der Arabischen Legion[30] gesehen, die alle in die gleichen Uniformen gekleidet waren und mit ihren Panzerfahrzeugen und Kanonen großen Eindruck auf ihn gemacht hatten. Einheiten waren auf dem Weg vom Jordantal nach Jerusalem an Nablus vorbeigezogen. Die Flüchtlinge hatten ihnen zugejubelt. Es konnte nicht mehr lange dauern, man wartete jeden Tag auf die erlösende Siegesnachricht der vereinigten arabischen Heere, um endlich zurück nach Hause aufbrechen zu können.

Aber es sollte alles ganz anders kommen, so, wie sie sich das niemals vorgestellt hatten. Die arabischen Truppen gingen nicht vor. Viele der irakischen Soldaten waren heilfroh, wieder nach Hause zu kommen, und hatten einen wirklichen Kampf gar nicht geliefert. Sie wurden Wochen später bei ihrem Rückmarsch vorbei an Nablus von den Flüchtlingen verspottet und verschmäht. Die Kinder bewarfen sie mit Steinen. Von der Arab Liberation Army, die nicht einmal in der Lage gewesen war, selbst kleine Kibbuzim einzunehmen, die nur von jüdischen Zivilisten und einigen Palmach-Kämpfern verteidigt wurden, wurde bekannt, dass sie zusammen mit den Libanesen und Syrern im Norden sogar auf ihr eigenes Land zurückgeflüchtet waren, die letzteren teilweise ohne auch nur einen einzigen Schuss abzugeben. Auf den großmäuligen Anführer der Arab Liberation Army, Fawzi Al-Qawuqji, wurden Spottverse verfasst.

Die Nachrichten vom Vorgehen der jetzt „israelisch" genannten Armee in Galiläa wurden immer besorgniserregender. Am Ende des Sommers kam die Nachricht, dass die Juden den schwedischen UN-Vermittler Bernadotte[31] in Jerusalem durch ein Terrorkommando der Lechi[32] ermordet hatten. Damit hatten die Palästinenser ihren letzten offiziellen Fürsprecher im Land verloren. Keine internationale Gemeinschaft schritt ein. Kein Kläger, kein Richter! Die Juden beanspruchten von nun an ihre eigene Rechtsauslegung. Sie allein ent-

[30] Siehe Index 9 – Arabische Legion
[31] Siehe Index 1 – Personenregister
[32] Siehe Index 10 – Lechi, Irgun

schieden jetzt zwischen Schuld und Unschuld, Sein und Nichtsein, Terrorist und Freiheitskämpfer. Das israelische Recht war installiert – und es gilt bis heute!

Durch Waffenlieferungen aus dem Westen waren die Israelis mittlerweile den arabischen Truppen nicht nur wie ursprünglich an Zahl, sondern jetzt auch noch an Kriegsgerät weit überlegen. Die Kampfmoral der arabischen Truppen war sowieso nicht die beste gewesen. Bassam verstand zum ersten Mal, was die Solidarität unter den so genannten arabischen Brüdern wirklich wert war. Palästina und seine Menschen interessierten nur insofern, als eigene Machtinteressen befriedigt werden konnten. Vielen der Flüchtlinge wurde jetzt erst richtig klar, dass sie nicht mehr nach Hause zurückkehren würden. Das Wort von der Nakba[33] machte die Runde und wurde zum Synonym für die schmachvolle Niederlage der arabischen Staaten.

Im Winter, als es offensichtlich wurde, dass der Vater nicht mehr zurückkehren würde, waren sie wieder aufgebrochen. Die Mutter hatte eine Schwester in Irbid in Transjordanien. Dorthin sollte die Reise gehen, denn mittlerweile wurden die Lebensmittel knapp und die Mutter begann ihren Hochzeitsschmuck zu verkaufen, damit die Not nicht allzu groß wurde. Die Reise nach Irbid war beschwerlich und dauerte fast zwei Wochen, weil unterwegs das Maultier verschwand. Es war vermutlich von marodierenden Freischärlern gestohlen worden. Der Großvater starb im Jahr darauf in Irbid an Kummer um seine Heimat und seinen Sohn. Bassam selbst habe bei seinem Onkel das Bauhandwerk erlernt und sei seinem Versprechen, das er dem Vater gegeben hatte, nachgekommen. Er hatte die Familie vom 14. Lebensjahr an versorgt.

Ich schaute auf die Uhr. Es war schon fast 16:30 Uhr. Wir hatten nahezu zwei Stunden geredet, ein paar Mal unterbrochen von anderen Kunden. Ich selbst hatte mehrmals Tee nachschenken lassen und Bassam hatte süße Mandelplätzchen dazugestellt. Während der Pausen, in denen er andere bediente, hatte ich begonnen, mir auf einem Block Notizen zu machen. Das, was ich hier gehört hatte, war zwar geschichtlich nicht neu für mich – jedoch aus dem Mund eines Zeitzeugen hörte es sich anders an als das, was mir bisher an Informationen aufgetischt worden war. Aus der Sicht der Betroffenen hatte ich die Palästinenserfrage noch gar nicht wirklich ernsthaft betrachtet.

---

[33] Arabisch für „*Katastrophe*“

Alles zu diesem Thema war bisher für mich überfrachtet gewesen von der israelischen Perspektive, vom Leid, von der Verfolgung, der Unschuld und dem heroischen Überlebenskampf des jüdischen Volkes. München 1972 und Mogadischu 1977 hatten zusätzlich zu meiner Erziehung im stillschweigenden Deutschland ihr Übriges getan, um den palästinensischen Terror entsprechend einzuordnen, und an dieses Muster hatte auch ich mich über unsere Medien phlegmatisch, kritiklos und bequem gewöhnen lassen.

Bassam kam zurück an den Tisch. „Komm mit mir nach Hause zum Essen, meine Familie würde sich freuen und ich auch", lud er mich ein.

Ich musste schweren Herzens ablehnen, denn ich wollte morgen ja in aller Frühe aufbrechen und hatte noch einiges zu erledigen. „Bist du jemals wieder in Deinem Dorf gewesen?"

„Niemals, wie auch?", sagte er, griff in seine Tasche und zeigte mir eine verknitterte, vergilbte Karte. Es war eine UN-Flüchtlingsbescheinigung. Er erklärte mir, dass darauf auch das Recht an dem Land eingetragen sei, das sie verloren hatten. Er war mit seinem Onkel Jahre später nach Ost-Jerusalem gereist, hatte dort den Eintrag mit dem Namen seines Vaters und des Mukhtar in dem großen Buch gefunden und aufgrund der UN-Resolution 194[34] diese Karte erhalten, die sein Eigentum verbürgte. Dadurch aber, dass er nun als Flüchtling galt, hatte er das Rückkehrrecht in seine Heimat verloren. Dafür hatten die Israelis noch im Jahr 1948 durch ein entsprechendes Gesetz[35] gesorgt. „Dieses Gesetz ist bis heute in Kraft. Ich werde meine Heimat in Galiläa wohl nie wieder sehen", mutmaßte Bassam.

„Haben nicht die Juden und ihr Palästinenser so lange Zeit Tür an Tür friedlich zusammen gewohnt und voneinander gelebt? Tragt nicht auch ihr Schuld an dieser Entwicklung?"

Meine Frage ließ ihn aufhorchen. Er lehnte sich zurück, steckte die Karte ein, schaute mich an und hob den Zeigefinger. „Hör mir gut zu, mein Freund. Wir haben sie respektiert, als wir viele und sie wenige waren. Wir haben lange vor und während der Türkenzeit[36] zusammen mit ihnen gelebt und sie mit uns. Keiner hatte je einen An-

---

[34] Siehe Index 11 – UN-Resolutionen

[35] Siehe Index 12 – Notstandsverordnung über das Eigentum Abwesender

[36] Unter osmanischer Herrschaft ab 1517 bis 1917

spruch auf den anderen. Auch als immer mehr von ihnen in unser Land kamen, haben wir sie aufgenommen. Wenn sie unglücklich bei uns gewesen wären, warum sind dann so viele zu uns gekommen? Wir waren ihr Zufluchtsort! Wir gaben ihnen ein Zuhause. Aber in ihrem Sog kamen auch andere. Sie begannen zu hetzen und aufzuwiegeln. Sie gründeten Geheimbünde. Sie waren Teufel und nannten sich Zionisten. Sie wollten nehmen, ohne zu fragen, sie wollten das Land beherrschen und damit auch uns. „Eretz" Israel nannten sie es, das eine und einzige Land. Welches Land meinten sie? Wie groß war dieses Land? Wo waren seine Grenzen? Sie sagten, es gehöre ihnen schon seit langer Zeit; ein göttlich-historischer Anspruch. Wenn ihnen das also schon alles gehörte, warum fingen sie dann an, das Land aufzukaufen? Wenn sie schon die wahren Eigentümer waren, dann brauchten sie das Land doch gar nicht erst zu erwerben. Wem gehörte also das Land? Das gesamte Land Palästina kann man gar nicht aufkaufen. Kein Volk hat je einem anderen dessen Land abgekauft. Ein Land kann man nicht einfach übernehmen, außer es wird erobert und gewaltsam entrissen. Und das ist die einzige Wahrheit! Nichts anderes steckte von Anfang an dahinter. Die Zionisten kamen, das Land zu rauben, und sie sind bis heute im Nahen Osten noch lange nicht damit fertig!"

Er hatte beim letzten Satz seine Stimme erhoben und sich mit funkelnden Augen aufrecht hingesetzt. Gern wäre ich noch länger mit ihm zusammen gewesen und gern hätte ich noch mehr von ihm erfahren. Aber ich musste los, wenn ich noch vor Beginn der Dunkelheit das Hotel wieder erreichen wollte. Für den Tee und die Plätzchen legte ich ihm 50 Piaster auf den Tisch. Entrüstet schob er mir das Geld zurück.

„Du bist mein Freund und warst mein Gast", sagte er und fügte hinzu: „Wenn du einmal in meine Heimat kommst, dann geh zu meinem Dorf und sieh, wie es jetzt da aussieht. Unser Haus stand direkt links neben der Moschee an dem Dorfplatz. Der Eingang war überdeckt von einer alten Pinie. Auf der habe ich als Junge immer gesessen und Ausschau gehalten."

Also fertigten wir eine Landkarte für mich an, in die er die Namen der Dörfer eintrug, die er mir genannt hatte. Ich gab ihm das Versprechen vorbeizufahren, wenn ich in die Gegend kommen sollte, und wir verabschiedeten uns sehr herzlich voneinander.

Es fing schon an zu dämmern und ich entschied mich, doch lieber mit einem Taxi zum Hotel zurückzufahren, als auf dem Rückweg in der Dunkelheit dem Bürgersteig bergauf zu folgen. Der Verkehr auf dem Platz hatte merklich nachgelassen und ich fand schnell einen gelben Wagen, der mich wohlbehalten am Hotel absetzte. Der Concierge war immer noch im Dienst und er fragte mich, ob ich so lange gelaufen sei. „Nein, nein", entgegnete ich. „Ich habe mich heute gut unterhalten und viel über Palästina erfahren."

„Ich bin Palästinenser, aus Nablus", entgegnete er. Ich war jetzt richtig gespannt auf das, was mich erwartete.

Nachdem ich dafür gesorgt hatte, dass das Taxi am nächsten Morgen früh genug bereit stand, und ich noch einige Informationen zum Grenzübergang gesammelt hatte, sortierte ich noch mein Gepäck so, dass ich bei einer etwaigen Untersuchung alles gleich im Griff hatte. Das, was meine eigentliche Absicht bezeugen konnte, verstaute ich möglichst versteckt in meinem Handkoffer an geeigneter Stelle. Im Falle der Entdeckung hatte ich mir schon eine entsprechende Rechtfertigung zurechtgelegt. Den Pass meines Auftraggebers hatte ich zu Hause gelassen. Der war voll mit Stempeln aus Saudi und anderen arabischen Staaten und hier völlig fehl am Platz. Ich hatte einen jungfräulichen deutschen Reisepass dabei, der möglichst Unauffälligkeit demonstrieren sollte. So vorbereitet sah ich dem Abenteuer jetzt relativ gelassen entgegen.

Es war früh am Morgen und das Taxi fuhr die stark abschüssige Straße hinunter. Der Blick war grandios. Seitdem wir Amman verlassen hatten und an die Kante der Wüstenplatte gekommen waren, lag das Panorama des Jordangrabens vor uns. In Amman war es am Morgen schon recht warm gewesen. Jetzt war es neun Uhr und ich sah, wie das Thermometer im Taxi, das die Außentemperatur anzeigte, permanent Grad um Grad anstieg. Es war gerade bei 31 angelangt und wir waren noch lange nicht unten. Am Boden des riesigen Erdrisses sah ich grüne Flecken in dem gelbgrauen Sand und links vor uns tauchte unwirklich das tiefe Blau des Toten Meeres auf. Im Hintergrund waren schon die Höhen der West-Bank durch den Dunst erkennbar. Gerade vor uns, so sagte der Taxifahrer, konnte man Jericho recht gut erkennen. So nah und doch so unendlich fern für ihn. Deutlich tauchte in der Mitte des Grabens ab und zu ein grünes Band auf, das sich durch den welligen hellgrauen Boden zog – das Bett des Jordan. Die Grenze zwischen Palästina und Jordanien.

Erst vor vier Jahren hatte der jordanische König Hussein I. offiziell seinen Verzicht auf das Land westlich des Jordan erklärt[37], das 1950 völkerrechtswidrig, gegen den UN-Teilungsbeschluss vom November 1947[38], von seinem Großvater Abdullah I. annektiert worden war. Damit wäre es endlich an der Zeit gewesen, diesen Teil Palästinas, wie es dort heißt, den „Bewohnern als Staat" zuzuschreiben. Das Land war jedoch 1967 im Sechs-Tage-Krieg[39] von den Israelis erobert worden und seitdem besetzt, ebenso völkerrechtswidrig[40]. Die einen hatten es abgegeben, nachdem sie es an die anderen verloren hatten, und die Letzteren gaben es jetzt auch nicht mehr her. Für die Bewohner des Landes blieb da nichts anderes übrig, als sich erneut zu beugen. Sie tauschten, ohne gefragt zu werden, den einen gegen den anderen Herrn. Teufel gegen Beelzebub.

Je tiefer wir in den riesigen Graben hinunterfuhren, umso höher stieg das Thermometer. Als wir die Talsohle erreichten, waren es 39 Grad im Schatten. Ich kannte solche Temperaturen nur zu gut durch meinen Aufenthalt in Hofuf, wo im Sommer Temperaturen von knapp 50 Grad keine Seltenheit waren. Wir waren jetzt fast 400 Meter unter dem Meeresspiegel und fuhren vorbei an Bananen- und Orangenplantagen, Zitrushainen und Gemüsefeldern. Der Wagen wirbelte Staubwolken vom Rand der holprigen Straße auf, während wir im gut gekühlten Auto saßen. Einige kleine Häuseransammlungen wurden passiert und einige Eselskarren überholt. Überwältigend waren die Bougainvillea-Kletterstauden, die in verschiedenen Farben von Weiß über Rot bis Violett ihre unglaubliche Blütenpracht an Zäunen und Mauern entfalteten. Rechts und links der Straße waren Bewässerungsgräben zu erkennen und hier und da stampfte eine Pumpe Wasser aus der Tiefe. Einige Bauern waren trotz der Hitze auf den Feldern. Nach wenigen Kilometern führte uns ein auf Arabisch und Englisch beschriebenes Schild nach links in eine Nebenstraße – Jisr Al-Malek Hussein[41] und Allenby Bridge war darauf zu lesen.

Das war der Grenzübergang. Ich hatte mein erstes Etappenziel erreicht. Wir kamen an ein Gelände, dessen Gebäudekomplex hinter

---

37 31. Juli 1988

38 Siehe Index 11 – UN-Resolutionen (181)

39 Siehe Index 3 – Sechs-Tage-Krieg

40 Siehe Index 11 – UN-Resolutionen (242 und 478)

41 Arabisch für *„König-Hussein-Brücke"*

einer hohen Mauer vor Blicken von außen geschützt war. Das war die jordanische Grenzstation. Das Taxi fuhr bis zu einem Tor und stoppte. Ich bezahlte den Fahrpreis, nahm meine Habseligkeiten und marschierte auf den Soldaten zu, der mich kurz kontrollierte und mir dann den Weg zu einem Gebäude wies. Die Hitze war brutal und die Anzahl der Fliegen nahm mit jedem Schweißtropfen meines Körpers quadratisch zu. Im Gebäude versuchte ein altes Klimagerät, wenn nicht für gekühlte Luft, dann doch wenigstens für Luftbewegung zu sorgen. Unterstützt wurde es dabei von einem riesigen Ventilator unter der Decke. Die Halle war relativ leer und bestand aus mehreren Schaltern, hinter denen mich gelangweilte Gesichter anblickten. Ich schaffte es in kurzer Zeit, alle Formalitäten mit den Beamten zu erledigen. Als der letzte Stempel in den Pass gedrückt war und ich meine Belege erhalten hatte, fragte ich, wie es denn nun weitergehe. Der Beamte verwies mich auf eine Sitzbank in der Ecke. „Warte, bis der Busfahrer kommt. Wenn genügend da sind, geht es los."

Ich zog es vor, nicht auf der Sitzbank Platz zu nehmen, die augenscheinlich nur noch durch den getrockneten Schmierfilm von Fliegendreck zusammengehalten wurde. Ihre gelbe Farbe hatte sie schon lange verloren. Also ging ich nach draußen und setzte mich auf den Bordstein neben dem Bus, der unter einem Sonnenschutz stand. Hier konnte ich wenigstens den Fahrer nicht verpassen, auch wenn ich dafür an Fliegen und Hitze einen hohen Preis bezahlen musste. Von da konnte ich allerdings das Treiben auf dem Gelände gut beobachten. Vor einem anderen Gebäude weiter oben war nämlich verdammt viel los. Eine lange Reihe von Reisenden mit Koffern, Paketen, Taschen, Bündeln und Plastiktüten wartete draußen auf Einlass. Sobald die Vordersten verschwunden waren, wurde das Ende der Reihe aus einer anderen Halle wieder aufgefüllt. Zugleich spuckte das erste Gebäude die gleiche Menge, die eingetreten war, auf der anderen Seite wieder aus, die dann zu einem Busparkplatz geleitet wurde und da in einem Knäuel von Menschen und Gepäck aufging. Dort standen mehrere Busse hintereinander, bereit, das alles aufzunehmen.

Das Chaos war unbeschreiblich. Hände reckten sich hoch und hatten im selben Augenblick auch schon wieder verloren, weil andere sie wegdrückten. Gepäckstücke von teilweise nicht unerheblichem Gewicht wurden über Köpfe hinweg gereicht und, wenn sie runterfielen, sofort als Emporen genutzt, um eigenes Gepäck hochzuheben. Soldaten versuchten verzweifelt, System in das Knäuel zu bringen. Jeder strebte danach, sein Gepäck, seine Familie und sich selbst in dieser Reihenfolge in einen der Busse unterzubringen. Chef im Ring war der jeweilige Busfahrer, der, wenn der Bauch des Busses voll gestopft war, auf dem Dach die weiteren Stücke mit Hilfe der Passagiere verstaute. Verantwortlich dafür, dass das Gepäck und die Menschen im gleichen Bus zusammengehörten, waren die Reisenden selbst. So schien es jedenfalls. Das eigentliche Wunder bestand darin, dass am Ende die Busse bis zum letzten Platz belegt und völlig überladen tatsächlich geschlossen wurden und abfuhren. Sie kamen nahe an mir vorbei und verschwanden aus einem Tor im hinteren Teil des Geländes. Ich konnte die Gesichter hinter den Scheiben gut erkennen. Frauen mit weißen und bunten Kopftüchern, Kinder mit großen Augen und Männer mit schwarz-weiß gezeichneter Kaffiah[42].

Ich fragte den Fahrer meines Busses, der mittlerweile erschienen war, warum diese Passanten so abgefertigt wurden, während hier, ein paar Meter weiter, alles ruhig und überschaubar ablief. „Palästinenser auf dem Weg nach Hause", sagte er. „Für die ist das hier noch gar nichts. Drüben geht es erst richtig los."

So langsam kamen auch bei uns immer mehr Reisende zusammen. Touristen aller Herren Länder, Geistliche jeder Glaubensrichtung und Helfer internationaler Organisationen. Der Bus fuhr erst los, als alle Plätze belegt waren. Es ging aus dem Tor hinaus Richtung Grenze. Wir fuhren noch etwas weiter bergab und passierten eine Stahlschranke, die nur einen Spalt breit für den Bus geöffnet wurde. Dahinter hielten wir an und ein Soldat überprüfte im Bus zum letzten Mal unsere Ausreisepapiere. Der Boden hatte sich zu feinem weißgrauem Staub verändert. Das Grenzhäuschen war mit Sandsäcken verbarrikadiert und aus den Öffnungen ragten die Läufe von Gewehren hervor. Etwas weiter hinten war ein größeres Geschütz auf einem künstlichen Hügel installiert. Wir fuhren weiter, um ein paar Staubhügel herum und dann konnte ich die dunkle Konstruktion der Allenby-Brücke erkennen.

Das war sie also, die berühmte Brücke, die der britische General Edmund Allenby 1918 beim Einmarsch seiner Truppen ins Westjordanland auf den Überresten der alten osmanischen Brücke erbauen ließ. Oder besser gesagt, es war das, was nach ihrer Zerstörung durch

[42] Traditionelle arabische Kopfbedeckung

die Palmach[43] 1946 und nach dem Rückzug der jordanischen Truppen 1967 als Fachwerk-Notbrücke vorübergehend wieder aufgebaut worden war.

Ich suchte den eigentlichen Grund dieser Konstruktion, den Jordan. Nichts zu sehen. Der Bus passierte ein Maschinengewehrnest, die Mündung zeigte in unsere Fahrtrichtung. Der letzte Vorposten Jordaniens. Noch waren beide Länder offiziell im Kriegszustand. Dann rumpelte der Bus über die Planken der Brücke. Sie hatte die Breite, um gerade noch den Busverkehr in eine Richtung zuzulassen. Einige Holzelemente waren bereits mit Eisenteilen verstärkt worden. Jetzt sah ich auch den Jordan – oder besser das, was von ihm noch übrig war. Vielleicht einen Meter breit, gesäumt von einer Reihe Schilfpflanzen kroch ein erbärmliches dunkles Rinnsal aus stinkenden Abwässern ins Tote Meer. Da drin war Jesus getauft worden? Oh Mann!

Enttäuschung machte sich bei mir breit. Der berühmte Jordan und seine berühmte Brücke. Wie hatte ich mir das vorgestellt – wie die Brücke über den River Kwai[44] aus dem Film mit Alec Guinness und der Melodie in den Ohren, oder so ähnlich – und jetzt das.

Wir waren schneller drüber, als ich das alles hatte denken können. Keine dreißig Meter waren es gewesen. Auf der anderen Seite das gleiche Maschinengewehrnest, die Mündung allerdings jetzt entgegengesetzt, und dann war schon alles vorbei.

Welcome to Israel! Das stand auf dem großen Schild in drei Sprachen rechts am Straßenrand. Hebräisch, Englisch und Arabisch. Daneben wehte die israelische Flagge. Der Davidstern zwischen zwei blauen Streifen. Wir fuhren wieder leicht bergan, um ein paar dieser Staubhügel herum, und passierten einige wartende Busse. Das waren die, die kurz vor uns den jordanischen Grenzposten verlassen hatten, voll mit Palästinensern. Die wurden hier jetzt vorgecheckt. Alle raus. Businspektion von außen und innen. Warten und dann alle wieder rein. Jeder Bus einzeln ungefähr zehn Minuten. Fünf Busse warteten noch auf ihre Abfertigung. In der prallen Sonne. Ich schätzte, es hatte jetzt um die 40 Grad. Wir genossen das Ausländerprivileg und wurden bevorzugt behandelt. Allerdings die gleiche Prozedur. Als wir

[43] Siehe Index 8 – Haganah, Palmach
[44] Fluss im westlichen Teil Zentralthailands nahe der Grenze zu Myanmar.

draußen standen, bemerkte ich zwei Panzer, die eingegraben etwas vom Straßenrand entfernt standen, mit den Geschützen in Richtung Jordanien. Sie waren mit Mannschaft besetzt, unglaublich – was für ein Job bei diesen Temperaturen. Nachdem wir den Bus wieder bestiegen hatten, ging eine Schranke hoch und der Weg war frei.

Vorbei an einigen verrosteten Militärautowracks und viel Stacheldraht, der sich in drei Zaunreihen parallel zum Jordan in der Mondlandschaft verlor, erreichten wir eine zweite Schranke. Vor uns standen zwei weitere Busse, die vor uns passieren durften. Dann waren auch wir dran und endlich erreichten wir die Grenzstation. Ein halb offener Hangar mit Wellblechdach. Welcome to Israel, war in großen Buchstaben daran befestigt. Darunter stand eine Halle, teils aus Wellblech, teils aus Stein gemauert. Vor dem Gebäude hielten die Busse und entließen ihre Reisenden. Es entspann sich der Kampf ums Gepäck, der bei Erfolg dazu führte, dass man sich in einer Schlange anstellen musste, die trichterförmig zusammenlief und an deren Spitze ein Kontrolleur die Passanten mit ihren Pässen dem entsprechenden Gepäck zuordnete. Als ich nach Einstecken und Austeilen etlicher Knüffe und Drängler endlich auch dran war, wurde auf meinem Pass und meinen beiden Gepäckstücken ein Sticker befestigt. Das Gepäck ging geradeaus auf ein Rollband in das Innere des Gebäudes, ich selbst musste links durch eine Tür und stand in der klimatisierten Halle. Kühle Luft – ich war klatschnass geschwitzt und wusste, was in den nächsten Tagen auf mich zukommen würde, genoss aber die ersten Atemzüge. Hier musste ich wiederum warten und wurde darauf von einem jungen Mädchen in sehr gutem Englisch befragt. Ich hätte sogar Deutsch sprechen können. „Security", sagte sie und das stand auch auf ihrem Rücken zu lesen. Sie war Sicherheitsbeamtin. Am Ende des Gesprächs war ich Tourist aus Deutschland. „Bitte nach links", sagte sie; die Ausländer wurden hier von den Palästinensern getrennt. Mein Weg führte mich weiter zu einer Schalterreihe. Was mir auffiel, war, dass fast nur junge Frauen in Militär- oder Polizeikleidung zu sehen waren. Seltener stand ein bewaffneter Soldat dazwischen. Die Halle hatte eine für mich erleichternd wirkende Sauberkeit und die Bänke, die zum Sitzen bereitstanden, luden auch tatsächlich zum Sitzen ein. Die Formalitäten gingen recht schnell und problemlos vonstatten. Ich wurde nur gefragt, ob ich zum ersten Mal in Israel sei und wo ich wohnen würde. „Ost-Jerusalem, YMCA Capitolina Hotel", sagte ich. „Welcome to Israel", sagte die junge hübsche Frau freundlich aus dem Schalter und lächelte mich an. Schon wieder, dachte ich mir. Donnerwetter, wenn das so weitergeht! „Warten Sie dort, bis die Nummer auf dem Sticker in Ihrem Pass aufgerufen wird“, deutete sie auf einen abgetrennten Sitzbereich hinter dem Schalter.

Als ich mich dorthin begab und mich niedersetzte, hatte ich Einblick in den anderen Bereich der Halle. Dort standen Palästinenser in langen Schlangen vor vier Schaltern und einige hielten in ihren Händen eine Vielzahl von Reisedokumenten. Der Rest der Familie stand hinter dem Familienoberhaupt und verteidigte die Position in der Reihe gegen die Nachfolgenden. Alte und Junge, Kinder und Mütter mit Kleinkindern auf dem Arm, eingepfercht zwischen Stahlgeländern. Und sie warteten lange. Es ging zäh voran. Sie standen da, abwartend und geduldig, mit ernsten Mienen, oft die Köpfe gesenkt, aber keiner gab sich eine Schwäche. Kaum ein Laut war zu hören, kein Ausruf der Unzufriedenheit, des Aufbegehrens, kein Jammern, kein Klagen. Nur die kleineren Kinder fingen nach einer Weile an, ihren Unmut zu verkünden, und je länger sie anstanden, umso mehr. Kein Lächeln war auf diesen Gesichtern zu erkennen, sondern verbissener Durchhaltewille. Viele von ihnen waren traditionell gekleidet. Die älteren Männer vor allem mit der Kaffiah und dem schwarzen Kopfreif, die älteren Frauen oft in schwarzen, bestickten langen Kleidern. Junge Leute waren von westlichen Passanten nicht zu unterscheiden. Einige der jüngeren Frauen trugen die Haare offen.

Ihre Reisedokumente waren jordanische Reisepässe. Allerdings waren die Bewohner Palästinas nach dem Verzicht der Hashemiten auf die West-Bank keine unauffälligen jordanischen Staatsbürger mehr. Der eingetragene Wohnort im Pass wurde zum Stigma. König Hussein I. hatte erklärt, dass er verzichten und die Interessen der Palästinenser berücksichtigen würde, sobald sie sich selbst verwalten könnten. Der wahre Grund dieser selbstlosen Erklärung stand jedoch in Zusammenhang mit dem Ausbruch der Intifada. Er wollte ein Überschwappen der Ausschreitungen über den Jordan verhindern. Zu deutlich waren noch die Ereignisse vom September 1970 in Erinnerung[45]. Die PLO hatte auf diesen jordanischen Souveränitätsverzicht hin vier Monate später von Algier aus einen unabhängigen Staat in den von Israel besetzten Gebieten[46] ausgerufen. Die Isolation der PLO und der palästinensischen Bevölkerung begann langsam Wirk-

[45] „Schwarzer September“, siehe Index 5 – PLO

[46] 15. November 1988

lichkeit zu werden. Die abgelaufenen jordanischen Pässe wurden im Sinne einer Staatsbürgerschaft nicht mehr erneuert und die Israelis selbst als Besatzungsmacht gaben gar keine Pässe an Palästinenser des besetzten Westjordanlandes und Gaza aus. Stattdessen wurden so genannte Laissez-passer genehmigt, die jedoch nur zu Reisen direkt vom Flughafen Tel Aviv aus berechtigten. Reisen über den Jordan brauchten eine extra Genehmigung. Die Palästinenser waren staatenlos. Glück hatte, wer sich zu diesem Zeitpunkt im Ausland aufhielt. Der behielt seinen jordanischen Pass und die Bürgerrechte, wenn er schlau genug war, seinen Wohnsitz in Jordanien anzugeben.

Wenn die Reisenden endlich vorn am Schalter standen, wurden ihre Dokumente abgefertigt, eingezogen und in großen Stapeln weitergeleitet. Die Passanten selbst wurden wie ich zu einem Sitzbereich verwiesen, der allerdings von unserem abgetrennt war. Er war völlig überfüllt und es sah aus, als ob dies die eigentliche Schwachstelle des gesamten Systems war. Hier wurden die Nummern aufgerufen, die zur Überprüfung des Gepäcks riefen, und es kamen immer mehr hinein, als herausgerufen wurden, bis die Aufnahmekapazität absolut erschöpft war. Die Leute setzten sich zum Teil auf den Boden oder saßen zu zweit auf einer Schale, wenn die Sitzreihe das zuließ. Älteren wurde dabei unaufgefordert von Jüngeren Platz gemacht. Während sich die jungen Israelinnen uns gegenüber sehr freundlich, fast schon überzogen höflich benahmen, war in ihrer Haltung gegenüber den Palästinensern Abneigung und offensichtliche Verachtung nicht zu übersehen und zu überhören. Mit unwirschen Handgesten und lauten Rufen wurden die Palästinenser aufgerufen und zurechtgewiesen. Junge Mädchen ließen dabei oftmals hochmütig alte Männer antreten oder wiesen sie barsch zurecht, so wie sie das für richtig hielten. Sie erteilten Befehl, und wer nicht parierte, dem drohte zumindest weiterer Zeitverlust. Jedem, der jemals seinen Fuß in ein arabisches Land gesetzt hat und sich mit der Kultur auch nur ein wenig vertraut gemacht hat, musste dabei klar werden, welche Erniedrigung die Männer vor ihren Familien empfinden mussten, völlig unabhängig vom normal üblichen Respekt dem Alter gegenüber, der jedem zivilisierten Menschen normalerweise eigen sein sollte.

Eine Schleuse mit Drehkreuz war der Ausgang aus dem klimatisierten Steingebäude. Dort saßen ein Soldat und eine Sicherheitsangestellte. Beide hatten einen Stapel von Reisedokumenten vor sich liegen, der immer wieder aufgefüllt wurde, sobald sich die Anzahl verringert hatte. In lautem Ton wurden die Namen auf den Reisedokumenten aufgerufen und dann verschwand wieder eine Familie in Begleitung einer Beamtin durch die Schleuse.

Als meine Nummer aufgerufen wurde ging auch ich an unsere Schleuse und wurde von einem Mädchen in Empfang genommen. Wir traten aus dem Steingebäude und waren in der Wellblechhalle, die nur durch den Hangar überdacht war, aus dem jetzt erhöhter Lärmpegel zu vernehmen war. Die Hitze war enorm, tat allerdings im ersten Augenblick gut, nachdem ich relativ ausgekühlt war. In der Halle standen lange Reihen von Tischen aufgebaut. Dahinter Regale, überfüllt mit Gepäckstücken, die alle durch einen Röntgenapparat gelaufen waren. Auf den Tischen lagen geöffnete Koffer, Kartons und Taschen, deren Inhalt weit verstreut war, nicht nur auf den Tischen, sondern zum Teil auch auf dem Boden davor. Da die Halle unter der Decke nach außen offen und dem staubigen Wind ausgesetzt war, sah auch der Boden entsprechend aus. Israelische Beamte zogen aus dem Gepäck alles heraus, was sich darin befand. Kleider, Unterwäsche und Toilettenartikel sowie andere Gegenstände und persönliches Eigentum der Besitzer. Alles wurde genau untersucht, bei Argwohn aussortiert und bei Bedarf nach hinten zurück in das Steingebäude gegeben. Dort waren weitere Beamte damit beschäftigt, diese Geräte einer gründlicheren Untersuchung zu unterziehen, bis sie entweder zurückgebracht oder unter Protest der Eigentümer einbehalten wurden. Der Aufwand für diese Art von Security war enorm und die Lautstärke der Diskussionen ebenfalls. Verlierer waren dabei am Ende immer die Palästinenser. Sie waren schon beim Eingang in das klimatisierte Gebäude einer Leibesvisitation unterzogen worden und versuchten nun verzweifelt, den Rest ihres Eigentums, der sich in ihrem Gepäck befand, zu retten. Dies ging nicht ohne Auseinandersetzungen ab, die teilweise groteske Züge annahmen. Einem kleinen Mädchen wurde eine Puppe vor ihren Augen zerschnitten, um festzustellen, dass sich im Hohlraum nichts anderes befand als der Sprechapparat. In Tränen aufgelöst musste das Kind dann mit ansehen, wie ein Israeli die Puppe mit braunem Klebeband wieder zusammenfügte. Einer Frau wurde ein Küchengerät so auseinandergenommen, dass die Funktion offensichtlich erloschen war. Das Gerät hatte wohl nur noch Schrottwert. Sie musste jedoch das Teil wieder in den Karton packen und mitnehmen. Ein Kinderwagen wurde dermaßen malträtiert, dass ein Rad abbrach. Der Vater wurde nach erfolgter Inspektion aufgefordert, seinen Säugling, den er schon seit dem Eintritt in das Gebäude auf dem Arm hielt, wieder hineinzusetzen und das defekte Rad hineinzustecken. Ich sah die Israelis grinsen, als er damit forthumpelte. Security! Anspruch auf Entschädigung hatten die Palästinenser nicht. Jedenfalls nahm ich die Situation so wahr, dass keiner einen solchen Anspruch durchsetzen konnte.

Was mich betraf, so wurde auch mein Gepäck einer Komplettinspektion unterworfen. Argwohn erregte dabei mein Rasierapparat. Was das sei, so wurde ich gefragt. „Ein elektrischer Trockenrasierer", sagte ich.

Die junge Frau, die mich abgeholt hatte und nun für die Kontrolle meiner Sachen zuständig war, sah mich durchdringend an, schien dann jedoch befriedigt und fing an, meine Kleider aus dem Koffer zu werfen. Das ging mir dann doch zu weit und ich gab ihr unmissverständlich zu erkennen, dass ich eine solche Behandlung nicht dulden würde. „Security", sagte sie und wollte fortfahren. Ich stoppte sofort ihren Arbeitseifer und forderte sie auf, den zuständigen Offizier herzubringen. Sie sprach nur gebrochen Englisch, sah mich ungläubig an und ging dann aber davon, um später mit einem älteren Offizier in Uniform zurückzukommen.

„Die Kontrolleure sind angehalten, die Sicherheitsregeln streng zu befolgen und verdächtige Artikel zu untersuchen", so sagte er mir in gutem Englisch. Ich fragte ihn, ob ich verdächtig sei. „Nein, natürlich nicht." Aber der Terrorismus habe vielfältige Formen. Es sei alles zu meiner Sicherheit.

„Ich habe nichts gegen angemessene Kontrollen zu meiner Sicherheit", gab ich ihm zu verstehen. „Aber das in einer Form, bei der man das Eigentum würdigt und damit auch entsprechend umgeht. Ich kann keine Notwendigkeit erkennen, wenn meine Kleider herausgerissen auf dem Tisch verteilt werden und am Ende noch in den Dreck fallen." Das schien auch ihm einzuleuchten. Er gab ihr auf Hebräisch seine Instruktionen und die junge Frau legte von nun an meine Sachen gefaltet heraus und auch später wieder so hinein. Es ging also, trotz Security.

Die Papiere in meinem Handkoffer interessierten sie überhaupt nicht und damit ging ich als Tourist ohne Eigentumsverluste und Misstrauensstigma durch die Kontrollen.

Ich schnappte mir also meine Utensilien und folgte den anderen Reisenden, die die Prozedur überstanden hatten – wir alle sahen irgendwie erleichtert aus, wie groß auch immer der persönliche Verlust gewesen war. Außerhalb des Hangars standen Busse und Taxis. Die VIP-Taxis hatten spezielle Genehmigungen und fuhren von der Grenzstation direkt nach Jerusalem. Der Preis lag bei 200 Shekel. Das war außerhalb meines Budgets. Die Busse waren dazu da, die Reisenden zu einer Haltestelle bei Jericho zu bringen, da der Bereich um die Grenzstation militärisches Sperrgebiet war. Ich entschloss mich, den wesentlich günstigeren Transport per Bus zu nehmen. Eine Erfahrung, die mich bei meinen späteren Anreisen nach Palästina über die Brücke dazu veranlasste, die überhöhten VIP-Taxipreise klaglos zu bezahlen.

Der Abtransport per Bus wurde in der gleichen Weise von den Israelis organisiert wie die Abfertigung in der Halle. Die Passanten wurden in Reihen aufgeteilt, die durch Geländer abgetrennt waren. Die Busse standen vor einer jeden Reihe und der Einstieg mit Gepäck klappte damit relativ unproblematisch. Sobald ein Bus abgefahren war, rollte sofort der nächste an. Beobachtet wurde die Sache durch ein paar israelische Soldaten mit Gewehren vor der Brust, deren alleinige Existenz für Disziplin sorgte. Keinem der Passanten wurde erlaubt, die Reihen zu verlassen und vielleicht einen Blick um die nächste Ecke zu ergattern. Security! Allein der Weg zurück in den Hangar war erlaubt, wo ein Kiosk Getränke und Süßigkeiten verkaufte.

Auch ich hatte mich mit einer Flasche Wasser versorgt und die Fahrt mit dem Bus war relativ entspannend. Nun konnte an sich nichts mehr passieren und ich würde bald Jerusalem sehen. Ost-Jerusalem Busbahnhof – das war jetzt mein Ziel. Kurz vor Jericho bog der Bus dann auf ein eingezäuntes Gelände ab und mir standen die Haare zu Berge. Unter mehreren Sonnendächern war alles voller Menschen. Jetzt war auch ich mittendrin und sollte das gleiche Verfahren durchlaufen, das ich in der jordanischen Grenzstation aus der Ferne verfolgt hatte. Diese Busstation war nicht nur für Grenzgänger, sondern auch für alle anderen Reisenden aus Jericho zuständig. Die Busse fuhren in die gesamte West-Bank. Nablus, Hebron, Bethlehem, Ramallah und Jerusalem. „Al Quds[47], Al Quds", hörte ich

47 Arabisch für „*das Heiligtum*" – القدس arabischer Name für Jerusalem

jemanden rufen, als ich mein Gepäck zusammentrug. Der Rufer stand in einer dicken Traube von Leuten, die demnach alle in den nächsten Bus nach Jerusalem einsteigen wollten. Jeder wollte der Erste sein und endlich nach Hause kommen. Leider kamen die Busse nicht regelmäßig und ich verbrachte, auf meinem Schalenkoffer sitzend, eine halbe Stunde, bis der nächste Bus anrollte. Dann hieß es nur, rein ins Gewühl und tapfer standhalten, bis einen das Schicksal mit entsprechendem eigenem Druck irgendwann in die vorderen Linien spülte und ich am Ende sogar der Eingangstür zum Greifen nahe war. Die wurde dann aber vor mir geschlossen und ich blieb mit der Zuversicht zurück, die nächste Chance ergreifen zu können.

Zu guter Letzt befand ich mich tatsächlich im nächsten Bus samt meinem Gepäck und einem Stoßgebet, an wen auch immer. Neben mir saß ein Mann, dessen Familie hinter uns Platz genommen hatte. Er war mittleren Alters und westlich gekleidet. Er, seine Frau und die drei Kinder hinter mir waren seit 5 Uhr am Morgen auf den Beinen und mittlerweile neun Stunden unterwegs. Zumeist stehend in einer Warteschlange. Das alles, um eine Strecke von nicht einmal 100 Kilometern zwischen Amman und Jerusalem zurückzulegen. Sie waren ebenso müde wie ich selbst, aber ich war doch zu neugierig auf alles, als jetzt einfach einzunicken.

Der Bus hatte keine Klimaanlage und die Fenster waren weit geöffnet. Die Fahrt ging steil bergan durch verdorrte Landschaft und irgendwann kam ein Hinweisschild: Sea Level. Wir waren von knapp 380 Metern minus wieder auf Meereshöhe angelangt und mussten bis Jerusalem weitere 700 Höhenmeter überwinden. Dementsprechend langsam ging die Fahrt vonstatten. Eine kurvige zweispurige Straße, die kaum Überholmöglichkeiten bot und nahezu konstant bergauf ging. Langsam bildeten sich lange Schlangen, die sich hinter Lastwagen herquälten. Wir waren mitten in Judäa, einer kargen Hügellandschaft, die aber dennoch einigen Nomaden mit ihren Ziegenherden, deren Zeltlager wir passierten, genügend zum Leben bot. Wir waren ungefähr eine halbe Stunde unterwegs, da öffnete sich der Weg zu einem breiten Tal, an dessen Ende man die ersten Häusersilhouetten auf einem Bergrücken vor uns erkennen konnte. Deutlich stachen dabei drei Türme ins Auge, die ich später als die Auferstehungskirche, das Auguste-Viktoria-Krankenhaus und die Hebräische Universität kennen lernen sollte. Sie alle liegen auf dem Bergrücken im Osten Jerusalems, zu dem auch der Ölberg gehört. Wir erreichten diesen bewohnten Bergrücken durch eine enge Zufahrt steil bergauf. Als wir oben angelangt waren, hatte ich über eine bebaute Senke hinweg einen wunderbaren Blick auf die Altstadt und die Häuser von Ost-Jerusalem. Die Luft war merklich kühler geworden und nach der Hitze im Jordantal atmeten alle erleichtert auf. Die Stimmung unter den Mitreisenden verbesserte sich schlagartig. Die Reise ging zu Ende.

Keine fünf Minuten später bogen wir aus der Senke, die weiter südlich in das Kidrontal mit seinen kleinen Häusern und Gewerbegaragen mündete, steil bergauf kommend auf der Höhe in eine belebte Hauptverkehrsstraße ein. Links stand die Altstadtmauer Jerusalems. Ich war am Ziel. Bevor ich alles aufnehmen konnte, bog der Bus auch schon nach rechts in den Busbahnhof ein. Ein offener Platz zwischen hohen Gebäuden, wo nur die Busse anhielten, die aus der West-Bank in Jerusalem ankamen. Ich nahm meine Sachen und ging zur Hauptstraße. Es war kurz nach drei Uhr. Wir hatten uns um vier Uhr hier verabredet. So jedenfalls war die letzte Information meines Kollegen gewesen, der mich hier in Empfang nehmen sollte.

Meine Koffer hinderten mich daran umherzulaufen und so setzte ich mich auf mein Gepäck, so dass ich leicht von der Straße aus zu sehen war, aber auch die ersten Eindrücke von Jerusalem aufnehmen konnte. Die Straße war voll mit Autos. Es war die Sultan Suleiman Street. Gegenüber auf der anderen Seite stand die große Stadtmauer, die im 16. Jahrhundert von den Türken erbaut worden war. Weiter rechts konnte ich das Damaskustor erkennen, das in einem Reiseführer, den ich mir zugelegt hatte, beschrieben war. Den zog ich jetzt aus meinem Handkoffer und fand darin auch den Platz abgebildet, an dem ich mich gerade befand. Den hinteren Abschluss des Busbahnhofs bildete ein hoher Felsen, der eine eigentümlich runde Form aufwies. In meinem Reiseführer las ich darüber, dass dieser Felsen, der noch Ende des 19. Jahrhunderts Schädelstätte genannt worden war, von englischen Archäologen zu jener Zeit untersucht wurde und heute als der historisch authentische Kreuzigungsplatz Jesu gilt. Tatsächlich konnte ich bei genauem Betrachten die Grundzüge eines menschlichen Schädels in der Felswand verblüffend deutlich erkennen. Weiter las ich, dass dieser Platz, ein Steinbruch noch aus Salomos Zeiten, jüdischen und römischen Berichten zufolge vor 2000 Jahren als Hinrichtungsstätte für Kriminelle und Rebellen galt und oben auf dem Felsen tatsächlich Löcher gefunden wurden, in die man die Kreuze hineinstecken konnte. In diesem Zusammenhang waren in einem angrenzenden Bereich in der Nähe des Felsens ein mit einer runden Steinplatte verschließbares künstlich gehauenes Felsengrab und eine große Wasserzisterne aus biblischer Zeit gefunden worden. Zusammen mit einer benachbarten antiken Weinpresse lässt die Anlage auf den in der Bibel erwähnten Nutzgarten schließen, was die Vermutung der Kreuzigungs- und Grabstätte Jesu weiter bestärkt. Der Platz musste zu jener Zeit weit außerhalb der Stadt bergauf und gut sichtbar an der Straße nach Jericho und Damaskus gelegen haben. Die Stätte war bekannt unter dem Namen Garden Tomb. Das wollte ich mir auf jeden Fall noch näher ansehen.

Kaum war ich also angekommen, da stand ich schon mittendrin im Mythos Jerusalem, der Stadt, die die größten Feinde in ihrem Anspruch auf die Heiligkeit für ihre eigene Religion vereint. Außergewöhnlich heilig kam mir der Verkehr auf der Straße allerdings nicht vor. Und die Menschen benahmen sich auch nicht anders als an jedem anderen Ort auch. Was mir auffiel, war, als ich die Straße hinunterblickte, dass nur wenige Geschäfte offen waren, obwohl doch eine große Anzahl Passanten unterwegs war. Viele der geschlossenen Ladentüren und auch die Häuserwände waren über und über beschmiert mit arabischen Parolen. Einige Worte konnte ich leicht entziffern: Mukhawama[48], Tahrir[49], Nassr[50], Al Huria li Falestin[51]. Die Straße selbst wies an einigen Stellen dunkle Brandflecke auf, die offenbar durch das Anzünden von Reifen und ähnlich brennbarem Material entstanden sein mussten. An machen Stellen lagen am Straßenrand zwischen parkenden Autos zerbrochene und abgebrannte Möbelreste, Steine, Eisenteile und andere nicht mehr zu identifizierende größere Gegenstände. Das mussten die Überbleibsel der Barrieren von vergangenen Straßenschlachten mit den israelischen Soldaten sein. Von irgendeiner Anspannung war gegenwärtig nichts zu spüren. Soweit ich das beurteilen konnte, befanden sich hier nur Araber auf der Straße. Es war alles ruhig.

Jemand tippte auf meine Schulter. Es war Alberto Fancini, mein italienischer Kollege, der kürzlich seine Arbeit an einem Abwasserprojekt in Beit Sahour aufgenommen hatte.

---

48 Arabisch für „*Widerstand*"
49 Arabisch für „*Befreiung*"
50 Arabisch für „*Sieg*"
51 Arabisch für „*Freiheit für Palästina*"

„Herzlich willkommen in Jerusalem“, begann er auf Englisch mit italienischem Akzent. Wir hatten viel zu besprechen, sorgten aber erst einmal dafür, dass ich mein Gepäck in seinem Fahrzeug verstaute, das er auf einem Parkplatz in der Nähe abgestellt hatte. Da wir beide noch nichts gegessen hatten, schlug er vor, in ein nahe gelegenes Restaurant in Ost-Jerusalem zu gehen und darauf anzustoßen, dass nun ein weiterer Kollege den Weg ins heilige Land gefunden hatte. Wir marschierten also die Hauptverkehrstraße hinunter, von wo der Bus gekommen war, und bogen ein in die Salah Eddin[52] Street direkt gegenüber dem Herodestor der Stadtmauer. An der Kreuzung, die durch den erweiterten Bürgersteig eher einem Platz glich, stand ein größeres Gebäude: El Barid – arabisch die Post. Auf den Treppen und dem einer Veranda ähnlichen Vorbau saßen und standen eine Vielzahl von kampfbereiten israelischen Soldaten mit Stahlhelmen, jeder bewaffnet mit einem Sturmgewehr. Davor waren Militärjeeps mit Stahlgeflecht vor den Windschutzscheiben geparkt und ein Gefängnistransporter mit den gleichen Schutzmaßnahmen gegen Wurfgeschosse. Der Sammelraum des Transporters war nicht einsehbar. Er hatte kleine vergitterte Fenster. Seitlich, in einer Nebenstraße, erkannte ich eine Ambulanz. Ab und zu wurden Passanten auf der Straße und beim Begehen der Post kontrolliert.

Nicht weit davon entfernt auf der anderen Straßenseite stand eine Gruppe von vielleicht zehn Jungen. Kleine Bürschchen, kaum älter als zehn Jahre. Sie blickten die Soldaten herausfordernd an, verhielten sich auffallend provokant und zeigten offensichtlich nicht den geringsten Respekt vor der israelischen Militärmaschinerie. Sobald sich einer der Soldaten den Burschen näherte, stoben sie auseinander, um kurze Zeit darauf das Spiel aufs Neue zu beginnen. Einige Straßenhändler hatten Obst und Gemüse auf dem Bürgersteig ausgelegt und die Alten, auch die Frauen unter ihnen, wachten sorgsam über die Gruppe der Kinder. Feindselige Blicke wurden mit den Soldaten gewechselt.

Die Salah Eddin ist an sich eine Geschäftsstraße, besser gesagt, es ist die Geschäftsstraße von Ost-Jerusalem, Laden reiht sich an Laden. Alberto erklärte mir, dass genau von hier aus die Fernsehbilder um die Welt gingen, dass hier fast vier Jahre lang das Zentrum der Intifada gewesen war und jeden Tag palästinensische Jugendliche schwer verletzt oder gar tot auf der Straße gelegen hatten. Fast alle

---

52 Von Saladin, vgl. Fußnote 1

Geschäfte waren jetzt mit Eisentüren komplett verschlossen. Alles war übermalt und wieder übermalt mit Parolen. Die Mitte der relativ geraden Straße war auf einer langen Strecke schwarz verbrannt, und an den Rändern standen vereinzelt abgefackelte Autowracks zwischen den parkenden Wagen.

Ich lernte, dass das vermutlich jüdische oder wenigstens nicht arabisch gekennzeichnete Fahrzeuge gewesen waren. Um sicher hier parken zu können musste eine Kaffiah oder eine arabische Zeitung so in den Wagen gelegt werden, dass es von außen durch die Windschutzscheibe leicht erkennbar war. Sonst bestand die Gefahr, dass das Ding in die Luft flog.

Wir gingen auf dem Bürgersteig weiter. Die vier- bis fünfstöckigen Häuser auf beiden Straßenseiten wiesen zum Teil starke Brandspuren auf. Die Läden waren seit dem Beginn der Straßenschlachten geschlossen und wovon die Leute lebten, wenn sie ihre Geschäfte nicht öffnen konnten hatte Fancini selbst schon nachgefragt und keine befriedigende Antwort erhalten. Das alles hatte zu tun mit gesellschaftlicher Solidarität, aber auch mit politischem Druck auf Einzelne und der Notwendigkeit, sich in einer solchen Situation vielleicht auch gegen seine eigene Überzeugung einzuordnen und sich zu solidarisieren. Der Familienverbund sorgte dafür, dass die Palästinenser in dieser Zeit besser oder schlechter, mehr oder weniger überleben konnten. Das war die einzig wirksame Absicherung. Die Solidarität mit der Intifada war seit deren Anfang sowohl in der palästinensischen Bevölkerung als auch auf der politischen Ebene kontinuierlich gewachsen und jetzt, nach vier Jahren, war die Intifada ein Teil der palästinensischen Identität geworden.

Auslöser der Intifada war der Zusammenstoß eines israelischen Militärlastwagens mit zwei palästinensischen Taxis am 8. Dezember 1987. Dabei starben in der Nähe des Grenzübergangs Eretz im Norden des Gazastreifens vier Palästinenser, drei davon aus dem Flüchtlingslager Dschabaliya. In den Palästinensergebieten vermutete man einen Vergeltungsakt für einen zuvor im Gazastreifen erstochenen Israeli. Im Gazastreifen kam es schon während des Begräbnisses der vier Toten zu Massendemonstrationen und spontanen Ausschreitungen gegen israelische Soldaten, in denen sich die aufgestaute Wut der palästinensischen Jugend auf die Besatzer entlud. Eine ganze Generation war unter der israelischen Besatzung ohne Bürgerrechte aufgewachsen in dem Bewusstsein, nur Mitglieder einer zweiten oder gar dritten Klasse von Menschen zu sein, wobei auch der jahrzehntelange Kampf der PLO gegen Israel keinerlei Verbesserung für die innerhalb und außerhalb der besetzten Gebiete lebenden Palästinenser gebracht hatte. Demographisch betrachtet gehörte die palästinensische Fertilitätsrate während der Achtzigerjahre zu den höchsten weltweit. Es entwickelte sich eine extrem junge Gesellschaft. Gleichzeitig nahmen die sozialen Probleme dramatisch zu. Trotz sich stetig verbessernder Zugänge zu Bildungseinrichtungen durch UNRWA[53], private, religiöse oder soziale Institutionen stieg die Zahl der Erwerbslosen an. Der enorme Ölpreisverfall 1986 führte zusätzlich dazu, dass sich die finanzielle Unterstützung der Golfstaaten für die Palästinensergebiete schlagartig reduzierte. Was in Anbetracht der katastrophalen Zustände gerade in den Flüchtlingslagern des Gazastreifens, aber auch der West-Bank, wo es an Wohnraum damals wie heute mangelt – an Kanalisation war gar nicht zu denken – und wo die Mehrzahl der Bewohner arbeitslos sind, eine dramatische Entwicklung war. Der kochende Kessel konnte dem Druck nicht mehr standhalten und war geplatzt.

Von Gaza aus war die Intifada wie ein Sturmwind über Palästina und Israel hereingebrochen und erreichte ihren Höhepunkt in den Jahren 1988 bis 1991. Die durch Steine werfende Kinder und Jugendliche geprägten Straßenschlachten, die Blockaden, Demonstrationen und Streiks und die darauf erfolgte israelische Überreaktion erlangten eine solche symbolische und politische Einigkeit und Unterstützung in der palästinensischen Bevölkerung, wie das seit 40 Jahren, seit dem Unabhängigkeitskrieg Israels, nicht mehr vorgekommen war. Die Intifada hatte eine divergierende palästinensische Bevölkerung vereint, unabhängig von sozialer oder religiöser Herkunft. Und selbst in den arabischen Städten des israelischen Kernlandes wie in Nazareth waren Aufstände ausgebrochen, die die Unzufriedenheit mit der unhaltbaren politischen Situation der in Israel lebenden Araber ausdrückte. Dieser Schock saß tief in der israelischen Gesellschaft.

Die darauf folgenden Schließungen von Universitäten und Schulen, Verhaftungen, schwersten Verletzungen und Todesfälle durch Prügel und durch den Gebrauch von Gummigeschossen gegen die jugendlichen Steinewerfer wurden nun zu täglichen Begleiterscheinungen für die Palästinenser. Kaum eine Familie war davon nicht

---

[53] Siehe Index 13 – UNRWA

betroffen. Am Ende wurde sogar Stahlmunition von den Israelis eingesetzt, die die Anzahl der Todesopfer blitzschnell ansteigen ließ. Die Auswirkungen und die Bilder dieser Gewalt führten letztendlich zu einem Umdenken in der israelischen Politik hin zur Aufnahme von Gesprächen mit der PLO, getragen durch den Druck der öffentlichen israelischen, vor allem aber auch der internationalen Meinung. So wurde es jedenfalls in der weltweiten Presse kolportiert.

Eine Metamorphose vom zionistischen Falken hin zur jüdischen Taube hatte jedoch nicht stattgefunden. Die aus der Intifada hervorgegangenen Absprachen und Verträge[54] sollten nicht lange vorhalten. Die PLO hatte sich eigenständig, ohne Rückendeckung der arabischen Staaten, auf Kontakte mit Israel eingelassen. Das machte sie zu einem schwachen Verhandlungspartner. Sie hatte sich überdies durch unüberlegtes Verhalten im Golf-Krieg 1991 von der Arabischen Liga mehr oder weniger isoliert. Ein Verhandlungspartner nach dem Geschmack der Israelis, dem leicht die eigenen Interessen aufdiktiert werden konnten.

Henry Kissinger, der medienwirksame, jüdisch-stämmige und erzkonservative amerikanische Außenminister[55], hatte einmal im Zusammenhang mit den Begleitumständen der Stationierung der amerikanischen Pershing-II-Raketen auf deutschem Boden[56] in einer Artikelserie in der Zeit[57], erklärt, dass Strategien niemals durch die öffentliche Meinung beeinflusst werden, allerhöchstens deren zeitlich bedingte und methodische Umsetzung. Trotz großen öffentlichen Widerstands der überwiegenden Mehrheit der Bevölkerung waren die Raketen am Ende in Deutschland installiert worden. Die Entwicklung einer langfristigen Strategie wird nur von einigen wenigen Eliteangehörigen vollzogen, die der Wirtschafts- und Finanzmacht oder den Ideologen in die Hände spielen. Diese allein bestimmen die Richtung. Sie wird letztendlich in einer konformistischen und konservativen Gesellschaft nicht oder nur minimal verändert. Genau dazu braucht man solche Gesellschaften und fördert den Teil der Menschen, die sie erhalten und von ihr erhalten werden. Die Strategie selbst wird hier nicht mehr hinterfragt, eine Änderung kommt einer Revolution gleich. Sie beeinflusst die Erziehung und die Werte.

[54] Siehe Index 14 – Oslo-Verträge

[55] Von 1973 bis 1977

[56] Im Jahr 1985

[57] April bis Mai 1994

Sie wird zum Dogma. Ihre Umsetzung liegt dann in der politischen Hand von einigen „Brauchbaren", die nur noch marionettenhaft gesteuert und angepasst den Machern im Hintergrund als Werkzeuge dienen. Die Bühne für die Marionetten ist letztendlich auf die reine Durchführung begrenzt. Handlungsfreiheit besteht nur innerhalb der strategischen Vorgabe; die Strategie wird zur Staatsdoktrin – unangezweifelt, verklärt, idealistisch.

Kissinger kannte sich gut aus. Er war einer der Macher. Auch bezogen auf das Nahost- und das Palästinenserproblem. Die Strategie des Staates Israel hatte sich nicht verändert. Die Richtung war vorgegeben und die Werkzeuge funktionierten prächtig. Die zionistische Staatsdoktrin wurde exzellent umgesetzt!

Wir verließen die Salah Eddin, bogen rechts ab in eine nicht mehr ganz so stark frequentierte Straße und gelangten letztendlich zum Azzahra-Restaurant in einem Nebenweg der gleichnamigen Straße. Wie mir der Kellner erklärte, war der Bau früher eine anglikanische Kirche gewesen, was an den verglasten Spitzbogenfenstern noch zu erkennen war. Wir zogen es vor, uns in den schattigen Garten zu setzen, der sich direkt an das Gebäude anschloss und von grünem Wein nahezu überdeckt war. Überall hingen die vollen Trauben aus der Holzkonstruktion herunter.

Unser Gespräch dauerte fast zwei Stunden und ich bekam einen ersten Eindruck von der Lage, Sicherheitsinformationen und auch Empfehlungen zum Ablauf meiner Mission. Ich sollte mit einer Schule beginnen, die als „deutsche" Schule bekannt war und Alberto meinte mit Augenzwinkern, dass das ja wohl von Vorteil für mich sei. Der Direktor hatte ihm den Vorschlag gemacht seine Schule als Basisstation für mich bereit zu stellen und mir alle Hilfe angeboten. Morgen früh wollte Alberto mich am Hotel, das ganz in der Nähe lag, abholen und mich zu dieser Schule bringen. Die nächsten Tage sollte ich mich dann allein zurechtfinden. Er erklärte mir den Ablauf des öffentlichen Pendeltransfers durch Taxis, der von einem Platz nicht weit von meinem Hotel und dem Platz, wo ich heute angekommen war, in alle Richtungen in der West-Bank ausging. Alles war recht unproblematisch erreichbar.

Es war mittlerweile dunkel geworden und wir brachen auf, den gleichen Weg zurück, den wir gekommen waren. Wir bogen wieder ein in die Salah Eddin und ich konnte den Brandgeruch schon vernehmen, noch bevor ich beim Näherkommen den Feuerschein und die Rauchfahne sah. Nur kurze Zeit vorher musste das Inferno ausgebrochen sein. Ein Molotow-Cocktail war durch die Scheibe eines Fahrzeugs geschleudert worden und hatte es wie eine Fackel entzündet. Dichter schwarzer Qualm umgab alles, was sich dem Fahrzeug näherte, und tatsächlich machte keiner der Umherstehenden irgendwelche Anstalten, das Feuer zu löschen, trotz latenter Explosionsgefahr. Der israelische Militärjeep stand mit Blaulicht und Sirene in sicherer Entfernung in der Mitte der Straße und drei Soldaten waren damit beschäftigt, passierende Autos weit genug um die Brandstelle zu dirigieren. War das wirklich schon Routine? Ein Auto war gerade mitten in der Stadt durch einen Brandsatz explodiert, stand lichterloh in Flammen und kaum jemand nahm davon Notiz. Verletzte konnte ich keine erkennen. Eine Ambulanz war jedenfalls nicht vorgefahren. Die parkenden Autos vor und hinter dem Brandherd waren von ihren Besitzern schon abtransportiert worden. Der Wind trieb die beißenden Rauchwolken durch die Straße und ich hörte, wie die Fenster vorsichtshalber zugemacht wurden. Ich konnte kaum glauben, was ich sah.

Irgendwann musste dann in der Nacht ein Feuerwehrwagen dem Spuk ein Ende gemacht haben. Die ausgebrannten Überreste des Wracks sah ich unverändert bei einem Besuch der Salah Eddin zwei Tage später wieder. Jedoch konnte mir keiner der Passanten eine Auskunft geben, wer der Besitzer des Fahrzeugs war. Allerdings waren dem Anschlag Warnungen vorausgegangen. Hausbesitzer und die Eigner der in der Nähe parkenden Fahrzeuge waren im Vorfeld des Anschlags gewarnt worden.

Wir gingen auf einem Umweg zurück zum Auto und Fancini brachte mich zum YMCA Hotel, an sich nur einen Katzensprung vom Ort der letzten Vorkommnisse entfernt. Als ich später auf meinem Bett lag und das Erlebte Revue passieren ließ, ging mir so einiges durch den Kopf. Ich schlief spät ein.

Wer das zionistische Problem moralisch angeht, ist kein Zionist.

Ben-Gurion

Erster Ministerpräsident Israels

2 Von David und Goliath

Der kleine Frühstückssaal des YMCA Capitolina Hotels war brechend voll. Ein Priester in Schwarz und ein Benediktinermönch mit braunem Kapuzengewand und Kordel um die runde Taille waren der Mittelpunkt einer Gruppe von Italienern, das hörte ich sofort heraus, in deren Gesichtern Glückseligkeit, Verzückung und freudige Erwartung zu erkennen waren. Die Gäste hingen den Geistlichen an den Lippen. Sie gehörten ausnahmslos zu einer christlichen Reisegruppe. Das YMCA Capitolina Hotel war die zentrale Herberge und der Ausgangspunkt römisch-katholischer Pilgerreisen ins heilige Land. Sie wurden direkt über den Vatikan organisiert und ich war mittendrin!

Diese Unterkunft wies außerordentliche Kargheit auf, jedenfalls was die innere Ausstattung anging. Schon in meinem Zimmer war mir aufgefallen, dass der einzige Wandschmuck ein eisenverziertes Holzkreuz mit Jesus war und ein Heiligenbild, die mich beide anblickten, wohin ich auch ging. Da gab es kein Entrinnen, außer ich schloss die Tür zur Toilette. Das Mobiliar des kleinen Zimmers bestand neben dem eisernen Bett aus einem Stahlschrank, einer ausklappbaren metallenen Ablage für den Koffer, einem runden Eisentischchen und einem unbequemen passenden Stuhl.

Der Frühstückssaal, in dem ich jetzt nach erfolgreichem Suchen einen Platz fand, zeigte den gleichen Charakter. Ein Kreuz und Heiligenbilder an den Wänden. Zwei Stahlkommoden, eiserne Tische mit dem Frühstücksbuffet und Resopalstühle mit Stahlgerüst. Überhaupt, hier schien alles stählern zu sein. Die Kreuze, die Möbel, die Miene des Kellners und der Glaube der Pilger. Das Buffet selbst machte davon keine Ausnahme. Man brauchte stählerne Nerven, um die angebotene Auswahl kommentarlos zu akzeptieren. Jedem Anlass im islamischen Fastenmonat Ramadan hätte die Auslage zur Ehre gereicht.

Als ich mit meinem Plastiktablett auf einer dieser knochenharten Sitzschalen Platz genommen hatte, fühlte ich mich an den Song von Wolfgang Ambros erinnert. „Mir geht es wie dem Jesus, mir tut das Kreuz so weh.“ Es schien so, als müsste das so sein – ich war ja unter Büßern. „Und so erklär ich geradeaus und heiteren Gesichts, das Leben ist ein Heidenspaß, für Christen ist das nichts.“

Urplötzlich brach die gesamte Gesellschaft auf und verschwand geschlossen aus dem Raum. Ich blieb allein im Chaos von umherstehenden Stühlen und verrückten Tischen zurück. Es herrschte Totenstille, die gut tat. Nur der Kellner stand noch in der Ecke am Buffettisch. Er war offensichtlich froh, die anderen los zu sein, räusperte sich laut und beobachtete mich argwöhnisch. Dann kam er an meinen Tisch und sprach mich auf Italienisch an. Ich schüttelte den Kopf und er war verunsichert.

„Group out“, so ließ er gebrochen auf Englisch verlauten. Ich erwiderte: „Esta molto bene.“ Er schaute mich an, als wollte er mich fressen, und erwiderte seine italienische Anfrage. Ich schüttelte erneut den Kopf. Jetzt wurde er pampig.

„Group out“, sagte er erneut. „Bus waiting.“ Nun verstand ich endlich. Er dachte, ich sei Mitglied der Reisegruppe. Ich versuchte ihm zu erklären, dass ich kein italienischer Pilgerreisender sei – erst auf Englisch und dann auf Arabisch. Er verstand beides nicht. Also holte ich alles aus mir heraus, was mein Italienisch hergab, aber es war ein Reinfall. Entweder er verstand mich nicht oder er wollte mich nicht verstehen. Auf jeden Fall ging er irgendwann etwas vor sich hin brummend und kopfschüttelnd davon.

Der Bus musste mittlerweile abgefahren sein, denn nach einiger Zeit erschien wieder der Kellner und in seinem Gefolge ein Rezeptionist aus der Eingangshalle. Der machte mir klar, dass ich jetzt keine Möglichkeit mehr hätte, die geplante Tour mitzumachen. Dabei sprach er verständliches italienisches Englisch. Ich klärte ihn auf, dass ich Single war und nicht zu der Gruppe gehörte. Darauf setzte er sich erleichtert an den Tisch und erklärte mir, dass sich aufgrund der angespannten Situation in Palästina alle Pilger nur in Gruppen und in Begleitung bewegen dürften und es verboten sei, Jerusalem allein zu erkunden. Dann schaute er mich an, schien zu überlegen und zuckte dann mit den Schultern. Er wusste mit mir als Alleinreisendem nichts anzufangen, schien meinen Status allerdings allmählich zu akzeptieren. Gleichwohl, angenehm war ihm die Sache nicht. Ich beruhigte ihn und machte ihm klar, dass er für mich keine Verantwortung zu tragen habe. Das schien zu wirken und ich konnte nun in Ruhe mein Frühstück fortsetzen.

Fancini wartete schon vor dem Hotel, als ich herauskam. Das YMCA Capitolina Hotel steht im Zentrum von Ost-Jerusalem an der Derekh Shekhem[58] Street, der alten Straße Richtung Norden nach Damaskus. Bis 1967 grenzte das Hotel rückwärtig an die Mauer, die West- und Ost-Jerusalem, Israel und Jordanien, Juden und Araber trennte. Diese ehemalige Demarkationslinie, die sich als lange Schneise durch die Stadt gezogen hatte, diente den Israelis nach '67 als Fundament für den Bau einer breiten Straße, die mittlerweile die Hauptverkehrsader vom Süden in den Norden Jerusalems geworden war. Linksseitig vom Hotel das amerikanische Generalkonsulat. Ein Einblick in das Gelände war von außen nicht möglich. Hohe Mauern, Stacheldraht, Drehkreuz am Eingang des mit kugelsicherem Glas bewehrten Pförtnerhauses und eine permanente Warteschlange von Menschen davor auf dem Bürgersteig. Vor dem Hotel auf der gegenüberliegenden Straßenseite lag eine einem Stadion ähnliche Sportanlage mit einem Bolzplatz, den ich selbst in meinen jungen Jahren als Fußballspieler nicht betreten hätte. Ich suchte beim Hinaustreten in den Vorgarten des Hotels mein Zimmer mit dem kleinen Balkon, der mir den Blick aus dem dritten Stockwerk auf die Straße und die Dächer von Ost-Jerusalems Zentrum ermöglichte. Ich erkannte auf dem Balkon den Plastikstuhl, der mir jetzt einen komfortableren Eindruck machte als alles, was ich bisher im Hotel an Sitzgelegenheiten zu sehen und zu spüren bekommen hatte. Wenigstens damit hatte ich also Glück. Er sollte mir abends gute Dienste leisten.

Das Hotel war sehr preiswert und vor allem ideal gelegen zum Taxibahnhof. Fancinis Antwort auf meine Frage nach dem Grund meiner Unterbringung im YMCA Capitolina konnte mich trotz der genannten Vorteile nicht überzeugen. Alberto war halt Italiener und hatte das Hotel auch schon deshalb angemietet. Ich akzeptierte also brav und ohne Widerrede seine Begründung und stellte weitere Fragen zu diesem Thema ein. Ich kapitulierte vor dem Capitolina. Zwei Wochen würde ich schon aushalten. Ich war letztlich auch schon anderes gewohnt gewesen. Von Vorteil war tatsächlich der kurze

---

[58] Hebräisch für „*Nablus Road*"

Weg zum Taxibahnhof, der leicht zu erreichen war und an dem der Taxipendelverkehr stadtein- und stadtauswärts Station machte.

Wir fuhren die Nablus Road Richtung Norden. Das Bild änderte sich, als wir den Innenstadtbereich verließen und in die Außenbezirke von Jerusalem kamen. Arabische Schriftzeichen auf den Werbeschildern an den Geschäften und arabische Menschen auf der Straße. Hier waren die Geschäfte schon früh am Tag geöffnet. Nicht vergleichbar mit der Salah Eddin. Wenig war von Auseinandersetzungen zu bemerken. Von der Straße aus zwischen den Häusern hindurch hatten wir zeitweise einen weiten Blick über die Hügellandschaft, die begann, auch von der Straße weit entfernt ausgedehnte Bebauungsspuren aufzuweisen. Überall waren Gruben und unfertige Bauskelette zu erkennen. Wir passierten Shu'afat und später Beit[59] Hanina, die vor nicht allzu langer Zeit noch selbständige Dörfer gewesen waren, jetzt aber durch die starke Besiedlung zusammengewachsen und seit 1967 zum israelischen Stadtgebiet von „Groß-Jerusalem" deklariert waren. Im Grunde genommen konnte man zwischen der Innenstadt und diesen jetzt „Großraum" genannten Wohngebieten keine direkte Trennung mehr erkennen.

Rechts wies mich Fancini auf eine Bauruine hin, die hoch auf einem Hügel an der Straße weithin sichtbar die gesamte Gegend überragte. Ein Skelett mit Flachdach von nicht unbeträchtlichen Ausmaßen.

„Das ist die nie fertig gestellte Bauruine des Westpalasts von König Hussein I., den er 1965 als seine geplante Residenz im Westjordanland in Auftrag gab, wenn er sich in Jerusalem aufhalten sollte. Er steht auf einem Hügel, von dem man Jerusalem im Süden und Ramallah im Norden erkennen kann. Gleichzeitig hat man einen tiefen Blick nach Osten hinein über Judäa und kann, wenn es das Wetter zulässt, die Silhouette der jordanischen Wüstenplatte jenseits des Jordangrabens erblicken", sagte er. „Seit dem Krieg 1967 haben die Israelis die Bauruine allerdings nicht angetastet. Der Boden ist noch heute Eigentum der Hashemiten." Ich erkannte rund um das Grundstück einen verrosteten Stacheldrahtzaun, der zwar niemanden ernsthaft vom Betreten abhalten konnte, aber den sonderbaren Anspruch mehr als deutlich dokumentierte. Trotz der Verzichtserklärung der Hashemiten auf die West-Bank 1988 war das ehemalige Eigentum

---

[59] Arabisch für „*Haus*"

der Königsfamilie noch heute für die Israelis tabu. Darauf konnte ich mir erst einmal keinen Reim machen; es sollte mir aber später noch klar werden.

Wir erreichten hinter dem Ort Beit Hanina eine Stelle, an der wir einen beträchtlichen Ausblick Richtung Norden und Westen hatten. Fancini hielt am Straßenrand an. Die Straße ging von hier an leicht bergab, um später nach einer Senke wieder anzusteigen. Wir stiegen aus und er zeigte auf einen weithin sichtbaren Hügel in gut zwei Kilometern Entfernung leicht links von der Straße.

„Dort liegt eine der Schulen", sagte er. Der Hügel war der einzige weit und breit mit dichtem Baumbestand auf der Kuppe. Allein deshalb war er auffällig. Zwischen dem Grün erhob sich ein hohes kastenförmiges Bauwerk, ansonsten war von hier aus wenig auszumachen. Die Schule thronte geradezu über der Gegend und fiel allein schon durch ihre exponierte Stellung auf.

„Ein Relikt der Entwicklungszusammenarbeit deiner Landsleute. Die Bäume sind alle 1966 nach Fertigstellung der Gebäude von einem deutschen Expertenteam an der Schule gepflanzt worden." Um den Baumbestand der Schule hatten sich hangabwärts kahle Industrieanlagen und Fabrikhallen angesiedelt. Fancini deutete über die Gegend und erklärte mir die Namen der zu einer unvollständigen Einheit zusammengewachsenen Ortschaften. Der Hügel der Schule mit dem angrenzenden Industriegebiet hatte den jüdischen Namen Attarot erhalten. Vor uns in der Senke und direkt gegenüber vom Industriegebiet Attarot lag die arabische Stadt Al Ram, rechts ging es zu den jüdischen Siedlungen Neve Ja'akov und Pisgat Ze'ev. Weiter links von der Schule, in einiger Entfernung westlich, konnte man die Häuser des arabischen Dorfs Bir[60] Nabala erkennen, das schon in der Bibel erwähnt wird. Langsam bekam ich einen ersten Überblick, der es mir erlauben sollte, mich ab morgen hier allein zurechtzufinden.

Wir fuhren weiter. Durch die Senke an Al Ram vorbei über eine Kreuzung, an der das Recht des Stärkeren oder Mutigeren galt, führte uns der Weg links zum Hügel hinauf Richtung Schule. Oben ging es scharf rechts etwas bergauf und wir standen vor dem großen Eisentor. Wir wurden wohl schon erwartet, denn der Pförtner kam blitzschnell aus seinem Häuschen geschossen, öffnete uns das Tor

---

60 Arabisch für „*Brunnen*"

und lächelte uns zu. Das Gelände war, so wie ich es von hier aus sehen konnte, umgeben von einer hohen Mauer mit Stacheldraht. Auf den Stufen vor dem Haupteingang unter zwei riesigen, Schatten spendenden Eukalyptusbäumen stand ein kleiner Mann, ca. 50 Jahre alt, im Anzug und kam uns, sobald wir die Wagentüren öffneten und er uns wahrnahm, entgegen. Fancini kannte er bereits und mir gab er danach herzlich die Hand.

„Hamid Zughair[61], Direktor der Industrial Technical School, Beit Hanina", so stellte er sich in perfektem Englisch vor, akzentfrei. „Herzlich, herzlich Willkommen." Auf der Treppe erschienen weitere Personen, die den Neuankömmling neugierig in Augenschein nahmen. Niemand konnte sich hier und heute vorstellen, dass ich für die nächsten neun Jahre ein Teil dieser Gemeinschaft werden sollte. Ich schüttelte allen die Hand und wir gingen gemeinsam in die Eingangshalle.

Es war gerade Unterrichtspause. Eine Menge Schüler bevölkerten den kleinen Eingangsbereich. Der grenzte an einen Trakt mit Klassenzimmern und einen Flur zu den Büros der Verwaltung. Der Flur hatte linksseitig auf der ganzen Länge eine Fensterfront und erlaubte den Blick auf den Schulhof. Ich sah eine Menge Schüler, allerdings, wie ich mir das vorgestellt hatte, ausnahmslos männlich. Viele blaue Overalls deuteten unzweifelhaft auf den Charakter einer gewerblich-technischen Berufsschule hin.

Zughair bat uns in sein Büro. Mudir[62] stand auf einem Schild rechts neben der Tür. Der Raum war quadratisch, mit einem Fenster gegenüber dem Eingang, das fast die gesamte Breite des Raums einnahm. Das Arrangement der Möbel glich dem anderer arabischer Büros, jedoch passte stilistisch wirklich nichts zusammen. In der Mitte links vor der Wand stand ein Schreibtisch mit Telefonablage, davor ein Beistelltisch mit Stuhl und an der gegenüberliegenden Wand aufgereiht eine Sitzgruppe für Besucher mit kleinen Tee-, und Kaffeetischchen zwischen vier abgenutzten Lehnsesseln.

Damit war der Raum in der Breite fast ausgefüllt. Zwei weitere Lehnsessel dieser Art standen direkt neben dem Schreibtisch so an der Wand, dass die Besucher, die auf den Sesseln links und rechts des

---

[61] Sprich [surair]

[62] Arabisch für *„Direktor"*

Raumes Platz genommen hatten, sich gegenübersaßen. Diese Sitzmöbel fielen allerdings bei weitem nicht so voluminös aus, wie ich das von Saudi-Arabien her kannte, sondern waren schlicht und zweckmäßig und durch die Kunststoffoberfläche leicht zu reinigen. Schlicht und zweckmäßig kam mir auch das übrige Mobiliar vor; ein Schrank aus Holz an der Wand direkt neben der Eingangstür mit kitschig verzierten Holztüren mit Glasscheiben und ein ausziehbarer Dokumentenschrank aus Stahl im Rückraum am Fenster. Die Möbel waren von beißender Unterschiedlichkeit in Farbe und Stil und wiesen darauf hin, dass sie nur nach Bedarf und Zweck zusammengestellt worden waren und keinerlei repräsentative Absicht verfolgten, außer man litt an totaler Geschmacksverirrung. Ein Ventilator runde te die schlichte Einrichtung im Rückraum neben dem Fenster ab. Auf dem Dokumentenschrank und hinter den Glaseinsätzen des Holzschranks standen einige überdimensionierte Pokale, die vom erfolgreichen Abschneiden irgendwelcher sportlicher Wettbewerbe zeugten. Hinter dem Bürosessel des Direktors hing ein Pinboard an der Wand. Darauf waren das Bild des Felsendoms, ein grüner Schriftzug mit dem islamischen Glaubensbekenntnis, eine Karte von Jerusalem und Umgebung sowie ein Luftbild der Schulanlage befestigt. Der Rest der Wände war kahl, aber sauber geweißt. Der Raum machte darüber hinaus einen gereinigten, ordentlichen und aufgeräumten Eindruck. Man merkte, dass auf dem Schreibtisch gearbeitet wurde, allerdings schien hier alles seine Ordnung zu haben und war entsprechend schnell zur Hand.

Kaum hatten wir Platz genommen, da erschien auch schon ein älterer Mitarbeiter der Schule, um unsere Getränkewünsche entgegenzunehmen. Zughair begrüßte uns noch einmal offiziell und gab seiner Freude über meinen Besuch Ausdruck.

„Sie müssen verstehen, diese Schule ist etwas Besonderes. Sie ist überall als die ‚deutsche Schule' bekannt und genießt von daher, aber auch durch ihre Leistungen einen hohen Ruf in unserer Gesellschaft. Wenn nun in dieser schwierigen Zeit wieder ein Deutscher an unsere Schule kommt, so wird das in aller Munde sein. Wie ich schon erklärt habe, wären wir froh Sie hier bei uns aufnehmen zu dürfen."

Ich bedankte mich herzlich und nahm sein Angebot natürlich erfreut an. Während er sprach, konnte ich ihn genauer betrachten. Seine Gestalt war etwas vorgebeugt und er war kaum größer als 1,65 m. Das Gesicht war rund, er hatte einen dünnen Bart auf der Lippe und trug eine Brille. Sein Benehmen war von einer außerordentlichen Höflichkeit und trotz seines Lächelns erkannte man tiefe Ernsthaftigkeit in seiner Mimik. Seine Art zu reden und seine Gestik verrieten, dass er daran gewöhnt war. Die Augen waren wach und registrierten alles, was um sie herum geschah. Er wirkte überzeugend, ohne zu übertreiben. Die Art und Weise, wie er seine Anweisungen erteilte und mit welcher Geschwindigkeit sie befolgt wurden, gaben Aufschluss über seine unangefochtene Position.

Während des Gesprächs orderte er verschiedene Dokumente und andere Unterlagen oder er bediente sich selbst an einem der Schränke. Alles war ordentlich abgeheftet und selbst Unterlagen von 1965 fanden sich sofort und ohne größere Suchaktion. Ab und zu rief er nach dem Finanzverwalter, dessen Raum durch eine Tür direkt mit dem Büro des Direktors verbunden war. Er hieß Abu Ziad und war der Schwager von Zughair. Er hatte ein spitzes Gesicht und ein permanentes Lächeln um die Lippen, das seine Augen allerdings nicht bestätigten. Alle finanziellen Transaktionen der Schule gingen durch seine Hände. Beide zusammen waren die Schaltzentrale, eine verschworene, unkorrumpierbare Gemeinschaft und sie hatten die Schule in den vergangenen Jahren um so manche Klippe geschifft.

Die Schule war zusammen mit einem gleichartigen Institut in Beirut das erste Berufsbildungsprojekt deutscher Entwicklungshilfe im Nahen Osten gewesen und in einem Kooperationsabkommen von den Regierungen Jordaniens und Deutschlands in den Jahren 1964 bis ’65 erbaut worden. Das Grundstück und die Gebäude stellte damals Jordanien, die technische Ausstattung und fachliche Unterstützung waren Teil des deutschen Beitrags. Der Träger der Schule war eine soziale Einrichtung, eine Nicht-Regierungs-Organisation[63], die sich über Spenden aus dem arabischen Raum finanzierte. An der Schule wurden damals wie heute bevorzugt Waisenknaben in einem angeschlossenen Internat aufgenommen. Der Hauptsitz des Trägers befand sich in Amman. Ihm wurde die gesamte Durchführung des Instituts überlassen. Das sparte dem ewig klammen Staat Jordanien die Gehälter und die laufenden Kosten des Schulbetriebs. Gerade für berufliche Bildung wurde zu dieser Zeit – und leider auch heute noch – im arabischen Raum wenig, wenn nicht zu wenig investiert. Berufliche Bildung hat bis heute generell einen sehr geringen Stellenwert in der Gesellschaft, wenn sie nicht in Kombination mit weiterführenden

[63] Non Governmental Organisation NGO

Schulen angeboten wird. Die Probleme im arabischen Raum, mit der rasanten technischen Entwicklung der folgenden Jahrzehnte mitzuhalten, entstehen aus dieser Einstellung heraus. Die Industrial Technical School ITS repräsentiert einen Schultyp, der in einer zweijährigen Ausbildung sowohl berufsfachliche als auch allgemeinbildende Qualifikationen, vergleichbar einem Fachabitur, vermittelt. Dies geht natürlich auf Kosten der berufspraktischen Fertigkeiten, die hierbei eindeutig zu kurz kommen und einem Facharbeiter nach deutschen Maßstäben nicht genügen. Jedoch eröffnet sich für die Absolventen die Möglichkeit einer weiterführenden beruflichen Qualifizierung.

Im Jahr 1966 war die Schule fertig gestellt und der Lehrbetrieb mit einer kleinen Gruppe von Lehrern und Auszubildenden modellhaft in vier Fachbereichen aufgenommen worden. Zu diesem Zeitpunkt hatten fünf deutsche Fachexperten die Arbeit mit den jordanischen Kollegen aufgenommen. Noch Anfang Mai 1967 wurde die ITS dann offiziell vom jordanischen König Hussein I. persönlich eingeweiht und sollte ab dem Sommer desselben Jahres in voller Ausbildungskapazität anlaufen.

Die Kriegsereignisse im Juni 1967 warfen jedoch alle Planungen über den Haufen. Als Letzter der fünfköpfigen deutschen Expertengruppe war der Teamleiter am 31. Mai zur Ausreise aufgefordert worden und hatte die Schule am 1. Juni verlassen. Keiner der Deutschen war jemals zurückgekehrt.

Kurz nach Beendigung der Kampfhandlungen waren zwei hohe Offiziere des israelischen Militärs bei Zughair im Büro erschienen. „Du wirst das Gelände innerhalb der nächsten 48 Stunden räumen." Den Israelis war die exponierte Stellung der Schule auf dem Hügel aufgefallen und sie wollten das militärische „Hauptquartier Mitte" in den dafür idealen Gebäuden und Hallen einrichten.[64] Damit hatte für Zughair der persönliche Kampf um die Schule begonnen. Es sollte sein Lebenswerk werden. Er erwirkte über die deutsche, englische und amerikanische Botschaft eine Einflussnahme der UNO in direkter Verbindung mit Generalsekretär U Thant und damit einen Aufschub des Ultimatums und den späteren Rückzug der Pläne des israelischen Militärs, das sich entschied, das Hauptquartier nach Bet

---

[64] Die Episode ist auch wiedergegeben im arabisch-sprachigen Buch, *Palestine, Palestine.*

El[65] nördlich von Ramallah zu legen. Dieser Ort hatte sowohl historischen als auch mythischen Charakter für die Juden; Letzteres ein Umstand, der wohl die Schule rettete. Zughair sagte später, nichts hätte die Israelis aufhalten können, die Schule zu annektieren, wenn nicht Bet El existiert hätte als altes, in der Bibel oftmals genanntes und bedeutendes religiöses jüdisches Zentrum, das zeitweilig sogar mit Jerusalem um sein Ansehen konkurrierte und somit die Begehrlichkeit der Militärs von der Schule ablenkte.

Während dieser ersten Wochen nach dem Waffenstillstand war Zughair mehrmals unter allerhöchster Gefährdung seines Lebens nachts allein zur Grenze und durch den Jordan nach Amman gegangen und hatte sich von dort Instruktionen aus dem Hauptsitz des Trägers abgeholt. Die Verbindungen nach Jordanien waren damals gekappt und keine andere Art der Kontaktaufnahme möglich. So, wie er das später erzählte, musste ich ihm glauben. Überhaupt lernte ich immer mehr, ihm sehr gut zuzuhören, denn er neigte eher zur Untertreibung und Verschwiegenheit, was ihn und seine Lebensgeschichte betraf. Der wahre Grund dafür sollte mir noch lange verborgen bleiben.

Hamid Zughair war ein tiefgläubiger Moslem und jede Art von Lüge oder auch nur simpler Übertreibung für ihn unvorstellbar. Er hatte sein Leben ausgerichtet auf den Dienst an Allah und den Kampf um sein Heimatland im Großen und um die Schule im Kleinen, wobei sich alles ineinander verwob. Er selbst war nur seinem Gott verantwortlich und Allah würde ihn richten für all das, was er tat. Privatleben kannte er seit der Besetzung des Westjordanlandes kaum mehr. Ich selbst habe ihn während unserer Zeit jeden Tag seine selbst auferlegte Pflicht tun sehen, ohne einen einzigen Tag Pause. Krankheitsbedingt fehlte er nie und am Wochenende, das auf den Freitag fiel, war er jederzeit erreichbar. Er war hart gegen sich selbst bis zur Verbohrtheit, und er war auch hart gegen andere. Das konnte bis zur Unerträglichkeit gehen und ich sollte nicht nur einmal offenen Widerstand seiner Mitarbeiter erleben, denen sein Führungsstil zu stringent und reglementiert war. Und doch lebten eine große Treue und ein weiches Herz in ihm, sobald sich wirkliche Notwendigkeit dazu ergab. Er genoss außergewöhnliche Reputation in seiner Gesellschaft, wie ich später noch erfahren sollte, denn er hatte einen großen Vorteil – Hamid Zughair war nicht korrumpierbar.

---

[65] Hebräisch für „*Haus Gottes*“

Mir fiel die genaue und detaillierte Kenntnis vieler politischer Zusammenhänge auf, die er in unserem Gespräch beiläufig erwähnte. Vieles davon war neu für mich. Er konnte Tage damit verbringen, sich das Hirn zu zermartern, was die nächstliegende Konsequenz der Israelis war, die sich aus der Logik ihrer letzten Schritte ergab, um Fakten zu ihrem Vorteil zu schaffen, die unwiderruflich waren und ihm und den Palästinensern das Leben erschwerten und ihren Lebensraum weiter einengten. Er war jeden Tag darauf gefasst, sich neuen Umständen anzupassen, immer bereit, von den Israelis abgeholt, verhört und persönlich bedroht zu werden. Ich sollte in den nächsten Jahren viel mit ihm über den Nahostkonflikt, die Weltpolitik und das Verhalten und die Bevölkerung Israels und Palästinas diskutieren und wir wurden im Laufe der Zeit vertraute und verschwiegene Partner auf der Suche nach Lösungen, die ihn persönlich, aber auch die Existenz der Schule betrafen. Wir sollten gute Freunde werden, mit tiefem Respekt voreinander.

Es klingelte zur großen Pause. Wir standen auf und begaben uns in den Versammlungsraum, der zur traditionellen und tief im Arabischen verwurzelten Männerzusammenkunft mit Tee bereitstand. Dort wurden die Tagesereignisse diskutiert, die persönlichen Erfahrungen ausgetauscht und Neuigkeiten, die nicht nur die Schule betrafen, verbreitet. Jeder hatte hier seinen Platz, den er immer wieder benutzte. Es war ein großer Versammlungstisch im U-Format.

Als wir den Raum betraten, waren bereits viele Lehrer anwesend. Sofort wurde uns auf den Plätzen neben dem Direktor frei gemacht. Ich schätzte die Zahl auf knapp dreißig Männer, einige davon im Kittel, der sie als Werkstattlehrer auswies, andere normal gekleidet, zumeist Lehrer für Theorie oder Administrationspersonal. Auf den ersten Blick war dies eine ganz normale arabische Männergesellschaft, jedoch fiel mir die Ernsthaftigkeit der Gesichter und des allgemeinen Verhaltens gleich auf. Es gab kein lautes Lachen und keine Fröhlichkeit, aber ausgesprochen herzliche Gastfreundschaft. Viele waren oft in ihre Gedanken versunken; aber heute überwog die Neugier auf den Ankömmling und auf vielen Lippen lag ein Willkommenslächeln. Zughair stellte mich vor und teilte unmissverständlich mit, dass er erwarte, dass mir von jedem Mitarbeiter der Schule jede denkbare Unterstützung zuteil wurde. Ich sollte alle noch sehr genau kennen lernen. Fancini und ich konnten gar nicht so schnell und so viele Gläser Tee trinken, wie sie uns angereicht wurden.

So, wie die Pause begonnen hatte, so endete sie mit einem Klingelton und im Nu war die Belegschaft wieder verschwunden. Auch wir verließen den Raum und standen im Flur. Auf den Schulhof blickend, sah ich eine große Anzahl Auszubildender, die sich auf dem Gelände verteilten. Die traten jetzt in Reih und Glied an. Laute Befehle waren zu hören. Es wurde abgezählt. Jede der Gruppen wurde von dem zuständigen Lehrer übernommen und in die Klassenräume oder Werkhallen geführt, die weiter hinten auf dem Gelände standen. Das lief alles in einem mehr oder weniger militärischen Stil ab, der mich doch ein wenig irritierte.

Zughair schien meine Gedanken zu erraten. „Wir müssen die Jungs etwas härter anpacken, sonst geht uns die Kontrolle ganz verloren. In den letzten Jahren sind viele der Burschen nicht mehr zum Unterricht erschienen. Sie haben sich an den Ausschreitungen beteiligt, wurden verhaftet, einige sind sogar nie zurückgekommen. Wir haben eine große Verantwortung den Eltern gegenüber, der wir gerecht werden müssen. Nur wenige der Schüler bleiben hier im Internat zusammen mit den Waisen. Die meisten sind aus der West-Bank und gehen nachmittags nach Hause. Dann endet unser Verantwortungsbereich. Wenn wir uns während der Schulzeit etwas zu Schulden kommen lassen, dann werden uns die Israelis die Schule schließen. Das ist mir mehrmals bei Verhören von israelischen Offizieren angedroht worden.“

Er deutete nach draußen und sagte: „Sie haben schon mehrfach das Gelände mit einer Hundertschaft umstellt und sind in die Schule eingedrungen. Sie haben mit Soldaten, das entsicherte Gewehr im Anschlag, nach Steinewerfern gesucht und versucht, einzelne Schüler mitzunehmen. Bisher ist es mir gelungen, jeden meiner Schüler auf unserem Gelände zu verteidigen. Keiner ist bisher aus der Schule mitgenommen worden. Es darf uns kein Fehler passieren. Dann sind wir alle verloren.“ Der Druck, der auf allen lastete, musste enorm sein. Nicht alle Schulbediensteten hatten an der Teepause teilgenommen. Es gab ein Rotationssystem, das einen Teil der Belegschaft zum Aufpassen während der Pausenzeiten einteilte und auch den Schulschluss kontrollierte. Zumindest zehn Bewacher waren dabei immer eingeteilt.

Wir starteten eine Rundtour über das Gelände. In einer Holzwerkstatt, einer Polsterei, einer Schweißerei und einer Mechanikwerkstatt fand aktiver praktischer Unterricht statt. Skurril waren zum Teil die

Sicherheitstafeln an den Wänden der Hallen, die aus den Sechzigerjahren stammten und in Deutsch von der Vergangenheit der Schule Zeugnis ablegten: „Rauchen verboten!“, „Kein offenes Licht!“ oder „Sicherheitsschuhe tragen!“ stand darauf. Aber nicht nur die Tafeln hatten eine lange Geschichte vorzuweisen. Viel erstaunlicher war die Existenz von Maschinen und Geräten, deren Baujahr und Hersteller aus Deutschland längst vergangener Zeit angehörten. Und noch erstaunlicher war die Tatsache, dass alle diese Schätzchen noch einwandfrei funktionierten und täglich in Gebrauch waren. „Wir reparieren alles selbst“, berichtete der Werkstattleiter in der Mechanikhalle mit berechtigtem Stolz und führte uns an einer über 40 Jahre alten Drehbank ihre Präzision vor. Er war um die 60 Jahre alt und sprach gebrochen Deutsch. Einer von vier Lehrern der ersten Stunde und einer von zwei Fachpraxislehrern mit deutschem Meisterbrief aus dem Jahr 1965. Beide waren im Vorfeld des geplanten Schulprojekts in Deutschland ausgebildet worden und hatten dort ihre Meisterprüfung bestanden.

„Die Ersatzteilbeschaffung macht uns immer größere Probleme“, erklärte Zughair. „Die Hersteller gibt es zum großen Teil nicht mehr und die Materialqualität, die wir für Ersatzteile benötigen, können wir hier nicht beziehen. Wir müssen dazu israelische Händler einschalten. Dies ist mit überhöhten Kosten verbunden und zu oft schon haben wir trotzdem die Qualität, die wir bestellt haben, nicht bekommen. Wir sind in dieser Hinsicht total abhängig von den Israelis, denn auch die arabischen Händler in der Gegend werden von denen bedient.“

Ein lohnendes Geschäft, wie ich mir vorstellen konnte. Es war nahezu unmöglich, ohne israelischen Zwischenhändler Importe in die West-Bank und Gaza einzuführen. Die Israelis hatten die Wirtschaft unter Kontrolle. Wettbewerb wurde abgewürgt, die israelischen Händler teilten sich den Markt auf und die entsprechenden Preise zahlten die Palästinenser. Dazu wurden oftmals Seilschaften mit palästinensischen Händlern eingegangen, die damit an der Profitkette teilnahmen. Selten bekam ein Palästinenser für ein Produkt allein die Einfuhrerlaubnis.

Auf dem Gelände standen vier weitere kleine Wohnhäuser, die wie die übrigen älteren Bauten flach gehalten und durch die hohen Kiefern von ferne nicht sichtbar gewesen waren. In zweien dieser Häuser wohnten Zughair und Abu Ziad mit Familie. Das dritte Haus diente der Elektroabteilung als Werkstatt. Das vierte wurde als Lager benutzt.

Unser Rundgang führte uns auch zu dem großen Gebäude, das ich vorhin schon von weitem auf der Hügelkuppe erkannt hatte. Es war eine vierstöckige, nicht fertig gestellte Hotelfachschule. Sie war momentan verschlossen und nicht in Gebrauch. Auf dem Dach, auf das wir stiegen, hatte man allerdings einen phantastischen Überblick über die ganze Gegend. Nördlich unterhalb des Hügels lag in einer Senke der Flugplatz von Jerusalem. Eine Startbahn von ungefähr zwei Kilometern ließ jedoch nur den Betrieb von kleinen Propellerflugzeugen zu. Weiter im Norden lag Ramallah und man konnte von hier die ersten Häuser erblicken. Östlich unterhalb des Hügels war die Hauptstraße und gegenüber begannen direkt die Häuser von Al Ram, wo viel Bautätigkeit zu sehen war. Südlich, wo wir hergekommen waren, konnte ich die Bauruine des Haschemitenpalasts ausmachen. Wir konnten von oben die Anlagen der Fabriken einsehen, die sich hügelabwärts angesiedelt hatten.

„Das Land um die Schule herum ist von Israel annektiert und jetzt bis über den Flugplatz hinaus zum Großraum Jerusalem erklärt worden. Damit gelten hier israelische Gesetze und denen sind wir auf Gedeih und Verderb ausgeliefert“, sagte Zughair. „Die Grenze ist die Straße hier unten. Das heißt, wir sind hier in Jerusalem und zahlen hohe Steuern an die Stadtverwaltung. Drüben, in Al Ram, ist die West-Bank, dort sind die Steuern weitaus niedriger. Die Fabriken um die Schule herum sind alle israelisch. Die jetzigen Besitzer haben das Land billig bekommen mit der Auflage, dort Industrien anzusiedeln. Arabische Investoren hatten da keine Chance. Sie würden keine Bauerlaubnis erhalten. Jegliches Brachland wird im Stadtgebiet mit sehr hohen Steuern belegt. Bebautes Land nicht. Dazu kommt, dass nur Investitionen sich verzinsen, Brachland bringt keine Einkünfte. Jeder Grundstückseigner, auch privater Art, ist nun also darauf angewiesen, so schnell wie möglich das Land zu bebauen, wegen der hohen Steuern. Der Trick besteht darin, dass Araber nicht oder nur sehr bedingt Baugenehmigungen erhalten. Die Kosten fressen die unbebauten Grundstücke auf. Wer nicht anders kann, muss am Ende das Land verkaufen. Dann stehen die Israelis bereit. Denen gelingt es in kürzester Zeit, ihre Bauanträge durchzubringen. So geht mehr und mehr arabisches Land in Jerusalem an Israelis verloren. Eine legitime Praxis, Jerusalem langsam zu judaisieren.“

Dann fügte er hinzu: „Mittlerweile werden Palästinenser, die ihre Grundstücke an Israelis verkaufen, zu Geächteten ihrer eigenen Gesellschaft. Obwohl die Ursachen, die zu den Verkäufen führen, bekannt sind, werden sie auch körperlich bedroht. Es hat sogar schon Lynchmorde gegeben, auf offener Straße. Wer arabisches Land verkauft, der muss mit dem Schlimmsten rechnen. Den Landverkäufern bleibt oft nur die Flucht ins Ausland. Die hohen Verkaufspreise, die erzielt werden, lassen das zu. Alles ist von den Israelis so gewollt und einkalkuliert – wieder eine arabische Familie weniger. Langfristige Planung, da greift ein Rad ins andere." Er blickte uns an und sagte: „Unsere Gesellschaft wird zerrissen, sie weiß nicht mehr, was sie tun soll, wir werden gezwungen, unser Land zu verkaufen, und unsere Zukunft wird mit Füßen getreten. Wir verlieren mit jedem Tag ein bisschen mehr. Es gibt kein Entrinnen."

Aber dann zeigte sich Schalk in seinem Gesicht. „Dort im Eingangsbereich der Schule wurde vor zwanzig Jahren die Straße, auf der ihr vorhin zur Schule gekommen seid, von den Israelis neu gestaltet und gebaut. Bis dahin gab es nur einen kleinen Weg bis vor das Schulverwaltungsgebäude. Die neue Straße wurde die Hauptzufahrt zum Industriegebiet Attarot. Allerdings lag sie zehn Meter weiter entfernt von unserem Grundstück, weil die Erde abgetragen werden musste. Die Straße wäre sonst zu steil geworden. Ich habe damals den arabischen Bauleiter sofort gebeten, die Einfahrt zur Schule neu zu schieben, mit der Straße zu verbinden, die Stützmauer zur Straße hin gebaut und das Pförtnerhaus sowie das Tor auf dem neuen Geländestreifen errichtet. Keinem ist das damals aufgefallen."

Dann schmunzelte er und lachte laut: „Ich habe etwa einen Donum[66] Land zurückerobert – Liberated Land." Und fügte hinzu, indem er auf einen Strommast zeigte: „Das ist noch nicht das Ende der Geschichte. Die israelische Elektrizitätsgesellschaft brauchte ein halbes Jahr später Platz für einen Oberleitungsmasten. Sie wollten ihn unbedingt auf unseren neuen Gebietsstreifen stellen, weil der um einiges höher liegt als die Straße. Ich habe ihnen zwanzig Quadratmeter davon für 500 Dollar im Jahr vermietet. Das zahlen sie mit entsprechendem Inflationsausgleich noch heute." Wir lachten mit ihm. Liberated Land!

---

[66] 1000 m^2

Der Grund der Schule war vom jordanischen Erziehungsministerium nach der israelischen Besetzung der West-Bank offiziell an den Träger übertragen und damit privatisiert worden. Das schützte das bebaute Grundstück vor drohender Annexion. Das Schulgelände war nun tatsächlich der einzige arabische Besitz in Attarot. Und Zughair kämpfte darum, dass es auch so blieb. Mitte der Siebziger, bevor die Fabrikanlagen gebaut wurden, war von den Israelis alles neu vermessen und in die Grundbücher eingetragen worden. Damit war die Landbefreiung legitimiert. Von dieser Seite her hatte er jetzt also nichts mehr zu befürchten.

Wir gingen zurück zum Verwaltungsgebäude. Fancini verabschiedete sich und ich nahm meine Arbeit auf. Am Ende des Flures, im letzten Zimmer, war der Schreiber und Aktenverwalter der Schule untergebracht. Tarek Abu Latifeh, ein netter Kerl mit höflichen Manieren und exzellenten Englischkenntnissen. Ich sollte die nächsten zwei Wochen den Raum mit ihm teilen. Sein Nachname hieß übersetzt „der Freundliche". Das passte genau.

Ich fragte ihn, woher sein Nachname kam, und er erklärte mir Folgendes: „Bei uns ist es so, dass wirkliche Familiennamen gar nicht existieren, jedenfalls für die, die früher als einfache Menschen in den Dörfern Palästinas gelebt haben. Sie wurden zusätzlich zu ihrem Vornamen nach ihrem Vater benannt, nach einem Vorfahren mit besonderen Eigenschaften oder nach ihrer Tätigkeit, die sie ausübten. Bei manchen wurde auch nur der Dorfname benutzt. Heute sind diese Namen traditionell als Nachname anerkannt. Einzig die großen Familien Jerusalems, deren Namen von den großen Stämmen aus Prophet Mohammeds Zeiten herkommen, oder die Saladin nach der Rückeroberung Jerusalems aus seinem Ursprungsgebiet Großsyrien und Irak nach Jerusalem und Hebron folgten, bedienen sich offizieller Familiennamen. Die großen unter den Familien in Jerusalem gehören zur Elite in Palästina. Sie teilten die Stadt untereinander auf. Noch heute sind Teile der Altstadt nach diesen Familien benannt beziehungsweise noch immer in deren Besitz. Die einflussreichsten darunter wie die Nusseibis, Husseinis oder Nashashibis häuften durch herausragende Positionen in der Verwaltung, aber auch durch ihre über die Jahrhunderte währende Präsenz Reichtum und Landbesitz an, der bis heute vorhält. Sie sind die einzigen palästinensischen Großgrundbesitzer und bezeichnen sich als so genannte Wächter der Stadt. Diese Familien sind bis auf den heutigen Tag die Verwalter der heiligen Stätten in Jerusalem, der muslimischen und christlichen, und von König Hussein von Jordanien bestätigt. Sie halten die Schlüssel zum Tempelberg und zur Grabeskirche der Christen in ihren Händen. Sie waren es, die in der britischen Mandatszeit für ein autonomes Palästina stritten und bis heute die Führerschaft der palästinensischen Gesellschaft stellen, mit zum Teil auch tiefer Feindschaft untereinander. König Abdullah I. von Jordanien, der nach dem Waffenstillstand von 1949 Restpalästina gegen den Teilungsbeschluss der UNO annektierte, wurde 1951 vermutlich von einem gedungenen Mörder der Husseinis auf dem Tempelberg erschossen. Ihr Einfluss und ihre Macht sind bis heute groß. Unsere Namen und Familien dagegen bedeuten nichts."

Den Hashemiten war als Ausgleich zum Verlust der heiligen Stätten in Mekka und Medina im Krieg gegen Abd al-Aziz Ibn Saud[67] im Jahr 1925 von den Briten der Schutz der heiligen Stätten auf dem Tempelberg in Jerusalem angeboten worden. Diese hatten sich dann mit den großen Jerusalemer Familien geeinigt und zusammen mit dem islamischen Verwaltungsapparat[68] die Einkünfte um den Felsendom und die Al-Aqsa-Moschee gesichert. Der Besitz der Heiligtümer Jerusalems war wegen der damit verbundenen Pilgergelder eine nie versiegende Einnahmequelle. Für die Awqaf wurde sogar ein eigenes jordanisches Ministerium gegründet. Der König von Jordanien als einzig verbliebener Nachfolger der Hashemitendynastie ist bis heute der legitime Herrscher über den Tempelberg, auch nach dem Verzicht auf Palästina 1988. Ein Staat im Staate. Das mussten selbst die Israelis anerkennen. Sie wagten am Status quo des Tempelbergs selbst nach der Einnahme der Altstadt Ost-Jerusalems im Juni 1967[69] nichts zu verändern und bewilligten nahezu vollständige Autonomie auf dem Plateau. Das Thema war politisch viel zu brisant und hätte zu einem unkontrollierbaren Sturm der Entrüstung in der arabischen Welt geführt. Noch waren alle nachfolgenden israelischen

67 Siehe Index 2 – Hashemiten

68 Awqāf, sprich [aoka:f]: Früher wohltätige Einrichtungen im osmanischen Reich, von Privatleuten finanziert. Heute ist die Awqaf eine soziale Institution, die Spendengelder verwaltet und einsetzt.

69 Israelische Fallschirmjäger drangen am 7. Juni bis zur Klagemauer vor. Moshe Dajan erklärte von dort: „*Wir haben das geteilte Jerusalem, die gespaltene Hauptstadt Israels, von neuem vereint; wir sind zu unseren heiligen Stätten zurückgekehrt, um uns nie wieder von ihnen zu trennen.*" Das Plateau auf dem Tempelberg betraten sie indes nicht.

Politiker schlau genug gewesen, einen solchen Affront zu vermeiden. Der symbolische Zugriff auf den Tempelberg erfolgte erst Jahre später im September 2000 durch den Besuch des Anführers aller israelischen Anführer, Ariel Scharon[70]. Er wurde trotz oder gerade wegen dieser Ruhmestat kurze Zeit später zum Ministerpräsidenten Israels gewählt! Der Auslöser der zweiten Intifada.

Das Verhältnis zwischen den Jerusalemer Familien und den Haschemiten war jedoch nicht immer störungsfrei. Besonders nach dem UN-Teilungsbeschluss 1947 versuchten die Familien die darin versprochene Autonomie, von der sie sich selbst politische Macht versprachen, durchzusetzen und gerieten mit Emir Abdullah von Transjordanien aneinander, der eigene Vorstellungen von der zukünftigen Machtverteilung in Cisjordanien[71] hatte. Er wollte ein gesamtjordanisches Königreich installieren. Dazu gab es für ihn keine Tabus – Gewalt, Unterdrückung und sogar geheime Abkommen mit den Israelis. Erst sein Enkel Hussein I. konnte wieder einen Ausgleich mit den mächtigen Familien finden.

Tarek und ich waren im gleichen Monat geboren und auch er hatte in Saudi-Arabien gearbeitet. Vier Jahre lang war er dort ohne Familie gewesen, um sich als Bankangestellter ein kleines finanzielles Polster zu verdienen. Am Ende hatte er es nicht mehr ausgehalten und war nach Palästina zu seiner Familie zurückgekehrt. Es sei allein kein Leben in Saudi-Arabien gewesen und in den Siebzigern wäre es ihnen hier gar nicht so schlecht gegangen. Ihm war Politik egal, er war sehr genügsam. Er hatte sich an Zughair gewandt und ihn gebeten, ihn wieder an der Schule aufzunehmen, an der er vor seinem Aufenthalt in Saudi als Lehrer für Englisch und Arabisch gearbeitet hatte. Sein Job war besetzt, aber er wurde als administrative Kraft eingestellt und fand so wieder sein Auskommen. Das Einkommen aller Angestellten der Schule war knapp bemessen und reichte oft nicht bis zum Monatsende. Viele der Lehrer mussten Zweitjobs annehmen, um über die Runden zu kommen. Einige hatten sogar kleine Handwerksbetriebe eröffnet, die sie am Nachmittag betrieben. Reich wurde hier keiner, Zughair und sein Schwager einbezogen.

Als Tarek wieder zu Hause war, hatte der Klapperstorch erneut zugeschlagen und zu den zwei vorhandenen waren weitere sechs

[70] Siehe Index 1 – Personenregister

[71] Bezeichnung für das Land Palästina westlich des Jordan

Kinder hinzugekommen. Das kleine finanzielle Polster war so schnell aufgebraucht. Gerade jetzt hatte seine Frau das Letzte zur Welt gebracht. Geboren war er 1951, zwei Jahre nach der Nakba, als Sohn eines einfachen Landarbeiters aus dem Dorf Sara' weit westlich von Jerusalem, wo sich die Berge der West-Bank aus der Tiefebene erheben. Seine Eltern wurden am 18. Juli 1948 aus dem Dorf vertrieben und nach Ramallah deportiert. Dort entwickelte sich das große Flüchtlingslager Kalandia, das heute noch existiert und in dem er bis heute wohnt. Gerade rechtzeitig zu seiner Einschulung war 1955 die Grundschule des Flüchtlingshilfswerks UNRWA in dem Camp eröffnet worden, die ihm die Gelegenheit gab, eine ordentliche Grundschulausbildung zu absolvieren und an einer weiterführenden Schule sein Abitur zu machen. Sein Vater hatte als Fellache schwer für den Unterhalt seiner Familie gearbeitet und jedem seiner Kinder eine Ausbildung ermöglicht. Tarek selbst hatte diese Einstellung übernommen. Alle seine Kinder, und da war er mächtig stolz darauf, waren bisher unter den Jahrgangsbesten in ganz Palästina gewesen und hatten als Schulabgänger Stipendien im Ausland erhalten. Die zwei ältesten studierten beide Medizin; einer in den USA, der andere in Jordanien. Und die Kleinen folgten ihren großen Geschwistern auf dem Fuß.

Trotz einer aufgeheizten Stimmung in der Gesellschaft, in einem explosiven Umfeld und unter palästinensisch-nachbarschaftlichem sowie israelisch-militärischem Druck blieb seine Familie eine Insel der Vernunft und der Zivilcourage. Von allein konnte eine solche familiäre Einheit kaum überleben. Seine Frau und er waren die ausgleichenden und schützenden Kräfte und beide waren da beileibe keine Ausnahme. Viele politisch moderate Eltern wachten sorgsam über ihre Kinder während der Intifada, oftmals mit wochenlangem Ausgehverbot für ihren Nachwuchs, das oft genug auch Friktionen hervorrief. Viele unschuldige Jugendliche waren schon von israelischen Soldaten verhaftet und mitgenommen worden. Einige waren erst nach langer Zeit zurückgekehrt oder hatten schwere körperliche Schäden davongetragen. Vor dem Kalandia-Camp auf der Straße war es in den letzten Jahren nahezu jeden Tag zu heftigen Auseinandersetzungen mit dem Militär gekommen.

„Wo liegt das Dorf Sara'?", fragte ich ihn. „Kann man nicht dahin zurück? Warum bleibt ihr im Flüchtlingscamp Kalandia?"

„Wo Sara' früher war", sagte er, „steht heute nichts mehr. Sie müssen nach 1948 das Dorf zerstört haben, so wie die Nachbardörfer Deir Rafat und Ism Allah Khirbat. Von den arabischen Dörfern in der Gegend blieb kaum ein Stein auf dem anderen. Ich war in den Siebzigern einmal dort und habe zusammen mit meinem Vater nachgeschaut. Er wollte vor seinem Tod noch einmal zu seinem Geburtsort, konnte allerdings den Platz unseres Hauses nicht mehr ausmachen. Es war nichts mehr da. Außer einigen Fundamenten und Mauerresten war nur noch der kleine Kuppelbau eines Altars vorhanden. Alles hatte sich verändert. Ich wohne jetzt in einem Haus in Kalandia, das ich einigermaßen bewohnbar gemacht habe. Die Miete ist billig, ich komme damit gerade zurecht und wir werden von der UNRWA mit dem Notwendigsten versorgt. Wo sollten wir da sonst hingehen?" Ich sollte später noch Gelegenheit bekommen, das Camp zu besuchen, und verstand da erst, wie bescheiden sein Anspruch auf Lebensqualität tatsächlich war.

Zughair kam herein, im Schlepptau die Leiter der einzelnen Abteilungen. Mir ihnen besprach ich die didaktische und methodische Ausrichtung des Unterrichts und ließ mir ihre Unterlagen zeigen. Eigene palästinensische Lehrpläne gab es keine. Es wurden noch immer die jordanischen benutzt. Staatliche Kontrollmechanismen oder Planungsstellen gab es auch nicht und auch keine gesetzlichen Vorlagen. Überhaupt funktionierte das gesamte Bildungssystem in der besetzten West-Bank und in Gaza seit nunmehr fast dreißig Jahren mehr oder weniger nur getragen von zumeist karitativen oder religiösen Einrichtungen, Privatinitiativen, die die Hochschulen unterstützten, oder politischen Hilfsorganisationen.

Genau diese Einrichtungen in Ost-Jerusalem waren Ziel meines Auftrags und ich sollte hierbei einiges lernen. Die Israelis kümmerten sich um qualifizierte Ausbildung gar nicht. Daran hatten sie kein Interesse. Ein klarer Verstoß gegen die Genfer Konvention, die ausdrücklich jede Besatzungsmacht verpflichtet, unter anderem auch das Schulsystem weiterzuführen und die Erziehung der Jugend des besetzten Landes sicherzustellen. Die Israelis hatten mit den Palästinensern indes anderes vor.

Ein Relikt der britischen Mandatszeit in Palästina und ein Erbe des wachsenden amerikanischen Einflusses nach dem ersten Weltkrieg in der Region war unter anderem ein angloamerikanisches Berufsbildungssystem, das, unzureichend und obsolet, selbst in vielen anderen arabischen Ländern noch immer Bestand hatte. Es eröffnete berufliche Bildung im so genannten „On the Job"-Training, ein Überbleibsel aus der Pionierzeit der amerikanischen Industrialisierung. Eine einjährige Ausbildung, die sich auf die Vermittlung rein praktischer Basisfertigkeiten bezog und halb angelernte Fachkräfte hervorbrachte, die zu bestimmten Aufgaben herangezogen werden konnten. Solch eine Ausbildung wurde in Vocational Training Centers durchgeführt. Durch diese VTC's litt die berufliche Ausbildung im gesamten arabischen Raum an sozialer Anerkennung, da dieses System weiterführende Bildungs- und Karrierechancen nahezu ausschloss. Es wurde gesellschaftlich assoziiert mit einer Ausbildung für die, die keine Befähigung hatten, mehr zu erreichen. Die einzige Chance.

Für die Israelis war dieses System allerdings ein Segen. Sie übernahmen es 1967 in den besetzten Gebieten unverändert und förderten es nachhaltig. Die VTC's wurden legitimiert, unterstützt und sogleich mit israelischen Arbeitsämtern versehen, die direkt an die Schulen angegliedert waren. Diese hatten die Aufgabe, die semiqualifizierten Schulabgänger als Billiglohnarbeiter nach Israel zu vermitteln. Für viele Palästinenser waren diese Ämter die einzige Möglichkeit, an Lohn und Brot zu kommen. Ein System, das wunderbar funktionierte und der israelischen Wirtschaft alle Möglichkeiten offenbarte. Billige angelernte Arbeitskräfte aus Palästina, die im Hochlohnland Israel im handwerklichen, industriellen und im Agrarsektor eingesetzt werden konnten, deren Job ansonsten kein Israeli mehr machte und die auch noch direkt vor der Haustür wohnten. Als ich später hinter diesen Mechanismus blickte und seine Auswirkungen erkannte, fielen mir natürlich die Parallelen zu Südafrika auf, mit dem man in diesen Jahren so eng paktierte und von dem man offensichtlich einiges gelernt hatte. Macht macht alles leicht. Es lebt sich gut mit Macht und preiswert dazu. Der erste Präsident Israels, Chaim Weizmann, hielt „das Schicksal von einigen hunderttausend Negern in der Heimat der Juden für eine bedeutungslose Angelegenheit."[72]

Wie belegt dieser Ausspruch die enge, seltsam verzerrte Verbindung der beiden Staaten und die Symbiose ihrer eigentlichen ideologischen Zielsetzung. Sprach er über Palästina oder Südafrika? Oder wollte er in einem Satz die Staatsdoktrin beider Länder zusammenfassen? Ich brauchte etwas Zeit, bis ich das alles verstand und das Ausmaß richtig einschätzen konnte. Höhere Bildung für Palästinen-

---

72 Vgl. auch Bibliographie: Noam Chomsky, *Offene Wunde Nahost*

ser war für Israel uninteressant, palästinensische Fachkräfte auf Ingenieur- oder Akademikerniveau bekamen dort keine ihrer Ausbildung entsprechende Arbeitsstellen. Hier ging es natürlich um industrielle Geheimhaltung, um wissenschaftliche Forschung und technologische Entwicklung, aber eben auch um zionistische Staatsinteressen.

Arbeitsstellen in Palästina selbst gab es für die hochgebildete arabische Elite nur in sehr begrenzter Zahl, da in den besetzten Gebieten die industrielle Entwicklung bewusst unterdrückt wurde, und so blieb den jungen qualifizierten Palästinensern nur der Weg in den Westen oder in die Golfstaaten, die diese Experten dann auch in den Siebzigern und Achtzigern mit Handkuss absorbierten. Allerdings verloren dadurch viele, bedingt durch den langen Aufenthalt außerhalb Palästinas, das langfristige Recht zur Rückkehr in ihr Heimatland. Ihnen blieb nur die Wahl zwischen Pest und Cholera – Billiglohnarbeiter in Israel oder Gefahr des Verlusts des Rückkehrrechts.

Es war kurz von Schulschluss um zwei Uhr nachmittags und ich wurde von Zughair zur Schulkantine geleitet, in der die Internatsschüler versorgt wurden. Was mir bei diesem Gang erst so richtig ins Auge fiel, war die ungewöhnliche Sauberkeit. Das war mit arabischen, ja teilweise deutschen Schulen, die ich kannte, kaum zu vergleichen. Natürlich verursachen 300 Schüler während eines Tages eine Menge Abfall, aber hier wurde durch außergewöhnliche Disziplin dafür gesorgt, dass das in einem sehr begrenzten Rahmen blieb. Diese Sauberkeit setzte sich fort in der Kantinenküche, in der es die gleichen Schätzchen aus längst vergangenen Tagen zu bestaunen gab. Die dreißig Jahre alten Großküchenherde hatten vom vielen Putzen den Oberflächenlack schon längst verloren. Als die Heizvorrichtung defekt war, hatte man einen Ölheizungsbrenner so geschickt in die Gesamtvorrichtung gebaut, dass er die komplette Anlage versorgte. Das Interessanteste in der Küche waren allerdings die drei Küchenangestellten selbst. Die waren vom Alter und Aussehen her vergleichbar mit der Ausstattung und hätten jede alte Frittenbude in Deutschland auf Vordermann gebracht. Drei liebe Kerle mit allen Vorteilen, die man sich von dieser Spezies wünschen konnte. Sie steckten schon mal etwas Besonderes aus dem Vorratsraum zu oder gaben den Schülern mit einem Augenzwinkern den Nachschlag, den sie verdienten. Immer freundlich und immer beschäftigt – so lernte ich sie kennen bis zum letzten Tag. Hier in der Küche sollte ich von nun an jeden Mittag mein Essen bekommen und dabei viel über die Menschen und das Leben in Palästina erfahren.

Küchenchef war Basri Salah. Er war fast so rund wie eine Kugel. Ein äußerst gemütlicher Mann, vielleicht schon über 60 Jahre, mit sehr viel Humor. Auch er lebte im Kalandia-Camp. Der größte Teil der Schulangestellten aus der West-Bank waren Nachfahren von Flüchtlingen oder hatten die Flucht 1948 selbst noch erlebt. Basri Salah gehörte dazu. Er war geboren in El-Barri'yah, einem Dorf bei Ramleh auf dem Weg von Jaffa nach Jerusalem. Er sagte nicht viel, aber in den nächsten Jahren sollte ich doch einiges von ihm erfahren. Basri hatte auch die Zeit der Auseinandersetzungen und Gewalttaten der Bürgerkriegsphase vor dem Krieg 1948 noch unmittelbar erlebt. Er erinnerte sich selbst an den von Hadsch Amin Al-Husseini[73] angeführten großen arabischen Aufstand von April 1936 bis März 1939. Jener suchte ab 1937 die Zusammenarbeit mit Repräsentanten des Nazi-Regimes. SS-Obergruppenführer Reinhard Heydrich, der damalige Chef der Sicherheitspolizei, schickte im September 1937 zwei SS-Offiziere, Hauptsturmführer Adolf Eichmann und Obersturmführer Herbert Hagen nach Palästina, die auf ihrer Nahost-Reise in Kairo unter anderem auch Kontakt mit der Haganah hatten.

---

[73] Seit 1921 Mufti von Jerusalem, eine Stellung, die die Al-Husseini-Familie seit mehr als einem Jahrhundert innehatte. Nach judenfeindlichen Ausschreitungen am 4. April 1920, bei denen fünf Juden im jüdischen Viertel Jerusalems getötet und 234 verletzt wurden, verurteilte die britische Militärgerichtsbarkeit eine beträchtliche Anzahl Araber und Juden zu langen Gefängnisstrafen. Al-Husseini wurde, da er nach Syrien geflohen war, in Abwesenheit zu zehn Jahren verurteilt – unter dem Vorwurf, die Aufstände angeheizt zu haben. 1921 wurde die britische Militärverwaltung Palästinas durch eine Zivilverwaltung abgelöst. Der erste Hochkommissar Herbert Louis Samuel, pikanterweise ein Jude, hob das Urteil gegen Al-Husseini auf und ernannte ihn zum Mufti. Ab 1922 wurde er Präsident des neuen obersten islamischen Rates, der die islamischen Gerichte und Schulen kontrollierte und einen großen Anteil der Gelder aus religiösen Stiftungen verwaltete. Al-Husseini wurde nach einem schweren Zusammenstoß mit den Nashashibis zum Führer der palästinensisch-arabischen Bewegung. 1936 gelangten die verfeindeten Jerusalemer Familien zu einer gewissen Eintracht, als alle palästinensischen Gruppen sich zusammenschlossen, um ein ständiges Exekutiv-Organ, das arabische Hochkommitee, unter Al-Husseinis Vorsitz zu bilden. Im Oktober 1937 floh Al-Husseini in den Libanon, als das Hochkomitee von den Briten abgesetzt wurde. Ab 1941 war er in Oybin persönlicher Gast Hitlers.

Während dieser Zeit erhielt Al-Husseini finanzielle und militärische Unterstützung von Nazi-Deutschland und dem faschistischen Italien.

Die Revolte entsprang hauptsächlich der Ablehnung muslimischer Araber gegenüber der britischen Akzeptanz der jüdischen Einwanderung und des Landkaufs durch Juden. Der Landkauf war allerdings zuvor von der Mandatsregierung bereits eingeschränkt worden. Die Araber wollten durch Wahlen ihre momentane demographische Überlegenheit nutzen, um eine Regierung unter ihrer Kontrolle zu etablieren. Dass dieser Aufstand neben dem Kampf gegen die britische Völkerbundsmacht durch Amin Al-Husseini auch ein dezidiert antisemitischer Aufstand war, wurde durch das Hakenkreuz als Erkennungssymbol bedeutet. Der Generalstreik zu Beginn weitete sich zu einem Aufstand aus, an dem auch bald panarabische Nationalisten aus Syrien und Transjordanien teilnahmen.

Das neu gegründete arabische Hochkomitee unter dem Vorsitz Al-Husseinis rief zu Steuerstreik und zur Schließung der Kommunalverwaltungen auf und verlangte das Ende der jüdischen Einwanderung, ein Verbot des Landverkaufs an Juden und nationale Unabhängigkeit. Der Streik ging in einen Aufstand über, als bewaffnete Gruppen Angriffe auf britische und jüdische Ziele, militärische wie zivile, durchführten. Am 30. Juli 1936 erklärten die Briten das Kriegsrecht. Sie verstärkten ihre Truppen und gingen massiv gegen die Aufständischen vor. Die Briten entpuppten sich als Lehrmeister einiger später von Israel übernommener Praktiken, so die „überwachenden Verhaftungen“, Einsperrungen ohne Anklage und Prozess oder auch Häuserzerstörungen bei Familienangehörigen von potentiellen Tätern. Mehr als 100 Araber wurden gehängt und die wichtigsten arabischen Anführer wurden verhaftet oder ausgewiesen. So floh beispielsweise Amin Al-Husseini, um einer Verhaftung zu entgehen, in den Libanon. Die Kämpfe verschärften sich im Jahre 1937[74].

Nachdem es immer wieder zu Angriffen von arabischen Aufständischen auch auf jüdische Siedlungen gekommen war, schlug die

74 Bericht der Peel Kommission. Eine Kommission, die die Briten während ihrer Mandatsherrschaft in Palästina einrichteten. Sie schlug im Juli 1937 erstmals die Teilung Palästinas in einen jüdischen und einen arabischen Staat vor.

Führung des Jischuw[75] der britischen Mandatsregierung vor, den Schutz der jüdischen Einrichtungen selbst zu übernehmen. Die Haganah verfügte über illegale Waffenlager. Um eine unüberlegte Selbstverteidigung, die sich leicht zu einem Bürgerkrieg ausweiten konnte, zu verhindern, machte sie folgende Vorschläge: Die britische Mandatsregierung solle dem Jischuw erlauben, geeignete Personen vorzuschlagen, die unter britischer Führung und Weisung zu Polizisten ausgebildet würden. Die Bewaffnung dieser Jewish Settlement Police[76] sollte aus den Pistolen und „Riot-Guns" der illegalen Waffenlager bestehen. Die Gewehre und Maschinenpistolen dieser Waffenlager sollten aber nur im äußersten Notfall benutzt werden, wenn Verstärkung durch britische Polizei oder Militär nicht zu erwarten sei. Nach Annahme des Vorschlags durch die britische Mandatsregierung wurde dieser Zusatz schnell Makulatur und die paramilitärischen Einheiten verselbständigten sich kurz darauf. Die Polizeitruppe stand von Beginn an vollständig unter Waffen aus den Haganah-Depots. Der Irgun begann, davon ermutigt, durch eine Politik des Terrors die arabische Bevölkerung einzuschüchtern. Der erste bekannte Anschlag der Irgun geschah bereits am 20. April 1936; dabei kamen zwei arabische Arbeiter einer Bananenplantage ums Leben.

Obwohl 20.000 zusätzliche britische Truppen und 14.500 gut ausgebildete und ausgerüstete Freiwillige der Haganah versuchten, den Aufstand niederzuschlagen, dauerte er doch über drei Jahre. Erst die Gespräche im Zusammenhang mit dem Münchner Abkommen von 1938 erlaubte den Briten die Entsendung größerer Militäreinheiten[77] und die gingen mit äußerster Brutalität vor. Die Nazis hatten aus Eigeninteresse die Palästinenser verkauft. So eng konnte deren Beziehung zueinander also doch nicht gewesen sein. Palästinas Ein-

---

[75] Hebräisch für „*bewohntes Land, Siedlung*" – bezeichnet die jüdische Gesellschaft in Palästina vor der Staatsgründung Israels, die begann, sich zu organisieren, zu politisieren und zu einem Gemeinwesen drängte. 1903 entstand die erste Knesset und 1920 die Wahlen zur Delegiertenversammlung. 1928 wurde der Jischuw von der britischen Regierung offiziell anerkannt.

[76] Gegründet 1936 im Völkerbundsmandat für Palästina. Sie wurde aus der Haganah rekrutiert und zu einer Elitetruppe ausgebildet. Die Mitglieder, bekannt als Nodedot, wurden für eine unkonventionelle Kriegsführung trainiert. Diese zeichnete sich durch ihre hohe Mobilität und überraschende Angriffe aus. Sie war bei den Arabern sehr gefürchtet. Ende 1946 betrug die Truppenstärke ca. 16.000 Polizisten.

[77] Analyse von Jehoschua Porath, *The Palestinian National Movement*

wohner waren wieder einmal verraten worden. Bis zum Ende des Aufstands im März 1939 kamen mehr als 5.000 Araber, 400 Juden und 200 Briten ums Leben. Ein Resultat des Aufstands war auch die Trennung der bis dahin verflochtenen jüdischen und arabischen Ökonomie in Palästina.

Ben-Gurion sprach zu diesem Zeitpunkt intern das aus, was offiziell auf keinen Fall nach außen dringen durfte: „Das Land gehört ihnen, während wir ankommen und uns hier niederlassen. Politisch sind wir die Aggressoren, während sie sich selbst verteidigen."[78]

Basri Salahs Dorf lag direkt an der strategisch wichtigen Landstraße zwischen Ramleh und Latrun, die im israelischen Unabhängigkeitskrieg von 1948 von beiden Seiten beansprucht und verbissen verteidigt wurde. Viele seiner Nachbarn waren damals in die unmittelbaren Kämpfe verstrickt gewesen. Er selbst war noch zu jung und heute froh, dass er nicht persönlich daran teilgenommen hatte. Jedoch bekam er manchmal die Attentate und Kampfhandlungen direkt mit.

El-Barri'yah war ein starkes Dorf mit mehr als fünfhundert Einwohnern gewesen, genug Männer also, um es während der Bürgerkriegsphase 1937 und auch vor dem Krieg 1948 gegen alle Angriffe zu verteidigen. Sie hatten gute Verbindungen nach Jaffa und Ramleh gehabt und von dort waren sie mit Gewehren und Munition ausgestattet worden. Nördlich von Jaffa, praktisch auf dem Strand, war die jüdische Stadt Tel Aviv entstanden, die ununterbrochen gewachsen war und 1948 fast an Jaffa heranreichte. Jaffa war eine rein arabische Stadt gewesen. Basri kannte die Stadt gut. Er hatte Verwandte dort und war mehrmals, auch über Nacht, da geblieben. Anfang Mai 1948 waren einige Freiwillige aus El-Barri'yah nach Jaffa gezogen, um die Stadt gegen die immer stärker werdenden Angriffe der jüdischen Milizen aus Tel Aviv zu verteidigen. Aber auch die konnten letztlich der jüdischen Übermacht nicht standhalten. Am 13. Mai wurde Jaffa von der Haganah und vom Irgun eingenommen. 1.500 freiwillige Verteidiger der Stadt konnten dem Angriff von 5.000 jüdischen Milizen nicht widerstehen. Selbst britische Flugzeuge unterstützten die arabischen Verteidiger. Es half nichts. Nach dem Fall der Stadt wurden zahlreiche palästinensische Frauen und Mädchen von jüdischen Eroberern vergewaltigt und die gesamte palästinensische Bevölke-

78 Aus einer Rede 1938, Simcha Flapan, *Zionism*

rung – insgesamt 50.000 Menschen – wurde vertrieben[79]. Palästinensisches Eigentum in Jaffa wurde geplündert und hunderte Häuser wurden nach der Eroberung bewusst zerstört, um den arabischen Charakter der Stadt zu tilgen. Einige der freiwilligen Kämpfer aus dem Dorf El-Barri'yah konnten entkommen und waren nach Hause zurückgekehrt. Sie bezeugten das alles bei ihrer Ehre und bei Allah. Basris Verwandte aus Jaffa wurden auf Boote verfrachtet und flohen auf dem Meer bis in den Libanon. Sie hatten alles verloren. Während des ersten Waffenstillstands von Anfang Juni bis in den Juli waren die Israelis dann mehrmals am Dorf El-Barri'yah vorbeigefahren und hatten mit Lautsprechern von der Landstraße aus die Bewohner aufgefordert, das Dorf zu verlassen, wenn sie nicht das „Schicksal der Einwohner von Jaffa und Deir Yassin[80]" teilen wollten. Im Juli wurde dann auch El-Barri'yah nach harten Kämpfen aufgegeben, nachdem die Israelis den Waffenstillstand gebrochen hatten[81]. Man war mit Vertriebenen aus Ramleh frühzeitig genug gemeinsam Richtung „Grüne Linie[82]" und von da in die Berge nach Ramallah geflüchtet. Der Flüchtlingskonvoi war bis nach Latrun mehrmals von israelischen Flugzeugen auf der Straße angegriffen worden.

Die „Grüne Linie"? Das verstand ich nun gar nicht. Als ich allerdings begann, über diesen israelischen Unabhängigkeitskrieg zu recherchieren, und mich im Laufe der Zeit entsprechend informierte, wurde mir über den tatsächlichen Ablauf dieses von Israel bisher so heroisch postulierten Krieges langsam, aber sicher einiges klar. Ich begann die Sache anders zu sehen.

So unglaublich es klingt, aber es gab eine Liaison zwischen Israelis und Hashemiten, die zurück bis in den zweiten Weltkrieg reichte. Als während dieser Zeit das Volk im Irak gegen den Hashemitenkönig Feisal II.[83] rebellierte, fand dieser für kurze Zeit in Palästina Zuflucht. Die zionistische Führung versorgte ihn auf Bitten der britischen Mandatsregierung mit einem geheimen Radiosender auf dem Karmelberg in Haifa. Bei der Wiedereinsetzung des Königs durch die Briten war den Hashemiten sogar der Irgun behilflich, dessen Kom-

---

79 Vgl. auch Bibliographie: Ilan Pappe, *The Ethnic Cleansing of Palestine*
80 Vernichtung eines arabischen Dorfs bei Jerusalem am 9. April 1948.
81 Israelische Operation Dani
82 Waffenstillstandslinie vom 11. Juni 1948, gehalten durch die Arabische Legion.
83 Siehe Index 2 – Hashemiten

mandeur David Rasiel im Laufe der Operation im Irak ums Leben kam. Die Rolle der Briten bei der Rückgewinnung der Popularität von Feisal durch ein Massaker an jüdischen Bürgern im Irak bleibt bis heute in den britischen Archiven verschlossen. Da bleibt viel Raum für Spekulationen.

Bemerkenswert ist nun, dass es während des gesamten Unabhängigkeitskrieges zu keinen nennenswerten Kampfhandlungen zwischen israelischen und transjordanischen Verbänden kam. Hier gibt es eindeutige Belege für ein Geheimabkommen zwischen Emir Abdallah und Golda Meïr[84], die im Auftrag Ben-Gurions in Verkleidung nach Transjordanien reiste und Abdallah große Teile des Gebietes zusicherte, das den Palästinensern von der UNO zugesprochen worden war. Der Emir durfte sich allerdings an keinen Kampfhandlungen gegen jüdische Truppen beteiligen. Beide Parteien erblickten in der politischen Führerschaft des Landes ihren Hauptfeind. Die kam aus den großen Familien Jerusalems. Das Abkommen war so geheim, dass es auf israelischer Seite nur einer Handvoll Eingeweihter bekannt und noch nicht einmal mit dem Militärkommando abgesprochen war, weshalb interne Konflikte ausbrachen, als Ben-Gurion im Oktober 1948 Jigal Allon[85], dem Befehlshaber der Südarmee, einen Angriff auf die West-Bank untersagte.

Die Grenze dieses Abkommens war die später so genannte „Grüne Linie“. Das wurde auch von der transjordanischen Regierung an Großbritannien mitgeteilt, die die Arabische Legion Transjordaniens massiv finanziell und personell unterstützte und faktisch das gesamte Offizierskorps der Arabischen Legion stellte. Bezeichnend ist hier die Drohung Großbritanniens, seine Offiziere abzuziehen, falls die Legion sich in Angriffskämpfe über die „Grüne Linie“ hinaus verwickeln lassen würde. Damit waren die Grenzen zu Jordanien schon vor Beginn des Unabhängigkeitskrieges gezogen. Die verlustreichen, mehrmaligen vergeblichen Bemühungen israelischer Verbände, die von der Arabischen Legion gehaltene Polizeistation in Latrun einzunehmen, um die Straße nach Jerusalem zu sichern, oder die vergeblichen Versuche der Israelis, die Altstadt von Jerusalem zu erobern, waren die einzige Ausnahme, machen aber gleichzeitig deutlich, welcher Gegner den Israelis da gegenüberstand und welcher Schachzug Ben-Gurion mit dem Geheimabkommen geglückt war. Einzig

---

[84] Siehe Index 1 – Personenregister

[85] Siehe Index 1 – Personenregister

diese Legion hätte den Zionisten wirklich gefährlich werden können. Mit dem Geheimabkommen vergrößerte Israel ganz nebenbei sein im UN-Teilungsbeschluss zugesichertes Gebiet um ein Beträchtliches – etwa die Hälfte des designierten Staatgebiets, das einem autonomen Palästina zugesprochen worden war. Diese Annexion war völkerrechtlich rechtswidrig. Allerdings war diese Frage 1949 nur noch rein rhetorischer Art. Die Welt schaute nur zu. Zu tief schnitten noch die Bilder des Holocaust in das Gedächtnis, zu frisch war die unmenschliche Tragödie und zu scharf war schon das zionistische Propagandaschwert geschliffen, als dass man dagegen noch im Nachhinein protestiert hätte. Hier verstummte jede Einmischung. Palästina und seine Bewohner bezahlten den Preis und beide, Israel und Jordanien, waren bei diesem Handel die Gewinner. Der jordanische Gewinn war allerdings schon nach nur 18 Jahren schon wieder an Israel verloren.

Mit dem Stillhalten der Arabischen Legion war der gefährlichste Gegner der Israelis 1948 aus dem Verkehr gezogen. Der tatsächliche Kampf der israelischen Truppen wurde also nur geführt gegen die unorganisierten, 2.500 Mann starken, schlecht ausgerüsteten palästinensischen Milizen, 4.000 Kämpfer der Arab Liberation Army und ägyptische, syrische, irakische und libanesische Truppen in einer Gesamtstärke von ungefähr 20.000 Mann[86], wobei unterschiedliche Quellenangaben zu mehr oder weniger übereinstimmenden Gesamtergebnissen bei den Truppenstärken kommen.

Die Gesamtstärke der israelischen Verbände betrug dagegen weit mehr als 100.000 Kämpfer unter Waffen, natürlich einbezogen die Reserven, Milizen, Heimwehren und die Untergrundorganisationen Gadna[87], Irgun und Lechi. Von der Überlegenheit des Waffenpotentials, das seit April 1948 in großen Mengen aus Europa und Amerika über Tel Aviv ins Land kam, ganz zu schweigen. Damit relativiert sich alles auf ein ganz normales Maß der Geschichte, bei dem heroische Glanztaten und selbstüberwindende Tapferkeit mehr einem gezielt genährten Mythos und einer notwendigen Propaganda entsprechen als der Wahrheit.

Nun ist es auch verständlich, wieso die israelische Armee in so kurzer Zeit solche Erfolge feiern konnte. Mitte 1948 ergreifen die Israelis die alleinige Initiative und erobern wichtige arabische Städte

86 Nach dem Historiker Walid Khalidi

87 Siehe Index 8 – Haganah, Palmach

wie Ramleh, Lydda, Nazareth und das gesamte Untergaliläa. Die Evakuierung und Deportation der arabischen Städte Lydda und Ramleh erfolgte am 12. und 13. Juli 1948. Nazareth wurde davon verschont, da ein Übergabeabkommen bestand, das das Bleiberecht der Bürger garantierte und doch nur durch die Weigerung eines hohen israelischen Militärs eingehalten wurde, der sich dem trotz des Abkommens gegebenen Evakuierungsbefehl widersetzte[88].

Ins Reich des Übermenschlichen verklärt worden sind die Operationen „Joav“, durch die die Ägypter am 15. September aus dem Negev gedrängt wurden, die „60 Stunden von Galiläa“ vom 29. bis 31. Oktober, während derer die israelische Armee ganz Galiläa unter ihre Kontrolle brachte und bis in den Libanon vordrang, und das Unternehmen „Lot“ am 24. bis 25. November, in dessen Rahmen der westliche Negev und der Norden der Arava-Wüste durch israelische Truppen erobert wurde. In der Zeit vom 25. bis 29. Dezember in der Operation „Chorev“ besetzten israelische Truppen den Sinai bis hinter Al-Arisch und den gesamten Negev mit Ausnahme des Gazastreifens.

Am 6. Januar 1949 teilte UN-Vermittler Bunche mit, dass Ägypten zu Verhandlungen bereit sei. Am 7. Januar beendeten die Israelis auf Druck der USA und Großbritanniens das Unternehmen „Chorev“ und zogen sich aus dem Sinai zurück.

Aufgedeckt worden sind in den letzten Jahren die Übergriffe und militärischen Attacken der israelischen Armee auch nach dem Waffenstillstand von 1949. Benny Morris, einer der „neuen Historiker“ Israels, hat der Wahrheit und wahrscheinlich seiner persönlichen Scham als überzeugtem Zionist und seinem nationalen Gewissen zuliebe die Aufgabe angepackt, die alten Dokumente und Unterlagen zu diesem Krieg zu sichten und zu analysieren, wobei ihm nicht überall Zugang gewährt wurde. Sein Urteil ist vernichtend, wie in seinen Werken zu lesen ist. „How they lied!“ Dieser Schrei von Morris beschreibt die Enttäuschung einer heutigen desillusionierten Generation von Nachkommen der Gründungsväter Israels und bezieht sich auf das, was der Welt und der israelischen Öffentlichkeit jahrelang an Wahrheit vorenthalten und verdreht wurde, und er klagt die an, die dafür verantwortlich waren und heute noch sind. Er wurde jahrelang als „Israelhasser“ im eigenen Land verdammt, obwohl seine

---

[88] Vgl. auch Bibliographie: Richard Chaim Schneider, *Israel am Wendepunkt*

Aussagen nach den Enttäuschungen des Friedensprozesses eher dem konservativen politischen Spektrum zuzuordnen sind. An seiner persönlichen Einstellung zum Zionismus scheint sich demnach dennoch nichts geändert zu haben. Ganz anders die Einstellung seiner Kollegen Ilan Pappe, Avi Shlaim oder Tom Segev, die massiv wegen ihrer Meinung, der hauptsächlichen Mitverantwortung des Staates Israel für den Nahostkonflikt und das palästinensische Flüchtlingsproblem, von der zionistischen Geschichtsschreibung abgelehnt werden. Auch seitens der Politik erfahren ihre Enthüllungen wenig Anerkennung. Ihre Werke „sollten nicht in der Schule gelehrt werden[89]", meinte etwa der Anführer Ariel Scharon, als er Ministerpräsident Israels war.

An der Wahrheit indes kommt irgendwann keiner vorbei. Insgesamt waren 1949 mehr als 700.000 Palästinenser aggressiv vertrieben worden, wurden deportiert oder mussten fliehen. Viele von ihnen zu einer Zeit, als die Kampfhandlungen bereits beendet waren. Selbst Erschießungen und Deportationen in Galiläa noch 1952 hat Morris aufgedeckt. Zu diesem Zeitpunkt war Israel bereits drei Jahre lang UN-Mitglied. Bemerkenswert sind dabei auch die Tatsachen, die sich vor dem Kriegsausbruch zugetragen haben. Hier geht es nicht um Anklage und nicht um Abrechnung, sondern allein um Wahrheit und das historische Verständnis, um den Nahostkonflikt entsprechend einordnen zu können, auch auf der Suche nach wirklich effektiven und durchgreifenden Lösungen.

Wenn von Gewalttaten jener Zeit die Rede ist, dann müssen beide Seiten gleichermaßen betrachtet werden. Sterben mussten wie so oft zumeist die Unschuldigen. So sind die brutalen Übergriffe arabischer Einzelpersonen und Gruppen oder Milizen und Freischärler auf jüdische Stadtbewohner und Kibbuze bekannt, die auch aus der Frustration über die Landveräußerungen an Juden und deren enormen Zuzug nach Palästina nicht zu rechtfertigen sind. Solche Banden organisierten sich aber oftmals individuell und aus persönlicher Betroffenheit, sei es, dass die Mitglieder solcher Trupps selbst alles verloren hatten oder dass sie von anderen nationalreligiös aufgestachelt wurden. Das Massaker in Hebron im August 1929, bei dem 67 Juden massakriert wurden, ist dafür ein Beispiel und ein trauriger Höhepunkt.

---

[89] *Haaretz* Magazine, 12. August 2005, S. 15

Allerdings wurde der Antrieb zu antisemitischen Gewalttaten beständig geschürt, dessen Ursachen auch außerhalb Palästinas wahrgenommen wurden. US-Präsident Wilsons King-Crane-Kommission berichtete schon 1919, dass „die Zionisten die praktisch vollständige Enteignung der gegenwärtigen nicht-jüdischen Einwohner Palästinas anstreben“ und dass „nahezu 90% der Gesamtbevölkerung leidenschaftlich gegen das gesamte zionistische Programm opponieren.“

Viele jüdische Bürger Palästinas, die mit den Arabern zusammenlebten, lehnten den Zionismus ebenfalls rigoros ab. Zu allem Unglück gehörte die jüdische Gemeinde in Hebron 1929 größtenteils zum antizionistischen Lager.

Die Kommission kam zum Ergebnis, dass die Durchsetzung des zionistischen Programms „eine grobe Verletzung des Prinzips der Selbstbestimmung und des Völkerrechts wäre.“[90]

Organisierte Ausschreitungen gegen Juden in Palästina gab es schon 1920 und 1921; befohlen, waren sie aber eher die Ausnahme. Der zunehmende Hass war eine langfristige Reaktion auf die massiven zionistischen Einwanderungen und den zionistisch-ideologischen Druck des Landerwerbs, die sich dann in spontanen Gewaltakten vollzog. Die zionistische Führung blieb nicht tatenlos und gründete 1920, nachdem in Jerusalem vier Juden getötet worden waren, aus einer Vorgängerorganisation die Haganah. Es wurde nunmehr Gleiches mit Gleichem vergolten. Da stellt sich insgesamt nicht mehr die Frage nach der Schuld, sondern eigentlich nur noch nach der Ursache. Lord Arthur Balfour[91], auf dessen 1917 abgegebene „Erklärung“ sich auch heute noch alle israelischen Heimstattansprüche in Palästina beziehen, stellte zwei Jahre später in einem Memorandum die Sachlage klar. Es spiegelt den wahren Grund der arabischen Reaktionen wider. „Die vier Großmächte haben sich auf den Zionismus festgelegt, und der Zionismus, mag er nun richtig oder falsch, gut oder schlecht sein, wurzelt in einer langen Tradition in gegenwärtigen Bedürfnissen und zukünftigen Hoffnungen, die ein viel größeres Gewicht haben als die Menschen und vorgefassten Meinungen der 700.000 Araber, die jetzt dieses uralte Land bewohnen. In Palästina

---

90 Vgl. auch Bibliographie: Noam Chomsky, *Offene Wunde Nahost*

91 Siehe Index 1 – Personenregister

sehen wir noch nicht einmal vor, die gegenwärtigen Bewohner des Landes nach ihren Wünschen zu fragen."[92]

Die arabische Frustration führte auch in den Folgejahren zu antisemitischen Pogromen, Gewalt und Terror, die im August 1929 eskalierten, als insgesamt 133 Juden ermordet und nahezu 300 verletzt wurden.

Die Organisation des jüdischen Terrors hatte jedoch noch ganz andere Qualitäten und Auswirkungen. Dabei sahen sich die zionistischen Führer jedoch vor, mit der britischen Mandatsmacht nicht allzu früh in die Haare zu geraten. Ihnen war ein leichter arabischer Gegner lieber, obwohl sie zum geeigneten Zeitpunkt auch den starken britischen gnadenlos attackierten und bekämpften.

Am 22. Juli 1946 gelang Bombenlegern des Irgun einer der blutigsten Anschläge überhaupt: Bei einem Sprengstoffattentat auf das King-David-Hotel in Jerusalem, in dem Teile der britischen Mandatsverwaltung untergebracht waren, starben 91 Menschen – darunter 28 Briten, 41 Araber und 17 Juden. Unter anderem ein Auslöser für Großbritannien, das Mandatsgebiet Palästina aufzugeben. Führer dieser Terrortruppe war ein schmächtiger Mann, der erst 1942 aus Polen nach Palästina gekommen war und dort gleich große Karriere machte: Menachem Begin – er sollte Jahre später Ministerpräsident Israels werden und verantwortlich sein für tausende Tote im Libanon-Feldzug 1982. Doch nicht nur der Irgun, der ideologisch ursprünglich gar den italienischen Faschisten nahestand, war als Terrorgruppe wie auch die Gadna bei der arabischen Bevölkerung gefürchtet, sondern diese lösten selbst im jüdischen Lager durch ihre unglaublichen Gewaltaktionen Abscheu und Schrecken aus. Vor allem die Lechi tat sich beim Terror gegen die britische Mandatsmacht besonders hervor. Auch ihr Anführer war aus Polen, im Jahr 1935 nach Palästina emigriert und machte später sogar mehrfach als Ministerpräsident Israels so genannte Friedenspolitik: Jizchak Schamir, der zu einer kleinen Gruppe gehörte, die sogar so weit ging, 1941 den Nazis anzubieten, auf deutscher Seite in den Krieg einzutreten, da man hoffte, auf diese Weise die Errichtung des „historischen Judenstaates auf nationaler und totalitärer Grundlage, der in

92 Vgl. auch Bibliographie: Noam Chomsky, *Offene Wunde Nahost*

einem Vertragsverhältnis mit dem Deutschen Reich stünde", erreichen zu können[93]. Unglaublich!

Zu seinen herausragendsten Taten gehörten das Attentat auf den britischen Staatsminister für den Nahen Osten Lord Moyne im November 1944 in Kairo und die Ermordung des schwedischen Nahost-Vertreters der UNO Graf Folke Bernadotte und des UN-Militärbeobachters André Serot im September 1948 in Jerusalem. Die Drahtzieher dieses Anschlags in Jerusalem erhielten wenige Monate später trotz dringenden Tatverdachts Generalamnestie von der israelischen Regierung. Schamir war im Jahr 1942 aus einem britischen Internierungslager entkommen und wurde seitdem von der Mandatsregierung gesucht. Beide, Begin und Schamir, wurden von den Briten als Terroristen offiziell gesucht, wobei das Wort Terrorist auch offiziell verwendet wurde. Yellin Mor, einer der Attentäter auf Bernadotte, arbeitete später als Leibwächter Ben-Gurions. Er war ein Freund Ben-Gurions und hatte diesem den Mord gestanden[94]. Stillschweigend wurden die Mordbuben von der Führung gedeckt und zu allem Überfluss stand ihnen später sogar die politische Karriere offen.

Diese Untergrundorganisationen operierten zum Teil autonom. Ziele waren britische Militäreinrichtungen, arabische Dörfer, und selbst jüdische Kollaborateure und Unwillige wurden von ihnen verfolgt und liquidiert. Sie finanzierten sich aus nicht immer freiwillig geleisteten privaten Spenden und Banküberfällen. Sie waren unkontrollierbar und damit selbst der zionistischen Führung oftmals ein Dorn im Auge. Das führte so weit, dass sogar ernsthafte Konflikte entstanden, wie der Vorfall um das Schiff Altalena[95] im Juni 1948

---

93 Vgl. auch Bibliographie: Lenni Brenner, *Zionismus und Faschismus*

94 Vgl. auch Bibliographie: Noam Chomsky, *Offene Wunde Nahost*

95 Ursprünglich sollte die Altalena Israel am 15. Mai 1948, dem offiziellen Tag des Abzugs der britischen Mandatsmacht, erreichen. Der Staat Israel war bereits mit Datum 14. Mai ausgerufen worden. Die Waffeneinkäufe jedoch verzögerten sich. Die Irgun hatte einer Übereinkunft zugestimmt, nach der ihre Einheiten in die neu gegründete Armee integriert werden sollten. Als Gegenleistung wurde auf alle Waffenkäufe verzichtet. Am 11. Juni verließ die Altalena mit 940 Kämpfern und Waffen an Bord Frankreich. Am 15. Juni trafen sich Begin und weitere Führer der Irgun mit Repräsentanten des Staates, um über das weitere Vorgehen zu verhandeln. Man einigte sich darauf, das Schiff landen zu lassen. Die Irgun zog den Strand von Tel Aviv, die staatlichen Vertreter den Strand von Kfar Vitkin vor. Streit gab es auch

belegt, mit dem Begin versuchte, auch nach der offiziellen Staatsgründung Truppen und Waffen für den Irgun nach Israel zu schaffen, wobei das Transportschiff auf Befehl von Ministerpräsident Ben-Gurion versenkt wurde, weil dieser keine Privatmiliz neben der israelischen Armee duldete und Begin die Waffen nicht überlassen wollte.

So unkontrollierbar wie sie selbst waren auch ihre Aktionen. Die Liste ihrer Gräueltaten ist lang und blutig. Bombenanschläge auf arabische Marktplätze als Vergeltungsaktionen mit vielen Toten[96], mörderische Überfälle auf Veranstaltungen und Feiern und sogar die

---

um die Verteilung der Waffen. Menachem Begin forderte u. a., die in die Armee neu eingegliederten Bataillone der Irgun mit den Waffen auszurüsten; dem widersprachen die staatlichen Vertreter und forderten die Übergabe der Waffen an die Armee.
Am Spätnachmittag des 20. Juni erreichte die Altalena Kfar Vitkin. Begin und andere Führer der Irgun warteten am Strand, als die Irgunkämpfer von Bord kamen und das Schiff entluden. Während die Irgun am Strand von Kfar Vitkin die Altalena entlud, trafen sich in Tel Aviv die Mitglieder der provisorischen Regierung. Ben-Gurion war zu der Überzeugung gelangt, dass die Irgun eine Bedrohung des Staates sei. Er forderte die bedingungslose Kapitulation der Irgun und die Übergabe aller ihrer Waffen. Die Armee wurde aufgefordert, alles Nötige zu veranlassen, um die Irgun in Kfar Vitkin zur Aufgabe zu bewegen und das Schiff und die Waffen zu konfiszieren. Der Befehlshaber der Alexandroni Brigade Dan Even wurde beauftragt, den Befehl auszuführen.
Am nächsten Tag wurde das Gebiet um Kfar Vitkin weiträumig umstellt. Dan Even forderte die Irgun ultimativ auf, die Waffen zu übergeben. Er räumte der Irgun unter Menachem Begin zehn Minuten Bedenkzeit ein. Begin konnte oder wollte dieses Ultimatum nicht einhalten. Die Brigade griff an. Auf Vermittlung der Siedler von Kfar Vitkin wurde eine Feuerpause vereinbart und die Übergabe der am Strand befindlichen Waffen an die Armee begann. Inzwischen war die Altalena mit Begin an Bord auf dem Weg nach Tel Aviv. Er hoffte, dort die restlichen Waffen an Land bringen und gleichzeitig neue Verhandlungen mit der provisorischen Regierung führen zu können. Doch Ben-Gurion befahl Jigal Jadin, sofort Truppen um Tel Aviv zu konzentrieren und das Schiff mit Gewalt einzunehmen. Um 16.00 Uhr gab Ben-Gurion den Befehl, die Altalena anzugreifen. Eine Granate setzte das Schiff in Brand. Das Ergebnis der Aktion war die Festnahme von 200 Kämpfern der Irgun. 16 Mitglieder der Irgun und drei Soldaten der Armee kamen bei den Aktionen in Kfar Vitkin und Tel Aviv ums Leben.

96 U. a. auch für die Verhaftung eines Irgun-Mitglieds durch die Briten.

gezielte Liquidierung jüdischer oppositioneller Antizionisten[97]. Diese wurden oftmals von der führungsfreundlichen und von Ben-Gurion selbst kontrollierten Haganah unterstützt. So wurde im Juni 1924 ein religiöser Jude, der den Widerstand der größtenteils antizionistisch eingestellten jüdischen Bevölkerung Palästinas organisierte, beim Verlassen einer Synagoge von der Haganah liquidiert[98].

Und die im Mai 1948 aus der Haganah hervorgegangene israelische Armee war nicht besser als die paramilitärischen terroristischen Einheiten. Bei der Einnahme von Lydda am 11. Juli 1948 durch das israelische Bataillon 89 unter Moshe Dajan[99] wurden die Bewohner aufgefordert, sich zu ihrer eigenen Sicherheit in den Moscheen und Kirchen zu versammeln. Nach einem kurzen Feuergefecht am 12. Juli mit einer jordanischen Aufklärungseinheit, dem sich einzelne Bewohner Lyddas anschlossen, drangen israelische Soldaten in die Dahmash-Moschee ein, massakrierten allein hier 80 unbewaffnete Araber und erschossen danach alles, was auf die Straßen geflüchtet war. Am Ende lagen die Leichen von 250 Opfern noch zehn Tage später verstreut in der Sommerhitze – Frauen, Männer und Kinder[100]. Ganze zwei Tote waren auf israelischer Seite zu beklagen – so viel zum tatsächlichen Ausmaß des Widerstands in Lydda an diesem Tag. Am 29. Oktober des gleichen Jahres wurden bei der Besetzung des Dorfes Dawaymeh in der Nähe von Haifa nahezu einhundert

---

97 Danny Rubinstein, *Davar*, 19. März 1982: Es wird berichtet, dass „die Hagana-Archive die Namen von 40 Juden enthalten, die von der Irgun und Lechi im Verlauf ihrer Untergrundarbeit oder im Zusammenhang mit internen Auseinandersetzungen getötet wurden."
Die offizielle Geschichte von Begins Irgun erwähnt die Ertränkung eines Mitglieds, um einem möglichen „Singen" bei einer Verhaftung durch die Briten vorzubeugen.
Weiter bekannt sind Strafaktionen der Haganah gegen Informanten der jüdischen Gemeinschaft.
Wochenzeitschrift *Hashavna Bair*, April 1983: Ein Haganah-Gefängnis in Haifa enthielt eine Folterkammer für Verhöre von Juden, die der Kollaboration mit den Briten verdächtigt wurden.

98 Vgl. auch Bibliographie: Noam Chomsky, *Offene Wunde Nahost*

99 Siehe Index 1 – Personenregister

100 Bericht der Augenzeugen Keith Wheeler, *Chicago Sun Times*, und Kenneth Bilby, *New York Herald Tribune*

Männer, Frauen und Kinder erschossen und erschlagen[101]. Wieder war es das berüchtigte Bataillon 89. Nach Lydda sagte der Brigadekommandant Jizchak Rabin[102]: „Wir mussten Gewalt anwenden, damit die Leute zum nächsten Ort (20 Meilen) marschieren.“

Er selbst berichtet in einem Interview von einer Lagebesprechung, wo es um die Einwohner Lyddas und Ramlehs geht: „Laut einer zuverlässigen Darstellung des Treffens, an dem (neben Ben-Gurion) die Generäle Yadin, Ayalon und Allon, Israel Galilee und Oberstleutnant Yitzhak Rabin, dem Oberbefehlshaber der Operation Dani[103], anwesend war, schlug jemand, möglicherweise Allon vor, nachdem er vom Beginn der Erschießungen in Lydda gehört hatte, die Einwohner der beiden Städte zu vertreiben. Ben-Gurion sagte nichts und keine Entscheidung wurde gefällt. Dann verließen Ben-Gurion, Allon und Rabin den Raum. Allon fragte: ‚Was sollen wir mit den Arabern tun?‘ Ben-Gurion machte eine abweisende, energische Geste mit der Hand und sagte: ‚Vertreibt sie!‘“[104]

30 Jahre später, auf Druck der israelischen Regierung, musste Rabin die Schilderung dieses Vorgangs aus seinen Memoiren streichen.

50.000 Einwohner aus Lydda wurden am 13. Juli zu Fuß in Flüchtlingslager in der Nähe von Ramallah deportiert. Mindestens 350 von ihnen, hauptsächlich Kinder, sollen auf dem Weg bei großer Hitze an Wassermangel gestorben sein. Der Bericht von John Bagot Glubb Pascha[105] gibt darüber trauriges Zeugnis. Erschießungen und Plünderungen der Palmach-Soldaten, die den Flüchtlingszug mit Drohungen und Warnschüssen den arabischen Stellungen in den Bergen zutrieben, sind dokumentiert[106]. Einige der Palmach-Kämpfer sollen den Befehl verweigert haben.

---

101 Artikel des Journals *Hadashot* vom 24. und 26. August 1984 über ein Interview mit Hassan Mahmoud Hodeib im Flüchtlingslager Fawwar bei Hebron, basierend auf israelischen und palästinensischen Zeugenaussagen.

102 Siehe Index 1 – Personenregister

103 Militärische Operation der Israelis, die die Verbindung nach Jerusalem sichern und die Bedrohung Tel Avivs durch die Arabische Legion, die in den Städten Lydda und Ramla saß, aufheben sollte.

104 Memoiren von Jizchak Rabin

105 Siehe Index 9 – Arabische Legion

106 *London Economist*

Auch bei einem der erbarmungslosesten und heimtückischsten Massaker an der arabischen Bevölkerung war die Haganah beteiligt. Am 9. April 1948 griffen Einheiten des Irgun und der Lechi mit Unterstützung der Haganah das Dorf Deir Yassin nordwestlich von Jerusalem an. Deir Yassin war dem Jischuw freundlich gesinnt und hatte keine arabischen Freischärler beherbergt. Nach der Einnahme des Dorfes durch die Haganah metzelten Irgun und Lechi die Einwohner des Dorfes, Männer, Frauen und Kinder nieder. Verschiedene Quellen sprechen von 100 bis zu 250 Opfern. Die Juden verloren ganze vier Kämpfer, einer davon soll durch freundliches Feuer ums Leben gekommen sein. Ein Mitarbeiter des internationalen Roten-Kreuz-Komitees, der Deir Yassin am Tag nach dem Massaker besucht hatte, berichtete: „Es waren 400 Leute in diesem Dorf; ungefähr 50 von ihnen gelang die Flucht und sie überlebten. Alle anderen waren mit Vorsatz und überlegt massakriert worden, da, wie ich feststellte, diese Bande bewundernswert diszipliniert war und nur auf Befehl handelte.“[107]

Befehlshaber und Kommandeur dieser Bande war der uns schon bekannte Menschenfreund Menachem Begin. Er beschrieb das Massaker mit folgenden eindringlichen Worten: „Keine andere Streitkraft hat jemals so gehandelt. Eine wunderbare Eroberungsaktion. Wie in Deir Yassin, so überall. O Herr, o Herr, du hast uns zur Eroberung erkoren.“[108]

So unglaublich das klingt aus dem Mund eines Mannes, der Jahre später als Ministerpräsident die Geschicke des Rechtsstaates Israel führte und für Krieg und Frieden in Nahost verantwortlich war, so unglaublich klingen auch die Kommentare anderer zionistischer Größen mit durchgreifender staatlicher Machtfülle. Stolz erklärte der erste Präsident Israels, Chaim Weizmann: „Es war eine wunderbare Reinigung des Landes; eine wunderbare Erleichterung der Aufgabe Israels.“[109]

Wie bitte? Danach muss es wohl das Eigenverständnis der Aufgabe der Zionisten gewesen sein, kommandierte Massaker an der nichtjüdischen Bevölkerung des Landes zu begehen, und das auch noch im

---

[107] Internet-Recherche:
http://de.wikipedia.org/wiki/Palästinensisches_Flüchtlingsproblem
[108] Vgl. auch Bibliographie: Noam Chomsky, *Offene Wunde Nahost*
[109] Vgl. auch Bibliographie: Sami Hadawi, *Bittere Ernte*

Angesicht des Herrn, um der Aufgabe gerecht zu werden, „Eretz Israel" zu besetzen und den Staat zu gründen. Gibt uns die Logik hier recht, dann versagt die menschliche Vorstellungskraft. So wie sie auch im Dritten Reich versagt. Dann gibt es keine Rechtfertigung mehr – da nicht und dort nicht. Ben-Gurions ehrliche Entrüstung nach dem Massaker von Deir Yassin reicht nicht aus. Keiner der Täter wurde von ihm zur Rechenschaft gezogen. Was der ganzen Sache Jahre später aber noch die Krone aufsetzte, war der Umstand, dass dem unerbittlichen Kommandeur dieses zionistischen Mordkommandos, Menachem Begin, am 10. Dezember 1978 der Friedensnobelpreis überreicht wurde. Sind das die wunderbaren Eroberungen, die wir aus seinen Worten nach Deir Yassin entnehmen? Wer oder was machte das möglich? Welche wunderbare Reinigung dieses blutbesudelten Terroristen vor den Augen der Weltöffentlichkeit. Er steht nun in der Ahnengalerie der Nobelpreisträger zusammen mit Mutter Teresa auf einer Stufe weit über Mahatma Ghandi, dem, weil er zu spät nominiert wurde, dieser Titel posthum nicht mehr zugesprochen werden konnte.

Eine neue Recherche des Journalisten und Autors Henning Sietz[110] deutet darauf hin, dass Begin nebenbei auch Drahtzieher (Auftraggeber, Organisator und Geldbeschaffer) dreier Attentate auf den ersten deutschen Bundeskanzler Konrad Adenauer war. Aus der Recherche geht hervor, dass die Attentate im Auftrag prominenter Mitglieder der von Begin geführten Cherut-Partei[111] ausgeführt worden waren. Der erste Versuch, Adenauer zu töten, fand am 27. März 1952 statt. Im Kellerraum des Münchner Polizeipräsidiums explodierte damals ein an den CDU-Politiker adressiertes Paket. Der Sprengmeister, der es vorschriftswidrig vor der Öffnung nicht durchleuchten ließ, kam dabei ums Leben. Kurz darauf trafen zwei kleinere Briefbomben in Wassenaar bei Den Haag ein, wo Deutschland und Israel über einen Vertrag verhandelten, der als Luxemburger Abkommen oder „Schilumim" in die Geschichte einging. Erklärtes Ziel der Attentate war

---

[110] Vgl. auch Bibliographie: Henning Sietz, *Attentat auf Adenauer - Die geheime Geschichte eines politischen Anschlags*

[111] Cherut, hebräisch Freiheit oder Freiheitsbewegung, war die Parteiorganisation des revisionistischen Zionismus in Israel. Diese konservativnationalistische Bewegung wurde die stärkste Oppositionspartei zur regierenden sozialistischen Arbeiterpartei.

es, die Wiedergutmachungsverhandlungen zwischen der Bundesrepublik Deutschland und Israel zu torpedieren.

Nein, nein, wie gesagt, hier geht es nicht um palästinensische Terroranschläge! Hier geht es um Terrorismus offizieller Vertreter eines anerkannten UN-Mitgliedsstaats. Hat die Hamas am Ende davon sogar profitiert und gelernt, wie man politische Verhandlungen torpediert, indem man gezielt Bombenterror einsetzt? Waren die Israelis in diesem Augenblick gar ihre Lehrmeister? Von solcher Art der Einflussnahme auf die Politik waren die Palästinenser 1952 nämlich noch weit, weit entfernt.

Eine Aufrechnung der Opfer der Gräueltaten beider Seiten macht heute wenig Sinn. Safed und Hebron auf der einen oder Abu-Shusha und Deir Yassin auf der anderen. 77 tote jüdische Ärzte, Krankenschwestern und Patienten des Hadassah-Krankenhauses[112] bei einem Überfall in Jerusalem auf einen Konvoi oder mehr als 100 arabische Tote im Dorf Nasir Al-Din nahe Tiberias bei einem Überfall der Irgun, beides nahezu zeitgleich geschehen im April 1948, geben Aufschluss über die Spirale der Gewalt beider Parteien, getrieben von Rache und Hass. Allerdings fällt auf, dass der Blutzoll auf der jüdischen Seite immer nur einen Bruchteil des arabischen ausmacht. Damals wie heute – diese Regel scheint sich, unbewusst akzeptiert, verselbständigt zu haben.

Auffällig ist aber auch die Art des Vollzugs solcher Gewalttaten, die gerade bei den beiden meistgenannten Ereignissen jener Zeit, auf die sich beide Seiten immer wieder, sich gegenseitig anklagend, beziehen, die Unterschiede aufdeckt. In Hebron im August 1929, wo 700 orthodoxe sephardische[113] Juden lebten, hatte sich 1925 eine Jeshiva[114] gegründet, die von der sephardischen Gemeinde und ihren arabischen Nachbarn völlig getrennt und isoliert lebte. Diese aschkenasischen[115] Einwanderer wurden auch von den Sephardim als Zionisten betitelt und ideologisch stark verurteilt. Der Zorn des aufgehetzten arabischen Mobs wandte sich hauptsächlich gegen sie und nicht gegen die assimilierten Juden. Ein großer Unterschied, den man

---

112 Jüdisches Krankenhaus in Ost-Jerusalem

113 Sephardim: Bezeichnung der Juden und ihrer Nachfahren aus Portugal und Spanien, Nordafrika und dem Orient.

114 Jüdisch-zionistisch-orthodoxe Religionsschule

115 Aschkenasim: Selbstbenennung der west- und osteuropäischen Juden.

deutlich betonen muss. Fast alle Toten waren zionistische Aschkenasim. Ein ungezügelter, unkontrollierter arabischer Pöbel, bewaffnet mit Keulen und Messern, hatte das zu verantworten und sich dann im Blutrausch auch an Frauen und Kindern vergriffen. Arabische Nachbarsfamilien verhinderten ein Übergreifen und retteten hunderte sephardischer Gemeindemitglieder, mit denen sie dort schon seit Jahrhunderten friedlich zusammengelebt hatten. Im April 1948 in Deir Yassin rettete niemand. Flucht war die einzige Chance für einige wenige, dem Gemetzel zu entgehen. Auch war das kein Pöbel, sondern eine durchorganisierte, auf Befehl handelnde paramilitärische Einheit, begleitet von der Haganah, aus der einen Monat später die israelische Armee hervorging. Eine durchdachte, kontrollierte und angeordnete Mordaktion, die mit kaltblütigen und befohlenen Erschießungen vor den Häuserwänden endete. In Deir Yassin waren die Toten nahezu ausschließlich alte Männer, Frauen und Kinder, in Hebron, von Ausnahmen abgesehen, größtenteils ideologisch verklärte Religionsschüler, die sich unbeugsam der zionistischen Idee verschrieben hatten.

Wer war und wer ist nun der wahre Terrorist? The winner takes it all! Er bestimmt die Auslegung der Terminologie. Aus Terroristen werden da schnell Freiheitskämpfer.

Ohne nun den Holocaust mit den Geschehnissen dieser Jahre in Palästina vergleichen zu wollen (was auch gar nicht vergleichbar ist), gibt es doch eine verblüffende Parallele. So glich die Situation der Fünfziger- und Sechzigerjahre in Israel der im Nachkriegsdeutschland. Während hier der Holocaust an den Juden bewusst aus öffentlichen Debatten verdrängt wurde, aus Schamgefühl, schlechtem Gewissen und wohl auch aus der Tatsache heraus, dass noch immer Täter beteiligt waren, so wurde auch dort die Wahrheit bewusst verschwiegen und sogar verdreht, denn auch hier waren Täter beteiligt. Waren auch hier die Scham und das schlechte Gewissen so groß? Erst Willy Brandt, der in Warschau vor den Opfern des Naziregimes auf die Knie fiel und für alle Deutschen, vor allem aber für die Nachgeborenen um Verzeihung bat, öffnete in Deutschland in einer neuen Generation die Fähigkeit zur Selbstreflexion der eigenen Geschichte und führte uns in eine neue Zeit. Das ist in Israel bis heute nicht geschehen. Fatal ist, dass in Palästina Glaubensbrüder der Holocaustopfer nahezu zeitgleich Taten begingen, die die Opfer gerade erst selbst erduldet hatten, und die Täter die Rechtfertigung ihrer

Taten aus deren Leid bezogen. Israel sieht sich auch heute immer noch als Opfer von Tätern.

Ein sicheres Zeichen der Täterschaft und deren Nachweisbarkeit sind die Namen, die auf der jüdischen Seite in einer geordneten hierarchischen Führungs- und Kommandostruktur klar identifizierbar sind. Demgegenüber fehlen die Namen ähnlicher Akteure auf der arabischen Seite fast völlig bis auf die ideologischen Führer des palästinensisch-arabischen Nationalismus, Amin Al-Husseini oder Musa Kazim Al-Husseini (die sich selbst an Kampfhandlungen nie beteiligt haben), weil es keine einheitliche Kommandostruktur gab und somit auch kaum Kommandeure existierten. Einzig Abd Al-Qadir Al-Husseini, der charismatische Sohn von Musa und Fawzi Al-Qawuqji, der libanesische Kommandant der Arab Liberation Army, können als wirkungsvolle Kommandeure arabischer Kampfeinheiten bezeichnet werden. Libanesen, Syrer, Ägypter und Irakis traten militärisch kaum in Aktion, ihre Anführer retteten sich zuallererst. So stellt sich auch nicht die Frage der Anklage gegen „die Palästinenser“ oder gegen „die Juden“, sondern sie ist hauptsächlich auf die Hauptakteure beschränkt, die die Befehls- und Durchführungsgewalt innehatten, und das sind neben den beiden genannten arabischen vor allem die Anführer der israelischen Truppen und der zionistisch-paramilitärischen Milizionäre. Die Letzteren handelten oftmals im Einverständnis enger ideologischer Kreise, waren zwar Teil von staatlich-strategischen Entscheidungen, führten aber auch Operationen auf eigene Verantwortung durch. Die offiziellen israelischen Armeekommandanten und Aktivisten bekamen ihre Befehle direkt von der Staatsmacht. In ihrem zionistischen Eifer waren sie jedoch alle gleich, Personen, die fast ausnahmslos in den folgenden Jahren in der Politik Karriere machten. Keiner von ihnen hat später auch nur geringste Anzeichen der Reue über ihre Taten gezeigt, im Gegenteil[116], und sie stehen selbst heute noch mit Stolz zu ihrer Vergangenheit. Ihr Denkschema ist heute wie früher gleich. Die Frage, was man von solchen Politikern verlangen kann, überlasse ich dem Leser.

Sieger des ungleichen Kampfes 1948 waren nicht die Juden, sondern die radikalen Zionisten. Sie hatten ein Jahr später mehr erreicht,

---

[116] Eine Briefmarkenserie „zionistischer Helden“, die Bombenattentäter und Terroristen abbildeten, beweist sogar die hohe Achtung, die diese Personen im israelischen Staat genossen. Vgl. auch Bibliographie: Noam Chomsky, *Offene Wunde Nahost*

als sie sich jemals erträumt hatten. Eine überlegene Organisations- und Kommandostruktur, wirksamere Truppenkontingente, hemmungslose Kommandeure, modernere Waffen, höhere Kampfbereitschaft und der Vorteil der moralischen Rückendeckung durch die Judenvernichtung in Europa setzten sich leicht gegen ihre palästinensischen Gegner durch, die den gemeinsamen Kampf, verbunden eher durch traditionelle Sippenzugehörigkeit als durch vereinten politischen oder militärischen Plan, in individuell organisierten und ausgeführten Operationen begriffen. Dies liegt zum Teil auch tief verwurzelt in der arabischen Mentalität, in einer Tradition und Verhaltensweise, die sich oftmals eher durch allzu reichliches Schwertgeklapper vor dem Kampf auszeichnet als durch zähes Ringen und Durchhalten. Die großmundige Aussage eines Vertreters der Arabischen Liga, „Wir werden die Juden ins Meer treiben", die vor dem Eintritt der vereinigten arabische Truppen 1948 in die Kampfhandlungen geäußert wurde, und das Endergebnis des überaus erbärmlichen und lächerlichen militärischen Beitrags der untereinander zerstrittenen arabischen Nachbarstaaten Palästinas mag dafür bezeichnend stehen.

Erst als der amerikanisch-israelische Druck für die arabische Welt zu groß wurde, sollte sich an deren Verhaltensweise Grundsätzliches verändern. Im Jahr 1949 war die Zeit allerdings noch lange nicht reif dazu.

Die Tage vergingen wie im Flug. Tagsüber war ich mit Besuchen an den verschiedenen arabischen Berufsbildungseinrichtungen in Ost-Jerusalem beschäftigt und fand immer wieder zurück zur ITS, in der ich mein Büro eingerichtet hatte und die Ergebnisse meiner Arbeit dokumentierte. Ein Routinejob, wie ich ihn schon so oft durchgeführt hatte. Zur Routine wurde auch die morgendliche Anreise zur Schule. Auf dem Taxibahnhof fand ich leicht die gelben Mercedes 300 Diesel mit dem hebräischen blauen R für Ramallah auf dem Nummernschild. Die mit dem CH fuhren nach Hebron[117], die mit SH nach Nablus[118]. Die blauen Nummern kennzeichneten die Autos aus den besetzten Gebieten. Die Taxis waren umgebaut; Sonderanfertigungen, die in der Mitte durchtrennt, verlängert und mit einer zusätzlichen Sitzbank versehen worden waren. So konnten insgesamt sieben Personen transportiert werden. Wenn das Taxi voll war, ging es los. Passagiere, die unterwegs ausstiegen, wurden durch Zustei-

[117] Hebräisch *Chewron*
[118] Hebräisch *Shekhem*

gende am Straßenrand ersetzt. Der Fahrpreis wurde dem Fahrer mit Verweis auf das Ziel der Reise in Schekelmünzen schon während der Fahrt übergeben. So konnte ich jeden Punkt bequem erreichen.

Es kam das erste Wochenende. Freitags waren die Schulen geschlossen. Ich hatte einen jungen Lehrer kennen gelernt, der ein Ausbildungsprogramm für junge Lehrkräfte der ITS in Deutschland absolviert hatte. Er war als gelernter Schweißer zweieinhalb Jahre zum Heizungsbauer ausgebildet worden und nach erfolgreicher Prüfung nach Jerusalem zurückgekehrt. Sein Name war Arafat Hashem. Der gut aussehende Bursche hatte in Deutschland ein Mädchen kennen gelernt, geheiratet und lebte jetzt mit seiner jungen Frau in Silwan unterhalb der alten Davidstadt im Kidrontal. Bei einem Besuch in seinem Haus erkannte ich, dass beide in sehr bescheidenen Verhältnissen lebten. Da musste die Liebe sehr groß sein. Arafat sprach blendend Deutsch. Er war einst selbst Schüler der ITS gewesen und hatte dort an Deutschkursen teilgenommen, die Zughair zusätzlich in den Schullehrplan aufgenommen hatte. Die deutsche Schule eben. Weitere Kenntnisse der deutschen Sprache hatte er vor seinem Besuch in Deutschland nicht gehabt. Nach den zweieinhalb Jahren beherrschte er Deutsch so perfekt, dass ich das kaum glauben konnte. Da wurde ich schmerzlich an meine eigenen bescheidenen Arabischkenntnisse erinnert. Zughair hatte ihn dann als Deutsch- und Sportlehrer eingesetzt. Denn auch sportlich war Arafat ein Ass. Er war einer der besten arabischen Fußballer Ost-Jerusalems.

Und an diesem Wochenende fand ein Spiel gegen die Mannschaft aus Beitunia, einem Stadtteil von Ramallah, statt. Natürlich alles arabische Spieler. Es sollte just auf dem Platz ausgetragen werden, den ich von meinem Balkon so wunderbar einsehen konnte. Arafat hatte mich zum Spiel eingeladen und mich gebeten, bei der Mannschaft Platz zu nehmen. Dem war ich gern nachgekommen, da auch ich früher begeisterter Fußballer gewesen war. Das Spiel fand nachmittags statt, in der prallen Sonne, und war allein deshalb kein Vergnügen. Viel schlimmer allerdings waren die Platzverhältnisse. Ein unglaublicher Acker. Die Steine waren zum Teil größer als Tischtennisbälle und der Staub so dicht wie Islandnebel. Der Ball lag nur einmal ruhig, beim Anstoß; dann tanzte er willkürlich und unberechenbar, durch abrupte Richtungsänderungen getrieben, zu dem einen oder anderen Spieler, der damit gar nicht rechnen konnte. Jede Art von technischem Spiel wurde damit unterbunden. Arafat jedenfalls war einer der wenigen, die auch auf diesem Untergrund noch einigermaßen den Ball kontrollierten, und hatte das 1:0 erzielt. Er war bekannt und wurde lautstark mit seinem Namen von den Rängen angefeuert. Auf der Anlage, die durch Zuschauerstehplätze einen gewissen Stadioncharakter aufwies, waren sicherlich 500 Zuschauer anwesend. Das Gedränge und die Lautstärke wurden mir zu groß und ich beschloss zur Halbzeit, mir das Finale des Spiels von meinem Logenplatz auf dem Hotelbalkon im Plastikstuhl anzusehen. Es stand 2:1 für Ost-Jerusalem, als kurz vor Schluss der Ausgleich fiel. Da die Tore keine Netze hatten, war nicht nachzuvollziehen, ob der Ball jetzt im Tor gelandet war oder nicht. Die Diskussionen waren groß, als der Schiedsrichter das Tor gab. Ich hatte bis dahin keine übergroße Aggressivität unter den Spielern und Zuschauern beider Lager festgestellt. In diesem Augenblick allerdings brach plötzlich ein Sturm los. Was sich vor meinen Augen abspielte, kann man getrost mit Hauen, Stechen und Nachtreten beschreiben. Es flogen sogar Steine und das Spiel musste abgebrochen werden. Die Spieler waren nicht mehr dazu bereit weiterzumachen. Tumultartige Szenen gab es außerhalb der Anlage, direkt unter meinem Balkon, auf der Straße, wo sich nicht nur junge Steinewerfer, sondern sogar ältere Zuschauer in die Haare kriegten. Ich zog es daher vor, mich in mein Zimmer zu verziehen, um eventuell fehlgerichteten Wurfgeschossen aus dem Weg zu gehen. So etwas kannte ich aus den Achtundsechzigerjahren, als ich einmal in Frankfurt bei einer Demonstration auf der Offenbacher Landstraße im Treppenhaus eines Mietshauses Deckung vor den Pflastersteinen der Mitdemonstranten suchte, die die Straße ihrer Fahrbahn beraubten und Polizistenreihen damit bewarfen. Als irgendwann die Sirenen israelischer Militärwagen zu hören waren, kehrte schnell wieder Ruhe ein. Jeder suchte sich so schnell wie möglich in Sicherheit zu bringen. Übrig blieben einige Ältere, die gestikulierend miteinander stritten. Ich bleib erstaunt zurück und fragte mich, was um alles in der Welt konnte eine solche Reaktion um ein Fußballspiel auslösen in einer Gesellschaft, die aufeinander angewiesen war wie keine zweite.

Zughair erklärte mir am nächsten Tag: „Der Druck, den wir alle spüren, der unser Leben lahmgelegt hat, der unser Denken beeinflusst und dem wir nicht ausweichen können, der uns jeden Tag aufs Neue ergreift und von dem wir nicht wissen, wo er uns hinführt, sucht sich ein Ventil. Es gibt im Grunde genommen nur eine Richtung, in die wir diesen Druck ablassen können, wenn wir nicht verrückt werden wollen. Gegen die Israelis ziehen wir immer den Kürzeren, sind wir von vornherein die Verlierer, was wir auch machen. Gegen uns selbst, da haben wir wenigstens ein bisschen Aussicht auf Erfolg, Aussicht auf ein kleines bisschen an Selbstwertgefühl. Selbstbetrug, ja, aber letztendlich für viele erträglicher, als immer nur zu ducken. Die Gemüter beruhigen sich normal sehr schnell wieder. Die Verbrüderung ist danach oft stärker. So begreifen es die einfachen Menschen unserer Gesellschaft, so und nicht anders."

Dann fügte er hinzu, indem er eine Pause machte und mit dem Kopf schüttelte: „Was für ein unsinniger Anlass. Wie können wir noch überleben im Angesicht eines solchen Feindes, wenn wir ohne eigene Kontrolle sind?"

Für ihn war ein Fußballspiel eine Nichtigkeit, so überflüssig wie ein Kropf. Spiele waren etwas für Kinder und Jugendliche. Emotionen für eine solche Sache lagen vollkommen außerhalb seines Verständnisbereichs. Sein Leben bestand aus Disziplin, da hatte so etwas nichts zu suchen. Er gönnte jedem sein persönliches Glück und seine Lebensfreude und war auch stolz auf erstrittene Erfolge. Allerdings bestand Lebensfreude für ihn selbst aus der Hingabe an Allah, an dem Werden seiner Kinder und seiner Gesellschaft, an Ehrlichkeit und Aufrichtigkeit gemäß seiner Religion und an unbedingtem Willen zur Gerechtigkeit. Da ging er oft über die Schmerzgrenze anderer hinaus, wenn er das auch von ihnen abverlangte.

Ich war in einer christlichen Berufsbildungseinrichtung in der Nähe von Al Ram. Der Träger war die lutheranische Kirche und die Schule lebte von Zuteilungen und Spenden. Der Zustand der Ausbildung war vergleichbar mit der ITS. Allerdings war sie ein VTC mit nur einjährigen praktischen Ausbildungsprogrammen. Die Israelis hatten hier aber keine Arbeitsvermittlung angeschlossen. Die Kirche hatte das wohl verhindert. Direktorin war Randa Manneh, eine resolute Frau, die sich nicht scheute mit alten Traditionen der patriarchalischen arabischen Gesellschaft zu brechen. Sie hatte begonnen auch Mädchen Berufsbildung zu ermöglichen.

Heute jedoch stand ich in der Schreinerei – eine Männerdomäne. Abteilungsleiter war Achmed Saleh, ein begnadeter Fachmann, der nachmittags eine eigene Werkstatt in seinem Haus bei Ras Al-Amud im Süden von Jerusalem betrieb. Er zeigte mir einmal bei einem Besuch handgefertigte massive Eichentüren für das Haus eines reichen Palästinensers von einer beeindruckenden Qualität, wie ich das von Deutschland kaum mehr gewohnt war. Und er war ein exzellenter Werkstattlehrer, der permanent mit seinen Jungs beschäftigt war. Achmed kam aus einer der besseren Familien, seine Brüder waren Rechtsanwälte und Notare geworden, aber er hatte schon als kleiner Junge viel handwerkliches Talent bewiesen, gegen den Rat seines Vaters auf ein Studium verzichtet und die Ausbildung zum Schreiner durchgeboxt. Das hatte er nie bereut, obwohl seine Brüder sicherlich mehr verdienten als er. Es war sehr ungewöhnlich in der palästinensischen Gesellschaft, dass sich ein Sohn aus besserem Hause gegen eine akademische Ausbildung entschied. Da war er eine absolute Ausnahme.

Es war kurz vor der halbstündigen Mittagspause. Ein Junge fiel mir auf, der einen seltsam verkrümmten rechten Arm hatte. Ein ansonsten stabiler Bursche mit kräftiger Statur und guten Manieren. Sein Arm schien ihn bei seiner Arbeit nicht sehr zu beeinträchtigen.

„Das ist Ashraf", sagte Achmed und klopfte ihm auf die Schulter, was der lächelnd erwiderte. „Er ist der beste Schüler seines Jahrgangs." Ich fragte ihn, ob sein Arm ihn in diesem Beruf nicht zu sehr behindern würde.

„Mein Arm ist o. k. Das geht schon." Als er meine Ungläubigkeit über seine Aussage erkannte, fuhr er fort: „Ich kann Ihnen gern zeigen, was ich mit meinem Arm alles machen kann." Achmed wusste wohl schon, was jetzt kam, und wollte die Sache abwürgen, aber jetzt wollte ich sehen, was der Bursche meinte. Ashraf griff in seine Hosentasche und nahm einen Lederriemen heraus. Oder besser gesagt, es war ein grober Streifen Leinen, der insgesamt etwa einen Meter lang, an den Rändern sauber durch Nähte verstärkt und in der Mitte einseitig mit Leder besetzt war. An beiden Enden des Streifens befanden sich zwei Schlaufen, die eine klein, die andere etwas größer. Eine Schleuder! Da es bereits zur Pause geschellt hatte, gingen wir aus der Halle. Eine Gruppe von Schülern begleitete uns mit offenkundiger Vorfreude auf das Schauspiel, das dem Almani jetzt geboten werden sollte. Achmed kam mit und war sich des Vergnügens, das die Schüler so offen äußerten, nicht unbedingt so sicher. Vor der Halle stand eine alte verkrüppelte Kiefer. An ihr hingen große Zapfen und ihre Äste waren knorrig und altersschwach. Ashraf nahm einen etwa faustgroßen Stein auf. Er streifte die kleine Schlaufe über den kleinen und den Ringfinger seiner rechten Hand, für die große nahm er Mittel- und Zeigefinger. Dann legte er den Stein in die Schlinge. Der lag fest in der Ledertasche. Er zeigte auf einen alten Ast in etwa zwanzig Metern Entfernung hoch in dem Baum, drehte die Schleuder ein paar Mal mit hoher Geschwindigkeit gegen den Uhrzeigersinn um die Schulter und öffnete Zeige- und Mittelfinger. Der Stein schoss heraus, der Ast wurde krachend vom Baum abgetrennt und fiel zu Boden. Die Gruppe johlte auf und Ashraf zeigte stolz seine weißen Zähne.

„Das kann man mit einem solchen Arm machen", sagte er. Ich verstand sofort. Ashraf schoss normalerweise nicht nur auf knorrige Äste. Das Ding war eine gefährliche Waffe in seinen Händen. Um mir zu zeigen, dass der Treffer kein Zufall war, setzte er erneut an und holte einen großen Kiefernzapfen herunter.

Achmed verbot nun, nicht nur in Sorge um den Verbleib der Kiefer, den Jugendlichen auf dem Schulgelände, weiteres Zielscheibenschießen zu veranstalten. Insgeheim erkannte ich jedoch Stolz in seiner Mimik. „Ich gebe ihnen alles zurück, was ich bekommen habe", sagte Ashraf und wies auf seinen Arm. Er war jetzt 18 Jahre alt und lebte in Al Ram, wo sein Vater eine kleine Schreinerei betrieb, die er einmal übernehmen wollte. Den Betrieb konnte man fast von der Schule aus sehen. Es war 1985 gewesen, als er mit einem Freund am Rande der Hauptstraße zwischen Ramallah und Jerusalem spielte. Es war die Straße, die auch ich tagtäglich benutzte und die direkt an Al Ram vorbeiführte. Diese Straße musste auch von jüdischen Siedlern befahren werden, zu deren Orientierung ein fluoreszierender gelber Farbstreifen auf den Asphalt gemalt worden war, damit sie sich auch in der Dunkelheit nicht in arabisches Gebiet verirrten.

Ashraf war damals elf Jahre alt gewesen. Sein Freund und er hatten mit Kreide Straßen auf den Asphaltstreifen und in den Staub am Straßenrand gemalt und Spielzeugautos fahren lassen. Weiter oben hatten ein paar Jugendliche einem jüdischen Siedlerwagen einen Stein nachgeworfen und waren dann schnell verschwunden. Die Siedler hielten direkt vor Ashraf und seinem kleinen Freund an, ergriffen sie und zerrten sie in den Wagen. Drei kräftige Männer mit der Kippa Sruga[119] auf dem Kopf. Im Wagen saß auch eine Frau. Vor der Rückbank des großen GMC steckte ein Schnellfeuergewehr in einer Halterung. Zwei der Männer setzten sich mit den beiden Knaben

119 Gehäkelte Kippa. Zeichen militanter jüdischer Siedler.

nach hinten und der Wagen fuhr mit quietschenden Reifen davon. So schnell, dass kein anderer reagieren konnte und sie schon weg waren, bevor die restlichen Passanten bemerkten, was geschehen war. Die Autoinsassen sprachen schweren amerikanischen Dialekt. Ashraf verstand einiges davon, aber nicht alles. Die beiden kleinen Jungen wurden von den zwei Männern im Auto krankenhausreif geschlagen, dabei wurde Ashrafs Arm mehrfach mit dem Kolben des Gewehrs gebrochen. Die Frau hatte von vorn zugesehen. Obwohl die Siedler genau wussten, dass die beiden Kinder den Stein nicht geworfen haben konnten, gab es keine Gnade. Sein Freund erlitt eine schwere Kopfverletzung und musste drei Wochen stationär behandelt werden. Die Siedler übergaben die blutenden und weinenden Kinder an der nächsten israelischen Polizeistation und wurden nicht einmal registriert. Sie durften unbehelligt weiterfahren. Die Jungen wurden später einem Arzt übergeben, der sie sofort nach Hadassah einlieferte. Die Eltern der Kinder wurden erst am nächsten Tag telefonisch benachrichtigt. Kein Anwalt konnte in Erfahrung bringen, wer die Siedler gewesen waren. Sie wurden vermutlich bewusst gedeckt, denn Ashraf erinnerte sich, dass ein Polizist und einer der Siedler sich mit einem freundschaftlichen Klaps auf die Schulter voneinander verabschiedet hatten.

„Das im Auto werde ich niemals vergessen. Das ist bei mir eingebrannt bis ans Lebensende. Ich bin Christ und mein Vater sagte immer, wir sollten uns aus allem raushalten. Ich habe niemals vorher etwas angestellt und niemals Steine gegen irgendjemanden geworfen. Das konnte ich früher nicht und jetzt erst recht nicht mehr. Aber nachdem ich meinen Arm wieder einigermaßen bewegen konnte, habe ich mit der Schleuder geübt, jeden Tag, jahrelang. Heute schieße ich, wenn ich will, einen Vogel vom Himmel. Ich habe ihnen schon sehr viel zurückgezahlt von meinem Arm. Da haben einige teuer für bezahlt. Nicht nur in Windschutzscheiben.“

Ich setzte mich zu den Jugendlichen und einer von Ashrafs Freunden erzählte mir in gebrochenem Englisch: „Noch vor einem Jahr, da gab es an der Kreuzung dort hinten“, und er zeigte in Richtung auf die Hauptstraße, „jeden Tag Straßenschlachten mit dem israelischen Militär. Wir haben nicht zurückgeschreckt. Wenn sie kamen, haben wir uns zwischen die Häuser verzogen und sind wieder vorgegangen, wenn sie zurückgingen. Dann haben wir sie mit Steinen beworfen und sie haben zurückgeschossen. Munition für uns gibt es genug. Die liegt hier so herum. Manchmal haben wir auch Barrikaden errichtet, um uns näher an sie heranwagen zu können. Viele von uns sind verhaftet worden, aber keiner hat jemals einen anderen verraten. So viel Prügel sie uns auch gegeben und solange sie uns auch festgehalten haben. Einmal haben wir sogar mit einem Molotow-Cocktail auf eine große Distanz einen Militärjeep angezündet. Aber sie blieben nicht weg und kamen jeden Tag wieder. Sie mussten die Siedlerstraße frei halten. Und wir kamen auch wieder, jeden Tag. Einer meiner Freunde ist von einem Gummigeschoss in den Hals getroffen worden und auf der Straße verblutet. Ein anderer ist querschnittsgelähmt durch einen Gewehrkolbenschlag in den Rücken. Es hat einige Tote unter uns gegeben und viele Verletzte. Einige gehen heute auf Krücken. Aber wir kamen immer wieder."

Dann schaute er Ashraf an und legte ihm den Arm um die Schulter. „An einem Tag im Sommer letztes Jahr standen wir wieder da hinten an der Kreuzung. Ashraf und ich waren diesmal auch dabei. Ich hatte mich sehr weit vorgewagt, als plötzlich zwischen zwei Häusern hinter uns einige Soldaten auftauchten, um denen, die vorne waren, den Rückweg abzuschneiden. Ich rannte aus Leibeskräften zurück, aber einer konnte mich packen, riss mich zu Boden und hielt mich fest. An einer entfernten Häuserecke stand Ashraf. Er sah, dass ich keine Chance mehr hatte, und lud seine Schleuder. Er ging auf die Straße und knallte dem Soldaten, der mich hielt, den Stein voll an den Helm. Ich sah, wie der über mir die Augen verdrehte und bewusstlos zusammenklappte. Ich konnte mich befreien und davonlaufen. Der Soldat blieb liegen. Einige andere Israelis kamen herbei und schossen hinter uns her, andere verfolgten jetzt auch Ashraf. Aber wir hatten Vorsprung und konnten uns zwischen die Häuser retten. Sie kamen hinter uns her. Das machten sie normalerweise nicht. Zwischen den Häusern, das war ihnen zu gefährlich. Aber heute kamen sie. Ein schwerer Fehler. Ein Steingewitter erwartete sie von unseren Kameraden hinter einer Mauer. Sie rannten zurück wie in Panik. Wir zwei gingen nochmals vor und Ashraf versetzte einem von ihnen im Laufen aus großer Entfernung einen Schuss in den Rücken. Der gab ihm den Rest. Er fiel um und rief laut nach seinen Kameraden. Im Nu waren zwei Jeeps da und luden die zwei verletzten Soldaten ein. Dann zogen sie sich schießend zurück. Wir kamen nach einer Weile aus unserer Deckung und feierten auf der Straße vor ihren Augen unseren Sieg. Ashraf hat mich an diesem Tag gerettet. Ich werde für immer sein Freund sein."

Der Angesprochene war langsam aufgestanden, hielt den Lederriemen in der Hand seines verkrüppelten Arms und blickte mich lächelnd an. Da stand er vor mir, der David mit der Steinschleuder, der jetzt Ashraf hieß und ein Philister[120] war und der dem großen Goliath so furchtlos gegenübertrat, dem unbezwingbaren israelischen Militärapparat. Wie hatte sich diese Geschichte ins Gegenteil verkehrt. Was für ein Rollentausch!

Achmed Saleh war die Sache unangenehm geworden. Er wusste nicht, wie er sich verhalten sollte, wie ich reagieren würde. Das bemerkte ich deutlich am nächsten Tag, als mich die Direktorin auf die Begebenheit ansprach. Achmed musste sie darüber informiert haben.

„Wir bilden hier keine Steinewerfer oder andere Krawallmacher aus", begann sie. Sie fürchtete um ihren Ruf. „Ich habe dem Schüler verboten, die Schleuder wieder mit in die Schule zu bringen. Der Junge ist normalerweise ein sehr netter Kerl. Aber wie viele seiner Generation traumatisiert von einer Gewalt gegen uns Palästinenser, die sie nicht verstehen können. Sie verstehen nicht, dass sie Mitglieder einer dritten Klasse sein sollen, und lesen jeden Tag in den Zeitungen, wie israelische Politiker über uns denken. Sie erleben, wie ihre Eltern entwürdigt und die Menschenrechte ihres Volkes mit Füßen getreten werden. Was soll da herauskommen? Wie sollen wir uns noch wehren? Ich kenne seinen Vater gut. Ein anständiger Mann. Er wurde 1969 aus der Altstadt Jerusalems vertrieben, als sein Haus beschlagnahmt wurde, um das jüdische Viertel auszubauen. Er wollte seinen Besitz nicht hergeben, hatte eine Ausgleichszahlung abgelehnt und alles verloren. Sie sind nach Al Ram gezogen und haben da ein Haus gebaut. Damals standen dort kaum Häuser. Der Boden war billig und er brauchte auf keine israelische Baugenehmigung zu warten. Heute steht sein Haus im Zentrum, nicht weit entfernt von der Hauptstraße. Normalerweise nehmen wir keine Schüler mit körperlichen Behinderungen auf, aber Ashraf hatte sehr gute Zeugnisse und der Vater hat inständig darum gebeten, den Sohn zu testen. Und Ashraf hat den Test mit seinem Arm mit Bravour bestanden."

Ich beruhigte sie. Es sei sicherlich nicht mein Recht, über die Schule oder den Jungen irgendein Urteil abzulegen. Wie sollte ich auch? Und wie hätte ich das tun sollen? Ich hatte gerade erst einen kleinen Spalt der Tür geöffnet, einen winzig kleinen Einblick be-

---

120 Stammform von Palästinenser

kommen in die Situation in den besetzten palästinensischen Gebieten. Wie konnte ich eine Situation erfassen, der eine gesamte Bevölkerung seit Jahrzehnten ausgesetzt war? Wie wollte ich nach ein paar Tagen beurteilen, was der Wahrheit entsprach und was nicht? Ich hatte einzelne Bausteine aus einem großen Puzzle kennen gelernt, Geschichten gehört, die ich historisch erst nachvollziehen und einordnen musste, einen traumatisierten Jungen getroffen, der als Kind nichts anderes im Sinn hatte, als den Gebrauch der Steinschleuder bis zur Perfektion zu üben, und ich hatte Spuren gesehen, die auf gewalttätige Auseinandersetzungen zwischen zwei verfeindeten Lagern hinwiesen. Auseinandersetzungen, die ausgetragen wurden von einer Generation von jungen Menschen verschiedener Kulturen, die einen, die auf Befehl hin ihren Staat verteidigen mussten und die anderen, die sich das Recht zusprachen, ihr Schicksal selbst zu bestimmen.

Die Direktorin schien aufgrund meiner Worte beruhigt.

„Zu viele Menschen. Wie soll das weitergehen? Es bleibt kein Raum zum Leben“, fragte ich.

„Ja, früher waren hier fast gar keine Häuser. Al Ram war ein kleines Dorf mit uralten flachen Steinhäusern, abseits der Straße an dem gegenüberliegenden Berghügel. Heute steht hier Haus an Haus. Wir werden mehr und mehr zusammengedrängt weil uns unser Land genommen wird. Wie es weitergehen soll? Ich weiß es nicht.“ Randa Manneh zuckte mit den Schultern.

Zusätzlich zu der offensichtlichen Überbevölkerung in den besetzten Gebieten wurde den Palästinensern das Land nahezu täglich weiter beschnitten. Gewaltige jüdische Siedlungsanlagen wie Wehrburgen aus dem Mittelalter waren hoch oben auf den Bergen der West-Bank entstanden. Ich hatte eine dieser Anlagen bei einem Besuch in Ramallah gesehen. Durch die Siedlungspolitik wurden die Palästinenser gezwungen, aus den Dörfern in die Städte zu ziehen. Vor allem junge Leute zog es dahin, die dem Druck und der Willkür der Siedler ausweichen wollten, aber auch auf der Suche nach Arbeit waren. Die Städte fingen an überzuquellen. Auch Al Ram, das vor zwanzig Jahren noch ein so beschaulicher Ort gewesen war, gehörte dazu. Die Stadt lag östlich der Hauptstraße und von da ging die Besiedlung abrupt los.

Das hatte ich mir selbst angesehen, denn ich war nachmittags bei meiner Fahrt ins Hotel mit den beiden Jungen aus der Schreinerei am

Ort des Geschehens gewesen, das sie mir so eindrucksvoll geschildert hatten. Al Ram war ein seltsamer Ort, der an der Straße beginnt und von da direkt in einen Innenstadtbereich übergeht. Die Kreuzung zur Hauptverkehrsstraße war permanent so vollgestopft, dass zumeist gar nichts mehr ging. Jeder versuchte irgendwie durchzukommen. Auch die Straße in den Ort war mit Verkehr total überlastet. Wir hatten den Weg von der lutheranischen Schule bis nach Al Ram zu Fuss zurückgelegt, als wir uns der Kreuzung näherten. Etwa dreißig Meter entfernt standen zwei israelische Militärjeeps an der Straße. Wir mussten daran vorbei. Fünf Soldaten standen herum und beobachteten die Szenerie. Alles junge Burschen, nicht sehr viel älter als unsere zwei. Als wir uns ihnen näherten, hatte ich das Gefühl, sie kannten sich untereinander, denn die Haltung der Soldaten wurde deutlich aufmerksamer. Die beiden gingen ohne Zaudern an ihnen vorbei und ich muss sagen, mir war jetzt schon ein bisschen mulmig zu Mute. Ganz klar, sie erkannten sich, wenn nicht an den Gesichtern, dann an der Statur. Aber es blieb alles ruhig. Irgendwie schien meine Anwesenheit den beiden Rückendeckung zu geben. Wir kamen zur Kreuzung und ich erkannte schwarze Flecken auf dem Asphalt.

„Molotow-Cocktails“, sagte Ashraf. Wir gingen Richtung Innenstadt. Die Häuser wiesen die typischen Merkmale einer unkontrollierten Stadtentwicklung auf. Jeder baute hier, wie er wollte, jedes Haus hatte seinen individuellen Bürgersteig und die waren in Form, Höhe und Länge verschieden. Manchmal fehlte der Bürgersteig auch völlig. Bei einigen der Häuser erkannte ich Einschusslöcher. Wir waren etwa vierzig Meter weit gegangen, da wies mich einer der Burschen auf die teilweise zerstörte Straßendecke und auf dunkle Brandflecke hin.

„Hier haben wir Autoreifen angezündet. Das Feuer brauchten wir, um die Brandsätze in den Flaschen scharf zu machen, die wir dann hinter den Barrikaden hervorgeschleudert haben. Das hier war unsere Frontlinie. Wir haben Eisenstangen im Asphalt verankert, die haben ihre Fahrzeuge gestoppt.“

Wir gingen weiter und Ashrafs Freund erklärte: „Hier hat mich der Bastard runtergerissen und dort stand Ashraf.“ Er zeigte auf eine Ecke, etwa zwanzig Meter entfernt. „Wir sind dann hier hinuntergelaufen und in diese Hofeinfahrt.“ Sie war eng und führte in einen kleinen Innenhof, der mit einer zwei Meter hohen Mauer zum nächsten Grundstück abgetrennt war.

„Dahinter standen unsere Freunde." Wir kamen wieder zurück auf die Straße und Ashraf sagte: „Da hinten haben die beiden verletzten Soldaten gelegen."

Ich schritt die Entfernung des zweiten Schusses ab. Unglaublich – das waren gut vierzig Meter! „Ihr seid verdammt gefährliche Straßenkämpfer", verabschiedete ich mich von ihnen nicht ohne eine gewisse Besorgnis in meiner Stimme.

„Ja, wir sind gefährlich und mutig dazu, weil wir für unsere Freiheit kämpfen. Was haben wir zu verlieren?"

Auf meinem Rückweg zur Straße sprach mich einer der jungen israelischen Soldaten an, die mich mit den zwei Jungs permanent beobachtet hatten, und wollte wissen, ob ich Journalist sei?

„Ja", sagte ich, „Journalist. Ich schreibe über die Heldentaten der israelischen und der palästinensischen Armee."

„Es gibt keine Heldentaten zu berichten, keine einzige. Ein schmutziger Zeitvertreib, ein scheiß Job", sagte er – eben auch nur ein ganz normaler Junge von zwanzig Jahren, dem sicherlich viele Orte einfallen würden, die er dem vorzöge, wo er gerade jetzt hinbefohlen worden war.

Meine Zeit ging zu Ende und meine Aufgabe war erledigt. Ich hatte drei arabische Schulen besucht und mir einen Eindruck von der beruflichen Bildung in Ost-Jerusalem gemacht. Es kam die Zeit des Aschiednehmens.

„Hoffentlich sehen wir uns noch einmal wieder", sagte Zughair in der ITS. „Wenn Sie wieder einmal hier sind, dann schauen Sie bitte bei uns vorbei. Vergessen Sie uns nicht. Vergessen Sie Palästina nicht." Das konnte ich ihm leicht versprechen, denn was ich hier in dieser kurzen Zeit gehört und erlebt hatte, das war doch tiefer in mir hängen geblieben und forderte mehr als nur eine oberflächliche Betrachtungsweise. Ich war von den Medien in Deutschland zu diesem Thema eingelullt worden, Information und Wahrheit schienen nicht mehr kongruent. Alles hatte sich so total anders dargestellt, meine Neugier war hochgradig geweckt – keine Frage.

Ich hatte die Nachmittags- und Abendstunden oft genutzt und mich immer weiter in die Altstadt von Jerusalem vorgewagt, erst nur geradeaus, dann, als ich mich immer besser auskannte, auch rechts und links, wie es mir in den Sinn kam. Zu sehen gab es genug, an jeder Ecke. Diese Stadt ist ein Weltkulturerbe allererster Ordnung. Was mich, nachdem ich Saudi-Arabien kennen gelernt hatte, am meisten beeindruckte, war die kulturelle und religiöse Vielfalt in den Gassen und Sträßchen dieses einmaligen Denkmals menschlicher Geschichte. Und es gab noch so viel zu sehen. Ich entschloss mich schon jetzt, in jedem Fall, wenn auch privat, noch einmal herzukommen. Aber vieles war nur touristische Fassade.

Ich war vorgedrungen bis an die Klagemauer und hatte das Geschehen dort aufmerksam verfolgt. Viel zu wenig wusste ich noch über die historischen Zusammenhänge, die diesen Nahostkonflikt heraufbeschworen hatten und am Leben hielten. Heute konnte ich kaum ahnen, dass mir noch so viel Zeit blieb, einen umfassenden Einblick zu bekommen. Ich war bis zu dem Punkt gegangen, an dem man von der Treppe diesen wunderbaren Blick auf den Felsendom hat, mit der Klagemauer direkt davor. Eine beeindruckende Bühne, die kein Regisseur hätte besser gestalten können. Im Hintergrund dazu der Ölberg. Da waren sie alle vereint, auf einen Blick. Die drei Religionen, die so eng verwandt und doch so tief zerspalten sind, die an den einen Gott glauben und an einen gemeinsamen Urvater Abraham, der alle seine Söhne und Töchter so sehr in sein Herz schloss. Von oben könnten sie beide einwirken. Aber es geschah leider nichts. Abraham und Gott konnten sich nicht entscheiden. Die Entscheidung hatten die Menschen ihnen wieder einmal abgenommen. Beim Betrachten der Szenerie fiel mir die Rampe zum Plateau des Tempelbergs auf, die zum Mugrabim-Tor in der Mauer führte, nicht allzu weit entfernt von der Al-Aqsa-Moschee. Auf dem Platz vor der Rampe tummelte sich eine große Gruppe von Soldaten in permanentem Alarmzustand, jederzeit bereit über diesen Weg auf das Plateau zu gelangen und dort den wahren Anspruch Israels zu bezeugen.

Dabei gab es deutliche Zeichen von Verständigung und Toleranz. In der Bannmeile zwischen dem jüdischen und dem arabischen Viertel der Altstadt war ein Leben unter- und miteinander unvermeidbar. Da kauften Juden bei Arabern und umgekehrt, da wurde das Rasiermesser des Barbiers nicht benutzt, um dem anderen die Kehle durchzuschneiden, da wurde der eine oder der andere nicht besonders registriert. Störend wirkten nur die massiven Kontrollen der israelischen Militärs, die in kleinen Gruppen schwer bewaffnet in der Altstadt regelmäßig patrouillierten und dieses harmonische Miteinander in Betroffenheit auflösten mit der Antwort auf die Frage, wer hier die Macht ausübte.

Mein Weg zurück gestaltete sich nahezu so, wie ich hergekommen war. Einzig Fancini brachte mich mit seinem Auto an die Grenzstation am Jordan und ich war froh, das Capitolina Hotel endlich los zu sein. Während der Fahrt ins Jordantal machte mich Fancini auf eine riesige jüdische Siedlung aufmerksam, zu deren Bau tief im Süden Jerusalems ein gewaltiger Berg geköpft worden war – Maale Adumim. Die Ränder waren wie unbezwingbare Wälle aufgeschüttet und befestigt worden und eine weitere Bauphase war bereits im Gang. Der Anspruch dieser Anlage wurde gleich überdeutlich. Hier war etwas entstanden, das irreversibel war. Unumkehrbarkeit, die sich weithin als Symbol sichtbar manifestierte. Die roten Ziegeldächer der Häuser waren meilenweit zu sehen. Sie passten so gar nicht in das Landschaftsbild.

Am Jordan angelangt, verließ der Tourist aus Deutschland das heilige Land so, wie er gekommen war. Allerdings war das Büßergewand des deutschen Nachkriegsgeborenen kürzer geworden und erlaubte einen klareren Blick auf die Vergangenheit und die Gegenwart dieses anhaltenden Konflikts, dessen massive Auswirkungen uns alle tagtäglich bedrohen und denen wir uns auch im fernen Europa nicht mehr entziehen können.

Israel – die winzige Nation, das Symbol menschlicher Anständigkeit.
The New York Times

3 Licht und Schatten

Ich befand mich in unserer Zentrale in Deutschland. Es ging um Palästina. Ich hatte mich seit meiner Heimkehr doch etwas mehr mit dem Thema beschäftigt und mir vor allem weitere historische und geographische Kenntnisse des nahöstlichen Raumes angeeignet. Ich hatte begonnen, mir entsprechende Literatur zu besorgen, und war auch sonst auf interessante Informationen gestoßen, obwohl ich gestehen muss, dass die Auswahl der Quellen hierbei besonders beachtet werden muss. Vieles wird kolportiert, das nicht der Wahrheit entspricht, sehr vieles ist gefiltert und über anderes wird überhaupt nicht berichtet. Auffällig war mir dabei geworden, wie wenig der Konflikt zu dieser Zeit in den deutschen Medien bearbeitet wurde, und wenn, dann sehr einseitig und stark israellastig. Mehr oder weniger hatte mich aber, verständlicherweise, auch der Alltag eingeholt und das Feuer, das ich noch bei meiner Abreise aus Jordanien gespürt hatte, brannte doch nicht mehr ganz so hell wie damals.

Es war ein herrlicher Frühlingstag im Mai 1993 und die Sonne erhellte das Gemeinschaftsbüro, in dem mich zwei nette Damen empfingen – Martina Hahlweg und Samantha Harcord. Sie teilten sich die Verantwortung für die Durchführung sowie den logistischen und administrativen Aufwand unserer Aktivitäten in Nahost. Wir hatten uns kurzfristig schon bei meinem ersten Auftrag kennen gelernt.

„Fast wie im Nahen Osten“, erklärte ich und zwinkerte mit den Augen, als mir die Sonne beim Eintritt direkt ins Gesicht schien. „Viel Licht und viel Schatten.“

Beide lachten. Es war ja auch nicht jedermanns Sache nach Beirut oder Jerusalem zu fahren. Die Nachrichten aus diesen Brennpunkten schreckten doch viele ab.

Sie hatten auf der Suche nach einem geeigneten Experten meinen Besuch in Ost-Jerusalem reflektiert und waren an mir hängengeblieben. Wir tauschten noch einmal meine Erfahrungen mit ihren aktuellen Informationen über Palästina aus und kamen dann auf den Punkt meines Besuchs. Auf die Frage, ob ich auch schon in Hebron gewesen sei, antwortete ich: „Leider hatte ich überhaupt keine Zeit, mich außerhalb meines Auftrags ein wenig im Land umzusehen. Außer Ramallah habe ich von der West-Bank bisher nichts gesehen.“

Es ging um das Polytechnikum, eine technische Fachhochschule auf Ingenieurniveau. Sie war angeschlossen an die dortige Universität. Seit einigen Jahren bestand ein Vertrag mit dem Träger der Bildungseinrichtung mit dem Ziel, die Ausbilder und Dozenten der Fachhochschule fortzubilden und an neuen Technologien zu qualifizieren. Ein internationaler Geber hatte sich zur Finanzierung bereiterklärt und die Angelegenheit in unsere Hände gelegt. Der Vertrag beinhaltete auch eine kleine Liste mit Ausrüstungsgegenständen. Nach der Lieferung der Waren wurde die Ausrüstung aber erst nach über einjähriger Lagerung im Hafen von Ashdod vom israelischen Zoll freigegeben. Die Kosten dieser Freigabe standen in keinem Verhältnis zum Warenwert. Zusätzlich bestanden nun, bedingt durch die Intifada, enorme Ausreisebeschränkungen für Lernwillige. Die Israelis drohten, die Rückreiseberechtigung abzuerkennen, wenn die Leute sich über einen gewissen Zeitraum hinaus im Ausland befanden. Unter diesen Umständen war kaum einer der Lehrkräfte mehr bereit, die längerfristigen Qualifizierungsprogramme im Ausland zu nutzen. Die geplanten Maßnahmen waren weit hinter dem Soll zurückgeblieben. In den Jahren 1988 bis 1989 wurde das College dazu wegen der Intifada von der israelischen Militärverwaltung geschlossen.

Der Vertrag zwischen dem Geber und dem Träger des College stammte aus einer Zeit, als die West-Bank politisch noch dem Königreich Jordanien zugeordnet wurde. Zu diesem Zeitpunkt konnte man die nachfolgende Entwicklung mit dem Verzicht der Hashemiten auf Palästina und mit dem Ausbruch der Intifada nicht absehen.

Ab 1990 fanden dann einige berufspädagogische Aufbaustudiengänge und fachpraktische Ausbildungskurse für Lehrer und Dozenten statt. Allerdings konnte ein Großteil der Kandidaten nicht ausreisen, denn nunmehr hatten die israelischen Militärbehörden die Kontrolle übernommen, die keine oder nur beschränkte Ausreiseerlaubnis gaben. Seit 1992 war klar, dass eine Fortführung des Ausbildungsprogramms unter den jetzigen Rahmenbedingungen keinen durchschlagenden Erfolg mehr versprach. Lediglich im Elektrobereich waren 1992 drei technisch versierte Ausbilder ans College zurückgekehrt. Die Projektmittel waren nicht ausgeschöpft worden.

Auf Anfrage des Polytechnikums hin entschloss sich der Geber die Restmittel des Projektabkommens in eine Verbesserung der Ausstattung an der Fachhochschule umzuschichten. Dazu wurde nun ein Experte gebraucht, der die Anforderungen der Partner abcheckte, diese mit den Vorstellungen des Gebers abglich und eine Bedarfsliste erstellte, die auch im Einklang mit den bisher gelaufenen Qualifizierungsmaßnahmen stand.

Ich hatte aufmerksam zugehört. Diese Informationen bestätigten grundsätzlich das, was ich bei meinem ersten Besuch in Palästina vor acht Monaten über den Bildungssektor in den besetzten Gebieten kennen gelernt hatte. Ich verstand es also richtig. Und hier gab es nun auch ein praktisches Beispiel für die Taktik Israels, die Berufs- und Hochschulbildung in Palästina zu durchkreuzen und zu blockieren und letztendlich dadurch die palästinensische Kultur aufzuweichen. Ich bekam von jetzt an unmittelbaren Unterricht, wie das funktionierte. Völlig überhöhte Aufschläge für Zoll, zeitlich unangemessene kostenintensive Lagerung von Ausbildungsmitteln in den Häfen, Verzögerungen der Freigabe durch die Hafenbehörden, durch die lange Lagerung bedingte abgelaufene Verschiffungszertifikate, die erst wieder erneuert werden mussten, langfristige absurde Sicherheitsuntersuchungen der technischen Geräte durch die Militärbehörden sowie Ein- und Ausreisebeschränkungen für Lehrer und Dozenten, die zu Aus- und Weiterbildungsmaßnahmen ins Ausland reisen wollten. Jeder gut gemeinten Hilfsmaßnahme im Bildungsbereich wurde damit irgendwann das Rückgrat gebrochen. Nadelstichartige Behinderungen, die einzeln aufgrund ihrer Belanglosigkeit nur wenig Medieninteresse hervorriefen und dem internationalen Ruf Israels kaum schaden konnten, aber am Ende in ihrer Gesamtheit ungemein effektiv und ertragreich waren. Ein langfristiger Plan, der dazu diente Palästina zu isolieren, um, wie der Anführer Ariel Scharon das ausdrückte, „die besetzten Gebiete vollständig unter israelische Kontrolle zu bringen und die Hinweise auf einen arabischen Nationalcharakter zu beseitigen.“[121]

Zwangsläufig war diese systematische Vorgehensweise an den palästinensischen Universitäten und Fachhochschulen spürbar. Einfluss darauf hatte man kaum. Wenn nicht eine große internationale Organisation mit genügend Reputation und Aktivismus hinter den Lieferungen stand, war zumeist nichts zu machen. Der Prozess wurde so

[121] Danny Rubinstein, *Davar*, 12. April 1982

lange verzögert, bis irgendwann im Hafen die Gegenstände zu einem Bruchteil des Wertes an Israelis versteigert wurden. Das passierte nur allzu oft. Die Chance auf eine qualifizierte Ausbildung im Hochschulbereich wurde den Studenten durch fehlende Ausbildungsmittel genommen. Technologische Geräte, die für eine qualifizierte Ausbildung notwendig gewesen wären, waren somit praktisch nicht vorhanden oder wurden mit großem Aufwand umständlich aus einzelnen Bausteinen zusammengefügt. Entsprechend musste die Reaktion der Studentenschaft, die sich dadurch langsam, aber sicher immer radikaler äußerte, nur allzu verständlich erscheinen.

Beide Damen wollten mich also überzeugen und ich sagte natürlich gern zu. Niemals hätte ich gedacht, so schnell wieder nach Palästina zu kommen. Das gab mir natürlich auch die Gelegenheit, meine Erfahrungen und Einblicke in die Situation des Nahen Ostens weiter zu vertiefen.

„Eine kleine Bedingung muss ich allerdings stellen", machte ich klar, „keine Übernachtung im YMCA Capitolina. Ich bin mir nicht sicher, ob ich das noch mal überleben werde." Ich schilderte den beiden Damen meinen siegreichen Durchhaltewillen und beide gaben mir lachend zu verstehen, dass sie Fancini entsprechend informieren würden. Ich wurde also mit allem Material eingedeckt, das ich zur Erfüllung meines Auftrags im Vorhinein brauchte, und stand von einer Minute auf die andere schon wieder mit einem Bein in Palästina. Die Ausreise war für den 14. Juni geplant und die Aufenthaltsdauer vor Ort wurde mit zwei Wochen festgelegt. Auch sollte die Einreise mit offiziellem Pass über Tel Aviv erfolgen und die deutsche Botschaft in Tel Aviv war informiert.

Die Lufthansa-Maschine nach Tel Aviv war brechend voll. Chassidische[122] und ultraorthodoxe[123] Juden und weltlich gekleidete jüdische Personen, die ich aufgrund meiner Erfahrungen einerseits an ihrer Kopfbedeckung als potentielle Siedler als auch als Anhänger des

[122] Voneinander unabhängige Bewegungen im Judentum. Gemeinsam ist diesen Bewegungen der hohe Standard religiöser Observanz und Moral sowie eine besondere Gottesnähe, die häufig mystische Ausprägung gefunden hat.

[123] Teil des orthodoxen Judentums, das an zahlreichen Traditionen sehr konservativ festhält.

konservativen Judentums an den Zizijott[124] einordnen konnte. Zumeist aus den USA, wie ihre Sprache mir verriet. Dazwischen liberale Juden, Geschäftsleute und Touristen aus aller Herren Länder. Kurz vor der Landung wurde ein Registrationsbeleg ausgegeben, den alle nicht-israelischen Reisenden ausfüllen mussten. Nun war natürlich mein Touristenstatus durch den Pass dahin und man hatte mir signalisiert, dass ich mich als offizieller Beauftragter unserer Organisation outen sollte. Also kreuzte ich „Business“ an und kam dem bei der Einreise nach, indem ich die freundliche Frage der jungen Frau, die hinter dem Schalter saß, zur Absicht meines Besuchs in Israel so beantwortete, wie sich die Sachlage darstellte.

Als die Worte Palästina und West-Bank fielen, schreckte sie auf und sah mich an. „One moment.“ Sie nahm meinen Pass und war auch schon aus der Schalterkabine verschwunden. Wenig später kam sie in Begleitung eines anderen jungen Mädchens zurück.

„Please, follow me“, sagte die und ich trottete also hinter ihr her. „Security“, sagte sie, als wir in einem gesonderten Abteil angekommen waren. Dann stellte sie eine Menge Fragen, die sich auf den Sinn und Zweck meiner Reise ins Westjordanland bezogen. Insgesamt dauerte die Fragerei fast eine Viertelstunde mit unterschiedlichen Personen und mehrmals wurde von den jungen Israelis mein Pass mitgenommen und meine Aussagen mit denen, die ich anderen gegeben hatte, verglichen. Ich sah mir die frischen und freundlichen Gesichter an und dachte bei mir, ob sie wirklich wüssten, auf welchem Boden sie hier gerade mit mir standen, auf dem sie ihre gebetsmühlenartig auswendig gelernten Fragen abschossen und versuchten, Widersprüche in meinen Aussagen zu entdecken. Der Flughafen stand nahezu dort, wo vor 45 Jahren noch die arabische Stadt Lydda gestanden hatte, die heute israelisch Lod heißt. Ob die Mädchen, die hier so pflichtbewusst und überzeugt die Sicherheit ihres Landes verteidigten, über die Umstände der Eroberung dieser Stadt und die nachfolgende Deportation und den Leidensmarsch der 50.000 Menschen in die Berge Kenntnis hatten? Ich war mir da nicht sicher.

124 Zizit ist die Bezeichnung für einen Faden, der Teil des rituellen jüdischen Gebetsmantels Tallit ist, der beim Gebet getragen wird. Die Zizijot sind Bündel von langen weißen Fäden aus Wolle, die mehrfach geknotet sind.

Es gab keine Widersprüche in meinen Aussagen und nun konnte ich mich auch an dem Willkommensgruß, der wie schon an der Brücke am Jordan auch hier in großen Lettern über dem Eingangsportal des Flughafens angebracht war, uneingeschränkt erfreuen. Denn das „Welcome to Israel“ bekam nun einen ganz anderen Sinn – jetzt war ich ja zum ersten Mal wirklich in Israel. Und das war schon ein Unterschied.

Israel ist und bleibt ein attraktives Urlaubsland und das Ambiente des Flughafens bestätigte dies nur allzu deutlich. Gepflegte Gartenanlage am Ausgang der Halle, Palmen, Sitzgruppen mit bunten Sonnenschirmen und Sauberkeit prägten das Bild des Flughafengeländes. Fancini hatte sich angeboten, mich persönlich abzuholen, und wartete bereits an einem kleinen Kiosk vor dem Flughafengebäude bei einem Eistee.

„Kein schlechter Standort“, begrüßte ich ihn. „Arbeiten in der dritten und leben in der ersten Welt. Das haben wir nicht allzu oft zu bieten.“

„Na ja, leider ist das nicht alles, was wir hier zu bieten haben“, lachte er zurück. „Allerdings hat sich die Situation momentan in den besetzten Gebieten beruhigt. Wenn man das hier sieht, kann man kaum glauben, was oben in den Bergen abgeht. Nur eine halbe Stunde mit dem Auto entfernt. Licht und Schatten“, sagte er und ich blickte in den makellos blauen Frühsommerhimmel. „Ja, Licht und Schatten.“

Wir machten uns auf den Weg nach Jerusalem. Mir fiel das Schild mit der Abfahrt Lod ins Auge, als wir die Autobahn erreichten. Ich sah hinüber auf die Stadt rechts der Straße, die mit ihren roten Dächern einen so friedlichen Eindruck machte. Die gut ausgebaute Autobahn führte an Orangenhainen und grünen Feldern vorbei Richtung Osten. In der Ferne konnte man die Berge der West-Bank bereits erkennen. Die Ebene davor war durchzogen von niedrigen Hügeln, auf denen zum Teil sogar dichter Wald zu sehen war. Kiefern und Pinien, Zypressen und hohe Eukalyptusbäume in den Tälern.

„Diese Wälder müssen schon länger stehen“, bemerkte ich zu Fancini und fuhr fort: „Der Baumbestand scheint mir recht alt zu sein. Solche Bäume brauchen eine lange Zeit, bis sie diese Höhe erreichen.“

„Wie mir gesagt wurde, sind die noch von den Briten gepflanzt worden, während der Mandatszeit, also vor über fünfzig Jahren", antwortete er.

Ich sah mich genauer um. „Wasser gibt es hier demnach wohl genug. Die Felder sind grün, der Boden sieht sehr fruchtbar aus, die Bäume wachsen ohne künstliche Bewässerung und zum Teil sind sogar noch offene Wasserflächen zu sehen." Es hatte vor sechs Wochen zum letzten Mal ausgiebig geregnet und trotzdem hielten sich noch immer Feuchtgebiete in den Niederungen. Wasserpumpen sah ich keine, das schien hier nicht notwendig zu sein. Ab und zu sah man kleine Häuseransammlungen in Reihenbauweise, die aber mehr zu Wohnzwecken gebaut worden waren, als nur als Farmgebäude zu dienen. Wir fuhren an einem Hügel vorbei, auf dem Reste von alten Bruchsteinhäusern zu sehen waren.

„Das sind die ehemaligen arabischen Dörfer. Viele von ihnen sind vollkommen geschleift worden", sagte Fancini. „Einige der ehemaligen Bewohner leben heute noch hier in der Gegend. Diese heute arabischen Israelis sind die billigen Bewirtschafter dieser Felder ringsum. Als sie 1949 trotz aller Drohungen ihre Heimat nicht verließen und dann auch noch das Glück hatten, zu überleben und nicht deportiert zu werden, gab es für sie nur die eine Überlebenschance, sich um Arbeit bei einem israelischen Verwalter zu bemühen. Diesen Verwaltern waren Felder und Brachflächen vom Staat zugesprochen worden, die oftmals annektiert worden waren. Einiges hatte die Jewish Agency auch von den früheren arabischen Besitzern aufgekauft und an Juden weitergegeben. Andere Felder gerieten dadurch in jüdischen Besitz, dass man den arabischen Großgrundbesitzern vor allem in den entfernten Städten Jerusalem oder Hebron anbot, die Felder zu verwalten. Die arabischen Grundbesitzer konnten sie ja selbstständig gar nicht mehr bestellen. Gleichzeitig hatte man in Israel ein Gesetz verabschiedet, welches besagte, dass nach 15-jähriger ununterbrochener Bewirtschaftung das Ackerland in den Besitz des Verwalters übergeht. Dieses Gesetz war vielen Arabern nicht bekannt. Dadurch gingen auch Jahre später noch viele Flächen für Araber ersatzlos verloren. Alles legitim. Der 67'er Krieg tat dann sein Übriges. Heute ist hier kein einziger Quadratmeter mehr offiziell in arabischem Besitz."

Wir fuhren im Augenblick auf dem Gebiet, das die UN-Vollversammlung 1947 einem palästinensischen Staat zugeschrieben hatte.

Auf einer im Frühjahr desselben Jahres stattfindenden Sondersitzung hatte die UNO auf Antrag Großbritanniens die Entsendung einer elfköpfigen internationalen Sonderkommission ohne arabische Beteiligung[125] beschlossen. Nach anfänglichem Zögern arbeiteten die Zionisten mit der Kommission zusammen. Sie nutzten ihre Chance. Die Araber hingegen boykottierten die Kommission weitgehend, während sich die Engländer gleichgültig verhielten. Die Kommission besichtigte daraufhin auch jüdische Flüchtlingslager in Mitteleuropa und die meisten ihrer Mitglieder verbargen am Ende nicht, wie sehr die Leistungen des zionistischen Unternehmens sie beeindruckt hatten[126]. Dies war ihnen natürlich auch mit Hinweis auf das Schicksal der Juden im Nachkriegseuropa entsprechend präsentiert worden. Verständlicherweise fiel dann in diesem Sinne ihre Schlussfolgerung aus, die in der UN-Resolution 181[127] festgehalten und am 29. November 1947 verabschiedet wurde. Diese Resolution zog die Gründung eines jüdischen Staates auf mehr als 56% des gesamten Gebietes westlich des Jordan vor. Das jüdische Propagandaschwert war scharf und hatte, mit kluger Hand geführt, den Kuchen sehr vorteilhaft zerschnitten. Der Freudentaumel auf den Straßen der jüdischen Ortschaften, in den jüdischen Gemeinden und Kibbuzen kannte dementsprechend keine Grenzen und war nur allzu verständlich.

Die arabische Reaktion sah allerdings anders aus. Die Zahlen der verschiedenen Quellen gehen auseinander, aber nimmt man die für die jüdische Seite günstigsten an, so lebten in Palästina immer noch mehr als doppelt so viele Araber als Juden. Auch verletzte der Plan die Rechte der Mehrheitsbevölkerung in Palästina, die zu diesem Zeitpunkt zu fast 70% nichtjüdischen Religionen angehörte. Dazu kam, dass den Juden nahezu der vollständige fruchtbare Küstenstreifen und das komplette Gebiet um den See Genezareth zugesprochen worden war[128]. Beinahe die Hälfte des gesamten Landes war zu diesem Zeitpunkt besitzerlos, etwa 47% waren in arabischem Besitz und nur den verschwindend kleinen Teil von etwa 6% hatten die Juden besessen oder durch Landkauf erworben. Es war also vorauszusehen, was aufgrund dieser Aufteilung passieren musste, und tatsächlich

---

[125] Die Mitglieder kamen aus Schweden, Holland, Polen, Jugoslawien, Kanada, Australien, Indien, dem Iran, Uruguay, Guatemala und Peru.

[126] haGalil.com

[127] Siehe Index 11 – UN-Resolutionen

[128] Siehe Karte: UN-Teilungsplan 1947

wird dieser einseitig ausgerichtete Plan als der Beginn des ersten arabisch-israelischen Krieges angesehen. Gleich nach der Verkündung entlud sich die arabische Frustration wieder einmal in einem wütenden spontanen Attentat, bei dem Araber bei Lydda zwei jüdische Busse angriffen, sechs Juden töteten und mehrere verletzten. Der Krieg hatte damit begonnen.

Dass sich Israel aber dann nach 1949 im Zusammenhang mit dem geheimen Einvernehmen mit König Abdullah I. von Transjordanien weitere den Palästinensern versprochene Gebiete einverleibte, ist bis heute völkerrechtswidrig. Die ethnisch gesäuberten Städte Ramleh und Lydda und das nahe Umland, die 1947 zum versprochenen palästinensischen Territorium gehörten, waren widerrechtlich einverleibt worden. Das Gebiet, wo der Flughafen heute steht, gehört dazu. Wir befanden uns also gerade mitten im für uns selbstverständlich so genannten Israel auf nach geltendem Völkerrecht widerrechtlich annektiertem Gebiet, das die internationale Gemeinschaft ursprünglich den Palästinensern zugesprochen hatte. Die Resolution 181 ist noch heute gültig. Israel hat sich um diesen Bruch des Völkerrechts jedoch nie geschert. Damals wie auch heute kräht kein Hahn danach und kein Mensch diskutiert mehr darüber. Die Israelis säuberten das Gebiet von Arabern, so gut es ging, und übernahmen als Sieger des Krieges die Beute. Der Status quo wird heute mehr denn je als gegeben akzeptiert. Mir wurde klar, was sich da tatsächlich abgespielt hatte. Ein enormer Lernprozess für den Staat Israel, der sich im Laufe der Zeit zur Staatsignoranz verselbständigen sollte, wenn UN-Resolutionen, die den zionistischen Zielen nicht entsprachen, mit zynischem Lächeln ausgesessen wurden. Israel hatte begriffen, worauf es ankam – UN-Resolutionen gehorchten entweder dem Interesse des Staates Israel oder waren nicht existent!

Wir hatten die „Grüne Linie", die von 1949 bis 1967 Israel und Jordanien trennte, noch nicht erreicht. Allerdings waren die Berge der West-Bank nicht mehr weit und Latrun kam in Sicht. Die Autobahn schlängelte sich von nun an durch ein enges Tal[129] hinauf in die Berge. Rechts und links dichter Wald. Das hatte ich nicht erwartet, denn ich kannte ja mittlerweile die kahlen Hügelketten der West-Bank. Nette kleine Raststationen und Parkmöglichkeiten luden Touristen und andere Autobahnbenutzer zum Verweilen ein. Auffällig waren am Straßenrand aufwändig positionierte Panzerfahrzeuge,

[129] Bab Al-Wad, arabisch für „*Tor zum Tal*"

Flugzeugteile und Geschützüberbleibsel aus dem Unabhängigkeitskrieg, die zerstört wurden, als die israelischen Truppen die Straße gegen die arabischen Milizen verteidigten. Sie ging als die so genannte „Burma-Straße" in die Geschichte Israels ein und war als einziger Zugang nach Jerusalem strategisch von hoher Relevanz. An jedem dieser teilweise lächerlich wirkenden und dem Rost ausgesetzten Wrackteile waren Gedenktafeln aufgestellt oder in Stein gemeißelt, die von irgendwelchen Kampfhandlungen und den daran beteiligten Personen Auskunft gaben. Ein Kriegskult, der mir noch so oft begegnen sollte und der bewusst eine israelische Dominanz gegenüber der arabischen Welt dokumentieren soll. Nahezu jeder Israeli steht auch heute noch im gefährlichen Glauben der Unbesiegbarkeit. Und die Erziehung geht über in eine mythische Verherrlichung der militärischen Heldentaten der zionistischen Krieger. Auch heute noch beruft man sich bei der Existenzsicherung des Staates allein auf die militärische Stärke gegenüber seinen Nachbarn.

Es ging steil nach oben, wo uns ein herrlicher Blick über die Berge der West-Bank erwartete. Die Israelis hatten hier die Landschaft verändert und Vegetation angepflanzt, wo der karge Boden kaum etwas hergab. In den Tälern, in die wir bei der Weiterfahrt auch wieder hinab mussten, waren Landwirtschaft und Wohngebiete zu erkennen. Fancini machte mich auch aufmerksam auf ein paar arabische Ansiedlungen rechts und links der Straße an den Hügeln, die mit ihren Flachdächern und der kubischen Bauweise deutliche Unterschiede zu der architektonischen Vielfalt der israelischen Häuser aufwiesen. Insgesamt machte das alles einen friedlichen und angenehmen Eindruck – eine Idylle unter mediterraner Sonne. Keine Frage, da konnte man leben. Kleine Gärten, Pavillons, Terrassen und überwachsene Pergolas, die in bunter Blütenpracht standen, unter Palmen, Zypressen und Pinien gaben Eindruck von einer Lebensart, die nur eine kultivierte Gesellschaft hervorbringen kann.

Wir nahmen endlich die letzte Anhöhe nach Jerusalem. Von hier aus, von der westlichen Seite her, sah die Stadt gänzlich anders aus, als ich das von Osten gewohnt war. Große, breite Straßen, Hochhäuser, eng bebaute Stadtteile und dazwischen Parks und Grünflächen. Das hatte nichts mit Orient zu tun, das war westliches Flair – man fühlte sich, als ob man Europa gar nicht verlassen hätte, fast wie zu Hause. Einzig die weißen Steine, mit denen nahezu alle Häuser verkleidet waren, gaben der Stadt ein anderes, ein besonderes Aussehen.

Wie mir berichtet wurde, hatte der britische General Allenby, der Eroberer Palästinas, nach dem Ende des ersten Weltkriegs angeordnet, dass alle Häuser in Jerusalem von nun an ausschließlich mit den weißen Natursteinen gebaut werden mussten. Es gefiel ihm so gut. Bis heute wird diese Verfügung aus der Mandatszeit größtenteils befolgt. Wahrscheinlich die einzig vernünftige Entscheidung, die die Briten in Palästina jemals getroffen haben. Darauf können sie heute noch stolz sein.

Irgendwann kamen wir durch ein Gewirr von Straßen auf die Nablus Road und ich erkannte die Ecken wieder, die ich seit meinem ersten Besuch noch in Erinnerung hatte. Bald waren wir auf der Salah Eddin und es ging links hinein in die Ali Ben Abi Taleb Street. Dort stand das Meridian-Hotel von Ost-Jerusalem.

Das Zimmer war muffig und klein, ebenso wie der Rezeptionist, der mich empfangen hatte und kaum über das Empfangspult hinausragte. Die erste Kakerlake sah ich schon, bevor ich das Zimmer betreten hatte. War das wirklich alles an Hotels, was Ost-Jerusalem zu bieten hatte? Vatikan oder Karzer? Klar, im jüdischen West-Jerusalem konnte und wollte ich mich nicht einquartieren, aber nun schon wieder das – die gleichen Unannehmlichkeiten für einen längeren Hotelaufenthalt; kein Schreibtisch, keine Sitzgelegenheit und auch keine einigermaßen erträgliche Alternative in Aussicht. Die Sauberkeit ließ stark zu wünschen übrig und Hygiene schien den Raumpflegern ein Fremdwort zu sein. Dem Desinfektionsstreifen am Toilettendeckel konnte ich nicht recht glauben. Billig war das Hotel ja wieder – aber ich hatte die Nase jetzt gestrichen voll. In den nächsten Tagen wollte ich mich selbst nach einer akzeptablen Herberge umsehen und auf den gut gemeinten Rat meines Kollegen in dieser Hinsicht in Zukunft verzichten. Von nun an hatte ich begonnen, mich allein zurechtzufinden.

Einzig wirklich interessanter Aspekt des Hotels Meridian war, dass es direkt gegenüber dem Gerichtsgebäude von Ost-Jerusalem stand, an der Ecke zur Salah Eddin Street, und ich vom dritten Stock aus meinem Zimmer über die hohe Außenmauer Einblick in den Innenhof hatte.

Da Fancini in Beit Sahour östlich von Bethlehem, just da, wo die Engel den Hirten erschienen waren, an einem Abwasserprojekt beschäftigt war, bot er sich an, mich am ersten Tag nach Hebron zu fahren; Bethlehem lag ja auf dem Weg. Die Abwässer der Stadt waren bis dato ungeklärt in ein Tal Richtung Osten in die Wüste Judäa geleitet worden und stanken bestialisch bis zum Himmel. Die Wahrscheinlichkeit einer Wiederkehr der wundersamen biblischen Begegnung sank damit praktisch gegen Null. Auch Engel haben Nasen. Italien und Deutschland hatten sich mit Hilfe der EU nunmehr vereint, um eine Abwasserleitung zu verlegen und der Sauerei ein Ende zu bereiten.

Am nächsten Morgen ging es los. An der Westseite der Altstadtmauer vorbei am Davidsturm, durch den „Sultans Pool" und links den Berg Zion liegen lassend auf der Hebron Road Richtung Süden. Rechts dieser Straße standen wunderbare alte Steinvillen, herrschaftliche Häuser mit Garten aus der Zeit der Jahrhundertwende, die so gar nicht zu der jüdischen Plattenbauweise der ersten Fünfzigerjahre passen wollten, die ein paar Meter danach folgten.

„Alles ehemalige arabische Familienstammsitze", sagte Fancini. „Die Schlüssel dazu sind noch heute im Besitz dieser Familien. Kaum eine der Villen hat den Besitzer legal gewechselt. Sie sind nach 1949 enteignet worden. Kriegsbeute."

„Das passiert im Krieg. Viele Vertriebene des zweiten Weltkriegs haben ihre Häuser verloren", erwiderte ich.

„Richtig", sagte er, „nur mit dem Unterschied, dass die ursprünglichen arabischen Eigentümer hier und heute nicht durch eine Landesgrenze von der Vergangenheit getrennt sind, sondern jeden Tag an ihrem Hab und Gut vorbeifahren und ihren Besitz in den Händen anderer sehen. Da steckt der Stachel des Verlusts tiefer, ein Vergessen wird unmöglich. Der Zeitfaktor zieht da nicht."

Tatsächlich konnte man das Geschehen hier nicht mit Kriegsereignissen in Europa oder anderswo vergleichen. Die räumliche Nähe des Nahen Ostens ist entscheidend. In Palästina streiten sich zwei Völker um ein kleines, überschaubares Land; kaum 150 Kilometer trennt das Mittelmeer vom Jordan. Alles ist nur einen Steinwurf weit voneinander entfernt. Nach dem Krieg 1967 und der Quasi-Einverleibung der annektierten Gebiete ins israelische Staatsgebiet wurden die ehemaligen arabischen Besitzer von Grundstücken, Häusern und Land, nachdem sie durch die israelisch-jordanische Grenze 18 Jahre lang davon getrennt waren, wieder unmittelbar und tagtäglich mit ihrem Verlust von 1949 konfrontiert. Noch heute sehen die

Häuser aus wie auf den Bildern von früher. Die Nachkommen sehen ihr Erbe greifbar vor sich und doch unendlich weit entfernt.

Wir hatten uns mittlerweile Bethlehem genähert und fuhren vorbei an unzähligen Olivenbäumen, bis wir am Ortseingang die Grabstelle der Matriarchin Rahel[130] erreichten. Sehen konnte man davon allerdings herzlich wenig. Der kleine Kuppelbau aus dem 15. Jahrhundert, den ein muslimischer Herrscher über dem Grabmal errichtet hatte, war nun von einer hohen Mauer umgeben. Davor standen Busse, die gläubige Juden zu ihrem Heiligtum brachten. Einige der orthodoxen Juden standen außerhalb der kahlen und fensterlosen Mauer und Militär war auch zu sehen. Das Gelände um den Kuppelbau musste über einen im Zickzack angelegten Eingang umständlich betreten werden. Obwohl Juden, Christen und Moslems das Grab gleichermaßen verehren, war die Dominanz der jüdischen Pilger erdrückend. Das Gesamtbild passte so gar nicht zum arabischen Ambiente der Umgegend, was sich nicht nur in der eigenwilligen, auffälligen Bauweise der Mauer ausdrückte. Offensichtlich musste hier nicht nur mit militärischer Präsenz der jüdische Anspruch auf das Heiligtum verkündet werden. Ein besonderer Ort manifestiert sich an seinem Äußeren.

Auf der Durchfahrtsstraße Bethlehems nach Süden, kamen wir an einem Gebäude vorbei, vor dem eine lange Schlange von Menschen auf dem Bürgersteig wartete.

„Die israelische Zivilverwaltung“, sagte Fancini und lachte spöttisch. „Zivil ist gut. Tatsächlich ist das die Verwaltungsbehörde des Militärbereichs Judäa. Hier gibt es Arbeitsbescheinigungen für Israel und Zulassungen und Stempel aller Art, was die palästinensische Bevölkerung angeht. Es geht zu wie im Taubenschlag. Wer hier ansteht, hat im Grunde genommen den Tag verloren.“

Weiter ging es durch das christliche Bethlehem. Wir kamen ans Ende der Stadt; dort befand sich links ein großes Flüchtlingslager. Wir hielten gegenüber am Straßenrand an, denn das musste ich mir genauer ansehen. Ein vier Meter hoher Drahtzaun, der rostig und schief über hundert Meter lang als Windfang für Plastiktüten und Unrat aller Art direkt am Straßenrand in den Himmel ragte, war das

---

[130] Frau des Patriarchen Jakob. Drittes Heiligtum der Juden nach der Klagemauer und dem Patriarchengrab in Hebron.

Wahrzeichen dieser traurigen Ansiedlung. Dahinter standen die Zeugen einer subjektiven Bauweise, die Konstruktionen hervorbrachte, die sich offensichtlich nicht nur statischen Regeln widersetzten, sondern dazu auch noch gegen alle bauästhetischen Instinkte rebellierten. Treppen endeten im Nichts, Balkone waren mit Stangen behelfsmäßig abgestützt, unfertige Anbauten waren mit Bauschutt überladen, Betondecken bogen sich unter der Last der Aufbauten, Rohbauwände ohne Putz und Farbe, Dächer, die mit ihren Wellblechplatten den nächsten heftigen Regen nicht überstehen konnten, Türen und Fenster, die offensichtlich nicht nur einmal an anderer Stelle verbaut gewesen waren und auf den unbefestigten Wegen zwischen diesen Sinnbildern der Zivilisation Müll und Unrat zuhauf. Alles grau in grau, schmutzig und staubig. Dazwischen hingen Wäscheleinen und Elektrokabel, wobei die Letzteren auch schon mal als solche mit genutzt wurden, waren Wasser und Abwasserleitungen von Haus zu Haus gespannt, baumelten elektrische Versorgungsleitungen ungeschützt von Dach zu Dach und schwankten Telefonmasten an den Kabeln, wobei nicht recht festzustellen war, wer wem jetzt eigentlich Halt gab. In den Abfallrinnen der Gassen spielten kleine Kinder und alte Männer saßen auf Plastikstühlen vor ihren Domizilen.

„Hier leben über zehntausend Flüchtlinge“, sagte Fancini. „Das Camp erstreckt sich bis tief nach hinten und hat enorme Ausmaße. Hier gibt es keinerlei Kontrolle. Einige der Einwohner haben bei uns am Projekt Arbeit gefunden. Die meisten stammen aus der Gegend um Bet Shemesh, keine fünfzig Kilometer westlich von hier. Allerdings lebt heute schon die dritte Generation in diesen Behausungen. Hier gibt es eine eigene Verwaltung und ganz sicher auch eigene Gesetze. Das ist eine andere Welt. Reingehen würde ich besser nicht, man kann nie wissen“, sagte er, als er bemerkte, dass ich Anstalten machte, mich dem großen Loch im Zaun, das als Eingang diente, zu nähern.

„Warum bleiben die hier? Was soll das? Sie sind doch in Palästina unter ihresgleichen. Sie können doch leicht von hier fortziehen, woanders leben. Niemand kann sie daran hindern fortzugehen“, fragte ich zurück.

„So einfach ist das nicht“, gab er zur Antwort. „ Diese Menschen haben alles verloren. Grundstücke sind teuer, die Mieten hoch. Die meisten haben keine geregelte Arbeit und keine Qualifikation. Es sind ehemalige Landarbeiter, heute Tagelöhner. Sie können sich nichts anderes leisten. Das ist das, was mir unsere Arbeiter am Projekt erzählt haben, als ich sie darauf ansprach."

Grundsätzlich waren aber nicht nur wirtschaftliche und soziale Gründe ausschlaggebend für den Verbleib in den Lagern. Vor allem der politische Status der Flüchtlinge und die Ansprüche, die sich daraus ergaben, waren die eigentlichen, viel bedeutsameren Gründe. Mit dem Flüchtlingsstatus waren sie offiziell und auch international als Vertriebene anerkannt. Die Besitzansprüche waren damit immer noch aktuell. Alle besaßen diese UN-Flüchtlingskarten, die ich schon bei Bassam in der Teestube in Amman gesehen hatte. Diese Karten dokumentierten ein verbrieftes Recht auf den Verlust, der ihnen durch Vertreibung und Deportation entstanden war. Wenn sie nun diesen Status aufgaben, gaben sie auch dieses Recht auf und erkannten fiktiv die Besitzergreifung ihres Eigentums durch Israel an. Um also den Anspruch aufrechtzuerhalten, mussten sie in diesen verkommenen Camps weiterleben. So wurden auch bewusst die Verhältnisse in den Lagern nicht verbessert, um auch nach außen zu bekunden, dass dies hier nicht ihr eigentliches Zuhause war und sie das alles immer noch als Übergangslösung betrachteten. Da gehörte verdammt viel Durchhaltevermögen dazu, um nun schon in der übernächsten Generation nach der Vertreibung solche Lebensumstände zu ertragen. Eine permanent gewachsene Gleichgültigkeit und ein assimiliertes Verhalten an diese Umstände beinhalteten sicherlich auch genügend internen sozialen Sprengstoff, der sich leicht entzünden konnte. Hier entstanden die Wut und der Hass, der sich leicht einfangen und in die entsprechende Richtung lenken ließ. Dabei war die Zielrichtung nicht unbedingt nur gegen den israelischen Verursacher ihres Leids gerichtet. Jedenfalls blieben viele dieser Lagerbewohner Palästinas auch Außenseiter ihrer eigenen Gesellschaft. Ich sollte noch viele Lager sehen, und zwar in weitaus schlimmeren Zuständen, als ich das hier und heute für möglich hielt.

Dass mir beim Anblick dieses Lagers die Bilder der Townships in Südafrika zur Zeit der Apartheid in den Sinn kamen, muss keinen weiter verwundern. Rassentrennung – Rassismus, wo war der Unterschied? Nicht nur mit den Stimmen der arabischen Staaten wurde 1975 beim UN-Kongress in Durban der Zionismus in der Resolution 3379 als eine Form von Rassismus definiert[131]. Im Sicherheitsrat

[131] Siehe Index 11 – UN-Resolutionen

werden diese Resolutionsentwürfe gewöhnlich nicht angenommen, da die USA meist zugunsten Israels ihr Veto einlegen. Somit sind sie auch nicht völkerrechtlich bindend. Diese Resolution wurde dann auch am 16. Dezember 1991 gegen den Widerstand der arabischen Staaten wieder aufgehoben. Ich hatte allerdings gelesen, dass der von Theodor Herzl beschworene zionistische Begriff „Judenstaat" seine Bürger aufgrund einer religiösen Zugehörigkeit definiert, aufgrund des jüdischen Glaubens. Als Jude ist man automatisch Teil des zionistischen Staates, also der Nation, als Araber oder Andersgläubiger, der in diesem Land lebt, allerdings nicht. Der Begriff berücksichtigt demnach nur jüdische Staatsbürger (man stelle sich das heute umgekehrt in Deutschland vor). War das nicht eine Form von Rassismus? Oder hatte ich da etwas falsch verstanden? Es schien mir, als sei in dieser Definition nur der ethnisch verwerfliche Begriff „Rasse" durch den ideologisch harmloseren Begriff „Glaube" ersetzt worden. Aber nicht nur der zionistische Wegbereiter Herzl gibt uns hier Anschauungsunterricht, sondern auch der harmlose Glaube selbst in seinen religiösen Pamphleten: „Diejenigen unter uns, die für eine humanistische Haltung gegenüber unseren Nachbarn eintreten, lesen die Halacha[132] selektiv und übersehen bestimmte Anordnungen." [133]

Was das im Einzelnen bedeutet, kann einigen Passagen aus dem Talmud[134] entnommen werden, die unter anderem besagen, dass es Gott leid tut, die Ismaeliten[135] geschaffen zu haben, und dass die Nichtjuden ein „eselsgleiches Volk" sind. Rufen wir uns zusätzlich die Äußerungen zionistischer Größen ins Gedächtnis, wo von „Negern" und „zweibeinigen Bestien[136]" die Rede ist und damit die Palästinenser bezeichnet werden, dann sind wir vom Begriff des Rassismus tatsächlich nicht mehr weit entfernt. Den Begriff Rassismus habe ich übrigens in den folgenden Jahren zur Genüge in der israelischen Presse gefunden, wenn das Verhältnis von Israelis zu Palästinensern beschrieben wurde. Sie waren sich also selbst der Sachlage bewusst und bezeichneten sie auch so.

---

[132] Jüdisches religiöses Gesetz

[133] Vgl. auch Bibliographie: Noam Chomsky, *Offene Wunde Nahost*

[134] Umfassendes jüdisches Schriftstück

[135] Bezeichnung für die Nachkommen Ismaels, des Sohnes Abrahams und der ägyptischen Magd Hagar. Er gilt als Stammvater der Araber.

[136] Chaim Weizmann und Menachem Begin

Wie immer man nun auch die Passagen des Talmud auslegt, die oftmals als Streitgespräch verfasst sind und provokante Thesen aufstellen, die sehr schnell zu antisemitischer Hetze genutzt werden, weil sie aus dem Zusammenhang gerissen sind, die im Talmud vorherrschende Form der dialogischen Annäherung an ein Thema missachten oder bewusst als abstruse Thesen zitiert und deren Antithesen missachtet werden, ist es doch bedenkenswert, dass es Menschen gerade jüdischen Glaubens gibt, die sich genau solcher Passagen unmittelbar bedienen, ohne das oben Gesagte zu beachten, und heutzutage diese abstrusen Thesen als Grundlage ihres Verhaltens verstehen beziehungsweise direkt befolgen.

Was bei mir am Ende dieses Tages im Kopf geblieben ist, das sind die Bilder des palästinensischen Flüchtlingslagers. Wie sich die Wut und der Hass hier aufstauten, das hatte die Intifada gerade erst deutlich gezeigt. Zu welchen abnormalen, extremen Auswüchsen sich diese jedoch in der Zukunft entwickeln sollten, konnten an sich nur die prophezeien, die tieferen Einblick in die Lebensumstände dieser Menschen hatten. Viele der in den Lagern tätigen Angestellten internationaler Hilfsorganisationen sagten eine Radikalisierung der Insassen voraus. Überrascht sein musste man davon nicht, wenn man sich diese Brutstätten des Islamo-Terrors auch nur von außen ansah. Ich fing langsam an zu begreifen, wenn ich über den Euphemismus der israelischen Staatsgründung und die vehemente Verurteilung des palästinensischen Terrors nachdachte. Entscheidend für das Verständnis des Konflikts im Nahen Osten sind die Beweggründe der israelischen und arabischen Kontrahenten, die sich heute auf jüdischer Seite um die Durchsetzung der unerbittlichen Ideologie des Zionismus drehen, auf der palästinensischen nur noch um die profanen Bedürfnisse des Überlebens. Dass Letztere äußerst wirksam von religiösen Scharfmachern ideologisch ausgebeutet werden, kann die wahren Gründe nicht verschleiern. Hier liegt das Problem des Konflikts begraben. Will man dem Terrorismus wirklich begegnen, muss man den Ursachen auf den Grund gehen. Dabei darf es keine Tabus geben, nicht in der palästinensischen Gesellschaft, nicht in Israel und auch nicht im internationalen Verhältnis zu beiden.

Wir waren auf unserem weiteren Weg an einer großen jüdischen Siedlung mit Reihenhäusern und roten Ziegeldächern und direkt gegenüber an einem israelischen Kontrollposten vorbeigekommen, als Fancini ein Schild mit einer arabischen Schrift so hinter der Windschutzscheibe platzierte, dass es von außen gut sichtbar war. Wir befuhren ab jetzt ein Gebiet, das die Israelis trotz aller Militärkontrollen mit der permanenten Anwesenheit von Streifen kaum kontrollieren konnten. Die Landschaft wurde fruchtbarer und die Vegetation nahm merklich zu. Da wir ein Auto mit israelischem, gelbem Nummerschild fuhren, war die Gefahr eines Steinwurfs aus dem Gebüsch heraus groß. Versteckmöglichkeiten dazu gab es genug. Das Schild war eine Sicherheitsmaßnahme, die durchaus ihre Berechtigung hatte. Wiederholt waren gerade hier Steine auf jüdische Siedlerfahrzeuge geworfen worden, und was solche Wurfgeschosse anstellen konnten, hatte ich vor einem halben Jahr in der Schule bei Al Ram selbst erlebt.

Wir passierten ein weiteres Flüchtlingslager am Grund eines fruchtbaren Tales. Gerade im Süden der West-Bank war der Widerstand gegen die israelische Besatzung sehr groß. Das lag möglicherweise auch an der Beschaffenheit und dem Wert des Landes, mit dem sich die arabischen Einwohner hier offensichtlich sehr verbunden fühlten. Die Existenz der jüdischen Siedlungen musste auf sie höchst provozierend wirken.

Wir fuhren durch eine wundervolle Landschaft. Die groben Hügel- und Bergketten, die zum Teil sogar leicht bewaldet waren, waren unterbrochen von fruchtbaren Tälern und Senken, in die der Regen in vielen Jahren die Erdkrume geschwemmt hatte und in denen jeder Quadratmeter des fetten Bodens genutzt wurde. Terrassenanbau und sorgsam angelegte Bewässerungssysteme mit Zisternen und kleinen Kanälen kündeten von einer intensiven, aber natürlichen Nutzung des Landes. Selbst die kleinsten Grundstücke in den arabischen Dörfern, die sich ebenmäßig in die Landschaft schmiegten, oder die Flächen neben den kleinen Häusern, die wir am Straßenrand passierten, wurden wirtschaftlich genutzt. Oliven- und Zitrusbäume, Feldfrüchte aller Art. Die Straße, auf der wir fuhren, war eng und alt und wand sich in vielen Kurven um die Hügel und Täler. Auch sie war ein Teil dieser Landschaft geworden. Großkalibriges landwirtschaftliches Gerät für profitablen ökonomischen Anbau war hier fehl am Platz, nicht einsetzbar. Ab und zu sah man einen Traktor. Die Felder wurden zumeist mit der Hand bearbeitet und das reichte trotzdem zum Leben. Das war vermutlich die angesprochene Verbundenheit der Menschen mit diesem Land, die sich dadurch nur allzu deutlich ausdrückte. Je weiter wir südwärts kamen, umso mehr wurde Wein angebaut und umso mehr Felder mit Weinstöcken gab es. War das das Land, wo Milch und Honig fließt? Fast schien es mir so. Hierhin hatte Moses der Überlieferung nach seine Späher ausgesandt, die mit großen Weinreben, die sie an langen Stöcken trugen, in die Wüste Jordaniens zurückkamen. Noch heute sieht man diese symbolträchtige Darstellung oftmals abgebildet und sie wird von Israel bei vielen Anlässen werbeträchtig genutzt. Tatsächlich habe ich nie zuvor und nie wieder danach Weintrauben von solcher Qualität, Vielfalt und Größe genossen wie die aus dem Süden der West-Bank, aus dem Gebiet um Hebron. Dass dieser Flecken Erde als gelobtes Land deklariert wurde, konnte ich nun gut verstehen. Wenn man von den Wüsten Arabiens über die kahle Hochebene Jordaniens kommt, weiter zieht durch den heißen Jordangraben, die vertrockneten Täler der Wüste Judäa hinter sich gelassen und endlich die Höhen erklommen hat, muss einem auch heute noch die Landschaft wie ein Wunder vorkommen. Klar, dass sich Moses und seine Nachfahren die Eroberung dieses Landes zum Ziel setzten. Ein gemachtes Nest, das man sich nur nehmen musste. Die Rechtfertigung dazu schrieben sie einfach selbst auf, in ihrer Bibel, im Namen ihres Gottes. Eine leichte Übung, mit der sie vor sich und der Geschichte fein raus waren. Sie hatten ja eine Schrift, mit der sie alles festhalten konnten – bis in die Ewigkeit. Was immer sie an Taten dazu begehen mussten, um das Land zu beherrschen, musste jetzt Gott verantworten, nicht sie selbst. Streit war damit vorprogrammiert. Denn sie waren nicht die Einzigen, die dort leben wollten. Und sie sind es bis heute nicht.

Der Weg führte uns vorbei an Händlern und Bauern, die am Straßenrand ihre windschiefen Stände aufgebaut hatten, um ihre Produkte an den Mann und die Frau zu bringen. Selbst der sonst allgegenwärtige arabische Müll an den Straßen hielt sich hier in Grenzen. Hauptsächlich gab es Landwirtschaft, aber neben kleineren Stein verarbeitenden Betrieben wechselten sich auch Garagen mit Reparatur- und Installationswerkstätten aller Art ab.

Wirklich störend in diesem harmonischen Miteinander in der Natur waren einzig die teerfarbenen Schlangenlinien, die die Landschaft zerrissen und verwundeten. Es waren die Zufahrtsstraßen, die für die jüdischen Siedler neu gebaut worden waren, die die alte Straße kreuzten oder von ihr abzweigten. Hierbei ging es darum, in möglichst kurzer Zeit die Wegstrecke zur jüdischen Trutzburg zurückzulegen. Diese neuen Straßen durchschnitten unwirklich das Land, ließen tiefe

Wunden im ocker-, hellgrau- und braunfarbenen Innenleben der Erde zurück, ignorierten jede natürliche Bewegung der Landschaft und strebten mit Gewalt ihrem Ziel zu, ohne Sinn für Form und Gestalt. Genau hierin wurde der Unterschied offenkundig. Die Ureinwohner dieses Landes lebten mit dem Land in Symbiose, ihre Häuser schmiegten sich in die Landschaft, ihr Eingriff in die Natur blieb begrenzt. Eine Partnerschaft, die aus tiefem Respekt voreinander entsprang und Jahrhunderte lang angehalten hatte. Die neuen Herren der West-Bank benutzten das Land zur Erfüllung ihres göttlichen Auftrags, den Landstrich dem auserwählten Volk untertan zu machen. Ihre Wohnanlagen standen wie Bollwerke auf den Hügelkuppen und ihr Interesse an der Natur war offensichtlich nicht existent. Sie schnitten und rissen das Land auf gegen jede Vernunft, tiefe Narben zurücklassend; fatale Verwundungen auf schwer geschundenem Boden. Gerade diese Siedler jedoch erklären sich dabei selbst als Liebhaber und Beschützer dieses Landes. Allerdings geht es ihnen nicht um das Land an sich, sondern um die heilige Pflicht, diesen Streifen zu besiedeln, den Gott dem Volk Israel zugesprochen hat. „Eretz Israel“, das gelobte Land für das auserwählte Volk! Nicht die romantische Verehrung des Landes bewegt sie, sondern die rücksichtslose Erfüllung des angeblichen göttlichen Auftrags, und dazu ist ihnen jedes Mittel recht. Ein gelobtes Land für ein auserwähltes Volk – wie war das noch mit dem Rassismus?

Es war ein so unterschiedliches Verhalten gegenüber der konstruktiven Schöpfung, die ich gestern bei meiner Anreise nach Jerusalem noch bewundert hatte. Siedler und Israelis hatten da wohl nichts gemeinsam, oder doch? Diese Straßen und die Burgfeste, die ich hier sah, waren von ein und demselben System geschaffen worden, das auch die Idyllen entlang der Straße nach Jerusalem geschaffen hatte. Je mehr Gedanken ich mir machte und je mehr Fragen ich mir stellte, umso weniger bekam ich eine Antwort. Die Widersprüche fingen an mich zu quälen. Zerstörung und Schöpfung, Licht und Schatten. Eine Kontradiktion, die ich mir nicht erklären konnte.

Wir erreichten Halhul und konnten am Ende der Ortschaft die ersten Häuser von Hebron erkennen. Durch eine Senke quer über eine Siedlerstraße, die Richtung Westen das Gebirge bis in die Mittelmeerebene zerschnitt, und wir waren in Hebron. Die University Graduates Union lag an der Hauptstraße, die weiter bergab in das Zentrum der Hundertfünfzigtausend-Seelen-Stadt führte. Fancini hielt vor einem recht renovierungsbedürftig aussehenden Haus an. Eine Mauer umgab das Gelände mit einem Eingangstor, an dessen Portal die rostigen Armierungseisen zu Tage traten und den Beton abbröckeln ließen. Keinen besseren Eindruck hinterließ das Haus im Inneren. Hier also war die Verwaltung des Wohltätigkeitsvereins untergebracht, der für die Ausbildung von Tausenden von Studenten zuständig war. Der Verein wurde finanziell noch immer unterstützt vom jordanischen Amt für Hochschulbildung und von Spenden aus arabischen Nachbarländern. Wir suchten den Direktor der Finanzabteilung Zughair Wazir[137] auf. Er saß in einem kleinen Büro an einem überdimensionierten Schreibtisch, der nicht recht zu der Größe des Zimmerchens passen wollte. Der Raum war ursprünglich sicher nicht als Büro konzipiert gewesen und war so lang und so schmal, dass der Raumbenutzer den großen Schreibtisch nur längsseits aufstellen konnte. Dadurch fehlte der Platz vor dem Schreibtisch, und Besucher mussten in ebenso überdimensionierte Sessel in den Rückraum ausweichen. Diese nahmen so viel Platz ein, dass für den Schreibtisch nur der Platz direkt gegenüber der Tür übrig blieb. Man trat also ein und stand schon an der Tischkante des riesigen Pults.

Wazir war ein etwas dicklicher Mann mit sehr guten Umgangsformen und englischen Sprachkenntnissen. Wir begrüßten einander. Er war von Fancini unterrichtet worden. In unserem Gespräch gingen wir die Maßnahmen durch, die sich von jetzt an anschließen sollten und denen mein Einsatz galt.

Irgendwann schaute er auf die Uhr und erklärte: „Präsident Thabib erwartet uns. Wollen wir?“ Also machten wir uns auf in das nächste Stockwerk und standen im Büro des Präsidenten des Trägers. Für ihn war eine Wand herausgerissen worden und sein Büro hatte dadurch Platz für einen Verhandlungstisch. Mit im Raum befand sich Hisham Qatami, Dean des Polytechnikums und mein direkter Ansprechpartner. Thabib stammte aus einer der alten Hebroner Familien, die in ihrer Gesellschaft sehr angesehen war und eine Menge Einfluss hatte. Politik war damit auch sein Metier. Er war von mittlerer, hagerer Gestalt und hatte die typisch honorige Ausstrahlung einer Führerpersönlichkeit. Qatami war ein schlanker, großer Mann meines Alters, den ich später noch sehr genau kennen lernen sollte. Seine außergewöhnliche Kompetenz und sein Scharfsinn brachten ihn einige Jahre später bis zum Vizeminister des Erziehungsministeriums in der Au-

137 Sprich [suhaer wasir]

tonomieregierung. Wir wurden im Laufe der Zeit Freunde. Seine klare, pragmatische Sicht der Dinge und sein schon ans Agnostische grenzender Abstand von der Religion machten ihn in der hauptsächlich islamischen Gesellschaft Palästinas zu einem außergewöhnlichen Denker und Analytiker. Sein Horizont war nicht durch religiöse Mauern beschränkt. Das war umso ungewöhnlicher, da er aus Gaza stammte und in dieser streng islamischen Gesellschaft erzogen worden war. Irgendwann während seines Architekturstudiums in den USA musste sich seine Aufklärung vollzogen haben.

Wir sprachen über die Situation an der Hochschule, die Auswirkungen der Schließung der Hochschule in den letzten Jahren und die Schwierigkeiten der Bildung allgemein, die durch Israel torpediert wird, wann immer es Möglichkeiten dazu gibt. Hierin bestand ein eindeutiges Risiko unseres Vorhabens, wenn wir unsere Pläne wahr machen wollten, um die Fachhochschule mit Ausbildungsmaterial zu versorgen. Eine Sicherheit, dass dieses Material tatsächlich nach Hebron gelangte, gab es nicht. Nach Abwägung aller Risiken, die ich in meinem Bericht darstellen musste, waren sich aber alle relativ sicher, dass das Vorhaben Erfolg versprach, da uns trotz aller Widrigkeiten eine Ausstattungslieferung vor sechs Jahren schon einmal geglückt war. Ich sollte mir also zunächst einen Überblick verschaffen über den Ausbildungsstand in den einzelnen Abteilungen und die technischen Anforderungen auf dem Arbeitsmarkt. Danach wollten wir gemeinsam eine Entscheidung treffen, wie die Restmittel eingesetzt werden sollten. Wir vereinbarten auch Begleitpersonen für meine Besuche von Werkstätten, Firmen und den Ausbildungsplätzen der Fachhochschule und setzten uns einen Terminplan bis zur Zusammenfassung der Ergebnisse. Morgens sollte ich ein Taxi nach Hebron benutzen, um da selbst von einem Begleiter am Polytechnikum übernommen zu werden. Der Rückweg konnte individuell gestaltet werden, abhängig von eventuellen Mitfahrgelegenheiten.

Mittlerweile war es Mittag geworden und es folgte die unvermeidliche Einladung zum Essen in einem Restaurant in der Stadt. Wir machten uns also gemeinsam auf den Weg dahin. Das Restaurant lag an einem Hang im Westen und erlaubte einen sehr guten Überblick über die Stadt, die sich von einem Talkessel ausgehend mittlerweile über die angrenzenden Hügel ausbreitete. Wir saßen auf einer Terrasse im Freien unter einem Sonnenschirm bei herrlichem Wetter. Beim

Blick über das Panorama fiel im Zentrum der Stadt ein wuchtiger Bau auf, der einen Komplex aus mehreren Gebäuden beherbergte.

„Haram El-Khalil[138]“, sagte Thabib. „Dort liegt Abraham, der Stammvater der Araber und der Juden, begraben. Wenn Sie schon hier sind, sollten Sie dort unbedingt vorbeischauen. So viel Zeit muss sein. Die Höhle Machpela[139] ist für Moslems und Juden gleichermaßen heilig und auch Christen verehren sie. Daher gibt es innerhalb der Mauern Moscheen, eine Synagoge und sogar eine ehemalige Basilika. Überbleibsel der Geschichte, je nach Herrschaft.“

„Die Kinder Abrahams sind sehr zerstritten. Was würde er zur momentanen Situation sagen, die ja wohl alles andere offenbart als den gesunden Umgang zwischen Brüdern und Schwestern?“, fragte ich ihn.

„Bitte, schauen Sie dorthin“, und ich folgte seinem Fingerzeig nach Osten oberhalb des Heiligtums. „Dort liegt Kirjat Arba. Die Siedlung wurde 1970 von jüdischen Extremisten unmittelbar östlich von Hebron auf einer verlassenen Militärbasis gegründet. Selbst die israelische Regierung hatte diese Leute damals direkt aus Hebron, wo sie sich niederlassen wollten, ausgewiesen. 120 Siedler zogen 1971 in die ersten Häuser ein. Kirjat Arba wuchs rapide. Als die Militärbasis zu klein wurde, nahm man sich ersatzlos das angrenzende Land. Es war in privatem palästinensischem Besitz. Heute zählen sie zusammen fast 7.000 Seelen, die uns das Leben jeden Tag schwerer machen. Sie leben auch in mehreren kleineren Siedlungen in der Umgebung; zum Beispiel in Beit Haggai im Süden dort hinten oder in Giwa'at Charsina weiter im Osten. Viel schlimmer allerdings sind diejenigen dort unten mitten in der Stadt, die seit 1980 ein altes Krankenhaus besetzt halten oder in einzelnen Häusern mit 300 Personen direkt in der arabischen Altstadt wohnen. 1980 hinderten sie keine israelischen Militärbehörden mehr daran, im Gegenteil, sie werden heute mehr denn je vom israelischen Militär bewacht. Die Strategie der israelischen Regierung, die besetzten Gebiete betreffend, hat sich nämlich seit 1970 grundlegend verändert. Es geht jetzt um die Annexion ganz Palästinas. Diese Juden leben mitten unter uns. Nur sind es nicht die

---

138 Arabisch für „*Heiligtum von Hebron*“

139 „Höhle des Talgrunds“. Der Überlieferung nach außerdem das Grab von Abrahams Frau Sara, seines Sohnes Isaak und dessen Frau Rebekka sowie dessen Sohn Jakob und seiner Frau Lea.

gleichen wie die, die früher hier waren und mit uns in Frieden zusammenlebten. Sie zeigen uns ihre Geringschätzung, werfen mit Müll und Steinen. Sie verstehen sich als besseres Volk. Es sind nationalreligiöse Rassisten und sie lassen uns jeden Tag spüren, wer der wahre Herr ist und wer die Macht hat. Sie hissen die Fahne Israels auf den Häusern, die sie besetzt halten, und gehen schwer bewaffnet in Gruppen durch unsere Straßen. Welche Provokation ist das? Für sie wird jede eigene Aggression als Selbstverteidigung ausgelegt und keiner wird zur Rechenschaft gezogen. Und das auch noch unter dem Schutzmäntelchen des Militärs. Es geht ihnen nicht um das Heiligtum, den Haram, es geht darum, jüdische Präsenz in Hebron zu schaffen, zu welchem Preis auch immer. Seitdem gibt es dauernd gewaltsame Zusammenstöße, die auch das israelische Militär nicht verhindern kann. Das kommt dann nachts und verhaftet so genannte arabische Anstifter der Unruhen. Mit Arabern rechnet man hart ab. Verhaftungen auf der jüdischen Seite gibt es nicht. Diese fanatischen Siedler schießen, wann immer es ihnen in den Sinn kommt. Sogar Todesfälle bleiben ungesühnt. Manchmal rettet uns ironischerweise nur noch die israelische Militärpräsenz."

Da Kirjat Arba von der israelischen Bürokratie als Vorort von Hebron gesehen wird, werden bevölkerungsstatistisch die jüdischen Siedler, die in den winzigen jüdischen Enklaven in Hebron leben, auch zu Kirjat Arba gezählt. Sie gelten als der harte Kern der radikalen Siedlerbewegung, die unter Berufung auf das biblische „Eretz Israel" das Westjordanland beansprucht. Nach einem Bericht der israelischen Organisation Peace Now befinden sich mehr als 55% des Landes, auf dem die Siedlung Kirjat Arba errichtet wurde, in palästinensischem Privatbesitz. Auch nach israelischer Rechtsauffassung hätte auf diesem Land nicht gebaut werden dürfen. Geistiger Führer dieser militanten Siedler ist Moshe Levinger, ein in München im Jahr 1942 geborener religiöser Fanatiker, der 1974 die außerparlamentarische Bewegung Gusch Emunim[140] gründete. Die politisch-radikale Organisation versteht sich als religiös-zionistische Erneuerungsbewegung, die die Gründung Israels als Teil eines Erlösungsprozesses sieht, zu dem auch die Inbesitznahme von ganz „Eretz Israel" gehört. Die religiöse Ideologie der Bewegung fußt auf der Heiligkeit des Volkes Israel, der Heiligkeit des Landes Israel und der Heiligkeit der Tora. Israel inklusive Gazastreifen, Westjordanland

140 Hebräisch für „*Block der Getreuen*"

und Ost-Jerusalem werden dabei als „heiliges Land" angesehen, das, einmal erworben, keinesfalls zurückgegeben werden dürfe. Selbst staatliche Institutionen wie die israelische Armee können entsprechend dieser Ideologie angegriffen und bekämpft werden, wenn sie Land an Nichtjuden – zum Beispiel an Araber im Zusammenhang mit Friedensabkommen – abtreten bzw. zurückgeben. Levinger selbst erschoss 1980 einen palästinensischen Ladenbesitzer in Hebron, als er palästinensische Jugendliche durch Luftschüsse vertreiben wollte, und wurde 1984 der Mittäterschaft in einer terroristischen Splittergruppe bei Vorbereitungen der Sprengung von fünf arabischen Bussen überführt. Dafür bekam er eine mittellange Haftstrafe, von der er jedoch nur 12 Tage absaß. Erst 1990 hatte Levinger einen weiteren Palästinenser erschossen und erhielt dafür eine fünfmonatige Haftstrafe, von der er jedoch nur die Hälfte absaß. Zehn Wochen für einen Mord! Und das sind noch nicht alle seine Verbrechen und Vergehen, zu denen er von israelischen Gerichten verurteilt wurde. Natürlich folgten auf die Erschießungen die palästinensischen Reaktionen, bei denen wiederum jüdische Siedler umkamen. Ein ewiges Geben und Nehmen, Auge um Auge, Zahn um Zahn. Jedoch wird mit zweierlei Maß gemessen.

Für palästinensische Attacken werden nach Demolierungsbefehlen Häuser der Familienangehörigen niedergerissen und die mutmaßlichen Täter ohne Anklage oftmals monatelang verhaftet. Ihre Schuld ist meistens nicht bewiesen. Ihre Verurteilung wird der Militärgerichtsbarkeit der besetzten Gebiete unterworfen, die sich ohne Angabe von Gründen verzögern kann. Security! Die Gefängnisse sind voll von solchen palästinensischen Gefangenen. Kaum eine Familie, gerade in Hebron, ist davon nicht betroffen. Denn in den palästinensischen Gebieten gilt kein israelisches Recht. Hier wird immer noch ottomanisches, jordanisches, ägyptisches (in Gaza) oder britisches Kolonialrecht angewandt. Die israelischen Besatzer reicherten dieses groteske Gesetzessammelsurium mit mehr als 900 Militärverordnungen an. Jeder Militärkommandeur kann damit Gesetze erlassen. Der Willkür sind Tür und Tor geöffnet. Nur die Anrufung des Obersten Gerichtshofs in Israel kann dieser Gesetzesvergewaltigung einen Riegel vorschieben und Urteile aufheben. Juden dagegen unterstehen der zivilen Gerichtsbarkeit. Die Strafen sind bei weitem nicht so hart und die Gesetze sind durch gewiefte Verteidiger entsprechend auslegbar. Security ist hier nicht vonnöten.

Für die israelische Siedlerbewegung stieg Levinger zur Integrationsfigur auf und formulierte den wichtigsten Spruch der frömmelnden Maximalisten in Israel: „Land ist wichtiger als Leben. Es darf kein Land zurückgegeben werden, nur um ein paar Leben zu retten oder sogar um einen Krieg zu verhindern, denn damit würden göttliche Befehle missachtet und die Erlösung verzögert werden.“[141]

Ein zionistischer Leitspruch, der wie kaum ein anderer die wahren Ziele dieser Ideologie beschreibt. Die Juden als Werkzeug eines Gottes, der keine Gnade gegenüber anderen kennt, so wie im alten Testament Gott selbst den Genozid an anderen Völkern fordert[142]. Die Frage nach Frieden erübrigt sich in diesem Zusammenhang mit solchen Menschen völlig. Dabei ist die Besetzung der Gebiete des Westjordanlandes und Gazas für einige unter ihnen bei weitem noch nicht das Ende der Fahnenstange. Ihr heiliges Land geht über den Jordan hinaus.

„Die jüdische Propaganda beschreibt immer wieder die arabischen Übergriffe und Terrorattacken, denen sich die Juden gerade hier in Hebron ausgesetzt sehen“, entgegnete ich in die Runde.

„Schauen Sie“, sagte Thabib. „Es wird immer wieder das Massaker von 1929 erwähnt. Wir haben mit den jüdischen Nachbarn jahrelang in Frieden zusammengelebt, bis der jüdische und als Reaktion darauf der arabische Nationalismus Extremismus auf beiden Seiten hervorbrachte. Man muss die Zeichen der Zeit verstehen, unter denen das damals geschah. Der Druck der zionistischen Landkäufe der Jewish Agency, die Auswüchse der Besitzergreifung auf der einen Seite und des Verlusts der Lebensgrundlage auf der anderen, die Konflikte um den Zugang zur Klagemauer und die jüdischen Umgestaltungen davor[143], die geschürten Falschmeldungen über viele arabische Tote und den Brand der Al-Aqsa-Moschee in Jerusalem einen Tag vor

---

141 Internet-Recherche:
http://de.wikipedia.org/wiki/Mosche_Levinger

142 Saul fiel bei Gott in Ungnade, weil er den göttlichen Befehl zum Völkermord nicht zu seiner Zufriedenheit ausführte.

143 Zur Trennung von jüdischen Männern und Frauen an der Klagemauer wurden gegen die britische Anordnung Schirme aufgestellt. Die Nichtbeachtung der bestehenden Ordnung aus ottomanischer Zeit für den Gebetsbesuch beider Religionen auf den Anlagen des Tempelbergs und der daraus stattfindende Kampf religiöser Juden mit der Mandatsmacht waren hochbrisant.

dem Massaker sowie die Agitation aufgeheizter nationalistischer Fanatiker beider Seiten haben letztlich dazu geführt. Für die Sache damals in Hebron, die größtenteils von einer ungezügelten Masse aus den umliegenden Ortschaften ausgeführt wurde, die im Bazar sowohl jüdische als auch arabische Geschäfte plünderte, gibt es keine Entschuldigung. Für das Opfer von Frauen und unschuldigen Kindern kann es keine Entschuldigung geben, gleich welchen Glaubens. Allerdings muss das auch für heute gelten. Denn jetzt haben wir genau diese Art von Fanatikern wieder hier, damals auf unserer, heute auf deren Seite. Damals sind in Hebron viele Juden gestorben und massakriert worden. Heute sterben hier viele Palästinenser. Heute wird ein toter Jude mit zehn toten Palästinensern vergolten. Darüber spricht in deren Gesellschaft keiner. Ein jüdisches Leben ist für sie heilig, ein arabisches verbrauchbar. Ihre Propaganda negiert die palästinensischen Opfer. Heute rettet keiner der jüdischen Siedler auch nur einen einzigen Palästinenser, so wie es umgekehrt 1929 geschehen ist."

Tatsächlich fand ich später heraus, dass 28 arabische Familien, teilweise mit dem Schwert in der Hand, hunderten sephardischen Juden das Leben retteten. Der Mob hatte vorher die Auslieferung der zionistischen Jeshiva-Studenten verlangt, dann sollte die sephardische Gemeinde verschont bleiben. Der sephardische Rabbi Ya'acov Slonim kam dem natürlich nicht nach und wurde selbst Opfer, wie jetzt auch andere Sepharden, die eigentlich mit den zionistischen Aschkenasim nichts zu tun haben wollten. Die landesweite Gewalt des Jahres 1929 richtete sich also bewusst gegen Zionisten und nicht gegen die alteingesessenen Juden. Die britischen Gerichte vollzogen im Nachhinein aber nicht nur Anklagen gegen Araber, sondern auch gegen jüdische Täter. Dabei wurden 17 arabische und zwei jüdische Todesurteile gefällt, die Aufschluss darüber geben, dass die Gewalt des Aufruhrs nicht nur von einer Seite allein ausgeführt worden war. Dass später von allen Todesurteilen nur drei arabische vollstreckt wurden, gibt der Sache eine zusätzliche Note.

„Gehen Sie selbst hinunter in die Altstadt", fuhr er fort, „und sehen Sie sich an, was dort passiert. Viele der arabischen Häuser mussten aufgegeben werden. Viele palästinensische Familien sind aus ihren Wohnungen entlang der Route, die Kirjat Arba mit der Hebroner Altstadt verbindet, verschwunden. Angst vor den Siedlern hat sie vertrieben."

„Aber Pogrome und Übergriffe auf Juden sind nicht zu leugnen. Sie sind Teil der Menschheitsgeschichte“, wandte ich ein.

„Ja, das ist leider wahr“, erklärte er. „Aber das, was Sie beschreiben, hat bei uns so niemals stattgefunden. Meine Familie ist eine der ältesten in Hebron. Meine Vorfahren haben immer zusammen mit Juden hier gelebt. Sie waren ein Teil der Stadt wie wir. Sie kamen wegen des Heiligtums und sie blieben, geachtet von uns und geschützt vom Gesetz unter der osmanischen Herrschaft. Vielleicht gerade wegen des Heiligtums ist hier nie etwas passiert, weil uns das alle vereinte. Jeder hatte freien Zugang dazu und zu allem anderen auch. Dass Juden damals in der übrigen Welt, im russischen Zarenreich oder anderswo in Europa und Asien, verfolgt wurden, kann man uns doch nicht zur Last legen. Wir hatten und wir haben auch heute keinen Streit mit den Juden und auch nicht mit den Christen. Wir haben einen ernsten Konflikt mit den Zionisten, seit sie mit ihrem abstrusen Anspruch herkamen, um uns unser Land wegzunehmen und uns unserer Lebensgrundlage zu berauben. Nicht Juden behandeln uns wie Menschen zweiter Klasse, es sind die Zionisten. Die Juden von 1929 wurden von uns nach der Bluttat nicht vertrieben. Sie wurden von den Briten umgesiedelt. Natürlich auch aus Vorsicht. Denn die Zionisten hatten damals und haben heute das Gift unter den Arabern verstreut. Sie tragen die Schuld daran. Und zwar allein! Die USA kennen nichts anderes, als sie darin zu unterstützen, blind für die Realität und ohne nachzufragen.“

In jedem Fall würde ich die Gelegenheit, die Altstadt von Hebron zu sehen, wahrnehmen. Dies hatte ich mir schon jetzt vorgenommen. Das Essen dauerte bis in den frühen Nachmittag. Dann wurde es Zeit zu fahren. Für heute sagten wir auf Wiedersehen und begaben uns auf den Heimweg. Wir hatten die Hälfte der Strecke nach Jerusalem bereits zurückgelegt und uns angeregt über das Gehörte unterhalten, als wir abrupt unser Tempo drosseln mussten. Eine lange Schlange von Fahrzeugen quälte sich die enge Straße in ein Tal hinab. Jedoch war ganz vorn nicht, wie von mir vermutet, ein Lastkraftwagen das Hemmnis, sondern wir konnten von oben erkennen, dass am Kopf der Autoschlange ein israelischer Militärjeep mit sehr geringer Geschwindigkeit fuhr. Obwohl die Straßenverhältnisse einen Überholvorgang zugelassen hätten, war keines der nachfolgenden Fahrzeuge bereit, an dem Jeep vorbeizufahren.

„Was ist das jetzt? Der hat keine 30 drauf", schaute ich Fancini fragend an.

Er erklärte mir, dass palästinensische Fahrzeuge hier kein israelisches Militärfahrzeug überholen dürfen. Militär habe hier immer Vorfahrt, ganz egal, was passiert und wie lange das dauert. Ich sollte später noch erfahren, wie die Soldaten hinten drin sitzen, die Rücktür geöffnet haben und über die spotten, die gezwungen sind, ihr provozierend langsames Tempo mitzugehen. Die Gewehrmündungen dieser Burschen sind auf die nachfolgenden Wagen gerichtet und diese Gewehre sind entsichert. Es kam immer wieder zu verheerenden Unfällen mit Verwundeten und Toten. Einzig jüdischen Fahrzeugen war es erlaubt zu überholen. Wir gingen an diesem Tag trotzdem kein Risiko ein und blieben dahinter. Das Schritttempo hielt an, bis wir an dem Flüchtlingslager im Tal ankamen. Danach konnten wir unsere Reise mit normaler Geschwindigkeit fortsetzen, da die Militärstreife vor dem Zaun des Lagers angehalten und sich davor positioniert hatte.

Als ich am Nachmittag in meinem Hotel ankam, machte ich mich sofort auf die Suche nach einer neuen Herberge. Nicht weit entfernt wurde ich fündig. Das American Colony Hotel war genau das, wonach ich suchte. Nicht nur die Historie des Hotels, sein Bekanntheitsgrad durch Film und Fernsehen und seine gepflegte, distinguierte Atmosphäre machten es zu einem besonderen Ort, sondern auch sein orientalischer, gartenähnlicher Innenhof, in dem die Gäste unter Palmen und Zitronenbäumen an kleinen Tischchen Platz finden, machte es zu einer Begegnungsstätte von Intellektuellen, Politikern und Geschäftsleuten. Hier war ein besonderes Flair und es spielte keine Rolle, ob man Jude, Moslem, Christ, Israeli, Araber, Amerikaner oder Europäer war. Das Colony war neben dem legendären Commodore Hotel in West-Beirut bekannt als Anlaufstelle und Kommunikationszentrale von Journalisten aus aller Welt, die aus dem Nahen Osten berichteten.

Das Commodore allerdings war während des israelischen Bombardements von West-Beirut 1982 auf der Suche israelischer Kampfjets nach PLO-Nestern in der Stadt nach mehreren Raketentreffern seines zehnten und elften Stockwerks beraubt worden, und eine weitere hatte die Lobby und die Bar im Erdgeschoss zerstört. Das Hotel war daraufhin seiner Hauptkundschaft beraubt und stand leer, bis in den Neunzigern der Wiederaufbau unter dem Namen einer großen Hotelkette begann. Dieses Schicksal war dem Colony in Jerusalem erspart geblieben und mit seiner Bauweise im Stil eines alten Herrschaftshauses ist das Hotel wohl das schönste im Nahen Osten und wurde in den Achtziger- und Neunzigerjahren von Israelis und Palästinensern als „neutrale Zone" betrachtet. Reporter und Fernsehteams machten hier Station und nicht selten sah man die, die gestern noch im Fernsehen waren, heute am Nachbartisch sitzen. So manche Geheimverhandlung fand hier statt und so manche weittragende politische Entscheidung wurde hier in privater Atmosphäre gefällt. Das Hotel wurde in den nächsten Jahren mein zweites Zuhause, wo ich mehr Zeit verbringen sollte, auch abends in der Bar, als in irgendeiner Wohnung, die ich zwangsläufig irgendwann anmieten sollte. Das Colony war momentan voll besetzt, aber ich konnte in drei Tagen umziehen.

Ich hatte mich am folgenden Tag vormittags in Hebron verabredet und dazu ein Taxi zum Hotel Meridian bestellt. Während ich gerade dabei war, in meinem Zimmer die Unterlagen zurechtzulegen, warf ich zufällig einen Blick aus dem Fenster. In den gegenüberliegenden Innenhof des Gerichtsgebäudes, das draußen auf dem Bürgersteig vor der Mauer zusätzlich von bewaffnetem Zivilschutz bewacht wurde, fuhr in diesem Moment ein Gefängnistransporter. Ich wollte mich schon abwenden, da blieb ich doch wie gebannt stehen. Nachdem das Tor wieder geschlossen worden war, wurden sechs Jugendliche, nicht älter als achtzehn Jahre, zwei sicherlich weit jünger, aus dem Transporter ausgeladen, die ich sofort als Palästinenser identifizierte. Ausladen ist allerdings zu einfach gesagt. Die Jungs trugen Handschellen, die ihre Hände vor dem Körper zusammenbanden. Eiserne Fußketten hielten ihre Beine so eng zusammen, dass sie die kleine Treppe, die zum Ausstieg ausgeklappt worden war, kaum nehmen konnten. Die Fessellänge reichte nicht zum sicheren Überbrücken der Treppenstufen. Ein Sicherheitsbeamter mit dunkler Sonnenbrille war oben postiert und packte die jungen Burschen grob an der Schulter, wenn sie an der Fahrzeugtür erschienen, während ein anderer auf dem Boden aufpasste. Einer der Jungs fiel bei der Aktion die Treppe hinunter und wurde unten schnell wieder aufgehoben. Zwei andere hüpften mit beiden Beinen die Stufen hinunter, was allerdings sehr gefährlich ausgehen konnte, wenn die kleinen Stufen nicht exakt getroffen wurden. Ein schwerer Sturz wäre die Folge gewesen. Dann stellte man sie in Reih und Glied auf. Es entspann sich eine kurze Diskussion, in deren Verlauf sich einer der Jugendlichen einen Schlag mit dem Gewehrkolben eines Beamten in den Rücken einfing. Der Fahrer des Transporters war mittlerweile ausgestiegen, lachte und gab seinen Kommentar dazu. Der Junge rief ihm etwas zu und der Fahrer wollte ihm an den Kragen, was der zweite Beamte jedoch verhinderte. Dann stieß er den ersten in der Reihe der Jungs mit dem Gewehr an und alle sechs marschierten mit tippelnden Schritten den Weg zu einer Tür, wo sie von zwei anderen Beamten erwartet wurden und meinen Blicken entschwanden.

Was mich später völlig sicher machte, dass diese Jungs Palästinenser waren, war die Tatsache, dass auf dem Bürgersteig vor dem Gerichtsgebäude arabische Familienangehörige auf Einlass zu dem Gerichtsverfahren warteten und sich dort besprachen. Ich kam just aus dem Hotel und mein Taxi wartete auf mich, nur ein paar Meter von der Gruppe entfernt. Also ging ich zu ihnen hin, sprach einen der Wartenden an und fragte ihn, was die Inhaftierten angestellt hätten. Der ältere Mann schaute mich an und fragte: „Warum fragst du?"

„Ich habe gerade von da oben aus dem Fenster gesehen, wie sechs Jugendliche eingeliefert wurden."

„Mein Sohn ist darunter, sechzehn Jahre alt. Er soll vor dreieinhalb Monaten auf der Straße nach Ramallah einen Siedlerwagen mit Steinen beworfen haben, wobei ein Israeli leicht verletzt wurde. Aber er war gar nicht an dieser Stelle. Erst viel später ist er dazugekommen und wurde verhaftet, als er sich in ein Gespräch zwischen Jugendlichen und der Militärpolizei einmischte. Seitdem hat er im Militärgefängnis gesessen. Drei Monate und siebzehn Tage. Heute müssen sie ihn wohl rauslassen, denn sie haben nichts gegen ihn in der Hand."

Ein anderer Mann in dunklem Anzug mischte sich ein: „Wir haben es geschafft, ihn der Militärgerichtsbarkeit zu entziehen und dem Zivilrecht zu unterstellen. Sonst wäre er noch immer im Gefängnis und nichts wäre passiert. Heute soll er zu dem Vorfall erstmals richterlich vernommen werden. Es gibt Zeugen, die bestätigen, dass er nicht dabei war, ja nicht sein konnte. Sie sind hier bei uns. Der Richter wird ihn freilassen müssen. Nur das Zivilrecht gibt uns eine gerechte Chance." Es war der arabische Anwalt der Familie.

„Viel Glück", wünschte ich beiden.

„Gott sei mit dir", antwortete der Vater.

Ich hatte bewusst verschwiegen, was ich im Hof gesehen hatte, und war mir relativ sicher, dass der Junge noch ganz andere Geschichten zu erzählen hatte. Ich bekam mittlerweile einen richtigen Hals. Was war in diesem Land eigentlich los? Davon hatte mir bisher kein Mensch etwas erzählt. Hatte ich jetzt außergewöhnliche Auswüchse zufällig gesehen und kennen gelernt oder war das hier alltäglich? Wie war das möglich, dass kaum etwas davon an die Öffentlichkeit geriet? Das Licht ging mir langsam auf und der Schatten auf den Staat Israel wurde länger. Tag für Tag, je mehr ich erlebte und je mehr ich sah. Wenn man so mit Jugendlichen umging, die noch in Untersuchungshaft waren, was sollte dann erst mit denen passieren, die nach dem Urteil schuldig gesprochen wurden?

Das Taxi brachte mich nach Hebron und ich unterhielt mich auf der Fahrt angeregt mit dem alten Fahrer, der mit seinem zerknitterten Gesicht dem Aussehen seines Fahrzeugs in nichts nachstand. Jeder Araber hatte hier seine eigene Geschichte zu erzählen, und wenn ich die alle hätte aufschreiben wollen, die ich gehört habe, wären ganze Bände gefüllt worden. Interessant allemal, aber in ihrer Gesamtheit erst ergaben sie das Bild, das sich in mir anfing festzusetzen. Achmed war sein Name und er war natürlich allzu gern bereit, mir seine Dienste auch für die nächsten Tage anzubieten, was ich zu seiner Freude gern annahm. Er lebte in der Altstadt von Jerusalem und kannte die Zusammenhänge dort sehr gut. Er hatte 1967 Glück gehabt. Das Haus seiner Familie interessierte die Israelis nicht. Es lag außerhalb des von ihnen propagierten und beanspruchten jüdischen Viertels. Allerdings war er Zeuge geworden, wie viele Nachbarfamilien dort ihre Häuser verloren hatten. Erst war ihnen Geld zum Kauf angeboten worden und später, wenn sie nicht bereit waren, darauf einzugehen, wurden die Familienoberhäupter aus fadenscheinigen Gründen verhaftet. Wenn sie dann aus dem Gefängnis zurückkehrten, waren ihre Häuser konfisziert, ihre Familien hinausgetrieben und jüdische Personen dort eingezogen. Er hatte viele Dramen erlebt und erzählte Geschichten von Hausrat, der auf die Straße geworfen wurde, von Türen, die zugemauert wurden, von Mauern, die in Häusern gezogen wurden, von Frauen und Kindern, die nicht wussten, wo sie hinsollten, und von Protesten und Zusammenstößen mit dem Militär, die zu nichts führten. Zwischen 1950 und 1967 war die gesamte Altstadt nämlich unter jordanischer Kontrolle gewesen.

Der UN-Teilungsplan 1947 sah vor, Jerusalem zu einem Corpus Separatum zu machen, der unter einem besonderen internationalen Regiment stehen und von der UNO durch einen Treuhänderrat und einen Gouverneur verwaltet werden sollte. Die Stadt sollte Teil eines gemeinsamen Handelsraumes sein, Bürgern beider Staaten sollte es erlaubt sein, die Stadt zu betreten und dort zu wohnen. Der Plan war von dem Wunsch beseelt, den Zugang zu den heiligen Stätten der drei Weltreligionen gleichberechtigt zu sichern. Die lokale Verwaltung läge bei den bestehenden autonomen Verwaltungseinheiten, die Stadt sollte entmilitarisiert werden und neutral sein. Die Polizeieinheit der Stadt würde aus ausländischen Truppen rekrutiert. Die Gesetzgebung sollte in den Händen eines Rates liegen, der von den Stadtbewohnern nach den Regeln der Verhältniswahl gewählt würde. Gegen die Entscheidungen dieses Rates, sofern sie den Status der Stadt beträfen, behielt sich die UNO ein Vetorecht vor.

Der Teilungsplan wurde jedoch nie umgesetzt, sodass die Vereinten Nationen keine Souveränität über Jerusalem erlangten. Die Juden hatten zwar die Bodenverteilung in Palästina, die zu ihren Gunsten ausfiel, freudig akzeptiert, den Verzicht auf Jerusalem jedoch demonstrativ ignoriert. Man pickte sich die Rosinen heraus. Und nicht nur das, es folgte die israelische Unabhängigkeitserklärung, in der Jerusalem zwar nicht direkt erwähnt wird, der Text jedoch davon spricht, dass Israel die heiligen Stätten aller Religionen beschützen werde. Da diese Stätten allerdings zumeist direkt in Jerusalem liegen, ist der Anspruch formuliert.

Im Unabhängigkeitskrieg unmittelbar nach Gründung des Staates verlor Israel das jüdische Viertel der Altstadt und den Osten Jerusalems an die jordanische Arabische Legion. Trotz aller Anstrengungen konnten die Israelis die Altstadt nicht erobern. Sie blieb jordanisch. Die Stadt wurde somit nach dem Waffenstillstand zwischen 1948 und 1967 in das israelische West-Jerusalem und das jordanische Ost-Jerusalem geteilt[144]. Jedoch schon 1948 erließ Ben-Gurion als Verteidigungsminister eine Verordnung, dass im Westen der Stadt wie in jedem Teil Palästinas, den er als von israelischen Truppen gehalten erklärte, israelisches Gesetz gelte. Ende 1949 erklärte er dann, nun als Premierminister, vor dem israelischen Parlament Jerusalem zum untrennbaren Teil Israels und zu seiner ewigen Hauptstadt. Diese Position wurde vom Parlament bestätigt. Ein Affront, eine völlige

[144] Siehe Karte: Jerusalem 1949 – 1967

Missachtung der gültigen UN-Entscheidung! Das heiße Verlangen nach Jerusalem, das Israel so sehr peinigt, hat niemals internationale Akzeptanz gefunden. Israel hat zwar seinen Anspruch auf Jerusalem erklärt, ihn aber von der internationalen Staatengemeinschaft zu keiner Zeit erhalten. Bis heute nicht. 1967 erfolgte dann die nächste völkerrechtswidrige Annexion mit der Restbesetzung der Altstadt und des Ostteils. Die Welt schaute wieder einmal nur zu. Appelle verpufften im Niemandsland der Ignoranz und hinterließen höchstens ein spöttisches Lächeln.

1950 hatte Abdullah I., erst seit 1948 König von Jordanien, das von seinen Truppen gehaltene Westjordanland und Ost-Jerusalem annektiert. Die Annexion wurde nur von Großbritannien und Pakistan anerkannt. Großbritannien betonte, dass sich seine Anerkennung der Annexion nicht auf Jerusalem beziehe. In den Jahren 1948 bis 1952 wurde von den Vereinten Nationen mehrmals der Versuch unternommen, eine Lösung der Frage des Status Jerusalems herbeizuführen, dann aber ergebnislos eingestellt.

Seit 1952 akzeptierte die internationale Staatengemeinschaft die De-facto-Anwendung israelischen Rechts in West-Jerusalem. Die Forderung, die Stadt zu internationalisieren, war angeblich immer weniger mit der Realität zu vereinbaren und wurde deshalb im Laufe der Zeit nicht mehr von der UNO erhoben. Die israelische Position besagt, dass der Westen der Stadt ohne Souverän gewesen sei, als sich Großbritannien 1948 aus seinem vormaligen Mandatsgebiet zurückgezogen habe, und Israel so in einem Akt der Selbstverteidigung gegen die angreifenden arabischen Armeen die rechtmäßige Souveränität über das Gebiet erhalten habe.

Das jüdische Viertel im Südosten der Altstadt war 1949 verlassen worden und sollte langsam verfallen. Jerusalem war eine Stadt, die von nun an wie später Berlin von einer Mauer getrennt wurde. Diese war aber nicht undurchlässig, denn verschiedene Umstände zwangen alle Beteiligten zu zum Teil skurrilen Maßnahmen. In einem Bunker auf dem Scopus-Berg im Osten der Stadt nahe beim Hadassah-Krankenhaus lag zum Zeitpunkt des Waffenstillstands 1949 noch eine israelische Einheit, die diese Enklave erfolgreich verteidigt hatte. Diese Stellung wurde jetzt nicht aufgegeben und bis Juni 1967 einmal pro Woche in beiderseitigem Einverständnis auf Vermittlung der UNO durch einen Lastwagenkonvoi versorgt. Weiterhin wurde Christen, die zum Besuch der heiligen Stätten in die Altstadt wollten, zu bestimmten Zeiten Durchlass von einem Sektor in den anderen gewährt. Touristen wurde der Durchgang nur in eine Richtung gestattet. Einzig UN-Soldaten passierten täglich hin und her. Der Checkpoint, durch den dieser Verkehr abgewickelt wurde, wurde berühmt als „Mandelbaum Gate", das nördlich der Altstadt nahe der Westecke eingerichtet worden war. Das Tor wurde zum Symbol der geteilten Stadt.

Die Fahrten mit Achmed waren immer kurzweilig. Ihm machten die gelegentlichen Behinderungen der Militärstreifen wenig aus. Er fuhr selbst kaum schneller, auch weil sein alter Opel Kadett nicht mehr hergab. Aber er kannte sich sehr gut aus, erklärte mir so manche Abkürzung oder Sicherheitsregel und brachte mich die nächsten Tage immer heil bis nach Hebron. Ich wurde direkt bis zum Polytechnikum gefahren, das weiter stadteinwärts an der Haupteinfahrtsstraße lag.

Der Unterschied zur Schule in Beit Hanina war frappierend. Dies war eine Hochschule und entsprechend von den Studenten auch in Beschlag genommen. Jede in Palästina nur denkbare politische, religiöse oder soziale Richtung wurde mit Plakaten, Anschreiben oder Aushängen bekundet, die an Brettern und Wänden befestigt waren. Dazu kamen Bilder von verhafteten Studenten oder zu Märtyrern erklärten ums Leben gekommenen Opfern der gewaltsamen Auseinandersetzungen mit dem israelischen Militär.

Das Polytechnikum bestand allerdings nicht nur aus diesem einen Campus, sondern auch aus etlichen anderen, verstreut in Hebron liegenden, an sich zweckentfremdeten Gebäuden, in denen weitere Fakultäten untergebracht waren. Dazu gehörten sowohl Unterrichtsgebäude als auch einfache Werkstätten und ursprüngliche Wohn- oder Büroräume. Hier drin wurde alles gelehrt, was im technischen Bereich überhaupt denkbar war. Vom Kfz-Techniker bis zur Bürokraft, vom Agrarwirt bis zum Architekten. Selbst Designer für Keramik- und Glasproduktion wurden hier ausgebildet. Dieses Ausbildungssammelsurium machte letztlich Sinn, wenn man sich die Situation in Hebron klarmachte. Die Stadt hatte einen hohen Stand an Autarkie erreicht, der das Gemeinwesen befähigte, trotz aller Hindernisse und Beschränkungen in dieser sich dramatisch verschlechternden politischen Umgebung zu überleben. Was die Gemeinde an qualifizierten Fachkräften zum Überleben brauchte, musste sie selbst ausbilden. Als immer weniger andernorts ausgebildete Fachkräfte den

Weg zurück nach Hebron fanden, weil der politische Druck auf die Stadt zu groß wurde, hatte sich 1978 der Träger auf Anfrage der Stadtverwaltung und Druck der Wirtschaft entschlossen, die technische Ausbildung in ihr Förderkonzept zu integrieren. Bis dahin hatte der Fokus allein auf der akademischen Hochschulbildung gelegen. Die Geldmittel dazu reichten allerdings vorn und hinten nicht aus und so war man gezwungen, den Ausbildungsbetrieb durch Spenden zu finanzieren, was gerade im technischen Bereich bei einer sich ständig entwickelnden Technologie ein nahezu unmögliches Unterfangen war. Entsprechend ärmlich war die Ausstattung in manchen Abteilungen, was auch durch viel Eigeninitiative, Know-how und guten Willen nicht auszugleichen war. So sah ich während meiner Besuche ausgemusterte Geräte aller Art, die an sich nur Schrottwert hatten, als Ausbildungsmittel umgebaut, die einer gewissen Lächerlichkeit nicht entbehrten. Löcher waren theoretisch gebohrt, eine rote Kreuzmarkierung aus Papier diente als Signallampe, die Ampelanlage war aufgemalt oder das Schaltschrankgehäuse war aus Pappe zusammengeklebt. Zum Teil abenteuerlich waren die improvisierten und modellhaften Konstruktionen von technischen Anlagen, Maschinen oder Steuerungssystemen. Der Ablauf der Funktionen solcher Eigenkonstrukte war entsprechend spannend. Da flogen Holzklötzchen durch zu hohe Geschwindigkeit von den Laufbändern, steckten im Magazin fest oder wurden vom Stempelautomat nicht getroffen, der daraufhin wegen fehlender Stabilität den Geist aufgab und in sich zusammenbrach. Bemerkenswert war in all dem technischen Tohuwabohu jedoch die teilweise verblüffende Kenntnis des Lehrpersonals von technischen Zusammenhängen und die Fähigkeit zur systematischen Fehlersuche. Dazu trug vor allem die gute Zusammenarbeit der Fachhochschule mit Betrieben und Produktionsstätten in Hebron bei, die zum Teil ihre Anlagen für Lehrzwecke und Praktika zur Verfügung stellten. Sie waren es, die letztendlich abhängig vom Produkt Mensch waren und von dem, was an Qualifikationen durch das Polytechnikum zur Verfügung stand.

Ich besuchte einige dieser Produktionsbetriebe und war erstaunt vom Stand der Technik, mit der einige dieser Firmen arbeiteten. Schuh- und Verpackungsindustrie, Stein verarbeitende und Lebensmittel produzierende Betriebe stellten hohe Anforderungen an ihr technisches Personal, denn die modernen Maschinen kamen aus den USA, Europa und Asien. Mit welcher Pfiffigkeit diese teilweise am Laufen gehalten, Fehler behoben oder Ersatzteile gefertigt und eingebaut wurden, war wirklich beeindruckend. Die Arbeitsbedingungen allerdings waren auf dem Stand der Industrialisierung unseres 19. Jahrhunderts. Der Abfall und Dreck in den Werkhallen, die Atemluft, die Hitze und der Umgang mit Chemikalien oder anderen Produktionsstoffen ließen mich erschaudern. Hier traf die Technik der industrialisierten Welt knallhart auf eine völlig unvorbereitete Gesellschaft, die nur schwer Schritt halten konnte und durch diesen Zwang Schwierigkeiten hatte, eine traditionelle und an ihre Bedürfnisse angepasste Lebensweise aufrechtzuerhalten.

Wie die industrielle Entwicklung und die folgende massenhafte Besiedlung der vor kurzem noch relativ kleinen arabischen Städte, verbunden mit dem Verlust ihrer familiären dörflichen oder nomadischen Bande, auf die Älteren wirkte, das hatte ich schon in Saudi-Arabien erlebt. Eine von Traditionen und Religion geprägte arabische Gesellschaft verlor langsam ihre alten Werte, das soziale Netz der Familie wurde aufgebrochen, die Versorgung der Alten in der modernen Großfamilie war nicht mehr ausreichend gewährleistet, die Jungen wurden orientierungslos. Der Zwiespalt zwischen der Moderne und der vertrauten, althergebrachten Lebensweise stellte unüberbrückbare Differenzen dar. Was gestern noch galt, galt heute nicht mehr. Die Ratschläge einer patriarchalischen Gesellschaft waren nichts mehr wert. Dazu kam die Verführung einer aggressiven, oftmals fessellosen Werbung westlicher Produkte, die die Begehrlichkeiten der Gesellschaft steigen und die Bequemlichkeit wachsen ließ, oftmals nicht im Einklang mit dem Islam. Die Jugend ging von zu Hause fort, um sich diesen neuen Träumen hinzugeben. Sie lernten, studierten und arbeiteten in fremden Kulturen und erkannten, dass diese Kulturen nicht die Heilsbotschaft enthielten, die sie anpriesen. Anerkennung wurde ihnen dort zumeist versagt. Sie schotteten sich ab, um sich selbst, ihren Familien und der Religion gegenüber glaubwürdig zu bleiben. Die Alten blieben allein zurück. Die finanzielle Unterstützung durch die Jungen konnte den Verlust an Familie nicht ausgleichen.

Was Familie in der arabischen Gesellschaft bedeutet und wie das funktioniert, hatte ich in Al Hofuf in Saudi-Arabien erlebt. Dort war ich von einem Lehrer gebeten worden, die Größe eines Generators für die Beleuchtung eines riesigen Zelts zu ermitteln, das mitten in der Wüste aufgestellt wurde. Am nächsten Tag fanden sich dort mehr als zweitausend Männer ein, alle vom Stamm der Otheibeh.

Eine einzige Familie! Fünf alte Honoratioren saßen als Stammesvorstand auf einem Podest und erledigten nacheinander alle Eingaben und Streitigkeiten, die mündlich vorgebracht und deren Entscheidungen von der Allgemeinheit getragen wurden. Da ging es unter anderem um hohe Entschädigungszahlungen für einen Verkehrstoten an einen anderen Stamm oder um die Wiederaufnahme einer geschiedenen Frau in die familiäre Gemeinschaft. Diese Gemeinschaft schloss alle gleichermaßen mit ein und einer sorgte automatisch für den anderen. Wie diese Gemeinschaft mit ihren gebrechlichen Alten, Kranken und Behinderten umging, müsste normalerweise meiner eigenen Gesellschaft die Schamesröte ins Gesicht treiben. Ein Umverteilungs-, Versorgungs- und Überlebensmechanismus, der Jahrhunderte lang funktioniert hatte, nun allerdings an Wirkung verlor. Alte und auch viele Junge kamen da nicht mehr mit und verloren den Boden unter den Füßen. Für Radikalisierung aller Art war Tür und Tor geöffnet.

Als Begleitperson für meine Exkursionen hatte sich Daud Shkeir zur Verfügung gestellt, der selbst Lehrer für Fachpraxis im Fachbereich Elektrotechnik war. Daud kam aus Hebron und war ein ruhiger Zeitgenosse mit der nötigen Geduld für solch eine Mission. Er organisierte die Gesprächspartner und Besuche und kannte viele der Betriebe aus eigener Erfahrung. Er war ein völlig unpolitischer Mensch und trachtete danach, möglichst ungestört zu überleben.

Wir gingen an einem warmen Sonnentag über den Campus, als mir eine Studentin auffiel, die Platz für ein Plakat an dem langen schwarzen Brett machte, das draußen an einer Wand befestigt war. Sie trug als eine der wenigen weiblichen Studentinnen kein Kopftuch.

„Wer ist das?“, fragte ich Daud auf Englisch, als mir die große Anzahl von Porträts auf dem Plakat auffiel.

Die junge Frau blickte uns an und sagte: „Sie sind schon fast vergessen. Wir müssen das Unrecht wieder in Erinnerung bringen. Mein Vater ist auch dabei – der hier“, und sie zeigte auf eines der Abbilder. Es waren einige der 415 deportierten Palästinenser, die im Dezember 1992 von den Israelis in den Südlibanon gebracht worden waren und bis zu diesem Zeitpunkt dort vegetierten. Ich hatte über Weihnachten in Deutschland im Fernsehen verfolgt, wie die mutmaßlichen Hamas-Aktivisten als Reaktion auf die Entführung und Ermordung des israelischen Polizisten Toledano in Lod nach einer Verhaftungswelle in Busse gesteckt und an die libanesische Grenze gebracht wurden. Premierminister Rabin[145] hatte angenommen, damit sei das Problem gelöst und er sei die radikalen Führer los – aber weit gefehlt. Der Libanon hatte eine Aufnahme aus taktischen Gründen verweigert. Die Ausgestoßenen verblieben also in Kälte und Frost im Niemandsland. Die Kommentare dazu in unseren Medien in Deutschland hielten sich sonderbar zurück. Man wusste nicht so recht, wie man damit umgehen sollte. War es jetzt Deportation oder nicht? War es Menschenrechtsverletzung oder nicht?

„Mein Vater ist mittlerweile sehr krank geworden und braucht dringend Medikamente, die wir ihm nicht zuschicken können, weil wir ihn nicht erreichen. Rabin und seine zionistische Clique sind Verbrecher, sie gehören verurteilt und alle, die sie gewählt haben, sind nicht besser. Schauen Sie, wir sind allerdings nicht allein, wenn wir dieses Unrecht anklagen“, sprach sie weiter und faltete ein Papier auseinander.

„Hier ist das Plakat einer Demonstration in Tel Aviv vor einem halben Jahr, an der über dreitausend israelische Friedensaktivisten teilnahmen. Die wissen nämlich genau, was da unten abgeht. Die Israelis klagen sich selbst an.“ Sie gab mir ein abgegriffenes Flugblatt in die Hand.

„Eine israelische Freundin der Friedensbewegung, mit der ich in Kontakt bin, hat mir dieses Papier zugesandt“, sagte sie. Ich las:

Peace Now Demonstration in Tel Aviv, 26.12.1992

Ihr, die Ihr da oben auf der Bühne sitzt (Knesset). RUNTER MIT EUCH!

Ihr seid unfähig für Menschenrechte und Frieden einzutreten. Zum dritten Mal solidarisiert Ihr Euch mit dieser Regierung. So war es im Libanonkrieg. So war es beim Massaker der Sicherheitskräfte auf dem Tempelberg[146]. Doch diesmal habt Ihr den Bogen end-

---

[145] Siehe Index 1 – Personenregister: Jizchak Rabin, der mit dem Todesmarsch der 50.000 Deportierten aus Lydda in Zusammenhang gebracht wird.

[146] Nachdem am 8. November 1990 Steine palästinensischer Jugendlicher betende Juden an der Klagemauer trafen, erstürmte die israelische Militärpolizei den Tempelberg, eröffnet das Feuer auf Betende in der Al-Aqsa-Moschee und tötete 22 Menschen; 150 wurden verwundet.

gültig überspannt. Euer Verhalten hat die Massendeportation erst ermöglicht (...).

Wir werden Euch nicht mehr dulden. Ihr habt keine Prinzipien und kein Rückgrat. So wie Ihr an Euren Stühlen klebt, verzerrt Ihr das Bild des wahren Protests tausender Eurer Wähler und lasst ihre Wut verpuffen. Wir demonstrieren hier und protestieren: DEPORTATION IST EIN VERBRECHEN. EINE REGIERUNG VON DEPORTIERERERN IST EINE REGIERUNG VON VERBRECHERN!

Dadurch, dass Ihr auf Euren Stühlen sitzen bleibt, wollt Ihr uns das Recht auf Opposition nehmen. Viele von uns haben Meretz[147] gewählt und fühlen sich verraten und verkauft. Die Minister von Meretz haben nicht nur unsere Stimmen gestohlen, sondern unsere Ehre befleckt, denn sie haben ihre Ehre für Sitze in der Regierung verkauft.

Israel bestand demnach doch nicht nur aus erklärten Zionisten. Die durch die ideologischen Kaderschulen geschmiedeten Führer der Heerscharen des zionistischen Antagonismus zum alten, überkommenen und traditionellen Judentum waren nicht ohne Opposition. Diese Opposition forderte schon seit langem, Menschenrechte und Verfassung für einen jüdischen Staat festzulegen. So zerstritten die Opposition auch war, die sich pazifistisch oder politisch sowohl von links wie rechts definierte, aber auch durch religiöse oder säkulare Motivation ausdrückte, so einig war man sich in der Ablehnung der zionistischen Grundsätze. Die ideologische nationalstaatliche Identität des Zionismus nahmen bei weitem nicht alle an. Damit wurde auch die Besetzung der palästinensischen Gebiete verurteilt. Und selbst in der zionistischen Szene gab es gegen die Besatzung Widerstand. Der Religionsphilosoph Yeschajahu Leibovitz, überzeugter Zionist und orthodoxer Jude, hatte bereits unmittelbar nach dem Sechs-Tage-Krieg vor einer dauerhaften Besatzungspolitik gewarnt und sich der Annexion widersetzt. Gerade erst hatte Rabin, der für die Deportation der 415 verantwortlich war, sich aufgrund dieser

[147] Linksgerichtete Partei ab 1992 in Israel. Als erste zionistische Partei akzeptierte Meretz die Idee eines palästinensischen Staates.

Haltung geweigert, an der Verleihung des „Israel Preises“ für Leibovitz teilzunehmen. Dieser hatte den Preis daraufhin abgelehnt.

Die Sprache des Flugblatts in meiner Hand allerdings hatte eine eindeutige Aussage. Deportation wurde mit Verbrechen gleichgesetzt. Wie viele ungesühnte Verbrechen hatte Israel demnach in seiner kurzen Geschichte schon begangen?

Daud führte mich an einem dieser Tage, an denen wir zusammen einige Produktionsbetriebe in Hebron besuchten, auch in die Altstadt. Bevor wir uns jedoch dahin begaben, nahm er einen Nebenweg und hielt mit seinem Auto an einem Platz nördlich von Hebron an, von dem man einen guten Ausblick hatte und an dem ein seltsam verkrüppelter Baum stand. Der hatte im Grunde genommen gar keinen Stamm mehr, sondern stattdessen nur noch Ableger, die auf einem riesigen Wurzelstumpf um den imaginären Stamm herumstanden. Diese Ableger waren selbst zu uralten Bäumen geworden, innen zum Teil schon wieder hohl und mit verrosteten Eisenstangen gestützt. Das Ganze war ein Bild des Jammers, umgeben mit einem rostigen und teilweise zusammengefallenen Maschendrahtzaun.

„Das ist der Baum von Mamre[148]“, erklärte Daud. „Er soll sehr alt sein.“ Ich zog meinen Reiseführer hervor und darin stand er als Abraham-Eiche, auch Eiche von Mamre genannt, an dem Platz, wo der Überlieferung nach Abraham sein Zelt aufschlug. Sein Alter wird auf 5.000 Jahre geschätzt. Das Gelände, auf dem die Eiche steht, gehört zu einem russisch-orthodoxen Kloster, das für die Öffentlichkeit unzugänglich ist. Eine letzte Bastion christlichen Glaubens in Hebron, die aber Juden und Moslems gleichermaßen unantastbar erscheint. Ein Mönch war auf einem Feld bei der Arbeit, sah uns und kam uns entgegen. Er sprach Arabisch und Daud und er schienen sich zu kennen. Er begrüßte uns und wir unterhielten uns mit ihm. Es waren die üblichen Höflichkeitsfloskeln.

Als ich ihn fragte, warum und wie lange denn dieses Kloster noch hier bestehen würde, sagte er: „Gott hatte Abraham. Der ist der Stammvater der Moslems und der Juden. Der Gott Abrahams ist demnach auch der Gott der Moslems und der Juden. Damit ist er auch der Gott der Christen, da Jesus als Gottes Sohn ein Jude war. Gott ist also der alleinige Gott, für alle drei der gleiche. Er hat den

---

148 Der Hain von Mamre ist nach der Bibel ein Wohnort Abrahams.

Menschen nach seinem Ebenbild geschaffen. Wenn der Mensch also Gottes Ebenbild ist, dann ist Abraham sein Ebenbild und alle seine Nachfahren sind auch sein Ebenbild. Wie kann Gott ein Ebenbild vor dem anderen bevorzugen? Er kann sich nicht vor sich selbst bevorzugen, denn er ist der Gott aller und alle sind sein Ebenbild. Mit welchem Recht behaupten also die Juden, sie seien etwas Besonderes? Mit welchem Recht verlangen sie für sich, was uns allen gehört – das heilige Land? Heilig ist das Land nur, weil es allen gehört. Gott wird ihre Anmaßung schwer bestrafen. So, wie das schon so oft geschehen ist. Wir sind hier, um zusammen mit unseren Brüdern diesen Platz zu behaupten gegen die, die dieser Anmaßung erlegen sind und ihr am Ende erliegen werden. Denn wir sind alle gleich vor Gott. Wir werden mit allen Gleichen, die sich wie Gleiche benehmen, in Frieden hier leben und bleiben auf dem Land Abrahams, das er von dem Ammoniter Mamre erwarb, bis zu dem Tag, an dem unser Gott der Richter über uns alle sein wird, weil dies das übertragene Recht der Kinder Abrahams ist, das Recht aller seiner Kinder – Moslems, Juden und Christen. So will es Gott und damit will es auch Abraham so."

Der Logik des frommen Mannes konnte ich folgen. Er glaubte an den einen Gott und aus dieser Logik heraus bestand sein fester Wille, den Willen Gottes auch auszuführen. Allerdings hätte man sicherlich über die Bestrafungen Gottes an Juden mit ihm diskutieren können, die ja leider nur allzu menschlich instrumentalisiert ausgeführt wurden. Dies schien mir aufgrund meiner bescheidenen arabischen Sprachkenntnisse jedoch zu kompliziert.

Wir verließen den alten Ort und fuhren hinunter in die Altstadt von Hebron. Auf halbem Weg stellten wir das Auto ab und gingen zu Fuß. Wir waren am Haram El-Khalil angelangt. Der massige Bau, den ich schon vor Tagen vom Restaurant aus gesehen hatte, beherrscht Hebron eindrucksvoll. Er steht direkt über der Höhle, die der Sage nach Abraham und seine direkten Nachkommen beherbergt.

Wir stiegen eine breite Treppe hinauf und betraten das Heiligtum, um das so viel Wirbel gemacht wird. Wie so oft, wenn ich Stätten solch religiöser Mammutverehrung betrat, war ich vom Inneren recht enttäuscht. Man musste schon sehr gläubig sein, wenn man hier vor Ehrfurcht verstummte. Auf mich machte die gesamte Stätte einen nicht sehr gepflegten Eindruck. Abraham schien das nicht zu stören.

Allerdings barg der Ort eine Einmaligkeit, die in dieser Form, in ihrer unmittelbaren Nachbarschaft unter einem Dach vereint, wohl sonst auf der Welt nicht mehr vorkommt. Ich betrat in dem Komplex aus mehreren Bauten verschiedener Epochen hintereinander eine Moschee, eine Synagoge und eine ehemalige Kreuzfahrerkirche, die für alle begehbar waren und durch keine Tür voneinander getrennt wurden. An jedem Gebetsort dazu gehörige Gläubige, die voneinander kaum Notiz nahmen. Es ging also. Alle Kinder unter einem Dach, wie Abraham das gewollt hätte. Sein Mausoleum stand an zentraler Stelle um einen Hof herum, zusammen mit den Kenotaphen von Sara, Jakob und Lea. Die Mausoleen in farbigem Marmor waren der Tradition nach direkt über den Gräbern in der Höhle der Patriarchen und ihrer Frauen errichtet worden. Diese Grabstätten waren 1266 von den Kreuzrittern zugemauert worden und sind bis heute nicht geöffnet. So bleiben die Heiligkeit der Stätte und die Verehrung der Gräber in jedem Fall erhalten, egal, was sich darin befand.

In der Abraham-Moschee, die ursprünglich als Basilika gebaut und später von den Muslimen übernommen wurde, bestaunte ich dann eine wirkliche kulturelle Besonderheit: eine Kanzel mit Halbkuppel, angeblich ein Geschenk von Saladin aus dem 12. Jahrhundert. Der letzte verbleibende, aus einem einzigen Stück Zedernholz geschnitzte Gebetsstuhl, nachdem ein zweiter seiner Art in der Al-Aqsa-Moschee 1969 einem Brand zum Opfer fiel. Die reichen Schnitzereien und die Ausmaße dieser Kanzel ließen auf die hohe Holzschnitzkunst aus der Zeit der Ajubiden[149] schließen. Solche Kunstfertigkeit war heute leider undenkbar. Allein deshalb hatte sich für mich der Besuch gelohnt, aber auch der äußerlich friedfertige Umgang der Religionen miteinander war viel versprechend. Der Haram wurde jedoch nur von israelischen Soldaten bewacht. Palästinensische Sicherheitskräfte gab es nicht.

In der Altstadt war das gleiche Gewusel, wie ich es kannte. Auch sie war den anderen gleich. Allerdings bemerkte ich hier eine deutlich fühlbare Spannung unter den Menschen, die geschäftig hin- und herliefen. Wir hielten mit dem Wagen an einem Ort etwas außerhalb, wo wir einen Parkplatz ergattern konnten. Im Grunde genommen interessierte mich die arabische Szene weniger – das war ich gewohnt. Vielmehr wollte ich mir einen Überblick verschaffen, wie sich die Präsenz der jüdischen Siedler mitten unter den Arabern auswirk-

[149] Siehe Index 1 – Personenregister (Saladin)

te. Wir stiegen aus und standen auf der Shuhada Street. Gerade vor uns der belebte Fleischmarkt mit unzähligen Buden und Geschäften. Ein paar Meter hinter uns war jedoch von der Geschäftigkeit, durch die wir uns gerade noch mit dem Auto gequält hatten, nicht mehr allzu viel zu bemerken. Eine Nebenstraße stieg ein wenig an und endete weiter oben an einer Stacheldrahtrolle, die quer über die Straße gezogen worden war. Ich erkannte einen israelischen Militärposten, Betonblöcke auf der Straße und ein Stahltor dahinter. Stacheldraht vor den Fenstern und überall auf den Häuserdächern. Darauf waren israelische Fahnen zu erkennen. Die Häuser hinter dem Stahltor waren zu einer primitiven Festung ausgebaut. Daud war geradezu bestürzt, als ich Anstalten machte, den Weg dahin zu nehmen.

„Sei vorsichtig, mit denen ist nicht zu spaßen", sagte er und wollte mir mein Ansinnen gleich wieder ausreden. Ich beruhigte ihn und war mir sehr sicher, dass mir als Ausländer nichts geschehen könnte. Schräg gegenüber, von dem Posten, dem ich jetzt näher kam, nicht weit entfernt standen zwei Siedler mittleren Alters und ein etwa zwölfjähriger Junge. Ich erkannte, dass bei beiden Männern lange Maschinengewehre an ihren Gürteln befestigt waren. Alle trugen die Kippa auf dem Kopf und hatten diese Zizijott an ihren Hosen befestigt. Das Bürschchen nahm, als er erkannte, dass ich mich ihnen näherte, einen Stein vom Boden auf. Sie beobachteten mich argwöhnisch.

„Hi, Jungs", sprach ich sie in meinem besten Amerikanisch mit für mich fast zungenbrechendem Akzent an.

„Was willst du?"

„Wie geht es euch, was macht ihr?"

„Was willst du?"

„Ich komme aus Ohio, habe viel über euch gelesen und interessiere mich für das, was ihr hier macht."

„Bist du Jude?"

„Nein, ich besuche Israel und bin von Tel Aviv aus heute heraufgefahren."

Der andere sagte etwas auf Hebräisch, wovon ich nur „*Goi*[150]" verstand, aber das deutlich. „Tel Aviv", sagte er verächtlich. „Alles faule Propheten, alles verdorben – Gesindel."

„Was macht ihr hier? Wozu seid ihr da?", bohrte ich weiter.

„Wir sind dazu da, dass wir da sind", sagte der erste wieder.

„Wie meinst du das?"

„Wir leben dafür, dass wir hier sind."

„Was macht ihr hier?", fragte ich weiter.

Der andere wurde langsam unruhig. „Durch unsere Präsenz schaffen wir territoriale Kontinuität", antwortete der Erste.

„Territoriale Kontinuität? Was ist das? Was meinst du damit?"

„Wir sorgen dafür, dass hier zwischen dem Wohngebiet Kirjat Arba und dem Grab der Patriarchen jüdisches Gebiet entsteht." Der Zweite sagte wieder etwas auf Hebräisch und wandte sich zu mir: „Hau ab hier und erzähl keinem davon. Sonst bist du nicht besser als die arabischen Hunde da unten. Hau ab." Mittlerweile war der Soldat zu uns gestoßen und sprach Hebräisch mit den beiden.

Er wandte sich zu mir und sagte in gebrochenem Englisch: „Wer ist das da unten? Du bist mit dem gekommen." Er zeigte auf Daud, der in einiger Entfernung weiter unten an der Straße auf mich wartete.

„Das ist mein Fahrer aus Tel Aviv", gab ich zur Antwort. „Er hat mich hergebracht".

„Er ist Araber, wir kennen ihn", erwiderte der Zweite. „Er kommt aus Hebron. Mach, dass du wegkommst, sonst machen wir dir Beine."

„Wie wollt Ihr das machen? Klar, ihr seid schwer bewaffnet, aber wollt ihr mich gleich erschießen?"

„Für Schnüffler verschwenden wir keine Kugel. Denen brechen wir das Genick", sagte er. Der kleine Bursche sah seine großen Begleiter an, hatte den Stein fest im Griff und fragte: „Soll ich?"

---

150 Hebräisch für „*Nicht-Jude*", abwertend

„Das sollte euch besser nicht einfallen“, erwiderte ich, jetzt doch etwas angegriffen und ein wenig unsicherer. „Ich weiß mich zu wehren. Es gibt ein Recht.“

„Pah, Recht! Wir sind das Recht, und wenn du nicht sofort verschwindest, werden wir dir zeigen, was das bedeutet.“

„O. k., o. k. Schönen Tag noch, ihr Landsleute. War nett euch getroffen zu haben.“

„Fuck you“, war ihre Antwort, auf die ich jetzt besser nichts mehr erwiderte. Dann ging ich so zurück, dass ich alle vier im Augenwinkel hatte, denn ich war mir jetzt nicht mehr sicher, ob der kleine Bursche seinen Stein nicht doch auf mich abwarf.

Als ich bei Daud anlangte, sah ich noch einmal hinauf. Die vier standen zusammen und diskutierten heftig mit Blick auf uns. Daud nahm meine Hand und zog mich weg, hin zum überfüllten Platz. „Wir gehen lieber“, sagte er besorgt. „Ich möchte keinen Streit haben. Die sehen aus, als wollten sie gerade herunterkommen. Was hast du mit denen gesprochen?“

„Nichts Besonderes“, sagte ich und ließ mich doch erleichtert in die Anonymität zwischen die Passanten ziehen. Ich erzählte ihm von unserer Konversation und bemerkte, dass er unruhig wurde. „Ich glaube, die Kerle sind tatsächlich zu allem fähig“, sagte ich.

Daud nickte: „Wenn sie mich wirklich kennen, dann verschwinde ich besser jetzt gleich.“ Er war auch in Sorge um sein Fahrzeug, das er im Sichtkreis der Siedler geparkt hatte. Da er eh etwas Persönliches zu erledigen hatte und wir im Vorhinein vereinbart hatten, uns nach dem Besuch der Altstadt zu trennen, ging er schon jetzt sicherheitshalber zum Auto und fuhr davon. Ich sollte mit einem Taxi zurück zum Campus fahren.

Ich merkte, dass ich meinen ersten großen Fehler begangen hatte, da ich die Situation wegen meiner naiven Unwissenheit völlig falsch eingeschätzt hatte. Auch wenn ich als Ausländer relativ sicher war und für mich selbst nichts befürchten musste, so hatte ich Daud doch in etwas hineingezogen, das ihm leicht zum Verhängnis werden konnte. Ich würde mich bei ihm entschuldigen und daraus lernen müssen. Das Ganze war kein Spiel – das begriff ich jetzt sehr deutlich.

Es war später Nachmittag und ich schlenderte also noch ein wenig über den Fleischmarkt, der von seiner Appetitlichkeit ganz sicher europäischen Maßstäben nicht entsprochen hätte; vom gesundheitshygienischen Standpunkt ganz zu schweigen. Für die Fliegen jedoch war es ein Ort des Entzückens. Ich nahm die Gelegenheit wahr, etwas Obst einzukaufen. An dem Obststand lehnte ein Taxifahrer an seinem Auto. Der Muezzin hatte vorhin zum Gebet gerufen und er war tief versunken in den Koran, den er sich selbst laut vorlas und dann die Verse wiederholte. Er trug einen hennagefärbten, hellroten Spitzbart, eine weiße verschlissene Kappe auf dem Kopf, eine Galabbyeh, die ihre ursprüngliche Farbe längst verloren hatte, und er hatte Sandalen an, die Schwielen an seinen Füßen freigaben, die sicherlich genauso dick und verkrustet waren wie der Restgummibelag seiner abgefahrenen Autoreifen. Er schaute mich an. Warum nicht, dachte ich bei mir – der kann ein paar Schekel sicherlich gut gebrauchen.

„Salam aleikum[151], bist du frei?"

„Bei Allah, ich fahre dich, wohin du willst."

„Also, dann fahre mich zur technischen Hochschule an der Hauptstraße Richtung Norden. Ich sage dir, wo du anhalten sollst. Es ist nicht weit, vielleicht vier Kilometer. Wie viel willst du dafür?"

„Allah ist mein Zeuge. Gib mir so viel, wie du geben möchtest." Er schien mir nicht ganz bei der Sache zu sein, aber nun hatten wir den Deal gemacht und bis zum Polytechnikum war es ja nicht weit. Ich stieg also neben ihm in sein Taxi ein. Ein kleiner Fiat, der von innen seinem schäbigen Aussehen von außen in nichts nachstand. Er startete, legte dabei aber den Koran nicht aus den Händen, sondern fuhr mit der gleichen Intensität im Studium seines Buches fort, mit der er schon vorher beschäftigt gewesen war. In der einen Hand den Koran, in der anderen das Lenkrad. Seine Aufmerksamkeit war nahezu ausschließlich auf das Buch in seinem Schoß gerichtet. Dabei mussten wir durch die Straße am Markt, die vollgestopft war mit Passanten. Er fuhr Schritttempo. Ein paar Mal schon war das Auto mit einigen Fußgängern leicht angestoßen, die ihm dann wütend auf die Motorhaube schlugen, wobei er aufschreckte und zur Entschuldigung die Hand hob. Es war ein gleißend heller Tag und die Sonne,

151 Arabisch für *„Friede sei mit dir"*

die sich langsam dem Horizont genähert hatte, schien uns direkt ins Gesicht. Die Köpfe der Menschen, die das Auto kreuzten, verursachten dabei vor der Windschutzscheibe ein permanentes Wechselspiel von Licht und Schatten.

Mir war nicht ganz wohl zumute und ich sagte zu ihm: „Pass auf, dass nichts passiert."

„Allah passt auf die auf, die an ihn glauben. Er behütet uns alle. Inshallah[152]", sagte er ohne aufzublicken.

Mir schwoll der Kamm – verdammter Idiot, dachte ich bei mir. Und es kam, wie es kommen musste. Ich sah den kleinen Jungen, den seine Mutter an der Hand hatte und der vom Bürgersteig mit dem Rücken zu uns auf die Straße drängte. Seine Mutter war mit einer anderen Frau in ein Gespräch vertieft. Der Junge zog an der Hand und verlieh seinem Drängeln mehr Druck, indem er sein Bein vorstellte. Das passierte genau, als wir mit dem Wagen vorbeifuhren. Ich sah noch den Kopf des Jungen auf meiner Seite, der uns nicht bemerkte, und das Taxi rollte langsam auf ihn zu. Der Fahrer hielt nicht an. Er war geblendet von der Sonne und seiner Gottesverehrung. Es geschah alles wie in Zeitlupe. Als ich ihn anschrie, war es schon zu spät. Er hatte den Fuß des kleinen Jungen überfahren. Der brüllte wie am Spieß. Im Nu war ein Menschenauflauf, die Mutter schrie und der Taxifahrer warf seinen Koran in die Ecke und schoss aus dem Fahrzeug.

„Allahu Akbar[153], Allahu Akbar", rief er aufgeschreckt und versuchte durch die Zuschauer der Szene zu dem Kind zu gelangen. Als ich ausstieg, lag das kleine Kerlchen direkt neben meiner Tür und alle Anwesenden versuchten gleichzeitig zu helfen. Ich sah den Fuß und hätte den verklärten Idioten am liebsten auf der Stelle erschlagen. Der Reifen hatte dem Kind den Fuß zerquetscht und ganz sicher den Knöchel mehrmals gebrochen, der jetzt fast im rechten Winkel seitlich zum Bein abstand. Der Schuldige stand daneben und versuchte das Kind aufzustellen. „Die Sonne, die Sonne", so hörte ich ihn sagen, als er versuchte, sich den anderen gegenüber zu rechtfertigen. Ich wusste genau, was geschehen war. Verblendung, nicht Licht, hatte den Fuß des Kindes zermalmt und seine Gesundheit zerstört.

---

152 Arabisch für „*So Gott will*"

153 Arabisch für „*Gott ist groß*"

Dieser Tag lag sicherlich wie ein Schatten auf seinem ganzen Leben. Licht und Schatten, immer wieder Licht und Schatten. Verdammt, waren hier denn alle verrückt? Erst die Kerle da oben und jetzt der hier unten. Der Junge würde wahrscheinlich sein ganzes Leben ein Krüppel bleiben und der verblendete Idiot in seinem religiösen Delirium machte sich selbst nicht einmal einen Vorwurf. Inshallah, es war Gottes Wille gewesen. Ich konnte das Weinen des Kindes, das Geschrei der Anwesenden und den Dilettantismus der Hilfsmaßnahmen nicht mehr ertragen und entfernte mich vom Ort des Irrsinns.

Ich hatte eine solche Wut im Bauch, dass ich erst nach einem längeren Fußmarsch wieder daran dachte, zu meinem eigentlichen Ziel zu gelangen. Dabei hatte ich fortwährend das Gefühl, dass irgendjemand hinter mir herfuhr und mich aufs Korn nahm. War es ein jüdischer Genick- oder ein arabischer Knochenbrecher? Der eine getrieben vom Eldorado, der andere vom Elysium. Aber alles Umdrehen verpuffte in einer Leere, die mich erfasst hatte und nicht mehr losließ. War Friede zwischen solchen Menschen überhaupt möglich? Die einen beriefen sich auf ein Recht, das sie sich selbst gaben und das alles andere unbarmherzig unterordnete, und die anderen hielten felsenfest dagegen, zurückgezogen in ihrem Glauben und in der Gewissheit, dass ihre Zeit zur Revanche kommen würde. Dabei beriefen und verließen sich beide auf ihren Gott, der, wie der christliche Mönch an der Eiche gesagt hatte, der gleiche war. Zu allem Durcheinander bekannten sich beide Seiten auch noch zu dem Einen, auf Teufel komm raus – aber genau der zeigte dabei seine fratzenhafte Abartigkeit so sichtbar, so deutlich erkennbar, wie ich mir das bisher nicht vorgestellt hatte. Ich begann den Ernst der Lage zu begreifen.

Ich traf an einem Mittag die junge Studentin wieder, die mir das Flugblatt von der Demonstration in Tel Aviv gezeigt hatte. Sie stand wieder einmal an dem langen schwarzen Brett, an dem sie sich zu schaffen machte. Da ich wusste, dass sie perfekt Englisch sprach, redete ich sie an. Auf meine Frage, was sie heute mache, sagte sie: „Ich bin Aktivistin des Kampfes gegen die israelischen Invasoren. Sie werden niemals unser Land bekommen, so viele Waffen sie auch haben und so viel Unrecht sie auch begehen mögen. Wir werden nicht weichen und am Ende werden wir siegen. Koste es, was es wolle. Unsere Kraft ist unsere Beharrlichkeit.“

„Hast du Neuigkeiten von deinem Vater?“

„Nein“, gestand sie. „Aber einige Journalisten sollen in den nächsten Tagen Zugang zum Zeltlager bei Mardsch as Sohur im libanesischen Niemandsland bekommen und die UNO wird den Kranken medizinische Hilfe gewähren.“ Sie blickte mich an und ihre schwarzen Haare, die sie wieder offen trug, ließen sie sehr westlich aussehen.

„Möchtest du etwas trinken?“, fragte ich sie, als ich sah, dass am Kiosk, der sich im Innenhof des Polytechnikums befand, gerade zwei Stühle frei wurden.

„Gern“, antwortete sie etwas überrascht. Es war für sie nicht alltäglich, dass ein Fremder ein junges Mädchen in ihrem Umfeld ansprach und einlud. Auch ich war etwas überrascht von ihrer spontanen Zusage. Allerdings erkannte ich, dass sie nicht so war wie die meisten anderen jungen Studentinnen, die mehr schattengleich und auffällig-unauffällig tuschelnd an mir vorbeihuschten. Sie hieß Leila, was auf Arabisch Nacht bedeutet und wozu ihre pechschwarzen Haare auch gut passten. Sie fragte mich nach meiner Aufgabe hier und wir kamen bei einer Dose Cola ins Gespräch.

„Ich bin keine Studentin des Polytechnikums. Ich komme nur gelegentlich hierher, um unsere Plakate zu erneuern. Ich studiere Jura an der Universität in Hebron und Psychologie“, sagte sie.

„Du trägst kein Kopftuch, bist du Christin?“, fragte ich sie.

„Nein, ich bin Muslimin, aber unser Widerstand ist nicht religiös motiviert. Freiheit entbehrt der Religion. Freiheit ist davon unabhängig. Freiheit ist ein Gut, das jedem gebührt, egal, welcher Religion er angehört.“

„Woher denkst du so religiös tolerant?“

„Ich lebe in einer Familie, die das Recht eines jeden auf seine eigene Meinung akzeptiert. Mein Vater ist Moslem und meine Mutter Christin. Sie sind beide gläubig in ihrer Religion, mein Bruder und ich sind muslimisch erzogen.“

Ich schaute sie verwundert an: „Eine Mischehe in eurer Gesellschaft ist heutzutage eher die Ausnahme. Wie kam es dazu?“

Sie lachte laut auf: „Liebe war es natürlich, Liebe und Schicksal. Aber ich weiß, worauf Sie hinauswollen. Wir gehören einer alten Hebroner Familie an. Ihre Mitglieder haben schon immer hohe Positionen in der Stadt und an der Universität besetzt. Mein Vater lehrt als Professor islamisches Recht und Philosophie. Er ging zum Studium in den frühen Sechzigerjahren nach Jerusalem. Dort haben sich meine Eltern kennen und lieben gelernt. Damals war eine Ehe zwischen Christen und Moslems noch nicht unüblich. Meine Mutter ist römisch-katholischen Glaubens und in ihrer Familie gab es kaum Bedenken. Nach dem Krieg 1967 sind sie dann nach Hebron zurückgekehrt und nach Halhul gezogen. Dort leben wir heute noch. Mein Bruder und ich sind da geboren. Meine Eltern haben uns die Freiheit gelassen, so zu werden, wie wir sein wollen. Wir leben Toleranz und so sind wir auch. Daher ist es auch so absurd, dass sie meinen Vater verhaftet und deportiert haben."

„Weil er islamisches Recht lehrt?"

„Möglich. Aber zuallererst ist er Philosoph und beschäftigt sich mit Fragen der Freiheit und des Menschenrechts. Deshalb haben sie ihn geholt. Es ist nicht das erste Mal. Er hat eine hohe gesellschaftliche Anerkennung und wird oft um seine Meinung zu Fragen aller Art gebeten. Er gehört zu einer geistigen Elite und ist den Israelis wohl bekannt. Einmal wurde er von ihnen mit vielen anderen Notabeln aus Halhul nachts auf die Straße geholt und im Schlafanzug in die Moschee eingeschlossen. Soldaten drangen in unser Haus ein, schlugen Möbel kaputt und bedrohten meine Mutter und uns Kinder. In anderen Häusern wurden die Familienmitglieder sogar geschlagen. Ich glaube, das Kreuz unserer Mutter in unserem Wohnzimmer hat uns davor bewahrt. Am Morgen mussten die Männer in der Moschee auf dem Boden kriechen und sich dabei gegenseitig anpinkeln, den Staub auflecken und die Hativka[154] singen. Dann wurden sie in Lastwagen gepfercht und in die Militärverwaltung nach Hebron gebracht. ‚Stinkendes arabisches Pack' haben die Soldaten ihnen zugerufen, als sie dort ankamen. Am nächsten Abend war mein Vater wieder zu Hause. Er war und ist immer noch einer der wenigen, die Toleranz predigen, aber auch er verändert sich langsam. Für die Israelis ist er gefährlich, weil er argumentieren kann, ihre Gesetze kennt und sie ihm somit nicht beikommen können. Deshalb wird er verteufelt und als Hamas-Aktivist dargestellt, was er niemals war und niemals sein wird. Dazu ist er viel zu humanistisch eingestellt. Er hat mit der Ichwan Muslimun[155] nichts zu tun. Das war nie seine Sache. Dazu ist

---

[154] Israelische Nationalhymne

[155] Siehe Index 15 – Muslimbruderschaft

er nicht religiös genug und kann ihre Ziele nicht teilen. Er gehört zu den Intellektuellen, derer die Israelis nicht habhaft werden, aber die sie erniedrigen, sobald sie können. Sie sähen es sehr gern, wenn er ginge."

„Wie stellt sich eine eher traditionell-islamische Gesellschaft zu einer Familie wie euch? Gibt es viele davon?"

„Nicht in Hebron, eher noch in Jerusalem. Aber wir werden hier hoch geachtet, auch aufgrund dessen, was wir tun. Auch ich, die ich anders lebe als manche junge Muslima, werde geachtet."

„Bist du damit nicht eine sehr provokante Ausnahme hier in Hebron?"

Sie schaute mich an und lächelte selbstbewusst: „Ja, natürlich, und manchmal ist es auch nicht leicht für mich – und für meine Familie. Aber ich habe sehr viel Rückgrat und werde mich nicht beugen, genauso wenig wie beim Kampf für unsere Freiheit. Mein Bruder und ich sind so erzogen worden. Er ist strenger gläubig und ich bin aufgeklärter gläubig. Er wollte deshalb unbedingt auf dieses islamische Gymnasium in Hebron. Er ist vor zehn Jahren dort schwer verwundet worden. Er war damals sechzehn Jahre alt und Schüler dort. Hier, lesen Sie." Sie kramte in ihrer Tasche und zog ein abgerissenes englischsprachiges israelisches Zeitungsblatt vom 27. April 1984 heraus. Es war der Tag, an dem in Israel die Existenz einer Terrororganisation aufgedeckt worden war. Danach hatten die Mitglieder dieser Organisation namens Machteret Yehudit[156] einen Plan entworfen, fünf Linienautobusse, voll mit arabischen Passagieren, zur Explosion zu bringen. Da aber dieser Plan im letzten Augenblick entdeckt wurde, wurden sie verhaftet. Bei den Untersuchungen stellte sich heraus, dass sie schon in der Vergangenheit terroristische Anschläge durchgeführt hatten; im Jahr 1980 ermordeten sie zwei arabische Bürgermeister mit Bomben in ihren Autos und im Jahr 1983 griffen sie mit Waffen das islamische Gymnasium in der Stadt Hebron an, erschossen drei Schüler und verletzten dreiunddreißig. Ihr Bruder gehörte zu den Letzteren.

„Er wurde an der Wirbelsäule so schwer verletzt, dass nur eine komplizierte Operation ihn vor einer Zukunft als Krüppel bewahrte. Heute erst, nach vielen leidvollen Jahren, kann er einigermaßen ohne

---

[156] Hebräisch für *„jüdische Bande"*

Krücken laufen. Sehen Sie, auch deshalb bin ich Aktivistin. Wir kennen die Namen der Schuldigen. Sie sind heute wieder freie Menschen mit dem Recht, uns weiter zu knüppeln, wann immer sie wollen. Viele leben da oben in Kirjat Arba. Die Zeit wird kommen."

„Was meinst du damit, dass die Zeit kommen wird? Werdet ihr euch rächen?"

„Ich betreibe einen anderen Kampf als den der Gewalt. Er ist stärker und unbesiegbar, weil er nicht mit Waffen geführt wird und damit auch nicht mit ihnen bekämpft werden kann. Aber ich kenne genug junge Leute, auch Mädchen, die Gewalt anwenden würden. Viele haben in ihren Familien Todesopfer zu beklagen. Viele haben Schlimmes erlebt. Das steckt in ihren Köpfen fest. Es ist eine Spirale der Gewalt, die sich immer weiter dreht. Ich kann die, die sich gewaltsam wehren, gut verstehen."

Nachdem ich sie gebeten hatte, mir das Flugblatt aus Tel Aviv und den Zeitungsartikel zu geben, und Kopien davon angefertigt hatte, verabschiedeten wir uns voneinander. Ich wollte mir von nun an eine Sammlung solcher Daten und Dokumente zulegen.

Ich war mittlerweile in das American Colony Hotel umgezogen und fand damit auch abends viele interessante Gesprächspartner. Aus diesen Diskussionen zog ich eine Menge Informationen, die das alltägliche Leben der Palästinenser sowie die Erfahrungen internationaler Beteiligter im Umgang mit dem israelischen Militär betrafen, die so nirgendwo kolportiert wurden. Ich wollte auch meinem Versprechen nachkommen, das ich Zughair gegeben hatte, bei einem erneuten Besuch in Jerusalem bei ihm vorbeizuschauen. Also fuhr ich mit dem Sammeltaxi Richtung Beit Hanina. Es war an einem Donnerstag, dem islamischen Pendant des Samstags, an dem das Polytechnikum in Hebron zum beginnenden Wochenende schon geschlossen war, aber die ITS Jerusalem mit einer Sechstagewoche am letzten Wochentag noch geöffnet hatte. Zughair führte als eine der wenigen technischen Schulen auch donnerstags bis zum Mittag den Unterrichtsbetrieb durch.

Ich war während der Fahrt in Gedanken versunken, als ich auf eine Änderung aufmerksam wurde, die ich später an so manchem Tag noch verfluchen sollte und die sich im Laufe der Jahre mit ihren Ablegern wie ein Krake über ganz Palästina legen sollte. In der Senke, die kurz vor Al Ram lag, wo links auf dem Hügel schon die Schule zu sehen war, hatte das israelische Militär einen Kontrollposten eingerichtet. Ich hatte bisher nur einen festen Posten auf dem Weg nach Hebron gesehen, der jedoch den Verkehr nicht beeinträchtigt hatte, da er abseits der Straße an einer Militärstation lag.

Diese Einrichtung hier sah allerdings etwas anders aus. Man hatte mehrere Betonwürfel vom Volumen eines Kubikmeters so auf die zweispurige Fahrbahn gestellt, dass ein Durchfahren nur noch für ein Fahrzeug möglich war. Links der Straße stand ein stählerner Turm mit einem Maschinengewehrnest, das durchgehend besetzt war. Sandsäcke waren so mit Halterungen auf zusammengestellten Betonwürfeln montiert, dass diese den Soldaten hinter der Barriere Schutz gegen Angriffe gaben und eine Schießöffnung freiließen. Der Aufwand, den die Israelis hier betrieben, war enorm. Und so war auch die Wirkung. Der gesamte Verkehr stadteinwärts nach Jerusalem aus dem Norden wurde durch einen Trichter geführt und entsprechend stauten sich die Autos davor. Ich erkannte, dass diese Stelle nicht zufällig, sondern bewusst ausgewählt worden war. Es war die bisher imaginäre Grenze zwischen der West-Bank und Jerusalem. Noch konnte ich nicht ahnen, dass dieser Checkpoint viele Jahre später Bestandteil eines lindwurmartigen Monstrums werden sollte, als man begann, die Pläne zum Bau einer Schutzmauer, die Palästinenser von Israelis trennen sollte, im Jahr 2003 umzusetzen. Heute maß ich dieser Sache bei weitem noch nicht die Bedeutung bei, die sie einmal erlangen sollte.

Die gestoppten Fahrzeuge waren auf Gedeih und Verderb der Laune des israelischen Soldaten ausgeliefert, der die Wagen anhielt oder passieren ließ. Allerdings waren die Kontrollen zu diesem Zeitpunkt noch harmlos gegenüber dem, was sich in den kommenden Jahren noch entwickeln sollte. Bis auf eine kurze Behinderung war momentan das Ärgernis noch sehr erträglich. Da auch der gesamte Verkehr zu den jüdischen Siedlungen davon betroffen war, wurde auf rigorose Kontrollmaßnahmen bisher verzichtet.

Da wir stadtauswärts fuhren und damit nicht kontrolliert wurden, hatte ich die Einrichtung nur im Vorbeifahren wahrgenommen. Jetzt fiel mir ein, dass ich meinen Pass, den ich auf dem Weg nach Hebron immer dabei hatte, zu dem Besuch bei Zughair gar nicht mitgenommen hatte. Ich sollte mir ab heute angewöhnen, niemals mehr ohne Identitätsbescheinigung wegzugehen.

Zughair legte mir nach der Begrüßung einen neuen Plan der Stadt Jerusalem vor, der detailgenau die Grenzen markierte. Danach waren mehrere, neben dem Industriegebiet Attarot gelegene Dörfer und eine große Landmasse im Norden, in Angrenzung an den Fugplatz, zum Gebiet „Groß-Jerusalem" hinzugekommen.

„Sie erweitern permanent", sagte er. „Schauen Sie hier. Hier ist eine Straße eingezeichnet, die die Verbindung Tel Aviv bis nach Jerusalem an Beit Hanina vorbei herstellen soll. Attarot wird in dieses System mit einbezogen. Sie nehmen das Land, wie sie es brauchen. Hier, wo die Verbindung eingezeichnet ist, stehen noch Olivenhaine, die arabischen Bauern gehören und an denen ihre Existenz hängt. Wenn die dieses Land verlieren, dann sind sie selbst verloren."

„Kann man gegen solche Pläne nicht gerichtlich vorgehen?"

Er schaute mich an und hob den Zeigefinger an die Lippen. „Dieser Plan existiert offiziell gar nicht. Wir beide haben ihn nie gesehen", sagte er und blickte mich an. „Ich habe eine sichere Quelle, von der ich solche Informationen bekomme. Im Grunde genommen sind diese Pläne geheim. Es ist jedoch immer gut zu wissen, was die andere Seite macht, bevor man vor vollendete Tatsachen gestellt wird. Wir versuchen unser Möglichstes, um das Schlimmste zu verhindern."

Ich hatte verstanden und fragte mich trotzdem, wie er an solche langfristigen Planungsdokumente herankam. Es waren zweifellos offizielle israelische Unterlagen, die Aktenzeichen und Stempel enthielten.

„Die Situation wird immer schlimmer", sagte er. „Wie ich gehört habe, soll den Bewohnern der West-Bank ein erschwerter Zugang nach Jerusalem auferlegt werden. Dafür haben sie den Checkpoint unten in Al Ram gebaut."

„Ich befürchte, dass dies der Beginn der Abriegelung von Jerusalem zur West-Bank ist", sagte ich. „Allerdings verwundert mich der Standort dort unten in der Senke."

„Sie haben recht", erwiderte er. „Wer weiß, was noch alles kommt."

Es war um die Mittagszeit, als ich die Schule verließ und den Hügel bis zur Hauptstraße hinunterging. Unten angekommen nahm ich mir ein Sammeltaxi Richtung Jerusalem. Am Checkpoint zogen die Insassen ihre Identifikationspapiere aus den Taschen und zeigten diese beim Erreichen des Kontrollpostens vor. Einzig ich hatte keinen Pass dabei.

Ein schmächtiger junger Soldat, der provokant-überheblich und lässig-gelangweilt seinen Job verrichtete, wurde auf mich aufmerksam. Er sprach mich auf Hebräisch an und ich lächelte zurück: „Ich verstehe nicht." Ich saß in der mittleren Reihe des Taxis und er sah mich durch das Fenster an. Er hatte tiefbraune Haut und allem Anschein nach war er äthiopischer Abstammung.

„Passport!" Es schien, als sei dies das einzige Wort, das er auf Englisch kannte – immerhin. Ich erklärte ihm, dass mein Pass nicht zur Hand war. Er ließ sich das von einem der anderen Fahrgäste auf Hebräisch übersetzen und öffnete die Wagentür. „Out!" Wort Nummer zwei war gefallen. Ich wollte erst protestieren, sah aber ein, dass das keinen Zweck hatte. Er verstand mich eh nicht und sein Arabisch war wohl dem Englischen vergleichbar. Also stieg ich aus. Das Taxi fuhr weiter. Er fasste mich am Arm und ich nahm meinen Arm zur Seite. Das schien ihm nicht zu passen, denn er fasste noch mal zu, aber kräftiger. Da pfiff ich ihn auf Deutsch an, er solle mich nicht anfassen. Der Bursche packte sein Gewehr und hielt mir die Mündung auf den Bauch. Im Nu war ein weiterer Kamerad zur Stelle und beide führten mich ab. Mit dem Gewehr im Rücken wurde ich zur Seite hinter einen Betonblock gebracht. Der kleine Äthiopier ergötzte sich wahrlich an der Macht, die ihm der Staat Israel übertrug.

„Wo ist der Offizier?" Meine Frage verpuffte, aber der zweite Frontsoldat war schon unterwegs zu einem Militärjeep, der bei dem Wachturm stand, und nach einer Weile kam ein ebenfalls junger Bursche, der allerdings einigermaßen Englisch sprach. Er hatte eine dunkle Sonnenbrille auf, die seine Augen verbarg. Seine Mundwinkel verrieten wenig Freundlichkeit.

„Was ist los hier?" Der Äthiopier erklärte ihm auf Hebräisch die Geschichte und wollte mich erneut anfassen.

„Finger weg!" Meine Stimme war erhoben und ich war bereit mich notfalls auch entsprechend zu wehren.

Der Offizier ging dazwischen. „Wo sind Ihre Papiere?"

„Die habe ich im Hotel. Ich wusste nicht, dass man im Touristenland Israel mittlerweile dermaßen kontrolliert wird."

„Sind Sie Tourist? Wieso kommen Sie dann allein aus der West-Bank?"

„Ich bin kein Tourist. Ich war an der Schule dort oben auf dem Hügel."

„Arabische Schule?"

„Ja."

„Dann muss ich Sie festnehmen, bis Ihre Identität geklärt ist."

„Was soll das? Ich arbeite auch im Auftrag der Deutschen Botschaft in Tel Aviv und nur, weil mein Pass nicht zur Hand ist, kann man mich nicht einfach so verhaften."

Er hatte einen scharfen Unterton in seiner Stimme gehabt, schien jetzt jedoch etwas unsicherer und sprach in sein Funksprechgerät. Nach einer Weile wandte er sich zu mir und fragte mich nach meinem Namen und der Telefonnummer der Botschaft. Er schrieb sich meinen Namen auf, die Nummer allerdings kannte ich nicht auswendig und er wandte sich wieder seinem Funkgerät zu. Dann wies er auf eine Stelle nahe beim Militärjeep und sagte, ich solle warten. Nach einer ganzen Weile kam er zurück und erklärte, man könne die Botschaft nicht erreichen. Mittagspause. Ich zuckte die Achseln.

Die ganze Sache war nach etwa zwei Stunden ausgestanden und kostete mich einige Nerven und den Staat Israel einiges an Telefongebühren. Ich hatte mich während dieser Zeit auf einen Stein gesetzt, der im Schatten des Wachturms lag. Die Sonne brannte gnadenlos vom Himmel. Es war ein sehr warmer Tag für Juni. Auch für einige andere Passanten, die ihre Identität nicht bezeugen konnten. Als Araber stellte man die jedoch in Reih und Glied an den Straßenrand. Dort mussten sie so stehen bleiben, bis sie nach einer Weile mit einem Militärfahrzeug abtransportiert wurden. Das geschah während meiner zwei Stunden mehrmals im Rhythmus. Für die Stehenden war der Tag wahrscheinlich verloren, wenn sie überhaupt noch vor der Nacht nach Hause kamen. Das Ganze erinnerte an das Verhalten zwischen Herr und Hund. Und die Soldaten, die sie bewachten, waren oftmals sehr viel jünger als ihre Befehlsempfänger. Selbst alte Frauen und Männer wurden vom Stehen an der Straße nicht verschont. Eine Situation, bei der sich mir fast der Magen umdrehte. Ihre Demütigung dort am Straßenrand war selbst für mich unerträglich. In aller Öffentlichkeit standen sie da wie Verbrecher am Pranger. Ich sah mir die Mitglieder dieser zweitklassigen Untermenschen und „zweibeinigen Bestien“ an und hätte schwören können, dass einige davon diesen israelischen Soldaten intellektuell um Längen voraus waren. Genau wie Herr und Hund, nur jetzt umgekehrt.

Als der Offizier mir die frohe Kunde meiner Freilassung brachte, fragte ich ihn mit Fingerzeig auf die Palästinenser, die gerade da standen: „Was geschieht mit diesen Menschen?“

Der Offizier schaute sie herablassend und geringschätzig an: „Sie werden registriert und danach auf freien Fuß gesetzt. Wenn wir sie ein zweites Mal ohne Ausweis antreffen, kriegen sie Ärger.“

„Die Siedlerfahrzeuge, die hier passieren, werden nicht kontrolliert. Haben die alle ihre Pässe dabei?“

„Das geht keinen etwas an. Wir kontrollieren Palästinenser, keine Israelis.“

Ich konnte seine Augen durch die dunklen Gläser nicht sehen und das gab mir ihm gegenüber ein Gefühl der Unterlegenheit. Von heute an würde ich nie mehr ohne griffbereite Sonnenbrille weggehen. Das schwor ich mir, nicht nur wegen dem grellen Sonnenlicht.

Vom Colony aus konnte man in einem kleinen Fußmarsch von gut zwanzig Minuten auch das Zentrum von West-Jerusalem leicht erreichen. Da der Nachmittag noch nicht zu Ende war und ich genug Zeit hatte, beschloss ich, wieder am Hotel angekommen, den Fußweg zu wagen, um dabei auch gleichzeitig meinen Frust vom Mittag abzubauen. Ich stattete mich also mit meinem Reiseführer, einer Stadtkarte und vorsorglich mit Pass und Sonnenbrille aus und marschierte los. Vorbei an Me’a She’arim, einem orthodoxen Viertel nicht weit vom Hotel entfernt, die Ha Nevi’im Street hinauf und durch eine kleine Seitenstraße wieder hinab, führte mich der Weg zur Ben Yehuda Street. Ich war bisher schon mehrmals durch Ost-Jerusalem geschlendert, allerdings mehr oder weniger enttäuscht von der Atmosphäre, die eher einen traurig-schalen Charakter als den einer lebendigen Großstadt hatte. Zwar bewegten sich viele Menschen geschäftig auf den Straßen, aber es fehlte die Lebensfreude und abends nach Sonnenuntergang wurden die Bürgersteige hochgeklappt.

Als ich den Platz vor der Ben Jehuda, der Hauptachse einer verkehrsfreien Einkaufszone im Zentrum Jerusalems, erreichte, war der Unterschied frappierend. Das war von westlichen Großstädten nicht zu unterscheiden. Leben auf den Straßen, Cafés, Restaurants und Eisdielen luden zum Sitzen im Freien ein. Junge Leute saßen in Gruppen zusammen, musizierten auf der Gitarre, diskutierten und freuten sich am Leben. Ein Pantomime verblüffte durch seine unbewegliche Beweglichkeit auf der Stelle, eine Gruppe Peruaner musizierte auf Panflöten und tanzte in ihren Trachten unter einem Aktionsbanner „israelisch-peruanische Freundschaft“ und ein Jongleur ging mit seinen Bällen durch die Menge. Die Auslagen der Geschäfte enthielten Schmuck und Kunst, Mode und Touristentand. Bunte Markisen, Blumen und Bäume in der Mitte der Straße sorgten für eine heitere Fröhlichkeit und gute Laune. Das alles unter mediterraner Sonne an einem warmen Nachmittag im Frühsommer. Da ging mir das Herz auf.

Ich schlenderte die Einkaufsstraße hinauf. Was für ein Unterschied. Hier befand ich mich mittendrin in meiner Kultur. Allerdings war das Treiben noch bunter als in deutschen Großstädten. Den Unterschied machten die zum Teil skurrilen Gestalten der orthodoxen jüdischen Glaubensrichtungen und die Vielfalt an Hautfarben und Gesichtern aus, die man leicht Europa, Asien oder Afrika zuordnen konnte. Dazwischen erkannte ich Touristengruppen und selbst arabische Passanten. Einen faden Beigeschmack bekam die Sache durch ein paar junge bewaffnete Rambos, die nicht ohne Stolz mit lässig umgehängten Maschinenpistolen durch die Menge spazierten, in dem Bewusstsein einer selbstzufriedenen Überlegenheit und Stärke. Sie trugen alle die Kippa Sruga auf dem Kopf.

In der Mitte der Einkaufsstraße befanden sich kleine Sitzbuchten und neben einer stand ein kleiner alter Mann, der seine Fidel spielte. Er war in einen recht schäbigen Anzug gekleidet und hatte seinen Hut, in dem einige Münzen lagen, vor sich hingelegt. Ich setzte mich auf den freien Platz einer Sitzbank und hörte ihm zu. Er spielte wunderbar. Ich hatte diese Art von Musik schon vorher gehört, die aus der jiddischen Tradition geboren worden war. Klezmer, eine Musik, die in eigentümlicher Art menschliche Ekstase und Verzweiflung miteinander vereinigt. Ich lehnte mich zurück, schloss die Augen und ließ mir die warme Spätnachmittagssonne aufs Gesicht scheinen. Meine Sonnenbrille würde ich hier sicherlich nicht brauchen. Keine drei Kilometer war ich entfernt vom arabischen Ost-Jerusalem und fühlte mich doch in einer anderen Welt.

Als er die Melodie beendete, sah ich auf. Er setzte sich schwer auf die Bank neben mir und legte seine Geige behutsam in den Kasten. Ich stand auf, nahm einen Zwanzig-Schekel-Schein und steckte den in seinen Hut.

„Gefällt Ihnen die Musik? Sie sind Deutscher, nicht wahr?"

Ich dachte erst, ich hätte mich verhört, aber er sprach mich tatsächlich auf Deutsch an.

„Ja, Deutscher. Woher wissen Sie, dass ich Deutscher bin?"

„Ich kenne Ihr Land und seine Menschen gut", sagte er. „Ich bin da geboren." Ich hatte es geahnt und bereitete mich innerlich schon auf alles Weitere vor. Vielleicht hätte ich doch weitergehen sollen.

„In Frankfurt, Rödelheim", fuhr er fort. „Eine wunderbare Stadt, ein wunderschönes Land. Ich erinnere mich an so viele schöne Augenblicke in meiner Jugend. Wir spielten schon als Kinder in einem Orchester und später war ich Geiger der großen Sinfonie an der Oper in Frankfurt. Es war die schönste Zeit meines Lebens." Er lächelte mich an und ich wartete auf das, was jetzt zwangsläufig kommen musste, denn ich hatte die KZ-Nummer an seinem Unterarm entdeckt, als er, während er sprach, seine Jacke ausgezogen hatte, um trotz des warmen Nachmittags einen Pullover überzustreifen.

Aber er redete von der Musik, von den berühmten Musikern und Opernsängern seiner Zeit und den Triumphen, die er mit seinem Sinfonieorchester auch außerhalb Deutschlands gefeiert hatte.

Während er sprach, begann er seine Sachen zu sortieren. Wann kam er endlich zur Sache? – Nichts! Er stand auf und wollte den Koffer mit seiner Geige schließen.

„Würden Sie noch etwas für mich spielen?", fragte ich ihn.

Er schaute mich ungläubig an. „Aber gern", sagte er dann lächelnd. „Sehr gern. Lustig oder traurig?"

„So, wie Sie sich fühlen", gab ich ihm zu verstehen. Er freute sich wirklich. Es schien mir, als ob er in letzter Zeit nicht allzu viele konzentrierte Zuhörer gehabt hatte. Also nahm er seine Geige wieder auf, stellte sich in Positur und spielte eine lustige Weise; begnadet und mit einer Fingerfertigkeit, die mich tief beeindruckte und die in seinem hohen Alter umso staunenswerter war.

Dabei kreuzten sich oftmals unsere Blicke und er lächelte mir zu, als ob wir alte Bekannte wären. Und ich lächelte und nickte zurück, bezaubert von seiner Kunst. Er spielte das Ständchen für mich allein.

„Bravo", rief ich ihm zu, als er geendet hatte, und das meinte ich ehrlich. Er verbeugte sich und sah glücklich aus.

Ich wollte ihm einen weiteren Zehn-Schekel-Schein geben, aber er wehrte ab. „Aber nein. Sie haben mir schon Ihre Gunst gezeigt. Das war eine Zugabe für die zwanzig Schekel, die Sie mir schon gegeben haben. Nicht jeder legt einen Schein in meinen Hut."

„Dann lade ich Sie zum Kaffee ein, oder?"

„Also gut, aber wir bleiben hier an meinem Platz. Dort drüben können Sie Kaffee besorgen. Ich werde inzwischen meine Sachen zusammenpacken." Er zeigte auf einen Kaffeeshop und ich beeilte mich, unserer Vereinbarung nachzukommen. Als ich mit Kaffee und Tee wieder zurückkam, war er längst fertig und wartete schon auf mich.

„Dies hier ist mein Platz. Ich stehe fast jeden Tag hier. Irgendetwas muss ich ja machen; ich habe ja auch nichts anderes gelernt, außerdem poliert das meine Pensionskasse etwas auf." Er hustete leicht und sah nicht gerade gesund aus.

Wenn er schon nicht damit anfing, dann wollte ich es jetzt also selbst wissen. „Sie haben in Frankfurt gelebt, wie lange haben Sie im Sinfonieorchester gespielt, in jener Zeit?"

Er schaute mich mit traurigen Augen an: „Begonnen habe ich 1929 am Radio-Sinfonie-Orchester Frankfurt. Dorthin hatte mich Kapellmeister Hans Rosbaud geholt. Allerdings musste ich das Orchester schon 1933 wieder verlassen. Sie verstehen." Ich verstand nur zu gut.

„Wie ging es weiter für Sie? Wie haben Sie überlebt?"

„Eine lange und bittere Geschichte", erwiderte er. „Die Zeit war schwer für mich. Bis 1937 überlebte ich durch kleinere Engagements in Frankfurt, Wiesbaden und Mannheim, dann ging ich nach Paris. Aber auch da holte mich die Zeit ein und 1943 wurde ich verhaftet und ins Lager Compiègne in Frankreich gebracht. 1944 wurden dann alle Häftlinge nach Dachau verschickt. Dort waren unglaubliche Zustände und ich weiß bis heute nicht, warum ich nicht an Typhus oder Tuberkulose gestorben bin. Ich hatte ganz einfach Glück im Unglück, obwohl ich an den Spätfolgen heute noch leide. In die Vernichtungslager im Osten konnten die Nazis mich nicht mehr bringen. Die waren ja schon in Auflösung begriffen und die Insassen wurden selbst nach Dachau deportiert. Also verblieb ich bis Ende April 1945 im Hauptlager, bis uns die Amerikaner befreiten." Er holte Luft und hustete wieder leicht.

Ich wollte ihn nicht weiter mit seiner Vergangenheit quälen, aber er fing von selbst an weiterzuerzählen. „Ich blieb bis 1947 in dem Lager. Wir organisierten eine kleine Musikgruppe, spielten Konzerte vor den Amerikanern und in München und verdienten uns so etwas Geld. Im Lager erhielt ich auch Nachricht vom Tod meiner Eltern und meiner Schwester. Alles, was ich retten konnte, ist meine Geige hier." Er klopfte zärtlich auf den Koffer. „Sie hat mich begleitet und wie durch ein Wunder konnte ich sie trotz aller Widrigkeiten behalten. Mir half, dass ich als Musiker in Lagerkapellen spielen durfte. Ich glaube, sie hat mir das Leben gerettet. Später ging ich nach Frankfurt zurück. Aber dort konnte ich nicht mehr leben. Meine Familie gab es nicht mehr. Es lag etwas zwischen der Bevölkerung und mir, das man mit Stillschweigen und Distanz beschreiben kann. Selbst die ehemaligen Nachbarn schauten weg, wenn wir uns begegneten. Was mich dazu veranlasste, zurück nach Paris zu gehen. Ich bekam dort Arbeit und lebte bis 1958 in Frankreich. Es reichte zum Überleben. Aber auch in Frankreich war das Leben für mich als Jude nicht leicht. Letztendlich emigrierte ich nach Israel, wo ich geblieben bin. Ich habe hier im Israel Philharmonic Orchestra gespielt, bis 1971 mein Gesundheitszustand das nicht mehr zuließ. Seitdem beziehe ich eine kleine Rente und schlage mich so durch."

„Bekommen Sie die Rente aus Israel?"

„Ja, in Frankreich war ich nicht versichert und aus Deutschland habe ich kaum etwas erhalten. Einmal hat mir ein amerikanisch-jüdischer Fond etwas Geld zukommen lassen. Aber es war lächerlich wenig, nachdem sie im Vorhinein mächtig Wirbel gemacht hatten. Es sollten Wiedergutmachungszahlungen in hohen Summen ausgezahlt werden. Viele von uns haben ihnen präzise ihre Lebensgeschichte zukommen lassen. Sie müssen auch sehr viel Geld bekommen haben, wie ich gelesen habe. Bei uns kam jedoch wenig an. Ich glaube, sie haben das Geld selbst in die Taschen gesteckt. Ich habe nie wieder etwas davon gehört oder etwas bekommen."

„Was machen Sie in Israel?", fragte er dann nach einer kleinen Pause.

Ich erzählte ihm von meiner Aufgabe und er hörte aufmerksam zu. „Warum können Menschen nicht einfach zusammenleben, wie sie sind, ohne einander zu hassen und zu bekriegen? Ich sage Ihnen ehrlich, es fällt mir schwer, in dieser Welt zu leben, und es fiel mir auch schwer, nach Israel zu gehen. Meine Heimat ist das nicht. Die ist da, wo Sie herkommen. Aber auch das Gefühl fällt mir schwer. Israel war das Land, wo ich dachte, mich einigermaßen sicher fühlen zu können als Jude, aber mittlerweile ist das auch nicht mehr der Fall. Nein, nein, ich bin kein Israeli und werde auch nie einer sein. In diesem Land bestimmen die Waffen. Und wer die Waffe erhebt, wird früher oder später durch sie umkommen. Ich habe das alles schon einmal erlebt. Nun bin ich müde und werde gehen. Ich gehe immer sehr früh zu Bett. Leben Sie wohl."

Er stand auf, gab mir die Hand, setzte seinen Hut auf, packte seinen Geigenkoffer und die kleine Tasche und verschwand so plötzlich, dass ich fast etwas bestürzt war. Ich folgte ihm mit meinen Augen. Er hielt nicht weit entfernt an einem Laternenmast, stützte sich daran und hustete stark. Dann packte er seine Siebensachen und war um die nächste Ecke verschwunden.

Ich blieb zurück mit einem Gefühl der Schuld. Obwohl er mir gegenüber keinerlei Schuldzuweisung geäußert hatte. Nichts hatte er angedeutet, was im Entferntesten darauf schließen ließ, dass er überhaupt jemanden schuldig an seinem Schicksal sprach. Sein persönliches Leid und seine Demut umschlossen die Schuld, die ich jetzt verspürte. Und ich muss ganz ehrlich sagen, es war das erste Mal, dass mir das in dieser Weise widerfuhr. Und wie ich da saß und über meine eigene Schuld und die Schuld eines Volkes von Nachkriegsgeborenen und die Schuld von Kindeskindern an begangenem Unrecht nachdachte, da sah ich plötzlich die Sonnenbrille des Offiziers von heute Mittag vor meinen Augen. Und dann sah ich Palästinenser, die in Reih und Glied an der Straße stehen, die Staub und Urin auflecken und mit Fußfesseln aus Gefängnistransportern gestoßen werden. Kontrolliert von Sonnenbrillen. Das war der Unterschied! Das passierte heute und jetzt. Das war gegenwärtig, Realität, jeden Tag – nicht Vergangenheit. Hier trennte keine Generation von Schuld und Unschuld. Der alte Musiker mit seiner Geige und der Offizier mit seiner Sonnenbrille; beide Israelis und doch so verschieden – sie hatten nichts, aber auch nichts gemeinsam. Der eine lebte ein unschuldiges Leben, das in Verzweiflung endete, der andere lebte ein schuldiges Leben, das Verzweiflung schuf. Auch schien es so, dass einige jüdische Glaubensbrüder auf dem Rücken der wirklichen Opfer des Holocaust gut lebten, und nicht nur das. Der ganze Staat schien gut davon zu leben, im materiellen wie im moralischen Sinn und er leitete daraus sein Existenzrecht ab. Ein Existenzrecht, das mit dem Bedürfnis begründet wurde, Juden aus der ganzen Welt eine sichere Heimstätte zu bieten, wo sie vor antisemitischer Verfolgung und Gewalt sicher seien. Sicherheit für Juden? Sicherlich ein legitimer Anspruch. Aber unter welchem Deckmantel und zu welchem Preis?

Ich blickte auf die Ben Jehuda hinunter, die in der Abendsonne lag, und stand vor diesem krassen Widerspruch, der mich noch so oft quälen sollte. Hohe geistige, künstlerische und schöpferische Leistungen, gepaart mit ziviler Lebensfreude wechselten sich radikal ab mit einer von paranoidem Gesellschaftswahn gekennzeichneten, unerbittlichen militärischen Verhaltensweise von Sonnenbrillenträgern. Zerstörung und Schöpfung in Einem. Ich griff in meine Tasche und setzte die Sonnenbrille auf – und aus dem Licht wurde Schatten.

Mir fiel ein, dass wir unsere Namen gar nicht ausgetauscht hatten. Aber dies hier war ja sein Platz und er war fast jeden Tag da, wie er gesagt hatte. Da würde ich ihn sicherlich noch öfter sehen. So oft ich aber in den nächsten Tagen, Monaten und Jahren auch auf der Ben Jehuda war und so viel ich mich auch umblickte, ich habe den alten Musiker nie wieder getroffen. Noch immer denke ich an seinem Platz an ihn zurück, wenn ich vorbeikomme.

Die Aufgabe in Hebron war beendet und wir entschieden uns alle gemeinsam, die Restmittel aus dem Projektabkommen in Ausbildungsmittel für die Abteilung Elektrotechnik einzusetzen. Dies war das Ergebnis einer kleinen Bedarfsstudie, die ich angefertigt hatte, und sollte die Abteilung in die Lage versetzen, den Ausbildungsstandard im Bereich Automatisierungs- und Motorregelungstechnik zu erhöhen. Es sollten zwei Labore angeschafft werden und das Polytechnikum verpflichtete sich, die zwei dafür ausgesuchten Räume instandzusetzen und die vorbereitenden Umbaumaßnahmen in Eigenleistungen zu erbringen. Ich erklärte mich auch auf palästinensische Nachfrage dazu bereit, die Installation der Labore persönlich zu betreuen, wenn mein Auftragsbestand mir das zum entsprechenden Zeitpunkt gestatten sollte.

Als ich im Taxi zum Flughafen saß, ging es mir wie fast immer; die Zeit war nahezu verflogen. Es war kaum zu glauben, dass bereits zwei Wochen vorbei waren. Am Flughafen angekommen wurden wir am Eingang des Geländes gestoppt. Ein Sicherheitsmann mit Maschinenpistole an der Schulter fragte auf Hebräisch, wo wir herkämen. Der Taxifahrer, ein Araber aus Jerusalem, antwortete wahrheitsgemäß und wir wurden auf einen Seitenstreifen befohlen. Es passierte erst einmal nichts. Nach einer Weile kam ein anderer bewaffneter junger Bursche mit Sonnenbrille. Im Nu hatte auch ich meine Sonnenbrille aufgesetzt. Nachdem er die Papiere des Fahrers überprüft hatte, kam er auf meine Wagenseite und gab mir zu verstehen, dass ich die Fensterscheibe herunter lassen sollte. Ich kam dem nach und er fragte auf Englisch, nachdem er meinen Pass kontrolliert hatte, von wo ich käme.

„Direkt aus Jerusalem“, erwiderte ich.

„Was haben Sie dort gemacht?“ Ich beantwortete seine Frage wahrheitsgemäß.

„Sie waren in der West-Bank?“

„Ja, im Auftrag der deutschen Botschaft.“ Er ging um das Fahrzeug herum und verlangte, dass der Kofferraum aufgemacht wurde.

„Bitte steigen Sie aus“, sagte er zu mir. Der Fahrer hielt den Kofferraumdeckel hoch und er fragte, ob das Gepäck mir gehöre. Ich wies auf meine Sachen und bestätigte das. „Bitte nehmen Sie die Sachen heraus.“ Ich tat wie verlangt und eine weitere Sonnenbrille erschien mit einem Spiegel, der unter das Fahrzeug geschoben wurde.

„Haben Sie die Koffer selbst gepackt?“

„Ja.“

„Wo?“

„Im Hotel.“

„Gehört alles, was sich darin befindet Ihnen?“

„Ja."

„Hat Ihnen jemand etwas mitgegeben?"

„Nein."

„Waren die Gepäckstücke unter Ihrer Kontrolle, seit Sie sie gepackt haben?"

„Ja."

Dann klärte er mich auf, dass er befürchten müsse, jemand habe etwas in meinem Gepäck versteckt, und er sei für die Sicherheit verantwortlich. „Bei Fragen der Sicherheit kann es keine Kompromisse geben", sagte er belehrend. „Wir müssen wachsam sein und jede Möglichkeit ausschließen."

Ich erklärte ihm, dass ich dahingehend absolut keine Bedenken hätte. Mittlerweile wurde das Taxi von zwei Leuten komplett untersucht.

„Sagen Sie das nicht so einfach. Es gibt viele Terroristen in Hebron, die man auf den ersten Blick nicht erkennt", sagte er wohl wissend und belehrend.

„Ja", erwiderte ich. „Drei habe ich selbst gesehen. Zwei große und einen kleinen. Sie trugen alle eine Kippa Sruga auf dem Kopf. Sie wollten mir an die Gurgel."

Er schaute mich an und ich war froh, meine Sonnenbrille aufgesetzt zu haben. So stand ich mit ihm auf gleicher Augenhöhe.

„Sie machen Scherze? Das ist nicht zum Scherzen", bekam ich aus geschultem Mund zu hören.

„Ich scherze nicht. Es ist das, was ich erlebt habe."

„Das sind doch keine Terroristen."

„Es kommt immer darauf an, wie man ein Wort definiert und wer das Wort gebraucht. Wenn jemand mit seinen Waffen Angst verbreitet, Leute auf offener Straße erschießt, Busanschläge plant und Fahrzeuge in die Luft sprengt, dann ist er in meinen Augen ein Terrorist, auch wenn er dafür nicht zur Verantwortung gezogen wird und das entsprechende Wort so auch öffentlich in seiner Gesellschaft nicht für ihn verwendet wird. Waren Sie jemals in Hebron?"

„Aber nein", antwortete er. „Das ist viel zu gefährlich."

„Dann lassen Sie es auch besser bleiben. Denn Ihre Landsleute da oben sind auch heiß auf euch aus Tel Aviv. Gesindel und verdorbenes Pack – das haben sie mir jedenfalls genau so gesagt."

Nun wusste er gar nicht mehr, was er antworten sollte. Seine Unsicherheit äußerte sich darin, dass er mir meinen Pass zurückgab und die Befragung einstellte. Da auch das Taxi keine Beanstandungen aufwies, konnten wir einsteigen und weiterfahren. Das Ganze hatte fast zwanzig Minuten gedauert. Ich schaute auf die Uhr. Es war noch Zeit genug.

Im Terminal angekommen, sah ich schon die Schlange, die sich in einem abgesteckten Eingangsbereich zum Lufthansaschalter befand. Das lag jedoch nicht am Schalterpersonal, sondern daran, dass die Reisenden durch Sicherheitsleute aufgehalten wurden. Wer durch diese Befragung durch war, wurde am Schalter selbst schnell bedient. Es ging also wieder los. Egal, dachte ich mir, in jedem Fall bin ich jetzt als Flugpassagier erkannt und die Maschine wird schon auf mich warten. Ich stellte mich also in die Reihe mit dem Schild „Frankfurt LH" an. Fünfzehn Minuten vergingen erneut und dann stand ein junges Mädchen vor mir und fragte, wohin ich fliege.

„Na, nach Frankfurt", sagte ich und verwies auf das Schild am Eingang. „Sonst stünde ich doch nicht hier."

Sie verlangte meinen Pass und das Ticket. Dann folgte die gleiche Leier ums Gepäck und meinen Anreiseweg wie schon vorhin. „Was haben Sie in Israel gemacht?", kam sie endlich zur Sache.

Mir hing zwar das ewige Wiederholen zum Hals raus, ich gab jedoch wiederum wahrheitsgemäß Auskunft. Naiver Trottel, dachte ich bei mir, als ich mir die Mühe machte, alles ausführlich zu wiederholen. Sie ließ mich ausreden und sagte, sie komme gleich wieder. Das passierte auch, allerdings in Begleitung einer anderen Sicherheitskraft und eines jungen Kerls mit Glatze, der leger in Jeans und mit einem weiten Hemd über die Hose bekleidet war.

„Nehmen Sie Ihr Gepäck und kommen Sie mit", sagte die zweite dann. Es ging zu ein paar Tischen, die nicht weit entfernt an der Wand standen, jeweils so, dass ein wenig Platz bleib, um sich dazwischenzustellen.

„Legen Sie die Koffer auf den Tisch und öffnen Sie das Gepäck", hörte ich sie sagen und ich registrierte deutlich, dass sich ihr Tonfall im Vergleich zu dem ihrer Vorgängerin, die verschwunden war, radikal verändert hatte. Der Skinhead stand seitlich hinter ihr und beobachtete mich genau. Er hatte seine rechte Hand auf die Taille gelegt. Dadurch erkannte ich die Ausbeulung, die vorher durch sein weites Hemd verborgen geblieben war. Er hatte die Hand auf einer Pistole liegen.

Als ich meine beiden Koffer geöffnet hatte, fragte sie: „Gehört das alles Ihnen?"

„Ja."

Sie fing an meine Sachen zu durchsuchen und siehe da, es war erneut mein Rasierapparat, der ihr nicht gefiel. Wie schon an der König-Hussein-Brücke vor einem halben Jahr. Das Modell war allerdings auch nicht das neueste und fiel allein durch seine Größe auf. Gleichen Argwohn erregten mein Laptop, den ich mir kürzlich zugelegt hatte, sowie die dazu gehörige elektrische Aufladeeinrichtung.

„Was sind das für Papiere?"

„Die gehören zu meinem Auftrag." Als sie jetzt anfing, meine Unterlagen auseinanderzureißen, wurde ich langsam unruhig. „Das muss untersucht werden", sagte sie und verschwand. Der Bursche blieb da und stellte sich im Abstand von nur einem Meter direkt vor mich hin, in der gleichen Haltung mit der Hand am Gürtel, die er schon vorher eingenommen hatte. Ich sah in sein Gesicht und er blickte mich unvermindert an. Die Situation machte mich nervös und der Spaß hörte langsam auf. Nach einer kurzen Zeit erschien die Sicherheitskraft mit Verstärkung und die beiden jungen Damen nahmen die elektrischen Geräte sowie meine schriftlichen Unterlagen auf, um sich mit ihnen zu entfernen.

„Halt", rief ich. „Ich werde mitgehen. Ich will, dass die Sachen später auch noch funktionieren und alles beisammen bleibt." Während ich das sagte, wollte ich an dem Kerl vorbei. Im Nu hatte der die Pistole gezogen und hielt sie mir direkt auf die Brust.

„Du bleibst hier. An die Wand!" Ich dachte ich sei im Film, allerdings war ich hier mittendrin, nicht nur als Zuschauer bei einem Agententhriller. Das ging ja wohl etwas zu weit. Mein Protest erstarb jedoch auf meinen Lippen, als er „Zurück" zischte und mit der Pistole seiner Forderung Nachdruck verlieh. Als er sich dann wieder direkt vor mir platzierte, ich mit dem Rücken an der Wand, änderte ich von nun an auch meinen Ton.

„Hör zu, mein Freund. Ich arbeite für die deutsche Botschaft in Tel Aviv“, übertrieb ich etwas. „Wenn du keinen Ärger haben willst, dann wirst du dich augenblicklich ein wenig zurückziehen. Dein Atem ist schlecht.“ Ich merkte, wie er zuckte. Er hätte mich zu gern zur Brust genommen, aber das Wort Botschaft hielt ihn wohl davon ab. Ich denke, er hoffte inständig, dass er mir das noch heimzahlen konnte. Auf jeden Fall ging er nun zwei Schritte zurück, ließ mich aber nicht aus den Augen. Ich bemerkte, dass mittlerweile auch andere Passagiere, die nur wenige Meter entfernt in der Warteschlange standen, auf die Szene aufmerksam geworden waren und uns erschreckt beobachteten.

„Terrorist“, hörte ich eine ältere Frau auf Deutsch zu ihrer Nachbarin sagen. Die andere nickte ihr zu und erwiderte: „Gott sei Dank! Was alles hätte passieren können!“ Beide beobachteten mich mit einer Mischung aus Abscheu und Angst. Da stand ich nun als Schwerverbrecher. Nicht zu glauben, wie schnell man in ein Schema gepresst werden konnte. Das Bürschchen hatte die Pistole mittlerweile wieder verdeckt, aber griffbereit unter sein Hemd gesteckt; er beobachtete mich scharf. Bei der kleinsten Bewegung von mir zuckte er auf und nur der Blick auf meine Uhr brachte ihn in allerhöchste Alarmbereitschaft. Ich hatte mich mittlerweile seitlich auf den Tisch gesetzt, aber der Kerl stand vor mir, geschlagene dreißig Minuten. Angenehm fühlte ich mich dabei nicht und langsam tat mir auch der Rücken weh.

Endlich erschienen die beiden jungen Damen wieder und die eine flötete überfreundlich: „Entschuldigung, wir bitten vielmals um Entschuldigung. Aber Sie wissen ja, der Terrorismus. Ihre Sachen sind in Ordnung.“ Damit schien für sie alles erledigt zu sein und beide begannen, mein Gepäck wieder einzuräumen. Mein Freund, der seine Pistole wieder sicherte und verstaute, wollte sich zurückziehen. Ich ging einen Schritt auf ihn zu und sagte, so dass auch seine beiden Kolleginnen das hörten: „He, Skinhead, Zähne putzen nicht vergessen.“ Er hatte mir schon den Rücken zugekehrt, aber seine Körperspannung verriet mir, dass er sich nur schwer im Zaum halten konnte, und seine Ohren waren plötzlich knallrot angelaufen. Er ging davon, ohne sich umzublicken. Die beiden, die mit meinen Koffern beschäftigt waren, sahen sich an, verrichteten aber ihre Arbeit ohne Kommentar. Und ich fühlte mich sehr viel besser.

„Nochmals Entschuldigung", sagte die eine und führte mich, nachdem alles verstaut war, zum Einchecken. Mittlerweile war die Schlange verschwunden und man wartete am Schalter nur noch auf mich. Es war höchste Eisenbahn. Ich wurde im Eiltempo abgefertigt und abgestempelt, immer begleitet von der jungen Beamtin, und stand nach den Ausreiseformalitäten am Ende in der Abflugwartehalle. „Bitte zum Ausgang elf. Ich wünsche Ihnen einen schönen Flug", sagte sie noch und entschwand mit einer nochmaligen Entschuldigung aus meinem Gesichtsfeld. Das alles hatte mich so in Beschlag genommen, dass ich kaum bemerkt hatte, wie die Zeit vergangen war. Es waren fast zwei Stunden vergangen, seit ich das Terminal betreten hatte. Ich war der letzte Passagier, der den Bus zur Maschine betrat. Als ich im Flugzeug an den beiden älteren deutschen Damen im Gang vorbeikam, sagte ich: „Sehen Sie, kein Terrorist. Nur einfach so abgestempelt worden. Das geht schneller, als man denkt. Passen Sie in Zukunft auf, dass Ihnen das nicht auch passiert." Die beiden holten tief Luft und schauten entrüstet zur Seite.

Während des Fluges dachte ich über das Erlebte nach. Was mir hier und heute passiert war, konnte ich selbst mit einem Achselzucken leicht unter der Rubrik „Abenteuer" abhaken. Letztendlich war ich mir ja jederzeit sicher gewesen, trotz aller Unannehmlichkeiten heil aus der Sache herauszukommen. Daher konnte ich auch, wenn es zu arg kam, entsprechend reagieren und musste mir beileibe nicht alles gefallen lassen. Von daher hatte ich auch ein Schmunzeln auf den Lippen, wenn ich an den bissigen Pistolenträger zurückdachte, dem wohl nicht nur die Röte in seinen Glatzkopf, sondern auch ein gehöriges Stück Wut in seinen Bauch gefahren war. Nur allein der Kontakt zu Palästinensern und das Wort Hebron und West-Bank hatten eine Situation ausgelöst, die Sicherheitsmaßnahmen heraufbeschwor, die völlig überzogen und unangemessen waren. Wenn ich meinen Auftrag nicht wahrheitsgemäß erwähnt hätte, wäre ich wohl als ganz normaler Passagier abgefertigt worden. Allein Kontakt mit Palästinensern machte also schon suspekt. Um wie viel anders musste da die Situation für Palästinenser selbst sein, die keinerlei Möglichkeit hatten, sich in irgendeiner Weise gegen die Repressalien dieser Sicherheitsmaßnahmen zu wehren.

Ich hatte also zweierlei gelernt. Erstens war es nicht klug, wahrheitsgemäß zu erwähnen, dass man Kontakt mit Palästinensern hatte, und zweitens musste man sich entsprechend wehren, wenn die Situation zu unerträglich wurde.

Zu Hause angekommen entdeckte ich am nächsten Morgen dann doch noch den persönlichen Schaden, um den ich nicht umhingekommen war. In der ganzen Aufregung hatte ich vergessen, meine Sachen auf ihre Funktion zu kontrollieren. Der alte Rasierapparat war defekt und ich entdeckte grobe Spuren eines Schraubenziehers, der unsachgemäß dafür gesorgt hatte, das Gehäuse aufzubrechen, um an sein Innenleben zu gelangen. Der Schreck, den ich allerdings sofort in Bezug auf meinen Laptop verspürte, sollte sich Gott sei Dank als unbegründet erweisen. Mein Ärger hielt sich daher in Grenzen, aber ich nahm mir vor, das vorsintflutliche Gerät zu behalten, um es bei Gelegenheit vielleicht doch noch einmal hervorzuziehen.

Und diese Gelegenheit ergab sich für mich gut ein Dreivierteljahr später, und zwar vollkommen unerwartet. Im Herbst 1993 war mir eine Stelle an dem Lehrerfortbildungsinstitut in Aden im Jemen angeboten worden, an dessen Projektentwicklung ich schon mitgearbeitet hatte, und meine Familie und ich hatten uns entschlossen, das auch anzunehmen. 1990 waren die Jemenitische Arabische Republik im Norden und die sozialistische Volksdemokratische Republik Jemen im Süden zur Republik Jemen vereinigt worden. Das Ganze war auch im Zusammenhang mit dem Zusammenbruch des Ostblocks geschehen. Im Jahr 1993 hatte es zwar erstmals demokratische Wahlen gegeben, aber eine Beruhigung auf politischer Ebene zwischen Sozialisten und Reformern war nicht eingetreten. Der Start des Projekts und unsere Ausreise verzögerten sich daher. Bis eine politische Beruhigung der Situation im Jemen eingetreten war, war mit einer Ausreise nicht zu rechnen. Wir verfolgten daher gespannt die Nachrichten aus dem wilden Land, und als im März 1994 ein internes Abkommen für Versöhnung geschlossen wurde, war die Ausreise auf Sommer festgesetzt.

Im gleichen Monat März war aufgrund meiner Studie zur Berufsbildung in Ost-Jerusalem von einem großen internationalen Geber die Bereitschaft geäußert worden in diesem Bereich tätig zu werden. Um die Wartezeit bis zum Sommer zu überbrücken, nahm ich also den Auftrag an detailierte Projektvorschläge auszuarbeiten.

Ich landete also am 11. April 1994 wieder in Tel Aviv. Mein Aufenthalt war bis Ende Mai festgesetzt. Mit im Gepäck war ein Schreiben der israelischen Botschaft in Bonn, das mich als Angehörigen der deutschen Botschaft in Tel Aviv mit Arbeitsauftrag ausgab. Und mit im Gepäck hatte ich natürlich meinen defekten Rasierapparat.

Mit dem Schreiben ging ich durch die Einreiseformalitäten wie Butter. Keine Fragen, keine Erklärungen, kein Terroristenverdacht. Als mein Weg freigegeben war, ersuchte ich jedoch den Chef des Sicherheitsbereiches zu sprechen. Dem Erstaunen des Personals und meinem Beharren auf dem Verlangen folgte der Weg zu seinem Büro abseits der Ankunftshalle. Ein paar kurze hebräische Worte zwischen meinem Begleiter und dem Chef, und jener fragte mich dann nach meinem Begehr. Ich legte ihm den Rasierer vor und erklärte ihm den Ablauf der Sicherheitskontrolle von jenem Tag. Die Sache war ihm hoch peinlich, auch und wahrscheinlich gerade deshalb, weil er wusste, dass ich mit der Botschaft zu tun hatte.

„Überhaupt kein Problem. Sie bekommen das Gerät selbstverständlich ersetzt“, so war seine spontane Entscheidung. Dann gab er entsprechende Anweisungen und ich ging mit meinem Begleiter zurück in die Halle. Dort sollte ich ein Formblatt ausfüllen, um damit später in der Ankunftshalle zu einem Bankschalter zu gehen, wo mir der Schaden, den ich selbst beziffern konnte, ersetzt werden sollte. Ich trug also alles Erforderliche ein und übergab das Schreiben, um es abstempeln zu lassen.

Nach einer Weile kam der junge Mann aufgeregt zurück: „Ihnen ist ein Fehler unterlaufen“, sagte er und drückte mir den Zettel wieder in die Hand. „Da steht 10.000 $ drauf.“

„Richtig, das ist der Wert des Rasierers“, gab ich ihm im vollen Ernst zurück.

Er sah mich ungläubig an und wusste nicht, was er machen sollte. Er führte mich zurück zu seinem Chef. Der fragte mich, ob dies ein Scherz sei, und ich verneinte.

„Dies ist ein gewöhnlicher Rasierapparat. Wie kommen Sie auf 10.000 $?“

„Das Gerät ist ein Erbstück meines Vaters. Es ist so alt, dass ich ein solches Teil heutzutage gar nicht mehr kaufen kann. Eine seltene

Antiquität. Es ist also sein ideeller Wert. Das hat natürlich seinen Preis“, entgegnete ich bestimmt.

Der gute Mann hatte jetzt ein echtes Problem. Er stand hinter seinem Tisch auf und nahm den Rasierer in die Hand. „Ich kann Ihnen doch keine 10.000 $ dafür geben. Unmöglich.“

„Dann hätten Sie ihn nicht zerstören dürfen.“ Er schaute mich an und ich hatte das Gefühl, dass er langsam begann zu begreifen, dass es mir gar nicht wirklich um eine Entschädigung ging, sondern darum aufzuzeigen, mit welchen Methoden diese Sicherheitsabläufe hier verbunden waren.

„Wir sind angehalten, elektronische Geräte zu untersuchen. Das geschieht auch zu Ihrer Sicherheit.“

„Untersuchen ja, zerstören sicherlich nicht.“

„Das passiert schon mal. Das ist keine Absicht.“

„Dann müssen Sie das Personal auswechseln oder dafür zahlen.“

„Aber doch keine 10.000 $“, sagte er.

„Den ideellen Wert eines Gegenstandes für einen einzelnen Menschen können Sie kaum selbst bestimmen.“

„Wie viel wollen Sie also jetzt dafür?“

„Na, wie hier steht: 10.000 $“, beharrte ich.

Es wurde ihm langsam zu viel. Ich merkte, wie er begann zu überlegen, wie er aus der Sache herauskam. „Ich mache Ihnen einen Vorschlag ...“

„Aber bitte“, unterbrach ich ihn.

„In Fragen der Sicherheit gibt es keine Kompromisse. Das sind Worte Ihrer Sicherheitskräfte. Für mich gab es an jenem Tag keine Kompromisse und auch heute gibt es keine Kompromisse.“

„Ich kann Ihnen keine 10.000 $ dafür geben.“

„Dann wird der Staat Israel auf ewige Zeit in meiner Schuld stehen. Nicht nur moralisch wegen der Behandlung, sondern jetzt auch noch finanziell. Ich gehe davon aus, dass Sie mir eine entsprechende Schuldverschreibung nicht ausstellen. Oder?“ Bevor er darüber nachdenken und antworten konnte, fuhr ich fort: „Behalten Sie das Ding als ewige Erinnerung an das, was hier angerichtet wird, und machen Sie sich Gedanken darüber. Ich will kein Geld von Ihnen und mir genügt auch keine Entschuldigung. Erklären Sie Ihren Leuten, dass solche Kontrollen auch unter Wahrung eines Minimums an Würde durchgeführt werden können. Nicht jeder ist ein Terrorist, den Sie dazu abstempeln. Behandeln Sie die Menschen entsprechend. Guten Tag."

Wie mir später berichtet wurde, war ich nicht der einzige Ausländer, der sich über die überzogenen und willkürlichen Sicherheitsmaßnahmen beschwert hatte. Gefruchtet hatten diese Proteste nicht und auch jetzt würde sicherlich nichts geschehen. Entscheidend war jedoch, dass sich überhaupt jemand beschwerte. Das zeigte ihnen auf, dass sie nicht mit jedem machen konnten, was sie wollten. Nicht jeder war ein Palästinenser. Ich hatte auf dem Absatz kehrtgemacht und war aus dem Büro des Chefs verschwunden, ohne mich noch einmal umzublicken. Meine Stimmung war außergewöhnlich gut.

Das Verhalten des Chefs und seine offensichtliche Unsicherheit entsprachen vielleicht auch der allgemeinen Unsicherheit, die die israelische Gesellschaft während dieser Zeit erfasst hatte. Das Land befand sich in einer entscheidenden Phase seiner Geschichte. Das war zurückzuführen auf die Fortschritte eines Friedensprozesses im Nahen Osten, der im letzten Jahr eine enorme Eigendynamik entwickelt und die israelische Gesellschaft in einen inneren Zwiespalt geführt hatte. Die lange, dunkle Phase des libanesischen Bürgerkriegs[157], der desaströse militärische Auftritt Israels im libanesischen Kriegsgeschehen, das Scheitern einer amerikanischen Nahostpolitik mit dem so genannten Friedensplan von US-Präsident Reagan, der den strategischen Konsens unter der Vormacht Amerikas vorsah, und der Beginn der Intifada in den besetzten Gebieten hatte nach einem der blutigsten Jahrzehnte in Nahost die internationale Gemeinschaft aufgerüttelt. Ersten vorsichtigen Kontakten während der Madrider Friedenskonferenz 1991 zwischen israelischen, syrischen und libanesischen Delegationen folgten eine Reihe von Nahost-Gesprächen in Washington, an denen erstmals auch die PLO teilnahm. Eigentliche Grundlage dafür war der Regierungswechsel nach den israelischen Parlamentswahlen vom Juni 1992, bei dem der neue israelische Ministerpräsident Jizchak Rabin, Vorsitzender der Arbei-

[157] 1975 bis 1990

terpartei, das Amt von seinem Vorgänger Schamir[158] vom konservativen Likud-Block übernahm. Er verfolgte anfangs zwar eine ungeteilt harte zionistische Politik, die sich jedoch mit der Zeit kompromissbereiter gab als die unbeugsame, maximalistische seiner Vorgänger. Lernte Israel wirklich dazu oder saß nur der Libanonstachel noch zu tief? Die PLO war geschwächt, nicht nur durch die Parteinahme für den Irak im Krieg um Kuwait 1991. Den permanenten Bemühungen der PLO seit den Siebzigerjahren, in Verhandlungen mit Israel einzutreten, entsprach Rabin, indem er die Weichen für bilaterale Gespräche stellte, als er am 19. Januar 1993 die Aufhebung des israelischen Gesetzes über ein Kontaktverbot mit der PLO durchsetzte. Es folgten, nachdem Israel den Palästinensern gar Autonomie in den besetzten Gebieten in Aussicht gestellt hatte, im August 1993 Geheimverhandlungen mit Israel in der norwegischen Hauptstadt Oslo. Unmittelbares Ergebnis daraus war erst einmal die Isolation der PLO von ihren arabischen Partnern. Ein angenehm leichter Verhandlungspartner also für Israel, der sich dadurch zusätzlich durch schwere interne Differenzen über den weiteren Kurs bei den Friedensverhandlungen schwächte.

Bei den Gesprächen wurde die Teilautonomie in einer Selbstverwaltung für Gaza und Jericho diskutiert. Nach Syrien erklärte dann auch der jordanische König Hussein Anfang September seine Unterstützung für die geplante Teilautonomie in Gaza und Jericho. Die Vereinigten Staaten, die Europäische Gemeinschaft und die Golf-Scheichtümer stellten sofort hohe finanzielle Beiträge in Aussicht. Es schien, als habe ein wirklicher Friedensprozess begonnen. Der Westen war zufrieden. Allerdings demonstrierten zeitgleich schon Zehntausende rechtsgerichteter Juden in Israel gegen das geplante Autonomieabkommen und lieferten sich Straßenschlachten mit der Polizei. Das Licht im Tunnel wurde also schon überschattet, als es noch gar nicht richtig brannte. Trotzdem setzten PLO-Chef Jassir Arafat und Rabin die Einigung über die gegenseitige Anerkennung in ihren Lagern durch. Die PLO erkannte am 9. September das Recht des jüdischen Staates auf eine Existenz in sicheren Grenzen an und Israel die PLO als alleinige Vertreterin des palästinensischen Volkes. Mit großem Brimborium war dann am 13. September 1993 in Washington das Autonomieabkommen für Gaza und Jericho von Israel und

[158] Siehe Index 1 – Personenregister

der PLO unterzeichnet worden[159]. Das Bild von Rabin und Arafat, die sich die Hand geben, und zwischen beiden US-Präsident Clinton, der sie brüderlich umarmt, ging um die Welt. Der Westen war zufrieden.

Was dabei auffällt, ist, dass die „Existenzrecht"-Forderung der Israelis, um in Gespräche mit der PLO einzutreten, weit über die der Palästinenser hinausgeht, die nur besagt, dass Israel die PLO als Vertreter des palästinensischen Volkes anerkennt. Um es klar auszudrücken, von einem Existenzrecht Palästinas ist hier keine Rede. Man kann eine institutionelle Struktur (Staat oder Organisation) durchaus als ihren Vertreter ansehen, ohne dadurch die Struktur auch zu legitimieren. Ebenfalls bedenkenswert ist die eigentliche Forderung nach einer „legitimen Existenz" Israels. Anerkennung und Existenzrecht sind zwei völlig verschiedene Dinge. Kein Staat dieser Welt hat von der internationalen Gemeinschaft jemals ein Existenzrecht erhalten. Die USA erkannten die Sowjetunion und ihre zwangsweise eingegliederten Volksgemeinschaften an, hätten aber niemals einem Existenzrecht in diesen Grenzen zugestimmt. Im internationalen Recht gibt es gar keinen Begriff von „staatlicher Legitimität" oder dem „Recht auf Existenz". Staaten erlangen kein legitimes Existenzrecht, wenn sie durch wechselseitige Anerkennung diplomatische Kontakte pflegen. Auch hat noch niemals zuvor ein Staat eine Existenzrechtforderung an andere gestellt. Die Akzeptanz dieser geschichtlich einmaligen Forderung konnte damals nur durch einen enormen Druck auf die PLO erreicht werden und ist ein Beweis für die Schwäche des israelischen Verhandlungspartners. Der Ärger in der arabischen Welt ist also verständlich. Es bleibt festzuhalten, dass die Palästinenser ein Recht auf Selbstbestimmung nicht erhalten haben, die Israelis jedoch das selbst bestimmte Recht auf die legitime Vertreibung der palästinensischen Bevölkerung aus ihren Heimatgebieten. Die Flüchtlingsbescheinigungen der UNO von 1950 waren damit praktisch Makulatur. Die Flüchtlinge von 1948 hatten endgültig ihr Eigentum ersatzlos verloren. Die Bevölkerung Palästinas stand also nicht auf der Gewinnerseite. Die PLO hatte für sich selbst allerdings ein wichtiges strategisches Ziel erreicht – sie hatte die Tür nach Palästina aufgestoßen und war aus der internationalen Ächtung in kurzer Zeit wie Phönix aus der Asche aufgestiegen. Das war das Opfer wert gewesen. Die Menschen auf beiden Seiten waren von der Geschwindigkeit der

---

159 Siehe Index 14 – Oslo-Verträge

Verhandlungen überrollt und Skepsis und Unsicherheit machten sich breit. Die Israelis aus einer anerzogenen Paranoia mit der festen Überzeugung, dass man Arabern nicht trauen konnte, und die Palästinenser aus den Erfahrungen der Vergangenheit mit den Israelis und der festen Überzeugung, dass für sie selbst daraus keine Verbesserungen entstehen würden. Das äußerte sich dann auch unmittelbar nach Vertragsabschluss. Rabin geriet nicht nur durch rechtsradikale Siedler unter immensen internen Druck, als in den Folgemonaten eine Serie wahlloser palästinensischer Attentate und Anschläge auf israelische Soldaten, Zivilisten und Einrichtungen verübt wurde, die der Hamas und dem Islamischen Dschihad zugesprochen wurden, und Arafat musste erkennen, dass er nicht im Namen aller Palästinenser unterzeichnet hatte. Die Hamas-Bewegung war zu einem gefährlichen Gegenspieler für ihn geworden; zwei maskierte Männer erschossen im Oktober 1993 in Gaza PLO-Funktionär Assad Saftawi, einen engen Vertrauten Arafats.

Die Hamas hatte sich 1988 aus der Moslembruderschaft gegründet mit dem Ziel, neben dem jahrelangen sozialen und karitativen Engagement in Palästina auch einen kämpfenden Arm zum politischen Widerstand gegen Israel zu formieren. Seit den Siebzigerjahren wurde die bis dahin gewaltlose Muslimbruderschaft, die wichtigste islamische Bewegung in Gaza und in Einschränkungen auch im Westjordanland, nicht nur von Israel anerkannt, sondern war auch als ungefährlicher Gegenpol zur weltlichen Al Fatah-Bewegung [160] von Jassir Arafat unterstützt worden. Der Zeitung United Press International zufolge „mögen Israel und die Hamas aktuell Todfeinde sein, aber verschiedenen jetzigen und ehemaligen US Geheimdienstbeamten zufolge, gab Tel Aviv der Hamas, beginnend in den späten 70'ern, über Jahre hinweg direkte und indirekte finanzielle Hilfe."[161]

Gefährlicher als die streng religiöse Muslimbruderschaft war für Israel zu diesem Zeitpunkt nämlich die weltlich orientierte Al Fatah, weil sie den Anspruch auf eine palästinensische Nation formuliert

---

160 Siehe Index 5 – PLO. Fatah ist die Abkürzung von حركة التحرير الوطني الفلسطيني, arabisch für *„Bewegung zur nationalen Befreiung Palästinas"*. Die Anfangsbuchstaben ergeben zusammengesetzt und rückwärts gelesen das arabische Wort futuh *„Öffnung, Eroberung, Sieg"*.
Die Anfangsbuchstaben, vorwärts gelesen, hätten das Akronym für das arabische Wort hatef *„Tod"* ergeben. Daher die Lesewendung rückwärts.

161 Richard Sale, *United Press International*, 18. Juni 2002

hatte. Immer wieder hatte Israel Vorschläge der PLO und der arabischen Staaten für eine Zweistaatenlösung ausgeschlagen[162]. Die Meinung des Anführers Ariel Scharon zur Beseitigung eines palästinensischen Nationalcharakters haben wir ja schon kennen gelernt[163]. Wie eminent wichtig das für die zionistischen Maximalisten war, geht aus einem Schreiben von Harold Saunders, Insider und Mitglied des nationalen US-Sicherheitsrates Mittlerer Osten und des US-Außenministeriums für nahöstliche und südasiatische Angelegenheiten hervor: „Angesichts einer substantiell geschwächten PLO würde – so rechnete sich die politische Führung Israels aus – die palästinensische Bevölkerung im Westjordanland und im Gazastreifen bei fehlender moralischer Unterstützung von außen die dauerhafte israelische Kontrolle schließlich akzeptieren, während Israelis große Teile dieser Bevölkerung dazu bewegen oder nach und nach zwingen könnten, über den Jordan nach Jordanien auszuwandern ... Mithin ging es darum, ob eine organisierte politische Bewegung der Palästinenser überleben würde, die Friedensverhandlungen zwischen Israel und Palästina als gleichberechtigten Völkern führen könnte ... es sollte die Hoffnung der Menschen im Westjordanland und im Gazastreifen auf eine erfolgreiche Konstituierung des palästinensischen Volks zu einer Nation ein für alle Mal zerstören ... es sollte jeglicher Widerstand gegen die totale israelische Kontrolle brechen und das Leben für alle, die ihre Freiheit und politische Selbstbestimmung wertschätzten, so schwierig machen, dass sie letztlich nach Jordanien auswandern würden.“[164]

Israel wollte also gar keine Friedensverhandlungen. Es konnte sie nicht gebrauchen. Die Ziele der reaktionären und revisionistischen Kräfte Israels mit der Annexion der besetzten Gebiete und der finalen ethnischen Säuberung ganz Palästinas waren mit Friedensverhandlungen nicht umsetzbar. Von daher war der Paradigmenwechsel Rabins von gewaltigen dogmatischen Ausmaßen. Rabin war früher einer von ihnen gewesen. Arbeiterpartei oder Likud – ideologisch war das egal. Aber jetzt – der Verrat an der zionistischen Doktrin war ungeheuer!

Die Muslimbruderschaft hatte sich jedoch verändert. Ziele und Methoden standen zur Diskussion, als die Rettung des palästinensi-

---

[162] Januar 1976 und September 1982

[163] Vgl. Fußnote 121

[164] Vgl. auch Bibliographie: Noam Chomsky, *Offene Wunde Nahost*

schen Heimatlandes immer aussichtsloser erschien, der Druck auf die Bevölkerung immer größer wurde. Aus ihren Reihen waren Leute hervorgegangen, die in der Ineffizienz der PLO und in der Wehrlosigkeit ihrer eigenen religiösen Gemeinschaft den Grund für den drohenden Verlust des übrig gebliebenen Rests ihres Heimatlandes erkannten. Angespornt vom massiven Widerstandswillen der jungen Generation der Intifada und getrieben von ihren radikalen religiösen (Wahn-)Vorstellungen gründeten sie die Hamas. Dass jene mit der PLO auf Dauer nicht kooperieren konnte, ist den religiösen Zielen auf der einen und den weltlichen auf der anderen Seite zuzuschreiben. Während die PLO seit 1969 das Ziel der Errichtung eines laizistischen Staates Palästina verfolgt, gehen die Bestrebungen der Hamas in Richtung eines islamischen Gottesstaats. Sie sieht sich als Teil einer globalen islamischen Bewegung, die dazu bestimmt ist, die Etablierung eines islamischen Staates in der ganzen westlichen und arabischen Welt herbeizuführen. Die Eroberung Palästinas müsse hierfür der erste Schritt sein. Inhaltlich weicht die Charta der Hamas nicht von den Positionen der Muslimbruderschaft ab, allerdings verlegt sie den Schwerpunkt von der Wandlung der Gesellschaft auf die Palästinafrage und den Dschihad[165]. Einig waren sich PLO und Hamas allerdings zu dieser Zeit in der Bekämpfung und Zerstörung Israels.

Die Charta der Hamas bezeichnet die PLO als Bruder, Verwandten oder Freund der islamistischen Bewegung und betont, sie habe die gleichen Ziele, dasselbe Schicksal und den gemeinsamen zionistischen Feind. Gleichzeitig kritisiert sie aber die weltliche Ausrichtung der Agenda der PLO. Ablehnung innerhalb der Hamas findet auch die Zustimmung der PLO zu den UN-Sicherheitsratsresolutionen 242 und 338[166]. Frustriert über die Nutzlosigkeit internationaler Friedenskonferenzen, ihre westlich ausgerichteten Nahost-Schlichter und die permanente unverfrorene Nichtbeachtung von UN-Resolutionen durch Israel mit der Veto-Unterstützung der USA im Sicherheitsrat sieht die Hamas den Dschihad als alleiniges Mittel, Palästina zu befreien. Alles andere wird als Zeitverschwendung und vergebliches Bemühen abgelehnt. Ihr Verhältnis zu anderen Religionen versteht

---

[165] Von **جهاد,** arabisch für „*Anstrengung, Kampf*".
Gemeint ist **الجهاد في سبيل الله**, arabisch für „*die Anstrengung/ der Kampf auf dem Wege Gottes*"

[166] Siehe Index 11 – UN-Resolutionen

die Hamas nur „unter den Fittichen des Islam[167]". Anhänger anderer Religionen könnten sicher und unter dem Schutz von Lebensart, Eigentum und Rechten leben. Artikel 6 der Charta besagt: „Ohne den Islam komme Uneinigkeit auf und gedeihen Ungerechtigkeit und Korruption."

Sehr viel extremer ist da die Haltung gegenüber Juden. Während die PLO-Nationalcharta Juden, die vor dem Beginn der zionistischen Invasion in Palästina ansässig waren, als Palästinenser mit gleichen Rechten ansieht, beschreibt die Hamas in Artikel 7: „Die Stunde des Gerichtes wird nicht kommen, bevor Muslime nicht die Juden bekämpfen und töten, so dass sich die Juden hinter Bäumen und Steinen verstecken und jeder Baum und Stein wird sagen: Oh Muslim, oh Diener Allahs, ein Jude ist hinter mir, komm und töte ihn!"

Ein Kommentar dazu bleibt überflüssig. Die Reaktionen in der jüdischen und der Schock in der übrigen Welt waren entsprechend.

Umso verblüffender nach dieser Erkenntnis sind die Verwicklungen des israelischen Inlandsgeheimdienstes Shin Bet in den Aufbau und die Förderung dieser Organisation, da sich ja die religiösen Ziele der Hamas von denen der Muslimbruderschaft kaum unterscheiden. Es begann schon im Jahr 1978, als der Menschenfreund und damalige Ministerpräsident Menachem Begin Sheikh Ahmad Yassin[168] auf seine Anfrage hin erlaubte, die Islamic Association zu gründen, die 1988 die Hamas als politischen Arm herausbilden sollte. Die israelische Likud-Partei machte Yassin groß, denn beide hatten dasselbe Ziel: Arafats Fatah zu destabilisieren. Die Überlegung, eine konkurrierende Partei einzuführen, sollte die Unterstützung der Bevölkerung für die PLO mindern. Der Anführer Ariel Scharon spielte eine Schlüsselrolle bei der Entwicklung dieser Strategie. Und das hatte weitere enorme Vorteile. Nach der ersten Welle der Anschläge später

---

167 Der Ausdruck „unter den Fittichen des Islam" bedeutet, dass Nicht-Muslime innerhalb eines islamischen Staates gegen die Entrichtung einer speziellen Kopfsteuer (Dschizya) zwar vor Verfolgung geschützt sind und in religiösen Fragen ihren eigenen Autoritäten unterstellt sind (z. B. Heirat, Scheidung), gegenüber Muslimen jedoch als Bürger zweiter Klasse gelten. Dieses äußert sich z. B. dadurch, dass ihre Aussage vor Gericht weniger gilt, sie keine Waffen tragen dürfen etc.

168 Gründer der Hamas zusammen mit Abdel-Aziz Al Rantisi. Während Yassin der religiöse und spirituelle Führer war, wurde der Kinderarzt Rantisi der Generalkommandant der Hamas.

ab Herbst 1993 konnte Israel die PLO auch direkt diskreditieren, indem es sie nach jeder terroristischen Grausamkeit mit der Hamas in Verbindung brachte. Die kompromisslose Likud-Partei konnte nun ihren Rückhalt im israelischen Volk wieder zurückgewinnen, indem sie ein brutales Vorgehen gegen den palästinensischen Terrorismus versprach. Die Palästinenser waren eh alle Terroristen. Chaos und Anarchie in der West-Bank führte zum rigorosen Durchgreifen der Ordnungsmacht – zur Macht des Likud.

Eine politische Taktik, die zu diesem Zeitpunkt auffälligerweise nicht nur in Palästina zur Erprobung anstand. Der Einmarsch der Sowjetunion in Afghanistan im Dezember 1979 führte zu amerikanischen Überlegungen, Kräfte, egal welcher Couleur, als Instrumente des inneren Widerstands zu mobilisieren und zu unterstützen. Dabei spielte der Grundsatz „der Feind meines Feindes ist mein Freund" die entscheidende Rolle. Eine sozialistische und säkulare Übernahme Afghanistans unter dem Einfluss der UdSSR konnte danach nur durch die Stärkung der islamistischen Kräfte im Land bekämpft werden. Die amerikanische antikommunistische Besessenheit erreichte ihren Höhepunkt, als der CIA unter George Bush Senior die Mudschaheddin[169] sowohl mit Geld und Waffen als auch mit Informationen massiv unterstützte. Dazu gehörte, man höre und staune, auch die Verschiffung von Millionen islamisch-fundamentalistischer Schulbücher nach Afghanistan und Pakistan in die Madrasahs[170] der Gotteskrieger, gedruckt in den USA.[171]

Auch Israel päppelte ab 1979 in Palästina potentielle Hamas-Führer auf und der Likud übte Druck auf israelische Behörden aus, ihnen Suppenküchen, Kliniken, Schulen und Kindertagesstätten zu genehmigen. Diese Einrichtungen waren als „Dorfbündnisse" bekannt und stellten der Hamas Arbeitskräfte zur Verfügung. Die „Dorfbündnisse" wurden dann vom israelischen Geheimdienst Shin Bet unterwandert, der den Palästinensern den Umgang mit Waffen

---

169 Von مجاهد, arabisch für *„derjenige, der den Heiligen Kampf betreibt"*. Von Dschihad abgeleitet und bezeichnet allgemein jemanden, der sich um die Verbreitung oder Verteidigung des Islam bemüht.
Aus diesen diversen Terrorgruppen gegen die Sowjettruppen rekrutierte sich später der Terrorverbund, den wir heute als „Al Qaida" bezeichnen.

170 Von مدرسة, arabisch für *„Schule"*. Hier gemeint sind Religionsschulen.

171 Vgl. Paul Joseph Watson, Journalist in Sheffield, http://www.prisonplanet.com/analysis_watson_012703_hamas.html

beibrachte und darüber hinaus ein Netzwerk von Tausenden von Informanten erschuf. Auch in diesem Fall wurde also die säkulare PLO durch die Religionsfanatiker bekämpft.

Die zeitliche Parallele ist dabei äußerst bemerkenswert. Beide nutzten die Taktik der Radikalisierung von islamischen Eiferern entsprechend. Die kommunistische Verteufelung in den USA und der zionistische Wahn in Israel machten beide blind. Befanden sie sich in strategischer Absprache? Auch die Auswirkungen der Maßnahmen waren vollständig identisch und gleichermaßen desaströs. Sie hatten die Büchse der Pandora geöffnet. In Afghanistan führte der islamistische Einfluss auf eine ganze Generation von Koranschülern 1996 zur Machtübernahme des fundamentalistischen Talibanregimes, in Palästina zur Stärkung und sogar zum demokratischen Wahlsieg der Hamas im Jahr 2006. Und beide, Israel und die USA, haben heute mehr denn je mit den Nachwirkungen dieser Taktik zu schaffen, einem von beiden aus der Taufe gehobenen Islamo-Faschismus, der die eigentlichen Ziehväter nun als Hauptfeinde ansieht. Allerdings leidet und bezahlt nunmehr die gesamte Welt mit und die westlichen, militärisch-strategischen Partner der beiden Verursacher dieser Radikalisierung lassen sich auch noch in die Bekämpfung der Auswirkungen zum Teil willenlos mit einbeziehen. Der islamistische Terrorismus gründet sich zu großen Teilen auf diese katastrophalen Fehleinschätzungen und ist damit durch die USA und Israel auch selbst gemacht. Und ihre Bündnispartner verschließen die Augen vor den wirklichen Ursachen. Einer völlig verfehlten Politik der USA und Israels im Nahen und Mittleren Osten aus einem Machtbestreben heraus, das sich universell durch die USA und begrenzt durch Israel äußert, wobei sich beides ineinander verzahnt und keine Rücksicht auf andere nimmt.

Rabin wählte also das kleinere Übel. Das ergab Sinn, denn die Radikalisierung der Muslimbruderschaft in Form der Hamas ließ jetzt überhaupt keine Kompromisse mehr zu. Er wandte sich also der PLO zu, die bisher mit allen zur Verfügung stehenden Mitteln von Israel bekämpft worden war. Nicht nur militärisch, sondern auch ideologisch. Es ging darum, die Erinnerung eines Volkes an ein Heimatland zu löschen, die sehr lange wach gehalten werden kann, wenn eine organisierte gesellschaftliche Struktur existiert. Die Juden kannten das aus eigener leidiger Erfahrung. Meron Benvenisti[172] sprach

[172] Stellvertretender Bürgermeister von Jerusalem von 1971 bis 1978

aus, was in der Seele der Israelis tief verwurzelt ist: „Die Israelis haben das tiefsitzende Gefühl, dass ihr eigenes Recht und ihre eigene Legitimität abgeschwächt werden, wenn sie die andere Seite als legitime nationale Bewegung anerkennen.“[173]

Ein Gefühl, das mit der zionistischen Doktrin in Einklang steht und öffentlich bekundet wird. Darum wurden selbst die Reste der arabischen Dörfer in Israel beseitigt. Sie mussten aus der Erinnerung getilgt werden. Rabin beging also in den Augen der Zionisten Verrat am zionistischen Kurs und spielte so dem Likud direkt in die Hände. Auf der anderen Seite wurde die PLO von der Hamas wegen der Anerkennung Israels hart attackiert.

Die Zielsetzungen der Hamas scheinen auf wundersame Weise mit denen der Likud-Partei abgestimmt – ohne offizielle Abmachung. Wann immer in der Folgezeit die Aussicht auf einen funktionierenden Friedensvertrag zwischen den Israelis und Palästinensern auftauchte, jagte die Hamas oder eine andere gleichgeartet radikale Gruppe einen Bus, ein Restaurant oder ein Hotel in die Luft. Das gab Israels Hardlinern die Rechtfertigung, die sie brauchten, um jede mögliche Verständigung untereinander zu beenden, die israelische Bevölkerung entsprechend zu infiltrieren und die Besetzung der umstrittenen Gebiete weiter auszubauen. Alles, was man von außen sieht, ist Gemetzel, Tod und eine Mainstream-Presse, die die Themen so darstellt, als ob diese Grausamkeiten die Wünsche der palästinensischen Bevölkerung ausdrückten. Der angebliche Erzfeind, die Terrororganisation Hamas, kam den Zielen der Zionisten damit entgegen. Dadurch, dass die zionistische Elite sowohl die Hamas-Führung indirekt als auch die Berichterstattung in den Medien über das tödliche Potential dieser Gruppe direkt steuerte, konnte sie die israelische Bevölkerung für ein Leben in einem Polizeistaat einschüchtern.[174]

„Scharon führt eine teuflische psychologische Operation innerhalb Israels durch, um die öffentliche Unterstützung … durch die Inszenierung ständiger Terrorangst sicher zu stellen. Ein israelischer Geschäftsmann bestätigte, dass israelische Polizei fast jede Nacht Restaurants, Hotels, Geschäfte, etc. betritt und wegen Bombenbedrohungen Evakuierungen anordnet. Dem Geschäftsmann, ein früherer

---

[173] David Shipler, *New York Times*, 20. Februar 1983

[174] Vgl. Paul Joseph Watson, Journalist in Sheffield, http://www.prisonplanet.com/analysis_watson_012703_hamas.html

Mossadbeamter, wurde von israelischen Behörden mitgeteilt, dass die Schreckensmeldungen in fast allen Fällen Fälschungen sind, die begangen werden, um die Öffentlichkeit zu traumatisieren, damit sie antiarabische Militäraktionen akzeptiert."[175]

Im Gegenschluss erzielte die Hamas durch die unglaubliche Brutalität der militärischen Aktionen Israels und die damit verbundenen dramatischen Einschränkungen der Lebensbedingungen und der Mobilität der palästinensischen Bevölkerung in den besetzten Gebieten die heimliche Zustimmung, die ihr letztlich die öffentliche Akzeptanz einbrachte, die ihr ansonsten niemals zuteil geworden wäre.

Rabin und Arafat standen also von Anfang an auf dünnem Eis. Sie hatten einen Prozess in Gang gebracht, in dem der Nahe Osten wohl größere Aussichten auf einen umfassenden Frieden hatte als jemals zuvor und auch danach. Dabei hatte sich Rabin deutlich erkennbar verändert, nicht von einem Falken hin zur Taube, nein, aber zu einem verlässlichen und zu seinem Wort stehenden Verhandlungspartner für die Palästinenser, die Araber und die gesamte Welt. Das war das erste Mal in der Geschichte Israels. Er meinte es tatsächlich ernst und war nach den Abkommen sowohl mit den Palästinensern als auch mit Jordanien[176] drauf und dran, den gleichen Kunstgriff mit Syrien zu wiederholen. Er verstand Israels verdeckte Unterstützung der Hamas als „fatalen Fehler" und arbeitete darauf hin, dem ein Ende zu setzen. Er scheute auch vor unpopulären Maßnahmen nicht zurück und schloss 400 seiner Funktionäre vom Dienst aus. Selbst Haftstrafen wurden dabei auferlegt. Der Likud führte eine wahre Hetzkampagne gegen ihn durch, die ich in den Medien der Jahre 1994 und 1995 in Israel aufmerksam verfolgte. International war ihm 1994 zusammen mit Arafat und seinem Außenminister Schimon Peres der Friedensnobelpreis überreicht worden.

Beim Festakt in Washington am 28. September 1995 zur Unterzeichnung des zweiten Osloer Abkommens, bei dem die palästinensische Autonomie auf den größeren Bevölkerungsteil der Araber im Westjordanland ausgedehnt wurde[177], sprach Rabin folgende Worte:

„Werfen Sie jetzt nach einer langen Reihe offizieller, feierlicher Erklärungen einen Blick auf dieses Podium. Der König von Jorda-

---

[175] Jeffrey Steinberg, *Executive Intelligence Review*, 20. Juli 2001.

[176] Friedensvertrag zwischen Jordanien und Israel am 26.Oktober 1994

[177] Siehe Index 14 – Oslo-Verträge

nien, der Präsident von Ägypten, Vorsitzender Arafat und wir, der Ministerpräsident und der Außenminister von Israel, auf einer Plattform. Lassen Sie diesen Anblick tief auf sich wirken. Was Sie hier vor sich sehen, war noch vor zwei oder drei Jahren unmöglich, ja phantastisch. Nur Dichter haben davon geträumt und zu unserem großen Schmerz sind Soldaten und Zivilisten in den Tod gegangen, um diesen Augenblick möglich zu machen. Hier stehen wir vor Ihnen, Männer, die vom Schicksal und der Geschichte auf eine Friedensmission geschickt wurden; einhundert Jahre Blutvergießen für alle Zeiten zu beenden. Unser Traum ist auch Ihr Traum. König Hussein, Präsident Mubarak, Vorsitzender Arafat, all die anderen und vor allem Präsident Bill Clinton - ein Präsident, der im Dienste des Friedens arbeitet - wir alle lieben dieselben Kinder, weinen dieselben Tränen, hassen dieselbe Feindschaft und beten um Versöhnung. Der Frieden hat keine Grenzen."

Zu diesem Zeitpunkt stand er nur noch einer Minderheitsregierung vor. Das helle Licht, das er entzündet hatte, drohte auszugehen. Am Abend des 4. November 1995 während einer großen Friedenskundgebung auf dem „Platz der Könige Israels" in Tel Aviv war es so weit. Er wurde von einem fanatischen rechtsextremen jüdischen Fundamentalisten erschossen und tiefer Schatten legte sich wieder auf den Nahen Osten.

Erst, wenn die Palästinenser etwas zu verlieren haben, kann man darauf hoffen, dass sie ihre Forderungen mäßigen.

Thomas Friedman

New York Times Korrespondent

4 Vom Silberstreif am Horizont

Als Zughair erfuhr, dass ich wieder ins Land kam, hatte er sich sofort bei Fancini gemeldet und mir wieder das Büro in der ITS Beit Hanina angeboten. Ich nahm natürlich dankend an. Am 12. April '94 befand ich mich also wieder bei Tarek Abu Latifeh, dem Schreiber und Aktenverwalter der ITS in dessen Büro. Wir kannten uns schon gut vom letzten Mal.

Die Zeit war geprägt von den Nachwirkungen des Oslo-I-Abkommens[178] zwischen Arafat und Rabin. Erst kurz vor meiner Ankunft waren am 6. April acht Israelis in Afula durch ein Bombenattentat auf einen Bus ums Leben gekommen, am 7. April war in Ashdod ein Israeli an einer Haltestelle erschossen worden, wobei der Angreifer selbst von Passanten getötet wurde, und am 13. April, zwei Tage nach meiner Ankunft, ereignete sich ein Selbstmordattentat auf einen Bus in Hadera, bei dem fünf Juden umkamen. Die Hamas hatte für alle diese Anschläge die Verantwortung übernommen. Seit Oktober 1993 hatten die Hamas und der Islamische Dschihad eine Vielzahl von individuellen Terrorattacken in Israel ausgeführt, denen besonders Zivilisten zum Opfer fielen. Die zerrissene israelische Gesellschaft begann sich wieder zu vereinen und sich nach rechts zu orientieren. Der Likud, Rabins politischer Gegner, wurde mit jedem Terroranschlag stärker und Rabin verlor die Unterstützung der meisten Koalitionspartner in seiner Regierung.

Für das Schulpersonal war diese Entwicklung ein eindeutiges Zeichen dafür, dass der Friedensprozess ihnen am Ende keinerlei Verbesserungen ihrer Lebensumstände bringen würde. Im Gegenteil. Seit dem Winter wurden die Lehrer und Bediensteten der Schule auf ihrem Weg zur Arbeit zuweilen kontrolliert. Sie kamen zum großen Teil aus der West-Bank, aus Ramallah und Umgebung und hatten ab

[178] Siehe Index 14 – Oslo-Verträge

November ’93 keine uneingeschränkte Zugangsberechtigung mehr nach Jerusalem. Allerdings brauchten sie bei ihrem Weg zur Schule, die ja auf dem Stadtgebiet Jerusalem lag, noch keinen Checkpoint zu passieren. Das Industriegebiet Attarot mit der Schule war von der West-Bank noch frei zugänglich. Jedoch waren jetzt dort verstärkt Militärstreifen unterwegs, die Personenkontrollen auf der Straße durchführten. Einige der Mitarbeiter waren schon aufgegriffen und mit hohen Geldstrafen belegt worden. Das machte oftmals einen erheblichen Teil ihres Monatseinkommens aus. Bei mehrmaligem Verstoß drohte sogar Gefängnis. Der Weg zur Arbeit war also zum permanenten Risiko für die Schulmitarbeiter geworden, was sich natürlich auch auf die allgemeine Stimmung auswirkte. Der Friedensprozess hatte ihre persönliche Situation nur weiter verschlechtert. Das war Fakt und dementsprechend negativ wurde auch die Zukunft diskutiert. Die Hoffnung auf einen Frieden, so wie ihn die westliche Welt feierte, konnte ich hier vor Ort bei den unmittelbar Betroffenen nicht feststellen. Die Reaktionen bei der morgendlichen Teepause im Gemeinschaftsraum gaben dem Ausdruck und die seltsame Unberührtheit bei den nahezu täglichen Verkündungen neuer Terroranschläge ließ mich befremdet zurück. Die Menschen hatten die Köpfe eingezogen und warteten auf das, was kommen sollte. Sie waren nichts anderes gewohnt.

Der Terror ging jedoch nicht nur von islamistischen Gruppen und Einzelaktivisten aus, sondern die Aktionen der Juden waren nicht weniger grausam und effektiv. Am Freitag, den 25. Februar 1994, erschoss ein rechtsradikaler Siedler aus Kirjat Arba 29 betende Palästinenser, die sich am Grab Abrahams in Hebron zum Gebet niedergekniet hatten, und am 28. März eröffnete ein israelischer, in Zivil verkleideter Polizist das Feuer auf unbewaffnete palästinensische Zivilisten in Jabalia. Er tötete 6 Palästinenser und verletzte 49 weitere. Manche wurden aus dem Auto gezogen und in den Kopf geschossen. Gerade das Massaker im Hebroner Heiligtum beschäftigte mich intensiv; hatte ich doch erst vor nicht einmal einem Jahr den Haram El-Khalil betreten und war von der Toleranz unter den Religionen an diesem Ort fasziniert gewesen. Die besondere Perfidität äußerte sich darin, dass der Mörder die völlig überraschten Gläubigen während des Gebetes erschoss[179].

---

[179] Der promovierte jüdische Militärarzt und Reservemajor der Israel Defensive Forces (IDF) Baruch Benjamin Goldstein betrat gegen 5:30 Uhr in

Der Tathergang wurde von der israelischen Justiz von einer eigenen Kommission, der so genannten Schamgar-Kommission, untersucht. Der Name stammt vom Vorsitzenden des Obersten Gerichtshofes, Meïr Schamgar. Festgestellt wurde dabei, dass die Tat allein von Goldstein begangen wurde und dass er dabei keine Handgranate geworfen hatte, aber auch, dass die für die Bewachung zuständigen israelischen Sicherheitskräfte der Meinung waren, niemals auf einen Juden schießen zu dürfen, auch wenn er gerade dabei war, Araber zu töten. Ministerpräsident Rabin verurteilte Goldsteins Tat vor dem israelischen Parlament und sagte gegenüber Jassir Arafat: „Ich finde keine Worte, die stark genug sind, um meine Empörung auszudrü-

---

seiner Uniform, bewaffnet mit Handgranaten und einem israelischen Armeesturmgewehr mit vier gefüllten Magazinen, die Abraham-Moschee des Heiligtums in Hebron. Es war der 15. Tag des Ramadan und gleichzeitig, symbolträchtig, der Tag des jüdischen Purim-Festes (im Judentum das Fest des Sieges über die Widersacher; es wird in der westlichen Presse oft fälschlich als „jüdisches Karnevalsfest" umschrieben). Er feuerte mit wechselnden Munitionsmagazinen bis zur letzten Kugel auf die niedergekniete und danach flüchtende Menge. Er tötete dabei 29 Menschen und verletzte mindestens 150; unter den Opfern befanden sich zahlreiche Kinder. Nachdem seine Munition aufgebraucht war, wurde Goldstein von Überlebenden des Massakers überwältigt und mit einem Feuerlöscher erschlagen.
Goldstein, geboren in den USA und seit 1982 Einwohner von Kirjat Arba, hatte zuvor einem Journalisten der Zeitung *Yedioth Achronot* erklärt: „Wir belügen uns, wenn wir meinen, wir könnten mit den Arabern Seite an Seite leben. Das ist unmöglich. Sie machen uns krank. Sie sind die Krankheitserreger, die uns infizieren ... Es gibt eine Zeit, in der geheilt, und eine Zeit, in der getötet wird." Er wurde später von religiös emotionalisierten Siedlern und Gesinnungsfreunden wie ein Heiliger zu Grabe getragen. Nach Augenzeugenberichten hatte Goldstein die Grabstätte des Patriarchen in Hebron vor dem blutigen Tag mehrfach besichtigt. Keine Kontrolle hatte ihn aufgehalten. „Mit einer Kippa und einer Waffe kann man als Jude, ohne gefragt zu werden, eine Menge Militärsperren passieren", schrieb Nachum Barnea in der *Yediot Achronot*, „und mit der Kombination von Kippa, Uniform, Waffe und dem Rang eines Majors kann man alle Sperren passieren, wie der Mörder bewiesen hat."
Nach der Tat kam es zu mehrtägigen Ausschreitungen in Palästina, bei denen weitere 23 Palästinenser und fünf Israelis ums Leben kamen. Mehrere hundert Palästinenser wurden verletzt. Aus der Siedlung Kirjat Arba wurde kein einziger Siedler entfernt, wohl aber die Abraham-Moschee geteilt. Ein errichtetes Denkmal für Goldstein galt bis zu seiner Zerstörung im Dezember 1999 durch israelische Soldaten als Pilgerstätte für Siedler und Zionisten.

cken." Als Israeli sei er tief beschämt. Die klare Mehrzahl der Israelis verurteilte die Tat Goldsteins. Von Anhängern der Kach-Bewegung[180] und anderen nationalreligiösen jüdischen Fanatikern wird seine Tat hingegen auch heute noch als „Operation Patriarchengrotte" verherrlicht und der Mörder als „Gerechter" verehrt.

Ich erinnere mich noch gut an den 20. April 1994. Als ich in meinem Mietauto am Nachmittag von der Schule zurück nach Jerusalem fuhr, war plötzlich vor Beit Hanina große Aufregung. Die Leiche eines kurz zuvor getöteten israelischen Soldaten war in der Nähe der Ortschaft gefunden worden. Die Autoschlange staute sich auf zwei Kilometer, Hubschrauber dröhnten durch die Luft und israelische Kampfeinheiten durchkämmten das Gebiet. Dabei sah ich, wie die Soldaten auch in Gebäude stürmten, Türen aufbrachen oder Fenster einschlugen, um in die Häuser zu gelangen. Es schien, als seien alle Dämme gebrochen. Es ging nicht mehr vor und nicht mehr zurück. Ich hatte mich, wie andere Autoinsassen auch, erst einmal auf die Straße begeben, um zu erfahren, was vorgefallen war, als ganz in der Nähe Schüsse fielen. Mehrere Militärjeeps mit Blaulicht donnerten auf dem Bürgersteig an uns vorbei, und wer nicht rechtzeitig Platz machte, war selbst schuld. Im Nu war ein Großaufgebot von Soldaten in der Nähe und stürmte ein Haus, das etwas bergab nicht weit entfernt von uns stand. „Alles in die Autos, alles in die Autos", kam es krächzend aus dem Lautsprecher eines Militärfahrzeugs und dem Befehl kam ich wie viele andere auch so schnell nach, wie ich nur konnte. Jedoch schienen sich einige andere von den Ereignissen gar nicht beeindrucken zu lassen und blieben auf der Straße stehen, um das Szenario zu verfolgen. Die Schüsse waren wieder verstummt und irgendwann begann sich die Autoschlange aufzulösen. Ich kam mit etwa drei Stunden Verspätung ins Hotel zurück.

Am nächsten Tag las ich in der Zeitung, dass man die Täter noch nicht gefasst hatte. Die Schüsse in Beit Hanina hatte ein israelischer Soldat abgegeben, der wohl die Nerven verloren hatte. Der getötete

---

180 Rassistische jüdische Organisationen in Israel. Sie wurden durch die israelischen Behörden 1994 durch die damals erlassenen Antiterrorismusgesetze wegen ihrer Unterstützung von Anschlägen gegen die arabische Minderheit und die israelische Regierung für illegal erklärt. Die EU sowie die USA führen beide Organisationen auf ihrer Liste der Terrororganisationen. Ihnen gehören heute mehrere hundert Radikale an, einschließlich eines Kreises von Unterstützern in den USA und Europa.

Offiziersanwärter Shachar Simani war von Hamas-Terroristen, die sich als religiöse Juden verkleidet hatten, ermordet worden. Ein entsprechendes Bekennerschreiben war eingegangen. Ein ganz normaler Tag in Palästina im Frühling '94, als der Westen den Friedensprozess feierte und Arafat sich langsam mit der Führung der PLO auf den Weg in sein Heimatland machte.

Drei Tage später, es war Samstag und jüdischer Shabbat, fuhr ich morgens den Weg von der Hauptstraße zur ITS hinauf, als ich vor dem Tor zum Schulgelände israelisches Militär bemerkte. Auf der Straße standen Mannschaftstransporter und Militärjeeps. Ich kam näher und erkannte, dass das gesamte Gelände von einer Hundertschaft Soldaten abgeriegelt war. Als ich mich dem Tor näherte, stoppte ein junger Soldat am Tor meinen Wagen. Schneller hatte ich noch nie meine Sonnenbrille aufgesetzt. Er machte unwirsch ein Handzeichen, dass ich die Scheibe herunterdrehen solle: „Was wollen Sie? Hier können Sie nicht rein."

„Ich kann hier rein", erwiderte ich und zog das Begleitschreiben der israelischen Botschaft in Bonn heraus, das mir schon bei der Einreise geholfen hatte. Darauf war er nicht vorbereitet. Das Schreiben überzeugte ihn auf der Stelle. Er verglich noch die Daten meines Passes mit denen im Schreiben und trat dann zurück. Es war Unsicherheit in seinem Benehmen zu erkennen. Als sich das Tor auftat und ich an ihm vorbei auf das Schulgelände fuhr, hob er militärisch grüßend die Hand an den Helm. Vor dem Schulgebäude unter dem riesigen Eukalyptusbaum sah ich eine Ansammlung von Militärs, Zughair und einigen Lehrkräften, die heftig miteinander diskutierten. Ich erkannte, dass Zughair mit einem Offizier sprach, der wohl der befehlshabende Truppenführer war. Er hatte gerade eine abfällige Handbewegung gemacht und fiel mir auch sonst, nicht nur durch seine Sonnenbrille, gleich unangenehm auf. Zughair schien echte Probleme mit ihm zu haben. Er gestikulierte heftig und redete auf ihn ein. Ich fuhr provozierend schnell auf den Offizier zu und stoppte mein Fahrzeug fast unmittelbar vor ihm. Er drehte sich abrupt nach mir um und seinem Gesichtsausdruck war zu entnehmen, dass er über diese unerwartete Annäherung nicht gerade erfreut war. Einer der bewaffneten Soldaten stellte sich sofort neben dem Offizier auf, mit der Mündung seines Gewehrs in meine Richtung und dem Finger am Abzug. Ich stieg bewusst langsam aus dem Wagen aus und rückte meine Sonnenbrille zurecht. Der Offizier pfiff mich herablassend auf Hebräisch an und ich lächelte zurück und gab ihm auf Englisch zu verstehen, dass ich seine Sprache nicht verstand. „Nicht jeder auf dieser Welt spricht Hebräisch", machte ich ihm klar.

Er sprach perfekt Englisch: „Was machen Sie hier? Wie kommen Sie hier herein?", fragte er unwirsch. Er schaute missmutig auf den Soldaten am Tor, der mich hatte passieren lassen und der eigentlich dafür zuständig war, die Einfahrt abzuriegeln.

„Ein prächtiger Morgen, nicht wahr? Herrlich, wie in Palästina die Sonne scheinen kann. Ein wunderschönes Land, ohne Soldaten", sagte ich mit überbetonter Freundlichkeit und blickte ihn direkt an. „Was ich hier mache, kann Ihnen sicherlich dieses Schreiben hier erklären." Ich stand dem Offizier direkt gegenüber und unsere Sonnenbrillen gaben keinerlei Schwächen voreinander preis. Zughair hielt sich heraus und beobachtete mich aufmerksam. Alle anderen waren still geworden. Ich sagte ihm meinen Namen und fuhr fort: „Hier ist mein Pass. Wie ist Ihr Name?"

Der Offizier las das Schreiben und sein befehlerisches Auftreten veränderte sich. Er sah auf meinen Pass, den ich ihm vors Gesicht hielt, und wollte danach greifen, aber ich zog ihn kurz davor weg und steckte ihn mit einem Lächeln in die Tasche. „Sie sind von der Botschaft?", wandte er sich an mich.

„Ich bin, was da steht, und heute hergekommen, um zu sehen, ob dieses Entwicklungsprojekt ungestört vorankommt. Wie ist Ihr Name?" Er gab mir seinen Namen und seinen Dienstgrad. Nun war ich in der Untersucherrolle. „Was machen Sie hier mit einem solchen Aufwand an Machtpotential?"

„Wir kontrollieren Personenzugangsberechtigungen nach Jerusalem."

„Mit hundert Soldaten?"

„Das geht Sie nichts an."

„Vielleicht doch. Wissen Sie, dass dies hier ein internationales Entwicklungsprojekt ist?"

„Nein."

„Wissen Sie, dass dies hier ein Teil des gemeinsamen Friedenprozesses ist, den Israel mit Palästina begonnen hat?"

„Nein."

„Wissen Sie, dass das Projekt unter politischer Beobachtung steht?"

„Nein."

Seine Arroganz war dahin und ich ließ ihm keine Zeit. „Sehen Sie, das ist höhere Politik. Sie sollten das schleunigst Ihrer Dienststelle melden. Warum betreten Sie mit Waffen das Gelände? Fühlen Sie sich bedroht? Was ist geschehen? Gab es einen Zwischenfall?" Zughair war schlau genug, sich nicht einzumischen.

„Es gab keinen Zwischenfall. Unser Auftrag ist es, hier Leute zu kontrollieren, die keine Berechtigung haben, das Stadtgebiet von Jerusalem zu betreten."

„Fühlen Sie sich bedroht?"

„Nein"

„Warum stehen dann hundert bewaffnete Soldaten um das Schulgelände? Mit dem entsicherten Gewehr im Anschlag – sogar auf mich gerichtet. Fühlen Sie sich von mir bedroht?" Ich nickte zu dem Soldaten an seiner Seite, dem er daraufhin sofort zu verstehen gab, die Gewehrmündung zu senken.

„Geht doch, na also", sagte ich sofort weiter. „Also warum diese Waffen und dieser Aufmarsch? Fühlen Sie sich bedroht?"

„Wir verteidigen uns nur selbst. Es kann immer etwas vorkommen."

„Ist heute etwas vorgekommen, weshalb Sie sich verteidigen müssen?"

„Nein. Aber wie wir uns vor Terroristen schützen, müssen Sie schon uns überlassen. Erst vor drei Tagen ist ein Kamerad von uns ganz in der Nähe ermordet worden"

„Sind diese Terroristen hier? Haben Sie welche gefunden?"

„Nein. Obwohl man sich hier nie sicher sein kann."

Ich ließ ihm jetzt allerdings keine Chance mehr. „Ich stelle also fest: Sie haben keinerlei Verdacht. Es ist nichts geschehen. Sie hindern Mitarbeiter eines internationalen Entwicklungsprojekts, das im

Rahmen des Friedensprozesses arbeitet, ihrer Arbeit nachzugehen, einer Bemühung um Frieden, die auch im Namen Ihrer Regierung erfolgt. Sie bedrohen mit Ihren Waffen Unschuldige. Selbst mich haben Sie bedroht. Sie betreten ohne Grund dieses Gelände und riegeln die Schule nach außen wie ein Gefängnis ab. Ich glaube, ich werde einen Bericht schreiben müssen. Wie war noch mal Ihr Name? Wie war Ihre Einheit?"

Er fing an zu überlegen und war unsicher geworden. Er hatte verloren, das wussten wir beide. Also gab ich ihm die Chance, sein Gesicht zu wahren. „Passen Sie auf", sagte ich. „Ziehen Sie ab. Ich werde meine Botschaft informieren, die dann die Sachlage mir Ihrem Innenministerium abklären kann, was die Zugangsberechtigung zur Schule angeht. Ohne Angestellte kann ein solches Schulprojekt nicht arbeiten, das ist Ihnen doch auch klar, oder? Ohne Aktivitäten solcher Art gibt es keinen Frieden, das ist Ihnen doch auch klar, oder? Ich denke, wenn Sie jetzt abziehen, ist das für heute die beste Lösung. Für Sie, für mich und für alle anderen hier auch."

Er nickte. Sollten sich doch andere damit heiße Ohren holen. Für ihn war es eine Nummer zu groß. Er hatte darüber keine Informationen gehabt. Er wusste, wenn er einen Fehler machte, konnte er sich dabei richtig die Finger verbrennen. Er griff zum Funkgerät. Ich ging zu Zughair, der mich nicht unvergnügt ansah. „Bitte sorgen Sie dafür, dass keine Provokationen der Schüler stattfinden, wenn die Soldaten abrücken." Er gab das Gehörte an zwei seiner Mitarbeiter weiter, die daraufhin sofort verschwanden.

Der Offizier hatte den Befehl zum Abmarsch gegeben und in nur zehn Minuten standen die Soldaten vor dem Tor auf der Straße zusammen. Ein starker Kampfverband, ausgerüstet mit Stahlhelmen, schusssicheren Westen und bewaffnet mit Sturmgewehren und Maschinenpistolen. Nach einer Viertelstunde rückten sie in ihren Mannschaftswagen ab. Wir beobachteten die Szene auf der Straße vom Eingangsbereich oberhalb der Mauer. Der Offizier war kommentarlos verschwunden, ohne noch einmal heraufzublicken.

Ich hatte wieder etwas dazugelernt. Es war nicht nur klug, sich zu wehren, sondern es war angebracht, dann gleich mit Kanonen auf Spatzen zu schießen, bevor das Gegenüber richtig Atem holen konnte. Ich hatte sofort Eindruck gemacht und ihn damit in die Defensive gezwungen. Das war das einzig richtige Rezept, und damit sollte ich auch in der Zukunft gut fahren.

Die Lehrer hatten dafür gesorgt, dass Schüler, die allzu gern den Rückzug der Israelis gefeiert und zumindest mit Worten begleitet hätten, nicht an die Außenmauer des Geländes gelangen konnten. Einige waren von den Soldaten am Morgen verfolgt worden und hatten sich mit einem gewagten und gefährlichen Sprung über den Stacheldraht der hohen Mauer dem Zugriff des Militärs entzogen. Vierzehn andere, die auf der Straße in Gewahrsam genommen worden waren und abtransportiert werden sollten, wurden freigelassen. Sie alle kamen aus der West-Bank. Ein Risiko, das sie jeden Tag auf dem Weg zur Schule auf sich nahmen. Es musste etwas geschehen.

Zughair und die drei Lehrer, die der Offizier verhaften lassen wollte, weil sie schon wiederholt aufgegriffen worden waren, bedankten sich bei mir. Und ich steckte damit mittendrin im täglichen Kampf der Palästinenser ums Überleben. Ich hatte jetzt unmittelbar erlebt, wie solche Verhaftungsaktionen vor sich gingen. Davon berichtete keine Zeitung in Europa und den USA, das ging unter in den großen Schlagzeilen der Politik, die sich für den Frieden stark machten. Auf dem Boden der Tatsachen, da wo das Leben stattfand, sah das alles ganz anders aus. Hier spielte die Musik und hier entstand das Konfliktpotential, das sich für uns im Westen so unverständlich unversöhnlich gegenübersteht und das wir glauben so leicht mit einem Händeschütteln unter Politikern beenden zu können. Solange sich hier auf dem Boden nichts tat, lag der schöne Frieden der Politiker in weiter Ferne.

Natürlich war die Sache das Gesprächsthema während der Teepause. Und mir wurde klar, in was für eine Position ich mich spontan doch recht leichfertig begeben hatte. Ich konnte natürlich nicht bei jeder Gelegenheit einspringen, die für die Schulangestellten kritisch wurde. Das ließ ich auch unmissverständlich die Belegschaft wissen. Unabhängig davon, dass ich in der Gefahr stand, in einem solchen Fall völlig meine Kompetenzen zu überschreiten – daran, dass ein Eingriff der Israelis unter Sicherheitsaspekten berechtigt war, wollte ich gar nicht erst denken –, war die Botschaft in Tel Aviv politisch für die besetzten Gebiete auch gar nicht zuständig. Allerdings war im Frühjahr ein junger Diplomat vom Auswärtigen Amt nach Israel berufen worden, der im Rahmen des Friedensprozesses eine Vertretung der Bundesrepublik Deutschland in den besetzten Gebieten vorbereiten sollte. Sein Name war Mathias Kaiser und er wurde für uns der zentrale Anlaufpunkt für all die Störfälle, Unannehmlichkeiten und Ärgernisse, die zur Durchführung unserer Aufgaben nach einer politischen Intervention verlangten. Kaiser war genau der richtige Mann für diese Aufgabe, der unkonventionelle Methoden administrativen vorzog, wenn die Situation das erforderte. Aufgrund der damaligen Konstellation in den besetzten Gebieten war er für uns Tag und Nacht erreichbar. Sein Büro hatte er anfangs mobil in seinem gepanzerten Dienstfahrzeug eingerichtet.

Mit ihm besprach ich also die Situation an der Schule und er sorgte auch dafür, dass entsprechende Mitteilungen an die israelischen Behörden gingen. Der Erfolg war allerdings bescheiden.

Ich saß einige Tage später mit dem Fahrer im VW-Transporter der Schule auf dem Weg nach Ramallah. Wir hatten die Innenstadt gerade erreicht und fuhren auf den zentralen Kreisel am Marktplatz zu, eine Verkehrsinsel mit einem Metallgerüst, das für die Befestigung politischer Propaganda aller Art diente. Dort hingen normalerweise Transparente, Fahnen und Wimpel. Heute allerdings hing etwas daran, das mir das Entsetzen ins Gesicht trieb. An den Streben war ein Mann aufgehängt worden. Der Körper hing schlaff herunter und sein Kopf war seitlich geneigt vom Henkersstrick. Keiner machte irgendwelche Anstalten, die Leiche abzuhängen. Es war früh am Morgen und die Straße war voller Passanten, Schulkinder inbegriffen. An seinen Füßen war ein Schild befestigt, das ich mir vom Fahrer übersetzen ließ.

> So endet ein Kollaborateur – ein Verräter an Palästina und ein Verräter am Islam. Der Zorn Allahs wird die Verräter bestrafen.

Davor standen einige bewaffnete junge Burschen, die grüne Stirnbänder trugen. Hamas-Aktivisten, die ihre Gesichter bis unter die Augen mit der Kaffiah bedeckt hatten. Der Mann war in der Nacht dort erhängt worden. Ob er tatsächlich mit den Israelis kollaboriert hatte, konnte ich nicht in Erfahrung bringen. Am nächsten Tag jedoch fand sich ein Artikel in der Al-Quds[181], den ich mir von Tarek übersetzen ließ, der den Namen des Mannes preisgab und ihn als Spitzel Israels beschuldigte.

---

[181] Arabischsprachige Zeitung in Jerusalem

Der israelische Geheimdienst Shin Bet hatte während der jahrelangen Unterstützung der Hamas eine Armee von Informanten unter den Palästinensern installiert, die sich aus politischen, aber sicherlich auch aus materiellen Motiven rekrutierte. Viele dieser Kollaborateure spionierten jetzt gegen die Hamas selbst und gaben Informationen preis, die den geplanten Terroraktionen gefährlich wurden. Die Israelis bezahlten gut dafür. Die Hamas hatte angefangen, diese Untergrundagenten aus den ursprünglich eigenen Reihen aufzuspüren und öffentlich zu bestrafen. Dabei waren auch wegen des für die Hamas geltenden islamischen Rechts solche Hinrichtungen legitim. Ich hatte das Gefühl, dass die Abschreckung für mich größer war als für die Palästinenser selbst. Dabei wurde hinter vorgehaltener Hand gesprochen, dass die israelische Finanzierung und Unterstützung der Hamas auch nach Oslo weitergehe. Ich las weiter in der Zeitung vom enormen Vorteil, einen Feind zu haben. Wenn Israel den Konflikt radikalisieren wolle, dann würde es die Hamas in Form einer fundamentalistischen militanten Kriegspartei brauchen. Das Beispiel der Khomeini-Revolution im Iran wurde herangezogen, das den Westen zutiefst aufgerüttelt hatte, und daraus wurde gefolgert, dass auch eine radikal-islamische Hamas in Palästina die ausnahmslose Rückendeckung des Westens für Israel nach sich ziehen würde. Das waren Gedanken, an die ich mich langsam erst gewöhnen musste; wenn Israel tatsächlich die Hamas brauchte, dann gab dieser These die Logik, aber auch der Lauf der Ereignisse selbst recht. Was für ein Spiel wäre das dann?

Zu allem Überfluss wurden von den Stirnbandträgern an der Verkehrsinsel an jenem Morgen hier und da sogar Salven aus den Gewehren in die Luft gefeuert, die den Herrschaftsanspruch und die Macht dieser Totenwächter verkünden sollten. Die PLO hatte noch keinen Einzug in Ramallah gehalten. Sicherheitskräfte waren noch nicht organisiert. Aber das sollte sich bald ändern.

Auch im Jemen wurde geschossen. Und nicht nur in die Luft. Das Abkommen für Versöhnung vom März ’94, in dem der Jemen eine politische Beruhigung zwischen Sozialisten und Reformern angestrebt hatte, war zerbrochen. Im Süden des Landes, dem ehemaligen sozialistischen Teil, brachen mehrere militärische Konflikte aus, die durch die separatistische Bewegung der Sozialistischen Partei hervorgerufen wurden. Das Ganze eskalierte in einem Bürgerkrieg, den ich im Mai in Jerusalem abends aufmerksam am Fernseher verfolgte. Es ging für mich und meine Familie ja auch um den nächsten Einsatzort in Aden, zu dem wir ab Sommer berufen waren. Der Süden war dem Norden bei der Auseinandersetzung militärisch hoffnungslos unterlegen, vor allem durch Waffenlieferungen der USA, die die letzte Enklave des Sozialismus auf der arabischen Halbinsel ausradieren wollten. Dazu wurde mit allen Mitteln gearbeitet. Die Einheit des Jemen war im Juli schnell wiederhergestellt und bereits im Oktober war Abdullah Saleh als Präsident durch das Parlament erneut gewählt. Wie schon in Afghanistan und Palästina, so war auch hier die gleiche fehlerhafte Taktik angewandt worden, die wir schon kennen gelernt haben. Die säkularen Sozialisten wurden bekämpft durch die Unterstützung des religiös orientierten Präsidenten Saleh, der am Ende den Islam zur Staatsreligion für den Gesamtjemen erklärte. Es gilt seitdem im gesamten Land die Scharia[182], die streng islamische Ausrichtung des Rechts. Allein die Frage der Menschenrechte führt bis heute zu einem gespannten Verhältnis des Jemen zum Westen.

Mit den Worten „Wider die gottlosen Biertrinker" war in Aden im Mai auch die letzte Bastion der Ungläubigkeit, die einzige Brauerei auf der arabischen Halbinsel, in die Luft gesprengt worden. Der deutsche Braumeister, ein Relikt aus der DDR-Zeit, hatte frühzeitig genug das Land verlassen können. Allerdings war die Brauerei nicht das einzige Bauwerk, das der Zerstörung anheim fiel. Ganz Aden wurde mehr oder weniger ausgeplündert. Leid tragend war auch die Schule, die nicht nur ihr komplettes Innenleben verlor, sondern auch Türen und Fenster, Pflastersteine und Dachziegel, die als fette Beute in den Norden wanderten. Direkt hinter den vorrückenden nordjemenitischen Kriegsscharen hatten sich nämlich die Stammes- und Familienmitglieder der wilden Kämpfer mit entsprechenden Transportfahrzeugen eingereiht und räumten sofort alles ab, was nicht niet- und nagelfest war. Sogar die Dachsparren der Schule hatte man abmontiert und mitgenommen. Der skelettierte Rest, der noch stand, war während der feurigen Siegesfeier mit Kugeln durchsiebt worden. Damit war das Schulprojekt gestorben.

Ich bekam einen Anruf von Samantha Harcord aus unserer Zentrale, die mir mitteilte, dass sie in den nächsten Tagen nach Palästina kommen wolle, auch um mit mir die Sachlage im Jemen zu diskutie-

---

182 Arabisch شريعة für *„Weg zur Tränke, religiöses Gesetz, Ritus"*; vom Verb schara'a شرع *„den Weg weisen, vorschreiben"*.
Die Scharia ist das religiös legitimierte, unabänderliche Gesetz des Islam.

ren. Die politische Situation, der Friedensprozess und die daraus entstehende Hoffnung hatten den Umfang der internationalen Entwicklungszusammenarbeit mit Palästina schlagartig erhöht. Die Zusagen von Regierungen aus aller Welt zur Unterstützung des Friedensprozesses begannen umgesetzt zu werden. Müll, Wasser, Infrastruktur und die Förderung von Institutionen waren die zentralen Themen zum Aufbau eines künftigen autonomen Staates Palästina.

Dies passte nicht nur in meinen jetzigen Auftrag, sondern erleichterte ihn auch ungemein. Die internationale Gemeinschaft suchte geradezu nach umsetzbaren und vernünftigen Projektvorschlägen und bei der Besprechung mit Sam Mitte Mai wurden wir uns dann auch schnell einig. Ich sollte ab September '94 bis zum April '95 erst einmal in Palästina bleiben. Es ging um den Aufbau eines Berufsbildungssystems in Palästina und Zughair beeilte sich dafür zu sorgen, dass ich nun ein eigenes Büro in der ITS bekam.

Auch in Sachen Ausstattungslieferung an das Polytechnikum in Hebron gab es Neuigkeiten. So saßen Samantha Harcord und ich am 17. Mai gemeinsam im Taxi Richtung Hebron. Der Einkauf war abgeschlossen und die Ausrüstung stand zum Versand bereit. Bei Thabib besprachen wir die Abwicklung der Lieferung und Entzollung und ließen uns über den Stand der Vorbereitungen für die Aufnahme der beiden Elektrolabore informieren. Es war kurz vor Mittag, als plötzlich von der Straße her durch das offene Fenster immer deutlicher der Lautsprecher eines israelischen Militärjeeps zu vernehmen war. Näher kommend und von einer Sirene abwechselnd unterbrochen, gab eine laute und hart befehlende Stimme eine monotone Botschaft weiter – Ausgangssperre! Das Militär riegelte die komplette Stadt ab. Keiner durfte bis auf Weiteres die Straßen betreten. Wer aufgegriffen wurde, war harten Repressalien des Militärs unterworfen, die bis zur Verfolgung mit Schießbefehl reichten. Über einen Telefonanruf erfuhren wir, was geschehen war. Südlich von Hebron, bei Beit Haggai, war das Auto von zwei jüdischen Siedlern beschossen worden. Der Mann und die Frau kamen dabei ums Leben. Ein entgegenkommendes Fahrzeug hatte das Feuer auf sie eröffnet. Es war sogleich als Racheakt für das Goldstein-Massaker deklariert worden. Man hatte im Grunde genommen nur darauf gewartet, wann es passierte. Die 40 Tage Trauerzeit für die Toten des Massakers waren abgelaufen und seither war man auf alles vorbereitet.

Wir konnten nicht mehr nach Jerusalem zurück! Darauf waren wir nun gar nicht vorbereitet. Die Hebroner indes waren an die dramatischen Auswirkungen dieser militärischen Interventionen schon mehr als gewöhnt. Sie wussten genau, was zu tun war, und schätzten die Lage exakt und richtig ein. Die eigentliche Gefahr bestand nicht nur in der Präsenz der Soldaten, die die Stadt nach außen abriegelten, sondern auch in der Anwesenheit der bewaffneten Siedler, die in die Stadt eindringen konnten, um dort direkt Rache zu nehmen. Das Militär hatte alle Zugangsstraßen sofort abgesperrt, die die Araber ein- und die Siedler ausschlossen. Wenn dem Militär die lückenlose Versiegelung nicht gelang, war mit einem Blutbad zu rechnen. Es gab kein Entrinnen, oder doch? Ich lernte nun zum ersten Mal die Listigkeit und Schlauheit der Araber kennen, ohne die sie unter solchen Umständen gar nicht überleben konnten. Da keiner wusste, wie lange solche Ausgangssperren andauern konnten – es war schon vorgekommen, dass das über einige Wochen so ging –, hatten sie frühzeitig vorgesorgt. Man hatte westlich von Hebron aus der Stadt heraus, entgegen den jüdischen Trutzburgen im Osten, durch Olivenhaine, Felder und unwegsames Gebiet, über Berg und Tal, „Fluchstraßen“ errichtet, die wirklich nur bei genauerem Betrachten auffielen. Es waren oftmals nicht einmal Spuren sichtbar; man hatte nur dafür gesorgt, dass an Engpässen größere Steine und andere Hindernisse aus dem Weg geräumt worden waren oder auch einfache Rampen errichtet wurden. Diese Fluchtstraßen wurden dann genau zu solchen Anlässen meist nur mit Eselskarren und Pferdewagen zum Lebensmittelnachschub für die Stadt befahren. Die Stadt bekam dadurch einen autarken Charakter; sie konnte sich im Notfall aus ihrer unmittelbaren Umgebung versorgen. Auf dem geröllhaltigen und steinigen Boden gab es wenig Furchen, die entdeckt werden konnten und als zusammenhängender Weg über eine längere Distanz identifizierbar waren.

Und genau eine solche Fluchtstraße wurde für uns nun zum Rettungsweg aus der Falle. Ganz gefahrlos war die Sache allerdings nicht, da ein Fahrzeug natürlich leicht aus der Luft erkannt werden konnte. Die Militärs hatten aber normalerweise gerade zu Beginn einer Ausgangssperre mehr mit dem Stadtzentrum zu tun, als sich auf die Umgegend zu konzentrieren. Mit Siedlern allein, ohne Militärschutz, war dort kaum zu rechnen, da sie sich in diesem für sie unbekannten Terrain leicht arabischen Schützen aussetzen könnten. Das Wagnis gingen sie nicht ein. Sie schlugen lieber im Schutz des Militärs zu. Außerdem deckte die wilde Landschaft mit ihren Hügeln und engen Tälern vor allzu neugierigen Blicken. Ein Restrisiko, dem wir uns auszusetzen hatten, blieb allerdings bestehen.

Nach nur fünf Minuten stand ein altes Taxi vor der Tür und wir verabschiedeten uns mit einem flauen Gefühl im Magen. Die Fahrt gehörte zu einem der Höhepunkte der off-road-Erlebnisse meines Lebens. Das Ganze war nicht vergleichbar mit den Wüstentouren Saudi-Arabiens, die für uns damals zum Freizeitspaß geworden waren, denn hier stand uns kein Allradfahrzeug mit genügender Bodenfreiheit zur Verfügung. Der alte Mercedes stampfte über Steine und Felsen, fuhr durch Gestrüpp und ausgetrocknete Bachläufe, vorbei an Olivenbäumen, verlassenen Häusern und Ziegenkoppeln, Abhänge hinunter und steile Böschungen wieder hoch. Wir wurden so durchgeschüttelt, dass wir teilweise von einer Ecke des Wagens in die andere flogen. Einige Male knirschte der Fels verdächtig laut unter dem Fahrzeugboden und einige Male dachte ich, das können die Achsen nicht aushalten, von den Stoßdämpfern, der Auspuffanlage und den Reifen ganz zu schweigen. Aber die deutsche Wertarbeit hielt durch. Wenn wir hier und da kurzzeitig auf einen geteerten Feldweg kamen, war die Erleichterung für die Insassen und das Auto riesengroß. Nach fast zwei Stunden brachte uns der tapfere Fahrer auf die Straße nach Bethlehem. Wir waren knapp zwanzig Kilometer von Hebron entfernt und Bethlehem war nicht mehr weit. Dort angekommen entlohnten wir ihn fürstlich, nicht nur für die Wegstrecke und die zweifellos erlittenen Fahrzeugschäden, sondern auch für die Gefahr, die er persönlich auf sich genommen hatte, um uns dort herauszubringen. Er wollte nicht weiter fahren, denn er musste zurück wegen der Dunkelheit und auch aus Sorge um seine Familie. Wir konnten ihm nur alles Gute wünschen und Gott sei Dank erfuhr ich später von den Hebronern, dass er gesund und heil wieder zu Hause angekommen war.

Auch wir kamen letztlich gesund und heil im Hotel an, nachdem wir ein Taxi in Bethlehem gefunden hatten, das uns unter diesen Umständen nach Jerusalem brachte, denn mittlerweile war über die gesamte West-Bank höchste Alarmstufe ausgerufen worden. Als wir später am Abend an der Bar im Hotel darüber nachdachten, was alles hätte passieren können, wurde uns das Erlebte noch einmal richtig bewusst. Unter Abenteuer allein war das sicherlich nicht einzustufen und wir konnten in Zukunft auf derartige Nervenanspannung leicht verzichten.

Dabei hätten wir sogar internationale Unterstützung anfordern können. Als Reaktion auf das Goldstein-Massaker hatten Vertreter der PLO und Israels im Rahmen der UN-Resolution 904[183] am 31. März 1994 einen Vertrag mit Italien, Dänemark und Norwegen abgeschlossen, der besagte, Unterstützungspersonal und Beobachter für eine temporäre Anwesenheit in der Stadt Hebron zur Verfügung zu stellen. Am 8. Mai, kurz vor unserem Besuch in Hebron, waren daraufhin die ersten Beobachter der TIPH[184] aufgestellt worden. Die Beobachtertruppe sollte die Stabilität in der Stadt fördern und die Wiederherstellung des normalen Lebens gewährleisten. Allerdings war ihre Durchschlagskraft gering. Wirkliche Erleichterung konnte sie für die palästinensische Bevölkerung durch ihr schwach formuliertes Mandat nicht liefern. Das israelische Militär akzeptierte die unbewaffneten UN-Soldaten kaum und die daraus resultierende Ineffektivität isolierte sie mehr und mehr von den arabischen Stadtbewohnern. Den jüdischen Siedlern waren sie eh ein Dorn im Auge. Ihre Anwesenheit wurde allmählich zur Farce. Ich sollte ihre Dienste einmal in Anspruch nehmen müssen, im Jahr 2002, als ihre Akzeptanz allerdings schon gegen Null gesunken war, was sich auch deutlich durch die Hilflosigkeit dem israelischen Militär gegenüber äußerte. Sie mussten sogar im Februar 2006 kurzzeitig aus Hebron fliehen, nachdem es im Zuge des Karikaturenstreits zu gewalttätigen Übergriffen von Seiten der Palästinenser auf die Einrichtungen der TIPH in Hebron gekommen war. Ein ernüchterndes Beispiel für die Auswirkungen der Interventionen der UNO in den besetzten Gebieten.

Die Sicherheitslage in Palästina hatte sich also nach dem Oslo-I-Abkommen entgegen den politischen Bemühungen dramatisch verschlechtert. Allerdings war die Unterstützung der internationalen und arabischen Welt für den Aufbau des palästinensischen Staates angelaufen. Die finanziellen Zusagen erreichten ein Volumen, das vorher kaum vorstellbar gewesen war. Mit im Gepäck war ein Zuzug von internationalen und nationalen Experten in die West-Bank und nach Gaza, die teils in die nun eingerichteten Geberorganisationen, aber auch als Rückkehrer in die palästinensischen Institutionen selbst integriert wurden. Die berufliche Qualifikation dieser Rückkehrer

---

183 Siehe Index 11 – UN-Resolutionen

184 Abkürzung für Temporary International Presence in the City of Hebron

erhöhte die Kompetenzen der palästinensischen Institutionen ungemein.

Um der Diskrepanz zwischen der sich verschlechternden Sicherheitslage und dem permanenten Zuzug von Menschen nach Palästina gerecht zu werden, vereinbarten wir, dass ich zukünftig mein deutsches Fahrzeug mit nach Palästina nehmen sollte. Dies hatte einen enormen Vorteil. Die weißen deutschen Nummernschilder ähnelten in verblüffender Weise denen ausländischer Diplomatenfahrzeuge in Israel und hatten dadurch einen nicht zu unterschätzenden Sicherheitsaspekt. Zum Einsatz kam mein neuer Toyota Land Cruiser, den wir uns schon für den Jemen zugelegt hatten und der zur Abreise bereitstand. Das Riesending gab mir allein schon durch seine Größe ein sicheres Gefühl auf den sehr stark befahrenen Straßen Israels. Das Land hatte eine der höchsten Verkehrsunfallraten der Welt.

Damit befand ich mich also Mitte September '94 auf der Fähre von Piräus nach Haifa. Diese Reise zu Land und zu Wasser sollte für mich in den nächsten Jahren zur Routine werden, wenn es darum ging, mein Fahrzeug nach Israel hinein beziehungsweise aus Israel heraus zu bringen. Ich bekam nämlich nur eine dreimonatige Aufenthaltserlaubnis für das Fahrzeug, die bei Bedarf jedoch noch einmal um die gleiche Zeit verlängert werden konnte. Immerhin wurden mittlerweile für uns selbst Personenjahresvisa vom israelischen Innenministerium ausgestellt. Durch die Mitnahme meines Wagens erhöhte sich nun natürlich meine Mobilität und die Zeit in Palästina und Israel bekam einen ganz neuen Charakter.

Für die Suche nach einer möblierten Bleibe war Zughair zuständig gewesen und er war in Beit Hanina fündig geworden. Die Unterkunft glich allerdings eher einer Garage als einer Wohnung. Ich akzeptierte sie trotzdem in dem sicheren Bewusstsein, dass ich im Colony mehr Zeit verbringen würde als in diesem Etablissement, das ich sofort auf das Niveau einer Schlafburg reduzierte.

Rabin hatte seine Verpflichtungen aus dem Oslo-I-Abkommen eingehalten und die israelische Armee war am 13. Mai aus Jericho und am 17. Mai aus zwei Dritteln des Gazastreifens abgezogen. Daraufhin war Arafat am 1. Juli 1994 unter großem Auflauf in Gaza-Stadt eingezogen. Am 5. Juli hatte er sich dann von einer überwältigenden Menge in Jericho feiern lassen. Aus Hebron, Ramallah und Jenin, aus allen Städten, Dörfern und Marktflecken des Westjordanlands waren Tausende Palästinenser nach Jericho geströmt, um den PLO-Chef willkommen zu heißen. Er hatte in Gaza am Morgen einen ägyptischen Hubschrauber bestiegen und war von zwei israelischen Militärhubschraubern eskortiert worden. Allerdings brannten auf halber Strecke zwischen Jerusalem und Jericho bei Maale Adumim schon die Autoreifen. Wütende Siedler hatten Nägel auf die Fahrbahn gestreut.

> Einem Massenmörder wie Arafat erweisen wir auf unsere Art die Reverenz,

hieß es auf Flugblättern, die sie an Araber verteilten, die unterwegs nach Jericho waren.

Arafats Auftritt in Jericho war in anderer Weise symbolisch als der vorangegangene im Gazastreifen, der zuerst und vor allem das Ende des Exils und den schwer errungenen Sieg über Jahrzehnte israelischer Unterdrückung markiert hatte. Jericho wurde der Sitz der Palästinensischen Selbstverwaltungsbehörde, die dort unter Arafats Leitung zu ihrer ersten Sitzung und der Vereidigung ihrer 18 Mitglieder zusammengetreten war. Die Symbolik war eindeutig: Arafats Ankunft in der verschlafenen Oase stand für seine formelle Übernahme der Macht.

Ich ließ mir von Lehrern der ITS schildern, die vor Ort gewesen waren, wie chaotisch das alles abgelaufen war. Das ganze offizielle Zeremoniell war am Marktplatz von Jericho geplant. Rundherum auf den Dächern waren Kameraleute und Techniker von CNN, BBC, CBN und anderen Fernsehstationen postiert. Horrende Summen an Miete hatten sie für ein Plätzchen in der stechenden Sonne auf den Dächern bezahlt und wochenlang auf den historischen Augenblick der Ankunft Arafats gewartet. Gedränge am Podium entstand schon am frühen Morgen. Dann der Schock – Arafat würde nicht auf dem Marktplatz reden, sondern am Busbahnhof. Dort war eine Ehrentribüne errichtet, im Stile eines Beduinenzeltes mit Teppichen ausgelegt. Honoratioren wie der Bürgermeister von Bethlehem, der stellvertretende Mufti von Jerusalem, Feisal Husseini, Hebrons Bürgermeister und sogar jüdische Rabbis waren erschienen. Besonders herzlich umarmte Arafat Rabbi Moshe Hirsch von der anti-zionistischen Neturei Karta[185]. Eine Pfadfinderkapelle mit Dudelsäcken und Trommeln marschierte durch das Gedränge. Neben aufgeregten 6.000 Palästinensern waren etwa 1.000 Journalisten aus aller Welt zur Stelle, um Arafats triumphalen Einzug nach Jericho zu beobachten. Die Absperrungen aus Maschendrahtzaun hielten nicht lange. Sprechchöre unterbrachen seine Rede und das Gedränge wurde immer größer, als auch Menschen vom Marktplatz dazukamen. Es gab Verletzte und immer wieder Versuche Einzelner, auf die Bühne zu springen. Eine alte Frau, der es gelang, zu Arafat durchzudringen, wurde von ihm geküsst und fiel in Ohnmacht. Arafat sprach: „Niemand kann die palästinensische Nation auslöschen oder erniedrigen. Die Kinder der Steine haben der Welt bewiesen, dass sich dieses Volk nicht unterdrücken lässt. Das ist unser Land. Die Israelis müssen verstehen, dass dies palästinensisches Land ist."

Die Menge jubelte, als er Israel kritisierte, Palästinenser aus dem Westjordanland daran gehindert zu haben, nach Jericho zu kommen. Wenige Minuten nach der Rede veröffentlichte der Chef des israelischen Presseamtes, Uri Dromi, eine scharfe Zurückweisung dieser Unterstellungen des PLO-Chefs. Es war die erste Kritik, die seit Arafats Ankunft von einer israelischen Regierungsstelle am PLO-Chef geäußert wurde. Bisher hatten sich die Offiziellen Israels beeindruckt von Arafats gemäßigten Äußerungen gezeigt und ihm seinen Friedenswillen bestätigt.

Mit den Worten: „Wir sind eine starke Nation. Ein Wind kann den Berg nicht wegrücken. Der Kampf muss weitergehen und die harte Arbeit, bis wir unseren unabhängigen Staat mit Jerusalem als Haupt-

---

[185] Eine 1935 entstandene ultraorthodoxe jüdische Gruppierung, die aus religiösen Gründen den Zionismus und damit den Staat Israel vehement ablehnt. Nach Ansicht der Gruppe wird nach der Wiederkunft des jüdischen Messias ein neues Israel als ein Königreich ohne menschliches Zutun und ohne Waffengewalt entstehen, dessen Grundlage der göttliche Dienst sein wird. Da es die Tora verbiete, das Exil zu beenden und einen Staat zu gründen, lehnte Neturei Karta 1948 auch die Schaffung Israels ab.
Ihr Führer, Rabbi Moshe Hirsch, wurde nach dem Ausrufen des palästinensischen Staates durch die PLO im Jahr 1988 in Algier zum Minister für jüdische Angelegenheiten im Kabinett Arafats erklärt. Hirsch gehörte später zu den regelmäßigen Besuchern Arafats in Ramallah.
Er bescheinigte Arafat schriftlich, dass nicht die Juden, sondern die Zionisten für die Taten an der palästinensischen Bevölkerung verantwortlich sind.

stadt errichtet haben, so Gott will“, beendete Arafat seine Rede. Die Menge jauchzte und das Glück der Menschen war unbeschreiblich.

Ohne Rücksicht auf die jungen Männer, die Arafat sehen und berühren wollten, raste der PLO-Chef dann in einer Mercedeslimousine mit dem längst abgelaufenen ovalen deutschen Zollschild – ein Jeep vorneweg – durch die Kleinstadt zum Hauptquartier der palästinensischen Polizei im Al-Aqsa-Lager, wo die Minister der Übergangsregierung vereidigt wurden und der Schwur auf den Koran erfolgte. Arafat verließ danach gegen Mittag im ägyptischen Hubschrauber und in Begleitung der israelischen Militärhubschrauber den Sitz der palästinensischen Selbstverwaltung durch einen Sonderkorridor und flog anschließend nach Paris, wo ihm mit Ministerpräsident Rabin der UNESCO-Friedenspreis überreicht wurde.

Ein triumphaler Empfang für Arafat, der gottgleich zu seinem Volk einschwebte, flankiert von seinen ehemaligen Feinden, und dem nach all den Nackenschlägen wie im Märchen plötzlich alles zu gelingen schien. Das Volk war begeistert, freudetrunken und ekstatisch verzaubert. Es schwebte auf Wolke sieben. Doch schon damals hätte auffallen müssen, dass Arafat mehr versprach, als er jemals würde halten können. Er war vom Himmel gestiegen und versprach den Himmel auf Erden, er weckte Hoffnungen auf den Sieg und erweckte den Anschein, als sei der Sieg auch möglich. Immer wieder jedoch hatte er in der Vergangenheit als Verlierer das Feld räumen müssen. Immer wieder mit dem erhobenen V seiner Finger sich selbst in der Niederlage als Sieger verkauft. Eine lange Kette von Niederlagen, der nun plötzlich der Sieg folgen sollte? Der Absturz aus diesen euphorischen Höhen, der kommen musste, war jetzt jedoch umso tiefer und brutaler, denn Arafat befand sich zum ersten Mal auf palästinensischem Boden und operierte mit der Gesamtmasse des palästinensischen Volkes. Und die wurde auf diesen Sturzflug mitgenommen.

Ich war nach Jericho gefahren, weil ich gebeten worden war dort ein anvisiertes Gebäude für das erste Vertretungsbüro der Bundesrepublik Deutschland in Palästina unter die Lupe zu nehmen. Es ging um die Benutzbarkeit der elektrischen Anlage. Ich machte einige sicherheitstechnische Verbesserungsvorschläge und fuhr dann in das Zentrum der Kleinstadt. Schon auf dem Weg in die Stadt hatte ich Fahnen, Banner, Wimpel und Spruchbänder passiert, die immer noch, zwar schon etwas vom Wind zerzaust, über den Straßen und von den Dächern und Balkonen wehten und von dem großen Ereignis kündeten. Der Marktplatz, den ich jetzt sah, war allerdings die Krönung. Man hatte seither nichts verändert, selbst das Podium war noch aufgebaut. Die Häuserfronten waren mit bunten Tüchern behangen, am Rand des großen Platzes waren Fahnen in den palästinensischen Farben an schon etwas schiefgetretenen Masten befestigt. Überhaupt dominierte Schwarz, Weiß, Grün und Rot. Als die Tücher in diesen Farben jedoch ausgingen, hatte man auch alle anderen Farben verwendet und so gestaltete sich der Platz in einem bunten und wilden Farbenrausch. Die Spruchbänder lösten sich langsam aus ihren Halterungen und flatterten ungebremst im Wind oder hingen schon verkehrt herum an den Gebäuden und einige der Wimpelschnüre, die den gesamten Platz überspannt hatten, waren schon einseitig auf den Boden gefallen und die Autos fuhren darüber hinweg. Zwischen den Passanten wurde Obst und Gemüse verkauft, ein Händler bot Esel an und ein anderer Ersatzteile für Autos. Es war alles vorhanden, was das Herz begehrte. Ich ging um den Platz herum und näherte mich so dem Rathaus von Jericho, das als zentrales Gebäude den Platz beherrschte. Schon wollte ich weitergehen, da fiel mir der Wachmann an der Eingangstür auf. Er stand stolz in seiner neuen Uniform, die für seinen kleinen, dünnen Körper allerdings viel zu weit ausgefallen war. Die Rangabzeichen auf den Schultern seiner zu großen Jacke hingen seitlich auf seinen Oberarmen. Auch musste eine starke Koppel die viel zu weite Jacke auf die Hüften zusammenschnüren. Die Hose hatte am Bund mehrfach große Falten geworfen und war unten umgeschlagen. Aber er stand da mit eisernem Gesicht, sich der Wichtigkeit seiner Aufgabe bewusst und mit der Würde, die ihm das neue Palästina übertragen hatte. Vor seiner Brust hing ein Schnellfeuergewehr, das ihm den Respekt einbrachte, der ihm gebührte. Ich wunderte mich noch über die geringe Größe und die moderne Bauart dieser Waffe und wollte schon weitergehen, als mir etwas auffiel. Die Sonne stand hoch und gab normalerweise Lichtreflexe auf solchen Waffen ab. Das war hier nicht der Fall. Ich ging also näher heran und traute meinen Augen nicht. Das Schnellfeuergewehr war aus Plastik – ein Kinderspielzeug, wie ich es gleich hier am nächsten Stand erwerben konnte! Was für eine groteske Szene. Er bewachte mit einem Kinderspielzeug seinen autonomen Staatsapparat. Ich hätte fast laut aufgelacht. Wie hinreißend ehrlich und naiv waren doch diese Menschen. Mit welcher Inbrunst gaben sie sich das Gefühl, nun endlich Herr über sich selbst zu sein, bis zur Aufgabe der Realität, bis zur Preisgabe der Lächerlichkeit. Wichtig war, dass dieses Gefühl überhaupt existierte. Keine palästinensische Generation hatte dieses Gefühl bisher erlebt. Immer waren sie der Herrschaft anderer ausgesetzt gewesen. Ein Gefühl, an das sich die Masse des Volkes so sehr klammerte, dass sie die Tatsachen vergaß, vergessen wollte. Stand man nun an der Schwelle einer neuen Zeit? Würde sich tatsächlich das Leben verbessern? Wurde der tägliche Druck von ihnen genommen? Sollten sie wirklich wie Menschen behandelt werden? Hoffnung überwog die Skepsis, die sich so lange festgefressen hatte.

Ich ging auf den Wachmann zu und fragte ihn, warum er mit einem Plastikgewehr hier stehe. Er antwortete ohne Scham, dass für die Sicherheitspolizei im autonomen Jericho noch keine Waffen eingetroffen seien. Das würde in den nächsten Tagen geschehen. Er solle dann auch Training im Umgang mit der Waffe bekommen. In Jericho sei das kein Problem. Vom Sicherheitsaspekt her war Jericho tatsächlich schon immer ruhig gewesen. Deshalb war die Stadt auch als erstes autonomes Gebiet von Rabin ausgesucht worden. Von Jericho aus waren bisher keine Terroraktionen erfolgt. Auch war an Jericho die Gewalt der Intifada größtenteils vorbeigegangen. Mit einem Plastiksack frischer Orangen und einem Lächeln auf den Lippen verließ ich das friedliche Jericho an diesem heißen Spätsommernachmittag und war wie die meisten Palästinenser überzeugt von einer Wende zum Besseren.

Meine Arbeit konzentrierte sich auf die neu gegründeten palästinensischen Ministerien. Weltweit kehrten Palästinenser nach Hause zurück und die Kompetenz des Personals an den Schaltstellen nahm zu. Der Aktionismus dieser Experten war groß – jeder wollte seinen Beitrag zum Aufbau des Staates leisten. Das Ganze benötigte, nicht nur im Bildungsbereich, zentrale Steuerungsmechanismen. Der Staat Palästina begann bei Null. Der Vorteil lag darin, dass nicht erst Mauern eingerissen werden mussten, um etwas Neues zu schaffen. Und so ging jeder mit großem Eifer an die Aufgabe. Unterstützt wurden die Palästinenser dabei von den internationalen Gebern, die je nach Interesse in gegenseitiger Absprache ihre Interventionsbereiche absteckten. Die Gefahr des Verzettelns war allerdings riesengroß. Es brannte an jeder Ecke. Und nicht nur auf der Implementierungsebene des Staatsaufbaus, sondern auch auf dem politischen Kampfplatz. Arafat und Rabin wurden international zwar wie Helden gefeiert, gerieten aber intern, wie wir schon gesehen haben, unter enormen Beschuss. Auch Rabins Druck auf Arafat selbst wuchs – er sollte die

Terroraktionen der Hamas stoppen. Aber Arafat konnte das nicht leisten, selbst wenn er gewollt hätte. Die Hamas war zu einem Selbstläufer geworden, aufgezogen und genährt von Israel. In der Unerbittlichkeit der Ideologie waren sich die Zionisten und die Hamas ähnlich. Die Politik der PLO, die sich eigentlich in erster Linie dem Aufbau des Staates widmen sollte, wurde zum Selbstzweck, als sie während der nächsten Jahre in einen permanent torpedierten Rotationsmechanismus verfiel, der sich nur noch mit dem alltäglichen Löschen von politischen Brandherden befasste und damit dem eigentlichen Ziel, dem Aufbau des palästinensischen Staates, kontraproduktiv entgegenwirkte. Für die Bevölkerung konnte dabei nichts herauskommen, sie sah keine Fortschritte. Die Hamas erkannte das folgerichtig.

Das war fatal für die PLO, ebenso wie der gesamte Verlauf der militärischen Aktionen der letzten Jahre. Seit Arafat im Jahr 1969 den Vorsitz übernommen hatte, war der Kampf der PLO gegen Israel bis 1974 durch kompromisslose Ablehnung des Staates Israel, weltweite Gewalt- und Terroraktionen und spektakuläre Flugzeugentführungen gekennzeichnet. Die Guerillaattacken auf Israel wurden aus den Anrainerstaaten Jordanien und Libanon ausgeführt, was schwerwiegende Konflikte mit diesen Gastländern zur Folge hatte. In Jordanien entwickelte sich die PLO Ende der Sechzigerjahre zu einem Staat im Staate und stellte ganz entscheidend die Legitimität des jordanischen König Hussein I. in Frage. Dies führte zu bürgerkriegsähnlichen Zuständen und gipfelte 1970 im so genannten „Schwarzen September", der blutigen Zerschlagung und Vertreibung der Guerillakämpfer aus Jordanien. Daraufhin ließen sich die PLO-Verbände im Libanon nieder, wo im Süden des Landes das Fatahland entstand und eine Guerilla-Armee von 20.000 Mann stationiert wurde. Die Präsenz der PLO und ihre übergreifenden Aktionen im Land schürten 1975 den libanesischen Bürgerkrieg, der dadurch natürlich eine regionale Dimension erhalten musste. Im Zuge der israelischen Invasion in den Libanon wurden die PLO-Kommandos 1982 aus dem Süd-Libanon und West-Beirut vertrieben. Ein Jahr später verlor Arafat auch sein letztes Einflussgebiet um Tripolis, als er auch noch den syrisch gesteuerten Al Fatah-Rebellen[186] militärisch unterlag. Eine Niederlage schloss sich an die nächste und der Blutzoll der palästinensischen Kämpfer war enorm. Jedoch litten nicht nur die bewaffneten Einhei-

186 Siehe Index 5 – PLO

ten, sondern über alle Maßen mehr als diese die Zivilisten in den israelisch besetzten Gebieten, vor allem aber im Libanon. Sie hatten nicht nur unter ihren hasserfüllten Gegnern zu leiden, sondern auch durch die PLO selbst, die neben ihren terroristischen Aktivitäten auch eigene Gefängnisse im Libanon unterhielt, in denen Palästinenser eingesperrt waren, die den Kampf der PLO weder persönlich noch finanziell unterstützen wollten.

Zwei Mal war Israel in die Kampfhandlungen im Libanon eingetreten, 1978 und 1982, zuletzt mit dem Ziel der endgültigen Vertreibung der PLO aus dem Nachbarland. Dabei waren ihnen alle Mittel recht, subversive und militärische. Der Apparat der israelischen Geheimdienste lief auf Hochtouren. Nach einer langen Serie von blutigen PLO-Anschlägen auf jüdische Zivilisten von libanesischem Gebiet aus und entsprechenden israelischen Vergeltungsmaßnahmen wurde im Jahr 1977 die Likud-Partei erstmals stärkste Kraft in Israel und der Menschenfreund Menachem Begin ab Mai 1977 der erste Ministerpräsident des Likud. Die Aktivitäten der israelischen Geheimdienste, die eine Allianz mit der Südlibanesischen Armee (SLA)[187] unter der Führung des Majors Saad Haddad und die Verbindung mit den Milizen der christlich-maronitischen Phalange[188] eingeleitet hatten, bereiteten die Grundlage für den ersten Einmarsch der Israelis in den Süd-Libanon. Erwähnenswert ist sicherlich, dass die Phalange als Verbündeter Israels ihre Inspiration ursprünglich aus dem Nationalsozialismus ableitete. Das erklärte Ziel der „Operation Litani“ war die Vernichtung der Stellungen der PLO im Libanon südlich des Flusses Litani, um die Sicherheit im Norden Israels zu gewährleisten.

---

[187] Die Südlibanesische Armee war eine Miliz während des libanesischen Bürgerkriegs. Sie kooperierte mit Israel bei der Besetzung des Süd-Libanon. Sie wurde 1976 von Mitgliedern der libanesischen Armee gegründet. Ihre Gründer waren neben Schiiten und Drusen vorwiegend Christen, die gegenüber der bewaffneten PLO, die zu dieser Zeit den Süd-Libanon beherrschte, libanesische Zivilisten schützen wollten.

[188] Die Kata'ib, von حزب الكتائب اللبنانية, arabisch für *„Partei der libanesischen Brigaden“*, auch bezeichnet als Phalange, ist eine christlich-libanesische Partei, die ursprünglich aus der maronitischen nationalen Jugendbewegung hervorgegangen ist. Sie wurde 1936 von Pierre Gemayel gegründet und war von den nationalsozialistischen Jugendgruppen, von deren Disziplin er beeindruckt war, beseelt. Motto der Bewegung war „Gott, Nation und Familie“.

Nur fünf Tage nach der israelischen Invasion erließ die UNO die Resolution 425[189], die die Offensive zwei Tage später stoppte. Der Eingriff war ungeheuer und übertraf bei weitem die Verhältnismäßigkeit. Die israelischen Streitkräfte besetzten zuerst einen Streifen von ungefähr 10 Kilometer Breite, der später bis zum Litani nach Norden ausgeweitet wurde. Resultat war, dass 285.000 Menschen fliehen mussten. Einige israelische Soldaten wurden vor Gericht gestellt, nachdem libanesische Landarbeiter erdrosselt und Gefangene exekutiert worden waren. Die PLO zog sich nördlich des Litani zurück und setzte den Beschuss der Israelis fort. Aufgrund der Resolution 425 wurde eine Interimstruppe der Vereinten Nationen im Libanon (UNIFIL) aufgestellt, um das Mandat zum Rückzug der Israelis zu erzwingen und den Frieden und die libanesische Hoheit im Süd-Libanon wiederherzustellen. Die UNIFIL-Kräfte kamen am 23. März 1978 dort an und bezogen ihr Hauptquartier in Ras Naqoura. Im Laufe des Jahres zogen sich die israelischen Streitkräfte auch teilweise zurück, wobei sie die Positionen jedoch an ihren Verbündeten, die SLA, übergaben. Ihre Befehle erhielt die SLA ausschließlich von Israel. Diese bedrängte regelmäßig die UNIFIL-Soldaten. Am 19. April 1978 beispielsweise beschoss die SLA das UNIFIL-Hauptquartier mit Mörsergranaten und tötete acht UN-Soldaten. Im April 1980 wurden zwei irische UN-Soldaten entführt und durch bewaffnete christliche Terroristen in dem von der SLA kontrollierten Gebiet ermordet. Eine Verstrickung des israelischen Geheimdienstes Shin Bet in diese Morde ist nicht ausgeschlossen[190]. Nicht nur der Großteil der Ausrüstung der SLA wurde von Israel geliefert, sondern auch das Erscheinungsbild eines SLA-Kämpfers war fast vollständig identisch mit dem eines Tzahal-Soldaten[191]. Die SLA baute ein Terrorregime auf, das vor Erpressung, Entführung, Raub und Mord nicht zurückschreckte. Das Gefangenenlager von Chiyam[192] wurde bekannt für Folter und unzumutbare Haftbedingungen in seinem Einsatz gegen libanesische Zivilisten. Israel hat offiziell immer bestritten, an den Aktivitäten in Chiyam beteiligt gewesen zu sein. Eine eidesstattliche Versicherung des Brigadegenerals Dan Chalutz für das israelische Verteidigungsministerium bestätigte jedoch die

---

[189] Siehe Index 11 – UN-Resolutionen

[190] Vgl. auch Bibliographie: Robert Fisk, *Pity the Nation*

[191] Kurzfassung der offiziellen hebräischen Bezeichnung: Tzahal für „*Israelische Streitkräfte*", (engl.: Israel Defence Forces, IDF)

[192] Ort im Süd-Libanon in der Nähe von Nabatiye

erhebliche Beteiligung Israels, inklusive Trainingsmaßnahmen und Zahlung von Gehältern an die so genannten „Vernehmer“. Die Beobachterposition der UNIFIL gefiel somit natürlich nicht und es kam zu wiederholten Angriffen auf das UN-Personal. Die Verluste beliefen sich bis zum Jahr 2000, einige Unfälle mit einbezogen, auf weit über 500 Blauhelmsoldaten in einer Region, die vom israelischen Verbündeten kontrolliert wurde. Der Oberkommandierende dieser „Befreiungsarmee des Südlibanon“, Saad Haddad, dem die einmarschierenden Israelis die Kontrolle über den Grenzstreifen von 80 Kilometern Länge und 10 Kilometern Tiefe übergeben hatten, war für diese Taten verantwortlich. Haddad selbst starb im Januar 1984 an Krebs. Seine Helfershelfer aber übernahmen danach nicht nur das Kommando, sondern auch seine Art der Pflichterfüllung. Mit dem endgültigen Abzug der Israelis aus dem Südlibanon im Mai 2000 suchten diese Angehörigen der SLA natürlich Asyl in Israel. Ein Teil von ihnen fand auch in der Bundesrepublik Deutschland Aufnahme, nachdem Außenminister Fischer Israel ein entsprechendes Angebot unterbreitet hatte. Wir kommen auf ihn noch zurück.

Weitaus dramatischer jedoch als die Operation im Jahr 1978 war der Einmarsch mit Bodentruppen, der am 6. Juni 1982 erfolgte, denn nun stand dem Menschenfreund Begin der Anführer Ariel Scharon als Verteidigungsminister zur Seite und beide zusammen kannten keine Grenzen mehr, um ihren zionistischen Traum zu erfüllen.

„Begin und Scharon träumen den gleichen Traum, wobei Scharon die Rolle dessen übernommen hat, der die Drecksarbeit erledigt. Der Traum läuft darauf hinaus, die PLO zu vernichten, ihre Verbündeten und Kollaborateure im Westjordanland niederzuwerfen, die dort lebenden Palästinenser nach Jordanien zu vertreiben und ihre nationalistische Bewegung einzudämmen, wenn nicht zu zerstören. Das war für Begin und Scharon der eigentliche Beweggrund des Libanonkriegs.“[193]

In bestimmten amerikanischen Kreisen waren die eigentlichen Gründe also sehr gut bekannt[194]. Die arabischen Friedensangebote[195] von 1971, 1976 oder 1982 passten da natürlich nicht ins Kalkül.

---

193 Amos Perlmutter, israelisch-amerikanischer Militärhistoriker und Strategieexperte, *Foreign Affairs*

194 Vgl. Fußnote 163

195 Sadat, PLO und Arabische Liga, PLO und Arabische Liga

In der Operation „Frieden für Galiläa“ stießen die Israelis, militärisch haushoch überlegen, fast ohne Widerstand in nur ein paar Tagen bis nach Beirut vor. Als die Chadasch-Partei[196] nach der Invasion den Rücktritt des Kabinetts forderte, stellten selbst die Oppositionsführer Rabin und Peres die Einheit des Volkes sicher und wandten sich somit nicht gegen den Einmarsch. Der endete in der größten Katastrophe, die der Nahe Osten seit Auftreten des Zionismus erlebt hatte. Nicht nur für den Libanon, sondern auch für Israel.

Wer sich die Mühe macht, den gesamten Umfang des libanesischen Bürgerkriegs zu erfassen, der hier nicht Gegenstand der Betrachtung ist, wird sich wundern über die unvorstellbare Abartigkeit der Konfliktparteien, die sowohl religiös als auch politisch motiviert operierten, aber vor allem über die Bündnisse und Seilschaften, die daraus entstanden. Da kämpften in einem 15-jährigen Gemetzel anfangs Sunniten gegen Christen und Drusen und Schiiten gegen Sunniten, später Sunniten gegen Sunniten, Schiiten gegen Schiiten, Christen gegen Christen, Kommunisten gegen reaktionäre Kräfte und, um die Perversion zu vervollständigen, das alles in zum Teil wechselnden Koalitionen. Unter den Augen der UN-Soldaten und vor amerikanischen, italienischen und franzosischen Friedenseinheiten versuchten Syrien und Israel ihre Positionen im Nachbarland durch eigene Truppen zu stärken und waren auf libanesischem Boden in direkte Kampfhandlungen miteinander verstrickt. Der Erbarmungslosigkeit aller Parteien während der Jahre des Bürgerkriegs setzte allerdings Israel die Krone auf. Unerreichter Höhepunkt alles Vorstellbaren in dieser Zeit war die israelische Invasion 1982 mit dem Einschluss und der Belagerung von West-Beirut.

Robert Fisk, britischer Journalist und Nahost-Korrespondent des Independent, beschreibt in seinem Buch „Pity the Nation“ dieses Drama, das er als Augenzeuge miterlebte. Seine Schilderungen vom israelischen Beschuss von Flüchtlingstrecks, von ungehemmter Zerstörung von Städten und Dörfern und von menschenverachtender

[196] Chadasch ist eine linke anti-zionistische Partei in Israel. Chadasch ist Hebräisch und heißt „*neu*“, ist jedoch auch das hebräische Akronym für Demokratische Front für Frieden und Gleichberechtigung. Chadasch spricht sich für die Räumung aller jüdischen Siedlungen sowie den Rückzug aus den 1967 im Zuge des Sechs-Tage-Kriegs von Israel besetzten Gebieten aus.

Kampfführung gegenüber der Zivilbevölkerung stellt ein Zeitzeugnis dar, dessen „Macht der Überzeugung nicht zu stoppen[197]" ist.

Traumatisierend ist Fisks Beschreibung des Bombardements der israelischen Luftwaffe von Mitte Juli bis Mitte August '82 gegen West-Beirut, das strom-, wasser- und hilflos von den Israelis nach außen abgeriegelt war. Der Einsatz von international geächteten Phosphor- und Streubomben auf zivile Viertel, Krankenhäuser, Schulen, Hotels und offizielle Gebäude ließ brennende Babys, zerrissene Körper, weit verstreute Extremitäten und bis zur Unkenntlichkeit verkohlte Leichen auf den Straßen zurück. In den zusammengestürzten Apartmenthäusern wurden Schutzsuchende in den Kellern lebendig begraben. Offiziell bekämpfte die israelische Luftwaffe PLO-Nester im Westteil der Stadt mit „chirurgischer Präzision". Dieser Präzision fielen an nur einem einzigen Tag Hunderte Zivilisten zum Opfer – beobachtet von der Weltöffentlichkeit. Philip Habib, amerikanischer Diplomat und offizieller Gesandter des US-Präsidenten Reagan, der von den Bergen in Baabda östlich von Beirut mit guter Sicht auf die Stadt am 4. August alle zehn Minuten die Staffeln der israelischen Luftwaffe ihre Bombenlasten über West-Beirut abwerfen sah, rief aus Entsetzen die Israelis zum sofortigen Stopp dieser Angriffe auf.

„Ich war in Baabda. Ich konnte es sehen. Ich sagte den Israelis, sie würden die Stadt zerstören, sie würden ohne Unterlass feuern. Sie sagten nur, sie wären es nicht. Sie würden das nicht machen. Ich rief Scharon an am Telefon. Er sagte, es wäre nicht wahr. Dieser verdammte Kerl sagte zu mir am Telefon, dass das, was ich sah, nicht passieren würde. Also hielt ich den Hörer aus dem Fenster, so dass er die Explosionen hören konnte. Darauf sagte er zu mir: ‚Was für eine Konversation ist das, wo du den Hörer aus dem Fenster hältst?'"[198]

Offizieller Report des israelischen Militärs an diesem Tag war, dass sie den Gürtel um Beirut enger geschnallt hätten. Die Beschreibung der Not der eingeschlossenen Bevölkerung, Libanesen, Palästinenser und internationaler Bewohner, ist bei Fisk nachzulesen. Die Nerven sind allein beim Lesen schon bis zum Zerreißen gespannt. Leider ist das Buch bisher nur in Englisch erschienen. Hier trüge ein guter

---

197 Observer

198 Übersetzung des Verfassers aus dem Englischen aus Robert Fisk, *Pity the Nation*

Englischkurs für einige unserer Entscheidungsträger und Meinungsmacher, die sich anmaßen, über den Nahen Osten ein Urteil zu fällen, zum besseren Gelingen bei.

Fisk gibt ein Interview wieder, das er Jahre später in Israel mit einem der israelischen Kommandanten einer Bomberstaffel führte. Der saß in einem der F-16-Kampfflugzeuge, die Fisk vom Zielboden aus beobachten konnte und deren Piloten man kurzzeitig, wenn sie auf Beirut vom Meer aus niedergingen, deutlich in den Kanzeln wahrnahm. Er hatte von der Basis in Galiläa bis zu drei Angriffe pro Tag mit seiner Staffel auf Beirut geflogen und sprach von der Reinheit der Waffen und von Moral. Ihre Ziele waren vom Geheimdienst vorgegeben. Sie beschossen Terroristenester. Sie flogen mit Fotos der Gebäude, die sie zerstören sollten, in ihrem Schoß und suchten diese Gebäude mit ihren Augen. In wenigen Sekunden mit den Fotos im Schoß suchten und entschieden sie, was sie treffen wollten. Dann warfen sie ihre Bomben ab auf die Terroristennester, die auf den Bildern waren und die sie meinten erkannt zu haben. Chirurgische Präzision! Die israelische Tagespresse, die über die allgemeine Zerstörung Beiruts berichtete, wurde mit Begins Haltung abgetan, die besagte, „wenn Hitler in einem Haus wäre, zusammen mit unschuldigen Menschen, würde er es bombardieren."[199]

Zweifel an ihren Taten kamen den Piloten, wenn überhaupt, dann erst später, nach einem Ereignis, das selbst Israel traumatisieren sollte. Schon zuvor, am 12. August, hatte die israelische Luftwaffe in einem neunstündigen Angriff Hunderte Tonnen Bomben in den Süden der Stadt und auf die palästinensischen Flüchtlingslager Sabra und Chatila in West-Beirut abgeladen. In diesen beiden Flüchtlingslagern lebten mehr als 10.000 Menschen. Die Streubomben über dicht besiedeltem Gebiet ließen den libanesischen Rundfunksprecher bei der Mitteilung der Ereignisse aufschreien und zusammenbrechen: „Die Israelis sind neue Nazis und ermorden unser Volk."[200]

Gegenwehr gab es kaum mehr. Die PLO war zerschlagen und kapitulierte auch vor dem Druck der Amerikaner. Am 21. August begann der 15-tägige Abzug der über 10.000 palästinensischen Guerillas aus dem Westteil der Stadt über den Hafen von Beirut, der unter

---

[199] Übersetzung des Autors aus dem Englischen aus: Robert Fisk, *Pity the Nation*

[200] Vgl. auch Bibliographie: Noam Chomsky, *Offene Wunde Nahost*

dem Vorbehalt geschah, dass die vielfachen palästinensischen Angehörigen in den zerstörten Lagern Sabra, Chatila und Bourj Al Barajneh dem Schutz der internationalen Truppen unterstellt wurden, die die USA anführte. Philip Habib selbst hatte dafür im Namen Reagans unterschrieben. Der Rest der schweren Waffen wurde darauf an die schiitische Amal-Miliz übergeben. Die israelische Belagerung West-Beiruts allerdings hielt nach dem Abzug der PLO-Kämpfer an. Die Furcht der muslimischen Einwohner im Westteil der Stadt vor Übergriffen war daher groß.

Fisk berichtet, wie in der Nacht des 17. September die israelische Luftwaffe Leuchtkugeln über West-Beirut abwarf, die über lange Zeit wie Morgendämmerung um Mitternacht die Palästinenserlager Sabra und Chatila erhellten. Dort mussten Spuren beseitigt werden von etwas, das schon seit dem 16. im Gange war und das weltweites Entsetzen erregen sollte. Christliche Phalange-Milizen massakrierten dort, nachdem sie von den Israelis in die Lager geschickt worden waren, um Terroristen zu suchen, unter den Augen des israelischen Militärs zwei Tage lang Hunderte von Palästinensern – Frauen, Kinder, Alte –, ohne dass die in unmittelbarer Nähe stationierten israelischen Armeeeinheiten eingriffen. Fisk, der mit anderen Journalisten am 18. September morgens die Lager betrat, stolperte über Leichenberge, die man notdürftig mit einem israelischen Armeebulldozer zugeschüttet hatte, fand verstümmelte Menschen auf den Wegen und Reihen von Exekutierten vor Häuserwänden liegen. Die Lager waren nahezu waffenlos gewesen. Wie war so etwas möglich, trotz internationaler Friedenstruppen?

Nach einem tödlichen Attentat auf Bashir Gemayel[201] am 14. September hatte Begin sofort den Befehl gegeben, israelische Truppen in West-Beirut einrücken zu lassen, um, wie er dem US-Gesandten Draper mitteilte, „Blutvergießen und Racheakte der Christen gegen die Palästinenser zu verhindern.“

Das wäre eigentlich nach dem Abkommen, das die PLO geschlossen und weswegen ihre Kämpfer Beirut verlassen hatten, die Aufgabe der Amerikaner gewesen. Am 15., einen Tag nach dem Einmarsch der israelischen Truppen, setzte Scharon dann seinen Stabschef Eitan in Kenntnis, dass nicht die IDF, sondern christliche Phalangisten in

---

[201] Christlich-maronitischer Milizenführer (Phalange) und gewählter Präsident des Libanon.

die palästinensischen Lager eindringen würden. Der gab den Mördern direkt den Befehl, in die Lager zu gehen, um Terroristen zu suchen, obwohl jedem klar war, was dort passieren würde[202]. Am 16., als das Massaker seit den Morgenstunden schon im Gange war, gab Israel seine offizielle Begründung ab. Man habe West-Beirut besetzt, „um Gewalt, Blutvergießen und Anarchie zu verhindern."[203]

Als ob es die israelischen Bombardierungen auf West-Beirut davor nicht gegeben hätte – über einen Monat lang. Tonnenweise weißer Phosphor war in speziellen Bomben eingesetzt worden, der, wenn er mit der Luft in Kontakt kommt, alles sofort in Brand setzt; Autos, Steine, Hauswände, Pflanzen, Tiere und Menschen. Die verbrannten Leichen, die man mit Wasser gelöscht hatte, fingen wieder an zu brennen, sobald das Wasser abgetrocknet war. Die Streubomben explodierten zum ersten Mal in 15 Metern Höhe in Hunderte von Sprengsätzen, die dann wiederum am Boden zerbarsten und Tausende von messerscharfen Metallsplittern durch die Luft katapultierten. Fisk und seine Kollegen fanden die Kapseln und Gehäuse dieser Terrorbomben auf den Straßen Beiruts. Der Westen hatte sie nach Israel geliefert[204].

„Man habe die Terroristennester ausgehoben", erklärte der Anführer Ariel Scharon bei der Rechtfertigung vor dem israelischen Parlament. Er meinte damit die Luftangriffe auf Beirut und das Massaker von Sabra und Chatila. Das Letztere war selbst der israelischen Bevölkerung zu viel. 6.000 palästinensische Guerillas, so gab man anfangs an, hätten sich in den Lagern verschanzt gehabt. 150 Phalangisten wurde daraufhin befohlen, sie zu entwaffnen, die 6.000. Die

---

[202] Die schonungslose Auseinandersetzung zwischen palästinensischen und christlichen Milizen im Libanon erreichte 1976 einen ersten Höhepunkt, als die Kontrahenten gleich drei Massaker untereinander begingen. Am 18. Januar wurden im Beiruter PLO-Viertel Karantina 1.000 Kurden, Armenier und libanesische sowie palästinensische Moslems Opfer christlicher Mörder. Zwei Tage später überfielen PLO-Kämpfer die christliche Stadt Damour südlich von Beirut und ließen 300 Opfer zurück. Der 12. August forderte 2.000 Tote, als nach 50-tägiger Belagerung durch christliche Milizen mit syrischer Unterstützung das palästinensische Flüchtlingslager Tel Al-Zaatar nördlich von Beirut fiel. Der Hass und die Spirale der Gewalt äußerten sich seit daher in der Erbarmungslosigkeit gegenüber der anderen Seite.

[203] Vgl. auch Bibliographie: Noam Chomsky, *Offene Wunde Nahost*

[204] Gefertigt in USA, UK und West-Deutschland

christlichen Marodeure hatten bei der „Entwaffnung“ selbst keine nennenswerten Verluste. Die „Kampfaktionen“ beschränkten sich auf Erschießungen, Verstümmelungen, Folterungen und Vergewaltigungen. Die Lagerausgänge wurden dabei von israelischen Soldaten abgeriegelt. Der Aufschrei war groß, als man sich aus den Lügen und der Mitverantwortung nicht mehr herausreden konnte. Nach einer israelischen Untersuchung[205] wurde der Hauptverantwortliche für die Libanon-Intervention, der Anführer Scharon, auf großen Druck des Parlaments und der Öffentlichkeit zum Rücktritt als Verteidigungsminister gezwungen. Die nach außen verkaufte rigorose Konsequenz war allerdings reine Makulatur. Er blieb in den nächsten Jahren dem Staat Israel erhalten, als Minister ohne Geschäftsbereich. Sein Geschäft hatte er ja bereits erledigt und es sollten noch weitere folgen. Mit dem Rücktritt Scharons war Israels internes Gewissen wieder rein und die Öffentlichkeit befriedigt.

Die UN-Generalversammlung allerdings verurteilte das Massaker, bei dem nahezu 2.000 Menschen umkamen, unter denen sogar neun jüdische Frauen waren, mit 147 gegen 2 Stimmen bei keiner Enthaltung. Die Gegenstimmen kamen wie üblich aus den USA und Israel. Vor den Augen der Weltöffentlichkeit hatte das unschuldige Lamm Israel nach diesen Ereignissen nun also endgültig und für jeden ersichtlich seine Unschuld verloren, so heiß die Propagandamaschine auch lief. Und das tat sehr viel mehr weh als alles andere. Das war die eigentliche Katastrophe. Fisk durfte nach der Veröffentlichung seines Buches Israel nicht mehr betreten. Er wurde zur unerwünschten Person deklariert. Was mich selbst angeht, habe ich davor keine übertriebene Besorgnis.

Der Einmarsch in den Libanon hatte den Israelis nicht nur die Maske vom Gesicht gezogen, sondern auch neue gefährliche Gegner erzeugt, die von nun an die wirklichen Widersacher werden sollten. Wahrend die PLO schon seit längerem für Friedensverhandlungen eingetreten war, hatte sich mit der Hisbollah durch die unmäßige Invasion im Libanon ein Kontrahent generiert, der wie die Zionisten selbst keine Kompromisse kannte. An einem Abend im Juni 1982 wurde die Legende, das Phänomen geboren, dessen sich die Hisbollah bis heute noch bedient und das Israel damit auch selbst geschaf-

---

205 Kahan-Kommission

fen hat[206]. Es war der gleiche Fehler wie schon so oft. Erst die unüberlegten und unverhältnismäßigen militärischen Aktionen der Israelis gebaren im unmittelbaren Widerstand dagegen die wirklichen Feinde für die Zukunft, die schlimmer waren als das, was man bis dahin bekämpft hatte.

Am 17. Mai 1983 kam es zu einem israelisch-libanesischen Abkommen, das einen vollständigen Rückzug der israelischen Truppen vorsah. Tatsächlich verblieb der 50 km breite Streifen unter der Kontrolle einer so genannten „territorialen Brigade", der SLA und anderer israelischer Verbündeter, die die Kontrolle ausübten. Die Libanesen waren unter Druck zu diesem Deal gezwungen worden[207]. UN-Truppen hatten nur noch das Recht, die Palästinenserlager zu überwachen und zu beobachten. Die New York Times schrieb in ihrem Leitartikel am 10. Mai 1983: „Das Ganze läuft auf eine Art Groß-Israel hinaus. Eine aus Ägypten, Saudi-Arabien, Jordanien und dem Libanon bestehende pro-amerikanische Koalition, die dann der Vernichtung der PLO und der Vereinnahmung des Westjordanlandes und der Golanhöhen zustimmen und ihre finanzielle Stärke nutzen würde, um auch Syrien zur Zustimmung zu bewegen."

Da war er also heraus, der Traum von Begin und Scharon und der Traum der Zionisten. Groß-Israel soll es sein! Die israelische Wirtschaft jedenfalls nahm sofort Besitz vom Süd-Libanon; schon nach kurzer Zeit versorgten sie das zerbombte Land mit ihren Waren und man konnte wenig später sogar in Beirut Lebensmittel mit hebräischer Aufschrift kaufen.

---

[206] Am 10. Juni 1982 am Strand bei Khalde südlich von Beirut leisteten palästinensische Guerillas und schiitische Amal-Milizen den israelischen Bodentruppen zum ersten Mal seit Beginn der Invasion ernsthaften Widerstand auf ihrem Marsch nach Beirut. Ohne Deckung liefen die Schiiten in der Dunkelheit nahe an die israelischen Panzer und setzten diese mit Panzerfäusten aus kurzer Entfernung in Brand. Sie trugen Bänder um ihren Kopf nach dem Vorbild der iranischen-revolutionären Garden, die sich als Märtyrer vor einem Jahr, 1981, gegen die irakischen Verbände am Schatt El Arab in den Kampf geworfen hatten. Hier, an diesem Abend, entstand das Märtyrertum der libanesischen Schiiten, religiös und gleichfalls libanesisch national geprägt; die Partei Gottes. Die Hisbollah entstand in dieser Nacht dadurch, dass sie den Vormarsch der weit überlegenen Einheiten Israels für kurze Zeit aufhalten konnte.

[207] Vgl. auch Bibliographie: Noam Chomsky, *Offene Wunde Nahost*

Im Juli zog Begin tatsächlich einen Teil der Truppen ab. Dennoch war es ein Desaster. Die Libanon-Feldzüge hatten nicht nur die PLO durch die viel stärkere Hisbollah ersetzt, sondern auch die PLO-Kämpfer, die im Libanon verblieben waren, mussten sich zwangsläufig wieder bewaffnen, allein, um ihren Familien Schutz im weiteren Verlauf des Bürgerkriegs zu gewähren. An der Ausgangslage hatte sich also tatsächlich wenig verändert. Außer dass ein Volk von Libanesen jetzt nahezu geschlossen gegen Israel stand.

Ich war im Jahr 2000 zum ersten Mal in Beirut und befand mich in einer im Neuaufbau befindlichen Stadt, die Bilder in meinem Gedächtnis zurückließ, die Dalí nicht surrealistischer hätte malen können. Da standen noch immer skelettierte und zusammengeschossene Häuser, aus deren oberen Stockwerken ganze Bäume aus den Fenstern wuchsen und am Ende einer geraden langen Straße, ausgehend von der neu errichteten Place d'Etoile, die schon in alter Fassade neu erstrahlte, blickte man frontal auf ein Haus, an dessen linker Seite, die vollständig fehlte, die Betondecke des dritten Stockwerks am Armierungseisen herunterhing. Die Zerstörung in der Stadt an der Kampflinie war ungeheuer gewesen. Das alles jedoch war reparabel; was jedoch nicht reparabel war, war der ungeteilte Hass der Menschen, mit denen ich sprach, auf Israel – von Moslems und von Christen.

Auf politischem Terrain war die PLO weit erfolgreicher als militärisch. Weltweite Aufwertung von einer zuvor lediglich als Terrororganisation angesehenen Gruppierung erfuhr sie, nachdem die arabische Gipfelkonferenz in Rabat sie im Oktober 1974 zur einzig legitimen Repräsentantin des palästinensischen Volkes erklärt hatte und Arafat im November des gleichen Jahres seine berühmte Rede vor der UN-Vollversammlung hielt. Daraufhin wurden in vielen westlichen Hauptstädten Vertretungsbüros eingerichtet, die PLO erhielt Beobachterstatus bei den Vereinten Nationen und Arafat wurde zunehmend wie ein Staatschef behandelt, der seitdem zu einem Hauptakteur innerhalb der arabischen Politik avancierte. Grundlegend für diese Aufwertung war auch die Abkehr vom Terrorismus und eine pragmatischere Haltung, die die PLO – allen voran die Al Fatah – seit Mitte der Siebzigerjahre einnahm.

Der Jom-Kippur-Krieg 1973[208] hatte nämlich die Möglichkeit der Akzeptanz einer Teilstaatenlösung für die Palästinafrage eröffnet. Da

---

[208] Siehe Index 17 – Jom-Kippur-Krieg

die PLO nicht mehr auf der Befreiung des gesamten Gebiets Palästina beharrte, wurde es möglich, Verhandlungen auf der Basis der UN-Resolution 242[209] aufzunehmen. Konkret hieß das, jedes Stück befreites Land zu akzeptieren, um darauf einen palästinensischen Staat zu errichten; allerdings wurden diese befreiten Gebiete anfangs noch als Etappenziele auf dem Weg zur vollständigen Befreiung ganz Palästinas betrachtet. Trotzdem wurden ihre Verfechter, allen voran die Al Fatah und die DFLP[210], von den Maximalisten in der PLO des Verrats und der Kapitulation bezichtigt. Die PLO drohte auseinanderzubrechen und erst die Unterzeichnung des Camp-David-Abkommens[211] 1978 vereinte die unterschiedlichen Gruppierungen wieder.

Die Politik des Ausgleichs mit Israel, die endgültig in die Friedensverhandlungen mündete, verlief natürlich nicht linear. Der Ausbruch der Intifada 1987 stellte die Führungsrolle der PLO innerhalb der besetzten Gebiete kurzfristig in Frage. Auf der anderen Seite brachte erst die Aufgabe des jordanischen Anspruchs auf das Westjordanland 1988 der PLO die Möglichkeit, tatsächlich als einzige Vertretung aller Palästinenser aufzutreten und im November des gleichen Jahres auf der 19. Sitzung des Palästinensischen Nationalrats in Algier einen unabhängigen Palästinenserstaat auszurufen. Einen Monat später schwor Arafat vor der Vollversammlung der Vereinten Nationen, die aufgrund der amerikanischen Verweigerung eines Einreisevisums für den PLO-Chef in Genf tagte, dem Terrorismus ab. Trotzdem behielten Israel und die USA ihre ablehnende Haltung bei und akzeptierten die PLO und ihre rechtmäßige Rolle erst im September 1993 vor der Unterzeichnung der Osloer Prinzipienerklärung. Wermutstropfen für die PLO war auch die unüberlegte proirakische Haltung im Golfkrieg '91, die sie eines Großteils der finanziellen Mittel aus den reichen Ölstaaten der arabischen Halbinsel beraubte.

So also war der politische Sachstand im Herbst 1994.

Am 3. Oktober gab meine Bandscheibe L5, die mich schon so oft gequält hatte, ihre Funktion vollends auf. Die Schmerzen waren unerträglich und eine Flugreise zurück nach Deutschland war vom medizinischen Standpunkt her zu gefährlich. Es bestand die Gefahr

---

[209] Siehe Index 11 – UN-Resolutionen
[210] Siehe Index 5 – PLO
[211] Siehe Index 16 – Die Camp-David-Abkommen

einer Urinretention. Ich hatte aber Glück im Unglück. Niko Marian wurde mein Retter. Er war Armenier und hatte in Köln studiert, wo er auch seine Ehefrau Ulrike kennen gelernt hatte. Niko war Chirurg und spezialisiert auf den Bereich der Wirbelsäule. Er hatte während der Intifada die verletzten Kinder, denen die israelischen Soldaten die Gewehrkolben ins Genick gestoßen hatten, behandelt und dabei wahre Wunder vollbracht. Er arbeitete am St. Josephs Hospital in Ost-Jerusalem und wohnte nicht weit entfernt von mir in Beit Hanina. Wir kannten uns über Fancini. Er stopfte mich zu Hause mit Morphium voll, was mir erlaubte, die Nacht und am nächsten Tag eine CT zu überstehen, und versprach mir mit den Worten: „Das ist eine Kleinigkeit, die ich nebenbei erledige“, mich zu operieren. „Komm morgen ins Krankenhaus, ich werde alles erledigen.“ Ich machte mich also nach der CT in Ramallah auf ins St. Josephs Hospital. Am nächsten Abend um acht war es so weit und allein der Weg in den Operationsraum ließ mich sehr still werden. Krankenhaushygiene aus Deutschland ade. Aber ein Zurück gab es jetzt nicht mehr.

Um fünf Uhr morgens wurde ich geweckt. „Du hattest Glück. Uns ist während der OP nur einmal der Strom ausgefallen. Das kleine Notstromaggregat vor der Tür versorgt dann nur noch die Anästhesie. Wir hatten also eine nette Pause von einer Viertelstunde, die man sehr gut im Dunkeln zum Nachdenken nutzen kann“, lachte er. Das entsprach tatsächlich der Wahrheit. Ich wusste nicht, ob ich lachen oder weinen sollte. Dann stellte er ein Gefäß mit dem Rest meiner Bandscheibe auf meinen Nachttisch, zog mir den Dränageschlauch aus dem Rücken und sagte: „Los, komm hoch. Wir wollen ein paar Schritte laufen.“ Es ging, zwar unter großen Schmerzen, aber es ging. „Du gehst ab heute jeden Tag über den Flur. Immer ein bisschen weiter, immer ein bisschen länger. Ich werde dir Krücken schicken lassen.“ Dann war er verschwunden.

Es war Dienstag und am Freitag verließ ich auf meinen Krücken das Krankenhaus. Am nächsten Tag war ich wieder an der Schule. Was das medizinisch hieß, wurde mir erst klar, als ich zwei Monate später an meinem Heimatort in Bad Berleburg eine Reha durchlief, wo Patienten mit wesentlich früherem Operationstermin sich noch immer kaum bewegen konnten, während ich schon nach zwei Wochen meine Krücken wieder abgegeben hatte. Als der Krankenkassenbearbeiter meiner Auslandsversicherung, der anfangs einem Nervenzusammenbruch nahe war, später die Rechnung für die OP erhielt, belief sich der Preis auf den sechsten Teil der Summe, die in Deutschland dafür üblich war. Besser hätte es nicht laufen können, finanziell und medizinisch.

Ich hatte auch darin Glück, dass ich Experten anderer Organisationen kennengelernt hatte, die mich bei Bedarf versorgten. So beispielsweise Rainer Kuster, Geologe einer deutschen Entwicklungsgesellschaft, der in Nablus angefangen hatte einen Brunnen zu bauen, und sein Kollege Erwin Michel, der seine Aufgabe, den Bau einer Kläranlage in Al Bireh, begonnen hatte. Sein Standardspruch „Ich beschäftige mich halt nur mit Scheiße" ließ nicht auf seinen Gemütszustand schließen. Wir verbrachten viele Abende an der Bar des Colony und lernten so manchen interessanten Gesprächspartner kennen.

Rainer Kuster war mit seinem Brunnen nur auf seine Fachkenntnis vertrauend vorgegangen. Denn trotz aller Friedensinitiativen gaben die Israelis die Luftaufnahmen der Region um Nablus, die über die geologische Formation und Beschaffenheit des Bodens Auskunft geben konnten, nicht zur Betrachtung frei. In Nablus war, wie in vielen Teilen der West-Bank, der Wasserverbrauch seit vielen Jahren rationiert. Einzelnen Stadtteilen wurde nur stundenweise das Wasser zugeteilt, das dann tröpfchenweise aus den Hähnen kam. Die meisten Menschen versorgten sich mit Eimern aus den historischen Zisternen, bis die leer waren. Rund um Nablus in den israelischen Siedlungen auf den Bergen waren die Swimmingpools dagegen bis zum Rand gefüllt und das Wasser aus ihren eigenen Brunnen wurde täglich zum Besprengen der Rasenflächen vor den Häusern genutzt. Das alles wussten die Palästinenser nur zu gut, die oftmals als Tagelöhner in den Siedlungen der Israelis arbeiteten.

Kuster befand sich in einer echten Zwickmühle. Bundeskanzler Helmut Kohl hatte versprochen, Wasser nach Nablus zu bringen, und er stand ohne geologisches Gutachten auf dem Schlauch, im wahrsten Sinne des Wortes. Also hatte er die Gegend in Augenschein genommen und nach langem Abwägen einen Bohrplatz ausfindig gemacht. Ein Brunnen von einer Tiefe, wie sie hier notwendig war, war nicht nur aus Kostengründen ein Wagnis. Wenn der Brunnen kein Wasser hergab, war das Geld quasi im Loch versenkt. Politisch allerdings war der Brunnen von hohem Stellenwert. Zu allem Übel verdienten auch noch die Israelis an der Bohrung, denn es gab keine palästinensische Brunnenbaufirma. Ein Fehlversuch wurde eingeplant. Der zweite musste jedoch sitzen.

Kuster erzählte mir von der spannungsgeladenen zweiwöchigen Bohrphase und von der sichtbaren Erleichterung, als sie Ende August in großer Tiefe auf Wasser stießen. Ein riesiges Reservoir, das für mehr als dreißig Kubikmeter Wasser am Tag gut war. Ein sensationeller Erfolg für die deutsche Entwicklungshilfe unter diesen Bedingungen. Der Brunnen versorgt Nablus bis auf den heutigen Tag mit Wasser und die Israelis staunten nicht schlecht, als das Wasser in hohen Fontänen aus dem Bohrloch emporschoss. Bis das Wasser allerdings in der Stadt die Verbraucher erreichte, bedurfte es einer Erneuerung des Leitungsnetzes. Durch die permanente Trockenlegung von Teilen des Rohrsystems hatte Rost die Druckleitungen zersetzt und der Verlust war enorm. Dazu musste nun ein Wasserbauingenieur eingesetzt werden, der zugleich auch kommunale Verwaltungsnetze aufbauen sollte. Die internationale Gemeinschaft in Palästina wurde immer größer.

Wir hatten im Colony einen Norweger kennen gelernt, den wir nur Mr. Schulz nannten. Er war ungefähr zwei Meter groß, fast halb so breit und brachte es fertig, den Kronenverschluss einer Bierflasche mit dem Daumen von oben aufzudrücken. Mr. Schulz kam direkt aus Beirut. Er hatte dort im Bürgerkrieg als Söldner auf verschiedenen Seiten gekämpft. Zuletzt auf der Seite des Drusenführers Dschumblat in dessen Miliz. Jetzt gab es für ihn dort nichts mehr zu tun. Aber zu erzählen hatte er viel. Anfangs zurückhaltend, berichtete er uns später über den Überlebenskampf der palästinensischen Bevölkerung im Libanon, die gnadenlosen Attacken, die gegen sie geführt wurden, und den Hass, der sich bei den Libanesen gegen sie aufgestaut hatte. Er erzählte vom Konflikt, der 1986 zwischen der Amal-Miliz und der PLO erneut ausbrach, als sich der neue prosyrische Führer Berri in der Amal-Miliz durchsetzte. Die PLO-Verbliebenen, die sich schon zum Schutz ihrer Familienangehörigen wiederbewaffnet hatten, schlossen daraufhin das Bündnis mit der Hisbollah gegen die Amal, das bis heute Bestand hat. Jetzt kämpften Schiiten (Amal) auf der Seite von Sunniten (Syrer) gegen Schiiten (Hisbollah) auf der Seite von Sunniten (PLO). Besonders dramatisch entwickelte sich der Kampf um die leidgeprüften PLO-Lager Sabra und Chatila. Ebenso wie die Phalangisten griff die Amal die Lager im Zuge ihrer Kämpfe gegen die PLO mehrfach an. Bei ihrer Belagerung von Chatila hungerte und dürstete die Amal die Verteidiger mit Billigung der Syrer monatelang aus; nur einen Kilometer entfernt stationierte syrische Truppen griffen nicht ein. Schulz selbst hatte in der drusischen Miliz zusammen mit den Kommunisten gegen die Amal und die Syrer gekämpft. So perfide das auch klingt, am Ende des Krieges 1988 kämpften Drusen, die von Israel unterstützt wurden, gegen die Amal, die von Syrien unterstützt wurde. Die PLO war ebenfalls im Kampf gegen die Amal auf der Seite der Hisbollah. Israel und die PLO hatten jetzt also indirekt die gleichen Feinde und die gleichen Verbündeten. Wer das beim Einmarsch der Israelis in den Libanon vor sechs Jahren vorhergesagt hätte, der wäre für verrückt erklärt worden.

Schulz war nach Jerusalem gekommen, da er auch im Interesse Israels gekämpft und über verschiedene Kanäle von da sein Geld bezogen hatte, aber vor allem, um zu vergessen. Seine Berichte von Entführungen in dunklen Kellerverliesen, von Folterung und Tötung von Gefangenen, die von zerschossenen Hochhäusern aus dem 20. Stock hinabgestürzt wurden, oder von alltäglichen Gräueln während der Kampfhandlungen ließen vermuten, dass er dieses Ziel in seinem Leben nicht mehr erreichen würde.

Der Friedensprozess wurde durch den Terror der Hamas unvermindert torpediert. Am Sonntag, den 9. Oktober, eröffneten zwei Hamas-Terroristen im West-Jerusalemer Geschäftsviertel Nahalat Shiva'a mit automatischen Waffen wahllos das Feuer auf Passanten. Ein Soldat und ein israelischer Araber starben, 14 andere Menschen wurden verwundet. Einer der Angreifer wurde erschossen, der andere gefasst.

Zwei Tage später wurde bekannt, dass der israelische Korporal Nachshon Wachsman am gleichen Tag im zentralen Teil Israels von der Hamas entführt worden war. Die Entführer forderten die Freilassung von Sheikh Ahmad Yassin und weiterer 200 in Israel inhaftierter palästinensischer und libanesischer Gesinnungsgenossen. Es war der erste Entführungsfall der Hamas, der durch ein Video verstärkt wurde, das den gefangenen Soldaten zeigte, wie er die Regierung bat, die Auslöseforderungen der Entführer zu erfüllen. Die israelische Gesellschaft war paralysiert und ich konnte am Fernseher und in den Zeitungen verfolgen, wie der Grad der Konfliktbereitschaft Tag für Tag zunahm. Arafat wurde schuldig gemacht am Schicksal des 19-Jährigen. Rabin fand keine Rechtfertigung mehr, war außer sich und selbst US-Außenminister Warren Christopher appellierte an Arafat, nicht nur im Namen des Friedens, sondern auch für ein amerikanisches Leben. Wachsman war auch Amerikaner. 50.000 Menschen versammelten sich an der Klagemauer in Jerusalem, um für ihn zu beten. Das Land verfiel in Panik und ungehemmte Emotionen. Nach den Informationen von Rabin wurde der Soldat in Gaza gefangen gehalten: Arafats Verantwortungsbereich! Dieser mobilisierte seine gesamten Sicherheitskräfte von über 9.000 Mann in Gaza, setzte Straßensperren, durchsuchte Häuser und stellte über 300 Hamas-Aktivisten unter Hausarrest. Mittlerweile war Rabin bereit, Yassin sogar aus der Gefangenschaft zu entlassen. Das Ultimatum drohte abzulaufen. Da Yassin gesundheitlich angeschlagen war, hatte man eh daran gedacht, den Mann im Rollstuhl in Kürze freizulassen. Die Entführer bestätigten den Erhalt dieser Nachricht und verlängerten das Ultimatum um 24 Stunden bis Freitag, den 14. Oktober 21 Uhr.

Ich hatte diesen freien Tag in meiner Schlafburg in Beit Hanina verbracht und genoss den Prozess meiner Genesung. Auf der kleinen Terrasse hatte ich mir eine Ruhegelegenheit hergerichtet und auch die Nachrichten verfolgt, die die Verleihung des Nobelpreises an Rabin, Peres und Arafat verkündeten. Kuster war am Nachmittag da gewesen und wir hatten uns am Abend im Colony verabredet. Mittlerweile war es dunkel geworden, aber es war angenehm warm und ich musste kurz eingenickt sein. Plötzlich hörte ich entfernt eine Explosion und dann war der Teufel los. Sirenengeheul auf der Straße und Geknatter von Hubschraubern in der Luft, die direkt über das Haus flogen. Ich schreckte auf und humpelte in den kleinen Garten, um zu sehen, was los war. Es war wieder relative Ruhe eingekehrt bis auf das Geräusch von zwei Helikoptern, die nicht weit entfernt am Himmel standen und mit Lampen, deren Schein ich sehen konnte, ein Gebiet erhellten. Es musste etwas Großes im Gange sein, denn überall waren Militärjeeps und Ambulanzen unterwegs. Die Straßen waren abgesperrt.

Wie später bekannt wurde, hatte der israelische Geheimdienst schon vorher den Aufenthaltsort der Entführer ausfindig gemacht. Sie waren gar nicht in Gaza, sondern in Bir Nabala. Die Entführer von Wachsman waren keine zwei Kilometer Luftlinie von meinem Standort entfernt, auf dem Boden von Jerusalem, im israelischen Verantwortungsbereich! Eine Stunde vor Ablauf des Ultimatums hatten Spezialeinheiten das Haus um 20 Uhr gestürmt. Sie fanden Wachsman auf seinem Stuhl hingerichtet, er war erschossen worden, ins Genick, kurz bevor sie das Haus erstürmt hatten. Die Entführer waren bis auf einen alle tot. Ein israelischer Soldat war ums Leben gekommen und 12 andere verletzt.

Der Aufwand, den die PA[212] in Gaza veranstaltet hatte, war damit vollkommen unnötig gewesen. Sie hatten sich dort nicht nur den Ärger der Bevölkerung durch die tagelangen Straßenblockaden zugezogen, sondern waren von den Israelis auch noch bewusst hintergangen worden, von der Blamage vor dem eigenen Volk ganz zu schweigen. Für die Glaubwürdigkeit der PA im palästinensischen Volk war dies ein Bärendienst. Die Reaktion an der Schule in Beit Hanina war entsprechend. Während ich aus der Sicht des jungen Soldaten argumentierte, hielten die Palästinenser die Unberechenbarkeit der Israelis dagegen. „Die machen eh, was sie wollen. Wirkliche Kooperation wird es mit denen niemals geben. Arafat ist nur ein Spielball." Das war die einhellige Meinung. Selbst die Kolumnen der israelischen Zeitungen zeigten sich bestürzt von dem Verwirrspiel, das vielleicht auch deshalb so tragisch geendet hatte. Trotz ihrer außerordentlichen militärischen Übermacht, trotz eines umfassenden Geheimdienstnetzwerks und der wilden Entschlossenheit zu drakonischen Maßnahmen war die israelische Armee niemals in der Lage gewesen, die Hamas im Gazastreifen auch nur annähernd erfolgreich aufzuhalten. Nun wurde das von Arafat verlangt, der noch nicht einmal ansatzweise die israelischen Mittel zur Verfügung hatte und der das auch gar nicht durfte, wenn er sein Volk nicht teilen wollte. Und nicht nur das; er wurde dabei auch noch an der Nase herumgeführt. Ghassan Khatib, der 1991 palästinensischer Delegierter an der Friedenskonferenz in Madrid war und an den nachfolgenden Verhandlungen in Washington teilnahm, ein intellektueller Politanalytiker, Journalist und Führer der palästinensischen Linken, der in den Jahren 2002 bis 2005 als Arbeitsminister in der Autonomieregierung tätig werden sollte und mit dem ich, während er diese Position ausfüllte, beruflich eine Menge zu tun haben sollte, sprach schon damals aus, was sich später bitter bewahrheiten sollte: „Schon jetzt fühlt das palästinensische Volk, dass die PA ein Instrument Israels geworden ist. Ist ein

212 Palestinian Authority

palästinensischer Bürgerkrieg der Preis von Israels Konzept für Frieden?"[213]

Auch er war den Israelis schon früh ein Dorn im Auge und kam als Mitglied der PNF[214] 1974 als 20-Jähriger für drei Jahre in Haft. Die PNF war in den besetzten Gebieten der Siebziger- und Achtzigerjahre der Rückhalt für ein palästinensisches Nationalbewusstsein, das sowohl die jordanisch-konservativen als auch die zionistisch-imperialistischen Kräfte zu unterdrücken suchten. Hierin fühlten sich damals Jordanien und Israel, obwohl beide miteinander im Kriegszustand waren, eng verbunden. Ein palästinensischer Nationalcharakter konnte für beide gefährlich werden. Für Jordanien im Fall der Rückgabe des Westjordanlandes und für Israel im Wunsch, sich die West-Bank einzuverleiben.

Doch zurück in den Spätsommer 1994. Die Opposition Rabins profitierte von den Terroranschlägen der Hamas. Je mehr Terror, umso mehr Likud, desto weniger Frieden. Rabin war genötigt, von Arafat die Bekämpfung der Hamas zu fordern. Das schwächte Arafats Position in Palästina. Je mehr Terror, umso mehr Spaltung, desto weniger Frieden. Wenn aber Arafat sein Volk nicht zusammenhalten konnte, dann war er der falsche Führer. Likud erstarkte dort und die Hamas erstarkte hier. Wenn man der Logik jetzt folgt, bedeutet das: Umso weniger Arafat, je mehr Spaltung und je mehr Hamas, umso mehr Likud, desto weniger Frieden. Likud konnte also sein Ziel, die dauerhafte Besetzung und angestrebte Annexion der Gebiete, nur erreichen, indem es die Spaltung der palästinensischen Bevölkerung vorantrieb. Dabei war die West-Bank sicherlich mehr wert als Gaza. Um die West-Bank nicht zu verlieren, musste Arafat also die Spaltung seines Volkes verhindern. Dazu war er gezwungen, intern Kompromisse einzugehen, die nicht immer nach außen vertretbar schienen. Seine Rolle wurde im Lauf der Zeit immer undurchsichtiger und seine Reden und Ausreden immer widersprüchlicher. Doch noch war er die uneingeschränkte charismatische Führungsperson der Palästinenser.

Ich erkannte recht früh diese Zusammenhänge, wurde aber immer wieder von meinen Gesprächspartnern darauf hingewiesen, dass die

213 Leitartikel in der arabischen Zeitung *An-Nahar*, 15.10.1994

214 Siehe Index 18 – Palästinensische Nationale Front

Spaltung des palästinensischen Volks nicht gelingen würde, ja nicht gelingen könne. Sie seien alle Brüder im selben Käfig.

Einzig Zughair machte mehrmals in unseren Diskussionen entsprechende Äußerungen: „Die Israelis sind uns haushoch überlegen. Sie haben einen langfristigen Plan. Sie wissen genau, wie wir ticken. Und wir laufen immer wieder in ihre Falle. Zu oft schon haben wir uns wegen Nichtigkeiten getrennt. Das waren zwar immer nur kleinere Gruppen. Aber warum soll das nicht auch im Großen möglich sein? Die Israelis unterlaufen geschickt die Meinung, sie infiltrieren unsere Jugend. Assimilation ist ihre Strategie für die Bevölkerung in Ost-Jerusalem und Teilung die Strategie für das Volk in der West-Bank und im Gazastreifen. Sie werden eine ‚Border Line' errichten. Sie wollen beweisen, dass wir nicht fähig sind, uns selbst zu bestimmen."

Als wir über die oben genannte Logik tiefer nachdachten und die Rolle, die die Hamas darin spielte, schüttelte er oftmals den Kopf. „Wir hätten alles anders machen müssen. Wir verlieren unsere Werte." Ich sollte noch erfahren, wovon er sprach.

Ich lernte ihn jeden Tag ein bisschen besser kennen und irgendwann tauschten wir auch unser bisheriges Leben aus. Er hatte in Bagdad Maschinenbau studiert und war danach dem Ruf des AOC in seine Heimat gefolgt, die neu errichtete Schule im Jahr 1965 zu leiten. Geboren war er in einem kleinen Dorf südlich von Hebron, in einem tief religiösen Umfeld, das ihn nachhaltig geprägt hatte. Er erzählte mir, wie er im Juni 1967, als die Israelis die Schule annektieren wollten, auf der Fahrt von Jerusalem nach Hause von der Höhe in Beit Hanina gesehen hatte, wie ein Sonnenstrahl plötzlich zwischen den dichten Wolken direkt auf die Schule fiel. Für ihn war das das Zeichen Gottes, diese Schule zu retten. Von diesem Tag an betrachtete er das als sein Lebenswerk. Er projizierte vieles, was er erlebte, auf seinen Glauben. Auch die schwerste Zeit seines bisherigen Lebens. Er war im Winter 1988 von den Israelis verhaftet worden. Ohne Gründe, ohne Anklage. Man hatte ihn nachts aus seinem Haus geholt. Fast das gesamte Jahr 1989 hatte er im Gefängnis von Ashdod zugebracht, ohne zu wissen, ob oder wann er wieder herauskam. Er erzählte mir von den Foltermethoden, die dort angewandt wurden. Man hatte ihn sieben Tage lang in ein 80 x 80 cm großes Loch eingesperrt. Ununterbrochen! Ohne Aus- und Toilettengang. Er hatte nur noch getrunken, um seinen Kot zu reduzieren und um am Leben zu bleiben. Schlafen konnte er nur halb im Stehen. Die letzten Tage war er zusammengebrochen und hatte die Schmerzen seiner Gliedmaßen nicht mehr gespürt und den Gestank seiner Exkremente nicht mehr gerochen. Sie hatten ihn mit den Worten herausgezogen: „Du bist ein starker Mann, Hamid.“ Ende ’89 war er nach Hause zurückgekommen.

Auf meine Frage hin, warum die Israelis ihn verhaftet hätten, was der Grund dafür gewesen sei, sagte er: „Sie wollten Namen wissen, wer die Jugendlichen aufhetzte, wer für die Intifada verantwortlich war. Sie erkannten nicht, dass sie selbst der Grund dazu waren. Sie wollten wissen, welche Kontakte ich zur PLO nach Tunis hätte und wer überhaupt Kontakte nach Tunis habe. Alles das wollten sie wissen. Namen wollten sie haben und Informationen über die Kommunikationswege. Es waren viele Gefangene dort und viele waren für einige Tage aus den Sammelzellen verschwunden. Andere kamen schon früher zurück. Es gab dort Rohre in den Fluren vor den Zellen, die in einem Abstand von zehn Zentimetern senkrecht an der Wand bis auf den Boden angebracht waren. Alle zwei Meter eines. Die Gefangenen wurden davorgesetzt und ihre Hände hinter dem Rohr zusammengebunden. Dann stülpte man den Delinquenten einen schwarzen Sack über den Kopf und ließ sie sitzen. Die Flure waren immer gut besetzt. Die Palästinenser nannten das „Hängen“, denn schon nach kurzer Zeit wurden die Arme schwer, weil sie unnatürlich weit durch das Rohr hinter dem Körper zusammengebunden waren. Der Körper fiel nach vorn und man hatte nach einer halben Stunde das Gefühl, an den Armen zu hängen. Der Schmerz wurde unerträglich. Die Blutzirkulation stoppte. Laute durfte man dabei keine abgeben. Sonst wurde die Sitzposition durch ein Holz zwischen Körper und Rohr nach vorn verschoben. So ging das oft tagelang.“

Er sprach zu mir in einem ganz normalen Ton, aber ich erkannte, wie ungemein stark Palästinenser sein mussten, die durch so etwas gegangen waren und nicht daran zerbrachen. Es musste eine Menge Zorn in ihnen stecken, den sie vor anderen verbargen. Zughair war von da an jeden Tag und jede Nacht darauf gefasst, dass sie ihn wieder holen würden. Seine Ehefrau hielt immer eine Tasche mit dem Nötigsten für ihn bereit.

„Wenn man nach den Folterungen mit Elektroschocks, in der Einzelhaft oder beim Hängen in den Fluren in die Sammelzellen zurückgebracht wurde, dann war das wie eine Erlösung, auch wenn da oftmals mehr als zehn Gefangene zehn Betten teilen mussten, die Toilette in der Mitte des Raumes stand und es nur die Möglichkeit gab, ein kleines Fenster an der Decke zu öffnen. Die Israelis sind sehr vorsichtig, was den Nachweis von Folterungen betrifft. Wir wurden zumindest einmal pro Woche medizinisch abgecheckt. Sie machten keine Fehler. Oder jedenfalls wollten sie keine machen. Es durften keine Schäden zurückbleiben, die auf Folter schließen ließen. Wenn doch, dann wurde es abgestritten.“

Der Menschenrechtsorganisation Amnesty International sind diese Methoden der Israelis lange bekannt. Es scheint sich eingebürgert zu haben, dass die Weltöffentlichkeit dies in ihrem Kampf gegen den Terror akzeptiert. Der Terror steckt ja überall, nur wer der Terrorist ist, ist noch nicht endgültig geklärt.

Mittlerweile war das Ausstattungsmaterial für das Polytechnikum in Ashdod im Hafen angekommen. Es entspann sich ein Kampf mit den israelischen Behörden um die Entzollung der Ausrüstung. Erst fehlte dieses, dann fehlte jenes, und als wir endlich dachten, die Lieferung zollfrei durchzukriegen, schaltete sich die Militärverwaltung ein. Security, na klar. Dabei ging es jetzt um die Anwendbarkeit dieser Lehrmittel, denn immerhin waren sie auf dem neuesten Stand der Automatisierungs- und Motorregeltechnik. Konnten am Ende damit Waffen oder Teile davon hergestellt werden? Zu was waren diese Elektronikteile brauchbar? Wer bediente solche Teile? Stellten sie ein Sicherheitsrisiko für Israel dar? Immerhin ging die Lieferung nach Hebron und das war an sich schon suspekt genug. Irgendwann Anfang Dezember kam die Nachricht vom israelischen Innenministerium, dass die Zollbefreiung bestätigt war. Ein erster Erfolg. Aber noch hatten die Militärbehörden die Lieferung nicht freigegeben. Ich versuchte ein Treffen mit den Militärs zu vereinbaren. Am 12. Dezember um 4 Uhr morgens erhielt ich von den Israelis einen Anruf, der ein Treffen im Verteidigungsministerium in Tel Aviv bestätigte. Es war auf 6 Uhr anberaumt — also in zwei Stunden. So jagte ich schlaftrunken, so schnell ich konnte, nach Tel Aviv. Vor dem Tor hatte man bereits einen Parkplatz für mich freigehalten. Ich betrat das Gelände und war überrascht. Das Verteidigungsministerium bestand aus einzelnen Hauscontainern, die auf fahrbereiten Gestellen montiert und durch Bohlenstege miteinander verbunden waren. Es war komplett mobil organisiert, jederzeit in Kürze abtransportier- und örtlich veränderbar. Ich wurde bereits erwartet. In einem der

Container saßen zwei Offiziere in meinem Alter, die sich mit Dajan und Altmann vorstellten. Während des Gesprächs, bei dem ich die Funktionen der Ausrüstungsmittel erklärte, stellte sich heraus, dass beide deutschstämmig waren. Dajan hatte seinen ursprünglichen Familiennamen Richter geändert und dazu noch den Vornamen Moshe angenommen, der an den in Israel verehrten Kriegshelden erinnern sollte. Wir kamen auch privat etwas ins Gespräch und am Ende stand er auf, kam auf mich zu, klopfte auf meine Schulter und sagte mit einem Augenzwinkern. „Mach dir keine Gedanken, Klaus. Du bist hier sicher. Wir hören voneinander. Sei ohne Sorge. Wenn du etwas brauchst, ruf mich an." Was immer das bedeuten sollte, schlecht hörte sich das nicht an. Beide waren hohe Offiziere der IDF, hatten Entscheidungsgewalt für Judäa und ich sollte erkennen, dass zwei Dinge in diesem Land mit großer Geschwindigkeit funktionierten, wenn es darauf ankam – die Ambulanz und das Militär. Noch am Mittag des gleichen Tages wurden wir informiert, dass unsere Lieferung aus sicherheitstechnischen Gründen freigegeben war. Dajan rief mich selbst in der Schule an und bestätigte das später noch per Fax. Während Dajan gerade am Hörer war, kam der Operator der Telefonzentrale der Schule aufgeregt ins Büro von Zughair gestürmt. „Kaletsch spricht mit Moshe Dajan am Telefon. Der israelische General. Der mit der Augenklappe." Zughair wusste, dass jener bereits Jahre zuvor gestorben war, und lachte laut auf. Mittlerweile traute mir die Belegschaft der Schule tatsächlich alles zu. Wir hatten alle noch viel Spaß damit. Es wurde wieder gelacht im Gemeinschaftsraum, und das war gut so. Nicht nur ich betrachtete die Freigabe als positives Zeichen im Sinne des Friedensprozesses. Es galt allerdings noch den administrativen Papieraufwand zu befriedigen, und bis alles schriftlich und offiziell im Hafen von Ashdod ankam und dort verarbeitet wurde, sollte noch die Zeit über Weihnachten vergehen, die ich in Deutschland zubrachte.

Es war einer dieser widerlichen Regentage im Januar in der West-Bank, an denen man am liebsten zu Hause bleibt. Es regnete in Sturzbächen, was der Himmel hergab, und es war kalt dazu. Eine Kälte, die durch Mark und Bein ging, aufgenommen von den nicht isolierten Hauswänden, die die Kälte wiedergaben wie in einem Eisschrank. Oben auf den Hügelkuppen lag sogar vereinzelt Schnee. Allerdings bedeutete Regen für Hebron die Versicherung zum Überleben. Regen war Segen und dementsprechend gut gelaunt waren trotz allem die Palästinenser. Ich saß bei Wazir und fror wie auch mein Gesprächspartner, mit dem ich die Versicherung der Lieferung und deren Transport nach Hebron besprach. Der Gasofen im Raum hatte keine Chance. Als ich um die Mittagszeit aus dem eiskalten Gebäude trat, war es mir, als sei die Temperatur draußen erträglicher als drinnen. Es regnete wie aus Kübeln. Das braune Wasser schoss über die Straße hinunter in Richtung Innenstadt. Kanalisation, die das Wasser von der Straße nahm, gab es keine. Ich stellte mir vor, wie es jetzt da unten aussah, wo das Wasser hinfloss. Ich hatte in Saudi-Arabien mehrfach solche Regengüsse erlebt und lächelte, als mir wieder einfiel, wie der kleine Sohn eines Kollegen in Hofuf beim Durchwaten einer Straßensenke plötzlich anfangen musste zu schwimmen. So ungefähr stellte ich mir jetzt die Situation da unten auch vor. Ich sah zu, dass ich nach Jerusalem kam.

Kurz bevor ich Hebron verließ, auf der Straße nach Halhul, hatten die Israelis einen Checkpoint eingerichtet. Stau. Ich hatte den Posten schon bemerkt, als ich heute Morgen nach Hebron gefahren war. Nach einiger Zeit war ich auf der kleinen Kuppe und konnte den Checkpoint weiter unten sehen. Er lag hinter einer Kreuzung auf dem Bürgersteig und bestand aus einem niedrigen Holzhäuschen, an dem ein Wellblechdach so montiert war, dass es ein wenig Schutz vor dem Unwetter bot. Darunter stand ein frierender Soldat mit Stahlhelm und Tarnnetz und der zweite lugte aus dem Häuschen mit dem Gewehr im Anschlag. Beide hatten die Schnauze voll. Das war ihnen schon von weitem anzumerken.

Die Schlange vor dem Checkpoint war lang. Es ging langsam voran. Ich hätte mit meinem Auto an der Schlange vorbeifahren können, mein weißes Nummernschild erlaubte mir das, aber ich hatte mir angewöhnt, auch aus Solidarität mit den Palästinensern, zu warten. Der Regen prasselte auf das Auto. Meine Scheibenwischer liefen auf Stufe zwei. Was da unten vor sich ging, war eine riesige Sauerei. Die Autos mussten vor der Kreuzung anhalten, die Insassen aussteigen und die letzten fünfzehn Meter zum Häuschen zu Fuß zurücklegen. Und zwar alle, die im Auto saßen. Ein Regenschirm wurde nicht zugelassen und zurückbefohlen. Security. Alte und Junge, Frauen und Männer, sie alle waren im Nu komplett durchnässt. Die Soldaten hatten sich schon abgewöhnt, darüber zu grinsen, und fertigten die Leute mit gleich bleibenden Gesten ab. Als ich dran war, blinkte ich dem Soldaten zu und er gab mir ein Zeichen, dass ich mich im Fahrzeug nähern konnte. Er hatte das weiße Nummernschild bemerkt.

Ich fuhr also mit dem Wagen zu dem kleinen Verschlag, der dem Soldaten Schutz gab, und drehte auf seiner Seite die Scheibe herunter. Er kontrollierte meinen Pass, als ich ihn fragte: „Wo ist der Chef dieser armseligen Einrichtung?“ Er sprach schlecht Englisch und so wiederholte ich die Frage auf Arabisch. Das ging besser. Er war etwas überrascht von meiner Frage, sagte dann aber seinem Kollegen Bescheid, der zum Funkgerät griff. Ich fuhr also auf den Bürgersteig dahinter und wartete auf den Offizier. Die beiden verrichteten weiter ihren Dienst wie vorher auch. Nach fünf Minuten kam ein Militärjeep und stellte sich hinter mein Fahrzeug. Der Offizier sprach zu dem Soldaten und machte mir dann ein Zeichen, zu ihm zu kommen. Ich nahm meinen Regenschirm und wir gingen über die Straße in die geöffnete Werkhalle einer Glasbläserei, wo wir vor dem Regen geschützt waren. Er sprach wie fast alle jungen israelischen Offiziere gutes Englisch. Ein ganz netter Bursche. Ich wollte ihm klarmachen, wer ich war, aber er fragte sogleich mit Blick auf den Land Cruiser: „Wo kann man ein solches Ding kaufen?“ Der bullige Diesel fiel schon dadurch auf, dass im Land kein anderes Fahrzeug dieser Art lief. Dieselfahrzeuge waren für Privatpersonen damals nicht zugelassen. Er interessierte sich mehr für das Auto als für alles andere. Ich erklärte ihm, wie das Auto nach Israel gekommen war, und es entspann sich ein lockeres Gespräch zwischen uns beiden. Er wollte nach dem Militärdienst, der bald zu Ende war, Pädagogik studieren.

Dann kam ich zum Thema: „Warum lasst ihr die Leute hier im Regen zu Fuß bis zur Kontrolle marschieren? Sie sind klatschnass, bis sie wieder im Auto sitzen. Sie werden sicher krank bei der Kälte.“

Er schien das noch gar nicht registriert zu haben, schaute hinüber und zuckte die Achseln. „Das entscheiden beide Soldaten, so wie sie es für notwendig halten.“

„Muss das sein? Damit macht ihr euch keine Freunde.“

„Wir wollen hier keine Freunde haben. Es sind Palästinenser, kein Problem.“ Er zeigte sich erstaunt, dass ich danach fragte, hatte er sich doch gerade erst so nett mit mir über das Auto unterhalten. „Unsere Soldaten sind speziell geschult“, fuhr er fort. „Sie haben sich für diese Aufgabe hier freiwillig gemeldet. Entweder Kampfeinsatz im Norden an der libanesischen Grenze und am Golan oder Sicherheitsdienst in Judäa und Samaria.“

„Und dann wird ihnen gezeigt, wie man Schikane macht?“

„Aber nein. Wir sind nur angehalten, höchste Sicherheitsstufen einzuhalten."

„Dazu kann aber doch nicht gehören, dass man die Leute diesem Regen aussetzt."

Er schien das einzusehen, zeigte sich aber leicht genervt und sagte: „Es sind Vorschriften. In Hebron lassen wir die Leute nicht im Fahrzeug auf die Posten zufahren – zu gefährlich, es könnten Terroristen sein."

„Wie würden Sie sich fühlen, wenn Sie so behandelt würden?"

„Das haben sich die Palästinenser selbst zuzuschreiben. Denen macht das nichts aus."

„Wie würden Sie sich fühlen?"

„Beschissen. Aber mit mir könnte man das nicht machen."

„Wie denken Sie, dass diese Menschen auf solche Maßnahmen reagieren?"

„Wie die reagieren, wissen wir. Aber wir sind hier, um unser Land und uns selbst zu verteidigen. Dazu sind uns Vorschriften gegeben worden, die wir einhalten. Manchmal sind diese Vorschriften hart, klar, aber wir haben viele Feinde, derer wir uns erwehren müssen. Dazu brauchen wir harte Vorschriften. Wir alle müssen dazu unseren Beitrag leisten. Auch wenn es manchmal schwer fällt."

„Aber es ist besetztes Land. Ihr müsst doch gar nicht hier sein. Dann braucht ihr auch keine Vorschriften dafür."

„Die Araber wollen uns vernichten. Deshalb sind wir hier. Israel ist zu klein, um es zu verteidigen. Es ist doch ein legitimer Anspruch, sich verteidigen zu dürfen, oder?"

„Natürlich, aber nicht auf Kosten anderer."

„Wir sind es, die die Kosten zahlen. Wir verteidigen uns, nicht sie."

Das Frage- und Antwortspiel ging so noch etwas weiter und ich erkannte, solche Diskussionen führten zu nichts. Man drehte sich immer im Kreis. Mit einem Israeli war es schwer, sich darüber zu unterhalten. Ich hatte das Gefühl, als ob wir von zwei verschiedenen Dingen sprachen. Wir hatten keine gemeinsame Basis. Er argumentierte aus einer anderen Welt, er begriff nicht, was hier wirklich vor sich ging. Er konnte den Grund der arabischen Ablehnung gegenüber Israel nicht erkennen. Daraus konnte er auch keine Rückschlüsse zum Besseren ziehen. Es gab für ihn nur eine Lösung: Unnachgiebigkeit. Das war ihm, einem intelligenten und sonst weltoffenen jungen Mann, schon früh anerzogen worden. Und er hatte es kritiklos für sein Leben übernommen. Zum Schluss sagte er noch, dass er froh wäre, wenn er wieder in Tel Aviv am Mittelmeer sei, denn hier oben wolle er sicherlich nicht leben. „Das hält hier keiner aus.“ So waren seine letzten Worte, bevor wir auseinandergingen. An der Vorgehensweise am Checkpoint änderte sich nichts an diesem Tag. Ich fuhr also im strömenden Regen weiter nach Jerusalem.

Ich hatte Shimon Peres auf der Eröffnungsveranstaltung einer Berufsbildungskonferenz in Jerusalem über Frieden und Zusammenarbeit im Nahen Osten reden hören und war beeindruckt von seinen Worten. Es sprach etwas daraus, was wirklich Hoffnung machte.

Werner Holtmann war zur dieser Konferenz aus der Zentrale erschienen und wir machten uns Gedanken über die Zusammenarbeit mit den Palästinensern in der Berufsbildung. Denn mittlerweile hatte ich genaue Vorstellungen von einer zukünftigen Zusammenarbeit. Die Schweizer Entwicklungshilfe hatte ein Projekt gestartet, um ein neues Berufsbildungssystem für Palästina zu entwickeln und wir wollten uns synergetisch daran beteiligen.

Auch Rabin war ich kurz begegnet, als die deutschen Entwicklungshelfer in Palästina zum Ende eines Gesprächs von Rabin mit dem deutschen Außenminister Kinkel, der gerade Israel und Palästina besuchte, auf Betreiben Kaisers zu einem kleinen Informationsaustausch dazukamen. Er sprach wie Peres überzeugend und ohne Pathos über einen sicherlich noch langen Weg zum Frieden, der aber erfolgreich enden sollte. War aus dem alten Falken am Ende tatsächlich eine Taube geworden? Sicherlich nicht, man hätte es aber fast glauben wollen. Er war allerdings auf einer Stufe angekommen, auf der eine Verständigung mit den Palästinensern möglich wurde, eine Verständigung, die sein Land in eine blühende Zukunft führen konnte, wenn man dafür auch bereit war etwas zu geben. Eine Stufe, die viele Israelis, wie der junge Offizier in Hebron, noch lange nicht erreicht hatten. Und Rabin war bereit zu geben. Jedoch machte genau das den Druck aus, den er gegenwärtig verspürte. In den Zeitungen konnte ich große Anzeigen von jüdischen Organisationen aller Art lesen, die ihn des Landraubs bezichtigten, der Aufgabe israelischen, religiös-historischen Eigentums, die die Toten der Hamas-Attacken aufzählten und ihm daran die Schuld gaben, ihn als Verräter und Mörder titulierten, und ich hatte in den Nachrichten gesehen, wie er und seine Frau vor ihrem Privathaus mit Hasstiraden, Beschimpfungen und Ruhestörungen belästigt wurden. Er hatte einen schweren Weg eingeschlagen, den mittlerweile immer weniger Menschen seines Volkes bereit waren mitzugehen.

Mit Kinkel redeten Kaiser und ich im Zusammenhang seines Besuchs auch über die Zugangskontrollen der Lehrer und Schüler der ITS und auf dieser hohen diplomatischen Ebene wirkte die Intervention. Kinkel trug die Sache seinem israelischen Counterpart im Innenministerium vor und von da an fand eine fühlbare Verbesserung der Situation an der Schule statt.

Die Hamas und der Islamische Dschihad terrorisierten weiter, obwohl ab dem Frühjahr 1995 die Anzahl der Anschläge merklich abnahm. Einerseits wirkten sicherlich die israelischen Sicherheitsmaßnahmen, andererseits aber auch die Hoffnung bei den Palästinensern und daraus die Skepsis, dass Terror nicht der einzige Weg zur Lösung sein konnte. Umso mehr allerdings lief die Hetzkampagne des Likud gegen Rabin und Peres.

Wir hatten neben der Bar im Colony noch einen zweiten Schwerpunkt unserer abendlichen Gesellschaftsrunde ausgemacht: Finks Bar im Westteil von Jerusalem. Nahe der Ben Jehuda lag die kleine Kneipe mit überdimensionaler Theke, aber nur fünf Tischen, die sich in einem viel zu engen Raum zusammendrängten. Jedoch stand dieses urgemütliche Lokal mit dem Ambiente aus der Zwanzigerjahren in den bekanntesten Gourmet-Führern der Welt und war ein Treffpunkt internationaler Größen. An den Wänden hingen neben allerlei Kitsch aus einem halben Jahrhundert unter anderen Fotos von Kirk Douglas, Henry Kissinger oder François Mitterrand, die die Bar schon besucht hatten. Nicht selten kamen Diplomaten aus Amman herüber, um bei Mulli zu essen. Mulli hieß der Besitzer des Etablissements und er hatte eine Maxime. Sein Lokal war absolut frei von Politik. Und das zog er durch, egal, wer bei ihm zu Gast war.

Mulli hielt für Kuster und mich möglichst eine Ecke an der Theke frei. Wir waren an einem kalten, nassen Februartag wieder bei Mulli und schon draußen im engen Treppenhaus sah ich zwei Typen sitzen, die dort warteten und keinen Eingang erhielten. Eindeutig waren es

Leibwächter, was leicht an der Verkabelung ihrer Sprechanlage im Ohr zu erkennen war. Als wir uns an unserem Stammplatz eingerichtet hatten, bemerkten wir direkt hinter uns an einem kleinen Tisch Benjamin Netanjahu. Der schöne Bibi, wie sie ihn nannten, war die zentrale Person auf dem Weg an die Macht in Israel. Er war der designierte Führer des Likud und Hauptorganisator und Täter der Hetzkampagne gegen Rabin. Auf dem Weg an die Macht war ihm nichts heilig und er zog alle Register. Er hatte im Jahr 1993 die internen Ausscheidungskämpfe des Likud gewonnen und unter anderen auch Scharon aus dem Rennen geschlagen. Seine erzkonservative und übertrieben pro-amerikanische Einstellung trieb ihn so weit, dass er für seinen Kampf gegen Rabin, der praktisch direkt nach seiner Nominierung begann, Arthur Finkelstein, einen in amerikanischen Wahlschlachten gewieften republikanischen Haudegen für seine von scharfen Attacken und spitzen Nadelstichen geprägte Kampagne anheuerte. Die harte Kritik seiner Gegner an diesem Vorgehen verpuffte im Niemandsland der Ignoranz, die die ganze politische Unversöhnlichkeit der verschiedenen israelischen Parteien offenbarte. Im Frühjahr '95 wurde mit allen Bandagen gekämpft, tief unter der Gürtellinie und menschlichen Moralvorstellungen. Als ein Jahr später, im März '96, die Wahlen zum israelischen Ministerpräsidenten anstanden, schlug die Hamas am 25. Februar und am 3. und 4. März mit vier verheerenden Selbstmordanschlägen nach mehreren Monaten relativer Ruhe im entscheidenden Augenblick massiv zu und machte den Weg frei für Netanjahu zum unerwarteten Wahlsieg gegen seinen Widersacher Peres, den Nachfolger Rabins.

Auch die Entzollung der Lieferung nach Hebron verlief plötzlich gar nicht mehr so reibungslos wie vermutet. Nachdem das Militär seine Freigabe erteilt hatte, schlug nun die Stunde der Bürokraten in der Hafenbehörde. Plötzlich stimmte eine Nummer auf den Verschiffungsdokumenten nicht mehr überein mit der Nummer der Militärbehörden. Das Polytechnikum musste dort erst mit einer neuen Registrationsnummer angemeldet werden, was Monate dauern konnte. Bis dahin wären allerdings die drei Container nach mehr als einem halben Jahr im Hafen längst versteigert. Von den hohen Lagergebühren ganz abgesehen. Die Zeit lief uns davon. Es blieb also nichts anderes übrig, als meinen Freund Moshe Dajan anzurufen, und der hielt sein Versprechen. Seine Intervention löste nach mehreren Versuchen der Hafenbehörden, die Lieferung doch noch zu boykottieren, schließlich einen Tag vor Ablauf des Zeitrahmens den gordischen Knoten. Ich bekam am 9. März morgens endlich den Anruf, dass die Container aus dem Hafen entlassen würden und morgen auf den Weg nach Hebron gehen sollten. Ich rief sofort in Hebron an, um die frohe Kunde zu überbringen.

Ohne meinen persönlichen Einsatz wäre die Lieferung verloren gewesen, denn am Mittag des folgenden Tages wurden all die Container im Hafen versteigert, die vor einem halben Jahr mit dem gleichen Schiff angekommen waren und die bisher keine Freigabe erhalten hatten, unter welchen Gründen auch immer. Darunter waren 25 Container einer großen Geberorganisation, die für gut 20 Millionen Dollar Maschinen und Ausrüstung für den Druck palästinensischer Pässe bereitgestellt hatte. Dieser Organisation fehlte eine Anlaufstelle in Palästina. Sie hatte bis zu diesem Zeitpunkt noch keinen Repräsentanten vor Ort mit dem nötigen Sachverstand und Fachwissen. Die Maschinen gingen an diesem Tag vergleichsweise für einen Apfel und ein Ei an einen israelischen Makler. Ein gutes Geschäft.

Früh am nächsten Tag machte ich mich also auf nach Hebron, und als ich mich dem Polytechnikum näherte, bemerkte ich einen großen Menschenauflauf auf der Straße vor dem Institut. Die Hebroner hatten das glückliche Ende nicht mehr für möglich gehalten und jetzt alles mobilisiert, was nur vorstellbar war. Eine Jugendkapelle in Uniform blies fast das Blaue vom makellosen Himmel und ich hatte so viele Hände zu schütteln, dass mir der Arm wehtat. Der Bürgermeister war erschienen, der Gouverneur, der Vertreter der PA und so ziemlich alles an Honoratioren, was Hebron zu bieten hatte. Es wurde getanzt und gesungen auf der Straße. Unglaublich, aber wahr, die Israelis hatten eine Lieferung von technisch hochwertigem Lehrmaterial nach Hebron durchgelassen – nach Hebron! Die drei Container waren schon am frühen Morgen eingetroffen, standen jetzt auf dem Vorplatz des Instituts. Es war mir fast schon peinlich, all die Glückwünsche entgegenzunehmen. Reden wurden gehalten, Essen gereicht und Getränke verteilt und jeder auf der Straße begriff dies als ein Zeichen der Veränderung.

„Ich habe von Anfang an nicht wirklich und wahrhaftig daran geglaubt“, gestand mir ein sichtlich gut gelaunter Thabib. „Heute ist ein guter Tag für Hebron und für uns alle. Vielleicht geht es ja tatsächlich aufwärts.“ Ich glaube, an diesem Tag war er fast davon überzeugt.

Nach drei Stunden Freude und Feiern mit viel zu süßem Kuchen, arabischem Qahwa und einer Menge Schulterklopfen befand ich mich gut gelaunt auf dem Weg zurück nach Jerusalem. Mir sollte später außergewöhnliches Verhandlungsgeschick bescheinigt werden und ich war schon ein wenig stolz auf das Erreichte. So fuhr ich also aus Hebron hinaus Richtung Halhul und hörte Brian Adams: „The Summer of 69“. Vielleicht ein wenig zu berauscht vom kleinen Glück trat ich unvermittelt auf die Bremse. Die Straße auf der ich fuhr war zweispurig; ich befand mich auf der Vorfahrt- und Hauptstraße, die aus Hebron herausführte. Die Vollbremsung war abrupt und total. Von links aus einer Seitenstraße überquerte ein israelischer Militärkonvoi die Straße. Sie überquerten die Hauptstraße ohne anzuhalten. Ich kam wenig vor dem ersten Lastwagen zu stehen. Der Soldat auf dem Beifahrersitz hielt sein Sturmgewehr aus dem Fenster und mir die Mündung direkt ins Gesicht. Er befand sich unmittelbar vor mir. Ich saß wie versteinert vor Schreck und Angst, denn ich sah in den Augen des Soldaten, dass er bereit war, jeden Augenblick abzudrücken. Auch er hatte Angst vor einem Anschlag, der ja durchaus durch ein Fahrzeug erfolgen konnte, das die unbedingte Vorfahrtregelung des Militärs im Straßenverkehr Hebrons missachtete.

Der Kelch ging an mir vorüber. Der Soldat brüllte mir noch etwas zu, dann war schon das zweite Fahrzeug da. Mir wurde klar, in welcher Gefahr ich gewesen war. Ich hatte den Konvoi aus der Seitenstraße, die auch noch etwas tiefer lag, nicht bemerkt, weil ich darauf nicht gefasst gewesen war. Und ich wäre nicht das erste Opfer gewesen, das versehentlich erschossen wurde. Diese Gefahr war für Araber allgegenwärtig. Wie allgegenwärtig, wurde mir klar, als ich nach dem ersten Schreck darüber nachdachte, an welch dünnem Faden das Leben der palästinensischen Bevölkerung hing. Die Zeitungen waren voll von tödlichen Missverständnissen. Das war kein Land für allzu große Euphorie. Ich verstand; jeder Tag konnte tragisch enden – wenn auch nur durch ein Missverständnis.

Am nächsten Tag allerdings waren die arabischen Zeitungen in Palästina voll von der geglückten Lieferung unserer Ausrüstung nach Hebron und in den Übersetzungen, die ich davon bekam, kam das Wort Frieden sehr häufig vor.

> Der Zionismus hat dem jüdischen Volk einen fremdartigen Nationalismus aufgedrängt und seine historisch-religiöse Wesensart ausgehöhlt.
>
> Moshe Hirsch
>
> Jüdischer Rabbi der Neturei Karta aus Jerusalem

5 Die Kakteen von Galiläa

Der Aufbau der Laborausstattung am Polytechnikum Hebron erfolgte schnell und präzise. Was am Ende dabei herauskam, konnte sich sehen lassen. Zwei technische Labore für Automatisierungstechnik und Motorregelung auf dem neuesten Stand waren nun im Besitz des Instituts und sollten in der Zukunft ein werbe- und einnahmeträchtiges Aushängeschild des Polytechnikums werden. Was noch fehlte, war die Einweisung des Lehrpersonals in die doch recht komplizierten Geräte. Wir vereinbarten also für den kommenden Sommer entsprechende Maßnahmen und bereiteten die Ankunft von zwei Kurzzeitexperten vor.

Der Aufbau war auch deshalb so unkompliziert, weil die politische Situation merklich ruhiger wurde. Nur einmal noch war Hebron aufgeschreckt worden, als Mitte März Terroristen auf zwei Siedler in der Nähe von Hebron feuerten und die Männer aus Kirjat Arba töteten.

Ich hatte mir für die Fahrten nach Hebron ein arabisches Schild anfertigen lassen mit dem Namen der ITS, das ich bei Bedarf hervorzog und an der Windschutzscheibe aufstellte oder wieder verbarg, ganz wie die Situation und das Gebiet, durch das ich fuhr, dies erforderte. Ein Automatismus, der sich langsam einpendelte. Schild raus, Schild rein, immer an den gleichen Ecken, als wenn man den Blinker setzt. Der Land Cruiser tat dabei seinen Dienst, denn er fiel schon von weitem auf und das weiße Nummernschild tat sein Übriges. Damit konnte ich es auch wagen, in die Altstadt von Hebron zu fahren. Allerdings gestaltete sich die Angelegenheit schwieriger als erwartet. Man hatte den Kern der Stadt nach dem Goldstein-Massaker richtiggehend geteilt. Für den Besuch des Haram El-Khalil waren Zugangszeiten bestimmt worden und das Heiligtum geteilt.

Ich fuhr den arabischen Teil nach Süden, und als ich die Innenstadt hinter mir gelassen hatte, bog ich links dem Schild folgend in eine Straße ein. Kirjat Arba. Den israelischen Posten hatte ich vorher schon ohne Probleme passiert und fuhr nun bergan auf die große Siedlung zu, die sich auf einem Hügel östlich der Stadt befindet. Die gut ausgebaute Straße wurde jetzt nur noch von Juden benutzt. Es ging noch einmal in einem Bogen links herum und dann stand ich vor dem Tor der Siedlung. Allerdings war Siedlung nicht die richtige Bezeichnung für das, was ich vorfand. Stacheldrahtrollen, Betonblöcke und ein überdimensional hoher Zaun mit, wie ich glaubte zu erkennen, elektrischen Sicherheitsvorkehrungen erinnerten eher an eine Militärbasis im Feindesland als an einen Wohnort.

Das Tor war verschlossen und ich bemerkte einen Wachtposten in einem kleinen Häuschen rechts dahinter. Der blaue Davidsstern leuchtete darüber und selbst der herrliche Sonnenschein konnte dem Gesicht des Postens, der jetzt heraustrat, keine allzu angenehme Ausstrahlung entlocken. Er war mittleren Alters und sein Gesicht war fast bedeckt mit einem schwarzen Vollbart. Mit seiner Pistole griffbereit im Gürtel kam er auf das Auto zu, das er nicht kannte, und blickte argwöhnisch zu mir herüber. Ich ließ die Scheibe herunter.

„Was willst du?“, fragte er auf Englisch.

„Ich möchte mir die Siedlung ansehen“, gab ich zurück.

„Warum?“

„Nun, ich habe viel von Kirjat Arba gehört und will mir ein Bild machen, wie die Situation hier ist und wie ihr hier lebt.“

Er ging um das Fahrzeug herum und blickte in den leeren Rückteil des Wagens. Dann kam er zurück zum Fenster. „Bist du von dieser faschistischen Organisation, die jetzt in Hebron ihr Unwesen treibt?“

„Wen meinst du?“

„Diese internationale Beobachtertruppe, die Temporary International Presence in Hebron?“

„Nein“, gab ich zurück, während ich ausstieg.

„Woher kommst du dann?“, fragte er nun etwas freundlicher.

„Aus Deutschland. Um die Situation in der West-Bank zu begreifen, muss man alles hier gesehen haben. Und ich möchte alles sehen.“

Dass ich Deutscher war, schien ihm nichts auszumachen. „Du bist kein Jude?“

„Nein.“

„Tourist?“

„Ich arbeite im Auftrag meiner Regierung.“

Er nickte vor sich hin. „Wir haben zurzeit eine Menge Busse mit Gästen, die immer mehr heraufkommen und sehen wollen, wie wir unser Land verteidigen und uns der Übermacht der Araber entgegenstellen.“

„Warum seid ihr hier gegen diese Übermacht?“

„Ich denke mal, du bist Christ und kennst demnach das jüdische Buch. Dieses Land hier ist unser. So steht es geschrieben – auf ewig. Es ist keine Frage des Rechts, es ist Gottes Wille. Und Gottes Volk sind die Juden. So ist das nun einmal. Hier haben die ersten Juden gelebt und wir führen das jetzt fort. Er hat uns das Land gegeben. So steht es geschrieben und das ist die Wahrheit.“

„Aber ihr seid nicht allein hier.“

„Schau nach Osten“, sagte er und zeigte mit dem Finger über die Landschaft Judäas, wo man im Dunst in der Ferne die Höhen Jordaniens ausmachen konnte, „dort ist Platz genug für sie, so viel sie wollen. Die Araber sind dumm, sie wollen nicht verstehen und sich nicht einordnen in die Gesetzmäßigkeit des Herrn. Von da sind sie gekommen, dann sollen sie auch dorthin zurückgehen. Noch heute leben die meisten Araber da, warum nicht auch die, die sich hier noch sträuben? Sie haben doch alles, was sie wollen. Öl, Geld und viel Land. Muss man sie zu ihrem Glück erst zwingen? Wir müssen sie vertreiben. Das ist unsere Aufgabe. Würdest du herkommen und uns das Land streitig machen?“

Er strich sich die langen Barthaare zurecht, setzte seine Kippa gerade, und um das vorher Gesagte zu bestätigen, lächelte er mich allwissend an.

„Natürlich nicht, aber die Araber leben doch hier auch schon seit vielen Generationen. Sie sind hier verwurzelt, sie haben auch mit Juden viele Jahre zusammengelebt“, wandte ich ein.

„Sie haben uns verfolgt und gemordet, weil unsere Vorgänger schwach waren. Jetzt sind wir stark und haben den Spieß herumgedreht. Wer uns mordet, der wird von uns gemordet. Auge um Auge. Sie sind Abschaum und müssen hier weg. Bei uns gibt es ein kleines Museum mit Bildern, wie sie 1929 unsere Brüder gemordet haben. Finger haben sie abgeschnitten und Kinder mit Messern erstochen.“

„Aber viele der damaligen jüdischen Bewohner Hebrons sind von Arabern gerettet worden.“

„Alles Lüge. Sie haben sich wie Lämmer abführen lassen, so wie im Holocaust in deinem Land. Wir aber sind keine Lämmer. Wir lassen uns nicht abführen. Wir schlagen zurück, heftiger, als sie selbst zugeschlagen haben.“

„Du bist sehr überzeugt von dem, was du sagst. Bist du hier geboren?“

Er lachte: „Ich bin Amerikaner, direkt aus Brooklyn. Dies hier ist auch Amerika, Jüdisch-Amerika, meine Heimat, so wie drüben.“

„Wie lange lebst du schon hier?“

„Seit zwei Jahren – etwas länger.“

„Wirst du für immer hier bleiben?“

„Das wird die Zeit zeigen. Ich bin hier, um dieses Land zu retten, weil dem wahren Glauben auch handfeste Taten folgen müssen. Ich erfülle eine Mission – Gottes Willen. Wenn die erfüllt ist, kann ich gehen, wohin ich will.“

„Du bist erst seit zwei Jahren hier und vertreibst die, die hier schon seit Jahrhunderten leben?“

„Quatsch. Es geht nicht um Zeit, es geht um das Land. Jetzt sind die wahren Herren des Landes zurückgekehrt. Und wir werden hier bleiben.“

„Du sprichst von der West-Bank?“

„Ich spreche von dem, was Gott uns gegeben hat. Zumindest von Judäa, Samaria und dem Golan. Lies nach, was noch alles geschrieben steht.“

„Das sehen einige Israelis in Tel Aviv anders. Sie wollen Frieden mit den Palästinensern.“

„Ach, die können doch nur von Frieden sprechen, weil wir hier oben Israel verteidigen. Sie wollen das Land hergeben. So wird es keinen Frieden geben. So nicht, denn die da unten sind weit entfernt von hier. Ich sage dir, mit Arabern zusammen gibt es keinen Frieden. Niemals. Mit denen kann man nicht leben. Die sind wie Ratten, und mit Ratten kannst du keinen Frieden machen. Wer mit denen Frieden macht, ist kein Jude. Der ist ein Verräter. Frieden wird es erst geben, wenn sie alle über den Jordan verschwunden oder tot sind. Erst wenn das geschehen ist, wird Israel überleben – in Frieden.“

Sein erzwungener Frieden für Israel schien ihm nicht im Geringsten widersprüchlich zu sein. Er kam mir vor wie eine moderne Version des amerikanischen Cowboys im Wilden Westen. In seiner Mission um Landerwerb zog es ihn nur jetzt nicht nach Westen, sondern nach Osten. Er drehte die amerikanische Geschichte zurück und sein Pioniergeist war verknüpft mit der Sehnsucht und der Suche nach Sinn und Glück im Leben, was immer er auch darunter verstand und was immer er auch dazu tat, das durchzusetzen – und was er tat, stand ja geschrieben. Wer ihm dabei im Weg stand musste sich beugen, Indianer oder Araber, das war ihm egal. Er hatte sein Leben in den USA aufgegeben und war hergekommen, um seinen Traum zu erfüllen. Und diesen Traum, den hatten ihm fundamentalistische Missionare in den USA eingetrichtert, die dafür sorgten, dass sich immer mehr „Frontkämpfer“ für die romantische Verwirklichung der Erhaltung jüdischen Lebens nach Palästina begaben.

„Kann ich mir die Siedlung einmal ansehen?“, fragte ich ihn.

„Lass dein Auto hier vorn stehen. Niemand kennt den Wagen und das könnte zu Komplikationen führen. Zu Fuß kannst du hinein. Trägst du eine Waffe?“

„Nein.“

Er untersuchte mich oberflächlich und dann fuhr ich den Wagen so, dass er den Eingangsbereich nicht behinderte. Ich schlenderte hinein über die Hauptstraße und schaute mir die Häuser mit den

Anpflanzungen davor an und fand das alles recht anziehend und gepflegt. Eine Idylle mit Obstbäumen, bunten Stauden und Palmen. Auf der Straße sah ich an diesem Nachmittag kaum einen Menschen. Auf meinem Rückweg, nicht weit entfernt vom Eingang, fand ich einen großen freien Platz, der mit seinen Büschen, Kiefern und Zypressen wohl auch eine Art Parkanlage und Versammlungsort darstellte. Meïr Kahane[215] Park stand dort geschrieben – so viel konnte ich auch schon hebräische Buchstaben lesen. Davor waren gerade zwei israelische Tourist Travel Busse vorgefahren. Die Insassen verteilten sich jetzt auf der Freifläche und Kinder rannten, kaum dem Bus entronnen, wie wild um die Wette. Ein Blick genügte und ich wusste, mit wem ich es zu tun hatte. Ihre Kleidung und ihr Aussehen verrieten sie leicht. Es mussten Siedler aus einem anderen Teil der West-Bank sein. Die Männer mit Bart und Kippa, die Frauen in langen Röcken, die Haare mit einem Kopftuch, das hinten zusammengefasst war oder mit einem Harrnetz zusammengehalten wurde. Die Gruppe der Erwachsenen versammelte sich an einem Platz, an dem ein Mann mit einem schwarzen Hut stand, dem ich gerade noch auf der Straße begegnet war. Ich ging also auf den mit braunen Kieselsteinen belegten Platz und näherte mich langsam der Gruppe. Die Leute standen um einen großen behauenen Stein in der Mitte einer Stelle, die mit Platten belegt war. Ich kam näher und erkannte auf dem Stein hebräische Schriftzeichen. Der Mann mit Hut machte ein Zeichen und sofort war Ruhe. Dann begann er Hebräisch zu reden und ich wollte mich schon abwenden, da übersetzte er das Gesagte mit amerikanischem Akzent ins Englische. Es schien so, als dass nicht alle Versammelten der hebräischen Sprache mächtig genug waren, um ihm in dieser Sprache zu folgen.

„Liebe Brüder und Schwestern aus Ariel[216]“, so begann er, „nochmals herzlich, herzlich willkommen im Namen unseres Herrn in Kirjat Arba. Wir haben uns hier versammelt am Grab unseres tapferen Mitstreiters Dr. Baruch Kappel Goldstein zum Gedenken ...“

---

[215] Gründer der Kach-Bewegung und radikaler Zionist. In den Augen liberaler Israelis war er der Vorkämpfer eines jüdischen Rassismus. Er kam bei einem Attentat am 5. November 1990 in New York ums Leben.

[216] Israelische Siedlung in der West-Bank. Der Name steht auch hebräisch für „*Feuerherd Gottes*“ und wird ebenfalls als Name für das gesamte Westjordanland benutzt.

Sie hatten eine Gedenkstätte für den Mörder Baruch Goldstein hier eingerichtet, der vor knapp einem Jahr den Massenmord an Palästinensern beim Gebet im Haram El-Khalil begangen hatte. Von dem Platz konnte ich weit über das steinige biblische Land schauen. Ich ging noch etwas näher heran, um die Worte zu verstehen. Die Gruppe hörte aufmerksam zu und der Vortrag wurde abwechselnd in Hebräisch und Englisch weitergeführt.

„Nicht nur indem wir ins geheiligte Land unserer Väter kommen und hier den Staat Israel errichten, sondern auch indem wir den Vertrag, den der Herr mit uns am Berg Sinai geschlossen hat, erfüllen, werden wir das heilige Land befreien. Dadurch, dass Gott mit uns und nur mit uns diesen Vertrag geschlossen hat, sind wir das, was Gott sich als sein Volk auserkoren hat. Für uns gelten also seine Gesetze in einem anderen Maß, als dies für Nichtjuden gilt. Daher ist auch der Gerechte Dr. Baruch Goldstein nicht dem Gesetz und Recht von Heiden unterworfen. Wer als Jude einen Nichtjuden tötet, hat nicht deren Verbote des Mordes verletzt, denn er steht als Jude außerhalb der menschlichen Gerichtsbarkeit und wird nur von Gott gerichtet. Das müssen wir uns klarmachen, wenn wir über unseren treuen Bruder Baruch Goldstein sprechen."

Ich stand immer noch etwas abseits, aber man begann sich bereits umzudrehen und mir argwöhnische Blicke zuzuwerfen. Ich schien bei dem Vortrag nicht sehr willkommen zu sein. Also trat ich vorsichtshalber etwas zurück, konnte aber dennoch Weiteres verstehen. Da war die Rede von der großen jüdischen Sünde, vom Glauben abzufallen, was Gott bitter bestraft, wie in der Vergangenheit durch den Gang in die Diaspora, durch den Holocaust oder auch durch die Misserfolge der israelischen Armee im Libanon, und es war die Rede davon, dass genau diese Sünde des Abfalls vom Glauben durch die laufenden Friedensverhandlungen mit den Arabern manifestiert sei. Diese sündhaften Verhandlungen würden die Ankunft des Messias verzögern, da der Staat Israel als Vorbedingung zur Ankunft des Messias so nicht in seiner Gesamtheit errichtet werden könne. Der Staat Israel müsse auf dem Boden des gesamten „Eretz Israel" errichtet werden. Diese Verhandlungen zu verdammen sei auch im Interesse der gesamten Menschheit, denn immerhin brächte die Ankunft des Messias, wenn die Juden dann über die Ungläubigen triumphieren würden, ja auch den Nichtjuden den Frieden. Dann wurde über den Mörder berichtet, der als Kinderarzt heilende Hände gehabt habe und der als Märtyrer vor Gott treten würde und jetzt ein Heiliger sei. In einem weiteren Zusammenhang fiel auch der Name der Gusch-Bewegung[217], die den wahren Weg beschreibe, das Kommen des Messias vorzubereiten. Oft wurde heftig genickt und hier und da sogar durch laute Äußerungen Beifall bekundet. Je mehr ich hörte, umso weiter trat ich zurück. Ich fühlte mich nicht mehr wohl in meiner Haut. Das Beste war, ich verschwand unbemerkt, und zwar auf dem schnellsten Weg.

Am Eingangstor angekommen grüßte mich der Wachtposten und fragte, wie es mir gefallen habe. „Außergewöhnlich gut. Vielen Dank für dieses Erlebnis", erwiderte ich aus dem Seitenfenster meines Wagens auf seine Frage, während er das Tor öffnete, „ich denke, das werde ich so schnell nicht vergessen." Er hob noch grüßend die Hand, was ich tunlichst vermied, und dann war ich auch schon verschwunden.

Dieser Platz des Grabes von Goldstein wurde in den nächsten Jahren tatsächlich zu einer der beliebtesten Pilgerstätten der Groß-Israel-Fanatiker, die zum Teil sogar nur aus diesem Grund direkt aus den USA anreisten. Die Inschrift auf seinem von seinen Verehrern errichteten Denkmal lautet:

> Hier ruht der Heilige Dr. Baruch Kappel Goldstein, gesegnet sei das Andenken dieses aufrichtigen und heiligen Mannes, möge der Herr sein Blut rächen, der seine Seele den Juden, der jüdischen Religion und dem jüdischen Land geweiht hat. Seine Hände sind unschuldig und sein Herz ist rein. Er wurde als Märtyrer Gottes am 14. Adar, Purim, im Jahre 5754 (1994) getötet.

Ich fand im Nachhinein noch eine Menge Informationen über das Massaker, die allerdings unterschiedliche Aussagen beinhalteten. Neben dem offiziellen israelischen Bericht der Schamgar-Kommission[218] gab es auch andere Berichte von unmittelbaren Zeugen der Tragödie, die sich etwas anders lesen. Danach hatte Goldstein seinen Platz gewählt in der Absicht, sich eines Rückzugwegs zu versichern, und hatte zuerst eine Handgranate geworfen, die Konfu-

[217] Vgl. Fußnote 139
[218] Vgl. Fußnote 178

sion hervorrufen und die IDF-Soldaten am östlichen Eingang, den er passiert hatte, zu seiner Rettung zum Eingreifen animieren sollte. Er stand an dem einzigen Zugang zur Moschee und hatte seine Opfer alle vor sich. Augenzeugen zufolge befand sich ein IDF-Soldat im so genannten Hof an der inneren östlichen Mauer, der sich durch Schüsse in die Luft, nachdem das Gemetzel begonnen hatte, selbst rettete und durch den westlichen Eingang der Frauenmoschee verschwand. Der Soldat hätte Goldstein sogar retten können, zog es aber vor, sich selbst in Sicherheit zu bringen. Selbst ein Soldat, der dem Mörder die Magazine angereicht habe, wurde ins Spiel gebracht. In jedem Fall sah die arabische Darstellung anders aus als die israelische und sprach von mehreren Männern, die an dem Massaker beteiligt gewesen waren.

Entscheidend war allerdings nicht, wie viele letztlich an diesem Massenmord beteiligt waren, sondern unter welchem ideologischen Einfluss er stattfand. Nachdem Goldstein „Dämonen liquidiert" und von ihnen dann selbst überwältigt und getötet wurde, bezog der uns schon bekannte Moshe Levinger zum Massaker Stellung, als er sagte: „Das Töten von Fremden ist akzeptabel und auch willkommen, um die jüdische Renaissance im versprochenen Land zu fördern."

Die israelische Prüfungskommission als nach außen dokumentierte unabhängige Selbstuntersuchung, wie schon so oft nach solchen Katastrophen einberufen, aber rein israelintern durchgeführt, befragte wie auch nach dem Massaker von Sabra und Chatila im Libanon fast nur Offizielle der IDF und kam letztlich zum Schluss, dass Goldstein immerhin eine terroristische Tat begangen habe. Damit war er als Terrorist offiziell überführt und gebrandmarkt. Ich hatte in den letzten Jahren hautnah verfolgen können, wie die Bestrafungsaktionen von arabischen Terroristen abliefen. Dabei wurden in einem kollektiven Rundumschlag auf die Familien der Täter die Häuser von Angehörigen von Terroristen zerstört und durch ein Gesetz der Wiederaufbau dieser Häuser untersagt. Zum Teil wurden auch Familienangehörige in Haft genommen und streng verhört. Konservative Stimmen verlangten in einem solchen Fall sogar die Zerstörung der umliegenden Häuser unbeteiligter Familien. Ich selbst hatte mir das bis auf die Bodenplatte ausradierte Haus angesehen, in dem das Geiselopfer Wachsman in Bir Nabala von Hamasterroristen festgehalten und ermordet worden war. Das Haus war leer gewesen und gehörte einer unbeteiligten Familie, die in Amerika lebte. Anders bei

Goldstein. Sein Haus in Kirjat Arba blieb unversehrt, so wie seine Familie. War die unbestechliche Gerichtsbarkeit Israels am Ende auch der Ideologie der jüdischen Fundamentalisten verfallen, die Juden außerhalb der menschlichen Gerichtsbarkeit stellt, oder war der Druck und der Einfluss dieser Fanatiker schon zu groß? Zur Rechtfertigung der Tat aus diesen Kreisen wurde Maimonides[219] zitiert, dessen Gesetz betreffend „eroberte Völker" besagt: „Sie haben ihren jüdischen Eroberern zu dienen und dürfen in Israel nicht ihr Haupt erheben, sondern sind vollständig zu unterwerfen. Nur dann können die Eroberer sie auf ‚humane' Weise behandeln."

Diese ewigen Grundsätze der jüdischen Fundamentalisten verändern sich nicht und humanistische Erwägungen sind fehl am Platz. Es gibt also für sie keine Beziehung zwischen dem Gesetz Israels und dem modernen atheistischen Humanismus. Wie konnte es so weit kommen, dass von Teilen der Bevölkerung zur Rechtfertigung einer solchen Tat im 20. Jahrhundert die Gedankengänge eines Irregeleiteten mit der Weltanschauung des 12. Jahrhunderts herangezogen werden in einem Staat, der sich heute selbst als modern, tolerant, aufgeschlossen und demokratisch bezeichnet, aber der demnach wohl keines von allen ist und nach zweierlei Maß misst?

[220]Die Bewegung begann mit dem Rabbiner Zvi Yehuda Kook und später seinem Sohn, kurz nach der Staatsgründung in den 1950'er Jahren. Die religiös motivierten Gründer bemächtigten sich der Politik, um den jüdischen Nationalismus von innen heraus zu verändern; ihre Ideologie verwischte die Grenze zwischen Theologie und Politik. 1974 entstand der Siedlerblock Gusch Emunim, der einhergehend mit dem kontinuierlichen Machtschwund der historischen Arbeiterbewegung zur einflussreichsten politischen und kulturellen Kraft in der Geschichte des israelischen Staates wurde – und zur gefährlichsten. Ministerpräsident Jizchak Rabin verabscheute 1995 zwar den Gusch; er nannte ihn ein „Krebsgeschwür im Körper der israelischen Demokratie", dennoch resignierte er wiederholt vor dem herrischen Auftreten der Siedler.

Um das Land zu erlösen, rechtfertigen die radikalen Siedler jedes Mittel, denn sie meinen, einen neuen Holocaust verhindern zu müs-

---

219 Jüdischer Philosoph des 12. Jahrhunderts

220 Die nächsten sechs Absätze sind entnommen aus: *Die Zeit* vom 18.10.2007, Nr. 43

sen, dessen völlig anders geartete Realität sie auf einen internen israelischen Konflikt übertragen haben. Diese Bewegung, ähnlich einer Sekte, pflegt einen Todeskult, der eigene Opfer gewalttätiger Auseinandersetzungen zu Heiligen erklärt. Deren Gräber gelten als jüdische Flächen, als weitere Wurzeln, die Juden im ihnen verheißenen Land schlagen. Weil dort kein Platz für Fremde ist, gehen sie seit Jahren aggressiv gegen die palästinensischen Bewohner vor, zerstören ihre Olivenhaine und nehmen durch unkontrollierte Schießereien bewusst Tote in Kauf. Kritiker sprechen deshalb nicht vom Westjordanland, sondern vom Wilden Westen.

Die Historikerin Idith Zertal und der Journalist Akiva Eldar, namhafte israelische Intellektuelle, haben ein beeindruckendes Standardwerk über die Siedlerbewegung vorgelegt[221], die erste umfassende Untersuchung überhaupt. Sie haben sich an ein heißes Eisen gewagt, denn kein Thema ist im Israel-Palästina-Konflikt so umstritten und politisch aufgeladen wie dieses. Sie zeigen, welch gravierenden Beitrag alle staatlichen Institutionen geleistet haben, um das staatlich geförderte Siedlungsprojekt zu einem Monster zu machen, das Israel mittlerweile selbst gefährdet.

Das Faszinierende an diesem Buch ist, dass die Autoren schonungslos die Ambivalenzen des Siedlungsprojekts offen legen. Sie zeigen, dass sämtliche Parteien Israels direkt und indirekt am Ausbau der Siedlungen beteiligt waren, allen voran die Arbeiterpartei, deren Vertreter hin- und hergerissen waren zwischen Bewunderung und Ablehnung. Die Gründergeneration Israels hegte eine Schwäche für die tatkräftigen Pioniere, ja sie buhlte geradezu um deren Gunst; andererseits fürchtete sie sich vor ihnen und scheute aus Angst vor einem Krieg unter Brüdern Konfrontationen. Die Siedler haben ein scharfsinniges Gespür für die Spielregeln des politischen Geschäfts und hängen ihr Fähnchen je nach Bedarf in den Wind: Wer heute Freund ist, kann morgen schon zum Feind werden – Abspaltungsprozesse, die bislang jeder Politiker, der sich auf sie einließ, am eigenen Leib erfuhr. Der Gusch Emunim sei messianisch und rational, revolutionär und anachronistisch, politisch und apolitisch, selbstgerecht und gewalttätig, sagen Zertal und Eldar, und das seien nur einige der Widersprüchlichkeiten dieser Bewegung.

---

[221] Vgl. auch Bibliographie: Idith Zertal, und Akiva Eldar, *Die Herren des Landes. Israel und die Siedlerbewegung seit 1967*

Die Armee, dazu gegründet, Israels Sicherheit zu schützen, geriet zunehmend in die Rolle, selbst illegale Siedlungen zu verteidigen oder notgedrungen auch mal die Palästinenser vor den Siedlern. Derweil sind auch die Eliteeinheiten schon lange keine säkularen Bastionen mehr, die Nationalreligiösen stellten bereits 1995 30% der Soldaten in Kampfeinheiten, und ein Drittel aller Absolventen aus Offizierslehrgängen entstammen demselben Milieu. Neben der Verteidigungsarmee entstand eine paramilitärische Bürgerwehr der Siedler. Mit dem Geld der Steuerzahler und dem stillschweigenden oder offenen Einvernehmen der Politiker unterstützt der Staat die Siedler – mit Infrastruktur, Geld und Waffen. Die Autoren zeigen, inwieweit auch die Medien und insbesondere die Justiz daran beteiligt sind, das (nach internationalem Recht[222]) illegale Siedlungsprojekt zu nähren, ungeachtet aller Friedensverhandlungen.

Diese bewusste und unbewusste Komplizenschaft und Loyalität von Vertretern des Staates mit den Siedlern hat die israelische Demokratie zunehmend labil gemacht. Die Siedlungsbewegung, sagen die Autoren in ihrem mutigen Werk, sei zum Dämon geworden. Es klingt unheilvoll, wenn sie fragen, inwieweit diese Mischung aus messianischem Glauben, intellektueller Raffinesse und Effekthascherei, aus irrationalen Eruptionen gepaart mit modernem Organisations- und Operationsvermögen, aus Gewalt und Gesetzesbruch, garniert mit schönen Worten und selbstgerechtem Diskurs, wie sie über so viele Jahre den Gusch Emunim ausgezeichnet hat – ob diese Mischung nicht längst auch die israelische Gesellschaft als Ganzes definiert.

Es handelt sich bei dieser Bewegung demnach nicht mehr nur, wie offiziell kolportiert wird, um eine Minderheit von Fanatikern, sondern die Ideologie hat mittlerweile staats- und gesellschaftsumfassende Auswirkungen angenommen, was in Israel selbst auch gar nicht mehr abgestritten wird. Eine Ideologie, die in ihrer extremsten Form besagt, dass in einem gottgewollten Krieg Männer, Frauen und Kinder zerstört, getötet und beseitigt werden müssen[223]. Diese Ideologie ist einer der Faktoren, der dem Frieden im Nahen Osten im Wege steht; die Ideologie verletzt die Menschenrechte der Palästinenser und belastet die israelische Demokratie bis zur Unkenntlichkeit. Der weitaus größte Teil der radikalen Siedler kommt aus den USA und

---

[222] Anmerkung des Autors

[223] Vgl. auch Bibliographie: Noam Chomsky, *Offene Wunde Nahost*

dort liegt auch die ursprüngliche Brutstätte. Allerdings wird heute der Nachwuchs gezielt und durch die isolierte Abgeschiedenheit der Siedlungen zum israelischen Kernland begünstigt in eigenen Religionsschulen vor Ort erzogen. Die Kolonisierung unter religiösem Vorzeichen und die damit verbundene Besatzung Palästinas hat Israel nunmehr, durch Infiltration der Siedlerideologie in alle Sparten und Institutionen der Gesellschaft durch die junge Generation der Siedler, selbst besetzt und ist zum bösartigen Geschwür der Okkupation[224] gereift. Die Auswirkungen dieses immer mehr um sich greifenden Fundamentalismus, der sich in der ideologischen Ausrichtung des Gusch Emunim begründet, definierte der uns schon bekannte und entschiedene Gegner des Gusch, Professor Yeschajahu Leibovitz, als er feststellte, „dass der Massenmord in Hebron die Konsequenz eines ausgeprägten ‚Judeo-Nazismus' sei, vor deren einflussreichen Führern in der israelischen Gesellschaft und in der Diaspora selbst Rabin kapitulierte."[225]

Die Verbindung der Ideologie des Gusch und dem Zionismus lässt sich über deren Ursprung schlagen. Raw Kook, der ältere Bruder von Zivi, hatte als messianischer Eiferer der zionistischen Idee große Unterstützung geliefert, als er die mythische Einheit des Landes und des Volkes betonte. Eine Einheit in Israel sei nur zwischen dem Volk und der Thora möglich. Er sprach somit dem Staat Israel eine gewisse Heiligkeit zu und theologisierte die Politik dieses Staates. Der Staat, oder „Eretz Israel", existiere im Auftrag Gottes und eine Rück- oder Abkehr von diesem Staat sei daher ausgeschlossen. Es war für ihn überhaupt keine Frage, dass „Eretz Israel" das Eigentum des jüdischen Volkes sei. Daher werden alle politischen Entscheidungen, die zur Erhaltung des Status quo und darüber hinaus zur Eroberung eines Groß-Israel beitragen, bis heute als heilige Bestandteile verstanden. Die säkularen Zionisten der Anfangsphase, die mit sozialistischem Eifer das Land erobern und bearbeiten wollten, fanden also hier die entsprechenden Gesinnungsgenossen, nicht in der weltlichen, aber in der göttlichen Erfüllung ihres Traumes. Beide Ideologien sind

---

224 Vgl. auch Bibliographie: Idith Zertal und Akiva Eldar, *Die Herren des Landes. Israel und die Siedlerbewegung seit 1967*

225 Ministerpräsident Jitzhak Rabin hatte vor Jahresfrist den Plan gefasst, die Siedler aus Tel Rumeida, dem Hügel über der Altstadt von Hebron, zu entfernen. Diese mobilisierten jedoch ihre Lobbyisten und drohten mit heftigem Widerstand. Rabin ließ den Plan fallen.

also von Anfang an eng miteinander verknüpft, Landerwerb durch An- und Enteignung und Landerwerb durch Gottes Anspruch; sie vereinen sich im gleichen Ziel und sind damit auch auf Gedeih und Verderb aufeinander angewiesen. Die staatliche Siedlungspolitik Israels in der West-Bank ist also ein Resultat der zionistischen und der religiös-fanatischen Ideologie. Denn das Kernland der göttlichen Verheißung ist vielmehr das biblische Siedlungsland der israelischen Stämme in den Hügeln von Samaria und Judäa, von Golan und Negev und nicht nur die Küstenebene am Mittelmeer. Nur alles zusammen wird die Ansprüche der Groß-Israel-Fanatiker befriedigen, mit lüsternem Blick auch auf die in der Bibel genannte jordanische Hochebene.

In einer Erklärung an die Welt heißt es 1974: „Alle Völker der Erde sollen erkennen, dass dieses Land vollständig uns gehört und dass es auch in seinen einzelnen Teilen unveräußerlich ist.“[226]

Nur wenige säkulare Zionisten erkannten die Gefährlichkeit der Verknüpfung des weltlichen Eroberungsanspruchs mit der göttlichen Auftragserfüllung, die letztlich jeden Rückzug, jedes Entgegenkommen ausschließt und jegliche Vernunft verhindert. Gefangen sitzt die israelische Gesellschaft mittlerweile im Netz des „Judeo-Nazismus“, in deren Mitte die Spinne entscheidet, wer auf dem Weg zum großen Ziel gefressen wird oder wer überleben darf. Verzicht kennt sie nicht, Aufgabe kommt für sie nicht in Frage. Ihr Appetit ist ungeheuer, und je mehr sie ihr Netz erweitert, umso unstillbarer wird ihre Gier. Und sie produziert sehr viel mehr Helfershelfer als ihre Gegner, die versuchen, das Netz zu zerschneiden.

Hamid Zughair hatte meine Gegenwart an der Schule ausgenutzt und auch damit internationale und arabische Geldgeber aufgetan, die die Schule nun mit Hilfsleistungen direkt unterstützten. Gegenwärtig erwarteten wir eine Lieferung für die Ausstattung eines Physik- und Chemielabors sowie einer Computerwerkstatt. Er hatte mich daher gebeten ihm bei den Entzollungsformalitäten und der finanziellen Abwicklung der Lieferung zur Seite zu stehen. Ein Aktenordner mit einigen englischen, meistens aber arabischen und hebräischen Dokumenten, die Abu Ziad verwaltete. Eines Tages kam Abu Ziad in mein Büro und deutete an, dass er einige der Rechnungen nicht nachvollziehen könne. Er hatte gerade eine weitere erhalten und nun

[226] Vgl. auch Bibliographie: Richard Chaim Schneider, *Israel am Wendepunkt*

festgestellt, dass mehrere annähernd gleich waren. Darauf war er alles noch einmal durchgegangen und der Eindruck war entstanden, dass Rechnungen doppelt gestellt und bezahlt worden waren. Er zeigte mir die entsprechenden Unterlagen und ich konnte, allerdings nur aufgrund der Zahlen, feststellen, dass Rechnungen in Arabisch und Hebräisch ausgestellt worden waren, die annähernd den gleichen Betrag aufwiesen. Da auch Abu Ziad der hebräischen Sprache nicht mächtig war, nahmen wir Kontakt zu dem israelischen Broker in Tel Aviv auf, den wir in dieser Angelegenheit beauftragt hatten. Sein Name war Musa und er war Israeli irakischer Abstammung. Musa versicherte uns, dass alles seinen rechten Weg gegangen war, und schickte uns eine Aufstellung aller von ihm in unserem Namen bezahlten Rechnungen an die Hafenbehörden, an den Transportunternehmer, die Gebühren und seine Unkosten. Als ich die Aufstellung, die in englischer Sprache geschrieben war, sah, erschrak ich. Für die Auslösung und den Transport der Ausrüstung waren nahezu 35% des Materialwertes in Rechnung gestellt und bezahlt worden. Da auch für diese Lieferung im Vorhinein eine Zollbefreiung ausgehandelt worden war, konnte an der Summe etwas nicht stimmen. Ich hatte in Tel Aviv an der Botschaft einen deutschstämmigen Rechtsanwalt aus Haifa kennen gelernt, Simon Flug. Seine Familie war in den Dreißigerjahren nach Haifa ausgewandert, er war dort geboren und sprach nahezu akzentfreies, perfektes Deutsch. Ihn rief ich an und er gab mir den Rat, persönlichen Kontakt zu Musa zu suchen und die strittigen Fragen direkt mit ihm zu besprechen. Also begaben wir, das heißt Zughair, Abu Ziad und ich uns auf den Weg nach Tel Aviv in das Büro unseres Brokers.

In einem stickigen Haus, das von außen einen verkommenen und ungepflegten Eindruck machte, befand sich Musas Büro, das ganz dem Äußeren des Gebäudes entsprach. Wir gingen vorbei an Regalen, überfüllt mit Akten und Dokumenten, und das in mehreren Reihen übereinander, wobei ein Großteil des Fußbodens ebenfalls zum Teil hüfthoch damit belegt war. Dazwischen standen die Schreibtische von zwei jungen Damen, die in diesen Wust mit Sicherheit in ihrem noch relativ langen Arbeitsleben keine Ordnung mehr bringen würden. Mein sich langsam steigernder Verdacht bestärkte sich, als wir Musa selbst gegenübersaßen. Ein dicker Mann mit doppeltem Doppelkinn und einer Bauernschläue im Gesicht, die man eher als Verschlagenheit bezeichnen musste. Er war zwar Israeli, aber als ehemaliger Iraki hätten Zughair, Abu Ziad und er sich sehr viel leichter arabisch unterhalten können als englisch. Der Eindruck, dass wir betrogen worden waren, bestärkte sich während des Gesprächs mit ihm, und selbst die Drohung unsererseits, einen Rechtsanwalt einzuschalten, schien ihn nicht sonderlich zu beeindrucken, wir kamen schließlich ja nur von einer arabischen Schule. Er konnte keinen unserer Zweifel ausräumen, bestand weiterhin auf der Bezahlung seiner noch offenen Rechnung und so verließen wir ihn mit der Versicherung, dass wir uns vor Gericht wiedersehen würden.

Für Abu Ziad war die Reise nicht nur aus diesem Aspekt aufregend, denn er besaß als West-Banker keine Erlaubnis für Jerusalem und damit auch nicht für Israel und Tel Aviv. In punkto Bauernschläue konnte es Abu Ziad allerdings mit Musa allemal aufnehmen. Als wir uns auf unserem Weg aus der West-Bank dem Checkpoint Al Ram näherten, stieg er vorher aus dem Wagen und ging, keine dreißig Meter entfernt, parallel zur Straße und unbemerkt seitlich in ein Haus, um am Ende hinter dem Checkpoint aus einem ganz anderen, einem Supermarkt, wieder herauszutreten. Dieser Supermarkt war für geraume Zeit eine stark frequentierte Durchgangspassage auf dem Weg vieler Palästinenser aus der West-Bank nach Jerusalem. Security Ade, alles nur Schikane.

Als er hundert Meter weiter locker zu uns ins Auto stieg, verzog er keine Miene. Wir lachten und ich schüttelte nur den Kopf über all den unsinnigen Aufwand, den die Israelis hier betrieben. Einige clevere Palästinenser hatten sofort, als der Passagenverkehr zunahm, den Standortvorteil genutzt und Marktstände so aufgebaut, dass den Soldaten am Checkpoint das nicht großartig auffiel, die Passanten aber nach dem Verlassen des Supermarkts an ihnen vorbei mussten. Es war das, was mir noch so oft auffallen sollte; die Palästinenser passten sich den immerwährenden Veränderungen der israelischen Maßnahmen flexibel an und richteten sich so ein, dass sie den kleinsten Vorteil aus der Situation zu erhaschen suchten. Oftmals wurden ganze Marktplätze informeller Händler da aufgestellt, wo die Passanten gezwungen waren, ihren Reiseweg durch Sicherheitskontrollen zu unterbrechen, und die Checkpoints wurden so zum wirtschaftlich genutzten Umschlagplatz aller möglichen Waren. Das alles trug natürlich zu einem noch größeren Chaos bei als sowieso schon üblich an solchen Kontrollposten, und die Unübersichtlichkeit und das Durcheinander waren vollkommen. Die Security wurde zu Farce. Dazu kam, dass an den Checkpoints die arabischen West-Bank-Taxis auf ihrer Seite auf Kunden warteten, natürlich jeder möglichst nah an der Kontrollstelle, und zu dem allgemeinen Chaos durch die fliegenden Händler kam zusätzlich noch das Verkehrschaos durch die Taxis. Dessen wurden selbst die Israelis nicht mehr Herr. Die Staus, die entstanden, wirkten sich aus bis vor den Checkpoint selbst und riefen natürlich auch bei den israelischen Soldaten keine Gelassenheit hervor, die sich dann auch in Aggressivität entlud, was das ganze Szenario noch steigerte. Diese Checkpoints wurden zu einem ständigen Unruheherd, der zwangsläufig die Situation zwischen der israelischen Sicherheitspolitik und der palästinensischen Bevölkerung schwer belastete.

Ich nahm Kontakt mit Rechtsanwalt Flug auf, den ich bat, einen Blick in die Akten zu werfen. Allerdings war er in der nächsten Zeit nicht in Jerusalem, und da uns die Sache auf den Nägeln brannte, entschloss ich mich, ihm die Unterlagen nach Haifa zu bringen.

Ich befand mich also drei Tage später sehr früh am Morgen auf der Autobahn entlang der Mittelmeerküste von Tel Aviv in Richtung Norden. Die Strecke kannte ich bereits, da ich sie ja bei meiner Einreise schon von Haifa aus in die entgegengesetzte Richtung befahren hatte. Ich hatte jetzt allerdings mehr Zeit, die Landschaft zu betrachten. Reste alter Häuser am Rand der Autobahn an der Küstenlinie und im Landesinnern zeugten von der Besiedlung der Gegend in früherer Zeit. Das Land war fruchtbar, fast bis an den Sandstreifen des Mittelmeers, und wurde von israelischen Städten und Siedlungen am Meer unterbrochen. Im Osten, gegen die Morgensonne, sah ich die Bergkette von Galiläa im Frühdunst liegen. Abu Ziad, der in der Gegend geboren war, hatte mir gesagt, nördlich von Caesarea an einem Felsenstreifen, der vor der Küste eine Lagune und einen kleinen natürlichen Hafen bilde und der auffällig die ansonsten flache, sandige Küste beherrsche, lägen die Reste des alten Fischerdorfs Al-Tantura. Das Dorf habe direkt am Strand gelegen und die umliegenden Dörfer hätten sich von da mit den Früchten des Meeres versorgt. Auch seine Verwandten aus dem Dorf Ayn Ghazal, das etwas weiter in den Bergen lag. Mitte Mai 1948 sei das Fischerdorf von der Haganah angegriffen und zerstört worden. Abu Ziad erzählte von Gräueltaten, die die Flüchtlinge von Al-Tantura, die in die Berge entkommen konnten, seinen Verwandten berichtet hatten. Drei Monate später mussten diese dann selbst aus Ayn Ghazal flüchten.

Da ich beim Morgengrauen losgefahren war und jetzt bis zu dem Treffen mit Flug in Haifa noch fast drei Stunden Zeit hatte, beschloss ich, dort anzuhalten und eine kleine Frühstückspause am Strand einzulegen. Den Felsenstreifen an der Küste fand ich leicht und so nahm ich die Ausfahrt nach Dor und Na'Hasholim, wie die israelischen Orte hier jetzt hießen, und stellte den Wagen nahe am Strand auf einen befestigten Parkplatz. Ich schloss ihn ab und befand mich nach nur ein paar Metern direkt auf dem weißen Sandstrand, dem ich zu Fuß folgte. Die israelischen Häuser lagen etwas zurückgezogen vom Strand auf einem erhobenen Dünenabschnitt. Direkt am Wasser fand ich alte Befestigungen und Fundamente und eine relativ gut erhaltene Ruine aus grob behauenen Steinen, die als Abstellplatz für allerlei Gerät und Unrat vom Strand diente. Die Spitzbögen des Eingangsbereichs ließen eindeutig auf arabische Bauweise schließen. Auf einem Felsen etwas weiter draußen sah ich die Überbleibsel einer Mauer, die sicherlich zu einer Hafenanlage gehört hatte. Nicht weit vom Strand landeinwärts fand ich Reste von groben Steinen und Mauern, die mit Pflanzen überwuchert und allein schon deshalb nicht zugänglich waren, weil dazwischen hellgrüne, großblättrige Kakteen mit langen Stacheln wuchsen. Das musste Al-Tantura gewesen sein und ich erinnerte mich an Bassam, den Teeverkäufer in Amman, der die Kakteen erwähnte, die als natürlicher Schutzwall für die arabischen Dörfer gedient hatten. Sie hatten überlebt und wuchsen weiter. Reste des übrigen arabischen Dorfs fand ich, als ich durch die Straßen der israelischen Siedlung schlenderte; Mauern, einen Brunnen und sogar ein relativ gut erhaltenes quadratisches Häuschen mit einer Kuppel, die sauber und weiß erstrahlte und wohl als Bereicherung der Gartenanlage auf einer satten grünen Wiese von den jetzigen israelischen Eigentümern stehen gelassen worden war.

Wie ich damals noch nicht wusste, hatte sich hier eine weitere Tragödie abgespielt, die so gar nicht in das Bild der ethischen und heldenhaften israelischen Unabhängigkeitskrieger von 1948 passen will. In der Operation „Coastal Clearing" griff eine Haganah-Einheit am 15. Mai[227] zur Nachtzeit das Dorf an. Teddy Katz, ein israelischer Historiker der Universität Haifa, deckte im Jahr 2000 im Zuge seiner

[227] Verblüffenderweise waren die israelischen Truppen schon einen Tag nach der Staatsgründung am 14. Mai und nach dem Eintritt der arabischen „Übermacht" in die Kampfhandlungen gegen den ausgerufenen Staat in der Lage, groß angelegte Offensiven durchzuführen.

Masterarbeit ein lange verborgenes Geheimnis auf, das er der Nachrichtenagentur Reuters gegenüber beschrieb als „definitiv eines der schlimmsten Massaker, was die Anzahl der Opfer betrifft, das bisher aufgedeckt worden ist."

Bis zu Katz' wissenschaftlicher Untersuchung gab es dazu nur mündliche Berichte und Aussagen in wenigen palästinensischen Büchern, denen gegenüber der offiziellen israelischen Geschichtsschreibung kein großer Wahrheitsgehalt zugeschrieben wurde, und es gab Notizen im israelischen Armeearchiv, die, wohl gehütet und verstaubt, bis dahin nur wenig Interesse hervorgerufen hatten.

Katz, der neben dem Studium dieser Dokumente sowohl beteiligte israelische Soldaten als auch palästinensische Zivilisten, die dem Massaker entkamen, befragte, berichtet in der hebräischsprachigen Zeitung Maa'riv: „Es begann in der Nacht und war in nur ein paar Stunden vorbei. Nach Zeugenaussagen und Informationen, die ich von jüdischen und arabischen Augenzeugen und von israelischen Soldaten bekam, die unmittelbar beteiligt waren, wurden zumindest 200 Menschen des Dorfs Al-Tantura von israelischen Truppen getötet. Die Truppen verloren bei diesem Angriff 14 Soldaten. Colonel Priden, der israelische Kommandant, der den Angriff befehligte, wurde zitiert, als er sagte: ‚Tote sind eine Konsequenz des Krieges und Berichte über ein Massaker sind nur erfundene Geschichten. Meine Soldaten hatten keinen Grund gehabt, Fragen zu stellen oder Leben zu retten. So gingen wir von Straße zu Straße und das erklärt, warum eine Menge Menschen getötet wurden.'"[228]

Fawzi[229] Tanji, der bis zum Abzug der Engländer, also bis zwei Tage vor dem Angriff auf das Dorf, in der Armee der britischen Mandatsregierung arbeitete und den Katz im Alter von 73 Jahren in einem Flüchtlingslager in der West-Bank befragte, gab an: „Ich war damals 21 Jahre alt. Sie brachten uns zum Friedhof und stellten uns in mehreren Reihen auf. Dann befahl ein jüdischer Kommandeur, die ersten zehn zu bringen. Sie wurden an der Friedhofsmauer neben den Kakteen erschossen. Die Soldaten kamen zurück, griffen weitere zehn, die die Leichen entfernen mussten und dann selbst erschossen wurden. Und so weiter. Ich wartete darauf, dass ich dran war, und sah, wie die Männer, die vor mir standen, zusammenbrachen. Die

[228] Übersetzung des Autors aus dem Englischen.
[229] Sprich [fausi]

Erschießungen stoppten, als plötzlich ein jüdischer Zivilist aus der benachbarten Siedlung Zichron Ya'akov auftauchte, der eine Pistole nahm und drohte, sich damit selbst zu erschießen, wenn die Soldaten nicht damit aufhörten. Oh, ich wünschte ich wäre erschossen worden in dieser Nacht. Das wäre sehr viel leichter gewesen, als mit diesen Schmerzen all die Jahre zu leben."[230]

Nach Katz wurden allein 95 Männer an der Friedhofsmauer exekutiert. Weitere 25 an der Außenmauer der Moschee. Das palästinensische Dorf verteidigte sich nur mit ein paar alten Gewehren und Krummschwertern, die den gut ausgerüsteten israelischen Eindringlingen mit modernen Feuerwaffen nichts entgegensetzen konnten. Nach einem kurzen Feuergefecht durchkämmten die Israelis die Straßen und erschossen Männer, Frauen und Kinder zum Teil vor ihren Häusern. Beim Morgengrauen war das Dorf leer. Die, die überlebt hatten, waren geflohen. Colonel Priden gab als Rechtfertigung an, dass die Araber, die in den Straßen erschossen wurden, keine Schilder auf dem Rücken trugen, die besagten, dass sie nicht auf Israelis schießen würden. Er habe nicht gewusst, dass es sich um die Bewohner des Dorfs und nicht um bewaffnete arabische Einheiten handelte, die dort Schutz suchten. Wohlgemerkt, Frauen und Kinder!

Das 1.500-Seelen-Dorf war ausgelöscht, in nur einer Nacht. Katz' Bericht endet damit, dass das Dorf später nahezu vollständig zerstört wurde und über 200 Bewohner in einem Massengrab verscharrt wurden. Über dem Dorf wurde der Kibbuz Na'Hasholim errichtet und später über dem Massengrab ein befestigter Parkplatz am Strand. Es gab damals nur einen Parkplatz; auf dem hatte ich mein Auto abgestellt.

Im August 2000 las ich dazu in der Beilage einer arabischen Zeitung: „Es war einmal ein Dorf, das wir nie vergessen dürfen. Dort gab es Helden, die unsere Ehre verteidigten, und auch diese Helden dürfen wir nie vergessen. Wenn wir diese Erinnerung verlieren und die der anderen 417 Dörfer, die grausam ihrer Bevölkerung beraubt wurden, dann werden unsere zukünftigen Generationen niemals erfahren, dass der israelische Kibbuz und der große befestigte Parkplatz am Strand an diesem besonderen Ort einst ein palästinensisches Dorf war mit Namen Al-Tantura."[231]

---

230 Übersetzung des Autors aus dem Englischen.
231 Übersetzung des Autors aus dem Englischen.

Verantwortlich für die Grausamkeiten dieser Nacht war die Haganah-Einheit der Alexandroni-Brigade. Sie war zu diesem Zeitpunkt schon offizieller Bestandteil der israelischen Armee, die in einem Handstreich innerhalb weniger Tage die gesamte Mittelmeerküste säuberte.

Die Entfernung bis nach Haifa war von hier aus nicht mehr als 20 km, und als ich wieder in den Wagen stieg, hatte ich noch weit mehr als eine Stunde Zeit. Abu Ziad hatte mir den Weg von Al-Tantura nach Ayn Ghazal beschrieben. Dazu musste ich auf der Küstenautobahn 2 etwas zurück nach Süden und dann durch die fruchtbare Ebene nach Fureidis, wo ich auf die Parallelautobahn 4 Richtung Norden fahren konnte. Diese Schnellstraße verlief etwas weiter im Landesinnern, wo die Berge Galiläas sanft beginnen. Ich erreichte die arabische Stadt Fureidis, die so ganz anders aussah als die israelischen Städte. Der Baustil der Häuser, eine unorganisiertere Infrastruktur und die vielen betongrauen, halb fertigen Bauwerke machten den Unterschied zu israelischen Städten deutlich, die offensichtlich am Reißbrett entworfen worden waren und nach außen hin einen sehr viel freundlicheren Eindruck auf mich machten.

Ich hatte eine israelische Straßenkarte von Abu Ziad dabei, in die er die benachbarten ehemaligen arabischen Dörfer eingetragen hatte. Von Fureidis nach wenigen Kilometern am Ende eines sanft ansteigenden Hügels tat sich ein Tal auf, das er auf der Karte markiert hatte. Ich fuhr rechts auf einen Feldweg und sah bald weiter oben am Hang die Reste eines Hauses. Das konnte nur Al-Sawamir gewesen sein. Ich folgte dem Feldweg um den Hügel herum und kam auf die Straße nach Ofer. Ayn Ghazal erkannte ich erst, als ich mich auf das satte Hellgrün der Kakteen konzentrierte. Ein Feldweg führte rechts den Hang hinauf. Die Reste der Mauern und Steine waren fast vollständig überwuchert von Gebüsch und hohem Gras. Die Kakteen allerdings verrieten mir, dass sich unter diesem Wildwuchs etwas verbarg. Diese Kakteen, die nach der Zerstörung der Dörfer durch die Israelis wie Unkraut wieder da gewachsen waren, wo sie vorher zum Schutz vor Eindringlingen schon einmal gestanden hatten, stellten ein untrügliches Zeichen, ein weit sichtbares Fanal dar. Sie waren wie ein Wegweiser zu den einstigen Dörfern der palästinensischen Bewohner vor 1948.

Ich stieg aus und stapfte vorsichtig den Hügel empor, immer den Blick auf den Boden gerichtet. Man hatte mich vor Schlangen und

Skorpionen gewarnt, und da war ich gerade in den Morgenstunden, seit ich schon einmal eine Begegnung solcher Art in Saudi-Arabien gehabt hatte, sehr vorsichtig. Überall lagen die groben Steinquader und die Fundamente der ehemaligen Häuser und teilweise waren sogar noch verkohlte Holzbalken zu erkennen. Weiter oben machte ich ein komplett erhaltenes quadratisches Gebäude aus, auf dessen Dach sich eine runde Kuppel befand. Allerdings hatte die Natur hiervon schon Besitz ergriffen und Sträucher und Gras wuchsen vom Dach herab.

Wie mir später von Abu Ziad berichtet wurde, war dies der Schrein des Sheikh Shahada Abdel Haq. Diese Altäre, die an gelehrte und weise Männer des Islam erinnern, waren in den Dörfern der damaligen Zeit als Moscheen geweiht. Sie hatten oftmals untereinander die gleiche Bauart. Ein Gebäude dieser Art hatte ich heute Morgen schon in dem israelischen Garten gesehen, wo einst Al-Tantura stand. In der quadratischen Bauweise und mit der Kuppel fast identisch. Nach allem, was ich später noch lernen sollte, frage ich mich heute, ob das Gebäude mit der hell geweißten Kuppel, das so lauschig in dem gepflegten Garten auf der grünen Wiese in der israelischen Siedlung zwischen den Palmen steht, die Moschee von Al-Tantura war, an deren Mauern die Exekutionen in der Nacht des 15. Mai 1948 durchgeführt worden waren. Warum standen gerade diese Gebäude noch, hier in Ayn Ghazal und dort in Na'Hasholim? Warum waren sie nicht auch zerstört? War das am Ende eine Referenz, eine Ehrerbietung an die Religion der Eroberten? Oder gab es eine Scheu vor dem Zerstören von Gotteshäusern? Wohl kaum. Eher war das wohl eine interessante Absonderlichkeit, die man sich leisten konnte auszustellen, um der Historie Genüge zu tun und religiöse Toleranz zu demonstrieren. Vielleicht aber auch nur um Geschichten aus Tausendundeiner Nacht zu erzählen. Auffällig wurde mir allerdings bei vielen nachfolgenden Besuchen ehemaliger arabischer Dörfer, dass tatsächlich sehr viele der Gotteshäuser in den ansonsten völlig zerstörten palästinensischen Ortschaften noch stehen, seien es islamische Moscheen oder auch christliche Kirchen.

Neben den Steinquadern und der Moschee konnte ich außer ein paar Spitzbögen mit Mauerresten und größeren Steinhaufen in Ayn Ghazal nicht viel mehr ausmachen. Nach Abu Ziads Aussage war das Dorf im Juli 1948 erobert und die 2.500 Einwohner komplett daraus vertrieben worden. Einige arabische Verteidiger hatten versucht den überlegenen israelischen Angriff abzuwehren. 30 Verteidiger waren dabei umgekommen und mehr als 100 Bewohner des Dorfes waren nach UN-Angaben verschollen[232].

Ich kam nach meinen frühmorgendlichen Exkursionen pünktlich in Haifa an. Flug nahm die Entzollungsdokumente an sich und erklärte, dass er einen Experten beauftragen wolle, um die Sache erst einmal auf Plausibilität zu prüfen. Flug war der Prototyp eines modernen Israelis. Gebildet und weltoffen, sprachgewandt und charmant, der sich selbst als Kosmopolit bezeichnete und ohne Zweifel der israelischen Elite angehörte. Er betrachtete die Terroraktionen der Hamas in Tel Aviv und Jerusalem aus einer sicheren Entfernung von Haifa aus und war auch schon deshalb mit seiner Meinung auf der Seite derer, die sich um einen Frieden bemühten. Haifa galt als ruhige Stadt, in der die Israelis mit den Arabern in guter Nachbarschaft lebten. Allerdings vermischten sich auch hier die beiden Bevölkerungen nicht wirklich im täglichen Leben, und bis auf den Warenaustausch an den Märkten war von einem Zusammenleben nicht zu sprechen. Flug ignorierte das und versicherte mir, dass Haifa die arabische Bevölkerung vorbildlich integriert habe. Tatsächlich besetzten Araber aber keine gehobenen offiziellen Positionen, weder bei der Stadt noch bei den Landesbehörden. Was mir auffiel, war, dass die Müllabfuhr für Araber reserviert schien – immerhin.

Flugs Rechtsanwaltsbüro, in dem von fast allen seinen Angestellten sowohl Deutsch als auch Hebräisch und Englisch gesprochen wurde, lebte zu einem großen Teil von den bilateralen wirtschaftlichen Verbindungen Israels und Deutschlands, und zu seinem Kundenkreis gehörten große deutsche Konzerne und Verbände. Im Laufe der nächsten Jahre sollte ich noch mehr mit ihm zu tun bekommen, als ich das jetzt ahnen konnte.

Es war um die Mittagszeit, als ich das Rechtsanwaltsbüro wieder verließ. Ich war auch deshalb heute Morgen so früh losgefahren und hatte den Termin in Haifa am Vormittag angenommen, weil ich mir vorgenommen hatte, bei genügend Zeit noch einen kleinen Abstecher zu machen. Ich hatte die gut verwahrte und selbst gezeichnete Landkarte von Bassam dabei, dem Teeverkäufer aus Amman, der in

---

232 Ben-Gurion musste später eingestehen, dass lediglich fünf der 417 arabischen Dörfer wirklichen Widerstand gegen Israel leisteten. Internet-Recherche: http://www.henryk-broder.de/html/fr_eussner.html

Galiläa geboren war und dem ich vor zweieinhalb Jahren versprochen hatte, sein Dorf zu suchen, wenn ich einmal in die Nähe seiner Heimat kommen sollte. Außerdem war ich selbst neugierig auf diesen Landstrich, der mir schon mehrmals als außergewöhnlich beschrieben worden war. Heute hatte ich die Zeit, das Wetter war wunderbar, es war Donnerstag und der Beginn des arabischen Wochenendes und so nahm ich den Rückweg nach Jerusalem über Galiläa.

Den Namen des Dorfes Buteima't suchte ich auf der Straßenkarte Israels natürlich vergeblich. Allerdings wies mir die Karte von Bassam, die er gezeichnet hatte, noch weitere alte Dorfnamen in der Gegend aus, die ich jetzt mit den israelischen Namen der Orte verglich, die ich in der angegebenen südöstlichen Richtung entdeckte und die dem 30-km-Radius von Haifa aus entsprachen. Dort gab es einen Ort Daliyya. Der passte zu dem arabischen Dorfnamen Daliyat Al-Rawha, den Bassam aufgeschrieben hatte. Dieses Dorf war damals nicht sehr weit nördlich von Kufr Buteima't entfernt. Ich machte mich also auf den Weg.

Die Fahrt führte mich wieder zurück auf der Schnellstraße 4 bis nach Fureidis. Hier nahm ich die Ausfahrt zum Highway 70 ins Landesinnere. Bald befand ich mich in einer Landschaft, die mich sehr stark an meine eigene Heimat im Wittgensteiner Land erinnerte. Bewaldete Hügel und dazwischen sanfte Täler mit Wiesen und Feldern, die landwirtschaftlich genutzt wurden. Die Natur war gerade jetzt im Frühling aufgeblüht und ich wusste nun, warum dieses Land für die Menschen hier so wertvoll war. Hier wurde es möglich, anders als in den engen Tälern der West-Bank auch großflächige Landwirtschaft zu betreiben, und überall sah ich Maschinen auf den Feldern, die diesen Wirtschaftszweig hier sicherlich sehr lukrativ machten. Wasser gibt es in Galiläa genügend. Der Regen während des Winters fällt hier durch die Nähe zu den libanesischen und syrischen Bergen im Norden, die auf Höhen bis zu 3.000 m ansteigen und an denen die notwendigen Temperaturunterschiede der Luftmassen entstehen, überproportional. Das erklärt, warum dieser Landstrich mit seinem satten Boden bei der geringen geographischen Entfernung zur überwiegend kargen West-Bank so fruchtbar ist.

Stellte ich mir Fichten anstelle der Kiefern auf den Hügeln vor und die Eukalyptus- und Olivenbäume als Ahorn, Eichen oder Buchen, dann blickte ich über ein Land, das mein Zuhause sein konnte. Schlagartig wurde mir bewusst, welcher Verlust für die Palästinenser eingetreten war und warum die ehemaligen Bewohner noch immer so sehr an diesem verlorenen Land hingen. Der UN-Teilungs-beschluss von 1947[233], der dieses Gebiet auch durch geschickte jüdische Beeinflussung der Findungskommission[234] größtenteils den Israelis zugesprochen hatte, konnte keine Zustimmung in der arabischen Bevölkerung finden. Wie konnte auch nur im Entferntesten angenommen werden, dass die arabische Mehrheit hier in diesem Gebiet das alles aufgeben würde? Der damalige Jubel auf der jüdischen Seite war mir jetzt umso verständlicher. Diesem Teilungsplan fehlte dazu eine generelle Aussage, wie das methodisch bewerkstelligt werden sollte. Blieben die arabischen Dörfer und jüdischen Kibbuze jeweils im anderen Teil erhalten? Wie stand es dann mit deren Rechten? Es gab keinen Mechanismus, der beschrieb, wie eine solche Teilung Palästinas praktisch durchzuführen war. Wer immer diesen Teilungsbeschluss verantwortete und rechtfertigte, dem musste klar sein, welche arabische Reaktion er heraufbeschwor. Oder war dies am Ende gar so beabsichtigt? Tatsache bleibt, dass mit 33 zu 13 Stimmen und bei 10 Enthaltungen der erste von zwei Vorschlägen angenommen wurde, der die Gründung zweier unabhängiger, durch eine Wirtschaftsunion verbundener Staaten vorsah, wobei Jerusalem unter internationale Verwaltung gestellt werden sollte[235]. Die Mehrheit der UNO nahm diesen Vorschlag an, ohne jedoch das Selbstbestimmungsrecht der Bevölkerung zu berücksichtigen.

Von den Befürwortern des Plans war starker Druck ausgeübt worden, um die Vereinten Nationen zur Annahme zu bringen. Die meisten Juden akzeptierten den Plan; zu nennen ist hier vor allem die Jewish Agency, die für die Landkäufe verantwortlich war und eine Art Vorgängerregierung Israels darstellte. Unter orientalischen Juden war die Reaktion verhaltener. Die radikalen Nationalisten wie Menachem Begins Irgun oder Jizchak Schamirs Lechi lehnten den Plan rigoros ab – ihnen ging er, man höre und staune, nicht weit genug. Viele Quellen belegen die Freude der jüdischen Bevölkerung Palästinas über die Teilung. Bis zum heutigen Tage wird in israelischen Geschichtsbüchern der 29. November 1947 als wichtigster Tag in Israels Bemühungen um einen eigenen Staat angesehen. Dennoch

---

[233] Siehe Karte: UN-Teilungsplan 1947

[234] Vgl. Fußnote 124

[235] Siehe Index 11 – UN-Resolutionen (181)

wurde von einigen kritisiert, dass die entsprechenden Gebiete keine Kontinuität hinsichtlich jüdischer Staatlichkeit darstellten.

Die arabischen Führer und die arabisch-palästinensische Bevölkerung lehnten den Plan entschieden ab. Neben der generellen Missbilligung eines rein jüdischen Staates geschah dies mit der Begründung, der Plan verletze die Rechte der Mehrheitsbevölkerung in Palästina, da er einem schon 1946 unterbreiteten Plan der Jewish Agency in Palästina gleiche. Sie empfanden die Entscheidung als Betrug. Kritisiert wurden die Menge und die Qualität des Landes, das den Juden zugeteilt wurde.

Es sollte in der weiteren Entwicklung im Nahen Osten leider von da an zur internationalen Routine werden, Pläne zu entwickeln und Entscheidungen zu fällen, die größtenteils die arabischen Interessen zugunsten der jüdischen opfern und damit zwangsläufig jeglicher arabischer Zustimmung entbehren. Die heute propagierte Zweistaatenlösung mit vollständiger Separation war nämlich im Jahr 1947 von vornherein als nicht realisierbar verworfen worden. So ändern sich die Zeiten; nachdem der Kuchen aufgeteilt ist und der eine mittlerweile alles Gute hat und der andere den Rest bekommen soll. Der Westen hat seit dem Ende des ersten Weltkriegs in dieser Region wirklich nichts dazugelernt.

Die Straße 672 führte Richtung Süden bis Ramot Menashe und Daliyya. Ich erreichte den Ort Daliyya und hielt bei einem Landwirtschaftsbetrieb an der Straße an. Ein junger Israeli, den ich nach dem Dorf Buteima't fragte, erklärte in gutem Englisch, er habe diesen Namen noch nie gehört, rief dann aber nach einem arabischen Arbeiter mittleren Alters. Der kam auf mich zu und ich fragte ihn in seiner Sprache: „Salam Aleikum. Ich hoffe, es geht dir gut. Ist dies hier Daliyat Al-Rawha? Ich suche ein Dorf mit Namen Buteima't. Es müsste hier in der Gegend sein." Dabei zeigte ich ihm die handgeschriebene Karte von Bassam.

Er sah verwundert darauf. „Ja, das hier ist Daliyat Al-Rawha. Kufr Buteima't gibt es nicht mehr. Das ist schon lange her. Warum willst du dahin?"

„Ich habe jemanden getroffen, der dort geboren ist, und habe ihm versprochen vorbeizuschauen. Ich möchte sehen, wie es da jetzt aussieht."

„Ich kenne alle Namen und Orte der alten arabischen Dörfer dieser Gegend von meinem Vater. Ich war auch selbst schon da. Es ist alles zerstört.“

„Wie komme ich dahin?“

Er sagte, ich solle geradeaus weiter Richtung Süden fahren bis vor Gal’ed Even Yitzhak. Dort führe ein Weg nach links in die Felder. Etwa nach zwei Kilometern sähe ich einen kleinen Hügel, auf dem das Dorf gelegen habe.

„Gott sei mit dir“, bedankte ich mich bei ihm.

„Aleikum Salam“, gab er zurück.

Ich fuhr also, wie er beschrieben hatte, und nach ein paar Kilometern sah ich vor mir eine Häuseransammlung mit dem Schild Gal’ed Even Yitzhak. Gegenüber einem Wäldchen gab es den erwähnten unbefestigten Weg und ich folgte ihm die angegebene Strecke. Das untrügliche Zeichen des Dorfs erkannte ich sofort. Die Kakteen hielten den Hügel nahezu umringt. Davor war ein verrosteter Zaun aufgestellt, der aber den Zugang zum Hügel nicht wirklich versperrte. Bis auf die Kakteen, hohes Gras und einige Büsche konnte ich von unten nichts erkennen. Ich dachte an den Teeverkäufer und daran, wie er jetzt hier stehen und was er bei diesem Anblick wohl empfinden würde. Ich stieg also über den Zaun und den Hügel hinauf, immer wieder den dichten Kakteen ausweichend. Das Dorf war total geschleift worden. Kaum ein Stein lag noch auf dem anderen. Außer einigen Fundamenten war nichts übrig. Es musste eine Menge Arbeit gemacht haben, die Reste so gründlich zu entfernen. Die Steine waren sicherlich mitgenommen worden. Ansonsten hätten hier sehr viel mehr davon liegen müssen. Ich blickte von oben Richtung Norden, erkannte über den Feldweg hinaus in einiger Entfernung ein ausgetrocknetes Flussbett und erinnerte mich an Bassams Worte, als seine Familie das Dorf verlassen hatte. Da musste die Landstraße entlanggegangen sein, von der er erzählt hatte. Sie waren da unten nach rechts und die anderen Bewohner nach links gezogen. Ich sah auf die Karte und erinnerte mich daran, wie er erzählt hatte, die anderen wollten nach Khubbayza und Umm Al-Shawf, um sich dort zu verteidigen. Da der Weg vorbei an diesen Dörfern für mich der kürzeste zur nächsten Hauptstraße war, beschloss ich, auf der Rückfahrt auch noch danach zu suchen. Als ich schon den Hügel verlassen wollte, fiel mir ein großer Baumstumpf im Gras auf, der verdorrt an ein besseres Leben erinnerte. War das die alte Pinie, auf der Bassam als Junge gesessen hatte? Dann musste sein Haus direkt hier gestanden haben. Und tatsächlich fand ich bei genauerem Betrachten noch Fundamente, große Steine, die halb im Erdreich steckten und vollkommen überwachsen waren. Sogar eine verrostete eiserne Türangel konnte ich entdecken. Sollte das das Haus von Bassam sein? Dann musste ich hier auf dem Dorfplatz stehen, auf dem auch der Brunnen gewesen war. Nach einigem Suchen fand ich eine rostige Stahlplatte auf dem Boden liegen. Sie verdeckte nicht mehr ganz ein Loch, dessen Ränder sich gelöst hatten und zusammenfielen. Das war der Brunnen. Hier hatte Bassam als Kind also die Ziegen getränkt und hier mussten die Bewohner vor den Haganah-Kämpfern gestanden haben, als sie aus dem Dorf gejagt wurden. Ich entdeckte auch den ehemaligen Zugang zum Dorf, auf dem ich jetzt zurück zum Wagen ging, um nicht Gefahr zu laufen, mich an den Kakteen noch zu verletzen. Ich hatte also Buteima't gefunden. Ein siegreiches und bedrückendes Gefühl zugleich. Es war nichts geblieben.

Ich stieg wieder in den Wagen ein und fuhr zurück, nun jedoch geradeaus über die Straße, auf einem Feldweg an Gal'ed vorbei. Der Ort war eigentlich nichts weiter als ein großer Landwirtschaftsbetrieb, der die Bewirtschaftung der angrenzenden Felder und Olivenbäume übernommen hatte. Nur wenige hundert Meter weiter fand ich links die Wegweiser, die mich untrüglich zu den Resten der arabischen Dörfer führten, und ich war mir nach einem Blick auf die Karte von Bassam sicher, das war Khubbayza. Ein relativ gut erhaltener Weg führte durch einen Zugang in einem Wall von Kakteen auf ein größeres Ruinenfeld, wo nur noch weit verstreute Steine an eine Besiedlung erinnerten. Hier also hatten die verbliebenen Flüchtlinge von Kufr Buteima't mit ihren Verteidigern den Kampf um ihre Heimat verloren und waren danach in einem großen Treck Richtung Nablus vertrieben worden.

Ich folgte dem Feldweg und erreichte den Highway 6 nördlich von der israelischen Siedlung Giv'at Nili. Als ich später an Ramot Menashe vorbei wieder auf den Highway 672 zurückkam, hatte ich den Kreis geschlossen. Das alles waren keine Entfernungen, wie ich sie von Deutschland oder gar von Saudi Arabien her kannte. Alles war sehr eng beieinander, unmittelbar miteinander verbunden, und vielleicht auch deshalb war alles so kompliziert. Dieses Land bot tatsächlich nicht sehr viel Spielraum für seine Bewohner, sich aus dem Weg zu gehen, wenn dies notwendig werden sollte. Hier war man gezwungen zusammenzuleben, ob man das wollte oder nicht.

Ich folgte der Straße Richtung Norden und erreichte wieder die Kreuzung, an der ich vorhin abgebogen war. Der schnellste Weg von hier zurück nach Jerusalem führte durch die West-Bank Richtung Jenin und Nablus. Also fuhr ich, bis ich den Highway 66 erreichte, und von da an südöstlich durch ein blühendes Galiläa. Bäume, Büsche, Sträucher und Gräser standen in allen erdenklichen Farben. Links von mir die breite, fruchtbare Jesreel-Ebene mit Feldern, die jetzt im Frühjahr eifrig bearbeitet wurden, und rechts eine teils bewaldete Hügelkette, vor der die Straße entlangführte und wo die Natur regelrecht explodiert war. Zwischen dieser Blütenpracht fielen mir auch wieder die hellgrünen stacheligen Wegweiser auf, die als unbeugsame Zeichen der ehemaligen arabischen Besiedlung weithin sichtbar waren. Ich näherte mich dem Ort Mishmar Ha'emeg. Der Kibbuz, den auch Bassam in seiner Geschichte erwähnt hatte und den er in seine Karte eingetragen hatte. Und so konnte ich durch die Kakteen und die eingetragenen Namen in der selbst gezeichneten Landkarte die Dörfer Abu-Zurayq und Abu-Shusha eindeutig zuordnen, die damals bei dem Kampf um den Kibbuz Mishmar Ha'emeg für die Araber verloren gegangen waren. Es war alles für sie verloren gegangen, es war nichts geblieben, obwohl die Araber doch so erdrückend in der Überzahl gewesen waren, wie noch heute behauptet wird. Wenn diese Überlegenheit wirklich so groß war, warum war dann alles verloren gegangen? Oder sah die Wahrheit tatsächlich ganz anders aus? Die einzigen Zeugen, die von damals hier noch standen, waren die Kakteen; sie waren zwar besiegt worden, aber, tief und fest verankert, einfach wieder aufgestanden. Wenn sie uns nur die Wahrheit erzählen könnten.

Wann und wo ich auch immer in den folgenden Jahren durch Israel fuhr, fielen mir diese hellgrünen, großblättrigen Kakteen auf, nicht nur in Galiläa. Wer durch das schöne Land Israel fährt, sollte seine Augen weit aufmachen.

Nach den Forschungen des israelischen Historikers Ilan Pappe müssen die Bekämpfung der Wohnorte sowie auch Massaker, wie die von Deir Yassin oder Al-Tantura, als Teil eines systematischen, gegen die Palästinenser gerichteten Planes (Deckname „Dalet“) der israelischen Führung um Ben-Gurion zur ethnischen Säuberung gesehen werden. Dazu gehörten umfassende Einschüchterung, zwangsweise

Vertreibung, Belagerung und Bombardierung der Dörfer und der Bevölkerungszentren, Inbrandsetzung von Häusern und schließlich Verminung der Ruinen, um die Rückkehr der Bewohner zu verhindern.

Mein Weg führte mich nach nur wenigen weiteren Kilometern von Mishmar Ha'emeg aus direkt vorbei am prähistorischen Siedlungsort Megiddo. Ich hielt an und aus meinem Reiseführer entnahm ich, dass der Ort in der Antike so oft zerstört wurde, dass der Stadtstaat als Armageddon[236] in der Offenbarung des Johannes zum Inbegriff der letzten Schlacht zwischen Gut und Böse wurde. Sollte diese Prophezeiung zutreffen, dann war die Schlacht also noch gar nicht geschlagen, denn Gut und Böse, wer wollte das bezweifeln, gibt es ja bis heute. Wer die Gegner in dieser Schlacht sind, das konnte ich mir allerdings schon heute gut vorstellen; jedoch, wer ist der Gute und wer ist der Böse? Und wer bestimmt, wer gut und wer böse ist? Ich blickte über die Jesreel-Ebene auf das künftige Schlachtfeld von Armageddon. Wurde sie nur hier geschlagen oder dehnte sich die blutige Wallstatt mittlerweile schon auf die ganze Welt aus und hatte nicht der Kampf im Grunde genommen schon begonnen? Auch der Koran spricht von einer finalen Schlacht zwischen Gut und Böse, natürlich mit dem Sieg des Guten, eben des Islam. Wie sehr hat die Existenz dieses kleinen jüdischen Staates, auf dessen Grund und Boden ich jetzt stand, mit seiner zionistischen Ideologie und der daraus entstandene Konflikt des Westens mit dem Islam, der sich vollständig auf die Seite Israels geschlagen hat und sich aus einer moralischen Verantwortung und einem strategischen Bedürfnis heraus definiert, wie sehr haben diese Tatsachen die Welt verändert und an den Rand einer solchen Konfrontation gedrängt? Einer radikalen zionistischen Ideologie folgte als Reaktion die Radikalisierung des Islam. Genau hier, wo ich stand, unter der herrlichen Sonne Israels, der fruchtbaren Perle in einer sonst trostlosen und menschenfeindlichen Wüstengegend, da steckt der eiternde Stachel dieser Radikalisierung, der die Welt mehr denn je in Atem hält und der sich immer weiter entzündet und ausbreitet. Und auch nur genau hier an dieser Stelle kann dieser Stachel wieder gezogen und die Wunde geheilt werden. Wer letztendlich die Schlacht um Armageddon gewinnt, ist nämlich bei weitem noch nicht entschieden und die Kriegsscharen sehen ganz anders aus, als noch in unserer Vorstellung verankert.

[236] Har Megiddo = Berg von Megiddo

Diese Schlacht findet nicht mehr mit Armeen, Panzern und Kanonen statt und hat auch keine Frontlinien. Mit militärischen Mitteln kann sie nicht gewonnen werden. Es wird höchste Zeit, dass wir das erkennen.

Wieder zurück in Jerusalem bekamen wir einige Tage später einen Anruf von Flug. Musa hatte betrogen, und zwar in großem Stil. Nicht nur, dass es um einen beträchtlichen Geldbetrag ging, sondern er hatte auch noch drei leere Kaufcontainer verschwinden lassen, die er wahrscheinlich mit einem arabischen Kumpan aus Bethlehem verkaufen wollte. Die Schule eröffnete, nach Rücksprache mit dem Träger, ein Verfahren gegen Musa. Wir sollten uns also vor Gericht wieder sehen und Zughair bat mich, mich persönlich darum kümmern. Er setzte Musas Kumpan aus Bethlehem so unter Druck, dass der nach kurzer Zeit die drei Container zurückgab und an die Schule brachte. Immerhin ein Wert von 10.000 Dollar. Eine Anklage gegen ihn hätte keinerlei Aussicht auf Erfolg gehabt, da die West-Bank der zivilen israelischen Gerichtsbarkeit nicht unterworfen ist. Die palästinensischen Gebiete waren und sind bis heute rechtliches Niemandsland. Ein Vakuum, in dem sich die palästinensische Bevölkerung, umso erstaunlicher, selbst nach ihren alten Traditionen organisiert. Ein System, bei dem Streitigkeiten in direktem Vergleich, Auge in Auge, von geachteten Notabeln der Gesellschaft geschlichtet werden. Zughair war eine solche Person.

Er war im Zusammenhang mit einer Nahostkonferenz über regionale Zusammenarbeit in der Berufsbildung im Sommer nach Deutschland eingeladen worden. Als einer von zwei offiziellen Delegierten aus Palästina freute er sich auf diese Reise, die ihn auch endlich einmal, wenigstens für kurze Zeit, aus seinem problembehafteten Dasein herausführen sollte. Ich bot mich an, ihn bei seinem baldigen Besuch in Deutschland zu begleiten und ihm mein Heimatland zu zeigen.

Da bis zu meiner Abreise in die Heimat nicht mehr allzu viel Zeit war, musste in jedem Fall noch unser Rechtsstreit auf den Weg gebracht werden. Zur Unterzeichnung eines Vertrages musste ich also noch einmal zu Rechtsanwalt Flug nach Haifa. Simon Flug war nicht nur linker Kosmopolit, sondern gleichzeitig auch überzeugter israelischer Staatsbürger. Er hatte wie alle ordentlichen Israelis seinen Militärdienst abgeleistet und während des Jom-Kippur-Kriegs 1973[237] sein Land als Hauptmann einer Kanonenstellung auf dem Golan verteidigt. Er war als Reserveoffizier in Bereitschaft am Tag nach Ausbruch des Krieges zu seiner Einheit gestoßen. Er erzählte mir, wie sie in ihrer Stellung die vorrückenden syrischen Panzerverbände schon nahe vor sich gesehen hatten und dachten, ihre letzte Stunde habe geschlagen. Sie hatten schon geglaubt, alles sei verloren. Dass am Ende auch dieser Krieg gewonnen wurde, war ein Zeichen, wie sehr sich der Westen mittlerweile auf die Seite Israels geschlagen hatte. Seit dem unbegreiflichen und grandiosen Sieg der Israelis im Sechs-Tage-Krieg 1967[238] war der kleine wehrhafte Staat mit seinem unbeugsamen Willen und seinem ungeheuren militärischen Potential zu einem hochgerüsteten Riesen in Nahost und damit auch zu einem sehr interessanten strategischen Objekt für die USA aufgestiegen, wenn es darum ging, den Brückenschluss vom Mittelmeer zu den reichen Ölfeldern der arabischen Halbinsel zu sichern. Bis 1967 hatte Amerika nämlich kein übertriebenes Interesse an Israel gezeigt. Seit 1968 allerdings begannen vor allem die USA, aber auch andere Staaten des Westens, Israel mit modernsten Waffen zu beliefern und enorme Hilfsleistungen zur Verfügung zu stellen.

Was war passiert?

Die Geschichte Israels liest sich seit der Gründung des Staates wie ein andauernder Kriegsbericht, gelegentlich unterbrochen von unterschiedlich langen Erholungsphasen für die Israelis und ihre Gegner. Nachdem die Zionisten Ende 1949 mehr als 700.000 Palästinenser aus ihrem Heimatland vertrieben hatten und nicht nur das nach dem UN-Teilungsplan vorgesehene Gebiet gehalten, sondern weitere Geländegewinne erzielt hatten, vor allem im nördlichen Negev und um Akko in Galiläa, war auch die israelische Spitze davon überzeugt, dass dies nicht das Ende der Konfrontation gewesen sein konnte. Das schlechte Gewissen darüber, was sie angerichtet hatten, offenbarte sich bei Ben-Gurion, als er sagte: „Warum sollten die Araber Frieden schließen? Wäre ich ein arabischer Führer, würde ich niemals mit Israel verhandeln. Das ist ganz natürlich: Wir haben deren Land genommen. Sicher, Gott hat es uns versprochen, aber was geht die das an? Unser Gott ist nicht deren Gott. Wir stammen aus Israel, aber das ist 2.000 Jahre her, und was interessiert die das? Es gab

---

237 Siehe Index 17 – Jom-Kippur-Krieg

238 Siehe Index 3 – Sechs-Tage-Krieg

Antisemitismus, die Nazis, Auschwitz, aber war das deren Schuld? Das Einzige, was die sehen, ist: Wir kamen her und stahlen ihr Land. Warum sollten die das akzeptieren?"[239]

Den Arabern war schon früh klar geworden, was tatsächlich hinter diesem Staat und seiner Ideologie steckte. Am 23. Mai 1948, nur zwei Wochen nach Kriegsbeginn, und das im Angesicht der arabischen „Übermacht", erklärte Ben-Gurion, wohl wissend über das Kräfteverhältnis: „Wenn wir die Kräfte der Arabischen Legion gebrochen und Amman bombardiert haben, liquidieren wir Transjordanien und dann wird Syrien fallen. Und falls Ägypten wagt, den Krieg gegen uns noch fortzusetzen, bombardieren wir Port Said, Alexandria und Kairo. So werden wir den Krieg beenden und die Rechnung unserer Vorväter mit Ägypten, Assyrien und Aram begleichen."[240]

Wie zynisch musste da nach all dem Kriegsgeschrei, den Landgewinnen und Vertreibungen und dem gleichzeitigen Zustrom von etwa 200.000 jüdischen Einwanderern nach Israel das Friedensangebot in der israelischen Unabhängigkeitserklärung in den Ohren der arabischen Nachbarn klingen: „Wir bieten allen unseren Nachbarstaaten und ihren Völkern die Hand zum Frieden und guter Nachbarschaft und rufen zur Zusammenarbeit und gegenseitigen Hilfe mit dem selbständigen jüdischen Volk in seiner Heimat auf. Der Staat Israel ist bereit, seinen Beitrag bei gemeinsamen Bemühungen um den Fortschritt des gesamten Nahen Ostens zu leisten."

Kriegsentscheidend waren neben dem merklichen personellen und technischen Übergewicht der israelischen Streitkräfte vor allem die bessere Ausbildung und die massive Unterstützung der israelischen Truppen mit Militärhilfe aus dem Ausland. Hinzu kamen organisatorische Mängel der arabischen Truppen, die nur dem Namen nach über ein einheitliches Oberkommando verfügten, und die schlechte Kampfmoral der einfachen Soldaten auf arabischer Seite. Die meisten arabischen Soldaten kannten nur den Polizeidienst im eigenen Land, während die israelischen Soldaten zum größten Teil über Erfahrungen als aktive Soldaten in der britischen oder der US-Armee aus dem Zweiten Weltkrieg verfügten oder als Partisanen gegen

---

[239] Vgl. auch Bibliographie: Nahum Goldmann, *Das jüdische Paradox - Zionismus und Judentum nach Hitler*

[240] Aus David Ben-Gurion, *Der streitbare Prophet*, Hamburg 1968, S. 159ff

Deutschland gekämpft hatten. Die israelische Führung war sich dessen bewusst – der Sieg konnte nur der ihre sein.

Nach dem Ende der Kampfhandlungen im Januar 1949 wurden mit den meisten arabischen Staaten Waffenstillstandsabkommen geschlossen. Diese waren auf diesen Kampf nicht vorbereitet gewesen, weder materiell noch ideologisch. Der Zermürbungsprozess eines Krieges war bei ihnen schnell eingetreten. Ein Staat Palästina wurde auf den verbleibenden Flächen im Westjordanland und dem Gazastreifen nicht gegründet. Die Gebiete wurden durch Jordanien beziehungsweise Ägypten besetzt: Das vormalige Transjordanien annektierte das Westjordanland und nannte sich von nun an Königreich Jordanien. Die Umstände dessen mit dem Geheimabkommen von Ben-Gurion und Abdullah I. sind uns bereits bekannt. Diese Annexion wurde aber nie international anerkannt. Der Gazastreifen kam unter ägyptische Besatzung, wurde aber, anders als das Westjordanland, nicht annektiert.

In Folge des Krieges kam es im Jemen, Ägypten, Marokko, Libanon, Syrien und im Irak zu antijüdischen Pogromen und Vertreibungen. Der Zuzug von Juden aus diesen Ländern nach Israel betrug in der Folgezeit fast 600.000. Mit den 200.000 Juden aus Europa und Amerika wurde der enorme Verlust an Menschenmasse, der durch die Vertreibung der Palästinenser entstanden war, mehr als ausgeglichen und die Bearbeitung und zusätzlich die Verteidigung des Landes sichergestellt.

Was nun jedoch in viel größerem Maße als bisher einsetzte, war ein arabischer Nationalismus, der nach dieser schmachvollen Niederlage auch panarabischen Charakter hatte. Panarabismus hatte es zwar immer schon gegeben, jedoch führte gerade der verlorene Krieg und der nun einsetzende antiisraelische Kurs Millionen von Arabern in die Arme der Propheten eines arabischen Zusammengehörigkeitsgefühls; eines Zusammenschlusses und einer Vereinheitlichung aller arabischer Staaten zu einem gemeinsamen Nationalstaat. Der zionistisch-israelische Nationalismus hatte den panarabischen angeheizt. Dramatische Auswirkungen zeigten sich besonders in Ägypten, wo 1952 der mit den europäischen Mächten kooperierende König Faruk I. von Offizieren der ägyptischen Armee gestürzt und die Republik Ägypten ausgerufen wurde. Der Streit um die wirtschaftliche Nutzung des Suezkanals und die bis dahin freie Durchfahrt einer immer weiter anwachsenden Ölflotte, die von Großbritannien am Kanal militärisch abgesichert wurde, ließ einen Konflikt zwischen Frankreich und Großbritannien auf der einen und Ägypten auf der anderen Seite entstehen. Als 1954 Großbritannien sich verpflichtete, seine Truppen innerhalb von 20 Monaten abzuziehen, entspannte sich die Situation kurzfristig. Nach dem britischen Abzug im Juni 1956 verstaatlichte der inzwischen an die Macht gelangte Gamal Abdel Nasser, der ein sozialistisch geprägtes Programm zur Beseitigung der Massenarmut in Ägypten aufgelegt hatte und Finanzmittel für den Bau des Assuan-Staudamms benötigte, den Suezkanal. Die Weltbank hatte Nasser nach dessen Annäherung an die Ostblockstaaten sämtliche Kredite gestrichen. Zwar entschädigte er die Anteilseigner des Suezkanals, trotzdem wurden sie um den Besitz einer sehr wichtigen Handelsroute gebracht. Nur Indien und die UdSSR stimmten dieser Nationalisierung zu. Israelischen Schiffen wurde die Durchfahrt verweigert und der Golf von Akaba blockiert. Frankreich, stark beschäftigt mit dem Erhalt seiner Kolonien im Maghreb, erkannte in Ägypten den Hauptdrahtzieher von Waffenlieferungen nach Algerien an die dortigen Freiheitskämpfer, und Großbritannien sah sich seiner strategischen Vormachtstellung im Nahen Osten beraubt. Israel, Großbritannien und Frankreich verband somit das Ziel, den „Mussolini vom Nil“ zu stürzen. Die geheime, gemeinschaftlich im Oktober 1956 geplante „Operation Musketier“ sollte nach einer Invasion der Israelis die Großmächte Frankreich und Großbritannien als „Friedensbewahrer“ auf den Plan rufen und deren Intervention mit der Stationierung von Truppen am Kanal sanktionieren. Israel sollte den Gazastreifen und Scharm El-Scheich bekommen.

Die drei Kumpane hatten jedoch den Deal ohne die Großmächte UdSSR und USA gemacht und wurden, nach der wie geplant und erfolgreich verlaufenen Militäroperation, von den Vereinten Nationen im November 1956 zum Waffenstillstand und Rückzug gezwungen. Besonders die USA waren an einer Ausweitung des Konflikts durch die Drohung der UdSSR, Ägypten militärisch zu unterstützen, nicht interessiert und drohten Großbritannien sogar mit der Veräußerung von Reserven an britischer Währung, was deren Kurs hätte einbrechen lassen. Den USA war mehr an guten Beziehungen zu Staaten der Dritten Welt, sprich den Erdölstaaten, gelegen als an englisch-französisch-israelischen Macht- und Wirtschaftsinteressen. Der Verlust der britischen Weltmachtstellung verfestigte sich – es war der letzte Versuch der alten Weltmacht, ohne Zusammenarbeit mit der neuen Weltmacht USA ihre Interessen durchzusetzen – und der Widerstand der Staaten der Dritten Welt wuchs in der Art, dass in den nächsten Jahren auch die restlichen britischen und französischen Kolonien auf dem Weg über die Dekolonisation ihre Unabhängigkeit anstrebten. Zunehmend schaltete sich jetzt auch noch die UdSSR in den Nahostkonflikt ein und unterstützte Ägypten militärisch und wirtschaftlich. Neben dieser weit reichenden Niederlage Großbritanniens und Frankreichs hatte auch Israel seine Ziele nicht erreicht und musste sich schweren Herzens auf Druck der USA aus den eroberten Gebieten zurückziehen. Ein erster, viel versprechender Versuch der weiteren Landnahme nach der Staatsgründung war gescheitert. Es sollte jedoch nicht der letzte bleiben. Vorerst wurden auf der Sinai-Halbinsel und im Gazastreifen UN-Truppen (UNEF) stationiert.

Der politische Sieger der Suezkrise von 1956 war trotz der militärischen Niederlage Ägypten in der Person von Gamal Abdel Nasser. Die Krise stärkte massiv seine Position in der arabischen Welt. Der arabische Nationalismus erhielt neue Nahrung. Höhepunkt war 1958 der Zusammenschluss von Ägypten und Syrien zur Vereinigten Arabischen Republik. Nasser wurde ihr Staatspräsident und dieser Schritt sollte nur der erste zur Schaffung eines vereinigten arabischen Großstaates sein. Fast wäre es in der Folge zur Vereinigung von Jordanien und dem Irak gekommen und nur durch den Einsatz von US-Luftstreitkräften in Jordanien wurde eine ähnliche Entwicklung verhindert. Durch die Einnahmen aus dem verstaatlichten Suezkanal trieb Nasser 1960 den Bau des Assuan-Staudamms voran und förderte die ägyptische Jugend, unter anderem indem er ihr freie Bildung ermöglichte. Ebenso führte er das Frauenwahlrecht und die kostenlose medizinische Versorgung ein. Popularität verschaffte ihm zudem die Zuteilung von Land an Kleinbauern. Seine sozialistischen und säkularen Errungenschaften hatten jedoch nicht nur Befürworter, was der fehlgeschlagene Anschlag der Muslimbruderschaft schon 1954 beweist. Die harte Gangart gegen die religiösen Eiferer verschärfte den Konflikt zwischen Nasser und den Islamisten, die sich fortan im Untergrund hielten. Das staatliche Gebilde zerbrach, als sich 1961 Syrien von der Union lossagte. Die Ägypter hatten alle in Syrien tätigen Firmen und Banken verstaatlicht und Kairo zur Hauptstadt bestimmt. Fast die gesamte Regierung bestand aus Ägyptern. In Syrien fühlte man sich betrogen und hintergangen. Am 27. September 1961 putschte die Armee in Syrien und erklärte die Union am Tage darauf für aufgelöst. Nasser hielt jedoch am panarabischen

Gedanken weiterhin fest und beeinflusste viele arabische Nationalisten wie Muammar Al-Gaddafi aus Libyen, Saddam Hussein aus dem Irak oder Hafez Al-Assad aus Syrien. Auf Nassers Initiative wurde 1964 die PLO mit Ahmed Shuqairi, einem Freund Nassers, als Vorsitzenden in Alexandria gegründet. Unter dem Vorsitz Shuqairis war die PLO de facto ein Werkzeug ägyptischer Politik. In den in Flüchtlingslagern lebenden jungen Palästinensern sah Nasser ein politisches und militärisches Potential, das er für sich zu nutzen gedachte. Die rigorose Ablehnung des Staates Israel, die Versuche Syriens, das Jordanwasser umzuleiten, und die wachsenden Zusammenstöße und Zwischenfälle an den Grenzen Israels zu Syrien, Jordanien und Gaza, die übrigens in beide Richtungen verliefen, verschärften in den Folgejahren den Konflikt. Zur bis dahin schwersten Auseinandersetzung kam es am 7. April 1967, als die Israelis sechs syrische MIG-Kampfflugzeuge abschossen. Syrien hatte mit der Sowjetunion enge Beziehungen aufgebaut und war von da mit Waffen versorgt worden. Im Gegenzug war Frankreich in den Fünfziger- und Sechzigerjahren der bedeutendste Waffenlieferant der israelischen Armee gewesen. Auch für die USA wurde Israel immer interessanter. Die Hilfslieferungen finanzieller, materieller, aber auch diplomatischer Art nahmen beträchtlich zu. Der Kalte Krieg zwischen den Blöcken erforderte einen Stützpunkt der USA im Nahen Osten, wo sich der Einfluss der UdSSR auf die arabischen Staaten immer weiter auszudehnen drohte. Israel nahm diese Situation dankend an und vermehrte sein Militärpotential beträchtlich. Der Krieg war nur noch eine Frage der Zeit.

[241]Am 13. Mai 1967 warnte der Kreml die Regierungen in Damaskus und Kairo, Israel bereite für den 17. Mai einen Angriff gegen Syrien vor. Bis heute ist unklar, was die Sowjets mit dieser nachweislich falschen Information beabsichtigten. Wollten sie Gamal Abdel Nasser dazu bringen, seinen Beistandspakt mit Syrien zu aktivieren? Wollten sie ihren Einfluss im Nahen Osten auf Kosten der USA, die in Vietnam engagiert waren, ausweiten, womöglich mit dem Ziel, Israel zu zerstören? Klar war, dass die Sowjets seit Mitte Mai aktiv an dieser Krise beteiligt waren, allerdings auf keinen Fall direkt in den Krieg hineingezogen werden und es vor allen Dingen nicht zu einer direkten Konfrontation mit den USA kommen lassen wollten. Was von den Sowjets angestoßen worden war, erhielt in den folgenden

---

[241] Die nächsten vier Absätze sind entnommen aus: *Aus Politik und Zeitgeschichte* (APuZ 19/2007) von Rolf Steininger

Tagen durch Entscheidungen Nassers eine Dynamik, die in den Krieg führte. Am 14. Mai versetzte Nasser seine Streitkräfte in Alarmbereitschaft, am 16. Mai stand die Armee seit sechs Uhr früh in höchster Bereitschaft. Gleichzeitig wurden in Ägypten Truppenbewegungen Richtung Suezkanal beobachtet. Am selben Tag forderte Nasser UN-Generalsekretär U Thant auf, die seit 1957 auf der Sinai-Halbinsel und im Gazastreifen stationierten UN-Truppen abzuziehen.

Gut informierte Kollegen in Kairo berichteten dem österreichischen Botschafter Gordian Gudenus, dass „Nasser die Spannung den Arabern, den Großmächten, der UNO und, last not least, Israel gegenüber dramatisieren will, aber keinen ernsten Waffengang wünscht."

Als U Thant auf Nassers Forderung einging und den Befehl zum Abzug der UN-Truppen gab, ging Nasser einen Schritt weiter und verkündete am 22. Mai die Blockade der Meerenge von Tiran für israelische Schiffe sowie für Schiffe anderer Staaten, die militärische Fracht für Israel an Bord führten. Ägyptische Truppen wurden in den Sinai verlegt.

Für Israel war die Blockade der Meerenge der Casus Belli. Das war seit 1957 bekannt. Es kam zu entsprechenden Reaktionen: Demonstrative Kriegsvorbereitungen, Räumung von Zivilkrankenhäusern, Bereitmachung der Luftschutzräume und der unterirdischen Operationsräume. Am 28. Mai stellte Nasser auf einer Pressekonferenz klar, dass es bei der Krise „nicht um Fragen wie den Golf von Akaba und den Rückzug der UNEF, sondern um ein viel größeres Problem, nämlich die Aggression gegen das Volk von Palästina und die dauernden Bedrohungen gegen das arabische Volk" gehe. Und dann wiederholte er, dass die Gründung des Staates Israel „die erste Aggression gegen die Araber" gewesen sei. Was wollte Nasser wirklich? Wollte er die Krise dazu nutzen, eine stärkere Verhandlungsposition gegenüber Israel zu erreichen, ging es ihm um Prestigegewinn in der arabischen Welt? Bei Abwägung aller verfügbaren Informationen, auch seiner Kollegen in Kairo, meinte der österreichische Botschafter: „Es gilt weiterhin, dass man die letzten Ziele Nassers nicht kennt und auch, dass ihm beim Spiel mit Zündhölzern ein Fehlgriff unterlaufen könnte."

Auf dieses Zündeln hatten die Israelis im Grunde genommen nur gewartet. Es gab ihnen endlich die Rechtfertigung zur Eroberung der begehrten Gebiete, die ihnen 1956 noch versagt geblieben waren. Trotz der Warnung, dass die USA im Ernstfall nicht zur Seite stehen würden, begannen die Israelis am 5. Juni mit einem Angriff der Luftwaffe auf ägyptische Luftwaffenbasen; von Israel offiziell als Präventivschlag verkauft, der einem eventuellen Angriff der arabischen Staaten zuvorkommen sollte. Tatsächlich hatte Israel aus Kalkül und gegen alle Weisungen der Welt, im Bewusstsein seiner absoluten militärischen Überlegenheit, den ersten Stein geworfen, trotz der Tatsache, dass Charles de Gaulle am 2. Juni sogar ein Waffenembargo über Israel verhängt hatte. Die Israelis wussten genau, dass sie nicht wirklich bedroht waren. Jizchak Rabin, der im Sechs-Tage-Krieg Stabschef der israelischen Streitkräfte war, antwortete nach dem Krieg auf die Frage, ob vom ägyptischen Aufmarsch wirklich eine Bedrohung für Israel ausgegangen sei: „Ich glaube nicht, dass Nasser einen Krieg wollte. Die zwei Divisionen, die er am 15. Mai in den Sinai schickte, hätten nicht ausgereicht, um eine Offensive gegen Israel auszulösen. Er wusste es, und wir wussten es."[242]

Die israelischen Militärs sahen sich also gar nicht ernsthaft in Gefahr und die drei Großmächte USA, Frankreich und Großbritannien waren der gleichen Meinung. Die militärischen Analytiker der drei Nationen waren sich nur darin uneinig, ob Israel eine oder zwei Wochen brauchen würde, die arabischen Armeen zu besiegen. Gründe für diese Einschätzung waren die hohe Professionalität der israelischen Streitkräfte, ihre Ausrüstung mit modernsten Waffen und ihre höhere Kampferfahrung. Im Gegensatz dazu waren notwendige Reformen der arabischen Streitkräfte ausgeblieben. Unzureichend ausgebildete und schlecht behandelte ägyptische Soldaten und eine syrische Armee, die nach vielen Militärputschen durch die politischen Ambitionen einzelner Offiziere mehr ein Mittel zur Erlangung politischer Macht als eine kriegsfähige Streitmacht war, standen einer zu allem entschlossenen und modern operierenden israelischen Armee mit selbstbewussten, flexibel und verantwortlich operierenden Kampfeinheiten gegenüber. Der Unterschied war frappierend.

---

242 Internet-Recherche: http://www.arendt-art.de/deutsch/lewan_kenneth_zionistische_idelogie_israel_usa_deutschland.htm

Die Furcht der israelischen Bevölkerung vor dem Kriegseintritt Ägyptens, dessen Armee zahlenmäßig der israelischen Armee weit überlegen war, kam den Militärs entgegen – sie jedoch wussten genau, dass es ihre Streitkräfte nicht nur mit den ägyptischen leicht aufnehmen konnten. Trotzdem sandten Israels führende Kräfte alarmierende Berichte nach Washington, um Sympathie und Unterstützung für einen Angriff zu gewinnen. Die typisch martialische Überschätzung in der arabischen Propaganda tat ein Übriges, um den Weg für den Präventivschlag zu ebnen, und US-Präsident Johnson gab den Israelis am Ende „gelbes Licht" für einen Angriff[243], obwohl sie offiziell versuchten, den Ausbruch des Krieges zu verhindern. Israel ging sogar das Wagnis einer übergreifenden Eskalation der Supermächte ein. „Eretz Israel" war ihnen das wert.

Wie groß die Überlegenheit tatsächlich war, zeigt sich daran, dass bereits am 11. Juni der letzte Waffenstillstand unterzeichnet wurde. Der Krieg gegen Ägypten, Syrien und Jordanien war nach nur sechs Tagen schon wieder vorbei, noch schneller als vermutet, und brachte Israel endlich die begehrten Landgewinne inklusive Ost-Jerusalem.

Welcher Gegner ihnen schon zum wiederholten Mal gegenüberstand, zeigt sich an den Verlusten, die die Israelis mit knapp 800 Toten und 2.500 Verwundeten[244] beziffern, die arabischen Streitkräfte insgesamt auf 21.000 Tote und 45.000 Verwundete. Die totale israelische Lufthoheit forderte ihre Opfer. Flüchtende ägyptische Soldaten ließen ihre Militärstiefel im Sand liegen, die sie so sehr behinderten, dass sie nicht schnell genug davonlaufen konnten, und der Kommandeur der jordanischen Streitkräfte hatte nach persönlicher Aussage von Hamid Zughair bei der Flucht aus Ost-Jerusalem nichts anderes im Kopf, als seine Ziegenherden zu retten.

Nachdem Israel die West-Bank, den Gazastreifen, die Golanhöhen, die Sinai-Halbinsel und Ost-Jerusalem erobert hatte, konnte selbst die Forderung der UNO[245], die den zionistischen Expansions-

---

243 Vgl. auch Bibliographie: John Mearsheimer und Stephen Walt, *Die Israel-Lobby*

244 Die meisten Verluste erlitten die israelischen Streitkräfte bei der Eroberung der westlichen Steilstufe des Golan und der Altstadt von Jerusalem, da sie dort auf den Einsatz schwerer Waffen verzichteten, um die historischen Gebäude zu schonen, und sich auf einen Häuserkampf einließen.

245 Siehe Index 11 – UN-Resolutionen (242)

drang richtig einschätzte, die besetzten Gebiete umgehend wieder zu räumen, keinen Schrecken mehr auslösen. Im Gegenteil, im Bewusstsein der eigenen Stärke und der Stärke der jüdischen Propaganda[246] begann man schon bald mit dem intensiven Ausbau von staatlich geförderten Wehrdörfern und Siedlungen in diesen Gebieten. Der Traum von Groß-Israel ging nun also für die Zionisten endlich in die nächste Phase. Der Verteidigungsminister Moshe Dajan, der großen Anteil am Erfolg des Sechs-Tage-Kriegs hatte, sagte: „Während der letzten 100 Jahre befand sich unser Volk in einem Prozess, das Land aufzubauen, die Nation aufzubauen, zu expandieren und weitere Juden herzuholen und weitere Siedlungen zu bauen, um die Grenzen hier auszuweiten. Kein Jude soll sagen, dass dieser Prozess abgeschlossen sei. Kein Jude soll sagen, dass wir am Ende der Straße angelangt sind.“[247]

Kurz nach dem Krieg entstanden die ersten beiden israelischen Siedlungen auf den Golanhöhen und im Westjordanland. Ost-Jerusalem wurde auf die West-Bank ausgedehnt und viele arabische Bewohner der Altstadt aus ihren Häusern vertrieben. Diese „Zwangsenteignung“ arabischen Bodens in den eroberten Gebieten einschließlich Ost-Jerusalem folgte von Anfang an dem gleichen Muster, das auch heute noch verfolgt wird: Der Bau der Siedlungen wird oftmals ohne Genehmigung der Regierung begonnen, also illegal, illegal selbst nach israelischem Recht; später erfolgt die stille Approbation und dann wird daraus ein ganzes Siedlungsprogramm. Dass die Besiedlung der eroberten Gebiete gegen jedes internationale Recht geschicht und die Resolutionen der UNO mit ungehöriger und arroganter Verachtung ignoriert wurden, hat sich bis heute verselbständigt und ist zu einem Bestandteil der aggressiven Siedlungspolitik Israels geworden. Schon 1969 war eines der wesentlichen Ziele der israelischen Politik unter Golda Meïr die „beschleunigte Errichtung militärischer sowie dauerhafter landwirtschaftlicher und urbaner Siedlungen auf dem Territorium des Heimatlandes.“[248]

Das Heimatland beschrieb dann Moshe Dajan als das Land von den Golanhöhen im Norden bis zum südlichsten Teil des Sinai: Isra-

---

[246] Der Präventivschlag wurde nachträglich vom Sicherheitsrat der Vereinten Nationen legitimiert.

[247] Interview in der Zeitung *Ma'ariv* am 7. Juli 1968

[248] Vgl. auch Bibliographie: Noam Chomsky, *Offene Wunde Nahost*

els mythisches Land Ophir.[249] Es war also vollbracht, nur 18 Jahre nach der Staatsgründung. Die Zionisten hatten Groß-Israel geschaffen. Dass dies damals von der internationalen Gemeinschaft noch nicht akzeptiert war, interessierte weniger; die Zeit würde dafür sorgen. Man musste nur genügend Fakten schaffen und sich selbst dem Westen zum richtigen Zeitpunkt als unverzichtbar erklären.

Bei den arabischen Menschen, die dem „Nasserismus" nachhingen, rief der demoralisierende Krieg zuerst eine innere Desorientierung hervor. Als Trotzreaktion vieler setzte eine neue Welle des panarabischen Nationalismus ein und Gamal Abdel Nasser, sein Prophet, wurde das Idol der gesamten arabischen Welt. Gleichzeitig aber begann der islamische Fundamentalismus die Desorientierung vieler anderer auszunutzen. Das palästinensische Volk, von dem weitere 250.000 nach Jordanien flüchteten und das seiner politischen Identität beraubt worden war, sah zum einen seine Rettung in einer gesamtarabischen Einheit, zum anderen jedoch wurde durch die verheerende Niederlage der arabischen Armeen den Palästinensern ihre seit zwanzig Jahren bestehende Hoffnung auf die Hilfe der arabischen Nachbarländer nicht erfüllt. Im Bewusstsein des ständigen Kriegszustands und neuen Elends durch die Besatzung anstelle von Freiheit und Selbstbestimmung verweigerte sich die PLO dem Kalkül der ägyptischen Interessenpolitik Nassers und anderer aufstrebender arabischer Machthaber. Sie nahm den Widerstand gegen Israel selbst in die Hand und konzentrierte sich dabei auf Jordanien.

Kurz nach der Niederlage im Sechs-Tage-Krieg verlor Shuqairi an Einfluss und musste die PLO-Führung an den Anwalt Hammudi abgeben. 1968 kam es nach einem Terroranschlag auf einen mit israelischen Kindern besetzten Bus zur Schlacht von Karame[250],

---

249 Vgl. Gen. 10

250 Nach dem Krieg kam es zu etlichen Anschlägen der noch unbedeutenden Fatah in Israel. Sie operierte dabei hauptsächlich von Jordanien aus, ohne dass König Hussein I. dagegen einschritt. Jassir Arafat errichtete das Hauptquartier der Fatah in Karame.
Als Reaktion auf ein Attentat der Fatah auf einen mit israelischen Kindern besetzten Bus griff Israel mit Bodentruppen deren Hauptquartier an. Die Tzahal-Einheiten konnten zwar ihr Primärziel, die Vernichtung des Fatah-Hauptquartiers, nicht erreichen, fügten dem Gegner aber erhebliche Schäden zu. Obwohl die Verluste der Fatah (nach unterschiedlichen Quellen 124 bis 170 Tote und eine unbekannte Zahl von Verwundeten) deutlich höher waren

welche die Machtübernahme des militanten Widerstandsblocks in der PLO einleitete. Im gleichen Jahr wurden die Mandate der PLO neu verteilt. Die Widerstandsbewegungen bildeten nun die Mehrheit. Fatah war die stärkste Fraktion der PLO. Der bewaffnete Kampf gegen Israel wurde in die Nationalcharta, das Grundsatzprogramm der PLO, aufgenommen. Hammudi unterlag am 13. Februar 1969 Jassir Arafat, Gründer und Chef der militant-revolutionären Al Fatah, und mit seinem traditionellen Kopftuch wurde dieser das Symbol für die Befreiungsbestrebungen der Palästinenser. Von da an verfolgte die PLO das Ziel der Errichtung eines säkularen Staates Palästina in den Grenzen des alten britischen Mandatsgebiets von 1920, das die Gebiete des heutigen Israel, den Gazastreifen, das Westjordanland, einen Teil der Golanhöhen und das Königreich Jordanien mit einschloss.

Israel war jetzt ein begehrter Partner der USA geworden, deren Hilfslieferungen ab dem Jahr 1967 beträchtlich anzusteigen begannen. Dafür schützte Israel im Gegenzug sogar die Interessen der USA, wenn es darum ging, anderen Alliierten in der Region beizustehen. Als die Gefahr bestand, dass der jordanische König Hussein I. durch die massive Präsenz und den erklärten Anspruch der PLO in Jordanien jeden Augenblick gestürzt werden konnte, ließ Israel verlauten, dass die israelische Armee in solch einem Falle sofort in Jordanien einfallen würde. Der König saß nun auf einem Thron, der von israelischen Bajonetten gestützt wurde. Die Dinge erreichten im Schwarzen September 1970 einen Höhepunkt. In einer internationalen Fernsehdokumentation sprach König Hussein I. von den schwersten Stunden seines Lebens. Er entkam nur knapp einem Attentat der PLO-Milizionäre und ließ die PLO-Kräfte durch seine Beduinen-Garde blutig niederschlagen. Die Syrer begannen daraufhin, mit einer Panzerdivision die Grenze nach Jordanien zu überque-

---

als die der Israelis (28 Tote, 80 Verletzte), reklamierten die Palästinenser das Gefecht als bedeutenden Sieg für sich, zumal Israel (wohl durch jordanische Artillerieunterstützung) vier Panzer dabei verloren hatte. Obwohl das Gefecht im Vergleich zum Ausmaß der Kampfhandlungen des Sechs-Tage-Krieges eher als Scharmützel einzustufen war, nährte der Erfolg doch die Hoffnung der Palästinenser, Israel mit Gewalt bezwingen zu können. Prestige und Zulauf der Fatah wuchsen an, so dass im Juni 1968 bei der Neuverteilung der PLO-Mandate die zuvor dort nicht vertretene Fatah zur stärksten Fraktion wurde. Arafat stilisierte die Aktion zu seiner Feuertaufe und begründete somit seine eigene Heldenlegende.

ren, um den PLO-Milizen beizustehen. In Absprache mit US-Außenminister Henry Kissinger stellte Israels Präsidentin Golda Meïr ein Ultimatum: Wenn die Syrer sich nicht sofort zurückzögen, würde die israelische Armee einmarschieren. Die Israelis überflogen nur zur Aufklärung mit drei Kampfjets die anrückenden syrischen Panzerverbände: Das reichte schon aus und die Syrer gaben auf, die Panzer machten kehrt und der König war gerettet. Die PLO-Kämpfer verließen daraufhin Jordanien und gingen in den Libanon, wo sie den Kampf gegen Israel weiterführten.

Wie kam es zu einem derartigen Umdenken in den USA? In der Zeit des Kalten Krieges und durch den sozialistischen Touch Israels, der sich seit den frühen Anfängen in der Philosophie der Kibbuzim äußerte und in einer Arbeiterpartei, die noch den sozialistischen Idealen ihrer Gründungsväter aus dem Osten Europas nachhing und dem antikommunistischen Kreuzzug der USA in den Sechzigern zutiefst widersprach, war Israel mehr eine Belastung für amerikanische Juden gewesen als ein Segen. Nach 1967 wurde der jüdische Staat allerdings zur Waffe für strategisch-militärische Interessen der USA und zur Waffe für die Juden selbst in Erinnerung an den Holocaust. Seine Stärke führte Amerika an die Seite Israels, nicht seine Schwäche, und seine Stärke brachte die amerikanischen Juden dazu die Holocaust-Industrie anzuwerfen. Nicht die Schwäche Israels, sondern die Stärke war entscheidend. Israel wurde zur machtvollen militärischen und moralischen Waffe.[251]

Eine weitere gravierende Veränderung in der gesamten politischen Konstellation in Nahost entstand, als Anwar El-Sadat nach Nassers Tod als neuer Präsident Ägyptens im Jahr 1970 vereidigt wurde. Dieser begann mit einer vorsichtigen Annäherung an die USA, weil innenpolitisch Spannungen mit einer pro-sowjetischen Gruppe auftraten. Gleichzeitig aber blieben die Kontakte zur UdSSR bestehen. Sadat, der sich auch vom aufkeimenden Islamismus beeinflussen ließ, hatte die Vision einer göttlichen Mission, die die Ehre Ägyptens durch die Rückeroberung der verlorenen Gebiete wiederherstellen sollte, und der Unterstützung der Palästinenser aus seiner solidarischen und sozialen Verantwortung für das verfolgte Volk. Dazu führte er mit den Supermächten ein doppeltes Spiel, als er 1971 ein Friedensangebot an Amerikas Partner Israel machte und fast gleichzeitig einen Bündnisvertrag mit der Sowjetunion abschloss. Er plante

---

[251] Vgl. auch Bibliographie: Norman Finkelstein, *Die Holocaust-Industrie*

durch einen begrenzten militärischen Vorstoß in den Sinai die Supermächte, insbesondere die USA, zu alarmieren, um sie zum Eingreifen in den Friedensprozess zu bewegen und Verhandlungen mit Israel zu erreichen. Aber es klappte nicht alles nach Plan. Aufgrund des Ausbleibens sowjetischer Waffenlieferungen wurden im Juli 1972 alle russischen Militärexperten des Landes verwiesen[252]. Um sein Ziel zu erreichen, wurde ein Krieg gegen Israel nun mit Syrien vorbereitet. In Syrien war mittlerweile Hafiz El-Assad durch einen Putsch an die Macht gekommen. Er war nationalistisch-sozialistischer Prägung und Vorsitzender der Baath-Partei, die dem panarabischen Gedankengut anhing. Er hatte mit Hilfe der Sowjetunion die Militärmacht Syrien verstärkt und ausgebaut und träumte von der Rückeroberung des Golan, den er nun mit ägyptischer Hilfe zu erobern gedachte, auch um damit den syrischen Einfluss in der Region zu verstärken. Während die zurückhaltende Politik der Sowjetunion die Ägypter hauptsächlich mit Defensivwaffen ausgerüstet hatte, konnte Syrien auf modernste Waffensysteme sowjetischer Produktion zurückgreifen.

Die Drohung eines Krieges wurde immer offener ausgesprochen. Nach einem Jahr mit Manövern und Übungen, die jedes Mal auf beiden Seiten höchste Alarmbereitschaft hervorriefen, begann am 6. Oktober 1973 der Jom-Kippur-Krieg mit dem Angriff der ägyptischen Armee auf den Sinai und der syrischen Armee auf den Golan. Als am 22. Oktober der Waffenstillstand durch den UN-Sicherheitsrat durchgedrückt wurde, hatten die Israelis zwar die arabischen Einheiten wieder zurückgeworfen, aber zum ersten Mal enorme Verluste zu beklagen. Die USA befürchteten ein Eingreifen der Sowjets mit Luftlandetruppen auf der Seite Ägyptens, um der drohenden Vernichtung der 3. Ägyptischen Armee, die im Sinai eingekesselt war, entgegenzuwirken, und befahlen am 25. Oktober Alarmstufe 3; die Alarmierung zur Einsatzbereitschaft der Atomstreitkräfte. Damit war

---

252 Zwischen Ägypten und Israel entwickelte sich von 1968 bis 1970 an den Ufern des Suezkanals ein Abnutzungskrieg mit hohen Verlusten auf beiden Seiten. Im Zuge von sowjetischen Waffenlieferungen an Ägypten, verbunden mit der Ausbildung militärischer Einheiten, befanden sich ab 1970 weit über 10.000 russische Militärexperten und Soldaten in Ägypten. Als der Krieg zu eskalieren und durch die direkte Intervention russischer Soldaten in Kampfeinsätzen gegen Israel zu einem unabsehbaren Wagnis für den Weltfrieden zu werden drohte, wurde im August 1970 unter Einfluss der USA ein Waffenstillstand erreicht.

der israelisch-arabische Konflikt zum ersten Mal zu einem Problem für den Weltfrieden geworden und der Konflikt fing nun an, jeden auf diesem Planeten anzugehen. Nach Unterredung mit der sowjetischen Seite und der Erkenntnis, dass keine sowjetischen Truppen in Ägypten landen würden, wurde die Alarmbereitschaft in den USA am darauf folgenden Tag wieder zurückgenommen.

Für Anwar El-Sadat stellte der militärisch verlorene Krieg politisch einen Erfolg dar. Mit dem Krieg konnte er Israel zeigen, dass die arabische Welt ein militärisch nicht mehr zu unterschätzender Gegner geworden war. Die Syrer hatten sogar einen Teil des Golan zurückerobert. Die Reformen in den arabischen Armeeeinheiten hatten ihre Wirkung nicht verfehlt. Durch die Demonstration der Stärke gewannen die arabischen Länder wieder mehr Selbstbewusstsein, was vor allem auch den Islamismus eindämmte. Der Jom-Kippur-Krieg war unmittelbar Auslöser der Ölkrise von 1973. Die OPEC beschloss, ihre Erdölförderung so lange erheblich einzuschränken, bis die von Israel besetzen Gebiete befreit und die Rechte des palästinensischen Volkes wiederhergestellt seien. Dazu hoben die arabischen Länder durch Förderdrosselung, den Ölpreis kräftig an. Gegen die USA und die Niederlande wurde gar ein Lieferboykott verhängt. Die Araber begannen sich langsam ihrer Macht bewusst zu werden. Ein Stolz, den ihnen die Israelis nicht nehmen konnten.

In Israel führte der Krieg zu einer Traumatisierung der Öffentlichkeit, die die außenpolitische Bedrohung kaum wahrgenommen hatte, weil die israelische Armee bis dahin als unbesiegbar galt. Die Vorwürfe aufgrund der massiven Verluste zwangen die israelische Regierungschefin Golda Meïr im April 1974 zum Rücktritt.

Simon Flug, der Rechtsanwalt aus Haifa, war einer der überlebenden israelischen Soldaten des Jom-Kippur-Kriegs. Als ich ihm Anfang Mai 1995 wieder in seinem Anwaltsbüro gegenübersaß und er mir von diesen Kriegsgeschehnissen berichtete, konnte ich feststellen, dass er noch immer nicht vollends damit abgeschlossen hatte. Er gehört einer Gesellschaft an, deren Söhne und Töchter einer jeden Generation solche Erlebnisse zu verantworten und zu verarbeiten haben. Es hatte sich ein Verdrängungsprozess entwickelt, der das Dasein aufteilt in den militärischen Teil des Lebens und den zivilen. Und diese Aufteilung ist manchmal so dramatisch, dass man sich zivil in bewusstes Vergessen flüchtet beziehungsweise abschaltet, wenn der Einsatz im Militärapparat das erfordert. Nur wenigen israelischen

Soldaten ist bisher die Flucht vor diesem Verhaltensmuster geglückt. Flug gehörte nicht dazu, auch wenn er sich nach außen so gab. Er sollte mir das noch beweisen. Aber er war die richtige Person für unser Anliegen und er war interessiert daran, die arabische Schule in Jerusalem vor dem israelischen Gericht in Haifa zu vertreten – geschickt, loyal und verschwiegen. Das sollte noch von großem Vorteil für uns sein.

Nachdem ich mit ihm morgens den Vertrag zum rechtlichen Beistand für unsere Forderungen gegen Musa unterzeichnet hatte, machte ich mich noch einmal auf den Weg durch Galiläa. Ich wollte mir den Norden des Landes ansehen und bis nach Kirjat Shmona fahren – die nördlichste Außenstation Israels an der Grenze zum Libanon und zu Syrien.

Ich nahm also den Highway 4 von Haifa in Richtung Norden und erreichte nach nur 20 Kilometern Akko. Das frühere arabische Acre war am 18. Mai 1948 von den israelischen Truppen im Handstreich genommen worden. Ich wundere mich immer wieder, wie viel Zeit und militärische Mittel den Helden Israels damals zur Verfügung standen, die arabischen Städte und Dörfer zu entvölkern, und das alles im Angesicht der arabischen Armeen, die nach dem 14. Mai den neuen Staat angeblich so sehr bedrohten. Hier war genau das geschehen, was die Araber so großmundig proklamiert hatten: „Wir werden die Feinde ins Meer treiben!" Jedoch es waren nicht die Juden, die ins Meer getrieben wurden. Mehr als 10.000 Menschen flohen, davon die meisten in Booten und Schiffen auf die See bis nach Tyre und Saida im Libanon. Ich hatte davon gelesen und nahm mir die Zeit, nach Akko hineinzufahren. Die Mär der israelischen Propaganda, die vielen Menschen hätten ihre Häuser ohne Bedrohung aufgegeben, widerlegt Benny Morris[253]. Tatsächlich hatte Acre viele traumatisierte und angsterfüllte Flüchtlinge der umliegenden Dörfer, u. a. auch die des Dorfs Balad Al-Shaykh bei Haifa, aufgenommen, das am 25. April von der israelischen Carmeli-Brigade gesäubert wurde. Die Einwohner des Dorfs waren noch Zeugen des Neujahrmassakers vom 31. Dezember 1947 gewesen, als dort die Haganah mit rund 200 Kämpfern, bewaffnet mit Handgranaten und Maschinengewehren, das Dorf in der Nacht angriff, Handgranaten auf die Häuser warf und anschließend auf die unbewaffneten Einwohner feuerte und 60

[253] Vgl. auch Bibliographie: Benny Morris, *The Birth of the Palestinian Refugee Problem 1948 – 1949*

Menschen tötete. Die Geschichte hatte schon der Teeverkäufer Bassam in Amman erwähnt[254], was mir den Wahrheitsgehalt seiner Aussagen nur bestätigte. Beim Einsatz der Carmeli-Brigade wurden dann vier Monate später die Überlebenden, die noch im Dorf geblieben waren, in Bussen nach Acre verfrachtet. Wie ein Lauffeuer hatten sich die Nachrichten von diesen Flüchtlingen in Acre verbreitet. Die Bewohner von Acre waren angsterfüllt, und als die Stadt am 17. Mai von israelischen Truppen umstellt wurde, war kein Halten mehr.

Als ich durch die Altstadt von Akko ging, war ich überwältigt. Ein malerischer Ort, wie er schöner und romantischer nicht sein kann. Ich schlenderte durch kleine, enge Gassen zwischen alten Häusern, unter Torbögen hindurch, überwölbt von einem strahlend blauen Himmel, und fühlte mich erinnert an die Städte der Côte d'Azur im Süden Frankreichs, als ich den Hafen erreichte. Kleine Segelboote und Yachten schwankten auf dem Wasser und Fischerboote hatten am Kai festgemacht. Eine einzige Idylle – die die Israelis an einem schönen Frühlingstag des Jahres 1948 ersatz- und kampflos übernommen hatten. Acre war im Zentrum noch komplett erhalten und bis zum heutigen Tag hatte sich nichts verändert. Es war eine rein arabische Stadt gewesen und laut UN-Teilungsbeschluss den Arabern zugesprochen worden. Welch ein Verlust! Nur 3.000 arabische Einwohner waren geblieben und hatten überlebt. Moslems und Christen, was mir die Moschee und die Kirche, die man vom Hafen aus erkennen konnte, bewiesen.

Ich beobachtete, auf der Kaimauer sitzend, eine Weile die Passanten, die zwischen Ständen und kleinen Läden geschäftig hin und her liefen, und hätte mich gern noch länger am Hafen aufgehalten, aber mein Ziel war die libanesische Grenze und so machte ich mich auf. An Naharya vorbei fuhr ich bis Rosh HaNikra, wo der Weg endete. Ein paar Meter weiter begann der Libanon – ich war hier nur 120 Kilometer von Beirut entfernt. Ein Schild wies die Richtung, der Weg dahin jedoch war unpassierbar. Ich nahm den Highway 899 und folgte nun parallel der Grenze zum Libanon. Die Landschaft wurde bergig und ich befand mich bald wieder in dem Galiläa, das ich schon kannte. Hier und da wiesen mich auch wieder Mauerreste und verfallene Häuser auf die geschichtlichen Ereignisse hin, die schon so lange vorbei waren und doch nicht vergessen werden können. Irgendwann kam ich der Grenze so nah, dass ich die Sicherheitsanlagen sah und

[254] Vgl. Fußnote 26

die Patrouillenfahrzeuge der Israelis erkannte. Keinen Steinwurf entfernt lag der Libanon.

Die grünen, sanften Berge mit ihren Olivenbäumen und den braunen, fruchtbaren Äckern in den flachen Tälern machten schon hier die Reise zu einem Erlebnis. Ich beschloss irgendwo anzuhalten. Da ich auch etwas zu essen und trinken kaufen wollte, kam mir ein kleiner Ort an der Straße sehr gelegen. Gush Halav stand auf der Autokarte und ich fuhr bis in die Mitte des Orts zu einem Supermarkt. Es war ein arabischer Ort, wie mir die Schilder an den Geschäften bezeugten. Was mir aber sofort auffiel, war die Sauberkeit. Nicht, dass die Straßen einen ähnlich abgenutzten und verschlissenen Eindruck machten und der Asphalt schon längst hätte renoviert werden müssen oder die elektrischen Freileitungen dringend einer Erneuerung bedurften, wie in den anderen arabischen Ortschaften in Israel auch im Gegensatz zu den piekfein gestalteten Anlagen, wo Juden wohnten. Nein, der Unterschied war hier, ich sah keine Müllreste, kein Papier oder Plastik in der Gosse liegen. Die ärmlichen Häuser waren ordentlich gestrichen und kleine Gärten und Blumenkästen an den Fenstern machten auf mich einen sehr angenehmen Eindruck. Ich parkte also den Wagen vor dem Supermarkt direkt neben einer Teestube, vor der einige ältere Männer an kleinen Tischen saßen und sich die Zeit mit Backgammon vertrieben. Es waren Araber, wie ich unschwer an ihrer Kopfbedeckung erkannte. Als ich wieder aus dem Supermarkt trat, sprach mich einer dieser Männer in perfektem Englisch an. Ihnen war mein deutsches Nummernschild aufgefallen.

„Was ist das für ein Nummerschild? Das haben wir noch nie gesehen.“ Ich erklärte ihm, wie das Auto nach Israel gelangt war, und er übersetzte das seinen Kameraden. Wir kamen ins Gespräch und sie luden mich ein, eine Tasse Tee mit ihnen zu trinken. Ich setzte mich also dazu, und nachdem sie gemerkt hatten, dass ich auch etwas Arabisch zu reden verstand, war die Scheu auch beim Letzten verschwunden. Ich erzählte ihnen also, warum ich in diese Gegend gekommen war, und sie hörten mir aufmerksam zu.

„Ein arabisches Dorf hast du gefunden, unten in Galiläa? Danach suchen nicht mehr allzu viele. Aber du hast recht, man kann die zerstörten Dörfer oftmals schon von weitem erkennen. Hier oben allerdings waren die Dörfer weniger von Kakteen umgeben. Viele arabische Dörfer hier wurden mit Steinmauern und Dornenhecken geschützt, die nun allerdings verschwunden sind. Es gibt viele solcher verlassenen Dörfer in unserer Gegend. Wir alle hier stammen aus solchen Dörfern."

„Warum geht ihr nicht zurück?", wollte ich wissen.

„Die Israelis haben eine Rückkehr verboten, warum auch immer. Sie wollen nicht, dass wir uns unserer Geschichte erinnern. Dabei bleibt gerade deshalb die Geschichte bei uns unvergessen. Ich selbst komme aus dem Dorf Bir'im und darf nicht dorthin zurückkehren, obwohl das Haus meines Vaters in den Mauern noch heute steht. In unserem Dorf ist sogar die Kirche noch komplett erhalten. Wir haben sie weiterhin gepflegt. Einmal im Jahr gehen wir hinauf und gedenken des Tags unserer Vertreibung. Die Israelis sind vorsichtig mit religiösen Vermächtnissen. Sie wollen sich nach außen tolerant und weltoffen darstellen und zeigen das gern ihren Besuchern aus aller Welt. Zu uns bringen sie allerdings keine Touristenbusse."

„Ihr seid Christen?", fragte ich. „Ich habe bei der Einfahrt in den Ort eine kleine Kirche gesehen."

„Ja, wir sind Maroniten[255]. Diesen Ort hier haben uns die Israelis zugewiesen. Es ist das alte arabische Dorf Jish. Hierhin haben sie unsere Familien getrieben und hier mussten wir bleiben. Es war fast leer, als wir ankamen."

„Kannst du zu deinem Dorf hingehen?"

„Das ist kein Problem, aber leben dürfen wir da nicht."

„Würdest du denn dahin zurückwollen?"

„Unser Dorf liegt inmitten einer wunderbaren Landschaft, die wir aufgebaut und gepflegt haben, seit mehr als 350 Jahren. Die Bäume und Wälder, Felder, Wege und Straßen haben unsere Vorfahren angelegt. Sie hatten das Land käuflich erworben. Es war unser Besitz. Wir als die Eigentümer haben dort gelebt und wir waren glücklich.

---

[255] Die Maronitisch-Syrische Kirche von Antiochien ist eine mit Rom unierte christliche Kirche, die den römischen Papst als Oberhaupt anerkennt. Ihr voller Name ist „Die einzig rechtgläubige katholisch-chaldäische Maronitenkirche der Melkiten". Die Maroniten sind eine der größten und ältesten Religionsgemeinschaften im Libanon; ihre Kirchensprache ist das Westsyrische. Die Gründung und den Namen ihrer Kirche führen die Maroniten auf den Heiligen Maraon, einen syrischen Mönch, zurück. Sie sehen sich durch den Bischofssitz von Antiochien in apostolischer Sukzession.

Das Land gab uns alles, was wir brauchten. Wie sollten wir dahin nicht zurückwollen? Es ist im Vergleich zu hier ein Paradies."

„Habt ihr denn nichts dafür als Ersatz bekommen?", fragte ich.

„Wir haben jegliche Kompensation abgelehnt", sagte er stolz. „Sollten wir ihnen auch noch die Rechtfertigung geben, uns um unseren Besitz gebracht zu haben? Wir werden das nie vergessen und die Vertreibung von Haus und Land nie verzeihen. Ich kann einem Menschen verzeihen, der mich geschlagen hat. Aber wie kann ich der Ungerechtigkeit verzeihen?" Und dann fügte er hinzu: „Wir sind jetzt wie die Juden früher. Wir warten ab. Der Tag kam einst für sie und er wird kommen auch für uns, früher oder später. Dann werden wir zurückgehen."

„Wo liegt das Dorf?", wollte ich jetzt wissen.

„Du willst nach Kirjat Shmona? Dann kannst du auch einen anderen Weg nehmen, der an meinem Dorf vorbeiführt. Du folgst weiter der Grenze zum Libanon und kommst später auf die Hauptstraße nach Kirjat Shmona."

Wie er das sagte, hatte ich mich schon dazu entschlossen und ließ mir also den Weg auf meiner Autokarte erklären. Es war ein kleiner Umweg, aber ich hatte genug Zeit, und wenn ich schon mal hier war, dann wollte ich das auch ausnutzen.

Wir verabschiedeten uns also voneinander und ich machte mich auf, die Straße zurückzufahren, um einige Kilometer später an der Abzweigung Hiram Junction die Straße mit der Nummer 899 zu nehmen. Die verlief in ein Tal und nach etwa zehn Kilometern sah ich das Dorf, so wie es mir beschrieben worden war. Ein Schild wies mich dreisprachig darauf hin, dass ich mich im Bar'am Nationalpark befand. Die Gegend war zum Touristenziel und Wanderparadies geworden und das Schild machte unmissverständlich klar, dass ich bei Besuch des Parks Eintritt bezahlen sollte. Das war mir dann doch zu blöd und ich stellte meinen Wagen an einem Fußweg nicht weit von der Straße ab. Das Dorf Bir'im lag auf dem Hügel direkt vor mir und der Weg brachte mich da hin. Der Kirchturm mit dem großen weißen Kreuz war weithin sichtbar und die typischen, aus hellbraunen und roh behauenen Steinen errichteten Gebäude waren zum Teil noch erhalten. Zwischen anderen Mauerresten und Spitzbögen wuchsen Bäume und Sträucher hervor. Das Dorf musste einst eine überschaubare Größe gehabt haben. Zwar war alles von Gras überwuchert, aber die perfekt gehauenen Stufen der Treppen zwischen den Häusern und die Gehwegplatten mit sauber verlegten Randsteinen auf den Wegen waren noch gut sichtbar. Ordentlich eingefasste Tür- und Fensteröffnungen in den Häuserwänden ließen auf die Liebe zum Detail und die große Sorgfalt schließen, mit der diese Häuser hier einst erbaut worden waren. Ich konnte mir gut vorstellen, wie sie damals mit ihren roten Ziegeldächern ein traumhaft schönes Bild in der Natur abgegeben haben mussten. Die Bauart war in Palästina gleich und solcher Art Häuser hatte ich auch schon im alten Teil von Ramallah gesehen. Im Zentrum von Bir'im an höchster Stelle stand die erwähnte Kirche, die sehr gut erhalten und mit einem schweren Schloss an der Eingangstür versehen war. Vom Flachdach eines Nebengebäudes hatte man einen wunderbaren Ausblick auf die üppige Natur, die das Dorf umgab, und ich konnte auch meinen Wagen etwas weiter unten sehen, wo ich ihn abgestellt hatte. Allerdings sah ich dort einen Typen um das Fahrzeug schleichen und war im Nu auf dem Weg zurück zum Auto.

Als ich dort ankam, erwartete mich ein Israeli in einer Uniform, die ihn als Ranger des Nationalparks auswies. Wenn ich den Park besuchen wolle, müsse ich dafür bezahlen, so belehrte er mich. Die Verwaltung brauche Geld, um das hier alles zu erhalten. Ich machte ihm klar, dass ich nicht zum Wandern oder als Tourist hergekommen sei, sondern mir nur die Reste der Häuser des Dorfs angesehen hatte.

„Eine schöne Aussicht hat man von da oben, nicht wahr?“, sagte er. „Wir nutzen das als Wanderstation und Aussichtsplattform. Eine Menge Menschen kommen her, um sich hier zu erholen.“

„Wo sind die Bewohner dieser Häuser?“

„Die sind schon lange fort. Sie haben das hier aufgegeben und sind weggezogen. Wir haben dann unseren Park gegründet. Hier gibt es keine bewohnten Siedlungen. Dies ist ein Refugium für Tiere und Pflanzen und nur Wanderern zugänglich. Viele Touristen kommen her und erfreuen sich an der Natur.“

„Haben sich die Menschen, die diese Häuser verloren haben, auch gefreut?“

„Sie sind alle freiwillig fortgezogen, in weitaus bessere Wohngebiete als dieses. Hier in den Bergen weitab kann man schlecht leben.

Hier gibt es keine Arbeit und keine Schulen. Israel hat dafür gesorgt, dass alle an der Zivilisation teilhaben können."

Das hatte sich vorhin noch anders angehört. Mir war jetzt klar, warum die Maroniten hierhin zurückwollten und was sie fühlen mussten, wenn sie heraufkamen und ihren Besitz nicht besitzen durften.

Ich fuhr weiter. Die Straße führte mich an die Grenze des Libanon, die hier fast nördlich verlief. Auffällig war, dass auf der anderen Seite, die manchmal zum Greifen nahe war, die Vegetation nahezu erstorben war. Das also war die israelische Sicherheitszone im Südlibanon. Wahrscheinlich war hier eine Nutzung des Bodens durch die Vernachlässigung für Jahre unmöglich geworden. Auf israelischer Seite gab es Felder und Äcker. Auch sah ich auf der libanesischen Seite verlassene Dörfer inmitten einer toten Landschaft. Was für ein krasser Unterschied, der durch diese Grenze brutal gezogen wurde. So als ob der Gott der Juden diesseits des Todesstreifens das Land mit seinem Segen bedacht und für drüben nichts mehr übrig gelassen hatte. Allerdings leisteten die Juden ihrem Jahwe dabei auch tatkräftg Unterstützung. Ladung für Ladung, Tonne für Tonne, wurde in diesen Jahren fruchtbarer Boden aus dem Südlibanon mit Lastwagen nach Israel abtransportiert. Eine andere Art der Interpretation des Grundsatzes „Land für Frieden", wie der Londoner Economist zynisch kommentierte.

Und natürlich fand ich weitere Spuren von ehemaligen Dörfern, die ich jetzt schon mit geschultem Auge in einiger Entfernung ausmachen konnte.

Ich durchquerte ein kleines Tal, als sich die Straße von der Grenze abwandte, und musste die gegenüberliegenden Höhen hinauf, als ich dann doch die hellgrünen Kakteen oben auf dem Berg erblickte. Ich steuerte also einen verlassenen Weg hoch, der jedem Fahrzeug ohne Vierradantrieb den Garaus gemacht hätte und stand kurze Zeit später zwischen den Resten eines weiteren Dorfs. Alles war zerstört bis auf die Moschee, die mit ihrer doppelten Kuppel fast unwirklich unangetastet überlebt hatte. Was in aller Welt veranlasste die Zerstörer, gerade hiervor zurückzuschrecken? Sämtliche anderen Gebäude, die hier gestanden haben mussten, waren total geschleift worden und ihre Reste lagen weit verstreut umher, aber auf dem Platz vor der Moschee waren neben steinernen Treppenstufen selbst noch die Gehwegplatten erhalten. In der Mitte des Platzes stand ein großer abgestorbener Baum. Ein Sinnbild der Vergänglichkeit – sicherlich, aber auch eine Warnung an die, die das verursacht hatten? Die Kakteen jedenfalls hatten ihre Funktion wieder übernommen. Sie umgaben und schützten den verschlafenen Ort, als ob sie sich erst an dem Tag öffnen wollten, an dem der Prinz kommen sollte, der die Königin wieder wachküsst und den Ort zu neuem Leben erweckt.

Von der Hügelkette aus hatte ich einen wunderbaren Blick über das Hula-Tal, das zu meinen Füßen lag und in dem Kirjat Shmona liegt. Fruchtbar und ausreichend versorgt mit Wasser aus den Bergen, wird das Tal genutzt bis in den letzten Winkel. Es ist eingebettet zwischen den Naftali-Bergen des Libanon im Westen und dem Golan im Osten, der im Norden auf fast 3.000 Meter ansteigt. Als ich über das Tal sah, erblickte ich auf der gegenüberliegenden Seite das Gebiet, das die UNO mit einer Sondertruppe[256] als Sicherheitszone verwaltet und in dem auch die Stadt Quneitra liegt, die die Syrer im Jom-Kippur-Krieg zurückerobert hatten. Allerdings ist die Stadt bis heute verlassen. Das Hula-Tal war Bestandteil der antiken Handelsstraße, die bis in die biblische Zeit Damaskus mit Jerusalem und Ägypten verband. Es stellt eine geologische Besonderheit in der ansonsten bergigen Gegend dar, wo sich das Wasser des Jordan aus den Bergen sammelt und in den See Genezareth fließt und das vor der Trockenlegung durch die Israelis sogar Sumpfgebiete aufwies. Ein landwirtschaftlich genutztes Kleinod mit einem mediterranen Klima, das Israels letzte Bastion im Norden darstellt. Nun begriff ich, warum sich die israelischen Einwohner von Kirjat Shmona, die in diesem langen Korridor, umgeben von den hohen Bergen, fast eingeschlossen sind und sich nur nach Süden orientieren können, hier dem gelegentlichen Raketenbeschuss der Hisbollah aussetzten. Israel hatte tatsächlich auch diesen kleinen fruchtbaren Winkel besetzt, dessen Reichtum sie allen Gefahren zum Trotz nicht aufgeben wollten.

Im Norden überragte das schneebedeckte Massiv des Berges Hermon die Szenerie. Im Sechs-Tage-Krieg hatten die Israelis den strategisch bedeutenden Berg von Syrien erobert und 1981 annektiert. Von da blicken sie heute von einem Beobachtungsposten aus weit hinein nach Syrien und in die Bekaa'-Ebene des Libanon. Aber nicht nur militärisch ist der Berg von großer Bedeutung, denn er speist mit

---

256 Die United Nations Disengagement Observer Force (UNDOF) ist eine Beobachtertruppe, die aufgrund der Resolution 350 des Sicherheitsrates der Vereinten Nationen vom 31. Mai 1974 auf die Golanhöhen entsandt wurde.

seinem Schmelzwasser ganzjährig den Jordan und hat damit enorme Auswirkungen auf die Wasserversorgung Israels. Die Rückgabe der Golanhöhen ist damit zu einem fast unlösbaren Problem bei einem möglichen Friedensabkommen zwischen Israel und Syrien geworden.

Ich entschloss mich, nach einem kurzen Besuch in Kirjat Shmona nach Hause aufzubrechen. Der Nachmittag ging zu Ende und vor mir lag noch ein langer Weg bis nach Jerusalem.

Ich näherte mich dem See Genezareth und hielt an einer Tankstelle, die an einen Kibbuz angeschlossen war. Es gab ein Restaurant mit Parkmöglichkeit und daneben standen Pferde auf einer Weide. Die Abgrenzung zur Weide bestand aus Kakteen, die wie eine Hecke zurechtgeschnitten worden waren. Ich wusste, was das bedeutete, und fand auch schnell die dazugehörenden groben hellbraunen Steine. Sie schlossen auf der Weide als ursprünglich wirkende Mauern die Lücken zwischen den Kakteen oder waren zum Hangausgleich terrassenförmig auf dem gesamten Gelände verbaut worden. Eine natürlich wirkende Anordnung und unter einigen Palmen entdeckte ich zur Dekoration auch zwei Mühlsteine und die Reste einer Olivenpresse. Ich ging zur Weide mit den Pferden, lehnte mich über die Zaunstange des Gatters und blickte zu den Tieren. Im Geiste sah ich meine beiden kleinen Töchter darauf sitzen, deren größtes Vergnügen es war zu reiten und die beide einer Voltigiergruppe angehörten. Ich sollte meine Familie ja jetzt bald wiedersehen. Der Nachmittag ging zur Neige und die warme Abendsonne stand schon tief über den westlichen Bergen. Mittlerweile war ein Bus mit Touristen angekommen – Galilee Travel Tours stand darauf geschrieben – und die stoben nun heraus und unterhielten sich laut. Es waren Deutsche aus unseren neuen Ländern, wie ich unschwer heraushörte.

„Schau mal, ein deutsches Auto“, so hörte ich sagen und dann kam einer der Landsleute auf mich zu, stellte sich neben mich und legte seine Ellbogen auf die Stange. Er hatte Sandalen und kurze Shorts an und einen kleinen Stoffhut auf dem Kopf. „Hallo, ist das nicht herrlich hier? Was für ein schönes Land! Und die Menschen sind so nett. Wo sind Sie denn schon überall gewesen? Wenn Sie einen Tipp brauchen, also, wir sind schon eine Woche in Israel und haben so viel gesehen. Wir waren im Süden in der Wüste und ...“ Er sprach ohne Punkt und Komma, begeistert von seinen Erlebnissen, und ich hörte ihn schon gar nicht mehr. Ich sah wieder meinen beiden Töchtern beim Reiten zu. „... und wie praktisch und schön das alles hier mit den Steinen, den Kakteen und den Palmen arrangiert ist. Alles so wunderbar, finden Sie nicht auch?“ Er sah mich an.

„Ja, schön arrangiert und praktisch“, gab ich ihm als Antwort zurück, ging zum Auto und fuhr davon.

Wir müssen ihnen beibringen, dass sie die Kinder sind und wir die Eltern, die, wenn notwendig, zur Rute greifen.

Jigal Schwartz

Israelischer Reserveoffizier in der West-Bank

6 Wie Mäuse und Menschen

Es war Anfang August '95, als ich mit Hamid Zughair in Deutschland wieder zusammentraf. Wir waren in Heidelberg und nahmen beide an der Nahost-Konferenz zur Reformation der Berufsbildungssysteme teil. Zwischen den Delegierten nahezu aller arabischen Nahoststaaten saßen auch zwei Repräsentanten aus Israel. War es Schutz oder tatsächlich Überheblichkeit, mir fiel die offensichtliche Arroganz der beiden in diesem Teilnehmerfeld auf. Allerdings, so muss ich gestehen, war ihre Situation auch nicht einfach. Libanesen, Syrer, Iraker und Libyer ignorierten sie komplett und zwischen Zughair und ihnen stand offensichtlich der letzte Terroranschlag in Israel. Am 24. Juli war in Tel Aviv in einem vollbesetzten Stadtbus im Stadtteil Ramat Gan von einem Selbstmordattentäter eine schwere Explosion ausgelöst worden. Sieben Menschen wurden getötet. Die Hamas hatte sich zur Tat bekannt. Obwohl gerade Palästinenser unter den Arabern, wie ich immer wieder feststellte, am wenigsten Scheu verspürten, Israelis zu begegnen, was ja auch verständlich ist, da man Tür an Tür lebt, so verbreiteten die beiden Israelis doch zu jeder Gelegenheit das Gefühl, dass sie die wahren Opfer des Nahostkonflikts waren. Sie gaben auch Zughair am Anschlag indirekt die Schuld. Ein Rundumschlag gegen alle Palästinenser, der sich in der israelischen Gesellschaft eingebürgert hatte. Beide Israelis waren höhere Regierungsbeamte und vertraten ihr Land nicht nur auf dem fachlichen, sondern auch auf dem politischen Sektor. Das merkte man deutlich.

Aber auch Zughair war ungewöhnlich zurückhaltend gegenüber seinen arabischen Kollegen. Allzu viele Auslandsaufenthalte hatte er nach 1967 nicht mehr gehabt, wenn man die Besuche in Jordanien, als er unter Lebensgefahr den Fluss unmittelbar nach dem Krieg 1967 überquert hatte, nicht dazurechnet. Zughair bekam nicht so einfach eine Ausreisegenehmigung. Es hatte großen Einsatzes der

Botschaft bedurft, um Zughair nach Deutschland zu bringen. Er war höflich wie immer, und doch beschränkte er bewusst den Kontakt zu den anderen arabischen Teilnehmern der Konferenz. Einige davon waren ehemalige hohe Militärangehörige ihrer Länder, die nach der aktiven Laufbahn in ruhigere Regierungspositionen gesteckt wurden und bis zu ihrer Pensionierung in den Ministerien mit Fachaufgaben betraut waren. So war es auch im Berufsbildungsbereich.

Als wir zum Abschluss der Konferenz abends auf einem Touristenschiff bei einer Fahrt auf dem Neckar etwas abseits zusammensaßen, wies er mich auf die ehemaligen hohen Offiziere und Generäle hin. Er kannte sie alle beim Namen und wusste genau, wo sie im Sechs-Tage-Krieg eingesetzt gewesen waren. Und er machte sie verantwortlich für die demütigende Niederlage, die die arabischen Staaten eingesteckt hatten. Mit der Plattitüde „they saved their goats" bezeichnete er sie, indem er auf den jordanischen Oberbefehlshaber verwies, der nichts anderes im Sinn gehabt hatte, als seine Ziegenherden aus Ost-Jerusalem zu retten. Zughair hatte nichts als Verachtung für sie übrig. Für ihn selbst war spätestens damals klar gewesen, dass sein Volk von den arabischen Freunden keinen Beistand bekommen würde. Den arabischen Staaten waren die Opfer, die sie für Palästina bringen sollten, zu groß, vor allem, da man keinen anderen Vorteil davon hatte, als dass ein palästinensischer Staat heraussprang. Es war nicht wirklich ihre Sache. Das hatte Zughair begriffen. Es wurde viel geredet, aber wenig gehandelt. Er wusste, von diesem 10. Juni 1967 an waren sie mehr oder weniger allein. Die Nachbarstaaten waren um ihre verlorenen Gebiete bemüht, nicht um Palästina.

Am nächsten Tag starteten wir unsere Tour. Wir hatten eine Woche Zeit und so fuhren wir in dem großen Land Cruiser, den ich im Mai mit zurückgenommen hatte, südwärts zum Bodensee, über die Schweiz ins Allgäu und von da Richtung München. Unbegreiflich war für ihn die Tatsache, dass wir weder bei der Ein- noch bei der Ausreise an der Schweizer Grenze angehalten wurden. Die Grenzstation war für ihn kaum erkennbar. Auf der Fahrt von München nach Frankfurt war er oft still, dann fragte er wieder eine Stunde ohne Unterlass. Womit verdienen die Menschen hier ihr Geld? Wem gehört das Land? Wie wird gewählt? Meinungs- und Pressefreiheit und Manipulation? In welchem Bundesland sind wir? Dann wieder mussten wir anhalten und ich ihm auf der Karte erklären, wo wir gerade waren, wo die Landeshauptstadt ist, wer die Regierung hat usw. Ich erkannte, wie groß der Eindruck auf ihn war, als wir durch ein sommerlich grünes Deutschland fuhren. Wer jemals in der West-Bank war, kann seine Gefühle verstehen. Von einem meiner Kollegen wurden wir zum privaten Besuch eines Stadtfestes in Epstein eingeladen, und als Zughair die Musikkapellen an uns vorbeimarschieren sah, fragte er, wie viele deutsche Soldaten im zweiten Weltkrieg gestorben seien. Als wir später auf einem Aussichtsturm über den sonnenbeschienenen Taunus blickten, war ich immer noch dabei, ihm klarzumachen, dass die Uniformen von heute mit denen von damals nichts mehr gemein haben. Obwohl ich ihm auch klarmachen musste, dass gerade diese Aufklärung in Deutschland, die nach dem zweiten Weltkrieg zweifellos stattfand, nicht unbedingt bei allen einhergegangen war mit der Anstrengung, sich des Verstandes ohne Anleitung eines anderen zu bedienen. Gerade der Hang zu Traditionen, Bräuchen, Formen und Ritualen in Deutschland hätte bei Fragen der moralischen Orientierung weit mehr Misstrauen erwecken müssen, als dies der Fall war. Wir waren uns einig darüber, dass sich Palästina und Deutschland in dieser Hinsicht ähnlich seien.

Auf der Fahrt nach Essen zum dortigen Berufsbildungszentrum machten wir Station bei uns zu Hause in Bad Berleburg im Wittgensteiner Land. Wir saßen bei Tee und Kuchen auf unserer Terrasse und er hatte sich gerade darüber gewundert, dass er Anzeichen der Freude bei unserem Hund erkannt hatte, der überschwänglich an mir hochsprang, weil er mich lange nicht gesehen hatte. Zu Tieren hatte er kein Verhältnis, außer sie waren ihm direkt nützlich.

Er sagte, er wolle sich ein wenig die Beine vertreten, und war nach meinem Hinweis, dass wir frühzeitig weiterfahren wollten, auch schon verschwunden. Nicht weit entfernt von unserem Haus, das sich am Stadtrand in unmittelbarer Nachbarschaft zum Wald befindet, stehen ein Seniorenheim und einige Kliniken inmitten parkähnlicher Anlagen. Dorthin war er gegangen. Es war weit mehr als eine Stunde vergangen und er war noch nicht zurück. Ich machte mir langsam Sorgen, denn er sprach kein Deutsch und nicht jeder eingeborene Wittgensteiner spricht Englisch. Ich wollte mich gerade auf die Suche machen, da kam er zurück. In sein Gesicht war etwas Friedliches eingekehrt.

„Ich habe das Paradies gesehen. Wir können fahren." So waren seine Worte und er spaßte nicht damit, das war ihm völlig ernst. Ich merkte später auf der Fahrt, dass er tief bewegt war. Er bedankte sich bei seinem Gott, dass der ihm die Möglichkeit gegeben hatte, das Paradies schon zu Lebzeiten zu sehen, und war nun mehr denn je bereit, dahin zu gehen. Er sagte mir, im Grunde lebten wir Deutsche wie Könige, und projizierte das natürlich auf die Situation, in der sein eigenes Volk leben musste. Es war für ihn die gleiche Unbegreiflichkeit, wie wir in Freiheit lebten, so wie es für uns Deutsche unbegreiflich ist, in welchen Umständen Palästinenser unter israelischer Besatzung leben. Wer es nicht gesehen und erlebt hat, kann es nicht begreifen. Unbegreiflich für die hier und unbegreiflich für die dort. Bilder und Reportagen im Fernsehen über Palästina helfen uns Deutschen da selten, und wenn sie sich wirklich objektiv mit dem Thema befassen, dann werden sie zu sehr später Stunde ausgestrahlt. Wie viel die israelfreundlichen Sender und Programme mit bester Sendezeit bewusst zur Verdrehung der Tatsachen, zu Fehlinformation, Unkenntnis und Verwirrung beitragen, wurde mir immer deutlicher, je tiefer ich in Palästina Einblick bekam und die Medien in Deutschland verfolgte. Und welcher Art Zeitungsartikel sind, die je nach politischer Couleur nur spärlich objektive Wahrheit vermitteln, konnte ich feststellen, als ich begann, die gesamte Bandbreite der palästinensischen Tragödie zu überblicken. Um die Wahrheit zu begreifen, muss man sie gesehen haben. Zughair in Deutschland und ich in Palästina. Einzig in Büchern, selektiert und themenbezogen, erkannte ich das, was ich selbst erlebt hatte und was ich ruhigen Gewissens vertreten konnte und heute auch vertreten kann. Allerdings, so muss ich gestehen, ist der Einstieg in die gesamte Thematik des Nahen Ostens durch die Komplexität der historischen Ereignisse, der politischen Zusammenhänge und der religiösen und ethnischen Vielfältigkeit in der Region schwer und zeitraubend und damit nicht jedermanns Sache. Und doch ist es der Schlüssel zum Begreifen dessen, was die Welt bewegt, wenn es um islamistischen Fundamentalismus und Terrorismus geht und darum, zu begreifen wo die Ursache liegt, aus der Notwendigkeit heraus dem erfolgreich begegnen zu können. Ich hoffe, zum Begreifen dessen leistet dieses Buch einen kleinen Beitrag.

Als Zughair und ich zwei Tage später auf der Autobahn in Richtung Berlin jagten und der Regen gegen unsere Windschutzscheibe prasselte, sagte er zu mir, so etwas Schönes wie diese Tage habe er noch nicht erlebt. Es sei der erste Urlaub seines Lebens gewesen. Er hatte sich verändert, war offener, lustiger geworden. Er hatte Späße auf den Lippen und überraschte mich mit der großen Kenntnis vieler

Dinge, vor allem der arabisch-völkischen Geschichte, von denen ich sehr viel profitierte. Die Tage taten ihm und mir gut. Er war in unserer Zentrale empfangen worden, hatte etliche Berufsschulen besucht, die einen Beitrag zur Eigenfinanzierung leisteten, war ins deutsche Duale Berufsbildungssystem eingeführt worden, hatte die Zusammenarbeit mit den Kammern und Betrieben verstanden und war dem Begriff der Weiterbildung nähergekommen. Er wollte in Jerusalem eine Produktionsschule aufbauen und der Besuch in Deutschland sollte ihm die Möglichkeiten zur Eigenfinanzierung aufzeigen. Als ich ihn am letzten Morgen in Berlin zum Flughafen brachte, merkten wir, dass wir Freunde geworden waren.

Der Träger der ITS hatte immer größere Probleme, die Schule allein über Spendengelder zu finanzieren. Er wollte einen Mechanismus entwickeln, der über den Schulbetrieb auch Gewinne erarbeitete und zur Verbesserung der Finanzsituation der Schule beitrug und er hatte mich gebeten ihm dabei beratend zur Seite zu stehen. Produktion von Gütern im Schulbetrieb in Zusammenarbeit mit Partnerbetrieben sowie Aus- und Weiterbildung für Erwachsene waren die Leitsätze, die einen Beitrag zur nachhaltigen Existenzsicherung der ITS leisten sollten. Dazu waren nicht nur Mechanismen im Schulablauf zu ändern, sondern der Paradigmenwechsel betraf sowohl die Öffentlichkeitsarbeit sowie auch ein Umdenken der gesamten Belegschaft. Werbung mit den Produkten und Verteilung des Erwirtschafteten waren die Kernpunkte. Im Laufe der Zeit entstand ein System, wodurch vom Gärtner bis zum Direktor jeder anteilmäßig profitierte und die Schule den zehnten Teil ihres Jahresbudgets selbst erwirtschaftete. Mehr als 70 Partnerfirmen nahmen die Lehrlinge der Abschlussjahrgänge einen Tag in der Woche in einer betrieblich-praktischen Ausbildung auf und verlegten Überproduktionen in die Schule, die mit geringen Personalkosten im Zuge der praktischen Ausbildung in den Werkstätten Güter herstellte, die dann wiederum von den Firmen mit gutem Gewinn verkauft wurden. Die Auszubildenden selbst wurden für guten Einsatz mit einem Bonus bedacht und arbeiteten teilweise sogar am Nachmittag weiter. Qualität war dabei das Schlagwort. Gleichzeitig profitierten die Firmen und Kammern von Weiterbildungsmaßnahmen. Das Ganze wurde in den nächsten vier Jahren eine Erfolgsgeschichte und die ITS profitierte natürlich dabei auch von der kurzen politischen Beruhigung in Palästina, die anhielt, solange die Hoffnung auf eine Verbesserung der Situation für die Menschen bestand.

Ich selbst war schon seit Ende August wieder nach Palästina zurückgekehrt und hatte mit einem Kollegen die Einweisung der Dozenten am Polytechnikum in Hebron in die Laborausstattung übernommen. Auch hatte ich eine neue Wohnung in einem jüdischen Gebiet in Ost-Jerusalem bezogen. Ich arbeitete mit Palästinensern, lebte aber von nun an unter Juden.

Die Hetzkampagne gegen Rabin hatte im September '95 ein Ausmaß erreicht, das ihn und selbst seine Familie bis vor die eigene Haustür verfolgte und rund um die Uhr anhielt. Die Rechten des Likud um Bibi Netanjahu und die radikale Gusch Emunim waren sich einig. Rabin wurde gefährlich für ihren zionistischen Groß-Israel-Anspruch. Ihr immerwährendes Geschrei nach der Sicherheit des Volkes zog auch gemäßigte Israelis in ihren Bann. Sie unterschieden nicht mehr zwischen Ursache und Wirkung. Hamas und Islamischer Dschihad halfen durch Attentate dabei kräftig nach. Da verpufften die Warnungen der Linken und ein politischer Kampf entspann sich, der mit allen Bandagen geführt wurde. Sorgenvolle israelische Intellektuelle verglichen die eifrigen Kämpfer für die Siedlungen in den besetzten Gebieten mit dem historischen Eifer der Zeloten, die sich im Kampf für ihre Religion gegen Rom aufgelehnt hatten und sagten anhand der Geschichte des religiös-fundamentalistischen Fanatismus schon das Ende des jüdischen Gemeinwesens in „Eretz Israel“ voraus. Es wurde rücksichtsloser Fanatismus und in Erlösungserwartung pulsierender Wahn geschürt. Eine Ideologie, die nur in Unglück, Blutvergießen und Zerstörung enden konnte: „Die Polemik der Eiferer wird immer schrecklicher werden. Immer hemmungsloser werden sie zu wörtlicher und physischer Gewalt greifen. Rabin wird keines natürlichen Todes sterben.“[257]

---

[257] Professor Jehoshafat Harkabi kurz vor seinem Tod im Jahr 1994. Harkabi hatte versucht, den Mythos des glorreichen Kampfes der Zeloten des Bar-Kochbar-Aufstands gegen die Römer im Jahr 130-135 n. Chr., der in der größten Katastrophe des jüdischen Volkes vor der Shoah mündete, zu erschüttern. „Die innere Zwietracht wird furchtbar sein“, warnte er. „Es wird Attentatsversuche geben. Das Land wird einen ungeheuren Schock erleben.“ Doch die tragische Lehre jener Zeit war längst vergessen. In der Vorstellungswelt des Volkes galt der Aufstand als leidenschaftlicher Akt des Heldenmuts und als Kampf um die Freiheit der Nation, mochte er auch zum Scheitern verurteilt gewesen sein. Gern zitierte Harkabi Winston Churchills Bemerkung, zwei Völker der Alten Welt hätten unter einem starken Drang

Am 10. Oktober 1995, weniger als einen Monat vor der Ermordung Jitzhak Rabins, veranstaltete die wohltätige Organisation „Vereinigung der Amerikaner und Kanadier in Israel“ an der Küste nördlich von Tel Aviv einen Jahrmarkt. Zu dieser an sich vergnüglichen Veranstaltung war auch der Ministerpräsident eingeladen. Bei seiner Ankunft erwartete ihn eine Gruppe rechter Demonstranten, die sich bereits heiser geschrien hatten, mit den Rufen „Rabin, hau ab!“ und „Der Hund ist angekommen!“ Die Fernsehaufnahmen an jenem Tag ließen den ganzen Hass auf den Ministerpräsidenten erkennen. Einer der Demonstranten, Dr. Naftan Ofir, Rabbiner an der Hebräischen Universität Jerusalem, stürmte kreischend und fluchend auf Rabin zu und keilte sich zu dem Leibwächter an Rabins Seite durch. Als der Leibwächter den Angriff abwehrte, biss ihm Ofir in die Hand. Gegen Rabin hatte es schon viele Demonstrationen gegeben, doch diese machte erstmals offenkundig, in welchem Maße sein Leben in Gefahr war. Unter dem Schock des Geschehenen beschrieb Ze'ev Schiff, bei der angesehenen Tageszeitung Haaretz zuständig für Verteidigungsfragen, den Vorfall düster als „Der Mord an Rabin – ein Probelauf.“ Wohlgemerkt, vor seiner Ermordung!

Die Ereignisse hatten sich derweil überschlagen. In Washington unterzeichneten Arafat und Rabin am 28. September 1995 das Autonomieabkommen für das Westjordanland[258], das die Erweiterung einer begrenzten Autonomie auf einen Teil der 1967 besetzten Gebiete besiegelte.

Victor Cygielman, Korrespondent der französischen Wochenzeitschrift Le Nouvel Observateur, fasste kurz vor dem Attentat die Entwicklungen der letzten Monate zusammen. Als langjähriger erfahrener Beobachter der israelischen Gesellschaft zählte er eine Reihe beunruhigender Vorfälle auf. Zunächst beschrieb er eine schaurige Zeremonie, bei der eine kleine Gruppe religiöser Fanatiker sich vor Rabins Haus aufgestellt und das mystische Pulsa Da Nura angestimmt hatte, einen kabbalistischen Todesfluch. Dann war da der offene „Auftrag“, Rabin zur Strecke zu bringen, erteilt von Rabbinern, die sich auf das talmudische Din Rodef beriefen, die für jüdische Verräter vorgesehene Strafe. Cygielman erwähnte auch das Flugblatt, das bei Massendemonstrationen verteilt wurde und Rabin

---

zur Selbstzerstörung gelitten, die Griechen und die Juden. Angesichts der Welt von 1994 fürchtete er, diese Feststellung treffe immer noch zu.

[258] Siehe Index 14 – Oslo-Verträge: Oslo II

in einer SS-Uniform zeigte. Und er schloss mit der öffentlichen Warnung des Shabak[259], die durch Hetze vergiftete Atmosphäre könne sich in einem Attentat entladen.

Diese gewaltträchtige Stimmung, so Cygielman, sei für Israel bislang beispiellos. Die Bühne für den Mord am Ministerpräsidenten war vorbereitet. Es war nur noch eine Frage der Zeit, bis es zu einem wirklichen Versuch kommen würde. Der Artikel erschien am Donnerstag, dem 2. November; zwei Tage später wurde Jitzhak Rabin erschossen.

„Ich habe im Jahr vor Rabins Ermordung denselben Schrecken erlebt wie 50 Jahre davor. Die Stimmung vor dem Mord an Arlosoroff[260] glich aufs Haar der Situation vor Rabins Ermordung", so Jizchak Ben-Aharon von der Arbeiterpartei. Schon vor dem 4. November 1995 hatte er in einem Artikel an die Ereignisse von 1933 erinnert. Er wollte seine Mitbürger auf die enorme Gewaltbereitschaft weiter Teile der rechtsgerichteten Kräfte aufmerksam machen.

Nach dem Mord sagte Rabins Ehefrau Lea: „Sobald ich begriff, dass ein Attentat ausgeführt wurde, dachte ich an Chaim Arlosoroff. Auch gegen ihn wurde eine gewissenlose Kampagne geführt, rücksichtslos, bis jemand bereit war, den Mord auszuführen. Der Mörder meines Mannes hat es getan, im Wissen, dass die Extremisten geschlossen hinter ihm stehen."

Lea Rabin hatte recht, aber bis heute verursacht das Wissen um die Ermordung Rabins in Israel keine Umkehr. Im Gegenteil: Jede Erwähnung der Hasskampagne führt zu einem Aufschrei der Rechten. Die Erinnerung an die Ermordung des Ministerpräsidenten Israels ist der Rechten von Netanjahu bis Scharon und weiter bis zu Levinger lästig. Sobald ihre Beteiligung an der mörderischen Kampagne thematisiert wird, zieht sie die drohende Spaltung des Volkes aus dem Ärmel, um ungeniert weiteragieren zu können. Mit Schimpf und

[259] Inlandsgeheimdienst = Shin Bet

[260] Am 16. Juni 1933 wurde der zionistische Politiker Chaim Arlosoroff am Strand von Tel Aviv erschossen. Er war Leiter der politischen Abteilung des Sokhnuth der sozialistischen Arbeiterpartei Der rätselhafte Mord hat die israelische Öffentlichkeit über Jahrzehnte beschäftigt. Der Verdacht fiel auf seine politischen Gegner. Die britische Polizei verhaftete die beiden religiösradikalen Revisionisten Abraham Stavsky und Zivi Rosenblatt, die jedoch aufgrund fehlender Beweise nicht verurteilt werden konnten.

Schande, böswilligen Unterstellungen und Diffamierungen garniert, ruft eine radikale Minderheit der Mehrheit des israelischen Volkes zu, „entweder ihr schließt euch uns an – oder ihr spaltet die Gesellschaft!" Jede Gegenwehr wird als illegitim verurteilt, die Verantwortlichen stellen sich als unschuldige Opfer dar. Fast könnte man meinen, die Linke hätte die unglaubliche Hetzkampagne erfunden und den Hass gegen sich selbst geschürt.

Schon bald nach der Ermordung Rabins wurde versucht, von der Rechten abzulenken und ein Komplott innerhalb Rabins Arbeiterpartei zu konstruieren. Und selbst Jahre später bei Ehud Baraks Besuch am Grab Rabins wurde das als sentimentale und kitschige Dusselei abgetan. Baraks Bezugnahme auf Rabin als „mein Freund und Kommandant" kurz nach seinem phänomenalen Wahlsieg im Mai 1999 wurde als „lächerliche Anbiederei an die USA des Herrn Clinton-Lewinski" geschmäht. Jede Einigung der Regierung Barak mit den Vertretern der PLO wurde als „Nachgeben, Kniefall, Ausverkauf, Verzichtspolitik und Einknicken vor außenpolitischem Druck und Schleimerei vor den Feinden Israels" diskreditiert.

Es fällt nicht schwer, sich die Kommentare vorzustellen, wenn der Mörder Jizchak Rabins entkommen wäre. Nach der Ermordung Arlosoroffs behaupteten die Revisionisten, die Araber seien die Schuldigen. Im Gegensatz dazu wurde nun allerdings der Mörder gefasst und er sprach offen und stolz über seine Tat, wie auch über seine Motive. Er war kein Araber.

Seine Ideologie, sowie die Ideologie der nationalistisch-religiösen Eiferer ist recht einfach. Die Auserwähltheit bedeutet hier vor allen Dingen Superiorität. Oberste Priorität hat nach dieser Lehre die Herrschaft über das „Heilige Land". Die schlimmsten Feinde sind die Araber. Bei Friedensgesprächen sind diese die hinterlistigen Betrüger und Lügner. Die Gebiete, die sie besetzten, wollen sie als Sprungbrett für ihren weiteren Vernichtungskrieg gegen das jüdische Volk benutzen.

Eine Stunde nach seiner Verhaftung erklärte Rabins Mörder Jigal Amir den Untersuchungsbeamten in der Polizeizentrale: „Wer immer das jüdische Volk gefährdet, wird sterben. Rabin musste sterben, und diese Aufgabe habe ich – für das ganze Volk Israel – erfüllt. Ich habe halachisch gehandelt, und Gott war mit mir. Jeder Jude muss getötet werden, wenn er Volk und Land dem Feind aushändigt."

Auf die Frage des vernehmenden Richters, ob dies in der Thora stehe, antwortete Amir selbstsicher: „Jahrelang habe ich studiert, Gmarah, Mishnah, Shulhan Arukh, Brurah[261]... Ich kenne alle Einzelheiten."

„Wurden die zehn Gebote abgeschafft? Hast du schon gehört von dem Gebot ‚Du sollst nicht töten'?", fragte der von so viel anmaßender jugendlicher Arroganz erstaunte Richter.

„Nein, die zehn Gebote wurden nicht abgeschafft, aber höher stehen die Gebote zur Rettung von Volk und Land. Ich habe gehandelt, und Gott war mit mir. Dort, wo religiöse Pflicht ist, ist jede Moral bedeutungslos. Die Lehre ist eindeutig und imperative Pflicht. Es gibt hier keine Fragen zu stellen. Die Religion ist absoluter Imperativ."

Die zehn Gebote sind also gar nicht der göttlichen Weisheit allerletzter Schluss. Es gibt eine höhere Lehre. Und deren Einhaltungspflicht steht über der Moral. Wer immer nun Lösungen zum israelisch-palästinensischen Konflikt anbietet, der wird danach beurteilt, ob er dieser Art von absoluter imperativer göttlicher Lehre entspricht. Ist das nicht der Fall, so wird er als Ketzer, Verräter und Antisemit gebrandmarkt – sei er nun Jude oder Nichtjude. Das ist die scharfe Waffe, derer sich die jüdischen Rechten bedienen. Da stellt sich natürlich eine entscheidende Frage. Ist es im Umkehrschluss dann nicht so, dass alle, die sich zur Verteidigung Israels berufen fühlen und die bei jeder Kritik an der Politik des Judenstaates sofort das Schwert des Antisemitismus ziehen, auch zu diesem rechten Lager gezählt werden müssen? Wenn das so ist, dann könnte man sicherlich auch in der jüdischen Gemeinde in Deutschland einiges hinterfragen, bei denen, die sich dieses Schwertes so gern und erfolgreich bedienen – gegen Deutschlands demütige Nachgeborene, um sie zum Schweigen zu bringen, zur Handlungsunfähigkeit. Und in diesem Zusammenhang stellt sich mir dann eine weitere Frage: Sind diese Schwertträger nun Deutsche jüdischen Glaubens oder deutsche Juden, oder anders gefragt, ist ihre Nationalität deutsch oder jüdisch? Ich werde auf dieses Thema noch einmal zurückkommen müssen.

„Ich habe ihn heruntergenommen", sagte Amir stolz, als spräche er von einer Brettspielfigur, wenn er erzählt, wie er Jitzhak Rabin

---

[261] Gebote des Talmud und halachische Texte

erschoss. Ich las in den Zeitungen, dass das Wort Mord nicht zu seinem Vokabular gehöre. Ein Fanatiker sei er, aber kein Psychopath. Er entstammte der Mittelschicht und genoss eine hervorragende Ausbildung an Talmudschulen, in einer Elite-Einheit der Armee und an einer der ersten Universitäten. Besessen von der Idee, das Volk Israel vor der Vernichtung zu retten, plante er das Attentat zwei Jahre lang mit seinem Bruder und einem Freund. Dass er am Grab des Mörders Baruch Goldstein, an der makaberen Gedenkstätte in Kirjat Arba, den Entschluss gefasst hatte, Rabin zu beseitigen, ließ mich erschaudern, als ich an meinen eigenen Besuch dort und an die obskuren Thesen zurückdachte, die ich da gehört hatte.

Dass Amir kein Einzeltäter, sondern vielmehr der verlängerte Arm eines ernstzunehmenden gesellschaftlichen Spektrums ist, versuchen die israelischen Journalisten Michael Karpin und Ina Friedman in „Der Tod des Jitzhak Rabin, Anatomie einer Verschwörung" nachzuweisen. Ihre Recherchen basieren auf Protokollen, Medienberichten und vor allem Gesprächen mit Insidern und Amir selbst. Ein fundiertes Werk über die religiös-nationalistischen Verbindungen und gesellschaftlichen Entwicklungen in Israel. Die Autoren beschreiben, wie der Protest gegen Rabins Friedenspolitik in eine systematische Hetzkampagne umschlug, mit dem Ziel, den Ministerpräsidenten in Verruf zu bringen. Ausgetüftelt wurde die Kampagne vom Jesha-Rat, der die jüdischen Siedler in den palästinensischen Gebieten vertritt. Ein breites Aktionsbündnis von Siedlern, Nationalreligiösen und Ultraorthodoxen setzte den Propagandafeldzug in die Tat um. Auf jeder Demonstration traten sie mit immer krasseren Hasstiraden auf – und die ihnen nahestehenden Medien schürten die Gewaltbereitschaft weiter.

Diese außerparlamentarischen Kräfte, so die Autoren, erwiesen sich „als die größte und wirksamste soziale Bewegung, die in der Geschichte des Staates jemals aufgetreten ist". Ihre Verbindungen reichen in die Knesset und den US-Kongress hinein. Namhafte Politiker des Likud und amerikanische Abgeordnete waren an der Anti-Rabin-Kampagne beteiligt. Die Autoren weisen in Einzelheiten die Verstrickungen des späteren Ministerpräsidenten Netanjahu nach, den Lea Rabin stets der Mittäterschaft bezichtigt hatte. Sie haben auch Belege, dass orthodoxe Rabbiner den Mord gedanklich vorbereiteten. Geistliche in Israel und in den USA gruben zwei veraltete Vorschriften des jüdischen Gesetzes aus, die es zur Pflicht erklären, einen Juden zu töten, der Leben und Eigentum eines anderen Juden gefährdet. Diese Vorschriften machten in radikal-religiösen Kreisen die Runde. Dass Rabin demnach den Tod verdiene, ging vielen bald leicht von der Zunge – womit er praktisch für vogelfrei erklärt war. Amir soll für den Mordanschlag den moralisch verpflichtenden Rat eines Rabbiners eingeholt haben. Tatsache ist, dass diese Kräfte sich in den Jahren nach dem Mord in weiten Kreisen der israelischen Gesellschaft weiter verfestigen konnten und die Spinne, die Israel fest im Griff hat, ist mittlerweile so groß geworden, dass sie beginnt zu überlegen, allein und ohne die Unterstützung der USA auf Beutezug auszugehen. Ihre Augen blicken dabei gierig gen Osten.

Der Mord an Rabin wurde von der palästinensischen Bevölkerung seltsam unberührt aufgenommen. Da ich selbst große Anteilnahme daran hatte, spürte ich das Desinteresse der Palästinenser umso mehr. Die Menschen auf den Straßen von Ramallah und Hebron fühlten sich nur bestätigt in ihrer Einschätzung Israels. Viele hatten das Drama schon lange vorausgesehen und waren nun mehr denn je überzeugt, dass mit Israel kein wirklicher Frieden zu machen sei. Ihnen war klar, dass sich die eigene Situation weiter verschlechtern würde. Mit einer schon ans Stoische grenzenden Gelassenheit ließen sie die nunmehr immer häufiger werdenden Straßenkontrollen über sich ergehen. Die West-Bank wurde nach Oslo II zu einem Flickenteppich, wo man sich nicht mehr sicher war, ob man sich nun in Zone A, B oder C befand[262]. Zu allem Überfluss spielte die internationale Politik das Spiel auch noch mit und eine Reise durch das Palästinensergebiet wurde zu einer wundersamen Exkursion durch ein zerrissenes Land mit imaginären Grenzen, das für Politiker und Planer zur Spielwiese wurde, für die Bewohner jedoch zu einem unerträglichen Alptraum. Die Straßensperren nahmen an Zahl mit der Zeit ein bis dahin ungekanntes Ausmaß an und der Weg von A nach B wurde für die meisten Palästinenser zu einer täglichen Tortur. Jeder Anschlag der extremen palästinensischen Gruppen verschärfte die Situation und verlängerte die Wartezeiten. Die israelischen Kontrollstationen begannen die Ortschaften einzuschließen und die Art und Weise, mit der sie errichtet und erweitert wurden, ließ darauf schließen, dass sie für einen längeren Zeitraum geplant waren. Die palästinensische Bevölkerung war von nun an auf Gedeih und Verderb von diesen Straßenkontrollen abhängig. Sie sperrten nicht nur

262 Siehe Karte: Oslo II

die Orte ab, sondern standen auch an zentralen Straßenkreuzungen in der West-Bank und Gaza und konnten somit kaum mehr umfahren werden. Dazu kamen die mobilen ad-hoc-Kontrollen auf den Hauptverkehrsadern, die zu langen Staus auf den Verbindungsstraßen zwischen den Ortschaften führten. Viele Palästinenser, die nicht unbedingt ihr Dorf oder ihre Stadt verlassen mussten, blieben daher zu Hause in ihrem abgesperrten Bereich. Sie warteten ab wie Mäuse, die sich in ihren Löchern verkriechen, um dann herauskommen, wenn die Luft rein ist. Die Wirtschaft brach immer mehr zusammen. Arbeitslosigkeit war die Folge, weil Mobilität verhindert wurde. Wer dennoch das Wagnis einging, war sich am Morgen nicht sicher, ob er am Abend nach Hause zurückkehren konnte.

Das alles war auch ein Resultat der politischen Veränderung, die in Palästina und Israel vor sich ging. Bei den ersten Wahlen zum Palästinensischen Autonomierat in den Autonomiegebieten ging Arafat am 20. Januar 1996 als Sieger hervor, so dass er am 12. Februar 1996 als dessen Vorsitzender vereidigt wurde. Die Hamas hatte die Wahl boykottiert. Eine Teilnahme hätte ihre Schwäche im politischen Kräftespiel gezeigt; ihre Stärken lagen indes woanders. In Meinungsumfragen vor und nach diesen Wahlen kam die Hamas selten über zwölf Prozent hinaus. Nur vier unabhängige Abgeordnete von 88 Sitzen sympathisierten mit der Hamas-Bewegung. Immerhin hatte die Wahlbeteiligung fast überall bei 80% gelegen – auch unter Frauen.

Dem gegenüber erreichten Netanjahu und der Likud im April einen Wahlsieg, bei dem Shimon Peres als Nachfolger Rabins knapp unterlag. Trotz bester Wahlprognosen für Peres entschieden letztlich vier dramatische Anschläge palästinensischer Terroristen die Wahlschlacht zu Gunsten Netanjahus. Den Grundstein dazu hatte jedoch Peres selbst gelegt.

Am 5. Januar 1996 war Jachija Ajasch, der Bombenkonstrukteur der Hamas-Terrorgruppe Essedin Al-Qassam, des militärischen Arms der Hamas, durch einen Sprengstoffanschlag vom israelischen Geheimdienstes Shin Bet getötet worden. Der „Ingenieur" hatte eine notorische Berühmtheit erlangt, weil er die Sprengsätze für die Selbstmordattentäter der Hamas produzierte – Bomben, die er oft genug seinen von ihm zu „Märtyrern" verführten Selbstmordattentätern selbst um den Leib band. Sogar Arafat hielt es für angebracht, Jachija Ajasch als „Helden und Märtyrer" zu würdigen. Ihm war genau bewusst, was es bedeutete, als beim Trauerzug in Gaza hunderttausend Männer hinter dem Sarg des „Ingenieurs“ herzogen – mehr als bei seiner eigenen Ankunft vor fast zwei Jahren. Peres meinte, er habe an der palästinensischen Terrorfront einen wichtigen Erfolg erzielen können. Die Liquidierung erwies sich jedoch als folgenreicher Pyrrhussieg. Am 25. Februar zündeten zwei Selbstmordattentäter von Essedin Al-Qassam in Jerusalem und Ashkelon ihre Sprengsätze. Der eine bestieg im jüdischen West-Jerusalem während des morgendlichen Stoßverkehrs den Linienbus Nr. 18. In der Jaffa Street an der Hauptpost löste er den Zündmechanismus aus. 26 Israelis starben und 80 wurden verletzt. Zur selben Zeit brachte der zweite Täter bei Ashkelon an einer Bushaltestelle eine Sprengladung zur Explosion. Die riss einen Soldaten mit in den Tod. In ihrem Bekennerschreiben nannte die Hamas für diesen Doppelschlag zwei Motive: Vergeltung für die Ermordung von „Märtyrer Jachija“ und die Erinnerung an den zweiten Jahrestag des Massakers von Baruch Goldstein in Hebron.

Am Dienstag, den 27. Februar, nur zwei Tage später, waren Zughair und ich in West-Jerusalem. Wir parkten am Russian Compound und gingen zu Fuß in Richtung Innenstadt. Auf dem Weg zur Stadtverwaltung mussten wir zwangsläufig am Ort des grauenhaften Anschlags vorbei. Der Platz war noch abgesperrt, das völlig ausgebrannte Skelett des Busses stand am Straßenrand und noch immer waren die geronnenen Blutreste zu erkennen. Die Straße um den Bus herum war schwarz verbrannt. Ich erkannte bei Zughair das gleiche Entsetzen in seinem Gesicht, das auch ich spürte. Der direkte Anblick hatte eine ganz andere Wirkung, als ich das während der morgendlichen Teepause an der Schule bei den Angestellten verspürt hatte, wo sich die Anteilnahme an den Opfern in Grenzen hielt. Ich konnte damals die Gleichgültigkeit der palästinensischen Kollegen nicht begreifen.

Zughair und ich hatten das Auto an der „Moskobija“ abgestellt, die palästinensische Bezeichnung für das politische Untersuchungsgefängnis Israels in Anlehnung an den KGB der Sowjetunion und den Namen des Stadtteils, der in Jerusalem als Russian Compound bezeichnet wird. Hier war auch Zughair gefoltert worden und selbst ich sollte hier noch ein spezielles Erlebnis haben. Ganz in der Nähe war der Linienbus in die Luft geflogen.

Ich begleitete ihn zur Stadtverwaltung. Ein paar Tage vorher hatte die Schule von dort eine Rechnung bekommen. Es ging um die Müllabfuhr. Seit 1967 war der Müll der Schule regelmäßig entsorgt worden. Seit neuester Zeit begannen nun die Israelis damit, die palästinensischen Nicht-Regierungs-Organisationen in Ost-Jerusalem zu durchforsten. Ehud Olmert[263] hatte begonnen, die Ausweisung von Palästinenserorganisationen aus Jerusalem voranzutreiben. Viele dieser NGO's, wie auch die ITS, hatten sich bisher einer Registrierung durch Israel verweigert, da der Status von Ost-Jerusalem politisch unklar war. Die Israelis streckten nun allerdings offiziell ihre Hand nach Ost-Jerusalem aus und forderten die palästinensischen NGO's auf, sich bei der Stadtverwaltung registrieren zu lassen. Zur Registrierung mussten aber erst alle Ansprüche Israels beglichen sein. Und das waren viele Ansprüche, die sich angesammelt hatten. Steuern, Gebühren und Abgaben – seit 1967. Zughair hatte eine Rechnung für die Müllabfuhr in Höhe von 800 Tausend Schekeln erhalten! Nur für die Müllabfuhr, fein aufgelistet und für jeden Monat akkurat belegt.

Ehud Olmert, Bürgermeister von Jerusalem

stand unter dem Papier und ich musste beim Anblick dieser Rechnung laut lachen. Bei allem, was noch zu erwarten war, hätte eine Begleichung allein dieser Summe zum sofortigen Ausbildungsstopp geführt. Und wie der ITS ging es vielen anderen arabischen NGO's auch. Sie hätten morgen ihre Arbeit beenden müssen. Dabei waren sie ja bis 1988 noch offiziell Bestandteil Jordaniens gewesen. Die Forderungen ab '67 waren also völlig unhaltbar. Die Direktoren der Schulen und sozialen Einrichtungen machten sich somit gemeinsam auf den Weg in die Stadtverwaltung, um Einspruch einzulegen. Sie waren in Begleitung eines arabischen Rechtsbeistands, der an diesem Tag auch einen einstweiligen Aufschub des Anspruchs erwirkte.

Beim Rückweg diskutierten wir noch lange über den schweren Busanschlag, die Wirkung solcher Aktionen und über die Bilder, die wir gesehen hatten, und wir hätten uns niemals vorgestellt, was nur fünf Tage später an gleicher Stelle wieder geschehen sollte. Am 3. März schlug die Hamas in Jerusalem erneut zu – mit einem Bombenattentat, das dem letzten in jeder Weise haargenau glich: Linienbus Nr. 18 in Richtung Innenstadt, Explosion in der Jaffa Street. 20 Israelis wurden getötet und 80 verletzt. Und das war noch nicht alles. Ein Dschihad-Aktivist aus dem Flüchtlingslager Khan-Junis im Ga-

---

263 Siehe Index 1 – Personenregister

zastreifen ließ sich tags darauf von einem arabisch-israelischen Lkw-Fahrer mit seiner Bombe unter dem Sitz aus dem Gazastreifen hinausschmuggeln und bis in die King George Street im Geschäftszentrum von Tel Aviv fahren. Dort stieg er aus, ging noch ein paar Meter bis zur Kreuzung an der Diezengoff Street und löste dann, als bei „Rot" viele Menschen vor der Ampel standen, die Explosion aus – 13 Tote und 90 Verletzte.

Arafat und Peres schienen machtlos gegen dieses terroristische Untergrundnetz. Die israelische Regierung sperrte wieder die „Grüne Linie" und hinderte damit die palästinensischen Tagelöhner daran, in Israel zu arbeiten – die Arbeitslosigkeit stieg auf 78%. Das passte haargenau in die Strategie der Hamas: Armut und Elend trieben viele arbeitslose Palästinenser in ihre Sozialstationen, auch in die von ihr beherrschten Moscheen; das wirtschaftliche Chaos machte die Menschen empfänglich für die Heilslehren der militanten Prediger. Neue „Märtyrer" konnten rekrutiert werden – ein Teufelskreis. Diese neue Terrorwelle durch Hamas und Islamischen Dschihad, die vielen schrecklichen Bilder, die die Fernsehzuschauer der israelischen Programme, darunter auch ich, immer und immer wieder sahen, erzeugten letztlich auch den Stimmungsumschwung in der israelischen Bevölkerung und führten damit zur Wende in der Innenpolitik. Das konnte Peres nicht mehr verhindern. Auch nicht, als er nach Angriffen von Hisbollah-Milizen auf Galiläa am 11. April 1996 eine Offensive gegen mutmaßliche Stellungen der Gruppierung im Süd- und Zentral-Libanon startete.

Allerdings wurde nicht nur auf Stellungen der Hisbollah geschossen. Dr. Frank Klein, ein Kollege, der vor nicht allzu langer Zeit seine Arbeit in Beirut aufgenommen hatte, beobachtete nachts vom Balkon seiner Wohnung in Rabieh aus den Bergen oberhalb von Beirut die Leuchtspuren des libanesischen Luftabwehrfeuers, die wie Sternschnuppen am dunklen Himmel verpufften. Die Israelis operierten aus großer Höhe außerhalb der Reichweite der libanesischen Flugabwehr und schossen Lenkraketen auf ihre Ziele. Die Einschläge auf Umspannstationen, Wasser-, Kraftwerke und andere lebensnotwendige Einrichtungen der Versorgung von Beirut erhellten kurzzeitig die nächtliche Szenerie um die Einschlagstellen herum, um dann in große Flächenbrände überzugehen, die Explosionen und Stichflammen nach sich zogen. Ein Horrorszenario, denn das Unheimliche daran war, dass niemand wusste, wo die nächste Rakete einschlug, und die zeitlich versetzten Detonationen, die den Explosionen folgten, gar nicht eindeutig zugeordnet werden konnten. Es gab zu viele Brandherde. Und es gab zu viele, die nicht wussten, wo sie Schutz suchen sollten.

Die Operation „Früchte des Zorns“ war angelaufen und forderte das Leben von rund 160 Libanesen. Damit war der Blutzoll der Anschläge in Israel mal wieder mehr als ausgeglichen. Als am 18. April auch das UNIFIL-Lager in Qana südöstlich der Hafenstadt Tyrus, wo rund 600 Libanesen in dem UN-Posten Schutz vor israelischen Luft- und Artillerieangriffen gesucht hatten, von israelischen Granaten getroffen wurde, kamen dabei neben internationalen UN-Soldaten allein 102 unschuldige Zivilisten ums Leben. Nach dem Aufschrei der Weltöffentlichkeit auf diesen israelischen Terrorangriff und einem darauf folgenden Waffenstillstandsabkommen mit Libanon und Syrien zogen sich die Israelis am 26. April wieder zurück. Mit seinem harten Kurs und dem Einmarsch im Libanon wollte Peres nach Ansicht vieler Beobachter gegenüber der zunehmenden internen Kritik an der israelisch-palästinensischen Annäherung seine Entschlossenheit demonstrieren, Israel unter allen Umständen zu verteidigen, was auch immer darunter zu verstehen war. Für Israel gilt ja seit jeher: Angriff ist die beste Verteidigung. Es war jedoch schon zu spät. Wie immer. Das falsche Mittel, unangebracht, unangemessen und unverhältnismäßig. Der schöne Bibi schaute nur zu. Er lächelte in die Kameras und hatte gewonnen, denn Peres trauten nicht mehr allzu viele über den Weg. Er hatte durch den verzweifelten Angriffsversuch im Libanon nicht nur die israelischen Falken nicht überzeugt, sondern auch noch viele Tauben vergällt. Rabins Ermordung war vergessen.

Den Slogan „Netanjahu – einen sicheren Frieden schaffen“ setzte Bibi sogleich nach seinem Wahlsieg in die Tat um und hob am 2. August den vorher verfügten Baustopp von israelischen Siedlungen in den Palästinensergebieten wieder auf. Das verstand er unter Frieden. In den folgenden Wochen erwirkte Netanjahu die Errichtung einer großen Anzahl neuer Siedlungen. Die Straßensperren nahmen zu und die Palästinenser verkrochen sich in ihren Mauselöchern.

Nachdem Zughair jetzt also sehr unsanft darauf aufmerksam gemacht worden war, dass der administrative Arm der Israelis begann, sich langsam nach Ost-Jerusalem auszustrecken, sah ich ihn mehrfach zusammengesunken und grübelnd an seinem Schreibtisch sitzen.

Etwas schien ihn sehr zu bedrücken. Eines Tages kam er zu mir in mein Büro und schloss die Tür.

„Ich habe ein großes Problem“, begann er. „Und die Schule hat ein großes Problem. Ich brauche deinen Rat.“ Dann gab er mir zu verstehen, dass die Schule seit 1967 die Einkommen der Lehrer aus Ost-Jerusalem nicht versteuert und abgeführt hatte. Bisher war das keinem aufgefallen, weil keiner danach gefragt hatte – die Schule war bis 1988 quasi unter jordanischer Verwaltung gewesen und der Status von Ost-Jerusalem war international vakant. Aber nun befürchtete er, dass die Israelis in ihrem Bemühen, sich Ost-Jerusalem einzuverleiben, das entdecken und ihn auch persönlich dafür zur Rechenschaft ziehen könnten. Er hatte sich dahingehend schon mit einem Anwalt besprochen und war sich seitdem im Klaren, dass er als Direktor dafür verantwortlich war. „Alles zusammen vielleicht ein Betrag von 250.000 Dollar.“

Mir war klar, dass die Israelis im Ernstfall die Summe durch die Konfiszierung von Schulausstattung einfordern konnten. Damit wäre vieles von dem verloren gewesen, was er mit Hilfe von Gebern aufgebaut hatte. Wir vereinbarten, uns mit dem Komitee des Trägers zusammenzusetzen.

Wenige Tage später waren die honorigen und in ihrer Gesellschaft hoch geachteten Herren da, alle in herausragenden Positionen und überzeugte Palästinenser, Christen wie Moslems, die keinen Zentimeter Boden an die Israelis gaben, ohne darum zu kämpfen. Es wurde ein Rechtsanwalt eingeschaltet, der allerdings auch keine Patentlösung anzubieten hatte, der ihnen allen aber den Ernst der Lage deutlich machte. Man beauftragte ihn, die Sache näher zu prüfen, und ging auseinander, um selbst über Lösungsmöglichkeiten nachzudenken. Zwei Wochen später war der Betrag aufgrund von Recherchen und weiteren nicht getätigten Abgaben schon auf 500.000 Dollar angewachsen. Die Diskussionen wurden immer unrealistischer und waren mehr von Wunschdenken geprägt als von Pragmatismus. Sie retteten sich in die Hoffnung zu verschleiern und zu vertuschen und mir wurde bald klar, dass diese Vorgehensweise zu keinem durchgreifenden Erfolg führen konnte. Die Schwachstelle war der Rechtsanwalt selbst. Nicht, dass er nicht qualifiziert genug gewesen wäre, im Gegenteil, aber er war Araber, das war sein Manko. Mir war klar, dass er damit kaum eine Chance hatte, sich mit israelischen Behörden auseinanderzusetzen und auf einer Ebene mit ihnen zu verhandeln.

Ich konnte Zughair von dieser Schwachstelle überzeugen und schlug ihm Flug vor. Das ging jedoch anfangs über seinen Vorstellungshorizont hinaus – sich einem Israeli öffnen in einer Angelegenheit von solcher Brisanz für ihn persönlich und von solchem Ausmaß für die Schule und den Träger. Im Laufe der Zeit jedoch, als auch Zughair merkte, dass jeder Lösungsansatz schon beim Aussprechen zum Scheitern verurteilt war, erkannte auch er, dass ohne israelische Hilfe die arabische Seite allein zu schwach war. Und die Zeit drängte. Jeden Tag konnten die israelischen Behörden vor der Tür stehen. Dann war es zu spät.

Ich vereinbarte also ein Gespräch mit Flug und wir drei trafen uns in Netanja. Beide verstanden sich sofort recht gut und sagten mir später, sie seien überrascht gewesen von der angenehmen Art des Gegenübers. Flug war einverstanden, uns in dieser Angelegenheit zu vertreten. Wir zweifelten nicht an seiner Diskretion, allerdings musste das das Altherrenkomitee erst auch erkennen. Flug hatte eine Strategie entwickelt. Er wollte vorfühlend in Verhandlungen mit den Behörden eintreten, ohne den Namen der Schule zu nennen. Dazu musste jedoch der gesamte Umfang der Sache auf den Tisch. Als Flug zusätzlich einen israelischen Steuerspezialisten hinzuziehen musste, ging allen Beteiligten das Herz vollends in die Hose. Flug traute man jetzt zwar, aber nun auch noch ein weiterer Israeli und dazu mit einem kompletten Steuerberatungsbüro? Sie hatten aber keine andere Chance und hörten letztlich auf meinen Rat und ich konnte nur zum Himmel beten, dass alles glattging. Schweren Herzens entschloss sich also das Komitee, die Angelegenheit vollständig in Flugs Hände zu legen und die Hosen runterzulassen. Die Antwort des Steuerberatungsbüros war erschütternd. Zusammen mit weiteren Ansprüchen, die aus Sozialabgaben herrührten, war die Summe auf eineinhalb Millionen Dollar gestiegen. Das konnte der Träger nicht aufbringen. Der Anspruch bedrohte die Existenz der Schule und der Organisation. Schon 1948 hatte man ersatzlos seine Besitzungen in Haifa verloren und stand nun am Rande des Abgrunds. Den israelischen Behörden war die Existenz jeder palästinensischen Organisation in Ost-Jerusalem ohnehin ein Gräuel. Es gab keinen Weg zurück. Flug setzte in weiteren Verhandlungen durch, dass im Falle der Namensnennung der Organisation jede individuelle Person von einer Strafverfolgung ausgeschlossen war.

Das alles hatte weit mehr als ein Jahr verschlungen und ungezählte Sitzungen und Konsultationen, hatte Zeit und Geld gekostet, und als uns dann endlich diese Nachricht erreichte, dass jede persönliche Strafverfolgung ausgeschlossen war, wurde aus Zughair ein anderer Mensch. Er umarmte mich und sagte mir, das würde er mir niemals vergessen. Als dann nach einem weiteren Jahr Flug die Summe auf 400.000 Dollar heruntergehandelt hatte, war auch der letzte Rest von Misstrauen verschwunden. Die Schule war gerettet, wenn auch die Zahlung der Summe große Anstrengungen vom Träger verlangte. Auch mir selbst fiel ein Stein vom Herzen, denn immerhin hatte ich den Ratschlag zur Strategie gegeben und damit eine Mitverantwortung übernommen. Der Weg zur Legalisierung der ITS war frei.

Wir hatten nicht nur die Existenz der Schule gerettet, sondern auch die der 50 Angestellten, deren Lebensumstände sich jedoch kontinuierlich verschlechterten. Allerdings half das nun gestiegene Einkommen der Belegschaft durch die Gewinne der Produktionsschule, die täglichen Belastungen etwas besser zu ertragen. Es war der 5. Dezember 1996 und ich erinnere mich noch sehr gut, als die gesamte Belegschaft der Schule in der Mensa zusammenkam, um zum ersten Mal die Jahresgratifikation in Empfang zu nehmen. Ich hatte einen kleinen Nikolaus aus Schokolade mitgebracht, mit dem ich erklären wollte, dass das Geld, das jetzt ausgezahlt werden würde, kein Geschenk zum Nikolaustag war und auch nicht vom Himmel kam, sondern das Resultat eigener Anstrengungen und Initiativen, und dazu wollte ich jedem gratulieren. Als Zughair, der direkt neben mir saß, das Schokoladenmännchen erblickte, riss er es mir förmlich aus der Hand und verbarg es voller Panik. Jegliches Abbild Gottes im Islam ist verboten und er betrachtete den Nikolaus mit dem weißen Bart nun als den Frevelfall. Da half keine Widerrede, er steckte die Schokolade in seine Tasche und vernichtete sie später, mit Sicherheit ohne davon gekostet zu haben.

Das Verteilungssystem der erwirtschafteten Gelder an der Schule ließ jeden Lehrer, der mit der Durchführung von Produktion und Weiterbildung beauftragt war, aber auch jeden einzelnen Angestellten vom Pförtner und Fahrer bis zum Gärtner am Ende des Jahres nochmals partizipieren. Als Abu Ziad nun eine große Summe in bar aus seiner Tasche zog, um sie zu gleichen Teilen an die Anwesenden zu verteilen, blickten diejenigen verschämt drein, die vor Jahresfrist aus der Frustration einer fehlenden Gehaltsverbesserung heraus

Nägel in die Türschlösser geschlagen und damit die Türen zerstört hatten. Das, was jetzt ausgezahlt wurde, übertraf ihre damalige Forderung um ein Beträchtliches. Einige fleißige Lehrer hatten ihr Einkommen im Laufe des Jahres nahezu verdoppelt. Ein Umdenken machte sich breit und die Belegschaft merkte, dass es sich lohnte, Eigeninitiative zu betreiben. Die Schule hatte im ersten Jahr einen enormen Beitrag zur Nachhaltigkeit erbracht. Das Geld tat allen gut, denn die Zeiten wurden stürmischer.

Durch die Eröffnung eines unterirdischen Tunnels zwischen der Klagemauer und der Via Dolorosa am 24. September 1996 war es landesweit zwischen Palästinensern und der israelischen Armee zu lang anhaltenden Zusammenstößen gekommen, in deren Folge allein in den ersten drei Tagen 86 Palästinenser getötet und über 1.000 verletzt wurden. Die Israelis verloren dabei 15 Soldaten. Das Geknatter der israelischen Hubschrauber über Jerusalem war selbst in den Nachtstunden zu hören. Der Bereich um die Altstadt war tagelang für den Verkehr unpassierbar. Es herrschte großes Chaos. Allein am 27. September eröffneten israelische Soldaten das Feuer auf Demonstranten auf dem Tempelberg vor der Al-Aqsa-Moschee und töteten 70 Palästinenser.

Die Entscheidung zur Tunnelöffnung hatten Bibi Netanjahu und der Bürgermeister Jerusalems, Ehud Olmert, eigenständig und gegen den Rat des israelischen Inlandsgeheimdienstes getroffen. Es sollte nicht die letzte Provokation Israels sein, die auf den Status des Tempelbergs zielte. Das Gerücht, die Juden haben einen Tunnel geöffnet, der unter dem Tempelberg hindurch führt und die Fundamente des Felsendoms destabilisiert, brachte in kurzer Zeit eine große Menge an palästinensischen Demonstranten auf das Plateau, was zu blutigen Zusammenstößen mit dem israelischen Militär führte, die sich rasch ausbreiteten.

Bereits nach der Eroberung Ost-Jerusalems 1967 begannen israelische Archäologen mit dem Tunnel-Projekt. Links neben der Klagemauer legten sie heute unterirdische Teile der so genannten Westmauer des herodianischen Tempels frei. Dabei stießen sie unter anderem auf ein Eingangstor zum Tempel, das der allernächste Zugang zum Allerheiligsten gewesen sein soll. Für orthodoxe Juden hat der Tempelberg-Tunnel eine besondere religiöse Bedeutung. Schon lange befürchten deshalb Muslime, dass die Israelis von diesem Tor aus in das Innere des Berges eindringen könnten, um den Tempel freizulegen und damit Felsendom und Al-Aqsa-Moschee zum Einsturz zu bringen. Geschürt wurden diese Gerüchte auch dadurch, dass Israel ernsthaft den Vorschlag machte, den Felsendom an einer anderen Stelle außerhalb des für beide Seiten heiligen Orts neu aufzubauen. Man hatte das Weltkulturerbe exakt fotografiert und vermessen – es sollte ja beim Neubau nichts abhanden kommen.

Mit dem Durchstich des Tunnelausgangs wollte die israelische Regierung 1996 den jüdischen Anspruch auf die heilige Stadt dokumentieren. Die Ausgrabungen sollten beweisen, dass lange vor der islamischen Periode jüdisches Leben auch im Ostteil der Stadt existierte. Damit war die Sache hochpolitisch und die israelische Aktion durchdacht und wohlüberlegt.

Die Palästinenser handelten wieder einmal aus der Defensive, von spontanen Aktionen geprägt und von unkontrollierten Emotionen getragen. Diese Art von Aufständen entsprach immer dem gleichen Muster. Israelische bewusste Provokation und der nachfolgende blinde und ungezügelte Zorn der Araber. Zu sehen waren dann in den Medien stets die angriffslustigen randalierenden Palästinenser. Reporter stürzten sich auf diese Bilder. Die Welt wurde falsch informiert. Das fiel mir umso deutlicher auf, je länger ich solche Ausschreitungen beobachtete und miterlebte. Die ersten Schlagzeilen in der Presse machten die Meinung – in Israel und im Ausland. Sie waren fast immer gegen die Araber gerichtet und zeigten deren Zerstörungswut und Unkontrollierbarkeit. Andere Nachrichten wurden gar nicht gezeigt.

Während eines Aufmarschs von nahezu eintausend Palästinensern in der West-Bank vor dem Checkpoint südlich von Al Bireh, wo das israelische Militär ein arabisches Haus an der Hauptstraße als Operationsbasis beschlagnahmt hatte, flogen urplötzlich zwei Kampfhubschrauber heran, gedeckt von der Hügelkette und von der eng auf der Straße stehenden Menge nicht erkennbar, bis sie unmittelbar über ihnen auftauchten. Sie eröffneten aus Maschinengewehren sofort und ohne Warnung das Feuer auf die Menschenmasse. Nach offiziellen Militärangaben wurde zur Abschreckung geschossen. Die Panik war unbeschreiblich. Zumindest drei Personen wurden durch die Schüsse schwer verletzt und viele kamen bei der Massenflucht zu Schaden. Ich selbst kam nur eine Stunde später auf meinem Weg nach Ramallah am Ort vorbei und habe das Blut, die Überbleibsel des Chaos und die Einschüsse in dem Asphalt noch gesehen. In den internationalen Nachrichten wurde der kleine Zwischenfall nicht erwähnt.

Auch in Al Ram wurde wieder gekämpft. Die alten Reste der Blockaden waren an der Kreuzung hervorgezogen worden und Steine flogen wieder im Austausch mit Gummi- und Plastikgeschossen. Die Straße unterhalb der Schule war einmal mehr zur unsicheren Zone geworden und viele der Schüler der ITS zogen es vor, ihren Unmut über die Zustände gegen israelische Soldaten und Siedler abzureagieren, als in die Schule zu gehen. Diejenigen, die trotzdem gingen, waren auf ihrem Weg dahin hochgradig gefährdet, abgefangen zu werden, zumindest im gleichen Maße wie ihre kämpfenden Mitschüler. Vielleicht sogar noch mehr, denn die Steinewerfer zogen sich schnell zurück und die Schulgänger waren dadurch, dass sie keinen Grund hatten, sich zu verstecken, dem Zugriff des israelischen Militärs natürlich noch weit mehr ausgesetzt.

Es war am Montag, den 30. September 1996, als zwei dieser Schulgänger von israelischen Soldaten morgens auf dem Schulweg eingefangen und mitgenommen wurden. Sie hatten sich definitiv nicht an irgendwelchen Operationen beteiligt. Man legte ihnen zur Last, eine Militärstreife mit Steinen beworfen zu haben. Die wirklich Schuldigen indes waren lange geflüchtet. Unsere beiden hatten die Szene von weitem beobachtet und danach ihren Schulweg fortgesetzt. Die Soldaten, die beworfen worden waren, sprangen aus dem Jeep und kassierten beide ab. Sie waren die Einzigen, derer sie habhaft werden konnten. Zwei Tage später hörte ich dann aus ihrem Munde, was passiert war. Man hatte die beiden in den Wagen gezogen und dort mit Gewehrkolben traktiert. Ihre Proteste verhallten im Lachen der Soldaten. „Ihr seid nichts weiter als Mäuse. Wenn ihr das begreift, dann könnt ihr auch mit den Menschen auskommen“, sagte einer zu ihnen. Sie mussten sich blutend unter den Stiefeln der Soldaten auf den Boden legen. Diese saßen auf der links- und rechtsseitigen Rückbank des Jeeps, sangen ein Lied und beide mussten laut mitsingen. So transportierte man sie liegend, die Stiefel im Genick und auf dem Rücken, nach Bet El. Da standen sie 14 Stunden ununterbrochen mit anderen Jugendlichen an einer Wand. Hinsetzen war verboten. Dann brachte man sie zur Nacht in eine große Gemeinschaftszelle und dazwischen einzeln zum Verhör. Ihre offenen Wunden waren nicht versorgt worden. Erst kurz vor dem Verhör hatte sich ein Arzt um sie gekümmert. Sie waren am Ende des nachfolgenden Tages entlassen worden.

Beide saßen am Tag darauf mit ihren Eltern bei Zughair im Büro, als ich von ihm gerufen wurde. Ich sollte mir das selbst ansehen. Sie gaben zusammen ein Bild des Jammers ab. Ich sah mir ihre Wunden an und war erschüttert. Eine Augenbraue war auf mehrere Zentimeter aufgerissen und klaffte jetzt, nachdem sie genäht war, nicht mehr ganz so weit auseinander, jedoch konnte man das Auge selbst nur erahnen. Ihre Arme waren übersät mit blauen Flecken und einem war das Nasenbein gebrochen worden. Die Blessuren an ihren Körpern wollten sie mir nicht zeigen. Die Augenbraue hatte sich entzündet und war eitrig geworden. Sie hatten offensichtlich bei jeder Bewegung Schmerzen; zwei junge Palästinenser im Alter von 17 Jahren, die am eigenen Körper die Macht des israelischen Staates erfahren hatten und ihre eigene Ohnmacht vor einem Gesetz, das es für sie nicht gab.

Meine Haltung fing an sich zu drehen. Das alles war nach außen nicht unbedingt besonders Aufsehen erregend – Einzelfälle, mag man sagen, kaum erwähnenswert. Aber hier machte es die Masse dieser Einzelfälle. Für Palästinenser und auch für mich wurden diese Einzelfälle alltäglich. Hier wurden Menschenrechte offensichtlich und von der Welt ignoriert mit Füßen getreten – mit Soldatenstiefeln, wenn man in unserem Fall genau sein will. Das waren keine Entgleisungen, keine einmaligen Exzesse, keine Ausnahmen, das war die Regel, das hatte System. Ich fing an, das zu begreifen. Die Soldaten handelten auf Befehl oder waren durch geistige Infiltration betäubt und eine riesige Propagandamaschine innerhalb und außerhalb des Staates sorgte dafür, dass Informationen gefiltert oder verfälscht wurden und Druck und Diffamierung gegen die gerichtet wurde, die sich der Wahrheit oder gar nur einer berechtigten Kritik an Israel verschrieben hatten. Auch heutzutage ist davor niemand gefeit, selbst ein ehemaliger amerikanischer Präsident[264] nicht.

„Hauptsache, wir leben noch. Das lässt uns alle Optionen“, sagte der eine beim Abschied. Ich schaute auf und fragte nicht weiter nach.

---

[264] Jimmy Carter war nach der Veröffentlichung seines Buchs *Palestine: Peace not Apartheid* im Jahr 2006 heftigen persönlichen Attacken ausgesetzt. Vgl. auch Bibliographie: Mearsheimer, John und Walt, Stephen, *Die Israel-Lobby*

Eine Woche später fuhr ich morgens am Checkpoint Al Ram Richtung Schule. Der Tag fing gut an, der Checkpoint war leer, ganz anders als in den letzten Tagen – kein Stau. Kurz zuvor hatte ein LKW den Posten passiert und fuhr nun langsam die Senke wieder hinauf. Ich erkannte die hebräischen Schriftzeichen am Heck. Es war ein israelisches Fahrzeug. Sein Ziel war das Gewerbegebiet Attarot. Der Truck war höchstens fünfzig Meter von mir entfernt, als ich gerade den Posten passiert hatte. Zwei junge Burschen stürmten plötzlich zwischen den Häusern am Straßenrand auf den Truck zu, riefen dem Fahrer etwas zu und hielten dabei eine Flasche mit einer brennenden Lunte in die Höhe. Dann ging alles sehr schnell. Der Fahrer sprang wie vom Teufel geritten aus der Kabine und im nächsten Augenblick stand der Truck lichterloh in Flammen. Die beiden hatten, nachdem der Fahrer den Truck verlassen hatte, einen Molotow-Cocktail in die Kabine geschleudert und waren im nächsten Augenblick auch schon wieder verschwunden. Das alles unmittelbar vor den Augen der Soldaten am Checkpoint. Der Israeli kam in höchster Panik an mir vorbei die Straße heruntergerannt. Ich konnte das Weiße in seinen weit aufgerissenen Augen sehen. Bevor er den Checkpoint erreichte, war schon eine Militärstreife in einem Jeep hinter den beiden Flüchtigen her. Andere Soldaten liefen aufgeschreckt zum Truck, um die Flammen zu löschen. Auf einmal war große Hektik und die Funksprechanlage des Kommandeurs lief heiß.

Ich hatte mein Auto zurückgesetzt, um mich nicht einer möglichen Explosion auszusetzen, und beobachtete die Szenerie. Der Fahrer hatte wohl die Soldaten über die Ladung informiert, denn der Kommandant wurde merklich ruhiger, als er vernahm, dass Explosives nicht geladen war. Langsam bildete sich eine Autoschlange, denn die Durchfahrt am Checkpoint wurde gesperrt. Mittlerweile waren drei weitere Jeeps an uns vorbeigebraust in Richtung der Übeltäter. Diese waren jedoch verschwunden und blieben das auch. Es hätte mich wenig gewundert, wenn sie noch Kopfverbände trugen und die Nase des einen geschient war. Gesehen habe ich davon nichts, nur gewundert hätte es mich nicht. Was ich jedoch deutlich gesehen hatte, war die Tatsache, dass sie erst den Brandsatz schleuderten, nachdem der Fahrer nach ihrer vernehmlichen Warnung die Kabine verlassen hatte. Und was mich ebenfalls nicht gewundert hätte: Wären die beiden Flüchtigen in Reichweite der Gewehre der Soldaten gewesen, dann hätten diese mit Sicherheit scharf geschossen – ohne Warnung.

Leben gegen Leben. Eins gegen das andere. Eins von zwei Mäusen gegen das eines Menschen. Der Wert dieser Leben scheint vorgegeben. Wie viel Wert hat doch das Leben eines Menschen selbst für zwei Mäuse!

Die rechtsgerichteten nationalistischen und religiösen Kräfte hatten mit Netanjahu die Macht in Israel wieder übernommen. Der von westlichen Medien erhoffte Pragmatismus Netanjahus blieb allerdings aus, denn er gehörte dem revisionistischen Flügel des Zionismus an. Nicht mehr Land gegen Frieden war die Devise, vielmehr wurde das Sicherheitsbedürfnis der Israelis nun in einem Maß wie selten zuvor für zionistische Interessen instrumentalisiert. Netanjahu intensivierte entgegen internationalem Protest nicht nur die israelischen Siedlungsaktivitäten in den palästinensischen Gebieten, sondern verfolgte sogar eine zunehmend konfrontative und provozierende Politik, als er auch noch den Anspruch auf Gesamt-Jerusalem manifestierte. Die schweren Ausschreitungen waren darin einkalkuliert. Auch die Unterzeichnung des Hebron-Abkommens am 15. Januar 1997[265] brachte keine Wende, denn wenig später beschloss die Regierung Netanjahu den Baubeginn der Siedlung Har Homa auf dem Berg Gabal Abu Ghneim im Februar 1997. Der ohnehin schon ins Stocken geratene Friedensprozess kam nun endgültig zum Erliegen. Eine Folge dieser aggressiven Politik Netanjahus waren mehrere Selbstmordattentate von Hamas-Aktivisten auf den Jerusalemer Gemüsemarkt sowie die Fußgängerzone und ein Café in Tel Aviv, bei denen 60 Israelis ihr Leben verloren und Hunderte zum Teil schwer verletzt wurden. Hatte Bibi das am Ende sogar einkalkuliert?

Die Palästinenser antworteten auf ihre Weise und eröffneten eine unterirdische Moschee für rund 10.000 Gläubige, zugänglich vom Plateau neben dem Haupteingang der Al-Aqsa-Moschee in einem Hohlraum, der als „Ställe Salomons" bekannt ist. Tausende Kubikmeter Erdreich waren an den Juden vorbei und ohne archäologische

---

[265] Im Hebron-Abkommen verpflichtete sich Israel, seine Truppen aus der Stadt Hebron abzuziehen, während die PLO zusagte, jeden Terror zu bekämpfen. Für die 400 schwer bewaffneten fanatisierten jüdischen Siedler Hebrons blieben jedoch zu ihrem Schutz 20% der Stadtfläche des arabischen Hebron unter israelischer Militärhoheit – und damit auch 20.000 palästinensische Anwohner. Es war jedem Israeli klar, dass die in der eigenen Presse als Irre bezeichneten Siedler Hebron irgendwann verlassen müssten, aber das wagte niemand auszusprechen.

Aufsicht abgetragen worden, und dass Funde aus der jüdischen Ära womöglich zerstört und für immer verloren waren, war sehr wahrscheinlich. Der Protest der israelischen Archäologen verhallte ungehört – die Ereignisse der Tunnelöffnung waren noch zu allgegenwärtig.

Es war im Frühjahr 1997, als ich Jassir Arafat zum ersten Mal begegnen sollte. In der Bevölkerung wurde offen über Korruption und persönliche Bereicherung der Kabinettsmitglieder diskutiert, die sich durch den Zugang zu internationalen Geldern für den Aufbau Palästinas eigene Vorteile, zum Teil sogar im Einvernehmen mit Israelis, verschafft hatten. Eine ganze Armada von Fatah-Funktionären zeigte ihren plötzlichen Reichtum, der sich in Häusern, Autos und allerlei anderen Annehmlichkeiten manifestierte. Die Stellung gegen die bis dahin unangreifbare Fatah fing an erste Risse zu bekommen. Arafat hatte Zughair das Ministeramt für die Awqaf[266] angeboten und damit versucht, dessen hohe und unantastbare Reputation in der Bevölkerung für sich zu vereinnahmen. Als Zughair zu Arafat gerufen wurde, bat er mich, ihn zu begleiten. Arafat war in der Muqata'a, seinem Amtssitz, wenn er sich in der West-Bank aufhielt.

Als wir die vielen Sicherheitsposten endlich passiert hatten, standen wir neben weiteren Personen in einem Empfangsraum, dem jedoch jede Repräsentanz westlicher Art fehlte. Viel zu wuchtige Sessel im Rund gaben nicht allen Besuchern, die sich hier versammelt hatten, die Möglichkeit Platz zu nehmen. Wir gingen über den breitgetretenen Teppich und Zughair sprach kurz und leise zu einem Offiziellen, worauf wir sofort durchgeleitet wurden. Das Vorzimmer von Arafats Büro glich eher einem Aktenlager, mit Schreibgelegenheit für einen Buchhalter, als einem Vorzimmer für einen Mann, der mit den Großen dieser Welt in Verbindung stand und den fast die ganze Welt beim Namen kannte. Sein Büro allerdings übertraf selbst das Vorzimmer noch einmal um Längen. Wir traten ein in einen relativ kleinen Raum mit einem Schreibtisch in der Mitte, der angefüllt war mit Papierstapeln und Aktenmappen. In einem offenen Nebenraum links stand ein mit grobem Leinen bezogenes Feldbett. Es stimmte also tatsächlich – er schlief auf diesen ungemütlichen Möbelstücken. Rechts hing ein Bild des Felsendoms und sein eigenes Konterfei war auf der Fensterseite hinter seinem Schreibtisch platziert. Da stand noch eine palästinensische Fahne in der Ecke und ein

[266] Vgl. Fußnote 67

Deckenventilator quirlte leicht die Luft im Kreis. Eine bescheidene Sitzgruppe an der Tür schloss den Aufwand an Möbeln ab. Überall auf dem Boden, wo immer noch Platz war, lagen Berge von Papier über- und durcheinander. Das Tollste jedoch war, dass er selbst in seinem grünen Khakianzug hinter dem hohen Papierstapel auf seinem Schreibtisch hervorkam und mit breitem Lächeln auf uns zuging. Ich hatte ihn dahinter nicht gesehen. Die Kaffiah trug er links und rechts auf seinen Kopf geschlagen. Sein Gesicht sah aus wie auf den Titelseiten der großen Mainstream-Presse und sein Blick auf mich verriet mir, dass er mit zwei Personen nicht gerechnet hatte.

Er umarmte Zughair mit mehr Bruderküssen als üblich, legte seinen Kopf auf seine Schulter und sprach: „Ich bin müde. Gut, dass du gekommen bist.“ Dann wandte er sich mir zu und gab mir die Hand, während Zughair mich vorstellte. Er begrüßte mich herzlich, fast zu herzlich, um ehrlich zu wirken, und dankte den Deutschen für die Unterstützung Palästinas. Zughair und er waren von gleicher Größe, oder besser von gleicher Kleine? Sie gingen mir wenig über die Schulter. Wir setzten uns hin. Bevor es zum eigentlichen Thema kam, sprachen beide jedoch nach altarabischer Sitte erst einmal von allgemeinen Sachen und den Dingen, die sich um das Thema drehten. Es wurde Tee gereicht. Ich wusste, dass Zughair gekommen war, um Arafat eine Absage zu erteilen. Was mich wunderte, war, wie vertraut beide miteinander umgingen. Sie mussten sich schon länger kennen, das war offensichtlich, aber ihre Höflichkeit war nur gespielt. In ihren Augen konnte man lesen, dass sie keine Freunde waren. Arafat erzählte, dass er jede Quittung gegenzeichnen und jede Rechnung kontrollieren müsste und dafür ganze Nächte durcharbeitete. Ihm würden die Leute fehlen, auf die er sich verlassen könne, und damit war er endlich beim Thema angelangt. Ich beobachtete beide genau, und als Zughair ihm unmissverständlich zu verstehen gab, dass er sein Angebot nicht annehmen würde, dies natürlich in freundlichen Worten verpackt, verzog Arafat keine Miene. Ich glaube, er hatte das erwartet. Er reagierte verständnisvoll und ruhig auf die Absage, obwohl ihm und mir sofort klar war, dass der eigentliche Grund der Absage nicht dem entsprach, was Zughair vorgetragen hatte. Der hatte das mit seinem Direktorenposten an der Schule begründet und seiner Unabkömmlichkeit im Dienste der Jugend Palästinas. Was machte ihn so stark gegenüber Arafat, dass er ein solches Angebot ausschlagen konnte und ihm das im Beisein eines Dritten direkt ins Gesicht sagte? Ich konnte mir das nicht erklären. Mir wurde allerdings jetzt klar, warum Zughair mich gebeten hatte mitzukommen. In meinem Beisein war es Arafat unmöglich, Zughair zu bedrängen und ihm eine andere Antwort abzuringen. Zughair war schlau, er kannte die Spielregeln genau.

Die Fronten waren geklärt und der Besuch ging danach schnell zu Ende. Später, als wir zurück nach Jerusalem fuhren, konnte auch ich den wahren Grund von Zughairs Absage nicht entschlüsseln. Er nannte einige weitere, die mich nur mehr in meinem Verdacht bestätigten, dass er den wahren Grund nicht preisgab. Zughair berichtete über Arafat, dass er nicht fähig sei zu organisieren und dass er selbst lächerlichste Aufgaben wie den Einkauf von Plastikstühlen und Tischen selbst durchführte.

„Die müssen erst mal mit sich selbst klarkommen. Das ist eine alte Clique, wo keiner dem anderen wirklich traut. Wie kann ich von ihm verlangen, dass er mir traut, und wem soll ich selbst da trauen?“, fragte er mich. Das musste mir als Erklärung genügen. In diesem Punkt blieb er eisern. Er hätte vieles für sein Volk tun können und ich konnte mir keinen Besseren vorstellen als Hamid Zughair. Das Ganze blieb mir ein Rätsel.

Arafat selbst hatte ich genau so erlebt, wie ich es aus den Berichten und Büchern entnommen hatte, die ich über ihn gelesen hatte. Er hatte sich nicht in die Karten sehen lassen und wusste im Grunde genommen schon Bescheid um Zughairs Antwort, als er mich erblickt hatte. Er war nicht dumm, daher war auch seine äußerliche Ruhe nach der Absage verständlich. Alles andere, was nach meinem Eintreten noch kam, war im Grunde genommen Formalität gewesen. Dass er selbst die Korruptionsvorwürfe offiziell verurteilte und aufzuklären versprach und dazu die richtigen Leute suchte, konnte jedoch niemanden davon ablenken, was Arafat im Laufe der Jahre selbst angesammelt hatte. Zyniker sagten, er habe neben dem Widerstand gegen Israel und der Staatswerdung Palästinas noch ein weiteres Hobby: Er sammle Geld, so wie andere Leute Briefmarken oder Bierdeckel sammeln. Und darin war er sehr erfolgreich – er sammelte so viel, dass er zu einem der reichsten Männer der Welt wurde. Das Geld ging auf ausländische Konten in Frankreich, der Schweiz und Monaco, wo seine Frau Suha und seine kleine Tochter Zahwa in großem Prunk immer öfter lebten. Ihm selbst war die äußere Geltungssucht seiner Frau ein Gräuel – das brachte beide auseinander und sie hielt es in Gaza nicht mehr aus. Man sprach hinter vorgehaltener Hand von einer Milliarde Dollar, die Arafat aus Geldern für den palästinensischen Widerstand abgezweigt hatte. Mit einem Großteil dieser Gelder versorgte er nach Gutdünken Gruppen und Organisationen, die ihm zu Diensten waren. Er entschied die Verwendung der ungeheuren Mittel ganz allein. Während Arafats Volk unter mehr als kümmerlichen Bedingungen in Flüchtlingslagern vegetierte und Lebensmittelrationen von der UNRWA bekam, trat er vor der UNO auf, wurde vom Papst empfangen, hofiert und von den Großen der Welt umarmt und von Journalisten umlagert, die es schick fanden, tagelang auf einen Termin zu warten, um schließlich morgens um vier Uhr an sein Feldbett gerufen zu werden. Er spielte Weltpolitik, war aber nur ein Kapitän in einer Badewanne, ein Feldherr ohne Hügel, ein Intendant, dessen Theater nur in seinem Kopf existierte. Aber gut bezahlt war er.

Er war ein Despot, der sich aber auf die Liebe und Verehrung seines Volkes zu ihm verlassen konnte, eine Liebe, die er auch mit Angst, Bestechung und Korruption in Gang hielt und die von mehreren Geheimdiensten gesichert wurde. Eine andere Form der Herrschaft war ihm unbekannt. Ihm war klar, dass ein demokratischer palästinensischer Staat neben und nicht auf den Trümmern von Israel mit einem frei gewählten Parlament, mit Gewaltenteilung, Pressefreiheit und gleichen Rechten für alle natürlich jederzeit auch das Ende seiner eigenen Karriere bedeuten konnte, dass er zumindest seine Macht mit anderen hätte teilen müssen. Seine säkulare, religiöse Toleranz verbarg allerdings nichts hinter dem Schleier der Religion. Er war damit aufgeklärter als seine jüdischen und muslimischen Nachbarn. Und er war radikal und allzu oft intern gezwungen, zwischen radikalen Kräften zu verhandeln. Das gelang ihm nur ungenügend und er tappte zwischen Gesagtem und Verschwiegenem zu oft hin und her, verzweifelt nach Lösungen suchend. Damit war er ein Glücksfall für Israel, weil er es nicht schaffte, die wirklich großen palästinensischen Gruppen auf ein durchführbares Ziel festzulegen.

Er hatte sein Volk, das nach Freiheit lechzte, mit Illusionen gefüttert, von einem Desaster ins andere geführt und viele historische Chancen verspielt, die ihm geboten wurden. Allerdings muss man dabei auch sehr genau beachten, von wem diese Chancen eröffnet wurden und wer letztendlich der wahre Nutznießer war. Er hatte Blut an den Händen, denn viel zu viele junge palästinensische Kämpfer waren für ihn in den Tod gegangen. Schlimmer als die Leiden der

Kämpfer waren allerdings die Leiden der Bevölkerung in den Lagern im Libanon, unter der er sich vor den Nachstellungen seiner Feinde verbarg. Diese Bevölkerung war es, die den Bombardements und Raketenangriffen der Israelis ausgesetzt war, wenn es jenen darum ging, Arafat zu bekämpfen. Der jedoch wechselte permanent seine Operationsbasen; was blieb, waren die Menschen in ihren Baracken und Elendsquartieren, die vernichtet wurden. Oder sollte es besser die Mäuse in ihren Löchern heißen? Der Blutzoll dieser Mäuse war ungeheuer und sie waren schutzlos der Militärmacht ihrer unbarmherzigen Feinde ausgeliefert – nicht nur im Libanon, auch in den besetzten Gebieten, wo jede Aktion von Arafats Kämpfern sofort auf die palästinensische Bevölkerung mit einem Rachefeldzug im Verhältnis von 5:1 übertragen wurde. Zählt man die Toten auf beiden Seiten, so scheint das Leben eines Israeli ein Vielfaches mehr wert zu sein als das eines Palästinensers. Der Wert von Mäusen und der Wert von Menschen. Arafat hatte ein Regime in Jordanien und im Libanon aufgebaut und wieder zu Fall gebracht, und kaum war er in Gaza und Jericho angekommen, organisierte er schon wieder Militäraufmärsche und unterschrieb Todesurteile gegen Volksverräter. Er hatte immer wieder erklärt, er wolle als Märtyrer sterben – sterben indes taten andere für ihn.

Das war es, was Zughair ihm vorwarf. Nicht dass er den Palästinensern eine nationale Identität gab, nicht dass er seine eigene Gesundheit nicht schonte und nicht dass er selbst in bescheidenen Verhältnissen lebte. Zughair warf ihm vor, dass er die Werte der Palästinenser verraten habe durch Intransparenz und Vetternwirtschaft und dass er an der unerträglichen Situation der palästinensischen Bevölkerung eine Mitschuld trug, der er kein wirkliches Mitleid entgegenbrachte. Den Kampf, den Arafat begonnen hatte, der in unschuldigen Opfern auf der ganzen Welt seinen Ausdruck fand, den konnte und wollte Zughair so nicht mittragen. Kampf ja, aber mit den richtigen Mitteln.

„Wir müssen wachsen und gedeihen“, sagte er zu mir. „Selbst unter der Knute unserer Feinde. Erst wenn wir groß geworden sind und uns auf gleicher Höhe ansehen, wie der erwachsene Sohn den Vater, der ihn jahrelang gedemütigt und gequält hat, dann kann der es sich erlauben, ihm gegenüberzutreten und sein Recht zurückzufordern. Wilder Widerstand allein bringt noch lange keine Erleichterung, man muss die richtigen Waffen zum richtigen Zeitpunkt einsetzen und dazu sein Gehirn benutzen."

Und dann fügte er wie zur Bestätigung hinzu: „Wir haben keine Werte mehr. Unsere Führer geben kein Beispiel. Wir haben unsere Jugend nicht mehr unter Kontrolle. Wo soll das hinführen, wenn das so weitergeht? Es geht schon fast gar nicht mehr um die Last, die wir durch Israel zu ertragen haben. Es geht darum, dass wir uns als unfähig erweisen, uns selbst zu verwalten. Wir haben unseren Führern den Weg nach Palästina geebnet und sie sind gekommen mit neuen Autos, Mobiltelefonen und schicken Uniformen. Aber sie haben nichts erreicht. Sie reden und reden und verschwenden die Gelder der internationalen Hilfe. Sie machen nichts für das Volk. Das Volk ist ihnen egal. Sie denken an sich selbst, die, die uns regieren. Die Verräter und Opportunisten sitzen nun in unseren eigenen Reihen." Er war bedient von drei Jahren PLO-Regierung.

Ich musste ihm zustimmen. Denn ich hatte mit eigenen Ohren vernommen, mit welcher Dreistigkeit hohe Funktionäre der PNA[267], die als führende Repräsentanten Palästinas an Konsultationsverhandlungen mit Vertretern der Geberländer teilnahmen, Vorschläge zur Entwicklungszusammenarbeit machten, bei denen offensichtlich wurde, dass sie sich an diesen Projekten über ihre florierenden Unternehmen selbst bereichern wollten. Unabhängig davon waren solche Anträge entwicklungspolitisch völliger Unsinn und gingen an der Bedürftigkeit der Bevölkerung weit vorbei. Da wurde beispielsweise der Antrag gestellt, mit internationalen Entwicklungsgeldern 1000 Funkmessgeräte für die Ermittlung des Stromverbrauchs in Einzelhaushalten anzuschaffen, die es erlaubten, von außerhalb des Hauses, quasi von der Straße aus, den Zählerstand abzulesen. Exklusiver Importeur des letzten Schreis der technischen Entwicklung war just der Führer jener palästinensischen Delegation bei den Verhandlungen[268]. Es war bekannt, dass er über israelische Kontakte eine besondere „Behandlung" für seine nach Palästina importierten Waren erhielt. Er machte gar keinen Hehl daraus. Der Eindruck, den er damit bei uns hinterließ, schien ihn nicht im Geringsten zu stören. Am nächsten Tag sah ich ihn im Fernsehen als wichtigen Gesprächspartner von internationalen Journalisten die Fragen zur unerträgli-

[267] Palestinian National Authority

[268] Der Name des Funktionärs wird hier aus Diskretionsgründen verschwiegen. Er ist noch heute Mitglied des PNA-Kabinetts in hoher Position.

chen Situation, zu Armut und Arbeitslosigkeit der palästinensischen Bevölkerung beantworten. Es schien, als gäbe es in Palästina nicht nur Mäuse. War er so verschlagen oder konnte er dies tatsächlich mit dem am Tag zuvor Angetragenen nicht in Verbindung bringen? Die Geber jedenfalls schlugen selbstverständlich dieses „Entwicklungsvorhaben“ und auch weitere gleichen Kalibers aus.

Als meine Wohnung in dem neu gebauten jüdischen Apartmenthaus im Frühjahr ’97 zum zweiten Mal nach einem heftigen Sturzregen komplett unter Wasser stand und meine Bemühungen fruchtlos blieben, die halbe Nacht hindurch die Wassermassen, die am steilen Hang seitlich am Haus herunterschossen und einen Ausweg durch den offenen Flur im Erdgeschoss der Terrassenanlage suchten, am Eintritt in mein Apartment zu hindern, nahm ich zur Rettung meines Mobiliars und meiner Nerven die Gelegenheit wahr, in eine andere kleine Wohnung zu ziehen, die ein deutscher Bekannter gerade aufgab. Sie lag in Sichtweite der alten, aber weit oberhalb am French Hill in einer kleinen Straße und erlaubte vom Balkon aus einen traumhaften Blick über Judäa bis hinunter aufs Tote Meer und die Hügelkette von Jordanien auf der anderen Seite des Jordangrabens. Nachts konnte man bei gutem Wetter die Korona von Amman erblicken. Dass diese Wohnung schon einen ziemlich abgenutzten Eindruck machte, konnte die Vorteile, die sie hatte, nicht verwischen. Es war ein einstöckiges Reihenhäuschen im obersten Bereich einer am Berg hinunter gebauten Wohnanlage aus den Siebzigerjahren, begehbar von der Straße aus und damit auch mit Parkplatz direkt vor der Haustür. Etwas Besseres konnte man in Jerusalem kaum mehr finden und auch die Miete war angemessen. Eigentümer der Wohnung war Avi Ziv, ein selbständiger Handwerksmeister, der mit meinem deutschen Vormieter in Bezug auf die Mietzahlungsmoral sehr gute Erfahrungen gemacht hatte. Es gefiel ihm gut, dass er Gleiches von mir erwarten durfte.

Denn das war nicht immer so gewesen, als der Mieter davor unregelmäßig zahlte und zusätzlich die Wohnung völlig vernachlässigte, wodurch erheblicher Sachschaden entstanden war. Jene Familie lebte jetzt schräg darunter und ich hatte das Vergnügen, vom Balkon aus eine Etage tiefer in deren Wohnzimmer zu blicken, wenn ich mich weit genug um die Ecke beugte. Das Vergnügen war jedoch zwiespältig; es kam darauf an, von welcher Seite man die Sache betrachtete. Avi berichtete mir, dass, als er diese Mieter aufforderte, seine Wohnung zu verlassen, ihm die Mäuse aus der Haustür entgegengelaufen waren. Die sanitären Anlagen waren nicht mehr zu gebrauchen, die Küchenzeile war Müll. Zivs Versuch, die Familie aus seiner Wohnung zu vertreiben, war so lange an der sozialen Gesetzgebung Israels gescheitert, bis er endlich ein geeignetes neues Domizil für sie gefunden hatte, das sie auch akzeptierten. Eben die Wohnung schräg darunter. Die Familie lebte auf zerschlissenen Matratzen, auf Holzkisten, die sie vom Müll aufgesammelt hatten, und mit Pappkartons, in denen ihr Vermögen aufbewahrt war. Geputzt wurde die Wohnung nie, so weit ich das beurteilen konnte, das war auch gar nicht möglich, weil totales Durcheinander herrschte. Die Familie bestand aus den Eltern und drei Söhnen im Schulalter, aber das Besondere war, es waren Amerikaner aus New York und sie sprachen ausschließlich Englisch miteinander, wenn sie zu Hause waren. Der Chef der Truppe war Professor für jüdische Religionswissenschaften an der Hebrew University in Jerusalem. Die Unterwäsche, die zum Trocknen auf dem Balkon vor dem Wohnzimmer aufgehängt war, taugte, wenn überhaupt, als Putzlumpen – aber geputzt wurde ja bekanntlich nicht. In dem Chaos von Papier, Kleidung, Lumpen und Unrat standen ein Fernseher, der ununterbrochen lief, und ein supermoderner Laptop, den der Chef, wenn er zu Hause war, permanent selbst in Beschlag hatte. Dabei waren alle ausgesprochen freundlich, wenn man ihnen auf der Straße begegnete, aber jeder Versuch, sich zu nähern, erstarb im strengen Geruch. Das traf in besonderem Maße auf den Chef selbst zu. Sie gehörten einer dieser orthodoxen Religionsgemeinschaften an, die selbst Simon Flug, als ich ihn nach deren Unterschieden fragte, nicht auseinanderhalten konnte. Aber er zählte mir 14 verschiedene Parteien, Gruppierungen und Sekten der Haredim[269] auf, die jedoch untereinander zum Teil so tief verfeindet sind, dass sie nicht nebeneinander leben können, geschweige denn miteinander sprechen oder gar heiraten. Im Grunde genommen nach außen hin äußerst friedfertige Gemeinschaften, die auf alle weltlichen Annehmlichkeiten verzichten – bis eben auf den Fernseher und den Computer in unserem Fall. Und sie lehnen den jetzigen Staat Israel vehement ab. Für sie ist eine Staatsgründung Israels nur mit der Ankunft des Messias verbunden, alles andere ist für sie Blasphemie. Der Messias wird aber erst dann kommen, wenn sich das Volk Israel den jüdischen Vorschriften gemäß verhält. Eine

[269] Ultraorthodoxe Juden mit besonderen Kleidervorschriften und Traditionen

Staatsgründung vor der Ankunft des Messias gehört jedenfalls nicht dazu. Daher wird die Ankunft des Messias und damit die Gründung des ewigen göttlichen Staates Israel durch die gegenwärtige Existenz des weltlichen Staates Israel verzögert.

Avi Ziv war da ganz anders. Er war ein sehr penibler Mann, gut gekleidet, im mittleren Alter, mit sehr guten Manieren und freundlichem Wesen und er ließ sehen, dass es ihm gut ging. Er hatte ein kleines Handwerksunternehmen und ich suchte seinen Geschäftsladen in West-Jerusalem alle drei Monate auf, um ihm im Voraus die Miete in bar zu entrichten. Er war am besten freitags zu erreichen und so wurde der erste Freitag eines jeden dritten Monats mein Besuchstag bei Ziv. Das hatte auch noch einen anderen Grund. In seinem Hinterzimmer versammelte sich zum Wochenende am Tag vor dem Shabbat eine Gruppe illustrer Gesprächspartner, deren politische Einstellung schon von weitem sichtbar war. Obwohl Avi keine Kippa trug, waren alle seine Gesprächskameraden damit bekleidet. Im Laufe der Zeit lobte er vor ihnen meine Pünktlichkeit und ich bekam einen Einblick in die Lektüre, die oftmals vor ihnen auf dem kleinen runden Tischchen lag. Obwohl ich nie mehr als eine Viertelstunde bei ihnen zubrachte, verstand ich doch ihre Zusammenkunft als Sitzungen, in der lokale Politik besprochen und verhandelt wurde. Zwei von ihnen lernte ich kennen als Beigeordnete des Stadtrats von Jerusalem, andere stellten sich vor als ehemalige Abgeordnete der Knesset. Sie alle jedoch gehörten ausnahmslos der rechten Szene an. Likud und Mafdal[270], wie ich mir aus den Zeitschriften, die sie mir anboten, später übersetzen ließ. Ich hatte Ziv nie gesagt, dass ich in Jerusalem und der West-Bank mit Palästinensern zusammenarbeitete, sondern er stand in dem Glauben, dass ich bei der deutschen Botschaft beschäftigt sei. Und so versuchten sie mehrere Male meine Einstellung zur politischen Situation zu beeinflussen oder mir die kollektive Grausamkeit der palästinensischen Gesellschaft zu vermitteln.

„Sei vorsichtig, wenn du über die Grenze fährst. Sie schneiden dir die Ohren ab, ohne dich zu fragen. Es sind Lumpen und Gesetzlose, die kein Recht kennen und keins akzeptieren. Sie sind allesamt Terro-

---

270 Nationalreligiöse Partei in Israel, entstanden 1956. Mafdal ist der religiöse Flügel der zionistischen Bewegung, repräsentiert ca. 10% der Wähler und ist an fast allen Regierungen Israels beteiligt gewesen.

risten." Das war die einhellige Meinung dieser Gesellschaft über ihre palästinensischen Nachbarn.

„Sie müssen weg. Wir hätten 1967 anders handeln müssen. Wir werden das nachholen und sie alle vertreiben." Ich kam mir vor wie in einem Dorf irgendwo in Brandenburg oder in Bayern, wo Neonazis ihre Meinung in jüngster Zeit in Kneipen immer offener kundtun. Ein großer Unterschied zu deren beschränkter Denkweise war hier nicht erkennbar.

„Der Moslem hat den Auftrag, dich zu vernichten, wann immer er kann. Das steht im Koran. Er ist demnach von Natur aus böse." Ich hatte solchen Unsinn schon mal gelesen, allerdings wurde da Moslem mit Jude ersetzt und der Koran war dort die Schrift über die „Protokolle der Weisen von Zion".

Als ich sie irgendwann einmal fragte, warum das Dorf Ai-Sawia, das ganz in der Nähe von Avis Wohnung und vom Balkon gut sichtbar auf einem nahen steilen Abhang liegt, keine befestigten Straßen, keine Laternen und keine ausreichende Kanalisation habe, antworteten sie: „Die zerstören ohnehin alles gleich wieder. Warum ihnen das also zur Verfügung stellen? Sie bauen illegal und irgendwann werden wir ihre Häuser wieder abreißen. Also warum erst eine Infrastruktur schaffen? Die müssen da weg. Sie sind wie Ratten, die wir nicht dulden können, wenn wir uns nicht vergiften wollen." Und einer fügte hinzu: „Die können sich selbst nicht sehen, wozu brauchen sie Laternen?" Alle lachten.

Tatsächlich bezahlen die arabischen Bewohner im Großraum Ost-Jerusalem die gleichen Steuern und Abgaben wie die jüdische Bevölkerung, die Leistungen allerdings, die sie dafür bekommen, sind bei Weitem nicht vergleichbar. Gerade Ai-Sawia macht zumindest einmal im Jahr noch ärgere Erfahrungen mit der jüdischen Auslegung des gemeinsamen Zusammenlebens. Am Jom-Kippur-Tag wird das Dorf im Stadtgebiet Jerusalem, das nur über eine Zufahrtstraße verfügt, komplett abgeriegelt, mit großen Betonwürfeln, um ein Eindringen der arabischen Bevölkerung während des heiligen Tags zu verhindern. Autofahren ist an diesem Tag verboten. Die Muslime im Stadtzentrum von Ost-Jerusalem kümmert das wenig und die großen Zufahrtstraßen in die West-Bank sind von dort aus frei, die Behörden haben es mittlerweile aufgegeben, sie abzusperren, jedoch bleibt Ai-Sawia keine Wahl als zu warten, bis irgendwann am darauf folgenden Tag die Straßensperre wieder aufgehoben wird. Ich selbst habe immer verfolgt, wie das Dorf jedes Jahr fast zwei Tage lang vom Straßenverkehr abgeschlossen war – Krankenwagen eingeschlossen. Es ist nicht das einzige Dorf um Jerusalem.

Die Schule hatte durch die neue Konzeption enormen Aufschwung erfahren und die bis dahin nachmittags ungenutzten Ressourcen waren nun bis spätabends mit Produktion oder Fortbildungsveranstaltungen genutzt, sogar für Frauen, die in Kursen für das Zuschneidern von Gardinen oder in der Computeranwendung geschult wurden. Es war Leben in der Schule, wozu natürlich auch eine Werbekampagne gesorgt hatte, die die Schule entsprechend darstellte. Auch meine Arbeit an dem palästinensischen Berufsbildungssystem war vorangeschritten und die hoffnungsvolle Ausrichtung zu einem einheitlichen, zugänglichen und partizipativen Ansatz, bei dem alle Partner des privaten und öffentlichen Sektors integriert waren, wurde der Anlass, dass weitere internationale Geber sich für den Bereich der Berufsbildung interessierten. Einer der zentralen Pfeiler des Berufsbildungssystems war die Personalentwicklung. Aus einem entsprechenden Antrag entstand 1997 ein Projekt, das sich an die Ausbildung der palästinensischen Lehrer und Instruktoren richtete, um ein System zu schaffen, das Zertifizierung, Zulassung und Weiterbildung regeln sollte.

Das Projekt, zu dem wir nun den Auftrag zur Durchführung bekamen und mit dem ich selbst betraut wurde, wurde in enger Kooperation mit der Entwicklungshilfe der Schweiz durchgeführt. Zentrale Figur dieses Systemprojekts war Nedal Shahdeh, ein hochqualifizierter Palästinenser, der es sich auch persönlich auf die Fahne geschrieben hatte, für sein Land einen entsprechenden Entwicklungsbeitrag zu liefern. Er gehörte zu der geistigen Elite Palästinas, wo sich jede gut gemeinte Beratung oftmals ins Gegenteil verkehrt. Die Intelligenz und Kompetenz dieser Elite ist frappierend im Gegensatz zur Ausbildung der normalen Bevölkerung. Nedal entstammte einer alten christlichen Jerusalemer Familie und wir wuchsen im Laufe unserer gemeinsamen Arbeit, unserer Erfolge und auch Fehlschläge eng zusammen. Zu diesem Kreis gehörte auch Hisham Qatami, den ich in Hebron als Dean kennen gelernt hatte und der mittlerweile als Vizeminister im Hochschulministerium tätig war.

Da die Aufgaben zunahmen und die Arbeitsbelastung anstieg, gehörte ab sofort eine junge Kraft zu meinem Team, die die administrativen Aufgaben von meinen Schultern nahm. Sie hieß Kerstin Morgasian, hatte kürzlich ein kleines Töchterchen auf die Welt gebracht und ihr machte es beileibe nichts aus, auch in der Männergesellschaft an der ITS zu arbeiten. Sie war Armenierin und geboren in der Altstadt Jerusalems im gleichnamigen Viertel, das den Vertriebenen und Überlebenden des Genozids an ihrem Volk zu Beginn des 20. Jahrhunderts als Heimstatt zugeteilt worden war. Sie sprach fünf Sprachen perfekt und wurde mir eine unentbehrliche Hilfe. Sie erzählte mir aus der Zeit ihrer Eltern und Großeltern, die nach der Flucht aus dem osmanischen Reich hier ankamen und sich eine neue Existenz aufbauten. Ihnen war Asyl gegeben worden in einem Land und in einer Stadt, wo genug Platz für die Aufnahme fremder Menschen zur Verfügung stand. Das Viertel inmitten der Altstadtmauern, das man ihnen zugewiesen hatte, war völlig verfallen und keiner hatte über Jahre auch nur im Geringsten Interesse gezeigt, dort zu wohnen. Überhaupt war Jerusalem um die Jahrhundertwende ein mehr als heruntergekommener Ort, der schon bessere Zeiten erlebt hatte. Um den Tempelberg kümmerte sich kaum jemand. Tatsächlich zeigen Fotografien aus dem Jahre 1875 (aufgenommen von einer Familie Bonfils aus dem Libanon), dass der gesamte Tempelplatz unter osmanischer Herrschaft einen verwahrlosten und unbenutzten Eindruck machte, mit hohem Gras und Unkraut zwischen den Bodenplatten. Der Felsendom wirkt baufällig und weist größere Schäden auf. Insgesamt ein trostloser Anblick. Das Heiligtum der Moslems und Juden, das heute beide Seiten so sehr elektrisiert, war damals nahezu in Vergessenheit geraten. Jeder konnte in der Altstadt nach seiner Fasson glücklich werden, Juden, Moslems und auch Christen. Man half sich sogar glaubensübergreifend, wenn Arbeiten an religiösen Stätten durchgeführt werden mussten. Jeder Pilger, der den Weg nach Jerusalem fand, gleich welcher Couleur, war willkommen, brachte er doch auch ein wenig Geld in die Kassen der anderen. Dies änderte sich erst, als Juden begannen, mit hohen Geldsummen das Gebiet westlich der Klagemauer aufzukaufen, Andersgläubige dadurch bewusst auszudünnen, und so allmählich den südlichen Teil der Altstadt übernahmen. Verbunden war damit eine mystische Glorifizierung der nun erweiterten heiligen Stätte, die sie von jetzt an für sich allein beanspruchten, geistig und physisch. Der Zionismus war angekommen im heiligen Land und das arabische Gegengewicht, das sich nach der Logik automatisch dagegenbalancieren musste, war auf die Al-Aqsa-Moschee und vor allem auf den Felsendom gerichtet, der in der Hierarchie der muslimischen Stätten bis dahin überhaupt keinen Wert gehabt hatte. Der Felsendom ist heute das wichtigste Symbol für die Rückkehr der Palästinenser nach Ost-Jerusalem, wie ich das immer wieder auf sehnsuchtsvollen Wandfotos oder in Perlmutt verzierten kleinen Modellen zu sehen bekam. So ändern sich die Zeiten. Der Wert des Tempelbergs und die Bereitschaft, darum zu kämpfen, nahm für beide Glaubensrichtungen zu. Die Christen hielten sich da heraus. Die Geburtskirche war, ihrem Gott sei Dank, weiter vom Zankapfel entfernt, als dass mit Begehrlichkeiten der Andersgläubigen gerechnet werden musste. Dass der Tempelberg zu einem solchen Ausmaß an Hysterie und beidseitiger unverhältnismäßiger Unkontrolliertheit führen würde, wie das heute der Fall ist, lag vor dem Einzug des Zionismus sicherlich bei beiden Seiten außerhalb jeglicher Vorstellungskraft.

Vom Sommer 1997 an veränderte sich auch unsere familiäre Situation. Wir beschlossen zusammen in Jerusalem zu wohnen. Unsere kleinen Mädchen waren nun beide schulpflichtig und diesen neuen Lebensabschnitt nahmen wir zum Anlass, trotz aller möglichen Gefahren den beiden die Chance auf eine Lebenserfahrung zu geben, die auch dazu führen sollte, dass sich ihr Horizont erweiterte durch das natürliche Lernen einer Zweitsprache und durch die Gewissheit, dass die Welt nicht nur aus dem behüteten Zuhause einer deutschen Kleinstadtidylle bestand. Wir haben alle zusammen diese Entscheidung nie bereut. Beide gingen für drei Jahre in die Anglican International School in West-Jerusalem und nach nur kurzer Eingewöhnungszeit begannen sie die englische Sprache, ohne im Hinterkopf zu übersetzen oder sture Grammatik zu pauken, aus dem Bauch heraus zu beherrschen. Die Bilder, die sie im heiligen Land zu sehen bekamen, waren nicht minder wesensfördernd und ihre kindlich-naive Betrachtungsweise ließ uns oft an einer Erklärung der zwischenmenschlichen Situation zwischen Juden und Arabern scheitern. Dabei hatten beide sowohl jüdische als auch arabische Mitschüler, was die ganze Sache für sie nur noch unverständlicher machte. Allerdings konnten es sich neben der internationalen Gemeinschaft nicht viele Einheimische leisten, ihre Kinder auf diese Privatschule zu schicken. Sie kamen aus der säkularen arabischen und jüdischen Oberschicht, die sicherlich kein Maßstab war für die Einwohner des Landes und von einer Verallgemeinerung der Lebensumstände der normalen jüdischen und arabischen Bevölkerung und deren Denkweise weit entfernt war.

Den gut gemeinten Ratschlägen für unsere Sicherheit, die uns beim Abschied mit Kindern, Hund und Kegel begleiteten, gaben wir wenig Beachtung. Familie, Nachbarn und Freunde konnten die Lage nicht einschätzen, nur so weit, wie sie die dramatischen Bilder von Terroranschlägen und Straßenkämpfen vorgesetzt bekamen. Danach konnte man in Jerusalem und Palästina aber gar nicht überleben. Die Sensationspresse in Deutschland zeichnete ein Bild, das nicht der Wirklichkeit entsprach. Tatsächlich war der Konflikt auf einige wenige Brennpunkte beschränkt und danach richteten wir unsere Sicherheitsmaßnahmen aus. Eine bestand beispielsweise darin, dass wir jeden Tag unsere Kinder zur Schule hin- und zurückfuhren und selbst niemals in einen Linienbus stiegen. Auch beschränkten wir Besuche in West-Jerusalem an zentralen Punkten auf ein Minimum. An der Berichterstattung aus dem Nahen Osten hat sich bis heute wenig verändert. Wir werden bombardiert mit Blut und Tränen und Begriffen wie Schurkenstaat und Terrorismus und es ist nicht gleich erkennbar, wer hinter dieser Taxonomie und deren Auslegung steht.

Als wir im Spätsommer 1997 in Jerusalem ankamen, hatten nicht nur zwei Selbstmordattentate in der Innenstadt West-Jerusalems, sondern auch ein Skandal die israelische Gesellschaft zutiefst erschüttert. Die Auswirkungen und Analysen des Skandals konnten wir in der Tagespresse verfolgen und wir wurden Zeugen von Demonstrationen, Aufmärschen und Medienschlachten, bei denen sich die israelische Staats- und Propagandagewalt einmal nicht gegen Palästinenser, sondern gegen Juden selbst richtete. Was war geschehen?

Um die Tragweite des Skandals zu begreifen, muss man zuerst verstehen, dass die jüdische Gesellschaft Israels kein homogenes Ganzes bildet. Den religiösen, säkularen und politischen Richtungen, die sich rein ideologisch orientieren, liefert der rassistisch begründete Unterschied zwischen Sephardim und Aschkenasim einen weiteren Konfliktherd, der das Zusammenleben im jüdischen Staat zutiefst belastet. Die aschkenasischen Juden aus Osteuropa hatten die Idee des Zionismus nach Palästina getragen und schon in den Zeiten des Jischuw[271] hatte sich ein Establishment herausgebildet. Die Führer kamen aus der Kibbuz-Bewegung, dem Palmach, der Haganah und der sozialistischen Elite des Zionismus. Ihre Kultur und ihr Geist waren europäisch ausgerichtet. Sie waren es, die das Land in Besitz nahmen; und das im wahrsten Sinne des Wortes, denn sie waren es,

---

[271] Vgl. Fußnote 74

die den arabischen Boden und das Eigentum der Palästinenser übernahmen. Sie waren die neuen Grundbesitzer.

Nach dem Unabhängigkeitskrieg 1949 wurde dann auch aus Gründen der „Peuplierung" der Zuzug von Juden vorangetrieben, die nicht unbedingt dem europäischen Raum angehörten. Die Sephardim kamen ins Land. Dabei handelte es sich zunächst um Juden aus dem Irak, dem Jemen und aus Marokko. Sie kamen zu Zehntausenden. Der kulturelle und soziale Unterschied, den man zwischen den „Europäern" und den „Orientalen" machte, äußerte sich jedoch sogleich, als man die dunkelhäutigen Neuankömmlinge in Entwicklungsstädte abschob, wo sie bald in einem ghettoähnlichen Zustand lebten. Bis heute bleibt den Sephardim ein Aufstieg von der unteren Mittelschicht ins Establishment zum größten Teil verwehrt, auch hervorgerufen durch ein ungerechtes Schulsystem, das sich durch die Qualität der Lehrpläne in überwiegend „weißen" und „dunkelhäutigen" Stadtteilen unterscheidet. Bei gleichem Bevölkerungsanteil stellten 1997 die Sephardim nur ein Viertel der israelischen Studenten. Dafür sind die Sephardim in der Schicht der Arbeiter überdeutlich in der Mehrheit. Dazu kommt, dass bei den meisten Aschkenasim ethnologische Vorurteile noch lange nicht abgebaut sind. Dieser innere Rassismus hatte erst in den letzten Jahren langsam zu einem Umdenken geführt.

Der Skandal von '97 beruht nun auf diesem Rassenkonflikt und geht zurück auf das Jahr 1949. Damals waren jemenitischen Juden unmittelbar nach ihrer Ankunft in Israel unter dem Vorwand der Prävention im Zusammenhang mit Gesundheitsmaßnahmen die Kinder weggenommen worden. Mehrere Tausend sollen es gewesen sein. Sie tauchten nie wieder auf; man gab von offizieller Stelle bekannt, dass sie Krankheiten erlegen seien. Den Anschuldigungen der Jemeniten, man habe ihre Kinder an Aschkenasim abgegeben, wurde damals kein Glauben geschenkt. Das Ganze schien zu absurd. Im September '97 wurden nun Gräber der ehemals verstorbenen Kinder geöffnet, deren Särge leer vorgefunden wurden. Auslöser zu dieser Aktion war der eindeutige DNA-Beweis der Verbindung einer sephardisch-jemenitischen Mutter zu ihrer Tochter aus aschkenasischem Haus und ihr Treffen vor den Kameras des israelischen Fernsehens.

Dass nun die jemenitische Gemeinde sich der Vergleiche mit Nazi-Deutschland bediente, war nur allzu verständlich, und dass erklärende Zeitzeugen, die anonym gehalten wurden, von bewussten Akten der „Durchmischung der Rassen zur Stärkung des jüdischen Typus" sprachen, warf ein mehr als düsteres Bild auf die heldenhafte Gründergeneration. Die Sephardim gingen auf die Straße und der Staatsapparat gegen sie vor. Es kamen Knüppel und Tränengas zum Einsatz. Am Ende brachte der Faktor Zeit Erleichterung. Eine umfassende Aufklärung fand allerdings niemals statt. Zu sehr schien das „weiße" Establishment darin verwickelt zu sein. Allein viele Jemeniten blieben zurück in dem Bewusstsein, dass ihre Kinder wohl irgendwo noch leben. Sie hatten keine Chance auf eine gleichartige Begegnung vor Kameras. Es gibt also auch Mäuse unter den Menschen.

Höchst pervers ist nun die Tatsache, dass gerade der rechte Flügel sich zu Anfang der Siebzigerjahre verstärkt der sozialen Unzufriedenheit der Sephardim bediente und dadurch der Menschenfreund Begin zum ersten Mal an die Macht kam. Denn in Israel ist alles anders, da werden Sozialisten mit dem Rassismus der Nazis in Verbindung gebracht und nicht die braune Soße rechts vom rechten bürgerlichen Lager. Oder hebt sich in diesem Land der Unterschied etwa auf? Die emotionalisierten Gruppen jedenfalls bedienen sich solcher Art Anschuldigung mittlerweile sehr schnell untereinander und es sieht aus, als ob sich Israel in seinem eigenen Abwehrmechanismus verfängt, der die Zeit des Nationalsozialismus in Deutschland hervorholt, sobald die eigene Position von anderer Seite angegriffen oder auch nur in Frage gestellt wird. Dass die Interessenvertreter der Gruppen im Land dies untereinander sogar für ihre eigenen Belange als Waffe einsetzen, bestätigt nur, dass das Schwert von offizieller Seite in der Vergangenheit zu häufig angewendet wurde, als dass es da noch scharf sein könnte, wo es eine wirkliche Berechtigung dazu gibt.

Wir lebten uns recht schnell ein in Jerusalem, einerseits weil wir über die Anglican School viele neue Kontakte zu der internationalen Gemeinschaft bekamen, die sich aus UN-Mitarbeitern, Botschaftsangehörigen, Stiftungen und anderen Hilfsorganisationen zusammensetzte. Andererseits hatten wir rechts und links unseres Reihenhäuschens wirklich angenehme jüdische Nachbarn, die uns das Leben bereicherten. Wir teilten uns das Vorgärtchen mit einem Seniorenehepaar, das sein ganzes Leben in Jerusalem verbracht hatte: Rebekka und Israel Kazan. Rebekka war in Jerusalem in der Altstadt geboren und hatte dort gewohnt, bis sie Israel geheiratet hatte. Dann waren sie nach Mea She'arim gezogen und hatten sich dort eine schöne große Wohnung gekauft. Als ihre Kinder erwachsen waren, hatten sie zu Beginn der Siebzigerjahre die kleine Wohnung am French Hill erworben. Sie sprach perfekt Englisch und Arabisch und hatte mit ihren ehemaligen arabischen Nachbarn in der Altstadt sogar noch Kontakt. Ihre Kindheit hatte sie zusammen mit den arabischen Kindern verbracht. Sie waren immer gut miteinander ausgekommen. Da Israel nur wenig Englisch sprach, konzentrierte sich unsere Kommunikation hauptsächlich auf seine Frau. Allerdings konnten sich beide nicht in die Situation der palästinensischen Bevölkerung in der West-Bank oder in Gaza hineinversetzen. Sie hatten diesen Teil ihrer Heimat niemals betreten, obwohl er im Grunde genommen vor ihrer Haustür lag. Das war eine andere Welt. In dieser Hinsicht waren sie nicht allein; im Gegenteil, der weitaus größte Teil der israelischen Bevölkerung wusste über die Lebensumstände der Palästinenser in den besetzten Gebieten nicht Bescheid. Eine Information in den israelischen Medien gab es praktisch nicht. Sie hatten beide keine Ahnung vom Umgang des eigenen Militärapparats mit den Palästinensern und konnten sich auch nicht vorstellen, was dort wirklich ablief. Sie waren wie die gesamte Welt Opfer der Propaganda und der einseitigen Berichterstattung und damit Wachs in den Händen der Meinungsmacher.

Als die ITS im Herbst '97 eine Lieferung von Material und eine Maschine bekam, musste diese mit einem Lastwagen vom Flughafen Tel Aviv aus heraufgebracht werden. Ich saß in meinem Büro, als Zughair mich rief und mich fragte, ob ich ihm helfen könne. Jemand sprach am Telefon in gebrochenem Englisch mit israelischem Akzent: „Ich habe eine Lieferung für eine arabische Schule und stehe hier am Checkpoint. Sie sind kein Araber?“

Er war nicht bereit mit Zughair oder einem anderen zu sprechen und hatte sich nur zu einer weiteren Konversation eingelassen, als er hörte, dass ich kein Palästinenser war. Er wollte die Maschine am Checkpoint abladen.

„Wie abladen?“, fragte ich. „Die Maschine muss hierhin geliefert werden. Wir haben keine Möglichkeit, sie mit unserem Transporter abzuholen. Sie ist zu schwer. Die Lieferung ist bis zur Schule bezahlt. Die Schule ist nur zwei Kilometer entfernt, Sie können sie schon sehen“, sagte ich und ich beschrieb ihm den Weg.

„Ich fahre nicht weiter", sagte er. „Das ist mir zu gefährlich."

Momentan war politisch Ruhe eingekehrt und es war eine Zeit, die beiden Seiten gut tat. Juden und Palästinensern. Keine Anschläge schon monatelang und geringere Kontrollen und Verzögerungen in den besetzten Gebieten. Es war die beste Zeit, die wir in Israel verbrachten.

„Alles ist ruhig, kein Grund nervös zu sein. Es wird nichts passieren", versuchte ich ihn zu überreden.

„Ich fahre nicht weiter, zu gefährlich."

„Also dann, ich hole Sie am Checkpoint ab und begleite den Truck bis zur Schule", machte ich ihm ein Angebot, das er nach einigem Überlegen vor allem deshalb nicht ausschlug, weil er nicht wusste, wohin mit der Maschine, und die Verantwortung bis zur Lieferung zum Standort ja bei ihm lag. Ich fuhr also los und tatsächlich wartete er brav am Straßenrand hinter dem Checkpoint. Er hatte palästinensisches Gebiet noch nie betreten.

„Gibt es da nur arabische Schüler?" Meine Bejahung seiner Frage ließ ihn erbleichen. Gleichwohl trat er tapfer den Weg zur Schule an, meinem Jeep folgend, und als wir das Eingangstor am Pförtnerhaus erreichten, erkannte ich im Rückspiegel, dass er sich nicht sonderlich wohl fühlte. Ich hatte das Gefühl gehabt, dass er mehrmals drauf und dran war, wieder zurückzufahren, und einmal musste ich anhalten und ihn zur Weiterfahrt überreden. Als der Truck endlich vor der Werkhalle geparkt war, in die die Maschine abgeladen werden sollte, und er die Jungs sah, wie sie auf Anleitung der Lehrer den Truck entluden, machte sich Erleichterung bei ihm breit. Sein permanentes Umsehen und sein unsicherer Ausdruck verschwanden, und als zwei der Burschen ihm am Ende die Planen seines Lastwagens wieder ordentlich verschnürten, weil er selbst durch eine körperliche Behinderung dazu schlecht in der Lage war, klopfte er ihnen dankend auf die Schultern und merkte, dass sie gar nicht das waren, wovon er vor einer Stunde noch so überzeugt gewesen war.

„Ich finde allein zurück", sagte er zum Abschied und versicherte mir damit, dass der Besuch an der ITS ihm einige neue Erkenntnisse gebracht hatte. Er hatte heute sicherlich etwas zu erzählen, wenn er nach Hause kam.

Wenn überhaupt ungefilterte Informationen aus den besetzten Gebieten in die israelische Gesellschaft gelangen, geschieht dies meist durch Friedensaktivisten, die von der Mehrheit ohnehin nicht sonderlich wahr- und ernst genommen werden, oder durch Soldaten selbst, die dort ihren Dienst im Militär ableisten. Dazu muss man aber berücksichtigen, dass ein israelischer Wehrpflichtiger wählen kann zwischen Grenzdienst und dem Dienst im Innern oder zumindest gefragt wird. Die Soldaten, die sich für die palästinensischen Gebiete entscheiden, wissen meist, was sie erwartet, und bringen wohl auch zum größten Teil schon die Einstellung mit, die sich dann in der menschenunwürdigen Behandlung der Palästinenser äußert. Dementsprechend sind die Informationen, die sie an Familienangehörige und Freunde weitergeben. Seltener lassen sich junge Soldaten und Offiziere in die palästinensischen Gebiete versetzen, die sich um die Situation dort ihre eigenen Gedanken machen. Nur langsam steigt die Zahl derer, die durch ihr Gewissen und durch die Erfahrungen als Besatzungssoldaten trotz aller Repressalien, die sie erwarten, den Militärdienst verweigern.

Dieser Dienst ist für männliche Soldaten auf drei Jahre und für weibliche auf zwei Jahre festgelegt. Einzig die orthodox Religiösen sind davon befreit – neben den muslimischen Arabern Israels, die als nicht vertrauenswürdig eingestuft werden (der einzige Vorteil, wie viele sagen). Die Haredim[272] jedoch sind die große Ausnahme in der jüdischen Gesellschaft. Ihr Gewissen wird mit Militärdienst nicht belastet. Das hatten sie Ben-Gurion bei der Staatsgründung frühzeitig abgerungen. Der hatte allerdings ihre enorme Potenz und ihren Willen, sich zu reproduzieren, völlig unterschätzt. Von einer belächelten Minderheit wurden sie im Laufe der Zeit ein ernstzunehmender Teil der Bevölkerung, der anfing auch politisch Druck auszuüben. Dabei ergibt sich ein diametraler Widerspruch in ihrer Vorgehensweise. Als Juden, die streng nach dem jüdischen Gesetz und den Vorschriften leben, lehnen sie den Staat der Israelis ab. Er ist in ihren Augen Blasphemie, eine Auflehnung gegen den göttlichen Plan. Es darf keinen jüdischen Staat geben vor der Ankunft des Messias, so sieht es der Herrscher der Welt vor. Daraus leitet sich ein fanatischer Widerstand gegen den zionistischen Staat ab. Sie leiten keine Heilslehren aus seiner Existenz ab, wie das zum Beispiel die militanten Siedler tun. Im Grunde genommen leben sie in der schlimmsten Diaspora, die

[272] Bezeichnung für Fromme im Judentum

man sich nur vorstellen kann, als Juden unter Juden. Nur sie haben die rechte Lebensweise, die der einzig wahren Vertreter des Judentums, die das Erbe von Abraham, Isaak und Jakob verwalten.

Nun jedoch haben sie ihr Machtpotential entdeckt und das stützt sich gerade auf den Staat, den sie so vehement ablehnen. Und es stützt sich auf ihr hohes Bevölkerungswachstum, das ihnen in der Parteienlandschaft Israels diese Macht bietet. Daraus ergeben sich schon ans Lächerliche grenzende Zustände, die die israelische Politik mittragen muss. Die ultraorthodoxen Parteien sind nämlich mittlerweile das politische Zünglein an der Waage, sitzen nahezu in jeder Regierung und stellen dort als Mehrheitsbeschaffer unverhohlen ihre Forderungen, die einzig darauf abzielen, ihre Interessen zu befriedigen. Das führt dazu, dass nicht nur Gesetze zu ihren Gunsten geändert werden, sondern auch, dass Ministerposten, die sie einfordern, von Leuten eingenommen werden, die an sich den Staat ablehnen, aber am politischen Geschehen trotzdem teilnehmen. Der Ministertitel kann demnach gar nicht vergeben werden – dies würde die existenzielle Grundlage des Staates bedrohen. Man hilft sich aus der Klemme, indem man diese Staatsvertreter als Vizeminister deklariert, obwohl ein Minister überhaupt nicht eingesetzt ist. Eine Haarspalterei, die nur ein ungläubiges Lächeln hervorrufen kann, und zu allem Übel werden diese Parteien auch noch als „verfassungsfeindlich“ eingestuft. Dabei hilft jedoch aus der Klemme, dass der Staat Israel gar keine Verfassung hat. Denn Ben-Gurion beugte sich 1949 bei der Verfassungsgebung den Orthodoxen, die die Existenz der Halacha, des göttlichen jüdischen Rechts, als Verfassung einklagten, insofern, als er vorab auf eine Verfassung verzichtete. Zwar wurde auch kein Gottesstaat ausgerufen, aber heute erweist sich das Fehlen einer Verfassung, gestützt auf die Deklaration der Menschenrechte, als schwere Bürde, wenn es darum geht, dass Fundamentalisten, gleich welcher Couleur, am Entscheidungsprozess in Israel teilhaben und über den Frieden mitentscheiden.

Die Haredim sind dabei keine homogene Gruppe. Einige wollen gar keinen Gottesstaat und würden am liebsten nur die Armee abschaffen. „Wenn es keinen jüdischen Staat gibt, braucht er sich auch nicht zu verteidigen. Das ganze zionistische Konzept ist ein Fehler gewesen. Wir Haredim haben schon immer mit den Arabern in Frieden gelebt. Wenn es keinen jüdischen Staat gibt, gibt es keine Armee.

Ohne Armee keine Toten. Wir können in Frieden hier leben und auf den Messias warten."[273]

Von anderen wird diese Haltung extremer vertreten. Die Neturei Karta[274] zum Beispiel, die durch den von Jassir Arafat zum palästinensischen Minister für jüdische Angelegenheiten ernannten Rabbiner Hirsch öffentlich diskutiert, wie dieses zionistische Gebilde am besten aufzulösen ist. Wie sehr die Haredim den Staat ablehnen, beweist jeder Besuch in Mea She'arim, wo der Müll und Abfall teilweise aus den Fenstern auf die Straße geworfen wird und meine Gattin Lydia sich einst nur durch einen beherzten Sprung einer solchen Entsorgung entziehen konnte.

Rebekka, unsere Nachbarin, hatte eine sehr gespaltene Einstellung zu den Haredim. „Sie werden finanziell und sozial vom Staat unterstützt. Jeder dieser Nichtstuer und Schmarotzer. Sie leben von dem, was wir für sie erarbeiten. Mit welchen Recht?" Und auf meine Frage, ob das auch ein Grund gewesen sei, warum sie und ihr Mann nicht in Mea She'arim geblieben waren, antwortete sie: „Wir konnten dort nicht mehr leben. Früher war Mea She'arim ein bevorzugtes Wohngebiet in Jerusalem, aber seit den Sechzigerjahren machten sich immer mehr Orthodoxe da breit. Heute haben sie alles besetzt. Die anderen sind geflohen. Mit denen kann man nicht zusammenleben." Und sie zeigte wie zur Erklärung mit dem Finger nach unten, dahin, wo der Chef aus New York mit seiner Familie wohnte.

„Die sind wie ein Krebsgeschwür und nehmen mittlerweile ganze Stadtviertel komplett ein. Jeder normale Mensch ist gezwungen, über kurz oder lang vor ihnen zu flüchten. Als wir die Chance bekamen, unsere Wohnung zu verkaufen, haben wir sofort zugeschlagen und sind hierher gezogen."

Ich hatte einmal persönlich das Vergnügen gehabt, die Bereitschaft der orthodoxen Juden kennen zu lernen, die Einhaltung ihrer strengen Glaubensvorschriften auch von anderen strikt einzufordern. Ein wirkliches Vergnügen war es auch gar nicht gewesen; ganz im Gegenteil. Aus Unwissenheit war ich zu Beginn meiner Zeit in Jerusalem im Westen an einem Freitagabend mit meinem Wagen unterwegs gewesen, um die Stadt mit ihren Einbahnstraßen und Gässchen zu erkun-

---

273 Vgl. auch Bibliographie: Chaim Schneider, *Israel am Wendepunkt*
274 Vgl. Fußnote 184

den. Dabei durchfuhr ich unbeabsichtigt ein orthodoxes Viertel zu der Zeit, wo zum Shabbat geblasen wird. Das ungute Gefühl, das ich auf der verzweifelten Suche nach einem Ausweg aus diesem Viertel bekam, bestätigte sich vehement, als mir ein Stein von hinten an die Hecktür geschleudert wurde. Ich gab Gas und schaute mir den Schaden erst an, als ich wieder auf sicherem Terrain war. Ich konnte Rebekka gut verstehen, die den Wahnsinn der totalen Absperrung des Autoverkehrs während des Shabbats in den Vierteln der Orthodoxen nicht mitmachen wollte. Die zweitausend Schritte, die ihr dabei von Freitag- bis Samstagabend erlaubt gewesen wären, waren ihr offensichtlich zu wenig.

Erst vor einem Jahr, 1996, war die israelische Gesellschaft wieder massiv auf dieses Problem aufmerksam gemacht worden. Die Haredim, die dank ihrer großen Nachkommenschaft in immer mehr Viertel hinein- und die ursprünglich säkularen Bewohner herausdrängen, sperrten die große Durchgangsstraße Bar-Illan zum Shabbat ab. Die Straße verbindet den Norden der Stadt mit dem Zentrum und führt mittlerweile zum Teil durch rein orthodoxe Viertel. Anfangs besetzten Chassidim[275] die Straße und stoppten die Autos durch Sitzstreiks. Im Laufe der Zeit wurden die Auseinandersetzungen immer aggressiver, als die Eingaben zur Straßensperrung abgelehnt wurden. Es flogen Steine, die Polizei schritt ein und die Auseinandersetzungen wurden von Shabbat zu Shabbat gewalttätiger. Das Ganze eskalierte in einer regelrechten Staatskrise, als die säkulare Opposition die um Netanjahu versammelten Rechten und Religiösen, die die Erstgenannten zur Mehrheitsbeschaffung brauchten, anklagte, den Pluralismus und die Demokratie zu zerstören. Als sie dann selbst zu Gegendemonstrationen in der Bar-Illan erschienen, bestimmte der Kampf um die Straße über viele Wochen das Klima. Selbst als der Oberste Gerichtshof die Sperrung verbot, wurde von den Haredim das Urteil des „gojiischen“[276] Gerichts nicht akzeptiert, da es für einen frommen Juden keine Bedeutung hat. Es wurde ein Kompromiss ausgehandelt, der beide Seiten nicht glücklich machte, und letzten Endes gaben die Autofahrer auf und mieden die Straße. Das sorgte dafür, dass sich der Zuzug der Frommen in die anliegenden Viertel in dem Maße beschleunigte, wie Säkulare davor flohen.

---

[275] Anhänger der um 1735 von Baal Schem Tov in der Ukraine und Polen gegründeten Bewegung, die in Osteuropa weite Verbreitung fand.
[276] Ungläubig

Die Zeit war ruhig, fast zu ruhig, um ernst genommen zu werden. Die PNA versuchte mit gewaltigen Summen der internationalen Gemeinschaft einen palästinensischen Staat aufzubauen und die Israelis bekamen Zeit, sich mit sich selbst zu beschäftigten. Einige wenige Einzelattacken wurden kaum wahrgenommen. Der Kampfplatz zwischen Juden und Arabern war so ruhig, dass das verblassende arabische Feindbild nach außen in Israel ersetzt wurde durch die eigenen ideologischen und sozialen Probleme im Innern. Religiöse Gruppen stritten gegen säkulare, Siedler gegen Friedensaktivisten, Rechte gegen Linke und die Sephardim forderten ihr Recht auf gleichberechtigte Anerkennung. Die Russen waren mittlerweile ins Land gekommen. Selbst Menschen, die irgendwann einmal jüdische Vorfahren hatten und mit dem Judentum wenig zu tun hatten, aber jetzt als Juden galten, waren nach Israel gezogen und genossen hier in vollen Zügen ihre neue Freiheit. Sie begannen ein eigenes System aufzubauen. Einen eigenen Fernsehkanal, eine politische Partei, russischsprachige Zeitungen und kriminelle Mafiastrukturen, und wer im Supermarkt kein Russisch sprach, war bei den Kassiererinnen im Nachteil. Die Situation in den besetzten Gebieten verbesserte sich ein wenig und die palästinensische Bevölkerung begann ihre innere wirtschaftliche Kraft umzusetzen. Die steigenden immer höheren Arbeitslosenzahlen sanken kurzfristig und ein kleiner Aufschwung war unübersehbar. Die Schule erwirtschaftete 15% ihres Jahresbudgets.

Allerdings lief der Siedlungsbau, getragen von einem orthodoxen „Vizeminister“, auf Hochtouren. Dass hierbei der Wohnungsbau für Fromme nicht nur auf Kosten der arabischen Bevölkerung, sondern auch auf Kosten der Sephardim ging, musste die Regierung Netanjahu zähneknirschend akzeptieren. Die Landenteignung in der Westbank jedenfalls erreichte einen Höhepunkt.

Einer der Angestellten der Schule besaß bei Beit Jala westlich von Bethlehem in einem langen Tal mehrere Hektar Land mit Olivenbäumen. Eines Morgens standen die schweren israelischen Raupen da und zogen quer durch sein Eigentum eine Umgehungsstraße. Protest half nichts und auch keine Eingabe bei der Zivilverwaltung. Sein Grundstück wurde zerteilt, der Verlust an Land war gewaltig. Die Bodenwellen wurden hoch aufgeschüttet und die Olivenbäume darunter begraben. Die Israelis hatten begonnen, die großen Siedlerstraßen um Ramallah und Bethlehem zu bauen – wieder einmal auf

Kosten der Palästinenser. Einzelschicksale. Alltag, kaum erwähnenswert.

Die Ruhe war trügerisch, und so lange sie auch anhielt, allen war klar, es war die Ruhe vor dem großen Sturm.

Im Sommerurlaub 1998 erreichte mich ein Fax der ITS zu Hause in Bad Berleburg.

Zughair verhaftet!

Keiner weiß warum. Wir können keinen Kontakt aufnehmen.

Abu Ziad

Mein sofortiger Rückruf brachte weitere Details. Zughair war nach einem Verhör nicht zurückgekehrt. Eine Anklage gab es nicht. Nach zwei Tagen durfte seine Frau die Tasche, die immer für ihn bereitstand, zur Moskobija nach Jerusalem bringen. Zughair musste dort sein. Dies bestätigte eine Woche später ein arabischer Rechtsanwalt, dem erlaubt wurde, ihn kurz zu sehen.

Ich blieb noch eine Woche in Deutschland und beschloss, als mich keine neuen Nachrichten erreichten, nach Jerusalem zurückzukehren. Die Schiffsreise dauerte eine weitere Woche, und als ich in Jerusalem ankam, saß Zughair mittlerweile seit fünf Wochen im Gefängnis. Vom Anwalt erfuhr ich, dass die Militärbehörden keine Auskunft über den Grund seiner Inhaftierung gaben. Aber Zughairs Gesundheitszustand hatte sich dramatisch verschlechtert. Ich erfuhr, dass er nun jeden Tag zur Untersuchung in ein Krankenhaus gebracht wurde. Aus Entlastungsgründen, nicht aus Sorge um seine Gesundheit.

Am nächsten Morgen stand ich vor der Moskobija. An der Schranke hatte ich meine Sonnenbrille aufgesetzt und zog meinen Pass heraus. „Ich suche den Direktor einer arabischen Schule, der hier inhaftiert ist.“ Der Soldat ließ mich passieren, nachdem er mich untersucht hatte. „Wo kann ich mich hinwenden?“ Er zeigte zu einem Durchgang in den Innenhof und dann rechts um die Ecke, dort sei eine Tür mit einer kleinen Treppe, da solle ich klopfen. Ich tat wie geheißen und stand wenig später vor einer grünen Stahltür. Das Eigentümliche war nicht ihre besonders robuste Bauweise mit angenieteten Verstrebungen, sondern das Loch, das sich in Augenhöhe darin befand. Dieses Loch war etwa faustgroß und hatte ein Eisenkreuz in der Mitte.

Als ich durch das Loch schaute, nahm ich einen Raum wahr, in dem sich mehrere Soldaten aufhielten. Ich klopfte an die Tür und einer drehte sich gelangweilt um. Er sagte etwas auf Hebräisch, das ich nicht verstand. Ich klopfte noch mal. Er stand auf, kam bis zum Türloch und sagte das Gleiche, nur etwas lauter.

„Ich möchte zu Hamid Zughair", sagte ich in Englisch.

„Wer soll das sein?", erwiderte er gebrochen.

„Er ist Direktor einer Schule in Beit Hanina. Er sitzt hier im Gefängnis."

„Bist du Journalist? Dann verschwinde", gab er mir zu verstehen und wollte sich entfernen.

„Bleib hier, verdammt", erhob ich meine Stimme. „Siehst du den Pass? Ich will mit ihm sprechen."

Er öffnete die Tür und ließ sich meinen Pass zeigen. Dann sagte er: „Warten Sie hier." Die Tür wurde wieder zugemacht.

Ich wartete fast zehn Minuten und hatte Zeit, mir darüber Gedanken zu machen, warum dieses kleine Loch in der Tür zusätzlich noch durch ein Kreuz gesichert war. So, wie mich der Türsteher abgefertigt hatte, hätte es mich nicht erstaunt, wenn bei gleicher Behandlung ein anderer Gast vor der Tür einst seine Faust hindurchgeschlagen oder sein Gegenüber am Kragen gepackt hatte. Wozu sonst war dort ein eisernes Kreuz angebracht?

Die Tür ging zwar nicht wieder auf, aber ein Offizier erschien und blickte mich durch das viergeteilte Loch an. „Was wollen Sie?"

„Ich möchte mit Hamid Zughair sprechen, der hier seit vier Wochen inhaftiert ist."

„Warum wollen Sie ihn sprechen?"

„Er ist Direktor einer arabischen Schule. Sie ist führungslos. Wir wollen wissen, was ihm vorgeworfen wird."

„Hamid Zughair ist nicht da. Sie können nicht mit ihm sprechen."

„Hören Sie, ich bin extra heute Morgen von Tel Aviv heraufgefahren. Ich habe ein Recht zu wissen, was mit ihm passiert ist."

„Er ist zur Untersuchung."

„Wann kommt er zurück?“

„Ich weiß nicht.“

„Gut, dann warte ich.“

Das schien ihm nicht zu gefallen. „Sie können Zughair nicht sehen, heute nicht und morgen nicht.“

„Also ist er doch da?“

Er gab keine Antwort, was mir das Gesagte aber nur bestätigte.

„Sie lassen mich also nicht zu ihm durch?“

Er zuckte die Schultern.

„Bitte geben Sie mir ihren Namen und ihren Dienstgrad“, sagte ich nun eindringlich.

„Schreiben Sie einen Bericht?“

„Natürlich schreibe ich einen Bericht. Ich werde erwähnen, dass ich keinen Zugang zu ihm bekommen habe und dass ich keine Angaben über seinen Zustand machen kann – geschweige denn über die Anklage, die ihm vorgeworfen wird.“

Das schien ihn nicht sonderlich zu interessieren, denn er wandte sich von der Tür ab und ließ mich davor stehen. Der Sinn des eisernen Kreuzes war mir jetzt völlig klar. Vielleicht hatte ja auch jemand einmal irgendetwas hinterhergeworfen.

Mir blieb nichts übrig, als unverrichteter Dinge wieder abzuziehen. Im Innenhof blickte ich mich um. Es war ein altes Gebäude im Viereck, einem Gutshof vergleichbar. Vielleicht hatte es früher einmal als Karawanserei gedient. Die schweren braunen Bruchsteinmauern machten einen an sich freundlichen Eindruck. Ich mochte mir allerdings nicht vorstellen, was hinter diesen dicken Mauern alles vor sich ging. Im Jahr 1996 hatte die Schweiz gegen Israel wegen der Verletzung der Menschenrechte protestiert, als vom Obersten Gericht Israels in drei Fällen die Rechtmäßigkeit des Einsatzes gewaltsamer Methoden beim Verhör von Angehörigen einer palästinensischen Untergrundorganisation bestätigt wurde. Dass das grundlegende Recht eines jeden Menschen, nicht gefoltert zu werden, nun nicht nur de facto, sondern auch de jure übergangen wurde, ließ die Unterschrift Israels unter die allgemeinen Konventionen des humanitären

Völkerrechts geradezu zur Farce werden. Davon gäbe es keine Ausnahme, so lautete der Konsens der internationalen Gemeinschaft, auch nicht für Israel, während Amnesty International gar israelische Ärzte beschuldigte, als Zeugen den Folterungen beizuwohnen. Nicht nur Hippokrates schaute da verschämt zur Seite, sondern auch die Beharrlichkeit der Schweiz, diese Sache mit Nachdruck weiter zu verfolgen, kam zu einem unerwartet abrupten Ende. Sie scheiterte nicht an der Rechtmäßigkeit der Anklagen, sondern an einer Kampagne jüdischer Interessensverbände, die Eidgenossen letztendlich sogar mit amerikanischem Wirtschaftsboykott in die Knie zu zwingen. Es ging um Nazikonten auf Schweizer Banken, um Reparationsforderungen in unglaublicher Höhe[277], um den Faktor Zeit und die unglaubliche jüdische Einwirkung auf die amerikanische Politik. Norman Finkelstein beschreibt in seinem Buch „Die Holocaust-Industrie", mit welchen Bandagen dort gekämpft und am Ende auch abkassiert wurde. Bei dieser finanziellen Größenordnung und Brisanz[278] ging die Schweizer Anklage wegen Folter in Israel beiläufig im Gedenken an die Wiedergutmachung für die Opfer des Holocaust unter.

Ich hatte auch die deutsche Botschaft informiert und wir alle machten uns Sorgen um Hamid Zughair. Erst kürzlich, am 17. August, war wieder ein Palästinenser unter dubiosen Umständen in der Haft verstorben. Ich war drauf und dran, Flug in Haifa anzurufen, als uns vier Tage nach meinem Besuch in der Moskobija die Nachricht erreichte, man könne Zughair abholen. Er sei entlassen. Der arabische Rechtsanwalt war schon auf dem Weg zu ihm und wir warteten in der Schule gespannt auf seine Rückkehr. Als er aus dem Auto

277 Von der anfänglichen Forderung von 20 Milliarden US-Dollar zahlte die Schweiz am Ende 1,25 Milliarden an jüdische Organisationen, denen es plötzlich gar nicht mehr so wichtig war, die Gelder schnell zu verteilen, um das in der Anklage vorgebrachte Argument zu erfüllen, die lebenden Naziopfer noch zu Lebzeiten zu entschädigen. Der Hauptteil ging an die Organisationen und Rechtsanwälte. Die Bergier-Kommission schätzte den tatsächlichen Wert des jüdischen Goldes auf Schweizer Banken auf 1 Mio. US-Dollar und der Volker-Ausschuss den Wert von jüdischem Geld auf Schweizer Konten auf maximal 250 Mio. US-Dollar.

278 Die hohen Zahlen der in den Reparationsverhandlungen angegebenen „Überlebenden" des Holocaust, um diese unglaublichen Summen zu erpressen, spielten letzten Endes den Leugnern des Holocaust entgegen. Je mehr Überlebende, umso weniger Opfer, folgerten diese.

stieg, war ich erschüttert und hatte Tränen in den Augen. Er konnte nicht allein gehen und wurde von seinem Sohn gestützt. Der kleine Körper war noch mehr zusammengesackt – er ging gebeugt. Sein Gesicht war eingefallen aber er lächelte mich an und seine Augen waren die gleichen. Vielleicht sogar noch stärker als jemals zuvor.

Die nächsten vier Tage waren wohl die einzigen, die Hamid Zughair jemals an seinem Arbeitsplatz fehlen sollte, wenn er in Jerusalem anwesend war. Am fünften saß er wieder in seinem Büro. Er hatte einen Krückstock dabei und bewegte sich damit sehr langsam. Im Gesicht hatte er sich ein wenig erholt, seine Bewegungen allerdings waren von nun an eingeschränkt. Man hatte ihn spätabends nach Bet El befohlen und er war nach einem üblichen Verhör mit Fragen zur Sicherheit und dem Nachforschen nach Personennamen in die Moskobija eingeliefert worden. Dort saß er mit 16 anderen, meist jugendlichen Gefangenen in einer Zelle mit zehn Betten. Die Betten wurden abwechselnd im Rhythmus benutzt, der Rest schlief auf dem Boden. Eines davon wurde mit einem Teekocher als Küche umfunktioniert. Die Jungen hatten ihm als dem weitaus Ältesten ein eigenes Bett zugewiesen. Die Toilette stand in einer Ecke des Raumes und zwei Mann hielten eine Decke vor den, der sie gerade benutzte. Die Verhöre fanden regelmäßig statt, mit Licht im Gesicht und manchmal auch im Stehen. Dann ging es zum Hängen oder Hocken an die Stangen im Flur oder die Arme wurden im Stehen so hochgebunden, dass sie blutlos anfingen, ihren Dienst mit der Zeit aufzugeben, und wer keine Elektroschocks bekam, hatte den Tag noch gut überstanden[279]. Tag oder Nacht war aber ohnehin egal, die Delinquenten hatten außerhalb der Zelle oder des Verhörraums meist die Kapuze über dem Kopf. Zughairs Gliedmaßen hielten die Torturen nicht mehr aus. Er war nicht mehr der Jüngste.

Die Sorge um seine Zukunft, die Ungewissheit einer Anklage und die Angst vor einer ähnlichen Behandlung mit der einjährigen Haft wie vor zehn Jahren in Ashdod zogen zusätzlich sein Herz in Mitleidenschaft. Er sollte davon nie mehr gesunden. Sein Zustand verschlechterte sich merklich. Als der körperliche Verfall so groß wurde, dass die Militärs Angst bekamen, er würde ihnen unter der Hand wegsterben, verordneten sie ihm tägliche Krankenhausuntersuchungen. Vom Hängen und anderen Foltermethoden wurde er befreit.

[279] Am 17. März 1998 erst hatte die UNO wieder Folter in Israel kritisiert und am 17. Juli das UN-Komitee für Menschenrechte.

Die Mitgefangenen pflegten ihn. Er verlor trotzdem zehn Kilo. Bei einem Verhör zwei Tage vor seiner Entlassung fragten sie ihn plötzlich: „Hamid, es war jemand da. Was hast du mit dem zu tun?“ Als er erklärte, er habe das doch alles schon mehrmals erzählt, merkte er, dass sie der Sache jetzt ein anderes Gewicht gaben und ihm zuhörten. 48 Stunden später war er frei.

Zughair und ich fragten uns später, was denn der Auslöser für seine Inhaftierung gewesen sein könnte. Er wusste es nicht. Er war am 22. Juli verhaftet worden. Am 19. Juli war ein Palästinenser mit einem mit Sprengstoff vollbeladenen Van durch die Jaffa Street in Jerusalem gefahren. Als das Auto in Brand geriet, wurde das Feuer schnell gelöscht und der Fahrer verhaftet. Es hieß, er sei Hamas-Mitglied. War das der Auslöser? Gab es da Verbindungen? Waren dort Namen erpresst worden? Ich konnte es nicht beantworten.

Seit einem Jahr war der Prozess gegen Musa, unseren israelischen Broker, der uns betrogen hatte, angelaufen. Gerichtsort war Haifa und so mussten wir jedes Mal von Jerusalem in den Norden Israels fahren. Einmal waren auch Zughair und Abu Ziad, der vom Gericht eine Sondererlaubnis erhalten hatte, zur Zeugenaussage mitgefahren. Ansonsten vertrat ich die Schule auf Wunsch von Zughair allein. Musa selbst war zu keiner der Sitzungen anwesend. Sein Anwalt war ein überheblicher, windiger Wortverdreher, in feinen Zwirn gekleidet und selten hat sich meine sofortige Abneigung gegen einen Menschen so bestätigt wie in diesem Fall. Flug und ich waren uns in dieser Einschätzung vollkommen einig.

Es war im Spätsommer ’99, als ich zur letzten Sitzung nach Haifa fuhr. Am Urteil konnte es an sich keinen Zweifel mehr geben. Zu klar waren die Beweise gegen Musa und sein Anwalt konnte trotz aller Raffinesse und theaterreifen Aufführungen die Richterin wenig überzeugen. Als der Fall sich zu unseren Gunsten neigte, hatte Flug die Hauptarbeit an eine junge Rechtsanwältin aus seinem Büro übergeben. Also saßen wir heute zu dritt im Gericht. Meine Hoffnung auf ein Urteil, so wie ich es verstanden hatte, erfüllte sich aber nicht.

„Es ist nur der letzte Tag der Beweisaufnahme. Das Urteil spricht die Richterin später“, erklärte mir Flug.

„Wann?“, fragte ich nach, denn ich hatte gehofft, dass der Schaden, den wir erlitten hatten, nun endlich beglichen würde.

„Das liegt im Ermessen der Richterin.“ Damit musste ich zufrieden sein, in der Hoffnung, dass bei der klaren Beweislage die Sache schnell abgefertigt wurde. Jedoch weit gefehlt; das Urteil wurde zwar zu unseren Gunsten gesprochen, aber erst nach einem weiteren Jahr. Musa sollte fast eine halbe Million Schekel zurückzahlen, mit Zins und Zinseszins, aber da war er schon verschwunden. Er hatte das Land verlassen. Ich denke, seinen Anwalt hat er noch ausgezahlt. Musa blieb unauffindbar und das Verfolgen auf den Rechtstitel wurde von der arabischen Schule aus Jerusalem am Ende aufgegeben.

Als wir nach dem letzten Sitzungstag in Flugs Büro noch zusammensaßen und den Prozess analysierten, kamen wir natürlich zwangsläufig auf den Nahostkonflikt zu sprechen. Mich hatte schon ein halbes Jahr vorher gewundert, wie wenig die Israelis über ihre arabischen Nachbarn wissen. Damals war die junge Rechtsanwältin zu einem Besuch in Beit Hanina gewesen und ich hatte sie zum Mittagessen eingeladen. Wir saßen im Colony in Jerusalem als Einzige im Restaurant und sie wunderte sich über die abgespeckte Speisekarte in diesem an sich doch sehr komfortablen Hotel.

„Es ist Ramadan“, erklärte ich ihr. „Da lohnt sich für die Küche wahrscheinlich der Aufwand nicht.“

„Ramadan, was ist das?“

Diese Frage erstaunte mich total. Da saß eine junge Israelin vor mir; gut ausgebildet gehörte sie zweifelsohne mit ihrem abgeschlossenen Studium zur Elite ihres Landes und hatte sich doch während ihrer gesamten Schulzeit und späteren Ausbildung mit dem Thema Palästina und mit seinen Bewohnern nie wirklich beschäftigt. Oder wurde die Existenz Palästinas und alles, was damit zusammenhängt, bewusst verdrängt? In Israel gehen jüdische und arabische Kinder normalerweise nicht in gemeinsame Schulen. Die Kinder begegnen sich praktisch nicht. In arabischen Schulen in Israel ist die Klassengröße um ein Drittel höher und die Mittelzuweisung weitaus geringer als für die Schulen, die von jüdischen Kindern besucht werden. Schulräume fehlen. Was die junge Israelin von den Palästinensern in den besetzten Gebieten wusste, ließ sich mehr oder weniger reduzieren auf die Tagesnachrichten mit Bildern von Selbstmordanschlägen und dem, was sie über die ITS und deren Menschen jetzt gerade kennen gelernt hatte. Auch legte sie gar keine große Neugier an den Tag, der ich hätte entnehmen können, dass sie etwas über ihre Nachbarn lernen wollte. Dass Araber zum Leben in Israel dazugehören, hatte sie nie damit verbunden, dass diese sich nicht im israelischen Leben assimilieren könnten und eine eigene Kultur, andere Traditionen und andere religiöse Bedürfnisse haben. Dass immerhin rund 20% der Einwohner Israels, die besetzten Gebiete ausgenommen, Araber sind, darunter Moslems, Christen und Drusen, schien sie nicht großartig wahrzunehmen. Es ist ein allgemeines israelisches Problem.

Das Interesse an den Arabern in Israel reicht nur so weit, wie die Israelis selbst in ihrem unmittelbaren Leben davon betroffen sind. Und das ist nicht gerade viel, wenn sie aus der gehobenen israelischen Schicht und aus den großen Städten in der Ebene stammen. Die Araber sind kaum existent und werden, wenn überhaupt, nur im Kollektiv erwähnt. Individuelle Beziehungen sind die Ausnahme, so wie auch arabische Unternehmen. Sie sind meist billige Arbeitskräfte, die das verrichten, was ansonsten kein Israeli mehr anpackt. Abends ziehen sie sich in ihre Wohnorte zurück und sind nicht mehr zu sehen. Ein Idealfall; sie sind da, wenn man sie braucht, und verschwinden wieder, wenn man sie nicht mehr sehen will. Wenn es zusätzlich darum geht, die Situation der Palästinenser in der West-Bank und in Gaza zu bewerten, fehlt bei vielen Israelis völlig die Übersicht. Das sind Mäuse, nicht mehr. Palästinenser eben – Arbeitspotential aus Gaza und aus der West-Bank, billig, fügsam und in großer Zahl vorhanden. Der unterschwellige Rassismus, der sich dahinter verbirgt, wird kaum noch wahrgenommen. Wenn sie nur still halten würden, man könnte so gut mit ihnen auskommen!

Auch bei Simon Flug war das so, der nur soweit die Umstände der Palästinenser diskutierte, wie er die Auswirkungen dieser Umstände vernachlässigen konnte. Beide Rechtsanwälte beschäftigten sich, wenn überhaupt, nur so weit mit der palästinensischen Situation, wie sie von deren Auswirkungen nicht selbst betroffen waren. Heute allerdings standen sie unter dem Eindruck eines Attentats, dem zwei junge Israelis zum Opfer gefallen waren; einer davon kam aus Haifa und war ihnen über eine Mitarbeiterin bekannt. Sie waren bei Megiddo beim Trampen ermordet worden, vermutlich von Arabern. Die Mörder wurden nie gefasst. Ein Bekennerschreiben war eingegangen.

Bei der jungen Rechtsanwältin und selbst bei Flug waren damit alle Grenzen der Toleranz gegenüber Palästinensern verschwunden. Was zählte, war der Anschlag, nichts anderes. Wie, warum und was zu diesem Mord geführt hatte, zählte nicht. Die direkte Betroffenheit war zu stark und führte zu dem mir bekannten Schuldmuster, das allen Palästinensern dann sofort kollektiv aufgelegt wird. Den Hinweis, dass man immer auch Motive, Ursachen und Gründe hinterfragen muss, ließen sie hier nicht gelten. Beide waren weltoffen, ohne Zweifel, und trotzdem tief geprägt von diesem Staat, der sich seine Unschuld in den abendlichen Berichten von arabischen Anschlägen und von israelischem Leid immer wieder selbst beweisen muss. Selbstmitleid und Verfolgungsangst, gestärkt durch die permanenten Prediger des Holocaust. Eine Fatalität, die der israelischen Bevölkerung die Augen vor der Wirklichkeit verschließt. Ein anerzogener Abwehrmechanismus, der die Wahrheit verschleiert. Nur wenige Israelis sind in der Lage, durch den anerzogenen Schleier von Unschuld und Verfolgung die Wahrheit der eigenen Taten zu erkennen.

Ich wollte und konnte natürlich Mord und Totschlag nicht verteidigen, sah jedoch die Ursachenbehebung aus einem völlig anderen Blickwinkel. Wir kamen an einen Punkt, wo sich jede weitere Diskussion im Kreis drehte. Die Spirale der Gewalt, die Ignoranz und die unentwegten harten Gegenreaktionen beider Seiten, die sich immer weiter gegenseitig aufschaukelten, konnte auch ich mit den beiden nicht durchbrechen. Diskussionen mit Israelis jedenfalls führten während meiner Zeit niemals zu einem Ergebnis, ja manchmal schien es so, als spreche man über zwei verschiedene Dinge.

„Haben Sie jemals das gesehen, was die palästinensischen Attentäter bei ihren Anschlägen hinterlassen?", fragten mich beide.

„Ja", sagte ich und dachte mit Schaudern an die Bilder vom Busattentat in Jerusalem.

„Was wollen die also? Wir geben ihnen alle Chancen und sie bringen nichts als Zerstörung und Tod. Schauen Sie, zum Beispiel hier in Haifa gibt es das Restaurant Maxim. Es befindet sich im gemeinsamen Besitz einer jüdischen und einer arabischen Familie und gilt als das Symbol arabisch-jüdischer Einheit. Warum können die anderen nicht auch so mit uns leben?"

„Das scheint mir die große Ausnahme zu sein. Die meisten Araber haben doch alles verloren", erwiderte ich und erzählte ihnen die Geschichte des Teeverkäufers aus Amman, der ja ganz in der Nähe von Haifa aufgewachsen war. Gerade hier in Haifa und Umgebung hatten damals seine Verwandten unter den Angriffen der jüdischen

Milizen stark gelitten, waren später von ihrem Wohnort Balad Al-Shaykh vertrieben worden und in den Libanon geflüchtet.

„Diesen Ort gibt es hier gar nicht“, war die gemeinsame Antwort.

„Wahrscheinlich nicht mehr“, sagte ich und war mir nun sicher, dass ich die Zeit heute dazu nutzen wollte, den Ort zu suchen. Beide hatten dazu leider keine Zeit und hielten das wohl auch für überflüssig. Also verabschiedeten wir uns voneinander mit der Gewissheit, zusammen zwar auf der rein israelischen Ebene einen Sieg vor Gericht errungen zu haben, aber auf der israelisch-palästinensischen keinen Schritt vorangekommen zu sein.

Da ich keine Ahnung hatte, wo ich nun nach dem Ort suchen sollte, fuhr ich hinunter in die Stadt auf den Markt, denn hier war ich mir sicher, Araber zu finden, von denen ich mir die nötigen Informationen versprach.

Ein älterer Mann hinter einem Gemüsestand war sehr verwundert über meine Frage. Dadurch, dass ich ihn aber auf Arabisch ansprach und er deutlich erkannte, dass ich kein Israeli war, nahm er mich zur Seite. Wir setzten uns auf zwei leere Kisten und er fragte mich: „Wer bist du, dass du nach diesem Ort fragst?“ Ich erzählte ihm von meinen Aufgaben, von der West-Bank, von Jerusalem und erklärte ihm, dass ich über vieles von damals schon Bescheid wisse.

„Hör mir zu. Ich habe diesen Namen schon fast vergessen. So geht das, wenn die Zeit die Wunden heilt. Es war schlimm damals. Wir Kinder litten am meisten. Ich lebte in Haifa am Hafen mit meiner Familie, als sie kamen. Es war im Monat April und sie waren viel mehr, als wir dachten. Unsere Verteidiger hatten keine Chance. Eine Einheit kam aus dem Wadi Rashmija. Sie gingen gegen Balad Al-Shaykh vor. Alle Einwohner wurden von dort vertrieben. Die Briten waren mit ihnen im Bunde. Sie haben Verteidiger aus Al-Tira daran gehindert, uns in Haifa beizustehen. Mein Vater fiel beim Kampf um Haifa. Allah sei ihm gnädig. Fast alle Einwohner flohen aufs Meer. Wir waren zu dritt, meine Mutter, meine Schwester und ich. Wir versteckten uns, bis sie uns fanden. Sie plünderten alle Häuser, die verlassen worden waren. Es war eine schwere Zeit. Später mussten wir umziehen und unser Haus wurde abgerissen. Da stehen jetzt Verladekräne. Die jüdischen Nachbarn haben uns immer wieder gesagt, wir würden nicht angegriffen[280]. Sie haben uns viel gesagt und sagen auch heute noch viel. Was sie tun, ist jedoch eine andere Sache."

Von 60.000 arabischen Einwohnern in Haifa blieben nur 3.500 zurück. Den Truppen der Arabischen Legion[281], die mit einer Stärke von 700 Mann nicht weit entfernt vor Haifa lagen, war von Emir Abdullah der Befehl gegeben worden, nicht einzugreifen, was immer auch passiere. Ihr englischer Kommandeur, John Bagot Glubb Pascha, hatte sich mit den Briten verständigt.

„Wir hörten die Lautsprecher der Juden in unserem Versteck. Alle sollten sofort ihre Häuser verlassen oder sie würden erschossen. Wir hatten große Angst, als sie uns zwei Tage später fanden."

„Wo liegt der Ort Balad Al-Shaykh, kann man noch etwas davon sehen?", fragte ich.

„Balad Al-Shaykh gibt es nicht mehr, aber viele der Häuser stehen noch. Dort leben heute Juden. Es ist heute ein Außenbezirk von Haifa, den sie Nesher nennen. Du wirst die alten arabischen Häuser leicht erkennen."

„Wie lebt ihr in Haifa heute? Geht es euch gut?"

„Wir haben genug zum Leben. Ja, aber wir sind doch nur Araber, Menschen zweiter Klasse. Unsere Kinder bekommen weniger Geld, wenn sie arbeiten, und wir machen die Drecksarbeit für sie. Dafür dürfen wir ihnen unsere Früchte verkaufen und kommen damit gut aus. Wenn wir still halten, haben wir nichts zu befürchten. Ich will in Frieden hier leben, wer immer auch das Sagen hat, ist mir egal, wenn man mich nur in Ruhe lässt."

---

280 Vgl. auch Bibliographie: Benni Morris, *The Birth of the Palestinian Refugee Problem 1948 – 1949*
Übersetzung des Autors aus dem Englischen:
„In Haifa erzählte die Zivilverwaltung (Bürgermeister Shabtai Levi) eines, aber die Haganah machte etwas anderes. Die Haganah-Einheiten operierten widersprüchlich und unvorhersehbar für die arabische Bevölkerung."
281 Siehe Index 9 – Arabische Legion.
Die Legion war nach dem Geheimabkommen von Ben-Gurion und Emir Abdullah von Transjordanien außer Gefecht gesetzt und zum Stillstand verdammt.

Ich verabschiedete mich von ihm, nachdem er mir den Weg nach Nesher beschrieben hatte, mit einem großen Dankeschön und er wünschte mir Allahs Segen. Ich hatte mehr gehört, als ich erwarten durfte, und war froh, dass ich gerade ihn angesprochen hatte. Einiges von dem, was er auf Arabisch erzählt hatte, hatte ich zwar nicht genau verstanden, aber der Sinn seiner Worte war mir klar. Es hörte sich so ganz anders an, als die jüdischen Einwohner Haifas ihr Zusammenleben mit den Arabern immer anpreisen.

Ich fuhr also ins Landesinnere und so, wie der Gemüsehändler es mir beschrieben hatte, gelangte ich nach ein paar Kilometern nach Nesher. Wenn ich vorhin durch den Ort gefahren wäre, hätte ich kaum realisiert, dass dies einmal eine arabische Stadt gewesen war. Aber jetzt fiel mir natürlich sofort die Bauweise einiger Häuser auf, die aus den braunen Bruchsteinen errichtet waren, weil ich darauf achtete. Ich stellte den Wagen am Straßenrand ab und ging zu Fuß weiter. Die Häuser hatten jüdische Bewohner und nichts erinnerte an ihre Vorbesitzer. Dann fand ich doch noch eine alte arabische Tafel auf rostigen Eisengestellen am Ende der Stadt in einer Nebenstraße und ein hellbraunes Steintor, das offensichtlich der Eingang zu einem besonderen Ort gewesen war, denn ich entdeckte weiter hinten auf dem flachen Feld helle Steinquader und Reste von Mauern. Die Anlage war ungepflegt und überall lagen Trümmer herum. Aber es war einiges los auf dem großen Platz. Die Israelis bauten quer darüber eine Schnellstraße und die Brückenfundamente wurden gerade errichtet. Als ich näher an das Tor an der Straße trat, fielen mir direkt daneben steinerne Bruchstücke auf, die eben von diesem Tor stammen mussten. Sie waren offensichtlich von oben heruntergeschlagen worden, denn ich konnte deutlich die eingemeißelten arabischen Schriftzeichen in den Bruchstücken erkennen, die den Ort als Friedhof ausgaben. Die Israelis gruben die Brückenfundamente auf dem Gräberfeld von Balad Al-Shaykh!

Meine weiteren Recherchen brachten später Folgendes zu Tage. Balad Al-Shaykh war Ziel eines Angriffs der Palmach[282] geworden, die in der Neujahrsnacht 1948 in die Stadt eindrang und dort ein Massaker an den überraschten Einwohnern verübte. Das Ganze war eine Vergeltungsaktion, die den Tod von 39 getöteten Juden tags zuvor in der Öl-Raffinerie von Haifa rächen sollte, und hatte die volle Unterstützung der jüdischen Autoritäten.

---

[282] Siehe Index 8 – Haganah, Palmach

Was genau war dort passiert?

Im Zusammenhang mit den Auseinandersetzungen zwischen Juden und Arabern in Palästina, die auf den UN-Teilungsplan vom November 1947 folgten, warf die jüdische Terrorgruppe Irgun[283] am 30. Dezember aus einem Fahrzeug zwei Bomben in eine Gruppe von arabischen Arbeitern vor den Toren der Raffinerie, obwohl gerade dort das Verhältnis von jüdischen und arabischen Arbeitern allgemein als friedfertig galt. Die Attentäter verschwanden so schnell, wie sie gekommen waren. Sechs Araber wurden dabei getötet und 42 zum Teil schwer verletzt. Darauf stürmten die aufgebrachten Arbeiter die Raffinerie, erschlugen ihrerseits 39 jüdische Kollegen und verletzten 49. Die Jewish Agency berichtete offiziell, dass einige der Araber jüdische Kollegen versteckten, ihnen zur Flucht verhalfen und dass arabische Sicherheitskräfte knapp 40 Juden retten konnten.

Die Haganah nahm nun ihrerseits dies zum Anlass, die Stadt Balad Al-Shaykh schon einen Tag später zu überfallen. Die Zahlen der getöteten Opfer schwanken zwischen 21 und 70.

Morris schreibt dazu: „Die Haganah verübte massive Vergeltung in der Nacht vom 31. Dezember 1947 auf den 1. Januar 1948, als sie die Dörfer Balad Al-Shaykh und Hawsha angriff, in denen viele Arbeiter der Öl-Raffinerie wohnten. Sie hatten Befehl, so viele erwachsene Männer zu töten wie eben möglich. Die Angreifer drangen ins Zentrum von Balad Al-Shaykh vor, feuerten in die Häuser, sprengten sie in die Luft und zogen die Männer heraus und erschossen sie. … Die eindringenden Einheiten waren gezwungen von ihrer Linie abzuweichen und auch Frauen und Kinder zu treffen, als das Feuer aus dem Inneren von einigen Häusern erwidert wurde. Die Haganah verlor zwei Mann und weitere zwei wurden verwundet."

Der Bericht der Haganah erwähnt zwei getötete Frauen und fünf getötete Kinder, andere sprechen von weiteren acht verletzten Frauen und neun verletzten Kindern.

Wie viele es auch immer gewesen sind, die Aggression kam von jüdischer Seite und schaukelte sich hoch. Mir stellt sich am Ende der Geschichte nur noch die Frage: Wurden die Toten des Massakers von Balad Al-Shaykh auf dem Friedhof beigesetzt, auf dem die Israelis jetzt ihre Brückenpfeiler setzten?

---

[283] Siehe Index 10 – Lechi, Irgun.

Seit mehr als einem Jahr schon war ein Großprojekt im Gange, das von Jassir Arafat selbst ins Leben gerufen worden war und von dem er sich große Aufmerksamkeit in der Welt für sein neues Palästina erhoffte. Bethlehem 2000. Palästina sollte sich zur Jahrtausendwende präsentieren und die westliche Gebergemeinschaft war auf den Zug aufgesprungen. Riesige Summen wurden bereitgestellt, um die Altstadt von Bethlehem zu sanieren, den Tourismus zu beleben und die religiöse Vielfalt Palästinas zu diesem Jahrhunderterereignis entsprechend zu demonstrieren. Selbst kleinere Länder aus Europa, die sonst bei der internationalen Entwicklungszusammenarbeit mit Palästina nicht in der ersten Reihe standen, hatten Komponenten übernommen. Eine große logistische Leistung, die da von den Palästinensern gestemmt wurde. Ein Jahr lang war Bethlehem eine riesige Baustelle gewesen, da waren die Grenzen der einen oder anderen Finanzierung nicht exakt abgestimmt oder die Arbeiten wurden durch unvorhersehbare technische Probleme, Attentate und andere Ereignisse verzögert. Die Zeit drohte davonzulaufen und am Ende des Jahres 1999 überschlugen sich die Aktivitäten. Je näher das Großereignis kam, desto chaotischer wurden die Betriebsamkeiten, aber auch die Nervosität nahm bei den Verantwortlichen merklich zu. Seit einem Jahr schon tickte auf dem Rathausplatz von Bethlehem die Uhr digital herunter, die die Jahrtausendwende anzeigte. Die Menschen machten sich große Hoffnungen, die letzten mageren Jahre nun endlich vergessen zu können.

Seit Heiligabend waren die letzten Steinplatten verlegt und die Girlanden auf dem Platz vor der Geburtskirche aufgehängt. Bunter und greller als jemals zuvor. Es sollte ein besonderes Ereignis werden. Einige Parkplätze waren zwar nicht rechtzeitig fertig geworden, aber als die Stunde kam, stellte sich alles auf dem großen Platz recht annehmlich dar. Die Laternen und Strahler beleuchteten den neuen Platz vor Rathaus und Geburtskirche und die Geschäftsleute stellten ihre Waren im Glanze der flackernden Lichterketten aus. Wer genau hinsah, konnte zwar vieles entdecken, was noch als Provisorium diente, aber im Dunkel der Abenddämmerung des großen Tages verschwanden die Zeugnisse der Chaostage davor. Es schien, alles sei perfekt organisiert. Tausende waren erschienen und der Platz war schon früh an Silvester mit Menschen übersät. Hohe Würdenträger hatten sich angekündigt und die Politiker und Botschafter der Geberländer waren stolz in ihren Limousinen vorgefahren und hatten auf der großen Tribüne Platz genommen. Arafat war erschienen und die

Kameras von Fernsehsendern aus aller Welt übertrugen. Es wurden Reden gehalten, Chöre sangen und ein Orchester spielte. Dann endlich kam die Zeit der digitalen Anzeige, deren letzte zehn Sekunden vor Null von allen Anwesenden laut heruntergezählt wurden. Es war ein Feuerwerk geplant und Friedenstauben sollten die Botschaft aus Bethlehem in alle Welt tragen. Mit dem Verschwinden der letzten Anzeige auf der Uhr fing das Feuerwerk pünktlich an und die Menge kam aus dem Oh und Ah nicht heraus. Alles war perfekt, bis die ersten Friedenstauben vom Himmel fielen. Sie waren zwar noch nicht gebraten, aber fast. Man hatte sie zeitgleich mit dem Feuerspektakel losgelassen. Die Friedenstauben befanden sich, sobald sie in der Luft waren, in palästinensischem Sperrfeuer von allen Seiten, und nur wenige entkamen mit heiler Haut. Die Tiere setzten wieder und wieder in Panik zum Sturzflug auf die Menge an, um den Raketen auszuweichen. Das Feuerwerk lief jedoch erbarmungslos minutenlang automatisch weiter und die Tauben zahlten die Rechnung. Die Menge ging in Deckung, als die Tiefflieger kamen, und als die letzten Tauben aus der Luft verschwunden waren, lagen eine Menge weißer Federn und einige tote Vögel nach entsprechenden Volltreffern auf dem Platz herum. Die Pallis hatten ihre eigenen Friedenstauben abgeschossen, kaum dass sie aufgestiegen waren. Es war nicht im Schlaraffenland, sondern damals in Bethlehem 2000, wo die fast gebratenen Tauben ins Maul geflogen kamen. Man hätte es nur weit genug aufreißen müssen, wenn das Lachen über die Symbolhaftigkeit dieses Friedensakts nicht so anstrengend gewesen wäre.

Es war im Grunde genommen das erste Mal, dass die Palästinenser mit ihren Raketen wirkliche Panik erzeugen konnten. Wenn auch nur unter Tauben. Die meisten der Khassam-Raketen, die aus Gaza abgeschossen wurden, verreckten damals noch als Prototypen in den selbst gebastelten Abschussrohren, und wenn eine wirklich davonflog, dann traf sie ihr angestrebtes Ziel sicher nicht. Das Ziel der Raketen von Bethlehem 2000 waren zwar auch nicht die Tauben, aber auf jeden Fall war an diesem Abend etwas getroffen worden und doch folgte auf diesen nächtlichen Raketenbeschuss zum ersten Mal keine israelische Gegenreaktion.

Die kam ganz anders. Als im Mai 1999 Ehud Barak von der Arbeiterpartei neuer Premierminister Israels wurde, keimte kurz so etwas wie Hoffnung auf. Der schöne Bibi hatte die Macht verloren, als er nach einer langen Kette von Skandalen und einer Untersuchung wegen Korruptionsvorwürfen den Kredit bei der israelischen Bevölkerung verspielt hatte. Seine Regierung brach im Januar '99 zusammen. Aber Barak war kein Erbe Rabins. Er war und ist bis heute der meistdekorierte General Israels und so verhielt er sich auch. Er lehnte das Oslo-Abkommen grundsätzlich ab und zerstörte schnell das zarte Pflänzchen an vorsichtigen Beziehungen, das zwischen einigen arabischen Staaten und Israel gewachsen war. Er war und blieb auch als Ministerpräsident überzeugter Zionist und seine Taten spiegeln seine Überzeugung nur allzu deutlich wider. Er forcierte nochmals den bestehenden Siedlungsbau, enteignete palästinensisches Land, demolierte deren Häuser und ließ die Umgehungsstraßen verstärkt ausbauen. Aber er wollte als Friedensengel in die Geschichte eingehen und hatte jemanden an seiner Seite, der dieses Ziel auch vor Augen hatte: US-Präsident Bill Clinton. Barak war sich im Klaren, er wollte und durfte nicht zu weit gehen, denn innenpolitisch saß ihm schnell die Schas-Partei[284] aus seiner eigenen Regierungskoalition im Nacken. Er brauchte Clinton und Clinton brauchte ihn. Jedoch, auch wenn sie in einem Boot saßen, Baraks Hin und Her der Zugeständnisse konnte auch Clinton kaum entschlüsseln. Als Barak nach Camp David reiste, hatte er weder einen israelischen Konsens noch seine eigene Regierung mehr hinter sich. Barak vertrat nur noch sich selbst, als er mit Arafat den israelisch-palästinensischen Konflikt lösen wollte. Hoffnungslos für Barak, für Clinton und für Arafat. Die Palästinenser waren dabei bereit, fast alles zu geben.

Sie hatten sich mit einem Friedensabkommen einverstanden erklärt, das auf der Grenze von 1967 basierte, und schon im Voraus 78% des Landes zwischen dem Meer und dem Jordan aufgegeben. Sie waren bereit, ihren Staat in den 22% von dem zu errichten, was ihnen am 29. November 1947 laut UN-Teilungsbeschluss zugesprochen worden war[285]. Tatsächlich verhandelte Barak aber nur noch um 10%, denn der Jerusalemer Bereich und das Jordantal sollten unter seiner Sicherheitskontrolle bleiben. Und dieses bisschen Land von 10% war auch noch so zerschnitten, dass der palästinensische Staat

---

[284] Orthodoxe und religiöse Partei mit ethnischer Milieubindung. Sie vertritt die Interessen der religiös orientierten orientalischen Juden.

[285] Damals wurden dem jüdischen Staat 55% und dem arabischen Staat 45% von Palästina zugesprochen. Nach dem Unabhängigkeitskrieg besetzten die Israelis zusätzlich die Hälfte dieses Landes bis zur Grünen Grenze und zurück blieben 22%.

aus einer Gruppe von Inseln bestand, die jede von israelischen Siedlern und Soldaten umgeben war. Für Arafat nicht akzeptabel – jeder Abgesandte jedes Verhandlungspartners auf dieser Welt hätte das nicht akzeptieren können. Barak war nicht bereit, auch nur ansatzweise das Minimum für einen Frieden mit dem palästinensischen Volk zu geben, das notwendig gewesen wäre.

Seine außenpolitischen Initiativen führten zu nichts. Friedensverhandlungen mit Syrien musste er ohne Resultat abbrechen. Der Versuch, im Juli 2000 in Camp David den Konflikt mit den Palästinensern ein für allemal zu lösen, misslang kläglich. Dabei machte er Jassir Arafat für das Scheitern verantwortlich. Er meinte in allem Ernst, der habe seine „wahren Absichten gezeigt, indem er die großzügigen Angebote Baraks abgelehnt habe."

Dabei hatte Barak schon vorher verkündet, dass er fünf rote Linien unter keinen Umständen überschreiten wolle. Unter diesen waren die israelische Herrschaft über ganz Jerusalem, keine Rückkehr zu den 1967'er Grenzen, 80% der Siedler sollten dableiben, wo sie waren, und keine Rückkehr eines einzigen Flüchtlings nach Israel! Korrekturen danach waren marginal und außerhalb jeglicher Nähe einer Übereinkunft.

Genau das aber sind die drei Kernfragen, an denen der Friede in Nahost hängt. Eine ist international an sich schon lange geklärt, der internationale Status von Jerusalem, nur Israel hat sich nie daran gehalten. Bei der Rückkehr von Flüchtlingen stellt sich die Frage, inwieweit ein Land ein anderes bei der Aufnahme seiner eigenen Bevölkerung bevormunden kann. Und die Frage der Siedler stellt sich nicht nur geographisch, sondern auch noch moralisch, wie wir bisher schon gesehen haben. Bei allem stand Clinton daneben, und als sein naiver Vorschlag um den Tempelberg von beiden Seiten entrüstet angelehnt wurde[286], mischte er sich gar nicht mehr ein. Ein blaues Auge reichte. Zu allem Durcheinander machte jetzt auch noch eine andere Größe der Weltpolitik mit. Im März war Papst Johannes Paul II. nach Jerusalem gereist. Wir wohnten keine 300 Meter von

---

[286] Der Vorschlag von Bill Clinton, Palästina solle die Souveränität auf dem Tempelberg erhalten und Israel darunter, ließ die islamische Welt das Schlimmste befürchten. Denn damit wäre ein Eindringen in den Tempelberg legalisiert worden, um womöglich die Tunnelgrabungen fortzuführen und den Felsendom zu Fall zu bringen.

seinem eigens für ihn gebauten und von ihm genutzten Hubschrauberlandeplatz entfernt und sahen die schwere Maschine mehrmals ein- und ausfliegen. Er hatte mit dem Besuch den christlichen Anspruch untermauert und meldete sich jetzt mit der geistlichen Dimension der Stadt Jerusalem und ihrer heiligen Stätten zu Wort, die man nicht vernachlässigen dürfe. Camp David war gestorben, der Frieden in weiter Ferne. Die Palästinenser hatten das vorausgesehen – Clinton kann sich nicht gegen Barak durchsetzen – und die Israelis hatten wieder einmal die Schnauze voll von den eigenen Friedensmachern, nur wurde der diesmal nicht erschossen. Er wurde im Februar 2001 in vorgezogenen Wahlen einfach abgewählt. Was aber danach kam, war die wirkliche Gegenreaktion Israels.

Im Spätsommer 2000 hatte ich Gelegenheit, auf Einladung von Frank Klein nach Beirut zu fliegen, der in einem ähnlichen Ansatz wie wir in Palästina die libanesische Regierung bei den Reformen ihres Berufsbildungswesens unterstützte. Nachdem nunmehr knapp zehn Jahre intern Frieden im Libanon herrschte, hatte der Aufbau der total zerstörten Stadtviertel an der Kampflinie zwischen Ost- und Westbeirut begonnen. Tausende Tonnen von Schutt waren ins Meer gekippt worden und da, wo vorher noch Wasser stand, waren jetzt Architekten und Ingenieure dabei, um die ersten Plätze bei den Bauvergaben auf dem vom Meer abgerungenen Boden zu wetteifern. Der große Macher war Rafiq Hariri, der sein Geld, das er als Baulöwe in Saudi-Arabien verdient hatte, in seinem Heimatland in den Wiederaufbau investierte und über staatliche Baufonds absicherte. Er ließ Straßen anlegen, riesige Neuanlagen planen und konstruieren und im Solitaire-Viertel entstand die Kopie der alten Häuserzeilen, wie sie vor dem Bürgerkrieg ausgesehen hatten. Allerdings war das „Paris des Nahen Ostens", so wie Beirut früher einmal genannt wurde, für immer verloren. Hariris Neubauten waren für Käufer oder Mieter kaum bezahlbar. Das Leben in dem ehemaligen Zentrum war verschwunden und die Geschäfte im Erdgeschoss blieben leer. Eine Geisterstadt. Einige der völlig zerstörten Häuser standen noch unwirklich zwischen eingeebneten Plätzen und schon neu errichteten Anlagen. Baukräne bestimmten die Skyline.

Nicht weit entfernt vom Projektbüro, das sich im STARCO Building befand, einem zehnstöckigen Hochhauskomplex, der wundersamerweise die israelischen Bombardements und die weiteren Wirren des Bürgerkriegs fast unbeschadet überstanden hatte und jetzt unwirklich und einsam inmitten von planierten Bauflächen stand, waren mehrere Relikte der menschlichen Zerstörungswut noch nicht dem Erdboden gleichgemacht. Ausgebrannt, mit zerschossenen Fassaden und immer noch mit Sandsäcken in den Fensteröffnungen und Barrikaden an den Eingängen versehen, waren sie das untrügliche Fanal eines Bürgerkriegs, der die Bevölkerung des Libanon fünfzehn Jahre lang traumatisiert und in Atem gehalten hatte. Die feine und aufwändige Verarbeitung der Hausfassaden mit ihren Säulen, Balkonen und Erkern war noch zu erkennen.

Ich nahm mir auch Zeit, diese Kriegsruinen zu besichtigen, und blieb vor einer urplötzlich wie gebannt stehen. Ein einstöckiges hallenähnliches Gebäude stand, mit kleinen Seitenschiffchen rechts und links in U-Form, mit einer Giebelfront hinter einer Mauer, an einer kleinen Straße. Das Dach war zur Hälfte zerstört und das große Loch zwischen den roten Schindeln gab den Blick frei auf die verkohlten Holzbalken im Inneren. Ein schweres Eisentor in der Straßenmauer war mit einer dicken Kette verschlossen und der kleine Garten zwischen den Anbauten war wild überwuchert mit Unkraut, das von Fächerpalmen und verdorrten Bäumen überragt wurde. Das Hauptgebäude hatte mittig ein großes Eingangsportal und darüber erblickte ich beim Weitergehen aus den Augenwinkeln die hebräischen Schriftzeichen auf einer eingemauerten Steinplatte. Ich stand im ersten Augenblick wie versteinert; unzweifelhaft vor einer ehemaligen Synagoge. Das hatte ich nicht erwartet, mitten in Beirut, nach allem, was die Stadt mitgemacht hatte. Während die anderen Ruinen auf eigene Gefahr betretbar und offen zugänglich waren, war dieses Grundstück hier abgeriegelt. Es schien seit langer Zeit nicht betreten worden zu sein. Verbranntes Mobiliar stand teilweise noch in den Räumen, in die ich von außen Einblick hatte. Die Existenz dieser Synagoge ist ebenso lehrreich wie das Ende der letzten jüdischen Gemeinde von Beirut. Robert Fisk beschreibt in seinem Buch die Bescherung, der die Synagoge zum Opfer fiel und wonach das jüdische Leben in Beirut erlosch[287].

Das Wadi Abu Jamil, wo die Synagoge zu Beginn des 20. Jahrhunderts erbaut wurde, war seit jeher das Viertel gewesen, wo die jüdische Gemeinde von Beirut lebte. Spätestens jedoch nach der Besetzung der West-Bank und des Golan durch Israel 1967 und den daraus folgenden Kriegsereignissen verringerte sich die Anzahl der Ju-

[287] Vgl. auch Bibliographie: Robert Fisk, *Pity the Nation*

den kontinuierlich. Die Jungen zogen weg, obwohl es keine antijüdischen Übergriffe gegeben hatte. Als die PLO '75 die Macht in West-Beirut kurzzeitig übernahm, stellte sie gar zum Schutz der Synagoge Milizen ab. Trotz des israelischen Angriffs auf den Südlibanon '78 harrten immer noch mehr als zehn jüdische Familien in Beirut aus. Vier Jahre später jedoch begann im Juli des Sommers '82 das israelische Bombardement auf Beirut und das Wadi Abu Jamil lag voll im Fadenkreuz. Nur 15 Juden wollten auch jetzt noch nicht nach Ost-Beirut ausweichen. Jacob Eskenaszi, einer von ihnen, beschrieb, wie die Synagoge die Breitseite eines israelischen Kriegsschiffs erhielt, das weit draußen auf der See seine Kanonen in die Stadt abfeuerte. Einige der Geschosse durchschlugen das Dach des Hauptgebäudes, zerstörten das Frauenhaus neben dem kleinen Garten und setzten die Synagoge in Brand. Eskenaszi selbst hatte die Leuchtspur der Geschosse genau verfolgt. Als der Davidstern an der Wand der großen Gebetshalle durch die Granatsplitter durchsiebt, die Menora[288] durch einen Volltreffer vom Sockel geschossen war und die Zehn Gebote, ursprünglich fein säuberlich auf zwei Steintafeln geschrieben, in unzähligen Trümmern auf dem Boden verstreut umherlagen, verschlossen die letzten Juden Beiruts die Türen ihrer Synagoge und legten eine dicke Kette an die schwere Eisentür in der Straßenmauer. Innerhalb der nächsten drei Jahre fand man die toten Körper vierer von ihnen nahebei. Die restlichen Verbliebenen sagten, die Toten seien die indirekten Opfer der israelischen Aggression gegen die Libanesen, bevor sie selbst endgültig davongingen.

Als ich im Juli 2008 den Ort wieder besuchte, waren die anderen Ruinen abgerissen oder renoviert worden und in der Nachbarschaft waren neue Gebäude entstanden. Einzig die zerstörte Synagoge steht noch heute. Das aufgerissene Dach gibt nach wie vor den Blick zwischen den roten Schindeln frei auf die verkohlten Holzbalken im Inneren und das schwere Eisentor in der Straßenmauer ist mit einer dicken Kette verschlossen. Keiner hat das jüdische Eigentum angerührt.

Ich saß beim Direktor der ETSA[289], der Schwesterschule der ITS Jerusalem, jedenfalls bezogen auf die Anfänge deutscher Entwicklungshilfe in der Berufsbildung während der frühen Sechzigerjahre. Beide waren überragende Berufsschulen im Nahen Osten. Der Di-

---

[288] Der siebenarmige Leuchter

[289] Ecole Technique Supérieure Amilieh

rektor sprach perfekt Deutsch. Niza Charara war Schiit, wie auch der Träger der Schule eine schiitische NGO war.

„Die Schule wurde während der Bombardierung West-Beiruts ’82 schwer getroffen. Wir mussten den beschädigten hinteren Teil des Gebäudes abreißen und haben 1986 den jetzigen Neubau an den älteren Teil drangesetzt. Eine Rakete hatte den hinteren Teil weggefetzt und das Gebäude komplett aufgerissen. Das Ziel der Israelis waren jedoch gar nicht wir, sondern das Palästinenserlager Bourj Al Barajneh, gleich dort an der Straße.“

Ich blickte durchs Fenster. Gegenüber der Schule befand sich auf der anderen Seite der Straße ein langer, unbebauter Streifen, der einem Paradeplatz glich und wo man längsseits eine einfache Tribüne aus Betonstufen errichtet hatte, auf der zerschlissene grüne und gelbe Fahnen wehten. Dahinter standen die Häuser des Palästinenserlagers. Die geschlossene Häuserfront zum Platz hin war bemalt mit Parolen, palästinensischen Fahnen und Bildern. Die Gebäude entsprachen dem Bild, das ich auch von Lagern in Palästina her kannte. Jedes Haus ein Unikum, ineinander verkeilt und von einer unglaublichen Ignoranz der allgemeinen Baustatik geprägt, dass man sich wundern musste, dass sie noch aufrecht standen. In allen Farben angemalt oder in Zementgrau, angestückelt, repariert, verdreckt und abgenutzt gaben sie ein Bild ab, das dem nahekommt, was man aus den Slums der Großstädte von Entwicklungsländern kennt.

„Das Lager Bourj Al Barajneh ist riesig. An die 30.000 Menschen leben dort. Was wir hier vorne sehen, ist nur die schmale Seite im Norden. Es geht weit nach Süden hinein. Der Haupteingang befindet sich auf der Seite links, wo die Wohnblocks stehen.“

Ich folgte seinem Finger und sah neben dem Lager die braunen Einheitshochhäuser mit ihren Balkonen, die als Abstellplatz und allenfalls zum Wäschetrocknen genutzt wurden. Eine trostlose Behausung, die sich kilometerweit hinzog. Farbe brachten nur die gelben und grünen Fahnen an den Fassaden und in den Straßen. Hisbollah. Hier lebten ausschließlich Schiiten und ich sah Plakate mit den bekannten Köpfen von Khomeini und Nasrallah in übergroßen Darstellungen.

„Kann man in das Lager rein?“, fragte ich.

„Unmöglich“, wehrte Charara entsetzt ab. „Diese Lager sind für Außenstehende nicht zu betreten. Eine andere Welt, eigene Gesetze. Dort befinden sich noch heute Arsenale der PLO mit zum Teil großkalibrigen Waffen, die jederzeit wieder zum Einsatz kommen können. Selbst das libanesische Militär und die Polizei trauen sich nicht hinein. Da findet sich sowieso kein Fremder durch.“

Auf dem Weg zur Schule hatte ich vorhin kurz in eine der Straßen hineinsehen können. Dem Schrott und Abfall vor dem Lager folgte der Blick auf eine ungeteerte Straße, wo Menschen die Zeit totschlugen. Einige waren mit etwas beschäftigt, andere lungerten herum. Zum größten Teil Jugendliche. Ich sah zwei Jungs, die ein altes Auto reparierten, in einem Wust an Schrott vor dem Lager nach Ersatzteilen suchen.

„Den Palästinensern geht es schlecht bei uns“, sagte Charara so, dass ich einen Eigenvorwurf nicht überhören konnte.“ Und dann fügte er hinzu: „Die Situation der Palästinenser im Libanon ist dramatisch. Sie sind eine verlorene Gesellschaft. Dabei sind die Alten zum Teil hoch gebildet. Ehemals wohlhabende Händler, Beamte und Intellektuelle aus Jaffa, Haifa und Akko. Viele tragen noch heute den Schlüssel ihrer Häuser in ihren Taschen. Im Laufe der Zeit jedoch haben sie die Habe, die sie retten und mitbringen konnten, aufgebraucht. Arbeiten dürfen sie nicht. Ihre Gesellschaft stumpft langsam ab. Die Jungen sind chancenlos. Eine gefährliche Mischung.“

Die palästinensischen Flüchtlinge haben gerade im Libanon einen äußerst schweren Stand. Während sie in Jordanien und Syrien assimiliert sind, sind die Ereignisse um die gescheiterte Quasi-Machtübernahme der PLO, die den Bürgerkrieg ursprünglich auslöste, bei den Libanesen unvergessen. Die religiöse Vielfalt des Libanon trägt zusätzlich ihren Teil dazu bei. Nur einer verschwindend kleinen Anzahl von Palästinensern ist es gestattet, offiziell eine Arbeit aufzunehmen, und nur drei Prozent der Kinder dürfen in libanesische Schulen gehen. Ohne die Unterstützung der UNRWA wären die Menschen hoffnungslos verloren. Die schlechte Behandlung der Palästinenser im Libanon hat allerdings auch politische Gründe. Mit dem Ausschluss der Flüchtlinge aus der libanesischen Gesellschaft manifestiert die Regierung den Status der Flüchtlinge. Sie sind und bleiben nach innen, aber vor allem nach außen hin Flüchtlinge, geduldet nur auf begrenzte Zeit. Ihre endgültige Rückkehr nach Palästina ist undiskutierbar, unabwendbar. Die Einverleibung von Palästina durch Israel wird damit erschwert, da sich die Anzahl der Palästinenser zu denen, die jetzt schon in Palästina leben, verdoppelt. Das Flüchtlingsproblem wird damit an die Auslöser der Flüchtlingswelle zurückgetragen. Mittlerweile in der dritten Generation. Wer leidet, sind die Menschen.

Ich hatte mir auch vorgenommen, die Flüchtlingslager Sabra und Chatila anzusehen, die vor fast zwanzig Jahren nicht nur einmal so viel Leid ertragen hatten. Dahin begleitete mich ein Lehrer aus der ETSA, ein aufgeklärter Schiit, der mir jedoch gleich klarmachte, dass es ratsam sei, die beiden Lager, die einem ganzen Stadtviertel glichen und doch abgetrennt vom Rest Beiruts lagen, nicht zu betreten.

„Zu gefährlich", sagte Mohammad Talki. „Man sollte die Lagerinsassen nicht provozieren. Auch ich gehe selbst nicht hinein. Es waren zu viele Gucker da, ein Tourismus von Journalisten und Neugierigen aus aller Welt, die nicht unbedingt nur das Beste für die Menschen wollen. Sie müssen sich fühlen wie ausgestellt. Wie im Zoo."

Ich stand am Eingang zum Lager Chatila. Von einem Kreisel aus führt die Straße hinein. Hinter mir lag die Botschaft Kuwaits, die auch an jenen Tagen im September 1982 schon stand. Rechts und links der Eingangsstraße die typischen Behausungen. Offensichtlich illegale Bauten, die allem Augenschein nach wahrscheinlich nur durch die Reklameschilder zusammengehalten wurden. Die Straße war angefüllt mit Passanten und Autos. Irgendwie merkte man, man befand sich dort nicht mehr in Beirut. Nach dem Kreisel gab es keine Bürgersteige mehr, Ampeln sah ich auch nicht. Die Versorgungsleitungen hingen in wildem Durcheinander quer über die Straße, auf deren Mitte Händler und Buden standen, die den Verkehr behinderten. Bei nahezu allen Häusern war die Frontseite noch immer vom Krieg stark gezeichnet. Oder sollte ich besser die Frontseite der Wohnlöcher sagen? Mauselöcher? Ich stellte mir vor, wie die Sache damals abgelaufen war. Die Israelis hatten hier das Lager verschlossen und die Hilfesuchenden, die dem Inferno zu entkommen suchten, ins Lager zurückgeschickt. Links sah ich einige ältere skelettierte Hochhäuser stehen. Eines davon musste der ehemalige israelische Kommandoposten sein, von dessen Dach sie Einblick in die Lager hatten. Dort war auch die Befehlszentrale der Phalangisten. Irgendwie schauderte ich zusammen, als ich mir die Ereignisse von damals vorstellte, und stand ungläubig vor dieser unvorstellbaren Gleichgültigkeit menschlichen Lebens. Aber richtig, es war ja gar kein menschliches Leben, es war ja das Leben von Mäusen! Wie viele waren noch ermordet, verstümmelt, verschollen? Die Anzahl ist letzten Endes Makulatur. Ein Ladenhüter der Geschichte. Was aus den Mäusen geworden war, haben die Listen der Totengräber aufgedeckt, die die Arme, Beine, Köpfe und Leiber aus den erst hastig errichteten und dann wieder geöffneten Massengräbern zusammentrugen und zählten. Was aber war aus den Menschen geworden, die diese unmenschlichen Taten begangen hatten?

Der israelische Generalstabschef Raphael Eitan, der den Befehl von Scharon an die Phalangisten weitergab, in die Lager einzudringen, der der Armee befahl, entsprechend dem Wunsch der Mörder zur Nachtzeit die Lager durch Leuchtkugeln zu erhellen, und der ihnen einen Traktor zur Verfügung stellte, der vermutlich dazu diente, die Leichen zu beseitigen, begab sich nach seinem Ausscheiden aus der Armee wie so viele hohe israelische Militärs in die Politik. Er gründete 1988 die ultranationalistisch rechtsgerichtete Tzomet-Partei, zog ins Parlament ein und hatte ab Juni 1996 als Landwirtschaftsminister unter Netanjahu entscheidenden Anteil an dem forcierten Ausbau jüdischer Siedlungen in den palästinensischen Gebieten. Im September 2002 kündigte er seinen Rückzug aus Altersgründen ins Privatleben an. Er starb am 23. November 2004 unter bisher ungeklärten Umständen bei einem Unfall im Hafen von Ashdod. Eitan war erzkonservativer Zionist, der eine repressive Politik den Palästinensern gegenüber verfolgte. Er lehnte es ab, der Koalition von Jitzhak Rabin beizutreten. Im Jahre 1996 trat Tzomet dem Likud zur Seite. Die Parteien gewannen die Wahlen und Netanjahu wurde israelischer Ministerpräsident. Eine kriminalistische Untersuchung verhinderte damals seine Berufung zum Minister für innere Sicherheit. Die Untersuchung sprach Eitan letztendlich frei; der Fall wurde 1998 aus Mangel an Beweisen ad acta gelegt.

Der israelische Militärkommandant in Beirut, Amos Yaron, der nach dem offiziellen israelischen Untersuchungsbericht den Phalangisten freien Lauf gelassen und ihre Operation nicht gestoppt hatte und der von den Massakern Kenntnis über seine Offiziere gehabt hatte und die Christen bat, keine Frauen und Kinder zu töten, machte ebenfalls politische Karriere. Er, der nichts unternommen hatte, um das Töten zu stoppen – er gab später zu, „unsere Sinne waren abgestumpft" –, und dem das aktive Kommando über die Kampftruppen danach entzogen wurde, war später u. a. Generaldirektor des israelischen Verteidigungsministeriums und Chef-Koordinator für den Wiederaufbau der Infrastruktur im Norden. Während seiner Zeit als Generalsekretär des Verteidigungsministeriums unterstand Amos Yaron im April 2002 erneut ein Massaker, als die israelische Armee ins UN-Flüchtlingslager von Jenin eindrang und große Teile davon zerstörte.

Benjamin Ben-Eliezer, der 1976 in geheimer Mission als israelischer Verbindungsoffizier zum damaligen Kommandeur der Lebanese Forces[290], Bashir Gemayel, entsandt worden war, hat es später bis zum Generalmajor gebracht und war nach einer Reihe von politischen Ämtern im Jahr 2001 endlich Verteidigungsminister. Im Jahr 2007 wurden schwere Vorwürfe gegen ihn erhoben. Er soll während des Sechs-Tage-Kriegs im Jahr 1967 Gräueltaten an ägyptischen Kriegsgefangenen begangen bzw. angeordnet haben[291].

Elias Hobeika, der maronitische Kommandeur der Lebanese Forces, der die Aktion vom Dach des israelischen Divisions-Kommandopostens ganz in der Nähe des Lagers überblickte und der nach Aussage von Offizieren des israelischen Militärkommandanten Yaron über Sprechfunkgeräte anordnete, auch Frauen und Kinder zu töten, amtierte später in mehreren Ministerpositionen im Libanon, u. a. für das Ressort Soziales. Er schlug sich 1985 aus Opportunismus dem immer stärker werdenden syrischen Lager zu und brach mit Israel. Da vor allem ihm die Morde in Sabra und Chatila angelastet wurden, meldete er sich im Januar 2002 zu Wort. Am Abend des 24. traf er mit Mitgliedern einer belgischen Delegation zusammen und beteuerte seine Unschuld. Er wolle in dem beabsichtigten Prozess gegen Scharon in Belgien Beweise vorlegen, dass die Christen unschuldig gewesen seien. Hobeika habe zwar Scharon zu keinem Zeitpunkt belastet, erklärte der belgische Senator Josy Dubie nach dem Gespräch: „Er beschränkte sich darauf, alle Beweise für den Prozess in Brüssel aufzuheben". Aber auch: „Hobeika habe ihm einige Tage vor seinem Tod erzählt, dass er Enthüllungen über das Massaker habe." Allerdings sagte Hobeika auch zu Journalisten, „er erwarte getötet zu werden. Er wundere sich eigentlich nur, dass er so lange überlebt habe." Zwei Tage nach dem Treffen wurde Hobeika bei einem Bombenattentat direkt vor seinem Haus ermordet. Der belgische Senator Quickenborne wollte nicht ausschließen, dass ein Zu-

[290] Phalangisten

[291] *Süddeutsche Zeitung* vom 17./18. März 2007

sammenhang zwischen der Ermordung Hobeikas und Scharon bestehe, hieß es.

Und Scharon selbst? Was war aus unserem großen Anführer geworden? Ariel Scharon, den die israelische Kahan-Kommission so schwer belastete und der 1983 als Verteidigungsminister zurücktreten musste, saß schon ein Jahr später wieder am Kabinettstisch; zuerst als Minister ohne Geschäftsbereich, dann bis 1990 als Minister für Handel und Industrie und bis 1992 als Minister für Wohnungsbau. Damals schob er das größte Bauprogramm in den palästinensischen Gebieten an; er verdoppelte die Zahl der jüdischen Siedlungen. Von 1996 bis 1998 war er unter Netanjahu Minister für nationale Infrastruktur und 1998 und 1999 Außenminister Israels. Für Regierungsämter sei er nicht geeignet, hatte ihm die Kahan-Kommission bescheinigt. Seinen wirkungsvollsten Auftritt und die Krönung seiner unvergleichlichen Laufbahn hatte er allerdings noch vor sich.

Mein Land, mein Staat, tötet mein Volk, tötet mich.
Mohammed Hamzeh Ghanayem

Palästinensischer Dichter und israelischer Bürger der arabischen Stadt Baka Al-Garbiyeh im nördlichen Israel, nach den blutigen Unruhen der ersten Oktoberwoche des Jahres 2000

7 Der Anführer kommt

In unserer näheren Nachbarschaft lebte Moshe Friedman, ehemals ein hoher israelischer Militär im Frühruhestand, den wir nur den „General" nannten. Wir lernten uns auf der Straße kennen, wenn meine Frau oder ich mit ihm beim täglichen „Gassigehen" unserer Hunde zusammentrafen. Moshe Friedman war militärischer Befehlshaber von Judäa und Samaria gewesen, hatte unter Dajan im Sechs-Tage-Krieg gekämpft und den Jom-Kippur-Krieg mitgemacht. Welch hohen Rang er eingenommen hatte, erkannten wir, als er an einem Tag im Herbst 1999 von einem Militärjeep abgeholt wurde. Er hatte seine Kampfuniform angelegt.

Als ich ihn ein paar Tage später darauf ansprach, antwortete er mir: „Ich war bei den Verhandlungen mit den Syrern. Für solche Aufgaben werde ich auch heute noch hinzugezogen." Es war klar, dass er nicht weiter Auskunft geben wollte und konnte, denn diese Verhandlungen um den Golan fanden auf allerhöchster Ebene statt und waren entsprechend geheim. Er war der Prototyp eines hohen israelischen Militärs; gebildet, intelligent, selbstbewusst und sich der Überlegenheit seines Landes absolut sicher. Je besser ich ihn kennen lernte, umso bewusster wurde mir, warum die Israelis militärisch so erfolgreich waren. Seine Kreativität und sein Scharfsinn wurden ergänzt durch ein hohes Maß an Begabungen und Interessen, die sich auch privat äußerten. Er hatte eine Sammlung besonderer Gemälde in seinem Haus, die er gern und stolz präsentierte und über deren Kunststil er lange referieren konnte. Er führte Krieg an den Grenzen seines Landes und wenn nötig auch im Inneren mit allen ihm zur Verfügung stehenden Mitteln und ging abends, wenn die Sonne unterging, nach Hause, um aufzutanken und das, was er am Tag gemacht hatte, zu vergessen. Der Krieg fand vor seiner Haustür statt und war für ihn alltägliches Geschäft mit Arbeitsbeginn und Feierabend. Nur selten, in Notsituationen, blieben die hohen Offiziere bei der Truppe draußen. Denn er befand sich immer im Krieg und Israel immer in Alarmbereitschaft – einmal mehr und einmal weniger. Und trotzdem hatte Friedman auch ein gespaltenes Verhältnis zu seinem Land.

Sein Sohn hatte in den USA studiert und war jetzt dort verheiratet – mit einer Nichtjüdin. Auf die Frage meiner Frau, warum die jungen Leute nicht nach Israel zögen, wo er doch sicherlich einiges für sie tun könne, antwortete er: „Da sind mir an sich die Hände gebunden. Sie selbst wären sicherlich akzeptiert, aber Ihre Kinder bekämen hier kein Bein auf den Boden. Die Gesellschaft würde sie nicht aufnehmen. Sie hätten kaum eine Chance in Israel.“ Sie hatten in der Familie lange darüber diskutiert und waren am Ende zu dem Schluss gekommen, es besser gar nicht erst zu probieren.

Wir sahen während der zweiten Runde der Friedensverhandlungen mit Syrien 1999 und 2000, wie er oft abgeholt wurde. Allerdings kamen die Militärs beider Seiten keinen Schritt voran und auch ein Treffen im März 2000 in Genf zwischen Clinton und dem syrischen Präsidenten Hafis El-Assad brachte keinen Fortschritt.

Friedman selbst schien das kaum zu stören und eines Tages erzählte er mir, dass man besondere Techniken braucht, um mit den Arabern zu verhandeln und zurechtzukommen. „Man muss wissen, wie man mit ihnen umgeht. Sie müssen immer im Zugzwang sein und fühlen, dass du sie beherrschst. Wenn wir zum Beispiel früher in die Lager der Palästinenser oder Beduinen gingen, hatten wir immer Hunde dabei, die auf ihren Geruch scharf gemacht waren, sofort anschlugen und ihnen gleich das Gefühl der Unterlegenheit gaben. Araber haben einen besonderen Geruch an sich. Sie stinken.“

Als ich recht darüber nachdachte, fiel mir eigentlich kein größerer Stinker ein als unser Chef aus New York schräg unter unserer Wohnung. „Das sind keine Israelis, die man ernst nehmen könnte“, antwortete er auf meinen Einwand und ich musste damit zufrieden sein.

Im Sommer 2000 endete die Zeit für meine Familie in Jerusalem. Wir hatten uns entschieden, endgültig nach Deutschland zurückzukehren, und ich wollte das halbe verbliebene Jahr meines auslaufenden Vertrages noch allein in Palästina verbringen. Unsere Kinder sollten das neue Schuljahr in Deutschland beginnen und aus den

Tränen der Unsicherheit und Angst vor dem Neuen drei Jahre zuvor an der Schule wurden jetzt Tränen des Abschieds. Später sollten wir erleichtert feststellen, dass der Zeitpunkt unwissentlich gut gewählt war, denn wir konnten bei der Abreise noch nicht vorausahnen, was passieren würde.

Ich war gerade aus dem Urlaub nach Jerusalem zurückgekehrt und werde den 28. September 2000 nie vergessen. Es war ein Donnerstag und der Beginn des Wochenendes. Nedal Shahdeh hatte mich zu sich nach Hause eingeladen und wir besprachen zu Mittag, wie unsere gemeinsam begonnene Arbeit nach meinem Weggang fortgesetzt werden sollte. Die palästinensische Berufsbildungsstrategie war von Arafat unterzeichnet und damit legalisiert worden. Es sollte nun an die Implementierung gehen. Wir hatten Großes vor.

Nedal lebte mit seiner Frau und seinen zwei Töchtern in Ost-Jerusalem, zusammen mit seinem alten Vater, der früher als Rechtsanwalt gearbeitet hatte und viel erzählen konnte. Das Haus stand, um ein paar Ecken nahe der Salah Eddin, kaum zweihundert Meter entfernt vom Herodestor, das unmittelbar durch das muslimische Viertel auf den Tempelberg führte. Als wir mit Tee und Gebäck bei herrlichem Wetter auf der Terrasse zusammensaßen, schreckte uns immer wieder das Geheul von Sirenen und Blaulicht auf. Wir dachten erst an einen Unfall, als aber der Lärm anhielt und Hubschrauber begannen, die Stadt zu überfliegen, wussten wir, dass etwas im Gange war, das größere Ausmaße hatte. „Sicherlich irgendein Anschlag. Die Sache wird sich morgen normalisieren und das Leben wird weitergehen", sagte Nedal und ging an das Eingangstor in der Gartenmauer, die das Grundstück umgab, um in Erfahrung zu bringen, was sich draußen tat.

Als er zurückkam, war seine Miene nicht mehr ganz so sorgenfrei. „Scharon hat heute Morgen den Tempelberg betreten. Der Bastard hat es wahr gemacht. Es gab schon Auseinandersetzungen und Verletzte. Vielleicht ist es besser, wenn du vor der Dunkelheit fährst, man weiß nie, ob sie die Straßen für morgen absperren. Ich denke, das könnte ernster werden." Er hatte recht, und als der Nachmittag sich neigte, war ich auf dem Weg nach Hause. Die Dunkelheit kam schnell und man konnte die Situation schlecht einschätzen. Mir war klar, welchen Affront der Besuch dieses verhassten Israeli auf dem Tempelberg für die Palästinenser bedeutete. Nicht nur für die Moslems, auch für die Christen, zu denen ja auch die Familie Shahdeh gehörte. Der Tempelberg war das Symbol eines gemeinsamen Palästina geworden und nicht mehr nur das Heiligtum der Anhänger des Islam.

Seit einigen Tagen schon waren Gerüchte im Umlauf, dass Scharon plane, den Tempelberg zu betreten. Er war aufgrund seiner gnadenlosen Einstellung zur palästinensischen Bevölkerung und ihrem Streben nach nationaler Unabhängigkeit zu einer Reizfigur ersten Ranges aufgestiegen. Er hatte Palästina bekämpft bis aufs Messer. In der Altstadt besaß er ein Haus an zentraler Stelle auf dem Weg vom Damaskustor zur Klagemauer, das wegen seiner Bauweise quer über der Gasse mit einer Durchgangspassage darunter als Unterstellplatz für Soldaten diente. Der Weg unter dem Haus hindurch zeigte jedem gut sichtbar, wer hier der Hausherr war. Als Symbol der Macht hing vom Dach bis zur Passage eine israelische Fahne an der Hausfassade herunter. Freiwillig hatte dieses Haus sicherlich keiner hergegeben. Scharon wohnte dort allerdings nie. Er hielt sich das Haus zu Zwecken der Provokation und zum Zeichen des Anspruchs auf Jerusalem.

Ehud Barak, der seit über zwei Monaten ohne parlamentarische Rückendeckung einen Frieden mit den Palästinensern aushandelte, hatte erstmals von der Möglichkeit einer Zweiteilung Jerusalems gesprochen. Er versuchte dadurch, angesichts drohender Neuwahlen Rückhalt bei der säkularen Mehrheit der israelischen Bevölkerung zu finden. Diese war durchaus bereit, den arabischen Ostteil Jerusalems an die Palästinenser abzutreten, wenn ihr Land dann endlich Frieden finden würde. Für Barak selbst muss der Versuch, an der Macht zu bleiben, nicht nur sehr schmerzhaft gewesen sein, verriet er doch dadurch seine tiefe Überzeugung vom Zionismus, sondern dazu auch noch gefährlich. Wir haben ja schon am Beispiel Rabin gesehen, was mit so genannten Verrätern passiert. Denn die Rechten waren mit einer Teilung Jerusalems gar nicht einverstanden.

Und genau in diese Kerbe schlug jetzt Scharon. Der Likud-Vorsitzende reklamierte lautstark den Anspruch Israels auf ganz Jerusalem. Er wusste die Rechte damit geschlossen hinter sich und konnte sich auch aus dem gemäßigten Lager der Zustimmung vieler Israelis sicher sein. Der angekündigte und behutsam vorbereitete Besuch war also ein Kalkül zur Machtergreifung. Die Zeitungen waren voll gewesen von seinem Vorhaben, das von 1.000 israelischen Soldaten abgesichert werden sollte, nachdem der palästinensische

Sicherheitschef Jabril Rajoub dem israelischen Minister Schlomo Ben-Ami erklärt hatte, dass die palästinensische Polizei auf dem Tempelberg sich in diesem Falle zur Verhinderung von Gewalt außer Stande sähe. Viele Demonstranten waren auf die Ankündigung des Besuchs hin auf den Tempelberg gezogen. Dass er es wirklich wagen würde, damit hatte allerdings kaum jemand gerechnet. Jedem in Israel und in Palästina war klar, welche Symbolkraft der Besuch hatte. Jeder wusste um die Brisanz dieser Sache und doch wurden ihre langfristigen Auswirkungen vollkommen unterschätzt. Das hatte vor ihm keiner gewagt.

Lächelnd war der Anführer aller israelischen Anführer am Donnerstagvormittag im Schutz von über 400 schwer bewaffneten Soldaten die Rampe hinauf durch das Mugrabim-Tor gezogen und hatte sich 34 Minuten auf dem Plateau aufgehalten. Anfangs flogen Steine und Stühle. Als er erklärte, er sei „in friedlicher Mission zur Esplanade des Tempelbergs gepilgert“, nahm ihm das selbst von seinen Anhängern keiner mehr ab. Jedem war klar, dass es zu gewalttätigen Auseinandersetzungen kommen musste. Die Provokation um den Besitz von Jerusalem kam wieder einmal von israelischer Seite, aber die wütende, ungezügelte Reaktion der Araber folgte diesmal sofort.

Erste Schüsse fielen, als die arabischen Demonstranten die Anhänger des Anführers bedrängten. Es waren die ersten Schüsse der zweiten Intifada und sie forderten die ersten Verletzten. Es sollten in den nächsten Jahren viele weitere Schüsse fallen, auf beiden Seiten, die aber vor allem palästinensische Verletzte und Tote fordern und Palästina verändern sollten.

Zu Hause angekommen, vernahm ich permanentes Hubschraubergeknatter und sah, wie der General von einem Militärjeep abgeholt wurde. Er hatte wie die im Wagen befindlichen Soldaten einen Stahlhelm aufgesetzt. Das Telefon holte mich aus meinen Gedanken. Am Apparat war Zughair.

„Du weißt, was passiert ist in Jerusalem? Hast du etwas gesehen? Bleib bloß morgen zu Hause. In Al Bireh hat es schon Auseinandersetzungen gegeben. Die Schüsse waren weithin zu hören. Es wollen morgen viele, viele Menschen auf den Haram Al-Sharif[292] zum Freitagsgebet. Weit mehr als sonst. Bleib bitte zu Hause.“

---

292 Arabisch für „ *heiliger Bezirk*“ – الحمر الشد يف

Ich nahm seinen Appell sehr ernst und versicherte ihm, dass ich nichts Unüberlegtes tun würde. Ich klärte ihn über die Situation in Jerusalem auf und über das, was ich wusste.

„Der weiß genau, was er macht. Jeder seiner Schritte ist vorgeplant. Dieser Mann will uns vernichten und jetzt sucht er einen Grund dazu." Hamid Zughair wusste, wovon er sprach. Er kannte die Geschichte des Anführers Scharon genau.

Schon mit 14 Jahren trat Ariel Scharon 1942 der Haganah bei und bald danach der jüdischen Siedlungspolizei. Im Krieg '48 diente er bereits als Offizier in der Alexandroni-Brigade, die an der Vertreibung von Palästinensern im Süden des Landes beteiligt war und uns schon im Dorf Al-Tantura begegnet ist. In der israelischen Armee avancierte Scharon schnell zum Kommandeur verschiedener größerer Truppenverbände und wurde schließlich 1951 zum befehlshabenden Aufklärungsoffizier im Stab der Nordarmee ernannt. Zwei Jahre später übernahm Scharon das Kommando der Sondereinheit 101. Diese berüchtigte Truppe, der nie mehr als 50 gesondert ausgebildete Soldaten angehörten, sollte Spezialaufträge des Generalstabs der Armee ausführen und das hieß, Zerstörungs- und Killeroperationen in arabischen Nachbarländern, die in Israel schon damals zumeist als „Vergeltungsschläge gegen Zentren des Terrors" bezeichnet wurden. Es ging um die Erwiderung von Überfällen, durchgeführt von ihres Landes beraubten und vertriebenen Arabern gegen den gewaltsam auf ihrem Rücken errichteten Staat an seinen schwer kontrollierbaren Grenzen. Waren diese Gewaltakte sehr viel mehr individuelle Reaktionen auf den Landraub und den Verlust des Eigentums, dann kam der eigentliche Terror von israelischer Seite, staatlich getragen und ungezügelt kommandiert. Nicht nur ein Auge um ein Auge und ein Zahn um einen Zahn, sondern Zurückschlagen um ein Vielfaches, ohne Rücksicht auf Unschuldige, das war die Devise. Kollektivschuld, eine Haltung, an der sich nichts geändert hat. Ausgangspunkt und Wirkung sind noch heute die gleichen. So wie die Auslegung des Wortes Terror.

Der erste Einsatz der Einheit 101 unter der Führung Scharons erfolgte am 28./29. August 1953 gegen das Flüchtlingslager El-Bureig im damals ägyptischen Gazastreifen. Der Einsatz wurde als Vergeltung für die Ermordung eines jüdischen Restaurantbesitzers in Ashkelon durch einen Araber deklariert. Scharon drang mit 15 Leuten in das Lager ein, wurde entdeckt und von unbewaffneten Flüchtlingen umzingelt. Der Rest der Einheit schoss sich daraufhin den Weg frei und befreite Scharon aus der Umzingelung. Dabei wurden 20 Flüchtlinge getötet, darunter sieben Frauen und fünf Kinder, und weitere 22 verletzt. Eine israelische Aufzeichnung besagt, dass gar 50 Flüchtlinge getötet wurden; andere Quellen nennen 15 oder 20. Generalmajor Vagn Bennike, der UN-Kommandant in Gaza, berichtete, dass Scharons Männer „Bomben durch die Fenster der Hütten warfen, in denen die Flüchtlinge schliefen, und als diese flohen, wurden sie aus Handfeuerwaffen und automatischen Gewehren beschossen.“[293]

Am 14. Oktober 1953 war das palästinensische Dorf Qibya auf dem damals jordanischen Westufer das Ziel. Der Angriff über die grüne Linie auf Qibya sollte ein Attentat bei Tel Aviv vergelten, bei dem eine Israelin und ihre zwei Kinder umkamen. Erste moralische Zweifel kamen danach sogar bei einigen seiner Auftraggeber auf. Der damalige Außenminister Moshe Sharett schrieb nach dem Massaker in sein Tagebuch: „Eine Vergeltungsmaßnahme diesen Ausmaßes ... ist niemals zuvor durchgeführt worden. Ich ging in meinem Zimmer auf und ab, perplex und völlig depressiv; ich fühlte mich hilflos.“[294]

Als verantwortlicher Kommandeur sah sich Scharon sogar gezwungen, Ben-Gurion zu versichern, dass seine Männer keine professionellen Killer seien, so sehr hatten sie gewütet. In einer Petition, die danach die Verurteilung von Scharon verlangte, beschreibt der israelische Historiker Avi Schlaim das Massaker folgendermaßen: „Scharon hatte den Befehl, nach Qibya einzudringen, die Häuser zu sprengen und schwere Opfer unter der Zivilbevölkerung herbeizuführen.“

Die ganze fürchterliche Geschichte dessen, was in Qibya geschah, wurde erst am Morgen nach dem Angriff erkennbar. Das Dorf lag in Trümmern: 45 Häuser waren gesprengt und 69 Zivilisten, zwei Drittel davon Frauen und Kinder, waren getötet worden. Scharon und seine Männer behaupteten, sie hätten geglaubt, dass alle Bewohner geflüchtet waren, hätten keine Ahnung gehabt, dass sich irgendwer in den Häusern verborgen hielt. Der UN-Beobachter, der den Schauplatz inspizierte, kam zu einem anderen Schluss: „Ein Bericht tauchte

---

293 Internet-Recherche:
http://www.forum.politik.de/forum/archive/index.php/t-6972.html

294 Internet-Recherche:
http://www.uni-kassel.de/fb5/frieden/regionen/Israel/mattes.html

wieder und wieder auf: Die von Kugeln durchlöcherte Tür, die Leiche auf der Türschwelle, was darauf hinweist, dass die Bewohner durch heftigen Beschuss gezwungen wurden, in ihren Häusern zu bleiben, bis diese gesprengt wurden."[295]

Scharon rechtfertigte sich, indem er schrieb: „Wenn die zivilen Opfer auch eine Tragödie waren, war der Angriff auf Qibya doch ein Wendepunkt. Nach so vielen Niederlagen und Fehlschlägen war nun deutlich, dass die israelischen Truppen wieder dazu in der Lage waren, Ziele weit im feindlichen Hinterland zu finden und zu treffen. Was dies für die Moral der Armee bedeutete, kann kaum übertrieben werden."[296]

In seinem mörderischen Ehrgeiz war er kaum zu stoppen. Auge um Auge und Zahn um Zahn – am besten die der Araber.

Nachdem Mosche Dajan Ende 1953 zum israelischen Generalstabschef ernannt worden war, wurde die Einheit 101 in die Armee integriert und Scharon der Chef des Fallschirmjägerbataillons. Nach der Qibya-Aktion wurden jedoch nur noch rein militärische Angriffsziele zugelassen. Scharon nutzte seine persönlichen Kontakte zu Ben-Gurion und Dajan für seine militärischen Ambitionen zu so scharfer Kritik an den laschen Methoden der Armee, dass er dort Probleme mit seinen Vorgesetzten bekam. Als Scharon den groß angelegten Angriff der Einheit auf das ägyptische Hauptquartier in Gaza am 28. Februar 1955 führte, der weit reichende politische Konsequenzen hatte, war er doch ein Mitgrund für die verstärkte Inanspruchnahme sowjetischer Militärhilfe durch Abdel Nasser sowie auch der Angriff auf das damalige jordanische Militärhauptquartier in Kalkilja im Oktober 1956, kam es zu Konflikten mit dem neuen Verteidigungsminister Pinchas Lawon, der, besorgt um die außenpolitischen Auswirkungen der Aktionen, Scharon vergeblich zu zügeln versuchte.

Während des Suezkriegs 1956 spielte Scharon eine weitere entscheidende Rolle. Er eroberte eigenmächtig, ohne direkten Befehl und unter hohen Verlusten, den Mitla-Pass im Sinai und löste damit einen scharfen Konflikt mit Dajan aus. Dajan nahm ihn aus dem

---

295 Internet-Recherche:
http://www.sueddeutsche.de/politik/910/448644/text/?page=4
296 Internet-Recherche:
http://de.wikipedia.org/wiki/Ariel_Scharon

Rennen. Scharon wurde zu Offizierslehrgängen nach England „verbannt“, doch auch später noch wurde er von den Nachfolgern Dajans im Hauptquartier boykottiert, weil sie ihm und seinen Methoden tief misstrauten. Später gingen einige Teilnehmer der Mitla-Schlacht gar an die Presse und warfen Scharon vor, er habe seine Aufklärer leichtfertig in Gefahr gebracht, um die Ägypter zu provozieren.

Er zeigte sich also auch bereit, die israelischen Kräfte schonungslos einzusetzen. Auge um Auge und Zahn um Zahn – selbst wenn es die der eigenen Leute sind.

Nach einer Oberst- und Kommandeurstelle der Infanterie-Schule, eine Aufgabe, die ihm wegen ihrer Inaktivität nicht zusagte, kam eine Kommandantur einer Reserve-Infanteriebrigade hinzu. Auf Druck von Ben-Gurion ernannte ihn Generalstabschef Tzur schließlich zum Kommandeur einer Reserve-Panzerbrigade, abermals eine inaktive Rolle, die ihm aber wegen seines Interesses für die strategische Bedeutung von Panzern eher zusagte. Aber erst als Ende 1963 Jizchak Rabin zum Generalstabschef ernannt wurde, wurde Scharon wieder in die Kampfeinheiten einbezogen und zum Kommandeur des Nördlichen Oberkommandos unter Avraham Joffe[297] ernannt. 1966 wurde er schließlich von Rabin in den Rang eines Generalmajors befördert, oberster Ausbildungsoffizier im Generalstab der Armee und Kommandeur einer Reserve-Division.

In dieser neuen Funktion beauftragte Scharon seinen Stab zu recherchieren, wie viele Busse und Lastwagen notwendig wären, wenn man im Falle eines Krieges 300.000 israelische Araber außer Landes transportieren müsste. Uzi Bensmann, der diesen Plan in der Haaretz[298] veröffentlichte, schrieb dazu, dass die meisten Mitglieder von Scharons Stab die Mitarbeit jedoch verweigerten, weil kein schriftlicher Befehl aus Tel Aviv vorlag.

Nach der Ernennung Dajans zum Verteidigungsminister im Zuge der zunehmenden Spannungen zwischen Israel und der arabischen Welt im Mai und Juni des Jahres 1967 konnte sich Scharons und Joffes Plan durchsetzen, der einen Angriff vorsah, der gleichzeitig und von Beginn an alle verfügbaren Kräfte ins Kampfgeschehen einbinden sollte und nicht nur auf eine Front entlang des Gazastrei-

297 Siehe Index 1 – Personenregister
298 Israelische Tageszeitung

fens beschränkt war, sondern den gesamten Sinai umfasste. Der Präventivschlag gegen die ägyptische Luftwaffe war dazu unvermeidlich.

Im Sechs-Tage-Krieg dann kommandierte Scharon die mächtigste Panzerdivision an der Sinaifront, der der Durchbruch gelang. Er war es schließlich auch, der die 6. ägyptische Division vernichtend schlug. Rabin ernannte ihn daraufhin zum Kommandeur des Sinai, wodurch er auch für die Versorgung der in der Wüste verstreuten ägyptischen Soldaten zuständig war.

Dort begingen die Israelis am 8. Juni 1967 ein Massaker an rund 400 ägyptischen Kriegsgefangenen am Rande der Wüstenstadt Al Arish. Scharon hatte als verantwortlicher Militär das Gebiet von Al Arish besetzt. Israelische Soldaten ließen die ägyptischen Gefangenen eine Grube ausheben und erschossen sie danach. US-Journalist James Bamford[299] zitiert den israelischen Historiker Aryeh Yitzhaki: „Die gesamte Armeeführung ... und die Generäle wussten davon."

Anlass für Bamford, in seinem Buch auf die Vorgänge einzugehen, ist die Versenkung des Aufklärungsschiffs U.S.S. Liberty[300] durch die

---

299 Vgl. auch Bibliographie: James Bamford, *NSA, Die Anatomie des mächtigsten Geheimdienstes der Welt*

300 Die USS Liberty war formal ein Aufklärungsschiff der United States Navy, das jedoch tatsächlich unter dem Kommando des international operierenden US-Geheimdienstes National Security Agency (NSA) stand. Es diente der elektronischen Kampfführung und der militärischen Aufklärung. Die zu ihrer Zeit hochmoderne Liberty glich äußerlich weitgehend einem Frachtschiff, wies jedoch mehrere sichtbare Radarkuppeln und sonstige Antennen auf. Aufgabe der im Mittelmeer stationierten Liberty war die passive Überwachung, also vor allem die Aufzeichnung aller Emissionen, wie Funksprüche und Radarsignale, zur späteren Auswertung. Am 8. Juni 1967 wurde das Spionageschiff in internationalen Gewässern 14 Meilen vor der Küste Israels angegriffen. Israelische Kampfflugzeuge beschossen und bombardierten sie mit bis zu 1.000-Pfund-Bomben und Napalm. Außerdem kam es zur Beschießung der Liberty und der im Wasser treibenden Überlebenden durch israelische Torpedoboote. Insgesamt wurden dabei 34 US-Navy-Angehörige getötet und 172 verletzt. Obwohl es in beiden Ländern mehrfache Untersuchungen gab, die den Vorgang als Verkettung unglücklicher Umstände darstellen, nähren die Zeugenaussagen, Umstände und Hintergründe des Angriffs bis heute Zweifel an diesen Darstellungen. Sicher ist, dass die USA wenige Tage vor dem Zwischenfall mitgeteilt hatten, sie hätten kein einziges Schiff in dieser Region des Mittelmeers stationiert (was zu diesem Zeitpunkt

israelische Armee nur wenige Stunden danach. Die Liberty lag an jenem Junitag vor der Küste des Sinai. Die Versenkung des Schiffes wird von Israel bis heute als tragischer Irrtum dargestellt. Anhand von bisher geheim gehaltenen Unterlagen des US-Nachrichtendienstes NSA konnte Bamford diese Darstellung jedoch erstmals widerlegen. Die israelische Militärführung habe gewusst, dass sie ein US-Aufklärungsschiff angreife, schreibt er. Grund für die Versenkung sei die Furcht davor gewesen, dass das Schiff Informationen über das Massaker von Al Arish aufgezeichnet haben könnte. Bei dem Angriff auf die Liberty wurden über zweihundert Amerikaner getötet und verletzt. Das israelische Militär feuerte sogar noch auf Rettungsboote und im Wasser schwimmende Besatzungsmitglieder. Auf eine Untersuchung der Umstände dieses Verbrechens, kritisiert Autor Bamford, hätten Israel und die USA aus politischen Gründen bis heute verzichtet.

Die Deckung seiner Verbrechen, selbst von allerhöchster Stelle, sollte Scharon weiteren Mut für zukünftige Aufgaben geben. Auge

---

auch stimmte). Beide Seiten bestätigten Aussagen über acht israelische Anti-U-Boot-Flugzeuge, die einige Stunden zuvor die USS Liberty insgesamt zwölfmal überflogen, wonach diese auf den Karten der Luftüberwachung Israels mit einem grünen Magneten als neutrales Schiff markiert wurde. Diese Markierung wurde allerdings nach sechs Stunden wieder entfernt, da die USS Liberty vom israelischen Radar verschwunden war; man nahm an, dass sie aufs offene Meer hinausgefahren sei, um sich dort mit der 6. Flotte der USA zu treffen. 1987 wurde der Vorfall endgültig diplomatisch beigelegt, wobei Israel 13 Millionen US-Dollar Entschädigung an die Opfer und ihre Hinterbliebenen zahlte.

Die überlebenden ehemaligen Besatzungsmitglieder der Liberty bestehen jedoch darauf, dass eine Verwechslung unmöglich gewesen sei; der Angriff auf das Schiff sei bewusst erfolgt, und es handele sich um ein Kriegsverbrechen. Laut einem Bericht der *Financial Times* vom 12. Januar 2004 erklärte ein ehemaliges Mitglied des US-Marine-Untersuchungsgerichts unter Eid, dass der damalige US-Präsident Lyndon B. Johnson und Verteidigungsminister Robert McNamara damals eine Geheimhaltung des Vorfalls angeordnet hätten.

Am 2. Oktober 2007 veröffentlichte die angesehene *Chicago Tribune* einen Artikel des Pulitzer-Preisträgers John Crewdson, der auf vor kurzem freigegebenen Dokumenten des amerikanischen Außenministeriums sowie neuerlichen Zeugenbefragungen beruht. Die neuen Dokumente, insbesondere Zeugenaussagen zu Funksprüchen der israelischen Piloten, stützen die Aussagen der Überlebenden, dass es sich um einen gezielten Angriff handelte.

um Auge und Zahn um Zahn – selbst wenn es die der neutralen Beobachter sind.

Als Chef der militärischen Ausbildung begann er sofort nach dem Krieg, die Ausbildungszentren in das Westjordanland zu verlegen, um die Gebiete zu sichern. Am Ende hatte er beinahe alle ehemaligen jordanischen Militärlager und Kasernen besetzt, die an den wichtigen strategischen Punkten lagen. Er versuchte auch Dajan davon zu überzeugen, die Familien der Soldaten in der Nähe dieser Kasernen anzusiedeln, war jedoch zunächst nicht erfolgreich.

Im Jahre 1969 wurde er Chef des Südkommandos der israelischen Streitkräfte und damit bekam er den militärischen Oberbefehl über Gaza, das Israel 1967 angegriffen und besetzt hatte. Er spielte seine Rolle mit Hingabe und forderte Truppen an, um harte Maßnahmen gegen die renitente Bevölkerung zu ergreifen, denn die PLO hatte mittlerweile den bewaffneten Kampf gegen die Besatzungsmacht aufgenommen. Im Gazastreifen operierten die PFLP[301] und die Fatah. Der Anführer Scharon bekam von der Armeeführung den Auftrag, die „Terroristen“ gnadenlos auszumerzen. Seine Methoden zur Liquidierung des Widerstandes im Gazastreifen zeichneten sich denn auch durch besondere Brutalität aus. Scharon erhielt 1970 das Kommando über eine neue Spezialeinheit, die Rimon-Brigade. Diese sollte die Aufgaben der bereits zuvor im besetzten Gazastreifen operierenden Einheit Zikit übernehmen, der ersten israelischen Einheit, deren Soldaten von Arabern nicht mehr zu unterscheiden waren. Rimon sollte vor allem gesuchte Personen eliminieren. Eine entsprechende Liste umfasste 200 Namen, entweder in Rot oder in Schwarz geschrieben. War der Name in Schwarz geschrieben, wurde nur vermutet, dass die Person einer terroristischen Organisation angehörte oder sie unterstützte. Im Falle der Roten war sofort zu handeln. 1971 war der Widerstand im Gazastreifen gebrochen: 104 Palästinenser waren getötet und über 700 verhaftet.

Diese „Säuberungen“ in Gaza wurden von Phil Reeves in einem Beitrag für den Londoner „Independent“ vom 21. Januar 2001 unter dem Eindruck des Beginns der zweiten Intifada sehr anschaulich beschrieben:

---

[301] Siehe Index 5 – PLO

[302]Dreißig Jahre sind vergangen, seit Ariel Scharon, mittlerweile Favorit auf den Gewinn der bevorstehenden Wahl (zum Ministerpräsidenten Israels), der Befehlshaber des Südkommandos der israelischen Streitkräfte war, beauftragt mit der Befriedung des widerspenstigen Gazastreifens nach dem Krieg von 1967. Aber die alten Männer erinnern sich an ihn noch gut. Besonders die alten Männer der Wreckage[303] Street. Bis Ende 1970 war die Wreckage oder Had'd Street nur eine von zahllosen schmalen und namenlosen Gassen, die sich durch Gaza Citys Beach Camp zogen. Eine Stadt am Strand, übersät mit niedrigen Zwei-Zimmer-Häusern, die mit UN-Hilfsmitteln für Flüchtlinge des Kriegs von 1948 errichtet wurden und die bis heute darauf warten, dass die internationale Gemeinschaft ihre Zukunft klärt. Die Straße bekam ihren Namen nach einem ungewöhnlich langen Besuch von Herrn Scharons Soldaten. Ihr Auftrag war, Hunderte von Häusern aus dem Weg zu räumen, um eine breite, gerade Straße hineinzuschneiden. Das würde israelischen Truppen mit ihrem schweren gepanzerten Militärgerät erlauben, sich leicht durch das Lager zu bewegen, Kontrolle auszuüben und Männer der palästinensischen Befreiungsarmee zu jagen. „Sie kamen nachts und fingen an, die Häuser, die sie mit roter Farbe markiert hatten, zu demolieren", sagte Ibrahim Ghanim, 70, ein pensionierter Arbeiter. „Morgens kamen sie zurück, und befahlen jedem zu gehen. Ich erinnere mich, wie die Soldaten den Leuten zuriefen: Yalla, yalla, yalla, yalla[304]! Sie warfen jedermanns Eigentum auf die Straße. Dann brachte Scharon Planierraupen herein und sie begannen die Straße zu schieben. Er beendete das fast an diesem einen Tag. Und die Soldaten schlugen die Leute. Können Sie sich vorstellen, wie Soldaten mit Gewehren kleine Kinder schlagen? Die Arbeit der israelischen Armee war getan und Hunderte Häuser waren zerstört, nicht nur in der Wreckage Street, sondern im ganzen Lager, als Scharon ein Netz von Sicherheitsstraßen bauen ließ. Viele der Flüchtlinge suchten Schutz in den Schulen oder in zusammengedrückten, bereits überfüllten Häusern bei Verwandten. Andere Familien, vor allem die mit einem palästinensischen politischen Aktivisten, wurden auf LKWs geladen und ins Exil in eine Stadt im Herzen der Sinai-Wüste gefahren, die die Israelis kontrollierten."

[302] Der nächste Absatz ist eine Übersetzung des Autors aus dem Englischen.
[303] Schrott, Wrack, Ruine
[304] Los, vorwärts, schneller

Wie Reeves berichtet, war die Verwüstung dieses Flüchtlingslagers am Strand bei weitem keine Ausnahme. Allein im August 1971 zerstörten Truppen unter Scharons Befehl ungefähr 2.000 Häuser im Gazastreifen und vertrieben 16.000 Menschen zum zweiten Mal in ihrem Leben. Hunderte junger palästinensischer Männer wurden verhaftet und nach Jordanien und in den Libanon deportiert. Sechshundert Verwandte von mutmaßlichen Guerillas wurden in den Sinai verbannt. „Die Politik beschränkte sich zu dieser Zeit nicht darauf, Verdächtige festzuhalten, sondern sie zu ermorden“, sagte Raji Sourani, Direktor des palästinensischen Zentrums für Menschenrechte in Gaza City.

Scharon begann sein eigenes Wertesystem in großem Stil durchzusetzen. Keiner hinderte ihn mehr daran. Auge um Auge und Zahn um Zahn – auch wenn es nur Verdächtige sind.

Nach dem Angriff arabischer Staaten auf Israel zum Auftakt des Jom-Kippur-Kriegs 1973 wurde Scharon aus dem selbst gewählten militärischen Ruhestand, wo er eine politische Laufbahn in der Führung des neu gegründeten Likud begann, zurückgerufen. Ihm gelang es in eigenmächtiger Initiative unter Missachtung der Anweisungen seines Vorgesetzten, mit seiner Panzerdivision die ägyptischen Angriffslinien im Sinai zu durchbrechen, südlich der Bitterseen die auf dem Ostufer verbliebene 3. ägyptische Armee einzukesseln und über den Suezkanal überzusetzen. Die israelische Armee stand nun jenseits des Kanals, etwa 100 km vor Kairo. So half er entscheidend mit, eine drohende Niederlage Israels abzuwenden. Seither gilt er in Israel bei vielen als Held.

Unkontrollierbarkeit, gepaart mit Draufgängertum und rücksichtslosem Vorgehen. Scharons Weg schien vollkommen aufzugehen. Auge um Auge und Zahn um Zahn – auch wenn meine eigenen dabei verloren gehen.

Von 1973 bis 1974 und ab 1977 war er Abgeordneter der Knesset. In der Likud-Regierung des Menschenfreunds Begin amtierte Scharon zunächst als Landwirtschaftsminister (1977-1981) als einer der wichtigsten Fürsprecher der Siedlerbewegung.

Die 1979 zwischen Ägypten und Israel geschlossenen Abmachungen über die Rückgabe des Sinai waren für Scharon nicht akzeptabel, da dies natürlich auch die Aufgabe der Siedlungen bedeutete, da er ja selbst am Plan zur Kolonisierung des Sinai mitgearbeitet hatte. So gründete er gemeinsam mit Schamir, der als Außenminister fungierte, die Bewegung „Stoppt den Rückzug" und bereitete sich auf eine Auseinandersetzung im Sinai vor. Tatsächlich kam es zwischen Ägypten und Israel bei der Umsetzung des Rückgabevertrages zu erheblichen Spannungen. 1.500 radikale Siedler hatten sich im April 1982 in der Siedlung Yamit festgesetzt. Sie wurden schließlich durch 20.000 israelische Soldaten mit Wasserkanonen und Tränengas vertrieben. Ägypten hatte Israel 50 Mio. Dollar angeboten, um die Häuser und Infrastruktur der Siedlungen intakt übernehmen zu können. Israel lehnte jedoch ab und machte Yamit und andere Siedlungen mit Ausnahme von Ofira[305] mit Bulldozern dem Erdboden gleich. Die Entscheidung über die Zerstörung war von Begin getroffen worden, mit hilfsbereiter Unterstützung von Scharon. Es gab dazu weder eine Kabinettsentscheidung noch politische Diskussionen.

Damals war der Anführer und Held schon fast am Ziel. Er war Verteidigungsminister geworden (1981-83), und als man ihn fragte, wie man mit Demonstranten in der West-Bank verfahren solle, sagte er: „Schneidet ihnen die Eier ab". Mit Begin, Scharon und Schamir stellte diese israelische Regierung jedes Maß an Gewissenlosigkeit in den Schatten.

Auf die Katastrophe des Libanonkriegs 1982 sind wir schon eingegangen. Nach Begins Wahlerfolg 1981 setzte sich der Schlagabtausch zwischen Israel und der PLO fort. Israel bombardierte die Flüchtlingslager und Militärbasen der PLO, und diese schoss zurück nach Nordisrael. Über ihren Botschafter Habib bemühten sich die USA intensiv um ein Waffenstillstandsabkommen, was am 24. Juli 1981 auch gelang, den zionistischen Kreisen Israels jedoch wie eine politische und militärische Niederlage vorkam. Jassir Arafat setzte alles daran, den Waffenstillstand an der libanesisch-israelischen Grenze einzuhalten. Benny Morris schreibt dazu: „Arafat vermied es, in die Falle zu tappen, und die PLO hielt sich an das Abkommen."

Getragen durch die israelische Propaganda, die immer wieder von Verletzungen des Waffenstillstands sprach, begann Scharon öffentlich mit der endgültigen Zerschlagung der PLO zu drohen. Dabei wurde er immer lauter. Diese angeblichen Verletzungen des Waffenstillstands hat es jedoch nie gegeben. Selbst US-Repräsentant Philip Habib war entsetzt über seine unbedingte Angriffslust. Mit den Wor-

---

[305] Scharm El-Scheich

ten: „General Scharon, wir befinden uns im 20. Jahrhundert und die Zeiten haben sich geändert. Sie können nicht einfach Länder angreifen, alles in Grund und Boden schlagen und Zivilisten töten",[306] versuchte er Scharon zu zähmen. Aber Ariel Scharon und die zionistische Elite Israels waren besessen davon, den Nationalismus der Palästinenser ein für allemal auszumerzen. Dafür schreckten sie auch vor Lügenkampagnen und falschen Angaben nicht mehr zurück. Die Propagandamaschine bereitete die Menschen in Israel und im Westen auf den Schlag vor. Scharon ließ derweil schon vom Generalstab einen Plan ausarbeiten, der die Grundlage für den Angriffskrieg auf den Libanon bildete. Er wartete nur noch auf den Grund zum Zuschlagen. Den Vorwand für den Einmarsch in den Libanon lieferte dann das Attentat auf den israelischen Botschafter Schlomo Argov in London, ausgeführt von der Abu-Nidal-Gruppe, die zu dieser Zeit wahrscheinlich für den irakischen Geheimdienst arbeitete. Obwohl die PLO mit der Abu-Nidal-Gruppe nichts zu tun hatte, diente der Anschlag als Rechtfertigung für den Angriff auf den Libanon. In Begins Worten: „Sie sind alle PLO, Abu Nidal, Abu Schmidal. Wir müssen die PLO schlagen" spiegelt sich die zionistische Unberechenbarkeit und die wilde Entschlossenheit zuzuschlagen, wie und wo auch immer. Alle Mittel dazu waren recht, es wurde gelogen und betrogen, nach innen und nach außen. Die Invasion, die angeblich nur bis zu einer Tiefe von 40 km geplant war, sollte zu einer drei Jahre währenden Geißel werden.

Im Juni 1982 führte der Anführer endlich die große israelische Invasion im Libanon an, um die Palästinensische Befreiungsorganisation von dort zu vertreiben. Etwa 20.000 Menschen kamen dabei ums Leben. Die israelische Armee bombardierte West-Beirut und tötete Tausende libanesischer und palästinensischer Zivilisten.

Untragbar geworden durch die Vorfälle von Sabra und Chatila, hatte er trotzdem in den folgenden Kabinetten bis 1992 mehrere Posten als Minister inne. In dieser Zeit entwickelte er weit reichende israelische Siedlungspläne im palästinensischen Westjordanland mit dem umstrittenen Siedlungsring um Ost-Jerusalem. Nach dem Regierungswechsel 1992, bei dem die Arbeiterpartei unter Rabin den Likud ablöste, war Scharon Mitglied der Knesset. Dort gehörte er der

[306] Internet-Recherche:
http://www.uni-kassel.de/fb5/frieden/regionen/Israel/mattes.html

außenpolitischen und der Verteidigungskommission an. Als schärfster innenpolitischer Gegner Rabins kritisierte Scharon diesen wegen des Oslo-Friedensabkommens als Verräter. 1996, im Jahr nach der Ermordung Rabins, errang der Likud unter Netanjahu einen neuen Wahlsieg. Scharon wurde Minister für die nationale Infrastruktur und förderte in dieser Funktion massiv den Ausbau der Siedlungen in den besetzten Palästinensergebieten. 1998 ernannte Netanjahu Scharon zum Außenminister. In diesem Amt forderte Scharon seine Landsleute auf, sich in den besetzten Gebieten „so viele Berggipfel wie möglich zu nehmen".

1999 besiegte die Arbeiterpartei unter Barak den Likud, dessen Vorsitzender Netanjahu in den Strudel einer Finanzaffäre geraten war. Netanjahu trat als Parteichef zurück und Scharon wurde zunächst übergangsweise, im September 1999 dann endgültig sein Nachfolger.

Der Anführer stand jetzt auf der letzten Stufe zum Gipfel der Macht. Die Macht eines Atomstaats in der Hand eines unberechenbaren Mannes, der hinreichend bewiesen hat, dass er über Leichen geht und in seiner Eigenwilligkeit zu allem fähig ist. Auge um Auge und Zahn um Zahn – selbst wenn es die der ganzen Welt sind.

Die Ausschreitungen nach dem Besuch des großen Anführers auf dem Tempelberg hielten sich am ersten Tag noch in Grenzen. Nur die Demonstranten auf dem Plateau und ein paar jugendliche Steinewerfer in Al Bireh wurden vom israelischen Militär mit Hartgummigeschossen, wo ein Metallzylinder mit einer Gummischicht ummantelt ist, bekämpft. Dies war aber erst der Anfang und am Freitag schwappte es auf die gesamte West-Bank und auf Gaza über.

In Jerusalem kamen an diesem Morgen trotz Kontrollen und Straßensperren immer mehr Palästinenser an. Ich fand die Straße, die auf der ehemaligen Demarkationslinie erbaut wurde, auf beiden Seiten mit Autos und Bussen vollgeparkt. Die Israelis hatten den Ernst der Lage noch nicht wirklich begriffen. Ich fuhr an der Altstadt vorbei und sah die lange Schlange an Menschen durch das Damaskustor hineinziehen. Mein Ziel war der Parkplatz am Jaffa Gate.

Dann ging ich, von Westen kommend, durch den israelischen Teil der Altstadt zur Klagemauer. Auf dem Platz davor standen viele Soldaten in voller Kampfmontur, einige bereits auf der Rampe zum Mugrabim-Tor. Ich stand gegenüber auf den Stufen, um eine bessere

Übersicht zu haben. Das Freitagsgebet und die Predigt waren auf dem Haram Al-Sharif in vollem Gange. Dann flogen plötzlich Steine von oben auf die Juden herab, die eben noch an der Klagemauer gebetet hatten und jetzt panisch auseinanderrannten. „Jetzt passiert es und genau deshalb ich bin gekommen", dachte ich zu mir, weil ich es vorhergesehen hatte. Jeder hatte es vorhergesehen. Die israelischen Soldaten starteten. Sie stürmten durch das Tor und verschwanden außer Sichtweite. Ein langer olivfarbener Lindwurm aus sich hastig bewegenden, wippenden Stahlgliedern. Dann hörte ich schon die ersten Schüsse. Es ging los und später wusste ich, die Al-Aqsa-Intifada hatte begonnen. Groß konnten die Steine, die von oben auf die betenden Juden herabgeworfen worden waren, nicht gewesen sein. Jedenfalls habe ich danach keine großen Steine vor der Mauer liegen sehen. Ich sah aber, wie ein israelischer Soldat auf einer Trage über die Rampe heruntergebracht und in einem der bereitstehenden Ambulanzwagen verstaut wurde. Schreien und Schüsse oben auf dem Platz sagten mir, dass da der Teufel los sein musste. Wieder brachten Sanitäter einen Soldaten herunter. Die Juden unten vor der Klagemauer standen da und blicken nach oben. Einige gingen gar zur Mauer zurück und vertieften sich wieder in ihr Gebet. Nach einer Stunde war oben relative Ruhe, viele der Soldaten waren zurückgekehrt und einige verschwanden wieder im Laufschritt durch den Eingang nach Norden. Von dort war das permanente Sirenengeräusch von Krankenwagen zu hören. Dort fielen auch weiterhin Schüsse. Es wurde ruhig vor der Klagemauer. Ich ging hinunter auf den Platz und schaute in die Gesichter der gläubigen Juden. Einige diskutierten heftig, andere schienen in Gedanken versunken, andere störte das alles gar nicht. Der Platz war wieder voll von Soldaten. Einer hatte sich den Helm vom Kopf genommen und wurde von einem Kameraden an der Stirn mit einem Pflaster versorgt. Einige hatten ihre Gewehre neben sich gelegt und saßen auf dem Steinboden. Einer tauschte sein Magazin aus. Junge Burschen, denen die Situation, in die sie hineingedrängt wurden, nicht bewusst zu sein schien. Aber glücklich sah hier keiner aus. Einige Offiziere erteilten lautstarke Befehle und dann setzte sich wieder eine Gruppe in Marsch und verschwand. Dafür kamen andere auf den Platz zurück.

Als ich nach drei Stunden aus dem Jaffa-Tor trat, war die Straße entlang der Altstadtmauer gesperrt. Einige Krankenwagen standen bereit und ich erkannte, wie eine Trage gebracht wurde, über die ein

Tuch gebreitet war. Von weiter oben im Norden hörte ich vermehrt Schüsse.

Ich musste an diesem Tag einen langen Umweg in Kauf nehmen, bis ich durch verstopfte Straßen endlich wieder am French Hill war.

Die Menge auf dem Plateau war, nachdem die Soldaten durch das Tor gestürmt kamen, auseinandergestoben. Andere waren aber schon darauf vorbereitet gewesen, hatten Maßnahmen getroffen und sich entsprechend gerüstet. Steine flogen, mit Steinschleudern katapultiert, und es gab erste Opfer. In Panik war der Rest der Palästinenser durch die Gassen der Altstadt nach draußen gestürmt und hatte sich den Fluchtweg völlig verstopft. Alte und Kinder blieben auf der Strecke. Die schießenden Soldaten waren in ihrem Rücken. Draußen warteten schon palästinensische Jugendliche, die bereits Straßensperren aus allem errichteten, was sie vorfinden konnten. Es gab so viele immer wieder wechselnde Brandherde, dass die Soldaten der ungestümen Wut der Palästinenser nicht Herr werden konnten und nicht wussten, wo sie zuerst eingreifen sollten. Die Salah Eddin und die Sultan Suleiman Street waren wieder zum Kampfplatz geworden, nachdem sich acht Jahre lang nichts, aber auch gar nichts für die Palästinenser verbessert hatte.

„Blutiger Freitag", war die Überschrift in den Zeitungen am nächsten Tag oder „Sieben Palästinenser wurden gestern zu Märtyrern". Der Mythos Intifada war wiedergeboren. Als ich in der Schule morgens verspätet ankam, war bis auf einige administrative Kräfte und wenige Schüler kaum jemand da. Michael Bauer, der seit fast zwei Jahren zum Team gehörte, und Kerstin saßen im Büro.

„Was ist da jetzt los? Hast du was mitgekriegt?" Wir tauschten uns aus und ich erzählte ihnen, was ich gestern gesehen hatte.

Kerstin sagte: „Verwandte von uns, die in der Altstadt leben, haben gesagt, die Israelis sind gestern mit brutaler Gewalt vorgegangen. Ein schwer verwundeter junger Palästinenser hatte sich ins armenische Viertel gerettet. Sie haben ihn versteckt und er wurde später von einer Ambulanz abgeholt. Ich glaube, das wird erst mal so weitergehen. Wir sollten uns alle absprechen und früh wieder gehen. Es ist heute auch noch Rosch Haschanah[307] und Hunderte von gläubigen

[307] Jüdisches Neujahr

Juden werden sich an der Klagemauer versammeln. Dort wird es sicher wieder Krach geben."

Ich war als Teamleiter natürlich unmittelbar verantwortlich für die Sicherheit der anderen und stimmte unbedingt zu. Also informierten wir auch Mahmoud Abd El-Malak und Maja Rahman, die zu unserem Team gehörten. Mittlerweile kamen auch Sicherheitsanweisungen vom Deutschen Vertretungsbüro in Ramallah und so beschlossen wir, erst einmal nicht aus dem Bereich Jerusalem hinauszufahren. Mahmoud und Maja kamen über einen Umweg aus unserem zweiten Projektbüro in Al-Bireh und berichteten, dass die Israelis mittlerweile auch mit scharfer Munition schossen, aber gestorben wurde auch an den Hartgummigeschossen. Etliche Tote waren schon mittags zu beklagen und am Abend zählte man über 600 Verletzte. Ein schwarzer Tag in der Westbank und in Gaza.

Am Abend sah ich erst im deutschen Fernsehen die unvermeidlichen Bilder der Steinwürfe auf die Juden an der Klagemauer und dann später, über Al Jazeera[308], die schrecklichen Bilder von dem Vater und seinem kleinen Sohn, der in Gaza von der wild entschlossenen Soldateska hinter einer Tonne in den Händen seines Vaters erschossen wird. Als der aus seiner Deckung den etwa hundert Meter entfernten israelischen Posten auf Hebräisch zuschrie: „Halt, hört auf, ihr tötet meinen Sohn", bekam er als Antwort eine Kugel in den erhobenen Arm. Insgesamt wurden später aus seinem Körper allein acht Geschosse entfernt. Zwei palästinensische Sanitäter, die deutlich den Halbmond[309] trugen und die Vater und Sohn zu Hilfe kommen wollten, wurden von den israelischen Soldaten beschossen. Einer davon tödlich. Mehr als 40 Minuten dauerte das blutige Drama an der Kreuzung bei Nezarim, das von einem französischen Kameramann unbemerkt aufgenommen wurde, und mir wurde schlecht beim Zuschauen. Sie belegten ungeschönt die unglaubliche Brutalität der Vorgehensweise der israelischen Armee. Als menschliches Wesen fragt man sich da, wie so etwas überhaupt möglich ist, und Tränen helfen kaum noch. Die Welt war live dabei. Da halfen keine Lügen. Für Israel und seine internationale Propagandamaschine jedenfalls waren die Aufnahmen die Hölle.

---

[308] 24-stündiger, englischsprachiger Nachrichtensender aus Doha, Qatar

[309] Roter Halbmond, das islamische Pendant zum 1863 durch die Genfer Konvention gegründeten Roten Kreuz

Die palästinensische Propaganda aber schlachtete das Ganze dazu auch noch in höchstem Maße pervertiert aus, und was dann tagelang, mit arabischer Marschmusik und nationalistischen Texten unterlegt, immer wieder im arabischen Fernsehen gezeigt wurde, war nicht nur geschmacklos, sondern half auch der Familie nicht hinweg über die Trauer um den Tod des kleinen Muhammad Al-Durra.

Am Abend war die Zahl der Toten auf 24 gestiegen. Nun gab es aber auch Israelis darunter; die Palästinenser begannen scharf zurückzuschießen.

Wir hatten beschlossen, am Sonntag alle zu Hause zu bleiben. Ich begegnete mittags dem General und auf meine Frage, wie er die Sache einschätze, sagte er: „Das ist nichts. Nur eine Momentaufnahme, die sich bald beruhigen wird. Was ist denn schon geschehen? Wir haben alles im Griff. In ein paar Tagen sieht das alles ganz anders aus." Es war seine feste Meinung, dass der Besuch vollkommen harmlos war. Kaum der Rede wert. Es ging zwar um Jerusalem, aber das gehörte zu Israel, wie er meinte. Den Anspruch hatte man ja klar und deutlich verkündet. Man musste die Araber nur daran gewöhnen. Das war die Meinung viel zu vieler Israelis.

In Al Bireh an der Kontrollstelle kam es an diesem Sonntag zu schweren Zusammenstößen, bei denen zum ersten Mal auch palästinensische Polizisten zu den Waffen griffen. Die Israelis antworteten mit Maschinengewehren. In Nablus fuhren Panzer auf und vor Gaza lagen israelische Kriegsschiffe. Die Intifada hatte die besetzten Gebiete erfasst. Der Todesapparat Israels kam ins Rollen. Elf Tote und fast 700 Verletzte hieß es am Abend in Al Jazeera.

Am Dienstag hatten sich Arafat und Barak auf einen Waffenstillstand geeinigt. Wie naiv waren wir eigentlich, daran zu glauben? Als ob einer von beiden noch die Kontrolle hätte. Die Intifada war zum Selbstläufer geworden, getragen vom Schmerz über die Toten, getragen von der Wut der Verwundeten und getragen von der Verzweiflung der Rechtlosen. Die westliche Welt sah die Sache mit einem angeordneten Waffenstillstand als bereinigt an – was für ein Irrtum. Die Fehleinschätzung der Einflussnahme von Politikern und Führern dieser Welt beruhte auf der eigenen Unfähigkeit, sich in die Lage der Palästinenser hineinzuversetzen. Ich habe immer wieder die Besuche hoher Politiker erlebt, die in gepanzerten Wagen durch die Checkpoints brausen und hinter sicherem Glas zu keinem Zeitpunkt auch nur annähernd begreifen, was die Menschen, die ihnen staunend nachsehen, hier mitmachen. Schlangestehen, Demütigung, Entehrung, Erniedrigung, Verspottung, Beleidigung, Verhaftung, Angst, Verzweiflung, Enteignung, Zerstörung, tagtäglich und immer wieder. Und die denken, sie kommen herangefahren, bringen den Frieden und fahren wieder davon. Wie naiv sind wir eigentlich?

Reuters Nachrichten am 4. Oktober 2000: „Bei den blutigen Unruhen sind nach palästinensischen Angaben seit vergangenem Freitag mindestens 45 Araber getötet worden. Mehr als 1.400 Menschen wurden verletzt. Auf israelischer Seite kamen drei Soldaten und ein Zivilist ums Leben."

Die Gewalt nahm zu und es wurde selbst der internationalen Gemeinschaft zu viel. Der UN-Sicherheitsrat verurteilte am 7. Oktober die israelische Gewalt gegen Palästinenser, am 4. November beschuldigten US-Ärzte Israel der exzessiven Gewaltanwendung und am 1. Dezember verurteilte die UN-Vollversammlung Israels Vorgehen in der Jerusalem-Frage. Es half nichts. Was wollte die Welt da draußen eigentlich? Israel war doch angegriffen worden und musste sich verteidigen.

Unser Projektbüro in Al Bireh war in den Tagen zu Beginn der Intifada nicht leicht zu erreichen. Es gab zwei Brandherde der Unruhen; in Al Bireh selbst und in Ramallah. Beide Städte gehen unmittelbar von Süden nach Norden ineinander über. Der erste Brandherd lag im Süden, am Eingang von Al Bireh, wo der israelische Militärposten das Haus an der Straße beschlagnahmt hatte und damals die Hubschrauber in die Demonstranten geschossen hatten. Die Israelis sperrten kurzerhand diese wichtige Zufahrtstraße ab, die praktisch die einzig verbliebene Zufahrt von Süden nach Ramallah und Al Bireh darstellte. Weitere Straßen waren schon mit Kontrollposten und Betonblöcken zugestellt oder wurden jetzt mit Bulldozern zugeschüttet. Die Israelis selbst benutzten die neue Umgehungsstraße, die die Siedler von Jerusalem in den Norden der West-Bank brachte und einen Abzweig nach Bet El hatte. In Bet El befand sich das Militärhauptquartier der israelischen Armee, direkt im Norden von Ramallah. Und dort war der zweite Brandherd. Und in dem Maße, wie im Süden die Straßenschlachten am Militärposten abnahmen, nahmen sie im Norden an der Kreuzung nach Bet El zu. Die Straße im Süden blieb trotzdem vorerst geschlossen.

Es regnete in Strömen. Ehud Barak war gestern, am 9. Dezember, zurückgetreten. Er war am Besuch Scharons auf dem Tempelberg und seinen Nachwirkungen gescheitert. Jeden Tag hatte es Nachrichten von Toten oder Verwundeten gegeben und auch israelische Opfer befanden sich jetzt darunter. Die israelische Gesellschaft nahm das mit vielen Emotionen auf – tote Palästinenser wurden eher in Kauf genommen – und Barak wurde dafür beschuldigt. Er konnte keinen Frieden herstellen. Nicht die Ursache, sondern die Wirkung wurde wieder einmal diskutiert, wie schon so oft. Und dass daraus die falschen Schlüsse gezogen wurden, war ein Beweis dafür, dass sich nichts geändert hatte. Scharon polterte, er wolle den Frieden herstellen, wenn er erst bei den anberaumten vorgezogenen Neuwahlen am 6. Februar 2001 gewählt sei. Er, der so viel Blut an seinen Händen hatte wie kaum einer seiner Vorgänger.

Der Weg nach Al Bireh war schwierig, kaum passierbar und, seit das Wetter umgeschlagen war, auch noch fast halsbrecherisch. Über einen Monat schon musste sich der Autoverkehr von der Hauptstraße auf eine Nebenpiste begeben, um den Militärposten zu umgehen und von Süden nach Al Bireh hineinzufahren. Im Norden war fast kein Durchkommen mehr. Die Kreuzung bei Bet El war zum Schlachtfeld geworden. Die Israelis hatten in der Nähe eine Ausfahrt für Ambulanzen und internationale Kräfte geöffnet, die an einem Posten lag, der mit Stacheldraht und einer aus aufeinandergeschichteten Betonklötzen bestehenden Mauer gesichert war. Allerdings ging es dort nur langsam voran und der Umweg war beträchtlich.

Ich wollte ins Projektbüro und kam also, um Zeit und Weg zu sparen, von Süden. Einige Male schon hatte ich die Strecke bewältigt und mein Toyota tat mir dabei gute Dienste. Der Weg führte erst steil bergauf, dann steil wieder bergab, erst auf einem halbwegs geteerten schmalen Weg, dann weiter auf einer unbefestigten Piste, die von den vielen Autos, die hier in letzter Zeit hergefahren waren, völlig aufgewühlt war. Der Weg war breit nur für ein Fahrzeug, die Piste wurde jedoch im Gegenverkehr befahren. Und das nicht nur von Pkws, sondern auch von Transportern. Seit einem Monat nahmen die Palästinenser diesen Weg in Kauf, um überhaupt noch nach Ramallah fahren zu können. Es ging über Stock und Stein. Mit der Zeit hatte die Zahl der Autos am Rand zugenommen, die diesen Strapazen nicht mehr gewachsen waren und zusätzlich für Platznot und Stillstand sorgten. Und still stand man oft, es war ein Geduldsspiel, vor und zurück, um auszuweichen, Platz zu machen oder einen Knoten aufzulösen. Die Nerven aller waren dabei gespannt, besonders, wenn man es eilig hatte.

Eine lange Schlange quälte sich hinauf. Ich hatte den Berg glücklich erklommen, wobei mir mein Fahrzeug mit Vierradantrieb bei Ausweichmanövern zu Gute kam, und stand jetzt fest in einem Stau. Es ging nichts mehr. Nach einer Weile steig ich aus, nahm meinen Regenschirm in die Hand und ging, um zu sehen, was los war. Etwas weiter unten an einer engen Stelle mit einem tiefen Schlagloch stand ein Fahrzeug und bewegte sich nicht mehr. Ein anderes hing im Schlagloch fest. Einige kleine Häuser standen in der Nähe des mittlerweile völlig demolierten Wegs und ich sah Personen zwischen dem Fahrzeug und dem nächsten Haus hin- und herlaufen. Der Regen war noch stärker geworden und die Personen waren völlig durchnässt. Es musste sich um einen Notfall handeln, denn gerade erschienen von unten zwei Sanitäter, die sich den Weg zu Fuß heraufgekämpft hatten. Für die Ambulanz gab es kein Durchkommen. Ein Mann stand aufgeregt an dem Fahrzeug und schaute immer wieder hinein. Beim Näherkommen traute ich meinen Augen nicht – in dem Fahrzeug lag eine Frau, die gerade ein Kind bekam. Der werdende Vater war völlig aufgelöst und erzählte: „Was soll ich machen? Wir wollten ins Krankenhaus, aber hier kommt ja keiner durch. Dann fing es plötzlich an. Was soll ich machen? Wir sind doch nur ein paar Kilometer vom Krankenhaus entfernt."

Mehrere Frauen, die sich um die werdende Mutter bemüht hatten, machten jetzt den Sanitätern Platz. Der eine war wohl Arzt und machte sich umgehend im Wagen zu schaffen. Andere Anwesende hatten, trotz des schlechten Wetters damit begonnen, den invaliden Fiat aus dem Schlagloch zu befreien. Zwei Rettungsaktionen zu gleicher Zeit, nur einen Meter voneinander entfernt, im strömenden Regen. Hier presste die werdende Mutter und dort zogen die verzweifelten Helfer.

Sie brachte am Ende das Kind zur Welt und auch der Wagen war wieder frei. Es schien eine schwere Geburt zu sein, denn ich beobachtete, wie das Kind ins nächste Haus getragen wurde, die Mutter aber mit hohem Blutverlust weiter behandelt werden musste. Mittlerweile hatte sich von hinten her auch das Ambulanzfahrzeug durchgekämpft und die Patientin wurde auf eine Trage gehoben und im Ambulanzwagen weiter versorgt. Der fuhr jetzt im Rückwärtsgang den ganzen Weg zurück und ich musste den Hut vor den Fahrkünsten des Sanitäters ziehen, denn das war nicht mehr nur abenteuerlich. Auch dem Fiat ging es schlecht, seine Achse war gebrochen. Aber er musste da bleiben. Kein Abschleppwagen, keine Trage – er wurde einfach nur auf die Seite geschoben.

Tatsächlich war es so, dass für viele Palästinenser, die außerhalb der Stadtzentren wohnten, der Weg einfach versperrt war, und wer im Notfall nicht das Glück oder die Zeit hatte, von einem Krankenwagen abgeholt zu werden, der kam durch die Sperren nicht durch. Da gab es kein Pardon. Nur Ambulanzen durften passieren und die mussten ja auch erst einmal bis zum Standort des Patienten durchgelassen werden. Das alles galt natürlich für die ganze West-Bank und Gaza.

Ich ging zum Wagen zurück. Der Dreck und der Schlamm waren ungeheuer. Meine Schuhe und meine Hose waren versaut und ich war trotz des Schirms nass geworden. Es war einer dieser Tage, an denen ich Israel zur Hölle wünschte.

Ich war dabei, meine letzten Sachen zusammenzupacken, um das Land endgültig zu verlassen, als es an einem Abend an der Haustür klingelte. Amon Arent, mein Nachbar zur rechten Seite, war an der Tür. Amon war Professor für Anthropologie an einer Universität in Los Angeles und er war Amerikaner durch und durch. Allerdings jüdischer Amerikaner, und seinen jüdischen Teil unterstrich er mit dem Besitz einer Wohnung in Jerusalem. „Das bin ich meinem Glauben schuldig", sagte er. Dabei gab sich Amon nicht religiös und ließ äußerlich keinerlei Zeichen seines Judentums erkennen. Ein aufgeklärter Jude wie so viele, aber eben auch mit Wohnung in Jerusalem. Er wohnte mit seiner Frau direkt neben uns, wenn sie nicht in Los Angeles waren, und da er nur mäßig und sie überhaupt kein Hebräisch sprach, redeten sie ausschließlich Englisch miteinander. Da unsere offenen Terrassen nur durch eine Mauer getrennt waren, kamen wir oft in die Verlegenheit, ihre Gespräche mit anzuhören. Und das war hochinteressant, denn in beiden, mehr in ihm als in ihr, lebten zwei Seelen. Eine amerikanische und eine jüdische.

Wenn bei Arents Besuch war, wurde natürlich auch Englisch gesprochen und dann offenbarte sich das Zwitterdasein immer deutlicher. Wenn es um gemeinsame Sachen ging, die Amerika und Israel angingen und in denen beide Staaten einer Meinung waren, dann gab es keine Probleme. Sobald aber die amerikanischen und israelischen Interessen auseinandergingen, dann kam Amon in Interessenkonflikt, wenn er sich für eine Seite entscheiden musste.

War Amon Arent also jetzt jüdischer Amerikaner oder amerikanischer Israeli? Die Frage hatte er sich so oft noch nicht gestellt. Er selbst hatte einen amerikanischen Pass, wie er mir gesagt hatte, und auf den er sich auch berief. Aber er war eben auch Jude und fühlte sich daher verpflichtet, Israel zu verteidigen, wann immer er konnte. Dann aber standen israelische Menschenrechtsverletzungen seinem moralischen Gewissen im Weg, denn Amon war durchaus ein ethischer Mensch. Also entschied er sich von Fall zu Fall für seinen Glauben oder für Amerika und merkte dabei, dass er sich oft widersprach und unglaubwürdig wurde. Mir war das Gleiche schon in Deutschland aufgefallen, wenn Vertreter der Juden Deutschlands unter allen Umständen heftig und emotional Partei für den Judenstaat ergreifen. Sind sie jetzt ihrer Nation verpflichtet oder ihrem Glauben oder dem Staat Israel? Sie kommen aus dieser Zwickmühle nicht heraus, die der israelische Staat sich selbst und den Juden dieser Welt auferlegt hat, indem er sich auf das Judentum beruft und das Judentum, per Definition ein übergreifender religiöser Glaube, zur Nationalität erhebt. Und dann sind wir beim Thema, das die orthodoxen Juden bewegt und das sie so vehement daran hindert, diesen Staat anzuerkennen. Wer bekennt sich nun wirklich als Jude und für wen ist das Judentum nur Mittel zum Zweck? Oder soll es das am Ende sein? Mittel zum Zweck. Ist das der Sinn?

Amon und ich verstanden uns gut, und als er vor der Tür stand, dachte ich erst, er sei gekommen, um Abschied zu nehmen.

„Guten Abend“, sagte er. „Ich habe hier etwas, wobei du mir helfen musst, bevor du gehst.“ Dann griff er in seine Tasche und zog ein Kuvert mit alten Dokumenten hervor. Ich bat ihn herein und wir setzten uns in der fast leeren Wohnung auf zwei Kisten an den übrig gebliebenen Küchentisch. Ich sah mir die Dokumente an – Sütterlin-Schrift.

„Meine Mutter ist mittlerweile so verwirrt, dass sie uns nicht mehr genau erklären kann, wie unsere Familie aus Nazi-Deutschland entkommen konnte. Sie wirft alles durcheinander. Kannst du mir sagen, was hier auf diesen Papieren steht?“ Und dann erzählte er mir, dass er in Deutschland 1934 geboren war, in Köln als Albert Hirsch. Sein

Vater war damals der Besitzer eines kleinen Ladens gewesen, der in ihrem Haus untergebracht war.

Ich nahm eines der Dokumente in die Hand – es war ein Vernehmungsprotokoll aus dem Jahre 1938. Es war leer bis auf den Namen und die Adresse. Darunter stand „ins Ausland verzogen". Dann gab es da ein maschinengeschriebenes Blatt von der Ortskommandantur Köln-West. „Marscherlaubnis" stand unter dem Hakenkreuz in Eichenlaub. Darunter waren Name, Passnummer und ein Stempel mit Unterschrift gesetzt. Köln – Belgien – Köln mit Datum. Bei einem weiteren handgeschriebenen Blatt fiel es mir anfangs schwer, den Sinn zu verstehen. Es ging um die Beerdigung eines Verwandten der Familie Hirsch. Dann gab es da auch noch eine alte Bahnfahrkarte der Reichsbahn und die Rechnung für einen Blumenstrauß.

Von dem, was Amon wusste, und dem, was ich aus den Dokumenten entziffern konnte, rekonstruierten wir die Geschichte seiner Flucht aus Deutschland. Amons Vater hatte die Zeichen der Zeit verstanden. 1938 stellte er einen Antrag für eine Reise nach Belgien zur Beerdigung eines Verwandten seiner Frau. Juden war es da schon nicht mehr erlaubt, Deutschland einfach zu verlassen. Sein Antrag wurde genehmigt, aber nur für seine Frau und den kleinen Albert. Er fuhr trotzdem mit. Sie hatten die notwendigsten Sachen zusammengepackt – es sollte eine Reise ohne Wiederkehr sein, aber so durfte es nicht aussehen. In Köln am Bahnhof kauften sie einen Strauß Blumen für die vermeintliche Beerdigung und das Ticket für die Bahnfahrt. Alles musste so aussehen, als ob sie morgen zurückkommen wollten. An der Grenze wurde der Vater dann herausgeholt und abgeführt. Seine Frau wollte erst mitkommen, aber er bestand darauf, dass sie gingen. Man brachte ihn zurück nach Köln in ein Vernehmungszimmer. Es war schon Nacht und er betrat einen dunklen Raum mit einem Tisch, an dessen anderem Ende ein SS-Mann saß. Die Lampe über dem Tisch ließ das Gesicht des Mannes im Dunkel. Als sich sein Vater ihm gegenüber hingesetzt hatte und das Licht auf ihn fiel, rief der SS-Mann plötzlich: „Aber Hirsch, was machen Sie denn hier?" Er war einer der Nachbarn aus seiner Straße, der früher oft bei ihm eingekauft hatte. Hirsch hatte Glück. Der Nachbar stellte ihm einen Passierschein aus, mit dem er über die Grenze kam. „Machen Sie nur schnell, dass Sie wegkommen", hatte er noch gesagt und Hirsch kam dem noch in der gleichen Nacht nach. Von Belgien aus waren sie dann über Portugal nach Amerika ausgewandert.

„Sprichst du noch Deutsch?“, fragte ich ihn.

„Aber nein. Ich war gerade mal drei Jahre alt und kann mich auch an Köln kaum erinnern. Meine Mutter spricht noch fließend Deutsch.“

„Du bist in Deutschland geboren. Bewegt dich das noch?“

„Ich bin US-Amerikaner, so als ob es davor nichts gegeben hätte.“

„Bist du nicht nach Jerusalem gezogen?“

„Doch nur deshalb, weil ich Jude bin. Wir müssen Israel unterstützen. Es ist die Heimat der Juden.“

„Also bist du auch Israeli?“

„Ich bin amerikanischer Jude, auch mit israelischem Pass.“

„Aber als Jude gehörst du doch einer Glaubensgemeinschaft an und keiner Nationalität. Oder?“

„Ich bin ethisch und moralisch Jude und politisch auch Israeli. Die Politik und der Glaube in Israel sind das gleiche.“

„Wenn du politisch Israeli bist, bist du dann auch Amerikaner? Vertritts du als Jude mit ethisch und moralischem Gewissen den jüdischen Staat oder die USA?“ Da er wusste, wo ich arbeitete, und ich ihm mehrfach über meine Erlebnisse in den besetzten Gebieten berichtet hatte, fuhr ich fort: „Wie passt der Glaube in Israel und die Politik zusammen?“

„Der Staat schützt unseren Glauben. Wir Juden brauchen den Staat, der uns vor Verfolgung bewahrt.“

„Aber hatten die Juden denn jemals mehr Feinde als heute? Ist denn nicht die Politik des Staates daran schuld und nicht der Glaube? Wie kann sich Politik auf eine Religion gründen? Kannst du damit leben, dass die Politik des Staates Israel heute mit dem jüdischen Glauben direkt verknüpft wird, so wie du gesagt hast, das gleiche ist? Was ist mit den vielen gläubigen Juden, die den Staat ablehnen?“

Er grübelte: „Du hast recht, Politik und Glaube muss man trennen. Das ist elementar.“

„Was also bist du? Politisch Israeli oder religiös Jude?“

Er schaute mich an und nickte mit dem Kopf. „Ich sage dir ehrlich, zuallererst bin und bleibe ich jüdischer Amerikaner, dort ist mein Zuhause, das ist meine Gesellschaft. Alles andere ist Alibi. Eine Reminiszenz an meinen Glauben. Ja, du hast recht. Ich glaube, da müssen wir Juden uns tatsächlich alle irgendwann entscheiden. So oder so. Ich denke, ich habe mich entschieden."

Als wir uns an diesem Abend verabschiedeten, hatte er zweierlei herausgefunden: Wie er dahin gekommen war, wo er herkam, und warum er dahin gehörte, wo er herkam.

Was hatte der große Anführer und Held Scharon alles angerichtet? Was hatte er alles verbrochen? Und jetzt stand er als Kandidat für das Amt des israelischen Ministerpräsidenten zur Wahl. Und noch schlimmer war, es schien, als sollte er diese Wahl gewinnen. Der Mann, der dafür verantwortlich war, dass Ende September die Al-Aqsa-Intifada ausgebrochen war. Der Mann, der zugleich als Bulldozer und Krieger stolz darauf war, genau das zu sein. Der Mann, der seit der Staatsgründung keinen Krieg verpasst hatte und dem die Mitschuld an Massakern zugeschrieben wurde.

Barak hatte unter großem innen- und außenpolitischem Druck dem Vorschlag des amerikanischen Präsidenten zugestimmt und sich bereiterklärt, Jerusalem zu teilen. Doch dieses Zugeständnis entsprach bei Weitem nicht dem Willen des israelischen Volkes. Eine Demonstration im Vorfeld der Wahl, am 8. Januar 2001, zeigte das überdeutlich, als über 300.000 Menschen auf die Straße gingen, um sich für die ungeteilte Hauptstadt auszusprechen. Die Rechte mobilisierte im Wahlkampf ihre Kräfte.

Es zeichnete sich frühzeitig in den Prognosen ab: Die Friedensanhänger in Israel und in aller Welt hatten verloren. Das israelische Volk wählte bei den vorgezogenen Neuwahlen am 6. Februar 2001 mit der überwältigenden Mehrheit von 62% den Likudkandidaten Scharon – der höchste Wahlsieg in der Geschichte Israels!

Der zitierte in seiner Antrittsrede aus Psalm 137 die Verse 5 und 6: „Wenn ich dich jemals vergesse, Jerusalem, soll meine rechte Hand gelähmt werden. Meine Zunge soll mir am Gaumen kleben, wenn ich nicht mehr an dich denke, wenn Jerusalem nicht mehr meine höchste Freude ist."

Jedoch nahm die Kritik an diesem fragwürdigen Zeitgenossen auch mit seinem hohen Amt nicht ab und wurde vor allem auch aus Europa immer harscher. Man erinnerte sich an das, was der Mann angestellt hatte. Die Tarnkappe eines Ministerpräsidenten war nicht stark genug. Nicht nur Al Arish und der Libanon, auch Qibya und Gaza drohten ihn einzuholen.

Ein halbes Jahr später nämlich, im Juli 2001, führte die Brüsseler Staatsanwaltschaft Vorermittlungen gegen den israelischen Ministerpräsidenten wegen des Verdachts der Beteiligung an Kriegsverbrechen. Es ging um Sabra und Chatila, wo die von Israel eingesetzte Untersuchungskommission dem damaligen Verteidigungsminister Scharon eine indirekte Verantwortung für das Massaker bescheinigte. Einer der Killer der Phalangisten hatte in einem Spiegel-Interview schon im Februar 1983 erklärt: „Unser Offizier sagte uns: ‚Die israelischen Freunde, die euch begleiten, werden euch die Arbeit erleichtern.' Wir sollten nach Möglichkeit keine Schusswaffen gebrauchen. Alles musste geräuschlos vor sich gehen. Nachdem die Bluttat vollzogen war, drangen israelische Militärbulldozer in die Lager ein. Mit ihnen wurden riesige Massengräber ausgehoben. ‚Pflügt alles unter den Boden. Lasst keine Zeugen am Leben', war die Order."

Scharons Truppen riegelten die beiden Flüchtlingslager hermetisch ab. Morris Draper war damals US-Gesandter im Libanon. Als er von dem Massaker erfuhr, schickte er sofort eine Eilbotschaft an Scharon: „Sie müssen dieses Abschlachten beenden, es ist schrecklich. Einer meiner Stellvertreter befindet sich im Lager und zählt die Leichen. Sie sollten sich schämen. Die Situation ist absolut grauenhaft. Man tötet sogar Kinder! Sie haben das Gebiet unter ihrer vollständigen Kontrolle und sind deshalb für diese Vorkommnisse verantwortlich."[310]

Scharon behauptete indes, die Phalangisten seien bloß in die Lager geschickt worden, um die Ordnung wieder herzustellen. Doch Überlebende des Massakers und auch Angehörige der Christenmilizen sagten aus, gewisse israelische Soldaten hätten sich sogar am Morden beteiligt.

---

[310] Internet-Recherche:
http://www.zeitenschrift.com/news/sharonprozess.ihtml

Vieles deutete darauf hin, dass Scharon das Massaker von Sabra und Chatila nicht nur geduldet hatte, sondern aktiv an seiner Planung beteiligt gewesen war. Deshalb wurde Ariel Scharon am 18. Juni 2001 von 28 Überlebenden vor einem belgischen Gericht wegen Menschenrechtsverletzungen verklagt. Laut belgischem Gesetz können nämlich auch Ausländer in Belgien vor Gericht gestellt werden, wenn der Verdacht besteht, dass sie gegen die Genfer Konventionen verstoßen und Kriegsverbrechen begangen haben. Dank diesem seit 1993 geltenden Gesetz waren in Belgien bereits einige Kriegsverbrecherprozesse geführt worden. Schon früh zeichnete sich jedoch ab, dass Scharon kaum als Kriegsverbrecher angeklagt werden würde. Der Regierung in Brüssel war die Klage gegen den Israeli sichtlich unangenehm. „Das Gesetz richtet sich gegen ehemalige Diktatoren, nicht gegen amtierende Spitzenpolitiker“, versuchte ein Sprecher des belgischen Außenministeriums zu beschwichtigen. Man prüfe verschiedene Möglichkeiten, wie man das Gesetz in naher Zukunft abändern könne. Bis es so weit war, verschaffte das zuständige belgische Gericht dem israelischen Premier Luft. Ursprünglich sollten sich die Richter am 6. März 2002 mit dem Fall Scharon befassen. Dieser Termin wurde aber auf den 15. Mai und schließlich auf den 26. Juni 2002 verschoben. Die belgische Justiz hatte sich definitiv entschieden, die Massaker von Sabra und Chatila nicht zu untersuchen mit der Begründung, dass Scharon und die Massaker im Libanon keine direkte Verbindung zu Belgien hätten. Es war offensichtlich, dass die belgischen Richter in ihrer unangenehmen Situation nach jedem Strohhalm griffen, um sich nicht am israelischen Premier die Finger verbrennen zu müssen. Dass vorher Hissene Habre, der ehemalige Diktator des Tschad, Irans früherer Präsident Rafsandschani, Generäle aus Guatemala und Angehörige der Roten Khmer aus Kambodscha verurteilt wurden, hatte auch nichts mit Belgien zu tun gehabt. Ihnen allen war schon der Prozess gemacht worden. Trotz des richterlichen Entscheides hielt die Menschenrechtsorganisation Amnesty International in einem am 14. Mai 2002 veröffentlichten Bericht fest, dass die belgische Justiz auch für den Fall Scharon zuständig sei.

Jedoch waren da wundersamerweise schon die Zeugen abhanden gekommen, die den Anführer Scharon hätten belasten können. Sie starben in den Monaten davor eines unnatürlichen Todes: Am Neujahrstag 2002 fuhr Jean Ghanem, ein ehemaliger Mitarbeiter des einstigen Phalangistenführers Hobeika, mit seinem Auto frontal an einen Baum. Zwei Wochen lag er im Koma, dann verschied er. Wenig später, am 24. Januar 2002, starb Elie Hobeika selbst. In Beirut riss eine Bombe ihn und drei Bodyguards in Stücke. Zwei Tage zuvor hatte Hobeika zugesagt, er werde in Belgien aussagen und seine Unschuld beweisen. Eines unnatürlichen Todes starb auch Michael Nassar. Der ehemalige libanesische Milizenführer und seine Frau wurden am 7. März 2002 bei einer Tankstelle im brasilianischen Sao Paulo von Maskierten erschossen. Aufgeklärt wurden die Todesfälle nie.

„Ariel Scharon gehört zur Kategorie der wiederholt als unbestrafte Kriegsverbrecher bezeichneten aktiven Politiker. Abgesehen von der skrupellosen Förderung seiner eigenen militärischen und politischen Karriere, sah und sieht Scharon seine Hauptaufgabe im unerbittlichen Kampf um die Vernichtung aller Formen der arabischen und vor allem palästinensischen Bewegung für nationale Befreiung. Eng damit verbunden waren seine intensiven Expansionsbemühungen, vor allem durch eine massive jüdische Besiedlung aller seit 1967 besetzten Gebiete. Was Scharon jedoch von seinen zahlreichen ähnlich denkenden Kollegen unterscheidet, ist der brutale, menschenverachtende und rücksichtslose nationalistische Aktivismus eines besonders ambitionierten Aufsteigers, der gelegentlich mit einem Bulldozer oder einer Dampfwalze verglichen wurde. Uzi Bensmann charakterisiert ihn in seinem Buch ‚An Israeli Caesar' als „hinterlistig, verschlagen, grobschlächtig ... mit wenig Interesse an demokratischen Werten.“ [311]

Der Journalist Robert Fisk, der die Flüchtlingslager am Tag nach dem Massaker gesehen hatte, sagte über Scharon: „Sein Name ist zum Synonym des Gemetzels geworden, der aufgedunsenen Leichen, aufgeschlitzten Frauen, toten Babys, der Vergewaltigung, Plünderung und des Mordes.“

Und der hatte jetzt die Macht in Israel übernommen!

Es war der 8. Februar 2001, mein letzter Tag in der West-Bank, und ich war noch mal zum Abschied ins Projektbüro gefahren. Scharon hatte gerade begonnen und mein Vertrag war beendet. Über meine Nachfolge war noch nicht entschieden. Michael Bauer sollte für ein Jahr nach Nablus gehen, um dort das neue College aufzubauen, das wir geplant hatten. Drei Projekte umfasste jetzt unser Beitrag

---

[311] Norbert Mattes, Amos Wollin, Zeitschrift *inamo* Nr. 32, Winter 2002

in der Berufsbildung in Palästina. Mahmoud Abd El-Malak und Maja Rahman blieben weiter in den Projekten tätig und Kerstin Morgasian verließ unsere Organisation. Auch ich ging. Man hatte mich jedoch gebeten, auch weiterhin als Consultant beratend für die Projekte in Palästina zur Verfügung zu stehen und ich hatte gern zugesagt.

Die Hauptstraße aus Al Bireh Richtung Süden war mittlerweile wieder offen und führte jetzt an dem israelischen Posten am beschlagnahmten Haus wieder vorbei. Allerdings wurde da scharf kontrolliert. Die Schlange war lang und die Wartezeit noch länger. Die West-Bank war nun seit zwei Monaten schon dicht und die UN hatte die Versorgung in den Dörfern übernommen.

Erwin Michel saß neben mir. Er hatte die Kläranlage in Al Bireh aufgebaut, wohnte auch dort und hatte mich gebeten, ihn bis nach Jerusalem mitzunehmen. Von da wollte ich direkt los und über Tel Aviv nach Haifa fahren, um die Fähre zu erreichen, die abends ablegen sollte. Die Wartezeit war lang. Ein Zurück gab es auch nicht mehr, um den anderen Weg über den internationalen Ausgang zu nehmen; hinter uns war alles voll. Es nahm kein Ende und ich wurde langsam sauer. Ich sah, wie die Posten unendlich langsam die Wagen untersuchten. Dann waren wir endlich dran, und als der Bursche mich aufforderte, den Kofferraum, der bis oben hin voll war, zu entladen, wäre mir fast der Kragen geplatzt. Meine Toleranz nach diesen letzten Monaten war auf dem Nullpunkt angelangt. Erwin beruhigte mich: „Wenn du heute Abend noch wegwillst, dann reiß dich zusammen.“ Er hatte recht und nach einiger Diskussion mit einem Offizier, warum wir nicht den internationalen Checkpoint genommen hätten, ging es dann auch weiter. Wir alle waren angespannt, und was passiert war, hatte jeden von uns mitgenommen. Jeder konnte seine Geschichten erzählen, aber alle waren wir uns in unserem Urteil einig. Was hier passierte, ging gegen jegliche Akzeptanz und gegen jedes Menschenrecht, was immer die Israelis auch proklamierten.

Das, was wir mitgeholfen hatten aufzubauen, drohte zu versinken. Frieden war in weite Ferne gerückt und ein palästinensischer Staat außer Reichweite. Das letzte Fünkchen Hoffnung war verschwunden. Dem islamischen Fundamentalismus waren Tür und Tor geöffnet. Was blieb, war die unendliche Geduld und Kraft zu bewundern, mit der die Palästinenser diese Schikanen und Bosheiten ertrugen, denen sie jeden Tag in noch weit höherem Maße ausgesetzt waren als wir, von Misshandlungen ganz zu schweigen. Lebensmittelengpässe wurden zwar von der UNO aufgefangen und die Lastwagen in die Regionen der West-Bank waren permanent unterwegs, aber das Leben selbst war für die Bevölkerung zur Qual geworden. Es war an einem Tiefpunkt angekommen und für uns, die wir jeden Tag mit ihnen zu tun hatten, war es unerträglich geworden, ihnen dabei zusehen zu müssen.

Am Abend stand ich im Hafen von Haifa an der Reling der Fähre, die mich über Zypern nach Athen bringen sollte. Mein Auto war verstaut und ich hatte meine Kabine bezogen. Eine stürmische Überfahrt stand mir bevor. Der Wind hatte zugenommen. Es sollte schlimmer kommen in dieser Nacht, als ich befürchtete; es sollte ein schwerer Sturm werden. Allerdings kam ich mit heiler Haut davon. Nicht so die Palästinenser, denen auch der Wind immer stärker ins Gesicht blies, bis er zum Orkan wurde. Viele von ihnen sollten jedoch nicht mit heiler Haut davonkommen.

Spätestens seit dem 6. Februar wusste ich, die Zeit meiner Abreise war gut gewählt. Der Tiefpunkt war noch immer nicht erreicht.

Wenn wir schon nicht glücklich sein dürfen, dann lasst uns wenigstens weinen.

Einwohner aus Nablus

Antwort auf die Frage eines israelischen Soldaten

8 Ohne Limit

Es war Anfang November 2001, als ich Israel wieder betrat. Ich war nun als Berater und Gutachter für unsere Arbeit in Palästina zurückgekehrt. Mein Nachfolger war bestimmt und sollte bald eintreffen. Heinz Berner, ein Hamburger Junge aus echtem Schrot und Korn, der die Berufsbildung so begriff wie ich; und er sollte meine Arbeit in Palästina in dem Sinne fortsetzen, wie ich es selbst nicht besser hätte machen können.

Von Deutschland aus hatte ich die dramatischen Ereignisse der Al-Aqsa-Intifada weiter verfolgt. Der Unterschied zur Kinderintifada vor zwölf Jahren war jedoch frappierend und weitaus schmerzlicher. Jetzt allerdings für beide Seiten. Die Palästinenser hatten sich bewaffnet. Zwar flogen immer noch Steine durch Jugendliche und die Kräfteverhältnisse lagen in diesem Fall eindeutig auf der Hand. Aber palästinensische Milizen und Sicherheitskräfte waren zusätzlich in die Kämpfe eingetreten, mal wieder öffentlich als Terroristen bezeichnet, die in den Auseinandersetzungen mit den Israelis diesen empfindliche Verluste beibrachten. Die Palästinenser waren bereit, einen schmerzlichen Weg zu gehen. Es gab nahezu keine palästinensische Familie mehr, die nicht von Tötung, Verletzung, Verhaftung, Hauszerstörung, Arbeitslosigkeit und Hunger betroffen war. Jeder Tote auf beiden Seiten hatte den Hass ansteigen lassen und beide Gesellschaften waren radikaler geworden und hatten sich weiter voneinander entfernt.

Der Anführer Scharon war in seinem Element. Anfangs konnte er, gestützt durch die Medienberichte und die dramatischen Bilder, die um die Welt gingen, die internationale Gemeinschaft davon überzeugen, wie gefährdet die Existenz Israels sei und welchen Aggressionswillen die Palästinenser aufbrachten. Die West-Bank und Gaza wurden geschlossen. Kontrollen stoppten jegliche Beweglichkeit. Dörfern und Städten wurden Ausgangssperren auferlegt und militante Palästinenserführer wurden gezielt liquidiert. Die palästinensische Bevölkerung litt und war zur Ohnmacht verurteilt. Die Lastwagen der UN-Hilfslieferungen hatten viel zu tun.

Gegen die bewaffneten Milizen in den Städten setzten die Israelis Panzer und Raketen ein. Das waren natürlich Antworten auf Angriffe der Palästinenser mit Gewehren, Sprengstoffgürteln und Khassam-Raketen, die wiederum Antworten waren auf erschossene und liquidierte Palästinenser, was als Antwort galt für getötete Israelis und und und …

Die so genannten Vergeltungsangriffe Israels wurden mit der Zeit immer unangemessener und irgendwann konnte dieser Terminus von der internationalen Gemeinschaft auch nicht mehr akzeptiert werden. Die UN-Menschenrechtskommission und andere Friedensorganisationen verurteilten Israel scharf wegen „systematischer rassistischer Verbrechen, darunter Kriegsverbrechen sowie Taten mit dem Ziel des Völkermordes und der ethnischen Säuberung.“[312]

Die israelischen Maßnahmen veränderten sich zusehends. Sie waren ohne Limit. Von der Beschießung mit Bordkanonen und Panzern bis hin zum Einsatz von Raketen aus Kampfhubschraubern und F-16 Kampfflugzeugen, vom begrenzten Einmarsch in einige palästinensische Städte bis hin zur umfassenden Besetzung palästinensischer Gebiete, von örtlichen Ausgangssperren bis hin zu ausgedehnten militärischen Kontrollnetzen, die das Ziel hatten, palästinensische Städte, Dörfer und Flüchtlingslager voneinander zu isolieren, von der wirtschaftlichen und politischen Belagerung bis hin zur umfassenden kulturellen, sozialen und psychologischen Zersetzung.

Trotz aller militärischen Maßnahmen erreichten die Israelis letztlich ihr Ziel nicht. Was sie erreichten, war wie immer genau das Gegenteil. Der Widerstandswille der palästinensischen Bevölkerung stieg spürbar an – militärisch und moralisch. Schritt für Schritt veränderte er sich von Demonstrationen und Protesten mit Steinen hin zum Einsatz von Waffen und zu Selbstmordattentaten. Nicht nur die bekannten Selbstmordattentate von Mitgliedern der palästinensischen Widerstandsorganisationen, sondern Attentate aus dem Volk, gebo-

---

[312] Schlussdokument von 3.000 Nichtregierungsorganisationen, *Neue Luzerner Zeitung* vom 3. September 2001

ren aus der individuellen Verzweiflung und dem persönlichen Leid durch die überproportionalen israelischen Aggressionen.

Ich stand im Foyer des Ambassador Hotels in Ost-Jerusalem mit einer internationalen Delegation. Das Hotel war nahezu leer. Wir waren die einzigen Gäste. Der Tourismus war übers Jahr vollständig zusammengebrochen. Viele Nationen hatten mittlerweile ihre Mitarbeiter abgezogen.

Michael Bauer, mein ehemaliger Kollege, sollte aus Nablus zu uns stoßen. Er war dort seit Anfang des Jahres stationiert und seit mehr als drei Monaten nicht mehr aus der Stadt herausgekommen. Die Israelis hatten Nablus dauerhaft mit Ausgangssperren belegt.

Am 17. Oktober war der israelische Hardliner Rechawam Zeevi von der radikalen Volksfront zur Befreiung Palästinas (PFLP)[313] vor seinem Zimmer im Hyatt Hotel in Ost-Jerusalem niedergeschossen worden. Der Tourismusminister gehörte zu sieben Abgeordneten der rechtsgerichteten Nationalen Union, die ihren Austritt aus der Regierungskoalition von Scharon erklärt hatten. Die Nationale Union trat unter anderem für die Ausweisung aller unter israelischer Herrschaft lebender Araber ein.

Die PFLP bezeichnete die Ermordung Zeevis als Vergeltung für den Tod ihres Führers Mustafa Sibri. Sibri, auch bekannt als Abu Ali Mustafa, war Ende August bei einem israelischen Raketenangriff auf sein Büro in Ramallah getötet worden. Das Attentat hatte auch Auswirkungen auf die internationale Entwicklungszusammenarbeit, denn Israels Armee sperrte den palästinensischen Flughafen im Süden des Gazastreifens. Der war 1998 mit viel Enthusiasmus und großer Hoffnung eingeweiht worden, bezahlt von EU und auch deutschen Entwicklungsgeldern. Zwar kontrollierten Israelis die Reisenden, auch wenn die Grenzbeamten hinter Spiegelglas unsichtbar blieben, doch immerhin bestand eine eigene Verbindung Palästinas zur Außenwelt. Arafat saß jetzt fest und konnte das Autonomiegebiet nur schwer verlassen.

Alles das waren Themen in unserer Runde, als mir eine Hand auf die Schulter klopfte: „Hallo, Klaus, so sieht man sich wieder. Wie geht's?“ Es war die Stimme von Michael Bauer, aber als ich mich umdrehte, erkannte ich ihn kaum wieder. Mit eingefallenen und

---

[313] Siehe Index 5 – PLO

schattierten Augen stand er vor mir, lächelte zwar, aber der Ausdruck in seinem Gesicht verriet mir, dass er nichts Gutes erlebt hatte.

„Wie siehst du denn aus? Wie ist denn so etwas möglich?“ Mir wurde klar, dass er hier rausmusste. Er war mehr als urlaubsreif. Seine Gesundheit schien gelitten zu haben. Aber er beruhigte uns, er sei körperlich und organisch in Ordnung, die Zeit in Nablus habe halt an ihm genagt.

Als wir später zusammensaßen, erzählte er mir über das Jahr in Nablus und das, was er inmitten der Einwohner erlebt hatte. Er war dort geblieben, auf eigene Verantwortung. Eine Entscheidung, die sich durchaus auch bei vielen Mitarbeitern anderer Hilfsorganisationen, die sich solchen Extremsituationen aussetzten, in bewusster Solidarität mit den Palästinensern äußerte.

Nablus war eine Hochburg der Hamas und dazu auch noch stolz auf seine Quasi-Autonomie. Wie Hebron im Süden hatte Nablus autarke Mechanismen entwickelt, trotz der israelischen Blockaden zu überleben. Nablus galt als Zentrum des Widerstands gegen die israelische Besatzung. An der Al-Najah-Universität fanden sich die Agitatoren dieses Widerstands. Die Menschen von Nablus, einer Stadt von nahezu 300.000 Einwohnern, in der eine große Gruppe der jüdischen Sekte der Samaritaner[314] mitten unter Moslems in Frieden lebt, waren erbittert überzeugt, dass ein menschenwürdiges Dasein nur ohne israelische Unterdrückung möglich sei. Von hier aus waren viele Selbstmordattentäter nach Israel gezogen.

Michael erzählte von einer jungen Rechtsanwältin, die sich kürzlich völlig unerwartet mit einem Sprengstoffgürtel nahe einem Checkpoint in die Luft gesprengt hatte. Drei Tage vorher war sie Zeuge gewesen, als während einer nächtlichen Razzia in Nablus ihr Bruder von einer Militärstreife vor ihrem Haus auf offener Straße erschossen worden war. In der Presse stand, dass die Hamas den Anschlag befohlen habe.

„Sie hatte mit radikalen Fundamentalisten absolut nichts zu tun“, sagte er. „Sie trug ihre Haare offen, war gebildet und intelligent. Aber

---

[314] Die Samaritaner bilden eine eigene Religionsgemeinschaft, die wie das Judentum aus dem Volk Israel hervorgegangen ist. Es gibt heute in Israel und im Westjordanland etwa 700 Samaritaner, die alle im Gebiet des historischen Palästina leben, die Hälfte davon in Nablus.

sie konnte das Erlebte nicht verarbeiten. Die israelische Presse schob sie natürlich der Hamas zu. Dem war aber nicht so. Es ist einfach unglaublich, was dort passiert. Die Israelis kommen in die Stadt, wann immer sie wollen, holen Leute aus den Wohnungen und treiben sie auf den Straßen zusammen. Bei Widerstand wird geschossen. Ich habe viele Schüsse gehört. Mehrmals gab es Ausgangssperre; sechs Wochen lang wurde kontrolliert; keiner durfte sein Haus verlassen. Wer auf der Straße angetroffen wurde, wurde verhaftet. Bei Flucht wurde sofort geschossen. Die Menschen haben angefangen die Keller ihrer Häuser durch Tunnel miteinander zu verbinden, um sich so unterirdisch aus Supermärkten zu versorgen, solange noch etwas da war. Die Kollegen vom College haben mir sehr geholfen. Ich saß tagelang in meiner Wohnung und habe Zeichnungen und Layouts angefertigt. Strom und Wasser waren teilweise abgestellt. Nach Mitternacht kamen die F-16 und donnerten im Tiefflug über die Stadt, alle zwei Stunden bis zum Morgen. Du weißt, was das in Nablus bedeutet?"

Mir war es klar. Nablus liegt in einem Talkessel, wo links und rechts der Stadt hohe Berge aufsteigen. Der Schall der Flugzeuge wird dadurch zigfach verstärkt.

„Die ganze Stadt war wach. Die Kinder haben geschrieen und die Alten geweint. Ganze Nächte lang konnte keiner schlafen. Nablus wurde zu einem riesigen Schalltrichter. Es gab kein Entrinnen. Und keiner durfte aus seinem Haus. Offene Kämpfe brachen aus, und je länger es dauerte, umso schlimmer wurde es. Dann wurde plötzlich die Ausgangssperre für einen Tag aufgehoben. Ich war an diesem Morgen auf dem Weg ins College und traute meinen Augen nicht. Nach sechs Wochen Isolation in ihren Häusern gingen die Menschen zur Arbeit, so, als ob nichts gewesen wäre. Die Kinder trugen ihre Schuluniformen und das Leben auf der Straße sah kurzzeitig völlig normal aus. Acht Stunden später saßen alle wieder zu Hause bis zum nächsten Mal. Aus der Stadt konnte keiner heraus. Lebensmittel wurden an diesem Tag durch Lastwagen in die Stadt gebracht und an zentralen Orten verkauft."

Die Palästinenser hatten sich angewöhnt, die Realität zu verdrängen. Ihre Sehnsucht nach Normalität war so groß, dass sie diesen Wunsch sofort in die Tat umsetzten, sobald das irgendwie möglich war. Die wenigen Stunden Normalität gaben ihnen das Gefühl zu leben. Sie klammerten sich so sehr an die Illusion des Augenblicks, dass sie die Wirklichkeit vergaßen, vergessen mussten. Es war eine Überlebensstrategie. Mir wurde bewusst, dass das die Strategie war, die den Israelis solche Kopfschmerzen bereitete. Je mehr diese Druck auf die Palästinenser ausübten, umso größer wurde die Illusion des Augenblicks und damit die Fähigkeit, diesen Druck auszuhalten. Die Palästinenser versetzten sich in die Lage abzuschalten. Eine Fähigkeit, die immer weiter perfektioniert wurde. Dieser Wille zu überleben, da zu bleiben, die Geduld, die Klaglosigkeit und das Beharren, die Eigenart, immer wieder aufzustehen, jede kleine Lücke zu nutzen, und das Ertragen und Erdulden machten den Widerstand aus, mit dem Israel nicht zurechtkam. Das war militärisch und psychisch nicht zu besiegen. Die Hartnäckigkeit der Jugendlichen, Steine zu werfen, sich jeden Tag aufs Neue in tödliche Gefahr zu begeben, der Trotz der Alten, an ihrem Menschenrecht festzuhalten, den unbedingten Anspruch auf ihr Land zu bewahren, das Nichtnachlassen der Anschläge, das war es, was den Zionisten zu schaffen machte, das war es, was sie niemals erwartet hatten. Sie konnten es nicht zugeben, dass ihre eigene Unnachgiebigkeit der Grund dazu war. Oder doch? Dann allerdings hätten sie ihren Traum von einem „Groß Israel“ aufgeben müssen. Denn all ihre Opfer, die sie durch Kämpfe und Attentate zu beklagen hatten, waren nicht die eines unschuldigen Volkes, sondern eines Volkes von Besatzern. Sie konnten nicht zugeben, was sie anrichteten, wie schuldig sie waren – sie hätten sonst ihren Traum, ihre Ideologie verraten.

Michael Bauers Urlaub, den er jetzt antrat, sollte eine Reise ohne Rückkehr werden, er ging in Frühpension. Heinz Berner würde ihn in Nablus ersetzen. Er sollte zwischen Ost-Jerusalem und Nablus wechseln. Der Aufbau des College war eines der zentralen Projekte in unserer Arbeit. Seine Präsenz in Nablus war notwendig, auch wenn er wusste, was auf ihn zukam.

Unser Projektbüro in Al Bireh, das sich um spezielle Weiterbildung und nachfolgend direkte Arbeitsvermittlung kümmerte, lag an der Hauptstraße nach Ramallah in einem dreistöckigen Gebäude. Mahmoud Abd El-Malak und Maja Rahman waren für das Projekt zuständig. Mahmoud stammte aus einer alten palästinensischen Familie, aus einem Ort, der seit langer Zeit schon nach seiner Familie benannt war oder auch umgekehrt – Kufr Malek. Sein Vater war bis 1967 Besitzer eines Hauses in der Altstadt in Jerusalem gewesen. Mahmoud hatte mir einmal sein Elternhaus gezeigt. Kurz bevor es vom arabischen Teil in den Tunnel zum Platz vor der Klagemauer geht, steigt links eine Treppe empor, die weiter oben, in der zweiten Etage, auf eine kleine Straße mit mehrstöckigen Wohnhäusern Wand an Wand mündet. Als wir vor seinem Haus auf der Seite der Straße standen, die zur Klagemauer zeigt, wies er auf einen Holzvorbau im zweiten Stockwerk, der über die Straße ragte und wo er als Kind geschlafen hatte, wenn die Nächte im Sommer zu heiß waren. Aus diesem Versteck hatte er auch beobachtet, wie die israelischen Soldaten seine Mutter und die Geschwister aus dem Haus verjagten und ihre Habe auf die Straße warfen.

„Hier vor deinen Augen hat unsere Kleidung, unser Hausrat gelegen. Dann haben sie auch mich entdeckt und ebenfalls hinausgetragen.“

„Wo war dein Vater?“, fragte ich.

„Ihn hatten sie drei Wochen vorher ins Gefängnis gesteckt, als er sich weigerte das Haus zu verkaufen. Sie haben ihm viel Geld geboten, aber er hat es abgelehnt. Als er endlich wieder draußen war, war sein Haus beschlagnahmt und sein Besitz verloren. Den Schlüssel des Hauses hat er mir gegeben. Ich habe ihn noch heute.“

Ein alter Mann kam näher und betrachtet Mahmoud genauer. „Bist du Ibn Malak? Der kleine Mahmoud, der in den Armen seiner Mutter so geweint hat, als sie das Haus verlassen musste?“

Als er bejahte und auch mich vorstellte, bestätigte mir der Alte Mahmouds Worte. „Wir selbst hatten Glück“, sagte der Alte. „Unser Haus ist auf der anderen Straßenseite, hier gegenüber“ und er zeigte auf ein kleines Geschäft im Erdgeschoss. „Dort im Haus der Malaks wohnen seitdem Juden.“ Am Rückteil des Hauses, der heute ein Teil des Platzes vor der Klagemauer ist, sah ich später stolz den Davidstern prangen.

Ich fuhr an einem Morgen im November in unser Büro in Al Bireh. Wir hatten uns dort verabredet. Als ich näher kam, nahm ich durch das geöffnete Autofenster schon den Brandgeruch wahr. Kalter Rauch, wie er beim Brand von Kunststoff freigegeben wird und dann lange haften bleibt. Vor dem Gebäude stand ein völlig ausgebranntes Fahrzeug. Das Dach war komplett weggerissen. Es war von der Straße auf den Bürgersteig gezogen worden, was mir die Schleifspuren von der Brandstelle auf der Straße bewiesen. Aber der Brand war stärker gewesen, als ich das bisher jemals gesehen hatte. In dem Fahrzeug war nicht nur Feuer entstanden, es war von innen her zerschmolzen. Die gesamte Karosserie hatte sich krumm gezogen. Plastik, Gummi und Gewebe waren nicht mehr zu erkennen. Im Innenraum befand sich nur noch ein braun-schwarzer festgebrannter Klumpen aus nicht mehr näher zu definierenden Substanzen.

„Es ist gestern passiert, abends im Dunkeln, nachdem ich das Büro verlassen habe“, sagte Maja. „Die Bewohner des Hauses hörten gerade noch eine F-16 kommen und dann unvermittelt eine gewaltige Explosion. Direkt vor dem Haus erhob sich eine Stichflamme, die höher war als das Haus selbst und die die ganze Gegend gespenstisch ausleuchtete. Die Wohnungen waren plötzlich grell erleuchtet. Scheiben gingen zu Bruch und der Schreck fuhr allen in die Glieder. Sie dachten, die Welt geht unter, und sind aus dem Haus gestürmt. Ich war schon weg und habe richtig Glück gehabt. Auch in unserem Büro sind Scheiben zerborsten.“

Das Fahrzeug war von einer israelischen Rakete getroffen worden. Eine erfolgreiche Liquidierungsmaßnahme, wie die israelische Presse berichtete. Im Wagen, der vor einer Ampel stand, hatten sich zwei gesuchte Terroristen befunden. Ihre Körper waren nicht mehr identifizierbar. Sie waren mit den anderen Materialien des Fahrzeugs zu diesem braun-schwarzen Klumpen verschmolzen. Angeblich befand sich noch eine dritte Person im Wagen, ein Kind; nachweisbar war das jedoch nicht mehr. Das Kind blieb verschollen.

Die Israelis hatten begonnen aus der Luft gezielte Liquidierungen von gesuchten Führern der palästinensischen Widerstandsorganisationen auszuführen. Dabei wurden sie unterstützt von Kollaborateuren, die heimlich die Fahrzeuge mit einem nur mit entsprechenden Geräten erkennbaren Leuchtmittel besprühten. Diese so behandelten Fahrzeuge waren zum Abschuss freigegeben, mit allem, was sich darin befand. Wer immer sich auch nur zufällig im Bereich eines solchen Fahrzeugs aufhielt, war damit hochgradig gefährdet und es passierte nur allzu häufig, dass Unschuldige bei diesen Liquidierungsmaßnahmen zu Schaden kamen. Die Tötung von Aktivisten des Widerstands durch die Israelis bewirkte dabei überhaupt keine beabsichtigte Abschreckung. Schnell wurden die Posten wieder besetzt. Was blieb, war der Schrecken in den Köpfen der Menschen. Keiner war mehr sicher.

Wie gesagt, Maja hatte einfach nur Glück gehabt.

Aber nicht nur hierbei war Glück vonnöten. Aus dem dritten Stockwerk des Gebäudes, wo sich unser Büro befand, konnte man rückseitig auf die israelische Siedlung Psagot sehen, die hoch auf einem Bergrücken Al Bireh östlich überragt. Sie sieht von unten aus wie eine Burg mit einer hohen Brüstung, die den steil aufsteigenden Hügel befestigt. Darüber die hellen Häuser mit ihren roten Ziegeldächern. Das Problem war, dass man von da oben auch auf Al Bireh sehen konnte. Und nicht nur sehen. Etwa 800 Meter Luftlinie schienen die Bewohner von Psagot nicht daran zu hindern, ab und zu einmal ihre langtragenden Gewehre auf Al Bireh auszuprobieren. Dreimal schon waren die Fenster unseres Büros getroffen worden. Durch das Loch in der Scheibe und den Einschlag der Kugel in dem Türrahmen des Abstellraums konnte man den Schusskanal genau verfolgen. Fast konnte man bestimmen, aus welchem Haus und welchem Fenster der Siedlung die Kugel abgefeuert worden war.

Es dauerte nicht lange und unsere Befürchtungen bezüglich des Flughafens Gaza wurden wahr. Noch während meines Aufenthaltes in Palästina, am 3. Dezember, begann die israelische Armee mit der Zerstörung des Flughafens im Gazastreifen. Die Landebahn wurde mit Bulldozern und Baggern unbrauchbar gemacht. „Luftangriffe seien wegen des schlechten Wetters derzeit nicht möglich", bestätigte ein Sprecher der Armee einen Tag darauf gegenüber der Netzeitung[315]. Was für ein Glück, noch einmal davongekommen!

Der Gaza-Flughafen war eines der Vorzeigeprojekte der palästinensischen Autonomiebehörde. Über die Medien war aus Armeekreisen bekannt geworden, dass die Angriffe auf palästinensische Städte und Einrichtungen in den kommenden Tagen ausgeweitet werden sollten. Eine entsprechende Entscheidung habe das Kabinett bereits getroffen, sagte der Armee-Sprecher. Er rechne mit einer dramatischen Eskalation. Zuvor schon hatten israelische Kampfhubschrauber mit Raketen zwei Hubschrauber in Gaza Stadt in der Nähe des Hauptquartiers von Arafat zerstört. Die beiden aus Russland stammenden Helikopter benutzte dieser für Flüge zwischen dem Gazastreifen und dem Westjordanland. Der Protest der EU und der deutschen Regierung über die Zerstörung des Flughafens nutzte

[315] Die Netzeitung ist eine ausschließlich im Internet erscheinende deutsche Tageszeitung.

wenig, denn nur einen Monat später wurde ihm ganz der Garaus gemacht, als in einem Doppeleinsatz Soldaten mit Panzern und Planierraupen nicht nur den Rest des Flughafens, sondern auch gleich 70 Wohnhäuser in Rafah im südlichen Gazastreifen zerstörten.

Mit der groß angelegten Strafmaßnahme reagierte Israel auf den blutigen Überfall der Hamas auf einen Militärstützpunkt, bei dem am 9. Januar 2002 vier israelische Soldaten getötet worden waren. Die Hamas hatte mit der Attacke eine dreiwöchige Phase relativer Ruhe beendet.

Scharon kündigte weitere Strafmaßnahmen gegen die Autonomiebehörde an. Wegen des Versuchs, Waffen in die Palästinensergebiete zu schmuggeln, werde seine Regierung über Schritte und Wege zur Bestrafung entscheiden, sagte er nach einem Bericht der israelischen Tageszeitung Haaretz. Außerdem werde man Arafat so lange unter Hausarrest in Ramallah festhalten, bis die Mörder des israelischen Tourismusministers Zeevi gefasst seien. „Selbst wenn er (Arafat) dort Jahre zubringen müsste, dann wird er dort eben für Jahre festsitzen", sagte der Anführer. Wie recht er damit hatte. Arafat saß nun fest in seiner Muqata'a. Er sollte gesund nicht mehr herauskommen.

Bis 2006 waren die Schalter des Flughafens noch besetzt, obwohl kein Flugzeug mehr starten oder landen konnte. Er wurde nicht wieder aufgebaut. Das Gemeinschaftsprojekt der EU und Deutschlands war zerstört, die Gelder verschlissen. Aber nicht nur da wurden bewusst die Aufbauarbeiten der internationalen Gemeinschaft aufs Korn genommen. Die Straße beispielsweise, die Japan erst wenige Monate zuvor in Ramallah eingeweiht hatte, wurde unter den Ketten der israelischen Panzer wieder in ihren alten Zustand versetzt. Die Schäden an der Infrastruktur in den Städten und Dörfern der besetzten Gebiete, die mit ausländischer Hilfe für den kommenden Staat Palästina geschaffen worden waren, gingen in die Millionen.

Ich kam Ende März 2002 zurück. Der Konflikt war weiter eskaliert und hatte sich zu einem regelrechten Krieg ausgeweitet. Allerdings zu einem Krieg mit ungleichen Partnern. Den hoch gerüsteten israelischen Streitkräften konnten die Palästinenser nur ihre durch selbst gegrabene Tunnel geschmuggelten Schnellfeuerwaffen und ihren Mut und ihre Verzweiflung entgegensetzen. Das Kräfteverhältnis ließ sich in etwa an den Zahlen der Opfer ablesen. 10:1, so lautete das ernüchternde Resultat. Der Krieg war in die Dörfer und Städte gekommen und die Spirale der Gewalt drehte sich schneller als jemals zuvor.

In seiner größten Militäroperation seit 20 Jahren mit 20.000 Soldaten und über 100 Panzern führte Israel ab dem 11. März so genannte Durchkämmungsoperationen in den Flüchtlingslagern durch. Im palästinensischen Flüchtlingslager Dschabaliya im Gazastreifen wurden in nur einer Nacht 18 Bewohner erschossen. Mit Plastikfesseln an den Händen und verbundenen Augen wurden über 3.000 Palästinenser in den Flüchtlingslagern Kalkilja und Ramallah festgenommen. Alle männlichen Jugendlichen und Erwachsenen zwischen 13 und 45 Jahren wurden aufgerufen, sich den Soldaten zu stellen, die in den Häusern Razzien vornahmen. Massenverhaftungen fanden auch in Dahaishe unweit von Bethlehem statt, nachdem die Armee in der Nacht die Kontrolle in dem Lager übernommen hatte. Die israelischen Gefängnisse mussten übervoll sein. Als ich die Bilder der Massenverhaftungen im Fernsehen sah, konnte ich mir gut vorstellen, was da jetzt abging. Hamid Zughair hatte genug davon berichtet. Die Folterspezialisten des israelischen Geheimdienstes hatten jetzt sicherlich alle Hände voll zu tun.

Ich hörte später von einem direkt Betroffenen, wie diese Verhaftungsaktionen abliefen: Bei Tulkarm wurden alle Männer auf einem Platz zusammengetrieben. Darauf wurde von einem Offizier eine „Selektion“ an den in einer Dreierreihe stehenden Delinquenten durchgeführt, der einige der Männer nach Hause entließ. Die Hände der restlichen Palästinenser, mehrere hundert, wurden mit einem Gummiriemen verschnürt und die Augen mit einem Tuch verbunden. Die Männer mussten zugleich ihre Oberhemden ausziehen und ihre Taschen wurden in Plastikbeutel der Armee entsorgt. Dann wurden sie zum Verhör in ein israelisches Haftlager abtransportiert, nachdem diesen festgenommenen Palästinensern mit einem Filzstift Nummern auf Unterarm und Stirn geschrieben worden waren.

Selektion von Delinquenten? Nummern auf Unterarmen? Abtransport in Haftlager? War da nicht schon mal was?

Auch wenn einige Palästinenser nach kurzer Zeit wieder entlassen wurden, blieben viele andere doch lange, lange hinter Gittern. Die Nummern blieben auch, wenigstens in den Köpfen. Das Tollste jedoch war, dass das israelische Fernsehen solche Bilder in die Wohnungen der jüdischen Bevölkerung schickte.

In diesem abartigen Veitstanz von Verhaftungs- und Vergeltungswahn ging natürlich auch einiges ungewollt zu Bruch. So wurde die einzige Schule für Sehbehinderte im Gazastreifen von der israelischen Luftwaffe durch einen Volltreffer total zerstört. Allerdings gerade hier hielt der Hochkommissar der UNRWA, Peter Hansen, einen Irrtum für ausgeschlossen, weil ein benachbartes Polizeihauptquartier der Palästinenser schon bei fünf Einsätzen zuvor getroffen worden sei. Das UN-Kinderhilfswerk UNICEF beklagte am 15. März den Tod von 211 palästinensischen Kindern seit Ausbruch der Gewalt vor 18 Monaten.

Heinz Berner und ich saßen am Mittwoch, den 3. April, im Büro in Al Bireh zusammen. Die Israelis hatten für internationale Vertreter eine Schleuse in die Stadt geöffnet. Wir wussten über die Nachrichten, dass seit heute etwas Großes in Jenin vor sich ging. Und nicht nur da; die Israelis führten die Operation „Schutzwall" durch. Was immer das auch heißen mochte, die Auswirkungen waren uns beiden klar. Sie waren seit einer Woche in Nablus, Jenin, Ramallah, Tulkarm, Bethlehem und Kalkilja. Heinz war vor fünf Tagen aus Nablus geflohen. Er hatte die Stadt aus Sorge um seine Sicherheit verlassen. Ich war gar nicht erst dorthin gefahren.

Unsere palästinensischen Mitarbeiter saßen mehr vor dem Fernsehen, als dass sie ihrer Arbeit nachkamen. Al Jazeera lief ununterbrochen. Seit heute Morgen waren heftige Kämpfe im Flüchtlingslager Jenin im Gange. Der Angriff durch die israelische Armee hatte noch in der Dunkelheit begonnen. Auch in Ramallah waren an diesem Tag Schüsse und Detonationen aus der Gegend um die Muqata'a zu hören. Wir konnten Rauch sehen. Als ich Richtung Al Bireh gefahren war, hatte ich israelische Militärfahrzeuge bemerkt, die den Bereich absperrten.

Das Flüchtlingslager in Jenin war ein besiedeltes Gebiet im Herzen der Stadt, ca. zwei Quadratkilometer groß und von rund 800 palästinensischen Familien bewohnt. Dieses Lager war von Israel als Hochburg des Widerstandkampfes ausgemacht worden. Selbstmordattentäter waren von hier nach Israel eingedrungen. An diesem Morgen begann ein israelischer Angriff mit Raketen aus Kampfhubschraubern, der die Bewohner unvorbereitet traf, nachdem am Vortag die Stadt von Panzern umringt worden war.

Trotz aller denkbaren israelischen Geheimhaltungsmaßnahmen kamen im Laufe des Tages immer mehr Bilder und Nachrichten aus dem gesperrten Bereich um Jenin auf den Bildschirm. Wir standen fassungslos davor. Es mussten dort heftige Kämpfe stattfinden.

Während der nächsten zehn Tage, an denen der Angriff ununterbrochen fortgesetzt wurde, offenbarten sich langsam, sehr langsam, die Ausmaße dieser Tragödie. Die Zerstörung sei „horrend, jenseits jeder Vorstellung", so der Nahost-Beauftragte der UNO, Terje Roed-Larsen, der Tage später eingelassen wurde. Er nannte das, was dort passiert war, „einen Schandfleck, der für immer die Geschichte des Staates Israel belasten wird."[316]

Zu diesem Zeitpunkt hatte man erst 52 tote Palästinenser namentlich identifizieren können.

Palästinensische Augenzeugen behaupteten, die israelischen Soldaten hätten Folterungen und Massaker an Zivilisten verübt und die Ambulanzen an der Bergung von Verletzten gehindert, weshalb viele Menschen auf offener Straße verblutet seien, darunter auch Kinder. Israelische Bulldozer hätten zudem unzählige Tote unter dem Schutt und den Trümmern verscharrt; über weiten Teilen der für ausländische Journalisten gesperrten Stadt hänge der süßliche Geruch des Todes. Bilder zeigten: Die steinernen Gebäude des Lagers waren verschwunden. Ein unüberschaubares Kratergelände aus Beton, Mauerresten, Stahlarmierungen und Wellblech. Die Palästinenser sprachen von 500 Toten; auf israelischer Seite wurde die Zahl der getöteten Soldaten mit 23 angegeben.

Die Berichte beider Seiten gingen dramatisch auseinander. Darüber, dass ein israelischer Soldat der heimischen Presse erzählte, wie er mit einer riesigen Planierraupe Wohnhäuser niedergewalzt hatte, die noch voll von Menschen waren, oder über Massenerschießungen konnten keine Beweise vorgelegt werden, denn das israelische Militär ließ keine Beobachter in das Gebiet. Das Drängen der internationalen Gemeinschaft jedoch wurde größer, je mehr Einzelheiten ans Tageslicht kamen. Nach langem Hin und Her und aufgrund des Drucks von Israel und den USA sah die UNO jedoch letztendlich davon ab, eine Untersuchungskommission ins Flüchtlingslager Jenin zu schicken. Der Schweizer Zeitungskommentator Hugo Berchtold

---

[316] *The Independent*, 25. April 2002

brachte es auf den Punkt: „Wenn es noch eines Beweises bedurft hätte, dass die USA mit zweierlei Maß messen, hier haben sie ihn geliefert. Während Israel ungestraft UN-Resolutionen ignorieren und eine UN-Kommission aussperren darf, wird der Irak für die gleiche störrische Haltung seit Jahren mit Sanktionen und Bombenangriffen bestraft."[317]

Warum in Gottes Namen tat Israel alles, um die Untersuchung der Vorfälle in Jenin zu verhindern? Allein das gibt zu denken. Wenn dort keine Menschenrechtsverletzungen vorgekommen sind, dann hatte doch auch keiner etwas zu befürchten. Selbst Hilfsorganisationen wurden für humanitäre Hilfsleistungen nicht eingelassen. Was war dort passiert?

Festzuhalten bleibt, dass der erbitterte, mit Waffen geführte Widerstand der Einwohner des Flüchtlingslagers in Jenin das israelische Militär zu drastischen Maßnahmen verleitete, die zu einer Katastrophe führten. Das ganze Ausmaß dieses Angriffs wird vermutlich niemals offiziell bekannt werden. Allerdings brachten individuelle Untersuchungen mehr Licht ins Dunkel. Viele Berichte Überlebender wurden in einem Buch[318] zusammengetragen. Der Dokumentarfilm „Jenin, Jenin" des arabisch-israelischen Regisseurs Mohammed Bakri wurde von den israelischen Behörden unmittelbar verboten, nachdem er Mitte Dezember 2002 je einmal in einem Kino in Tel Aviv und Jerusalem öffentlich gezeigt worden war.

Der US-Sondergesandte für Nahost, William Burns, bezeichnete die Zerstörung des palästinensischen Flüchtlingslagers Jenin durch die israelische Armee als „eine menschliche Tragödie für Tausende unschuldiger Palästinenser."

Natürlich müssen auch die Gegendarstellungen berücksichtigt werden. Peter Beaumont vom Observer zweifelt nicht im Geringsten daran, dass es in Jenin kein Massaker gab. „Die Anwesenheit der Leichen war natürlich irreführend. Am Freitag haben sie alle ausgelegen, aufgeschichtet wie übel riechende Holzscheite in ihren weißen Plastikhüllen vor dem Haupthospital in Jenin. Schon das Gewicht ihrer Anzahl, allein 30 an diesem einen Nachmittag, wie sie so dala-

---

[317] Internet-Recherche:
http://www.zeitenschrift.com/news/sharonprozess.ihtml

[318] *Searching Jenin*, www.PalestineChronicle.com

gen auf dem Boden, das allein schon suggerierte: Seht her, wir sind Massakeropfer. Aber ein Massaker, im herkömmlichen Sinne des Wortes jedenfalls, hat es im Flüchtlingslager Jenin sicher nicht gegeben. Welche Verbrechen hier auch immer begangen worden sind, und es sieht so aus, als wären es viele, ein vorsätzliches und geplantes Massaker an Zivilisten von Seiten der israelischen Armee ist nicht darunter."[319]

Dass aber, unangezweifelt, die Unterkünfte von 13.000 Menschen dem Erdboden gleichgemacht wurden, dass in Jenin Hunderte Menschen starben, dass Hilfsorganisationen, Krankenwagen und Ärzten von der israelischen Armee untersagt wurde, getötete Palästinenser beizusetzen, Verwundete zu versorgen und für die überlebenden Zivilisten Wasser und Lebensmittel bereitzustellen, dass die Zustände so schrecklich waren, dass die UNWRA in Genf sie als „humanitäre Katastrophe" bezeichnete, das brachte mich zum Nachdenken, als ich den Newsletter der israelischen Botschaft in Berlin vom Dienstag den 23. April 2002 las:

ISRAEL BEENDET OPERATION SCHUTZWALL

Die israelische Verteidigungsarmee (IDF) hat sich aus allen palästinensischen Dörfern und den meisten Städten zurückgezogen. Mit Ausnahme des Geländes um die Geburtskirche in Bethlehem und Arafats Hauptquartier in Ramallah (Muqata'a) ist die Operation Schutzwall beendet. Die Ziele der Militäroperation wurden erreicht.

Die Infrastruktur des palästinensischen Terrors hat einen schweren Schlag erlitten, viele Sprengstofflabore und Waffenlager konnten ausgehoben und viele der meistgesuchten Terroristen verhaftet werden. Bei Gefechten wurden daneben viele Terroristen getötet. Da die Infrastruktur nicht völlig zerstört werden konnte und weiterhin Warnungen vor Terroranschlägen vorliegen, hat die Armee einige palästinensische Städte weiterhin umstellt, um solche Anschläge zu verhindern.

Die Operation Schutzwall wurde am 28. März mit dem Ziel begonnen, die terroristische Infrastruktur zu zerstören, Verhaftungen vorzunehmen und Waffen zu konfiszieren. Vorausgegangen waren mehrere Terroranschläge mit hohen Zahlen israelischer Opfer und das Selbstmordattentat im Park Hotel in Netanya zu Pessach, bei dem 29 Personen getötet wurden. Die israelische Armee rückte im Verlauf der Operation nach Nablus, Jenin, Ramallah, Tulkarm, Bethlehem und Kalkilja ein. Derzeit ist die israelische Armee noch in Bethlehem um die Ge-

---

319 Beaumont: "Brutal, yes. Massacre, no", *The Observer*, 21. April 2002

burtskirche herum präsent, wo sich bewaffnete Palästinenser seit Beginn der Operation unter Geistlichen und palästinensischen Zivilisten verschanzt halten. In Ramallah umstellen israelische Truppen weiterhin das Muqata'a-Gelände, in dem Jassir Arafat seit einigen Wochen eingeschlossen ist. Die Palästinensische Autonomiebehörde weigert sich, die Mörder von Tourismusminister Rehavam Zeevi und Fuad Shoubaki, der das Waffenschiff Karina A[320] *finanziert hat, auszuliefern.*

Bei den Kämpfen kamen 29 Israelis ums Leben. Allein 23 Todesopfer gab es im Flüchtlingslager von Jenin. Die Zahl der verwundeten Israelis beläuft sich auf 127. Über die palästinensischen Opfer gibt es noch keine verlässlichen Zahlen.

Wie krass die Darstellungen ein und desselben Vorgangs auseinanderklaffen, wird überdeutlich, wenn man sich danach die Berichte durchliest, die u. a. von Justin Huggler und Phil Reeves[321] verfasst wurden.

[322]Die Bombardierungen kamen im Schlaf. Um zwei Uhr am Morgen des 3. April, ohne jegliche Vorwarnung, wurde das Lager wahllos mit Raketen von Kobra-Helikoptern beschossen, nachdem tagsüber die Stadt Jenin samt Flüchtlingslager von mehr als 60 Panzern umzingelt wurde und diese in die Stadt eingedrungen waren. Die Menschen waren in ihren eigenen Häusern gefangen, in der Gefahr, bei Verlassen der Häuser erschossen oder unter den Trümmern ihres eigenen Hauses begraben zu werden. Begründet wurde der Angriff von offizieller israelischer Seite damit, dass Selbstmordattentäter aus dem Flüchtlingslager Jenin kamen und deshalb „die Infrastruktur des Terrors zerstört" werden sollte. Was jedoch geschah wirklich? Die Attacken dauerten Tag und Nacht an, mit Panzern, die in das Camp eindrangen, mit Raketenbeschuss und später mit bis an die Zähne bewaffneten Soldaten, denen bis zu 200 bewaffnete Milizen verzweifelt Widerstand zu leisten versuchten. Es wurde auf alles geschossen, was sich bewegte, gleichgültig, ob bewaffnet oder unbewaffnet, jung

---

320 Ein durch die israelische Marine am 3. Januar 2002 im Roten Meer aufgebrachtes Handelsschiff aus dem Iran, das Waffenlieferungen im Auftrag der PNA nach Gaza liefern sollte. Darunter befanden sich Raketen mit Reichweiten bis zu 20 Kilometern, Granaten, panzerbrechende Waffen, Maschinengewehre, Minen und C4-Sprengstoff.

321 Jerusalem-Korrespondenten des *Independent,* 25. April 2002, *Once upon a time in Jenin - What really happened when Israeli forces went into Jenin?*

322 Der nächste Absatz ist entnommen aus *Campo Antiimperialista* vom 23. Mai 2002

oder alt, Frau, Mann oder Kind, Behinderte oder Verletzte. Es wurde, unter größter Verletzung internationalen Völkerrechts (aber das war ja die ganze Operation Schutzwall an sich), nicht einmal die Möglichkeit gegeben, Verwundete einzusammeln und zu behandeln. Am 5. April musste der letzte Krankenwagen unverrichteter Dinge den Schauplatz verlassen. Bis zum 15. April dann war es keinem Rettungsteam mehr möglich, Verwundete zu versorgen. Menschen mussten sterben, weil ihnen jegliche Hilfe versagt wurde. Sie verbluteten mitten auf der Straße vor den Augen der hilflosen Angehörigen. Die Telefonleitungen, Wasser- und Stromversorgung wurden unterbrochen, keine Nahrungsmittellieferungen waren ab dem Zeitpunkt mehr möglich. Am 6. April begannen Bulldozer, Häuser systematisch zu zerstören und dem Erdboden gleichzumachen, während Tränengas über dem Lager verstreut wurde. Viele Menschen wurden dabei in ihrem Haus überrascht, da von Seiten der israelischen Armee kaum Vorwarnungen kamen. Zahlreiche Tragödien spielten sich ab, Menschen fanden den Tod unter den Trümmern des eigenen Hauses, weil ihnen nicht erlaubt wurde, das Haus zu verlassen, weil Angehörige ignoriert wurden, die darum bettelten, ihre behinderten Tanten oder Neffen vor der Zerstörung zu retten, weil auf sie geschossen wurde, als sie versuchten, sich in Sicherheit zu bringen. Jamal Al-Fayid, 37, war gelähmt und konnte deshalb nicht rechtzeitig von seiner Familie evakuiert werden, als ein Bulldozer am 6. April sein Haus im Viertel Jurrat Al-Dahab ins Visier nahm. Trotz der verzweifelten Bitten seiner Familie, ihn vorher aus dem Haus holen zu dürfen, wurde das Haus kaltblütig niedergerissen – Jamal starb unter den Trümmern seines Hauses. Zu Mittag des 7. April wurde das dreistöckige Haus von Khadwa Samara, 35, von Raketen getroffen. Sie hielt sich mit ihren drei Kindern und zwölf weiteren Personen im Erdgeschoss auf. Dabei wurde der Wassertank beschädigt. Es kam schlimmer: Am Abend gegen 23:30 hörten sie einen herankommenden Bulldozer. Er zerstörte die einzige Tür, so dass alle Menschen im Haus gefangen waren. Sie flohen daraufhin ins Schlafzimmer, gaben Signale mit Laternen, um zu zeigen, dass das Haus bewohnt ist. Nach einer kurzen Pause wurde das zerstörerische Werk um fünf Uhr morgens fortgeführt – der Bulldozer stoppte erst bei dem letzten Zimmer, dem Schlafzimmer. Khadwa und die anderen konnten sich durch das Fenster zu den Nachbarn flüchten – jedoch nur für fünfzehn Minuten Verschnaufpause. Schon wurde auch dieses Haus in Angriff genommen! Mit vereinten Kräften schlug man mit allem, was man fand, Hämmern und Rohren, ein Loch in die Wand. Sie konnten zu ihrem Bruder fliehen, der in der Nachbarschaft wohnte. Am 9. April bekam Khadwa einen Telefonanruf von einem Verwandten aus Jordanien, der im Fernsehen verfolgt hatte, was geschah, und sie überredete, zu fliehen. Tatsächlich hatte die Armee den Befehl gegeben, das Lager zu evakuieren, jedoch nicht in dem Viertel, in dem sie sich aufhielt. Mit weißen Flaggen ausgerüstet versuchten sie, 24 an der Zahl, den Ort zu verlassen, wurden jedoch aufgehalten und aufgefordert, in ihre Häuser zurückzukehren. Nach stundenlangem Verharren wurde es ihnen schließlich erlaubt, das Camp zu verlassen. Diejenigen Frauen und Kinder, die es schafften, rechtzeitig ihre Häuser zu verlassen, wurden auf einem zentralen Platz zusammengetrieben, die Männer wurden verhaftet. Die Frauen und Kinder wurden gezwungen, in die benachbarten Viertel der Stadt zu fliehen, wo sie entweder bei Verwandten oder völlig Unbekannten Zuflucht fanden, deren Häuser bereits aus den Nähten platzten, mit manchmal mehr als 50 Menschen in einem Raum, mit der Gewissheit, dass die Essensvorräte sich dem Ende zuneigten, überfordert, und mit dem Problem der zerstörten Wasser- und Stromleitungen, Ausgangssperre und militärischem Beschuss. Nachdem auch israelische Soldaten aufgrund des andauernden Widerstandes am 9. April im Viertel Hawashin ums Leben kamen, kam es am 10. April im gesamten Lager, aber besonders in diesem Viertel, zu Gewaltexzessen. Wie viele Menschen an dem Tag ums Leben kamen, kann niemand sagen, aber dass Hawashin dem Erdboden gleichgemacht wurde und viele Leichen dadurch unter der Oberfläche verschwanden, ist längst kein Geheimnis mehr. Das ganze Gebiet wurde zur „militärischen Sperrzone" erklärt, um Journalisten, Menschenrechtsorganisationen und sogar Ambulanzen daran zu hindern, Hilfe zu leisten und dabei Zeugen des Grauens zu werden, das die israelischen Soldaten seit dem 3. April dort angerichtet hatten. Selbst nachdem der Widerstand gebrochen war, stand das Lager noch tagelang unter Ausgangssperre, niemand durfte hinein, niemand durfte hinaus. Am 15. April durfte begrenzt damit begonnen werden, Verwundete und Tote einzusammeln. Die Zeit wurde genutzt. Viele Augenzeugen bestätigen, dass in den Straßen liegende Leichen von der israelischen Armee eingesammelt und in Kühllastern abtransportiert wurden. Mindestens 200 sollen im nördlichen Jordantal an einem geheim gehaltenen Ort in einem Massengrab verscharrt worden sein mit der Begründung, keinen „Märtyrerkult" aufkommen lassen zu wollen. Wohl eher, um zu verschleiern, wer die Toten waren, nämlich nicht nur bewaffnete Widerstandskämpfer, sondern auch unbewaffnete Frauen, Männer und Kinder. Und die Zeit arbeitet gegen Versuche, die Details dieses Massakers aufzudecken, auch wenn die Wahrheit nicht für immer verborgen bleiben kann. In der Zwischenzeit sind die Leichen verwest. Wir müssen von einer sehr hohen Zahl an Toten ausgehen. Selbst die israelische Armee hatte zunächst von Hunderten Toten gesprochen, danach wurde das von der Scharon-Regierung wieder relativiert und plötzlich waren es nur noch 50 Tote. Die vielen Bilder von toten Kindern sprechen eine andere Sprache. Erst bei Einbruch der Dunkelheit am 14. April bekamen erstmals ein Krankenwagen des Roten Kreuzes und des Roten Halbmondes die Erlaubnis, Tote einzusammeln, die in Straßen und Häusern verrotteten. Unter erschwerten Bedingungen, da bis zu diesem Zeitpunkt und noch lange danach nachts kein Strom für Licht sorgte und tagsüber israelische Scharfschützen lauerten. Am Morgen des 15. April begann dann die erste Bergung von sieben Leichen, alle paar Meter behindert von israelischen Militärs und der Tatsache, dass ohne schweres Gerät viele Leichen nicht aus dem Schutt der Häuser geborgen werden konnten. Erst Tage später durften sich Journalisten nach und nach ein Bild machen von dem Ausmaß der Zerstörung. Langsam drangen die Berichte von Augenzeugen nach außen, Berichte über Kämpfer, die sich schon ergeben hatten und die von israelischen Soldaten einfach über den Haufen geschossen wurden, von Menschen, die einen Blick aus dem Fenster wagten und sofort von Scharfschützen beschossen und getötet wurden, von Zivilisten, die an dem Versuch, sich und ihre Familien aus ihren beschossenen und von Bulldozern attackierten Häusern in Sicherheit zu bringen, gehindert und beschossen wurden. Menschen, die tagelang zu dreißigst in einem kleinen fensterlosen Badezimmer ausgeharrt hatten, ohne Nahrung, mit wenig Wasservorräten, während der Rest ihres Hauses zerstört wurde. Menschen, die ihrem Bruder, Vater oder Ehemann hilflos dabei zusehen mussten, wie die auf der Straße verbluteten, wissend, dass sie sofort ebenfalls beschossen würden, wenn sie es wagten, ihr Haus zu verlassen.

Spätestens ab hier erübrigt sich jeder Kommentar zur offiziellen Verlautbarung der israelischen Regierung. Wie kann dieser Staat damit umgehen, dass er die 4. Genfer Konvention ratifiziert hat?

Artikel 16 und 20, die den Schutz von Verletzten und das Recht auf ungehinderten Zugang von medizinischer Versorgung beinhalten; Artikel 33, der jegliche Form der kollektiven Bestrafung verbietet;

Artikel 53, der die Zerstörung von Besitz und Wohnhäusern der Zivilbevölkerung verbietet; Artikel 55 und 59, die besagen, dass die besetzende Militärmacht dazu verpflichtet ist, für eine adäquate Versorgung mit Nahrungsmitteln und Medikamenten zu sorgen. Wie kann dieser Staat damit umgehen, dass er sich zu all dem verpflichtet hat?

Und was ist dabei die Rolle der Welt? Zuschauen, Sanktionen in Betracht ziehen und verwerfen, sie relativieren, nachdem alles abgeschlossen ist, humanitäre Hilfe leisten, die die Opfer nicht mehr zurückbringen kann? Resolutionen erlassen, die von den USA geblockt werden? Die Toten waren noch nicht begraben, als US-Präsident Bush Anführer Scharon als einen „Mann des Friedens" bezeichnete. Er verteidigte Israels Vorgehensweise als legitimes Selbstverteidigungsrecht, wohl wissend, dass Israel in Jenin gegen alle Bestimmungen des Völkerrechts verstoßen hatte.

Natürlich gab und gibt es Menschen in Israel, die die Lügen, die Verharmlosung, den Euphemismus durchschauen, die entsetzt die Wahrheit zur Kenntnis nehmen (müssen) und sich dessen schämen. Als der Anführer Israels die Drohung ausstieß, die Palästinenser müssten mit allen Mitteln vernichtend geschlagen und vollständig entwaffnet werden, erst dann würden sie um Waffenruhe betteln und zum Frieden bereit sein, antwortete Uri Avnery: „Mit seiner ganzen militärischen Vergangenheit als Brigadegeneral versteht Scharon nicht, dass der legitime Guerillakampf eines Volkes nicht mit massiven Militärmethoden einer noch so gut für einen Krieg gegen eine feindliche Armee trainierten und ausgerüsteten Armee mit Panzern und Luftterror ausgelöscht werden kann."

Wie groß der Schock auf viele Israelis wirkte, zeigt der Artikel von Shamai Leibowitz[323] in der Chicago Tribune vom 17. April 2002, der hier komplett wiedergegeben werden soll:

„Israels Herrschaft über drei Millionen palästinensische Araber in den besetzten Gebieten hat unser Land in die Lage gebracht, moralische Ungeheuerlichkeiten zu begehen. Um unsere Herrschaft zu sichern, haben wir während der vergangenen Monate Kriegsverbre-

---

[323] Shamai Leibowitz ist Anwalt für Strafrecht und lebt in Tel Aviv. Leibowitz ist zudem Reservist (Panzergrenadier) der israelischen Armee und hat den Aufruf „Courage to Refuse" (Mut zur Verweigerung) mit unterschrieben.

chen begangen – haben wir tausende Zivilisten entweder getötet oder verstümmelt. Und anstatt uns Sicherheit zu bringen, hat diese Okkupation auf beiden Seiten nur eine große Anzahl von Opfern produziert. Wir haben auf Zivilisten geschossen, wir haben Ambulanzen beschossen, haben Häuser dem Erdboden gleichgemacht. Dadurch haben wir uns schuldig gemacht – schuldig, die elementarsten Artikel der Genfer Konvention sowie der Haager Konvention (zum Schutz der Menschenrechte) missachtet zu haben. Traurige Ironie: Hätten die Länder Europas diese Konventionen schon während des zweiten Weltkriegs beachtet, wäre es sicher nie zum Holocaust an uns Juden gekommen bzw. wären wir damals gerettet worden. So etwas wie aufgeklärte Besatzung existiert nicht. Unsere Regierung hat uns nur bewiesen, was ohnehin schon klar war – nämlich, dass früher oder später jede Besatzungsmacht grausam und barbarisch wird – tausende unschuldige Opfer sowie massenhaft Zerstörung produziert. Außerdem: Die Politik der kollektiven Bestrafung widerspricht elementar unserem (jüdischen) Erbe. So könnte man beispielsweise sagen, unser Urvater Abraham sei der erste moralische Kämpfer gegen kollektive Bestrafung gewesen. Lieber riskierte Abraham ja seine eigene Bestrafung durch Gott, als dass er die kollektive Bestrafung der Städte Sodom und Gomorrah widerspruchslos hingenommen hätte. Sein Streitgespräch mit Gott wird im Buch Genesis wie folgt beschrieben: „Vielleicht sind 50 Fromme in der Stadt; willst du sie wirklich vertilgen (Gott)? Willst du dem Orte nicht lieber verzeihen um der 50 Frommen willen? Fern sei es von dir, also zu handeln, Fromme zusammen mit Frevlern zu töten. Muss nicht der ganzen Welt Richter das tun, was Recht ist (Genesis 18:24-25)?“ Abraham greift Gott also mutig an und legt quasi Berufung ein gegen dessen Entscheidung, (die beiden Städte) kollektiv zu bestrafen. Und zum Schluss, nach seinem langen Streit mit Abraham, lenkt Gott schließlich auch ein und entscheidet, dass er die Unschuldigen nicht zusammen mit den Schuldigen bestrafen wird. Wir hingegen, anstatt dem Beispiel Abrahams zu folgen, machen genau das Gegenteil. Hunderte unbewaffneter Männer, Frauen und Kinder haben wir schon getötet, wir haben Häuser zerstört und Land, wir haben Millionen Palästinenser in ihren Städten, Kleinstädten und Dörfern eingesperrt. Wir haben ihnen strenge und grausame Ausgangssperren auferlegt, wir haben sie enteignet, ihnen Land und Besitz abgenommen. Zugegeben, auch wir hier in Israel durchleben derzeit eine schwierige Phase. Da mein Arbeitsplatz in Netanya liegt, war ich selber zweimal weniger als 100 Meter vom Ort eines dieser schrecklichen Selbstmordattentate entfernt – verübt durch fanatische palästinensische Terroristen. Ich betrauere den Tod dieser unschuldigen Anschlagsopfer. Und dennoch: Diese (vereinzelten) Akte des Terrors stellen keine Rechtfertigung dar für unsere fortgesetzte Aggression – für Panzer und Hubschrauber, die auf unschuldige Zivilisten abfeuern, die Wohngebiete kahl rasieren, die überall in der West-Bank und im Gazastreifen Verwüstung und Zerstörung verbreiten. Seit Beginn des Palästinenseraufstands – und das sage ich jetzt als Anwalt – hat sich der Staat Israel wie eine Diktatur benommen – mit Trauer stelle ich das fest –, wie ein Staat, der sich so weit von Recht und Moral entfernt hat, dass nichts mehr von einem demokratischen Rechtsstaat übrig geblieben ist. So kann man beispielsweise die Hinrichtungen (ohne Gerichtsprozess) von politischen Führern der Palästinenser mit (dem Straftatbestand des) vorsätzlichen Mordes gleichsetzen. Auf diese Weise töten nur Terrorgruppen. Derartige Praktiken passen nicht zu einem gesunden Staatswesen. Und hieraus ist letztendlich auch der Schluss abzuleiten, dass Israel, da es ja (fortgesetzt) zum Mittel des Terrors greift, inzwischen selbst zu einer Art Terrororganisation geworden ist. Ich schlage deshalb vor, die USA setzen Israel mit auf ihre Liste terroristischer Organisationen. Weil wir unser Land (Israel) vor dem kompletten moralischen Kollaps retten wollen, haben wir uns also entschlossen, den Militärdienst in den besetzten Gebieten zu verweigern. Es ist unsere heilige Pflicht – sowohl als Soldaten als auch als menschliche Wesen. Und da unsere Regierung keinerlei Anstalten macht, die Besatzung zu beenden, fordere ich alle Offiziere und Soldaten der IDF (israelische Armee) dazu auf, ihr Vaterland zu verteidigen, indem sie nämlich ausrufen: „Wir werden diese Gräueltaten nicht begehen!“ Selbstverständlich hat in einer Demokratie die gewählte Regierung das Recht, den Gehorsam ihrer Armee einzufordern. Diese Regel gilt auch für Israel – und sollte auch gelten –, allerdings nur dort, wo Israel auch demokratisch ist: innerhalb der Vor-1967-Grenzen nämlich. In der West-Bank und in Gaza dagegen hat Israel sich während der letzten 35 Jahre noch nie demokratisch aufgeführt. Seine Bürger aufzufordern, eine Militärbesatzung durchzusetzen – und das auch noch im Namen der Demokratie – so etwas ist einfach absurd.

Nein, wir sind keine selbsthasserischen Juden.

Als Soldaten der israelischen Armee sind wir nach wie vor bereit, unser Land zu verteidigen – innerhalb der Grenzen von vor 1967.

Aber da es nun mal so ist, dass sich unsere Armee zu Raubzügen des Terrors missbrauchen lässt, praktisch tagtäglich Gräuel verübt – im Dienste dieses Kolonial-Regimes –, haben wir uns dazu entschlossen, den Wehrdienst in den besetzten Gebieten zu verweigern. Denn: Lieber gehen wir ins Gefängnis, als dass wir uns dem gerechten Aufstand dieser Menschen (Palästinenser), die so lange in Knechtschaft gehalten wurden, entgegenstellen."

Arafat saß in seiner Muqata'a fest. Scharon und er waren Todfeinde und der Anführer kostete seine Macht ihm gegenüber genüsslich aus. Allerdings hatte Arafat die Sache auch leicht gemacht. Er hatte den Israelis die Rechtfertigung für ihr brutales Vorgehen mehrmals auf dem Tablett serviert. Dass Hetzpredigten von Imamen in den Moscheen stattfanden, die direkt über ihn und damit indirekt von internationalen Geldern finanziert wurden, dass er dilettantisch versuchte, über Mittelsmänner an Waffen zu gelangen, dass er auf internationalen Druck von außen vergeblich versuchte, die Hamas mit in sein Boot zu ziehen und sich damit, indem er immer wieder gezwungen war, auf deren Forderungen einzugehen, den Feind im eigenen Lager großzog, waren Tatsachen, die die israelische Propaganda in großem Stil auskostete. Mit den erfolglosen Versuchen verlor Arafat immer mehr an Profil, auch bei großen Teilen seines eigenen Volkes. Ausländische so genannte Friedensvermittler gaben sich in der Muqata'a die Klinke in die Hand. Wenn man heute in Dokumentationen hört, mit welcher Ignoranz der Situation und mit welchem durch Israel aufgebauten Druck diese Diplomaten versuchten, Arafat dazu zu bewegen, die Kampfhandlungen einzustellen und die Attentate zu stoppen, dann muss man sagen, diese Leute waren überhaupt nicht im Bilde, was in Palästina wirklich ablief. Arafat hatte auf das alles gar keinen Einfluss mehr. Die Intifada entsprang aus der Frustration einer Verweigerungshaltung Israels, die in den letzten Jahren keinerlei Verbesserungen für die arabische Bevölkerung hatte erkennen lassen. Die Intifada war ein Selbstläufer, gestützt durch die gesamte palästinensische Bevölkerung.

Wer heute beispielsweise hört, wie der ehemalige Bundesaußenminister Fischer sich in einer Reportage anmaßt, schon nach ein paar Gesprächen mit einheimischen Politikern aus der arabischen Welt die arabische Mentalität zu kennen, er, der noch nicht einmal der arabischen Sprache mächtig ist, der kann sich vorstellen, mit welcher selbstüberschätzenden Arroganz die Friedensziele durch solcher Art

Friedensengel vorgetragen wurden. Dass Fischer nebenbei für seine „Friedensaktivitäten“ im Mai 2002 den Ehrendoktortitel der Universität Haifa erhielt, verdeutlicht seine unparteiischen Bemühungen. Die israelische Propaganda und Aggression tat zu diesem einseitigen internationalen Engagement ein Übriges, so dass die palästinensische Bevölkerung mehr und mehr begann, den radikalen Parolen der Hamas zuzuhören. Die zeigten Wirkung. Arafat wurde immer mehr zu einem Vorzeigestatisten, als sich zudem sein Gesundheitszustand verschlechterte; international war er bald isoliert. Nach außen begann Mahmoud Abbas (Abu Mazen)[324] die PNA zu vertreten.

Die arabischen Staaten erkannten den Gesichtsverlust Arafats nur zu deutlich und reagierten entsprechend. Am 27./28. März 2002 bestätigte der Gipfel der Arabischen Liga in Beirut eine saudische Friedensinitiative. Darin boten die arabischen Staaten Israel die Normalisierung der Beziehungen gegen den Rückzug Israels auf die Grenzen von 1967, Jerusalem eingeschlossen, an und forderten eine einvernehmliche Lösung für das Flüchtlingsproblem. Die USA, die EU, Russland und der UN-Generalsekretär bestätigten am 10. April in Madrid ihre Zusammenarbeit im Nahost-Quartett. Ein deutsches Nahost-Ideenpapier von Anfang April 2002 wurde erstellt. Kernaussagen: Die Parteien sind ohne Hilfe von außen zu keiner Konfliktlösung mehr in der Lage; notwendig sind daher: ein Weg- und Zeitplan, wie das Zwei-Staaten-Ziel erreicht werden kann, eine dritte Partei, die diesen Prozess überwacht, eine internationale Sicherheitskomponente und die Demokratisierung der palästinensischen Institutionen. Der daraus entwickelte Friedensfahrplan, die Roadmap[325], wurde am

---

[324] Siehe Index 1 – Personenregister

[325] Die Roadmap ist ein dreistufiger Friedensplan, bei dem sich beide Seiten (Palästinenser und Israelis) gegenseitig zu gleichzeitigen Schritten der Annäherung verpflichtet haben.
In der ersten Phase bedeutet dies für die Palästinenser beispielsweise Maßnahmen zur Unterbindung von Terror, den Aufbau demokratischer Strukturen, die Ausarbeitung einer Verfassung, die Reform des Sicherheitsapparats sowie die Abhaltung freier und fairer Wahlen. Von israelischer Seite werden gleichzeitig Erleichterungen für den Aufbau funktionierender gesellschaftlicher, staatlicher und wirtschaftlicher Strukturen sowie ein Stopp im Siedlungsbau erwartet.
Die zweite Phase sieht die Schaffung eines unabhängigen palästinensischen Staates mit vorläufigen Grenzen und Merkmalen der Souveränität vor als Zwischenstation auf dem Weg zur dritten Phase, einer Einigung über den

3. Juni 2003 von Scharon und Abu Mazen öffentlich akzeptiert. Das israelische Kabinett hatte die Roadmap am 25. Mai 2003 unter Hinweis auf 14 Vorbehalte gebilligt. Der Sicherheitsrat der UNO indossierte die Roadmap mit der Resolution 1515 am 19. November 2003. Allein der Wille fehlte beiden Seiten, den Plan auch umzusetzen. Arafat konnte den Eigenmechanismus der Terroranschläge und die zunehmende Macht der Hamas nicht mehr stoppen und Israel lachte nur über die Verpflichtung zur Einstellung des Siedlungsbaus.

Was Israel wirklich von solchen Friedensinitiativen hielt, wurde mehr als deutlich, als genau am Tag des arabischen Gipfels von Beirut die „Operation Schutzwall" befohlen wurde. Was also steckte anderes dahinter, als den Anspruch auf die besetzten Gebiete dauerhaft und demonstrativ zu sichern? Ein Friedensvorschlag der arabischen Welt für die Grenzen von 1967! Land für Frieden. Was für eine Chance für Israel, für die Zionisten aber nicht akzeptabel. Die Ideologie – sie konnte und durfte nicht verraten werden.

Jenin hatte für internationale Entrüstung gesorgt mit der Erkenntnis, dass den ewigen israelischen Unschuldsbekundungen, den Lügen, Widersprüchen und Rechtfertigungen immer weniger geglaubt wurde. Die Bilder, die in die Welt drangen, sprachen für sich selbst. Alle Propaganda, alles Drohen mit dem Antisemitismus nutzte nichts. Der jüdische Staat entlarvte sich mehr und mehr. Auch in Deutschland begannen viele die Wahrheit hinter der Maske zu durchschauen, dies erkannte ich in den Gesprächen nach meiner Rückkehr deutlich. Ich war zurückgerufen worden, da sich die Sicherheitslage dramatisch verschlechtert hatte. Den Preis für Jenin zahlte die palästinensische Bevölkerung. Die Kontrollen auf den Straßen wurden unerträglich, die Mobilität ging gegen Null. Der Islamische Dschihad und die Hamas kündigten Vergeltungsmaßnahmen an. Israel war im Alarmzustand. Das Morden ging weiter – mit oder ohne Jenin, allerdings mit dem Unterschied, dass die Operation Schutzwall noch mehr Palästinenser in die Arme der islamistischen Fundamentalisten geführt hatte.

Einzig die Regierungen Europas waren nicht bereit, wirkliche Maßnahmen zu ergreifen. Sie waren sehr bald mit einer sehr viel größeren Maßnahme beschäftigt, die ihre ganze Aufmerksamkeit

---

endgültigen Status unter Einbeziehung der Fragen: Grenzen, Flüchtlinge, Jerusalem und Siedlungen.

verlangte. US-Präsident Bush wollte das Böse ausmerzen, den Terrorismus bekämpfen und hatte sich dazu den Irak auserkoren. Was hier im Großen ablief, das lief in Palästina in dieser Form schon seit Jahrzehnten im Kleinen ab. Man glaubte, Terroristen bekämpfen zu können, indem man ein Angriffsziel aussucht, um dort kollektiv ein Exempel zu statuieren. All die Lügen und falschen Anschuldigungen, wie später bekannt wurde, die als Rechtfertigung herhalten mussten, erinnern sehr an die Verfahrensweisen der israelischen Militäroperationen. Fast konnte man glauben, sie verfolgten bewusst eine solch gemeinsame Strategie. Denn tatsächlich profitierte politisch einzig der jüdische Staat von einer Zerschlagung des Regimes im Irak. Von da kam die Bedrohung, die sich durch das Palästinenserproblem generierte. Alle anderen arabischen Staaten, vielleicht mit Ausnahme Syriens, waren mit ihren Regimen im Zaum gehalten, um mehr als Proteste und Resolutionen zu verfassen. Iran war noch weit entfernt.

Der Nahe Osten explodierte erneut im März 2003, als die Allianz der westlichen Übermacht den Irak überfiel. Das Resultat ist bis heute offen. Frieden hat es keinen gebracht. Aber viel Hass und viele Tote. Am 14. April wurde der Krieg vom Pentagon für beendet angesehen, und nachdem Bush die Mission werbewirksam nach Hollywood-Manier auf einem US-Flugzeugträger für vollendet erklärt hatte, stand nun Palästina wieder im Fokus.

Wir saßen am 28. April in Al Bireh in unserem Projektbüro. Trotz aller Schwierigkeiten war unsere Arbeit fortgeführt worden. Es wurde sogar mehr Geld für Palästina zur Verfügung gestellt, so genannte „Anti-Terror-Mittel". Vom martialischen Namen einmal abgesehen (wie sehr hatte die Terminologie die amerikanisch-jüdische schon übernommen), ging es dabei darum, durch Ausbildungsmaßnahmen die beruflichen Perspektiven Einzelner zu verbessern, aber vor allem darum, die jungen Menschen von der Straße zu holen. Viele wurden dadurch aus einer Art Apathie wieder in die Wirklichkeit zurückgeholt. Die Maßnahmen wurden aufgrund der fehlenden Mobilität auch in kleine Städte und Dörfer verlegt. Alle Versuche Israels, die palästinensische Kultur und die Erziehung auszulöschen, hatten nicht gefruchtet. Erst im letzten Herbst war ich Augenzeuge der Zerstörungswut bei einem weiteren Angriff auf die Infrastruktur der palästinensischen Bildung gewesen. Nach einem nächtlichen Militäreinsatz in Ramallah, bei dem offiziell nach Terroristen gesucht wurde, waren am Morgen alle Computer, Möbel, Kommunikations-, Vervielfältigungs- und Datensicherungseinrichtungen des Hochschulministeriums zerstört. Ich stieg an diesem Morgen über zerbrochene Bildschirme, zerschlagene Stühle und herausgerissene Telefone, die in wildem Durcheinander schon in der Eingangshalle herumlagen. Das ganze sechsstöckige Gebäude war voll davon. Kein Raum war verschont geblieben. Was nicht fehlte, war zerstört worden. Der Verlust war beträchtlich, nicht nur an Gerät sondern auch an Informationen und Daten. Ich traf Hisham Qatami, der ungläubig in seinem Büro vor dem Chaos stand.

„Es ist ihre Strategie“, sagte er. „Sie wissen genau, was sie tun. Es ist der permanente Versuch, unsere Kultur und auch unser Bewusstsein zu zerstören. Sie brauchen keine palästinensische Nation, keine Identität. Aber gerade ihre Zerstörungswut fördert den palästinensischen Zusammenhalt, fördert die palästinensische Identität, die sie so sehr hassen.“

Wir suchten einen neuen Mitarbeiter für unser Team. Heinz hatte aus den Bewerbungen eine Vorauswahl getroffen und mich gebeten, bei den Interviews dabei zu sein. Wir entschieden uns für Jamal Mustafa, einen jungen Mann mit exzellenten Englischkenntnissen und gebildetem Auftreten. Jamal kam aus Nablus und war seit heute morgen vier Uhr unterwegs. Er hatte fünf Stunden für eine Strecke von nicht einmal 90 km gebraucht.

Die Reisen der Palästinenser gingen nicht mehr von Ort nach Ort. Um zwischen zwei Orten zu wechseln, wurden Umwege in Kauf genommen bis zu einem Vielfachen der eigentlichen Strecke. Irgendwo in Palästina gab es immer eine Straße, einen Feldweg, eine unbefestigte Piste, die nicht kontrolliert wurde, und wenn es so weit war, dann wurde eben eine andere benutzt. Israel hatte gar nicht so viele Soldaten und Mittel, um all die kleinen Pisten und Wege zu besetzen. Die Menschen nahmen dabei unglaubliche Strapazen auf sich. So führte der Weg von Hebron nach Ramallah durch das Jordantal, allerdings auf wenig ausgebauten Straßen, die durch den immensen Verkehr auch nicht besser wurden. An manchen Punkten wurden die Sammeltaxis gewechselt, entweder wegen eines Kontrollpostens oder vielleicht auch nur, um eine unbefahrbare Stelle in den Bergen zu Fuß zu überqueren. Es war ein illegales Menschentransportsystem entstanden, wo jedermann zu jeder Zeit von einer israelischen Militärstreife aufgegriffen und verhaftet werden konnte. Sie hatten allerdings kaum eine andere Chance – wer überleben wollte, musste arbeiten, und wer arbeiten wollte, der musste mobil sein.

Der Checkpoint Al Ram war versetzt worden: von der Senke im Süden der ITS Jerusalem in den Norden hinter den kleinen Flughafen. Dort fingen die Israelis an, eine Grenzanlage zu errichten. Am Anfang wurde dort ein kleiner Hügel abgetragen und das Chaos der Baumaschinen, der Wartenden, der Autos, die sich ineinander verkeilten, der Militärfahrzeuge, die die Vorfahrt beanspruchten – es war unbeschreiblich. Tora Bora, so nannten die Palästinenser diesen Übergang in Anlehnung an das Gebirge, wo sich Bin Laden in Afghanistan verstecken sollte. Die letzten zwanzig Meter mussten die in einer langen Schlage Stehenden bis zum kontrollierenden Soldaten zu Fuß zurücklegen. Allein. Jener hatte dabei sein Gewehr hinter dem Betonklotz auf die Passanten gerichtet. Die Sache war nicht nur erniedrigend, sondern gefährlich obendrein.

Ich stand mit Hamid Zughair auf dem Dach des Hotelgebäudes der ITS Jerusalem. Jedes Mal, wenn ich nach Palästina kam, besuchte ich ihn und wurde als Teil der „Familie“ aufgenommen, als wäre ich nie weg gewesen. Hamid war mehr in sich zusammengesunken. Sein Herz machte ihm zu schaffen. Er war gerade von einer Bypass-Operation genesen. Wir blickten Richtung Norden und sahen die neuen Straßen, die die Israelis in das Gebiet geschnitten hatten. Mittlerweile war das Gewerbegebiet Attarot nur noch von dort zu betreten. Alle anderen Zufahrtstraßen waren abgesperrt. Weiter hinten konnten wir das Chaos um Tora Bora erkennen. Bis über den Flughafen hinaus war das Gebiet jetzt „Groß-Jerusalem“. Wie hatte sich alles verändert im Vergleich zu jenem Tag im September ’92, als ich zum ersten Mal hier gestanden hatte? Sicherlich nicht zu Gunsten der Palästinenser. Die Besiedlung seit jenen Tagen war explosionsartig angestiegen. Auf der Seite gegenüber der Straße in der West-Bank stand ein Haus neben dem anderen. Die Landschaft war zubetoniert. Hier auf der Seite in Israel hatten Gewerbebetriebe den Hügel nahezu komplett eingenommen.

„Es ist so gekommen, wie wir beide das vorausgesehen haben“, sagte er und blickte traurig über die Häuser im Tal. „Der Flughafen ist zu wichtig, den geben sie nicht auf. Sie haben angefangen, im Norden der West-Bank eine Mauer zu ziehen. Wenn ich mir ansehe, wie sie den Hügel unten am Checkpoint abtragen, haben sie etwas Großes vor.“ Dann holte er einen israelischen Plan hervor, auf dem

Tora Bora in Hebräisch als ein Grenzübergang bezeichnet wurde. Darauf war auch der Verlauf von Grenzbefestigungen eingetragen.

„Das ist die Border Line", sagte er. „Sie soll uns körperlich und geistig voneinander trennen." Wie diese letztlich aussehen sollte, konnten wir beide noch nicht ahnen. Niemals jedoch hätte ich mir vorgestellt, dass das, was ich auf den ersten Bildern der Mauer im Norden bei Kalkilja gesehen hatte, nur im Entferntesten mit dem vergleichbar war, was hier entstehen sollte.

„Wie bist du an diese Unterlagen gekommen?", fragte ich ihn unvermittelt.

„Ich habe meine Quellen. Auch Israel ist nicht unfehlbar. Aber ein Trost ist das nicht, wenn man etwas früher Bescheid weiß als die anderen. An den Tatsachen selbst, die aus den Plänen entsteht, können wir nicht rütteln. Es ist Wissen, das eher belastet, weil wir frühzeitiger als andere sehen, wie unser Land verloren geht."

Und dann zeigte er mir, wie der zukünftige Verlauf der Grenzbefestigung aussehen sollte. Diese Anlagen wurden nicht auf der grünen Linie gebaut, sondern weit im Hinterland auf dem Gebiet Palästinas.

„Was anders soll das sein als die spätere Grenze zwischen uns und ihnen? So ganz nebenbei verlieren wir einige weitere hundert Quadratkilometer Land, das sie einfach so annektieren. Es werden Fakten geschaffen, die nicht mehr zu ändern sind. Das Ganze verschlingt Hunderte von Millionen Dollar. Keiner wird bereit sein, dafür eine Kompensation zu bezahlen und die Grenze wieder auf die des Völkerrechts zurückzusetzen. Ihr Anspruch, ihre Unverschämtheit und ihr unbedingter Wille, das Land zu rauben, kennen keine Rücksicht. Wer immer diese Grenzanlagen geplant hat, hat bewusst den Mehrzuwachs an Land einkalkuliert. Uns wird nichts bleiben, um zu überleben."

Mit Selbstverständlichkeit hatten die Israelis ihren eigenen „Sicherheitsbereich" auf das Gebiet der Palästinenser ausgedehnt. Manchmal ein Streifen von mehreren Kilometern Breite. Land von Bauern wurde damit unbegehbar, Dörfer wurden getrennt und Verbindungswege abgeschnitten.

Zughair schaute über sein Heimatland und irgendwie schien es, als sei er weit entrückt. „Welchen Ausweg gibt es noch? Wir haben Fehler gemacht, viele Fehler." Es schien, als spreche er zu sich selbst. „Wer kann das alles noch kontrollieren? Der Mechanismus der Gewalt hat den Mechanismus der dreifachen Gegengewalt geboren. Wir haben uns zu sehr verändert."

„Wer hat sich verändert?", fragte ich. Über was sprach er?

Er schaute zu mir und merkte offenbar, dass er in seinen Gedanken weiter entfernt gewesen war, als er bemerkt hatte. „Nichts, es ist nichts", sagte er und dann lächelte er mich wieder an, wie er das immer tat.

„Die Hamas hat den Kampf ausgerufen. Das ist wahr und gerecht in der Sache. Aber niemals konnte man damit rechnen, was daraus entstanden ist. Während der ersten Intifada wurde ein legitimer Kampf gekämpft, um die Freiheit eines Volkes, mit den Mitteln, die auch unserer Religion und Überzeugung entsprechen. Heute haben Hardliner die Führung übernommen. Sie sprengen in die Luft und töten ohne Unterschied. Sie haben kein Hirn und die Kontrolle über sich selbst verloren. Eine verlorene Generation, die nicht mehr unterscheidet und vor Wut das Ende des Weges nicht mehr sieht. Sie erkennt nicht, dass gerade ihre Wut es ist, die die Legitimation dafür bietet, dass Israels Gewalt ohne Limit ist. Wir haben den Israelis dazu die Tür geöffnet und die sind bereitwillig eingetreten."

Dann legte er seine Hand auf meine Schulter und sagte: „Wer leidet, sind unsere Menschen da unten. Sie haben immer gelitten, unter den Türken, unter den Briten, unter den Zionisten und jetzt leiden sie auch noch indirekt unter uns selbst. Und ich leide auch, wie ein Hund."

Ich wusste, dass Hamid ein Mann von hoher Reputation in seiner Gesellschaft war. Warum sprach er von der Hamas? Wessen, so schien es, rechtfertigte er sich? Sollten Verbindungen bestehen? Terrorakte, seit Mitte der neuziger Jahre an der Tagesordnung, waren nicht sein Ding. Er arbeitete mit seinem Verstand, er suchte verwertbare Lösungen. Er hatte tiefe religiöse und soziale Verantwortung und betrachtete die palästinensische Angelegenheit auch mit dem Blick von außen. Er wusste, wie verderblich die Hamasaktivitäten nicht nur im Ausland wirken mussten. Trotzdem, es war seltsam, wie er sprach. Er war Muslimbruder, das wusste ich, aber von da bis zur Hamas gab es schon noch einen gewaltigen Unterschied.

Was Hamid gemeint hatte und wie den Menschen die Mobilität genommen wurde, sollte ich zwei Tage später bei einem Besuch in Hebron selbst erleben. Mit Mahmoud Abd El-Malak war ich auf dem Weg zu Vizearbeitsminister Salah Alsharaf, der in dieser schweren Zeit sein Büro in seine Heimatstadt verlegt hatte. Salah war ein netter Mensch, unpolitisch und neutral, ein Technokrat mit großer Kompetenz, aufgeschlossen und mit einem Humor ausgestattet, den er wie kein Zweiter anzuwenden wusste. Als wir uns beispielsweise im März 2003 in Ramallah im neu bezogenen Arbeitsministerium aufhielten, das aus seinem Büro im fünften Stockwerk den Blick auf den Trümmerberg freigab, den die israelischen Bulldozer im letzten September von der Muqata'a Arafats übrig gelassen[326] hatten und in dem der Palästinenserpräsident gegenwärtig unter Arrest stand, deutete er auf den zerstörten Gebäudekomplex und erklärte: „Schau, das ist unsere Downing Street No. 10." Und als er neben den Schuttbergen eine Gruppe von palästinensischen Sicherheitskräften exerzieren sah, die im Laufschritt die Knie vor ihrem Kommandeur bis zur Brust anheben mussten, ergänzte er: „Jetzt geht's los. Wir machen uns warm." Er erkannte nur allzu deutlich die Lächerlichkeit der palästinensischen Bemühungen, sich selbst die Perspektivlosigkeit auf Verteidigung zu nehmen.

Genau zu ihm waren wir also unterwegs ins abgeriegelte Hebron. Von der Siedlerstraße kommend, die in den letzten Jahren neu erbaut worden war und Hebron in weitem Bogen umfuhr, versuchten wir eine Straße zu finden, die uns nach Hebron hineinführte. Vergeblich, alle Zufahrtstraßen in die Stadt waren mit hohen Erdwällen zugeschüttet oder mit Betonquadern verstellt, an denen es kein Vorbei gab. An einem kleinen Weg im Norden hatte sich vor kurzem jedoch jemand zu schaffen gemacht und es war eine relativ passierbare Öffnung entstanden. Reifenspuren über einen Schuttwall zeigten uns den Weg. Also benutzten wir das Schlupfloch und gaben uns alle Mühe, den Weg im Kopf zu behalten, denn hier mussten wir bei der Rückfahrt ja wieder hinaus. Es war Nachmittag, als wir da wieder ankamen, aber unsere Öffnung war verschlossen. Betonquader und eine

---

326 Israelische Militärbulldozer hatten das Hauptquartier Arafats bis auf ein paar Räume in einem der Gebäude, in denen er mit 50 Getreuen ausharrte, eingerissen. Er musste mit ansehen, wie ein Stockwerk nach dem anderen zusammenfiel. Er hatte sich mit dem Ruf „Dann sterbe ich als Märtyrer" geweigert, das Hauptquartier zu verlassen.

neue Erdaufschüttung gaben uns die Gewissheit, hier war jemand gewesen und kein Entrinnen mehr möglich. Wir saßen in der Falle, denn die israelischen Militärs hatten alle Straßen aus Hebron kontrolliert und wieder zugeschoben. Was sollten wir machen? In zwei Stunden wurde es dunkel, wohl war uns nicht zumute.

„Lass uns einen anderen Weg versuchen", sagte Mahmoud, aber wir fanden kein Loch, aus dem wir entkommen konnten. Die letzte Chance war die internationale Truppe TIPH[327], die in Hebron stationiert war. Die mussten ja irgendeinen Zugang haben. Wir hatten Glück. Die beiden Norweger erklärten uns, dass sie jedoch selbst Anträge stellen müssten, um Hebron zu verlassen, aber gerade heute fuhr einer von ihnen in Heimaturlaub. Wir könnten versuchen, uns anzuschließen und durch den Kontrollposten mit durchzuschlüpfen. Allerdings war die Zeit für sieben Uhr abends festgelegt und die Strecke ging westlich in Richtung Tel Aviv. Mit der Unsicherheit im Gepäck, doch an dem Posten abgewiesen zu werden, weil unsere Namen nicht mit auf der Liste standen, folgten wir also drei Stunden später dem Fahrzeug der internationalen Truppe. Es gab einen bewachten Übergang an der Stadtgrenze Richtung Westen, die einzig offene Straße nach Hebron. Ein kurzer Blick auf das TIPH-Fahrzeug und wir durften zwischen zwei Panzern hindurch weiterfahren. Ein schmaler Weg führte durch ein Tal steil abwärts. Rechts und links abbiegen war unmöglich. Als wir nach einiger Zeit die Ebene erreicht hatten, sahen wir den beleuchteten Checkpoint vor uns liegen. Einen Container, einen Stahlturm und viele Betonblöcke sahen wir im Lichtkegel der Lampen, und Sandsäcke und Schießscharten rundeten das Szenario ab. Es war dunkel und wahrscheinlich waren unsere zwei Fahrzeuge die einzigen seit Stunden, die hier vorbeikamen. „Viel Glück", riefen uns die beiden TIPH-Leute noch zu, dann waren sie durch. Es kostete mich einige Mühe, den Israelis zu erklären, wieso wir in Hebron festhingen, und ohne den Dienstpass und eine Karte der Botschaft wäre ein Durchkommen unmöglich gewesen. Dennoch wurde unser Auto komplett gefilzt und selbst unsere Hosentaschen mussten wir ausleeren. Wir ließen alles mit uns geschehen, denn es gab keine andere Chance. Dass Mahmoud Palästinenser war, missfiel ihnen sehr, aber letztlich wurde uns beiden erlaubt weiterzufahren. Wir waren nach fünf Stunden Umweg wieder in Jerusalem.

[327] Vgl. Fußnote 184

Die palästinensischen Städte und Dörfer waren komplett abgeriegelt. Es war kein Durchkommen möglich. Die Israelis hatten die totale Kontrolle. Militäroperationen in diese abgetrennten Gebiete waren an der Tagesordnung. Dann gab es tage- und wochenlange Ausgangssperren und es fanden regelrechte Menschenjagden dort statt. In den größeren Städten wie Hebron, Nablus oder Jenin hatten sich eigene autarke Strukturen entwickelt, die die Versorgung der Einwohner sicherstellten, die Dörfer wurden von der UNO mit Lebensmitteln versorgt. Der Weg für einen Palästinenser von einem Ort zum anderen wurde zur Tortur und war nicht ungefährlich – auch nicht für Leib und Leben. Die Wirtschaft brach völlig zusammen.

Heinz Berner hatte seine Wohnung in Nablus, in der er in den letzten Monaten einige Zeit zugebracht hatte, aufgegeben. Die Situation war nicht mehr tragbar gewesen. Er erzählte, wie die Einwohner uralte Eselskarren mobilisiert hatten, mit denen sie dann versuchten, Lebensmittel über die Berge in die Stadt zu bringen. Abenteuerliche Wege wurden dabei in Kauf genommen, bergauf und bergab, bis an die Grenzen der Belastbarkeit von Mensch, Tier und Material. Achsen und Holzräder brachen zusammen und mehrere Male, wenn solche Transporte von einer israelischen Militärstreife gestellt wurden, wurden die Tiere erschossen, die Waren unbrauchbar gemacht und die Fuhrleute verhaftet.

Noch weit Bedenkenswerteres berichtete Jamal Mustafa, der, in Nablus geboren, dort auch lebte und als Palästinenser die abgeriegelte Stadt natürlich nicht verlassen durfte. Seine Familie war beauftragt worden, ein Notsystem aufzubauen für den Fall, dass es bei längerfristigen Ausgangssperren irgendwo einen natürlichen Todesfall zu beklagen gab. Denn das Leben ging ja trotz Ausgangssperren weiter. Es wurde geboren, gelebt und es wurde auch gestorben. Wohin aber mit den Toten, wenn man das Haus nicht verlassen durfte? Wenn der Garten ausreichte, war das das kleinste Problem. Aber wohin, wenn man nur in einer Wohnung lebte? Dann wurden die Toten in den Zimmern aufgebahrt, bis der Verwesungsgeruch so stark wurde, dass man sie auf Bürgersteige legte, in Keller, so vorhanden, oder nachts unter Todesgefahr in den Grünstreifen der Hauptstraßen verscharrte, um dann, und das war die Aufgabe der Familie Mustafa, wenn die Ausgangssperren wieder aufgehoben wurden, schnellstmöglich dafür zu sorgen, dass sie auf dem Friedhof beigesetzt wurden. Nach mehreren Wochen ununterbrochener Ausgangssperre in Nablus hatten die Leichen in ihren Zwischenlagern ihre Form längst verloren. Über der Stadt wehte nicht nur deshalb der Geruch des Todes.

Nablus war ein Brennpunkt, wo der Hass auf beiden Seiten kumulierte. Nur wenigen Ausländern wurde es erlaubt, in die Stadt zu gelangen. Südlich steht noch heute einer der verwerflichsten und abartigsten Checkpoints der gesamten West-Bank und die israelischen Soldaten und Soldatinnen dort sind von besonderer Güte: der Checkpoint Beit Iba. Vergleichbar ist das, was man dort sieht, mit einer von Wellblech überdachten Rinderkoppel in den USA, wo die Tiere in langen Boxen an Eisenstangen entlang auf eine Tür zugetrieben werden. Diese öffnet sich für das jeweils erste Tier und das Rind bekommt nach dem Durchgang seine Nummer eingebrannt. In Schlachthöfen in Deutschland hatte ich auch schon ähnliche Vorrichtungen gesehen. Hier jedoch, in Nablus, sind es keine Rinder. Palästinenser stehen zwischen den armdicken verzinkten Stangen in langen Reihen, kaum dass zwei nebeneinander passen, Männer und Frauen getrennt. Ein Ausweichen aus dieser Falle ist nicht mehr möglich, hat man sich einmal entschlossen einzutreten. Die Koppeln sind mit Gitterdraht bis zum Wellblechdach versiegelt. Vorne rein, hinten raus. Dort angekommen, werden sie nach dem Passieren der eisernen Drehtür körperlich begutachtet.

Nicht selten standen damals Männer und Frauen in Unterwäsche da, vor ihren Kindern und den Augen der anderen Anwesenden beiderlei Geschlechts, und mussten sich dieser beschämenden und entwürdigenden Tortur unterziehen. Genitale und andere Körperöffnungen wurden abgetastet und der Umgang der weiblichen und männlichen Soldaten mit den palästinensischen Geschlechtsgenossen war von Überheblichkeit und Arroganz geprägt. Auch Jamal hatte sich schon solcher Art Behandlung vor den großen Augen seines kleinen Sohnes unterziehen müssen. Was musste dem Knaben dabei durch den Kopf gehen? Die Zustände waren so ungeheuer, dass eine israelische Frauengruppe[328] dort heute durch ihre tägliche Präsenz die schlimmsten Auswüchse an Menschenrechtsverletzungen zu verhin-

---

[328] Machsom Watch ist eine Menschenrechts-Basisorganisation, die seit 2001 als Antwort auf wiederholte Menschenrechtsverletzungen gegen Palästinenser gegründet wurde. Ihre weiblichen Freiwilligen patrouillieren regelmäßig in Schichten an militärischen Kontrollpunkten innerhalb der Westbank und um Jerusalem.

dern und die Soldaten damit auch zur Mäßigung anzuhalten versucht. Beschimpfungen der Soldaten, selbst gegen die israelischen Frauen, sind keine Seltenheit.

Damals wie heute ist der Versuch, diese Zustände an die israelische Öffentlichkeit zu bringen, mit eigenem Risiko verbunden. Am 21. Januar 2003 beispielsweise wurden zwei Journalisten in Nablus von israelischen Grenzpolizisten angegriffen, weil sie Aufnahmen von einem israelischen Jeep machen wollten, der mit zwei quer über der Motorhaube liegenden palästinensischen Jugendlichen durch die Stadt fuhr. Die beiden Fotografen, einer arbeitete für die Nachrichtenagentur AP, der andere für die Bildzeitung, wurden so stark geschlagen und getreten, dass einer von ihnen Verletzungen davontrug. Die israelische Armee hatte begonnen, menschliche Schutzschilde für ihre Kontrollfahrten und Gefechte mit palästinensischen „Terroristen“ zu benutzen. Nicht nur die arabischen Extremisten kämpften also mit diesen unlauteren Mitteln. So drangen zum Beispiel israelische Soldaten während eines Gefechts mit Milizen in ein Spital in Nablus ein und hielten die Patienten als Geiseln, während ihre Scharfschützen aus den Krankenzimmerfenstern hinausfeuerten.

Gleiches wurde natürlich auch den Kämpfern auf der palästinensischen Seite vorgeworfen. Es war zur Selbstverständlichkeit geworden, die Deckung der Zivilbevölkerung auszunutzen. Mit dem Unterschied jedoch, dass die palästinensische Bevölkerung das Schutzschild für beide Seiten war. Zivile Israelis waren von den Kämpfen fast gar nicht betroffen. Sie wurden höchstens von den Anschlägen in Israel aufgeschreckt. Die Empörung war dann allerdings gewaltig. Im September 2003 jedoch wurde die Empörung der israelischen Bevölkerung durch eigene Landsleute ausgelöst.

Am 24. jenes Monats schockierten 27 Piloten der israelischen Luftwaffe die Öffentlichkeit ihres Landes, als sie erklärten, sie würden sich von nun an weigern, Befehle zum Abwurf von Bomben auf palästinensische Ballungszentren zu befolgen. Obwohl die Luftwaffe alles tue, um nicht die Zivilbevölkerung zu treffen, seien bei solchen Einsätzen, so genannten „gezielten Vereitelungen“, Dutzende unschuldiger Bürger umgekommen. Die Piloten betonten, sie würden jedoch auch weiterhin mit Hingabe und Opferbereitschaft alle Befehle ausführen, die der Verteidigung Israels dienen, wobei Verteidigung betont wurde. Mit diesem Akt schlossen sich die Piloten einer Gruppe von einigen hundert Soldaten und Offizieren an, die seit mehreren

Jahren, vor allem aber seit Beginn der zweiten Intifada, Befehlsverweigerung übten. Die einen verweigerten überhaupt den Dienst mit der Waffe, die anderen weigerten sich, in den besetzten Gebieten eingesetzt zu werden. Bisher war die israelische Öffentlichkeit den gewöhnlichen Soldaten der Panzertruppe und Infanterie, die es ablehnten, gegen Palästinenser vorzugehen, feindselig begegnet und tat sie als „Verrückte“ oder als „Randerscheinung der Linken“ ab. In der Regel erhielten jene dafür Haftstrafen. Doch die Erklärung der Piloten, von denen einige aufgrund ihrer legendären Einsätze bereits in die israelische Geschichte eingegangen waren, löste eine Welle von Erschütterungen aus. Der Kommandant der Luftwaffe suspendierte die Verweigerer sofort vom Dienst und setzte sie massiv unter Druck, damit sie ihre Erklärung widerrufen sollten. Der Hauptvorwurf lautete, die Piloten würden die Demokratie in Gefahr bringen und ihre persönlichen politischen Einstellungen ins Militär tragen. Viel schwerer jedoch als die Diskussion über juristische Fragen wog die nationale moralische Dimension, da die Öffentlichkeit unvermittelt mit den Methoden der Militäraktionen in den besetzten Gebieten konfrontiert wurde.

Die heftige und übereilte Reaktion der israelischen Öffentlichkeit erweckte den Eindruck, als geschähe ihr Angriff auf die Piloten nicht nur aus einer sachlichen Ablehnung der Befehlsverweigerung heraus. Vielmehr schien das wirklich Schlimme daran, dass die Piloten der Mehrzahl der Israelis völlig überraschend den schützenden Mantel wegrissen, in den sie sich jahrelang hüllten, um nicht begreifen zu müssen, was tatsächlich in ihrem Namen geschah. Dies stand vielleicht auch hinter der haltlosen Beschuldigung, die Piloten seien Verräter: Wenn sie etwas verraten hatten, so nur die vom Konsens getragene große Verdrängung und kollektive Blindheit. Für einen Moment gelang es ihnen, die erschreckenden Zusammenhänge aufzuzeigen zwischen dem, was Israel seit 36 Jahren in den besetzten Gebieten anrichtete, und den Anschlägen, dem Terror.[329]

Die Akzeptanz der israelischen Bevölkerung für die gezielten Tötungsaktionen aus der Luft mit dem Befehl, tonnenschwere Bomben über engstbesiedeltem Gebiet abzuwerfen, um damit Terroristen zu eliminieren in dem klaren Wissen, dass dabei unschuldige Zivilisten getroffen werden könnten, hatte lange Zeit verdeckt, dass in nicht

[329] Der Absatz stammt aus: *Die Zeit* vom 16. Oktober 2003, Nr.43, David Gossmann

geringem Maße der Staat selbst wie eine Terrororganisation handelte. Ein Staat darf keine Liquidierungen, Exekutionen und Morde ohne Gerichtsbeschluss vornehmen, weil er damit seine moralische und juristische Legitimation gegenüber den Terrororganisationen verliert. Zu kurze Zeit blickten die Israelis in diesen tiefen Abgrund. Dann relativierten die Piloten ihre Aussage unter dem gewaltigen nationalen Druck.

Seit Februar 2002 schon war die Öffentlichkeit von israelischen Reserveoffizieren darauf aufmerksam gemacht worden, indem jene eine Erklärung veröffentlichten, die die Militäroperationen als illegal und unmoralisch bezeichnete und besagte, dass sie sich fortan weigern würden, solche Operationen in den besetzten Palästinensergebieten durchzuführen. Mehr als 500 Reservisten und aktive Soldaten schlossen sich diesem Aufruf seither an. Jene Erklärung von damals glich der der 27 Piloten[330]. Ihre Bedeutung hatte nationale Ausmaße.

---

330 Wortlaut: „Wir, Offiziere der Reserve und Soldaten der israelischen Verteidigungsstreitkräfte, die wir mit den Prinzipien des Zionismus aufgewachsen sind, mit Opferbereitschaft und Hingabe für die israelische Bevölkerung und den Staat Israel, die wir alle an der Front gekämpft haben, die wir immer die ersten waren, wenn es galt, einen Kampfauftrag, sei er leicht oder schwierig, auszuführen, um den Staat Israel zu schützen und zu stärken.
Wir, kampferfahrene Offiziere und Soldaten, die wir dem Staat Israel jedes Jahr viele Wochen gedient haben, trotz der Opfer, die dies für unser Privatleben bedeutete, versahen überall in den besetzten Gebieten unseren Reserve-Dienst. Wir mussten Aufträge ausführen und Befehlen folgen, die nichts mit der Sicherheit unseres Staates zu tun hatten und die nur einen Zweck hatten: unsere Kontrolle über die palästinensische Bevölkerung auf Dauer zu sichern. Wir, deren Augen den Blutzoll gesehen haben, den diese Besetzung von beiden Seiten fordert.
Wir, die wir spüren, dass unsere Kommandoaktionen in den besetzten Gebieten alle Werte zerstören, mit denen wir in diesem Lande aufgewachsen sind.
Wir, die wir jetzt begreifen, dass der Preis der Besetzung der Verlust der Menschlichkeit der israelischen Verteidigungsstreitkräfte und die Korrumpierung der gesamten israelischen Gesellschaft ist.
Wir, die wir begreifen, dass die besetzten Gebiete nicht Israel sind und dass alle Siedlungen letztlich geräumt werden müssen.
Wir erklären hiermit, dass wir nicht länger diesen Krieg um Siedlungen fortführen dürfen.

Die Bereitschaft des Staates Israel, den Tod von Unschuldigen in Kauf zu nehmen, bewies seine Geringschätzung menschlichen Lebens und diese war Teil einer anhaltenden, immer tiefer greifenden Korrumpierung durch die Besatzung. Israel stürzte seine Soldaten in unerträgliche Gewissensnöte. Jahrelang wuchs jeder Bürger in dem Glauben auf, Israel besitze die menschlichste und moralischste Armee der Welt. Nun jedoch wurde offenbar, dass von den Soldaten verlangt wurde, nicht nur den Krieg gegen den bewaffneten Feind zu führen, sondern auch ihr Gewissen lebenslang mit der Tötung Unschuldiger zu belasten. Der Spiegel, den die Soldaten der israelischen Öffentlichkeit vorhielten, zeigte die zerstörerischen Auswirkungen für die eigene Gesellschaft, ihren moralischen Kollaps.

Das einschneidende Ereignis dafür war offenbar der Angriff am 23. Juli 2002 um Mitternacht auf Salah Schehadeh, den Führer des militärischen Flügels der Hamas. Eine Eintonnenbombe aus einem F-16-Abfangjäger tötete Schehadeh, einen Begleiter und 14 Zivilisten, darunter acht Kinder im Alter zwischen zwei Monaten und elf Jahren, mitten in einem Wohngebiet in Gaza. 145 Personen wurden dabei verletzt. Damals schrieb der Haaretz-Korrespondent Avi Schavit in einem Artikel am 25. Juli von einem „israelischen Terroranschlag" und beendete seinen Kommentar mit den Worten, dass diese Attacke „ernsthafte Zweifel über die geistige Welt des Mannes aufwirft, der unser Schicksal bestimmt." Der Anführer aller Israelis hatte den Bombenangriff genau zu dem Zeitpunkt angeordnet, als die ernsthaften Bemühungen um einen israelisch-palästinensischen Waffenstillstand, um den sich vor allem drei Mitglieder des Nahost-Quartetts – die UNO, die EU und Russland – intensiv bemüht hatten, kurz vor dem Erfolg standen. Laut Akiva Eldar, Chefkommentator der Haaretz, hatte der Generalsekretär der Fatah nur wenige Stunden vor dem israelischen Angriff dem letzten Entwurf einer Erklärung von Tanzim, dem militärischen Arm der Fatah, zugestimmt. Dieser Entwurf sah einen bedingungslosen, einseitigen Waffenstillstand der PLO vor, bei dem keinerlei Forderungen an Israel

---

Wir dürfen den Kampf jenseits der Grenzen von 1967 nicht fortsetzen, um dort ein ganzes Volk zu beherrschen, zu vertreiben, auszuhungern und zu demütigen.
Wir erklären hiermit, dass wir weiterhin den israelischen Verteidigungsstreitkräften dienen werden, bei jedem Auftrag, der Israels Verteidigung dient.
Die Befehle zu Besetzung und Unterdrückung dienen nicht diesem Zweck - und wir werden sie nicht ausführen.

gestellt wurden. Diesem Text hatte, so Eldar, bereits auch Tanzim Chef Barghouti zugestimmt, der in einem israelischen Gefängnis saß. Wenige Stunden vor der Ermordung Schehadehs hatte sogar der geistige Führer von Hamas, Scheich Yassin, von Gaza aus angekündigt, er sei bereit, über einen Waffenstillstand zu verhandeln – den letztendlich der Kommandeur des militärischen Arms von Hamas, eben Schehadeh, hätte umsetzen sollen.

Moralischer Kollaps!

Es war Samstag, der 10. April 2004, an einem wunderschönen Frühlingsnachmittag, als ich mit Mahmoud Abd El-Malak am Checkpoint in Bet El ankam. Die Schlange war heute ungewöhnlich lang. Normalerweise wurden wir hier bevorzugt abgefertigt; wenn auch mit Einzeln-Vorfahren und Personenkontrolle, so ging es doch immer irgendwie voran für die internationalen Helfer, aber heute ging nichts mehr. Aus dem militärischen Hauptquartier links des Kontrollpostens fuhren gepanzerte Fahrzeuge, die sich auf der Straße in einer Reihe hintereinander aufstellten. Durch diesen Aufmarsch war die Durchfahrt versperrt. Ein israelisches Kampfkommando stellte sich auf und es kamen immer mehr heraus. Die Kettenfahrzeuge waren mit Maschinengewehren ausgerüstet. Wir wussten, was das bedeutete. Sie machten wieder Menschenjagd in Ramallah. Und wer diesem Kommando zu nahe kam, der war verloren.

Das alles ging sehr langsam vonstatten und ich wurde unruhig, denn wir mussten in jedem Fall der Anweisung der Botschaft Folge leisten und vor der Dunkelheit die Siedlerstraße in der West-Bank verlassen haben. Also stieg ich aus dem Wagen und ging auf eines der Militärfahrzeuge zu.

Dort stand ein Offizier, der wohl den Aufmarsch befehligte. Ein Sonnenbrillenträger. Als er mich bemerkte, rief er laut, ich solle zurück in den Wagen. Ich überhörte das und ging weiter auf ihn zu. Er brüllte mich an, ich solle sofort in meinem Fahrzeug verschwinden. Ich tat, als hätte ich ihn nicht verstanden, wurde aber vorsichtiger, der Bursche schien gereizt. Der war es gar nicht gewohnt, dass ihm in der Ausübung seines Auftrags jemand nicht sofort Folge leistete. Ich wollte ihn fragen, wann der Aufmarsch beendet sei und der Weg zur Durchfahrt freigegeben würde, aber er schnitt mir sofort barsch das Wort ab. Zwei andere Soldaten in voller Kampfmontur waren bei ihm. Er sagte kurz etwas auf Hebräisch und dann hob der eine die

Mündung seines Gewehrs in Richtung meines Kopfs und zischte: „Zurück!“ Ich sah es ihnen an, mit denen war nicht zu spaßen. Also gab ich auf und ging zum Wagen zurück. Diese Soldaten hatten innerlich schon abgeschaltet und waren geistig bereits bei der Ausübung ihres Auftrags. Sie sollten in Ramallah Terroristen jagen. Dabei war alles erlaubt. Wehe, wer von ihnen in der Nacht auf der Straße aufgegriffen wurde. Diese Raid-Kommandos waren bekannt für ihre Brutalität und ihre Skrupellosigkeit. Für sie gab es kein Limit. Ihr Einsatz stand außerhalb jeden Rechts. Es gab keinen Richter bei diesem Einsatz. Und es gab kaum einen Einsatz, wo sie nicht fündig wurden. Terroristen waren überall und ihr Staat hatte ihnen befohlen, sie zu jagen. Mit einem Freibrief in der Tasche kamen sie dem bedenkenlos nach.

Wir drehten um und folgten anderen Fahrzeugen, deren Fahrer die Szene beobachtet und erkannt hatten, dass hier und heute erst einmal an ein Weiterkommen nicht zu denken war. Wir fuhren also zurück in die Stadt Richtung Süden und standen bald in der Autoschlange weit vor dem Checkpoint Tora Bora. Da der Norden blockiert war, quälte sich nun alles durch diesen Ausgang im Süden. Schlecht ging es voran, wir fuhren Stoßstange an Stoßstange. Dazwischen Menschen, die in großer Zahl versuchten, die Straße zu überqueren, oder auch verstrickt waren in Verkaufsverhandlungen mit einem der fahrenden Händler am Straßenrand. Fast wie immer und heute doch anders.

Wir waren ins Gespräch vertieft, als urplötzlich laute Schussgeräusche und Gewehrsalven zu vernehmen waren. Dann hörten wir, wie direkt hinter uns Kugeln in die Wand eines Hauses einschlugen. Wir tauchten ab und nach dem ersten Schreck fuhr ich unser Auto in eine frei gewordene Lücke zwischen zwei Lastwagen. Die Deckung war unvollkommen, denn wir wussten noch nicht einmal, wo die Kugeln herkamen. Die Menschen hatten sich niedergeworfen oder waren sonst wie verschwunden. Geschossen wurde weiterhin, aus einer Richtung. Es konnte nicht weit von uns entfernt sein. Als ich vorsichtig hervorlugte, traute ich meinen Augen nicht – nicht alle Leute waren verschwunden. Zwischen den Fahrzeugen spazierte ein etwa zwölfjähriger Junge mit einem Bauchladen voller Kaugummis und Zigaretten. Die Kugeln flogen über seinen Kopf und er schien sich nicht darum zu kümmern. Er kam an uns vorbei und lächelte uns bemitleidenswert an in unserer unvollkommenen Deckung, wie wir geduckt im Auto saßen. Ihn konnte nichts mehr erschrecken. Er war noch ein Kind und hatte doch die Angst schon verloren – er hatte keine Angst mehr vor dem moralischen Kollaps der anderen.

Im Westjordanland wurde am Wochenende ein Palästinenser bei einer Razzia erschossen. Nach Militärangaben fiel er Warnschüssen zum Opfer.

AP-Meldung vom 12. April 2004

Aus den drei Identitäten, die mich formen, menschlich, jüdisch und israelisch, empfinde ich das israelische Element als etwas, das die anderen beiden um etwas beraubt.

Abraham Burg

Im Zionismus erzogener, ehemaliger Präsident der Knesset und heutiger Friedensaktivist

9 Wo die Wahrheit liegt

Was ist Wahrheit? Die Philosophie versucht eine Erklärung: Nach Aristoteles ist Wahrheit die Übereinstimmung der Erkenntnis mit ihrem Gegenstand. Also ist eine Aussage wahr, sofern sie in Übereinstimmung mit dem Sachverhalt steht, auf den sie sich bezieht. Die Erkenntnis des Gegenstands aus diesem Sachverhalt kann aber stets nur vergleichender Art sein. Daraus folgt, dass Wahrheit keinen allgemeinen Regeln oder Kriterien folgt, die für alle Erkenntnisse ohne Unterscheidung der Gegenstände gültig wäre. Und das macht es so schwer zu bestimmen, was Wahrheit ist. Und gänzlich unüberschaubar wird es, wenn Wahrheit für die einen das und für die anderen jenes ist, bei gleichem Gegenstand. Dann wird Wahrheit subjektiv, unterschiedlich auslegbar, und Interpretationen geben Spielraum. Doch hier bleibt die Wahrheit dann auf der Strecke. Es kann doch an sich nur eine Wahrheit geben – die objektive Wahrheit. So wie über das Nahost Problem, da kann es auch nur eine Wahrheit geben.

Wir wollen dieser Dialektik nicht weiter folgen und uns einfach auf das beziehen, was jeder von uns für sich selbst in der Welt, in der wir leben, als Wahrheit empfindet. Wahr ist das, was man – wahrnehmen kann. Wahr ist, was man selbst beobachtet und erfahren hat, was sich aus anerkannten Recherchen ermitteln und belegen lässt. Natürlich hat niemand Anspruch auf die absolute Wahrheit. Aber gibt es die überhaupt? Wer nun das weitergibt, was er als Wahrheit bezeichnet, weil er sie gesehen, gehört, gefühlt und erlebt hat, der darf um dieser Wahrheit willen nicht verurteilt werden. Verurteilen sollte man ihn um seines Schweigens willen, die Wahrheit nicht erzählt zu haben. Wahrheit darf nicht verschwiegen werden, vor allem nicht, wenn sie sich gegen das Unrecht wendet und falsche Darstellungen aufdeckt.

Indem ich als Deutscher also die Wahrheit erzähle und eben nicht schweige, erfülle ich genau das, was die fordern, deren jüdische Vorfahren so unsägliches Leid in Nazi-Deutschland ertragen haben. Und die, die die deutsche Kriegsgeneration wegen ihres Schweigens zu Recht verurteilen, sollen morgen nicht kommen und mich denunzieren, weil ich nicht geschwiegen habe. Wenn ich also die Forderung erfülle, nicht zu schweigen, dann spreche ich auch im Namen unserer jüdischen Mitbürger und im Namen aller Juden, denn das Schweigen (über den Nationalsozialismus) ist antijüdisch und Schweigen gebiert keine Wahrheit. Es kann also nicht sein, dass ein Schweigen in einem Fall als antisemitisch ausgelegt wird und im anderen nicht; ebenso verhält es sich bei der Wahrheit. Wahrheit bleibt Wahrheit, auch wenn sie weh tut, und sie kann nicht antisemitisch sein, wie wir gesehen haben. Auch die Wahrheit über Palästina ist nicht antisemitisch. Dieser Wahrheit muss man sich stellen, in jedem Fall. Das gilt für alle, auch für Juden – für die von gestern, für die die Wahrheit spricht, genauso wie für die von heute, gegen die die Wahrheit spricht.

Ich beanspruche nicht die absolute Wahrheit. Aber das an Wahrheit, was ich gesehen, gefühlt, erlebt und wahrgenommen habe, wessen ich Zeuge wurde, was als Tatsache besteht, was ich historisch nachvollzogen habe und was nachvollziehbar war. Wo liegt sie also nun, die Wahrheit? Die Wahrheit über diesen israelisch-palästinensischen Konflikt, der zum Konflikt zwischen der muslimischen und der westlichen Welt geworden ist, zur Rechtfertigung von Tod und Terror für die Fundamentalisten des Islam und die vollkommen unangemessene Antwort des Westens?

Unbestreitbar ist die Tatsache, dass zum Ausgang des 19. Jahrhunderts Palästina ein von einfachen Bauern recht dünn besiedeltes Land war, das die Erträge seines bearbeiteten Bodens an die Landbesitzer in Damaskus und in Jerusalem abgab. Die Türken führten zwar ein strenges Regiment, das den Menschen aber eigenen Platz zum Leben ließ. Nur wenige größere Ansammlungen von Häusern wurden hier schon Städte genannt, und wer heute noch die ehemaligen Stadtzentren von Jerusalem, Ramallah, Nablus, Jaffa oder Akko begeht, versteht, wie klein diese Städte wirklich waren. Hier lebten arabische Christen, Juden und Muslime friedlich nebeneinander. Auf dem Land, das nahezu ausschließlich von muslimischen Fellachen bewohnt wurde, war eine Bevölkerung zu Hause, die in der Tradition friedliebender arabischer Landarbeiter aufwuchs. Krieg war seit Jahrhunderten von der arabischen Halbinsel nicht mehr ausgegangen. Allerhöchstens gab es Stammesfehden, die intern ausgefochten wurden und von denen die Welt nahezu nichts mitbekam. Und selbst die Fehden der arabischen Stämme in der Weite der Wüstenregionen waren in Palästina gar nicht denkbar.

Das beschauliche Leben änderte sich erst, als die Welle des unsäglichen europäischen Nationalismus auch nach Palästina schwappte. Allerdings nicht in Form eines imperialistischen Kolonialismus, sondern in Form einer jüdischen Einwanderungsflut, die im europäischen Antisemitismus jener Zeit begründet lag. In Österreich hatte sich 1882 die erste national-jüdische Studentenorganisation Westeuropas gegründet. Nathan Birnbaum prägte darin den Begriff des Zionismus. Der Begriff Zion, bezogen auf das Land, ist ein immer wiederkehrendes Sehnsuchtsbekenntnis in den Gebeten der jüdischen Liturgie. Er wurde zum Inbegriff für die jüdische Nationalbewegung, die eine Gleichstellung der Juden im modernen Völkerrecht verlangte. Theodor Herzls Buch „Der Judenstaat“[331] begründete dann die Ideologie einer souveränen staatlichen Organisation, um dem planlosen und zerstreuten Auswandern von europäischen Juden ein gemeinsames Ziel zu geben und Siedlungsaktionen völkerrechtlich abzusichern. Nachdem seine Pläne in Palästina vom deutschen Kaiser und vom türkischen Sultan abgelehnt wurden, bestand Herzl nach Verhandlungen mit England nicht mehr unbedingt auf einem jüdischen Staat in Palästina; auch Ostafrika oder Südamerika waren ihm nun als Zwischenlösung genehm. Allerdings wurden die Vorschläge intern wieder verworfen. Seine Auslegung des Zionismus, die der Grundstein für den Staat Israel in Palästina werden sollte, hatte den tiefen Ursprung im Antisemitismus und war deshalb im Gegensatz zu anderen Auffassungen[332] auf Konfrontationskurs gegen die Welt ausgelegt – woran sich bis heute nichts geändert hat.

Bilder zeigen aus phototechnischen Gründen in der Pionierzeit der Photographie nur Landschaftsaufnahmen. Bewegte Bilder mit Menschen waren damals technisch gar nicht möglich. Wer sich die Bilder Palästinas aus dem ausgehenden 19. Jahrhundert ansieht, der kann

---

[331] Im Jahr 1896

[332] Achad Ha'am, geb. als Ascher Ginsberg, war ein zionistischer Aktivist, Hauptvertreter und „Erfinder“ des Kultur-Zionismus (Lehre vom „geistigen Zentrum“ in Palästina).

verstehen, warum diese die europäische Phantasie zu dem zionistischen Missverständnis Theodor Herzls beflügelte, dass hinter dem östlichen Mittelmeer ein „Land ohne Volk“ auf ein „Volk ohne Land“ warte. Es wurde für ihn erst in Erinnerung an die jüdische Geschichte zum „Eretz Israel“. Er wäre ja auch mit anderem Land einverstanden gewesen. Es war also ursprünglich nicht unbedingt der religiöse Anspruch auf das Land, aus dem vor 1.800 Jahren die Juden nach der Zerstörung ihres Reichs vertrieben worden waren. Es war auch das Missverständnis, dass Palästina leer sei. Aber dem war nicht so.

Der Ausgang des ersten Weltkriegs brachte dann eine dramatische Wende für die Region, die die arabische Welt aufteilen sollte, wie es die europäischen Siegermächte bestimmten und in der gerade Englands Siegerpolitik den Grundstein zum heutigen Konflikt im Nahen Osten legte. Das osmanisch-islamische, Jahrhunderte alte Rechtssystem des türkischen Reiches verschwand. Aus der riesigen arabischen Halbinsel wurden Nationalstaaten geschnitten, mit denen die hineingezwungenen Bewohner anfangs gar nichts anfangen konnten. Das, wofür der Sharif von Mekka, Hussein Ibn Ali[333], Seite an Seite mit den Engländern gegen die Türken gekämpft hatte, nämlich die Gründung eines unabhängigen arabischen Einheitsstaats[334], wurde ihm verweigert im Interesse der europäischen Sieger[335]. Im Machtge-

---

333 Siehe Index 2 – Hashemiten

334 Die Hussein-McMahon-Korrespondenz bezeichnet einen in den Jahren 1915–1916 stattgefundenen Briefwechsel zwischen dem Sharifen von Mekka und Sir Henry McMahon, Britischer Hochkommissar in Ägypten. Gegenstand dieser Korrespondenz war die politische Zukunft der arabischen Länder des Nahen Ostens sowie das Bestreben Großbritanniens, einen Aufstand gegen die osmanische Herrschaft anzufachen. McMahons Aussagen wurden von den Arabern als Zusage einer arabischen Unabhängigkeit gewertet.

335 Das Sykes-Pikot-Abkommen vom 16. Mai 1916 war eine geheime Übereinkunft zwischen den Regierungen Großbritanniens und Frankreichs, durch die deren Einflusssphären im Nahen Osten nach demErsten Weltkrieg festgelegt wurden. Das Abkommen wurde im November 1915 von dem französischen Diplomaten François Georges-Picot und dem Engländer Mark Sykes ausgehandelt.
Großbritannien wurde die Herrschaft über ein Gebiet zuerkannt, das insgesamt etwa dem heutigen Jordanien, dem Irak und dem Gebiet um Haifa entspricht. Frankreich sollte die Herrschaft über die Südost-Türkei, den Nordirak, Syrien und den Libanon ausüben. Jedes Land sollte die Staatsgren-

rangel um Verbündete und Kriegsteilnehmer gegen die Türken machte Arthur Balfour[336] dann die entscheidende Bemerkung, die die Zionisten aufgriffen und auch sie den Engländern als Verbündete zuführte: Die Balfour-Erklärung.

Verehrter Lord Rothschild,[337]

ich bin sehr erfreut, Ihnen im Namen der Regierung Seiner Majestät die folgende Erklärung der Sympathie mit den jüdisch-zionistischen Bestrebungen übermitteln zu können, die dem Kabinett vorgelegt und gebilligt worden ist:

Die Regierung Seiner Majestät betrachtet mit Wohlwollen die Errichtung einer nationalen Heimstätte für das jüdische Volk in Palästina und wird ihr Bestes tun, die Erreichung dieses Zieles zu erleichtern, wobei, wohlverstanden, nichts geschehen soll, was die bürgerlichen und religiösen Rechte der bestehenden nichtjüdischen Gemeinschaften in Palästina oder die Rechte und den politischen Status der Juden in anderen Ländern in Frage stellen könnte. Ich wäre Ihnen dankbar, wenn Sie diese Erklärung zur Kenntnis der Zionistischen Weltorganisation bringen würden.

Ihr ergebener Arthur Balfour

Als persönlicher Brief verfasst, sprach sie von einer nationalen Heimstätte, wenn ausdrücklich die bürgerlichen und religiösen Rechte der arabischen Bevölkerung nicht in Frage gestellt würden. Was Balfour handschriftlich niedergeschrieben hatte, wurde ihm später selbst unheimlich[338], denn die Zionisten schafften es, daraus im Nachhinein eine völkerrechtlich beachtete Tatsache zu machen. Die Araber, denen zwei Jahre zuvor auch in mehreren Briefen etwas ganz anderes mitgeteilt worden war, hatten einen völkerrechtlichen Anspruch ihrer Briefe niemals im Sinn. Sie erkannten den Wert eines solchen Schrittes nicht, sie wurden einfach nur betrogen.

Einige Korrespondenzen entschieden also das Schicksal des Nahen Ostens, wobei einer der Briefe am Ende als Rechtfertigung zur Er-

---

zen innerhalb seiner Einflusszone frei bestimmen dürfen. Das später Palästina genannte Gebiet sollte unter internationale Verwaltung gestellt werden.

[336] Siehe Index 1 – Personenregister

[337] Lionel Walter Rothschild, 2. Baron Rothschild, prominenter britischer Zionist.

[338] Vgl. Fußnote 92

richtung des jüdischen Staats herhielt; die anderen dagegen, zur Errichtung des unabhängigen arabischen Staats, wurden unterminiert.

Was zwangsläufig geschehen musste, war, dass durch diesen Betrug, der neben dem permanenten Zuzug jüdischer Nationalisten in der Aufteilung Arabiens nach europäischem Kalkül gipfelte, auch in der arabischen Welt der Nationalismus und später der religiöse Fundamentalismus Fuß fasste. Damit erst waren die Grundlagen der Fronten entstanden, die sich bis heute so unversöhnlich gegenüberstehen.

Von Nationalismus allerdings waren die arabischen Landbewohner Palästinas zu jener Zeit noch immer weit entfernt. Einfache Menschen, die kaum verstanden, was um sie herum passierte. Sie hatten immer ihrem Herrn gedient und der war austauschbar; jetzt eben britisch. Nur wenige von ihnen waren in der Lage, die Auswirkungen der Veränderung auch nur zu erahnen. Man glaubte an die Gerechtigkeit der neuen Herren im Umgang mit den nationalistischen Juden, die zuhauf ins Land kamen. Aber auch nur so lange, wie ihre Rechte an dem Land, das sie bearbeiteten, durch jüdischen Landkauf nicht angetastet wurden. Als sie ihr Land verloren, griffen die einfachen Bauern zu ihren einfachen Waffen. Dass aus ihnen nur wenige Generationen später die grausamsten Kämpfer der Menschheitsgeschichte werden sollten, die in Selbstmordattentaten weder ihre Feinde noch sich selbst schonen sollten, beweist, wie erdrückend der Betrug an der arabischen Bevölkerung Palästinas ist. Einzig die Landeigner der großen arabischen Familien in Jerusalem begannen damals ihre politischen Ansprüche zu formulieren. Sie waren es, die auch aus Macht- und Eigeninteresse den Nationalitätsgedanken in die palästinensische Gesellschaft brachten, in dem Bestreben, einen unabhängigen Staat Palästina zu errichten.

Die Zionisten gründeten schon 1897 die zionistische Weltorganisation. Zwei Jahre später folgte dann in London der „Jewish Colonial Trust“, dessen Aufgabe die Bereitstellung finanzieller Mittel zum Ankauf von Land in Palästina war – damals noch ein Teil des osmanischen Reichs. Vom ersten Tag, als die jüdisch-nationalistischen Eiferer Palästina betraten, bauten sie ihr System kontinuierlich aus und verbreiteten die zionistische Ideologie, die alles durchdrang, das Land, die Köpfe der Menschen, die Erziehung. Die bessere Organisation der Juden war ihr Vorteil bei der „Rückeroberung“ des Landes und sie nutzten jede Chance, die sich ihnen bot, geschickt aus. Denn viele dieser Zionisten verstanden sich als Befreiungsbewegung und kämpften gegen die arabische Bevölkerung und die britische Besetzung Palästinas zugleich. Ihr Unrechtspotential lag darin, dass sich ihr „Befreiungskampf" gegen Menschen richtete, für die die umkämpfte Region seit Generationen ihre Heimat war.

Dabei wurde der Zionismus Herzls, anfänglich durchaus von pluralistischem Gedankengut getragen, mit der Zeit zu einem Oberbegriff für alle erdenklichen Arten von anarchistischen, syndikalistischen, sozialistisch-kommunistischen, fundamentalistisch-religiösen bis hin zu rechtsextremistischen und rassistischen Weltanschauungen. Das führte gar so weit, dass man mit den Nazis des Dritten Reichs Kontakt aufnahm: „Über die radikale deutsche Judenpolitik zeige man sich in den national-jüdischen Kreisen sehr erfreut, weil damit der Bestand der jüdischen Bevölkerung in Palästina so vermehrt werde, dass in absehbarer Zeit mit einer Mehrheit der Juden gegenüber den Arabern in Palästina gerechnet werden könne."[339]

Gerade die verabscheuungswürdigen rechtsextremistischen und rassistischen Denkweisen vollzogen sich später nicht nur an der palästinensischen und libanesischen Bevölkerung, sondern in Form von Abstammungsfragen, Privilegien und Diskriminierungen an den eigenen Einwanderern in den neuen Judenstaat, wie wir bereits gesehen haben. Die Spur enger Beziehungen dieses Staates Israel zu Unrechtsstaaten auf der Welt zieht sich vom südafrikanischen Apartheidsregime über das faschistische Chile des Augusto Pinochet, vom Nicaragua Somozas bis zum Guatemala des José Efraín Montt und machte selbst vor einer Kooperation mit der ehemaligen Nazis Zuflucht gewährenden Junta Argentiniens kein Halt. Dabei ging es bei weitem nicht nur um Waffenlieferungen, die nicht immer nur in enger Zusammenarbeit mit den USA erfolgten, sondern auch um gemeinsame Geheimdiensttätigkeiten, die bis zur Vermittlung von Unterdrückungsstrategien reichten, die der Judenstaat Herzls im Laufe seiner Geschichte gegen die Völker des Nahen Ostens selbst angewandt hatte.

Rassismus als Bestandteil der zionistischen Ideologie wurde international und auch israelintern nie bestritten. Auch wenn die UN-Aussage, dass Zionismus eine Form des Rassismus und der Diskri-

[339] Bericht über eine Unterredung von Adolf Eichmann mit dem jüdischen Zuträger Polkes in Kairo im Caféhaus Gropi am 10. und 11. Oktober 1937.

minierung ist[340], auf Druck der USA später wieder offiziell zurückgenommen wurde, so bleibt doch die Tatsache bestehen, denn in Israel selbst ist die Diskussion darüber unbestritten und gegenwärtig.

Was ist Rassismus?

Rassismus behandelt Menschen als einer Gruppe zugehörig und unterstellt ihnen auf Grundlage dieser angenommenen Zugehörigkeit unveränderliche Merkmale und Charakterzüge. Anhand dieser Einteilung bewertet der Rassismus die Menschen und hierarchisiert Gruppen von Menschen. Rassistische Theorien und Argumentationsmuster dienen der Rechtfertigung von Diskriminierung und Feindseligkeiten, der Kanalisierung negativer Emotionen und fördern das Überlegenheitsgefühl von Mitgliedern einer Gruppe.

Und was ist jüdischer Rassismus?

In Israel zeigt sich Rassismus in der Ungleichheit vor dem Gesetz, in der Ungleichbehandlung, in der Diffamierung, in der Hierarchisierung, in der Benachteiligung, in religiösen Übergriffen, in staatlichen und wirtschaftlichen Repressionen und in einer entsprechend ausgerichteten Erziehung der Jugend[341]. Das Vokabular vieler Israelis für die Bezeichnung der Araber reicht von „Neger" bis „Arabushim" und drückt die tiefe Verachtung gegenüber diesen Menschen und das anerzogene Bewusstsein der Überlegenheit aus. „Einige von uns Israelis benehmen sich wie jene schlimmste Art von Antisemiten, deren Name hier nicht genannt werden kann, wie die Leute, die den Juden als untermenschliche Kreatur darstellten."[342]

Die israelische Gesellschaft ist also damit beschäftigt und setzt sich zum Teil mit tiefer Selbstironie mit diesem Thema auseinander.

Ein Beispiel dafür gefällig?

Wer ist ein Mensch?	*Jedes Wesen, das auf zwei Beinen geht, angezogen ist und ein Jude ist.*
Wer ist ein Jude?	*Ein Jude ist, wer kein Rassist ist.*

340 Siehe Index 11 – UN-Resolutionen (3379)

341 Studie der Tageszeitung *Jediot Achronot* im Dezember 1997: 30% der israelischen Gymnasiasten bezeichneten sich selbst als Rassisten.

342 Aharon Geva, *Davar*, 4. April 1982

Wer ist ein Rassist?	*Ein Rassist ist, wer Juden hasst. Wer Araber hasst, ist kein Rassist, denn er hasst keine Juden.*

Aber der Knesset-Abgeordnete Abraham Burg, so erkannte ich kürzlich, kann kein Hebräisch. Er behauptet, dass es in Israel Rassismus gäbe, weil es Araberhass gibt. Ich muss mich über dich wundern, Abraham Burg. Jedes Kind weiß doch, dass Rassisten Leute sind, die Juden hassen, nicht die, die Araber hassen – verflucht sollen sie sein. Wenn der Knesset-Abgeordnete Burg Hebräisch könnte, hätte er begriffen, dass er selbst ein unverbesserlicher Rassist ist. Denn wer Juden verdächtigt, Rassisten zu sein, nur weil sie Araber hassen, hasst die Juden, das heißt er ist selbst Rassist.[343]

Bei einer Umfrage über das Verhältnis der jüdisch-israelischen Bevölkerung zu den Arabern sagten 60%, dass rassistische Übergriffe gegen „Andere" wie in Deutschland auch in Israel (hier gegen Araber) passierten. Und 39,4% sagten aus, dass sie mit den gewalttätigen Übergriffen auf Araber einverstanden sind.[344]

Wer sich selbst mit Rassismus so beschäftigt wie Israel, der leugnet gar nicht die Existenz in seiner Gesellschaft. Der entscheidende Unterschied zu den Staaten dieser Welt ist jedoch, dass sich in Israel der Rassismus nicht nur auf Randgruppen bezieht, sondern dass hier die Staatsdoktrin selbst, die in diesem Fall die nicht vorhandene Verfassung ersetzt, sich dem Vorwurf des Rassismus aussetzen muss.

Denn der Zionismus ist die eigentliche Verfassung Israels. Menschenrechte sind da ausgeschlossen!

Und dieser Zionismus brachte eine säkulare Kultur in die jüdische Gesellschaft, deren vielleicht größtes Verdienst es ist, die jüdische Sprache erneuert und modernisiert zu haben, dessen Paradigmenwechsel sich die orthodox gläubigen Juden aber nicht anschlossen. Im Gegenteil, sie bekämpften und bekämpfen bis heute den Zionismus mit allen Mitteln. „Man kann ganz allgemein sagen, dass die orthodoxen Juden gegen die Gründung eines jüdischen Staates waren, und erst recht gegen die Gründung eines Staates unter zionistischer Herrschaft."[345]

---

343 Glosse von Siva Yariv, *Yedioth Acharonot*, 18. Dezember 1992

344 Aus *Al-Ha'Mishmar*, 11. Dezember 1992

345 1949: Brief des Vertreters der orthodoxen Juden in Palästina an den Generalsekretär der Vereinten Nationen

Rabbi Hirsch, dem ideologischen Führer der Neturei Karta beispielsweise wurde von Arafat die schriftliche Versicherung gegeben, dass nur die politische Bewegung des Zionismus, nicht die jüdische Religion für die Taten Israels verantwortlich zu machen sei. Sie wollen und können diese Weltanschauung nicht tragen. Ein unüberbrückbarer Graben in der jüdischen Gesellschaft.

Aber der Graben wird noch tiefer; für Israel tief bis zur Unerträglichkeit. In einem Staat, der auf der Zwangsvertreibung von Teilen einer Bevölkerungsgruppe beruht, bei dessen Gründung Formen von Rassismus und Fremdenhass institutionalisiert wurden, dessen Erhaltung anhaltende Brutalität gegen Bewohner in militärisch besetzten Gebieten erfordert, bei einem solchen Staat muss es nicht verwundern, wenn sich ideologische Phänomene entwickeln, die solchen weltanschaulichen Praktiken sehr nahe stehen. Und tatsächlich, es gibt in Israel das Problem des Neonazismus. Aus der Vorstellung, dass Israel eine Heimat für Juden ist, resultiert das zentrale Problem. Denn das ist letztlich die Grundlage von Rassismus und rassistischer Gewalt in Israel. Und hieraus entspringt das gesellschaftliche und politische Milieu, aus dem wiederum die Abnormalität von neonazistischem Gedankengut hervorgeht.

Eine Handvoll Jugendlicher, aber genug, um die israelische Gesellschaft tief zu schockieren und sich selbst zu vergegenwärtigen, dass eine solche Gruppe nicht autark auftritt, rief im September 2007 bei allen politischen Parteien in der Knesset teilweise hysterische Reaktionen hervor. Dass die acht Verdächtigen, denen schwere Körperverletzung, illegaler Waffenbesitz, Leugnung des Holocaust, Schändung zweier Synagogen und Kontakte mit Neonazi-Gruppen im Ausland vorgeworfen wurde, aus der russischen Einwanderungsszene stammten, ließ Rufe nach harter Bestrafung und Änderungen bei der Vergabe der israelischen Staatsbürgerschaft laut werden. Anstatt nun die eigentliche Ursache des Problems zu suchen und aufzudecken, wurde eine verfehlte Praxis bei der Einwanderung schuldig gemacht, die den jüdischen Charakter des Landes unterminiere, indem man Einwanderer akzeptiere, deren Großeltern jüdisch sind, anstatt nur solche mit jüdischer Mutter anzunehmen.

„Es gibt Leute, die hier einwandern und keine Affinität zum Judentum haben. Manche von ihnen sind sogar Christen. Sie haben nicht nur keine Absicht, zum Judentum überzutreten, sondern sie pflegen auch einen nicht-jüdischen Lebensstil und bauen Kirchen.

Die Einwanderung von Nichtjuden führt zusammen mit der hier lebenden arabischen Bevölkerung zu einer Aufweichung der Identität des Staates Israel, die korrigiert werden muss."[346]

Solche Nichtjuden also nicht mehr ganz so einfach nach Israel einwandern zu lassen, das sollte die Lösung sein. Aber genau hier, in dem Bewusstsein einer erwählten Elite liegt ja das Problem. Der Zionismus erkennt die Fehlbarkeit seiner eigenen Logik nicht und das, was aus ihr erwächst. Nur Juden sind loyal, gehören dazu, sind gleich vor dem Gesetz, haben das gleiche Recht, haben Anspruch auf Staatsbürgerschaft. Ist nicht die Einstellung der israelischen Gesellschaft hin zu diesem ethnisch-jüdischen Bewusstsein, das heißt der jüdische Ethnozentrismus und der jüdische Rassismus ein indirekter oder gar direkter Grund für das Phänomen des Neonazismus? Ist nicht die Fokussierung auf eine besondere Gruppe und der Ausschluss aller anderen ein Indiz dafür? Was zählt, ist die Erhaltung des jüdischen Staates, wobei jüdisch betont wird. Es lohnt sich, in diesem Zusammenhang darüber nachzudenken, was dies über die israelische Gesellschaft aussagt.

Ungefähr 1,2 Millionen Einwanderer aus der ehemaligen Sowjetunion sind seit 1991 nach Israel gekommen. Das Einwanderungsgesetz war allerdings nicht dazu gedacht, aus altruistischen Gründen potentiellen Opfern des Antisemitismus Schutz zu gewähren. Vielmehr stand dahinter die Befürchtung, dass die arabische Bevölkerung irgendwann die Anzahl der Juden übertreffen könnte, wenn nicht genug jüdische Einwanderung stattfände. Diejenigen, die eine Zuwanderungsbeschränkung fordern, bringen das Argument vor, dass die Definition des Jüdischen gar zu weit gefasst worden sei. Geschätzte 250.000 bis 330.000 Einwanderer, heißt es, sind nicht jüdisch, hegen keine Sympathie für den Zionismus und wollten lediglich dem ökonomischen Zusammenbruch der Sowjetunion entfliehen. Neben den eine Million Arabern in Israel, der „Fünften Kolonne", die als nicht loyal zum Staat eingestuft wird, wurde nun eine weitere „Fünfte Kolonne" in Israels Immigrantengemeinde entdeckt.

Am 10. September 2007 wurde der jüngste Zensus von der zentralen Statistikbehörde veröffentlicht. Laut Jerusalem Post stellt der Bericht unter anderem fest, dass „von den 7,2 Millionen Menschen mit israelischer Staatsbürgerschaft 5.393.400 (75,8%) Juden,

---

[346] Der Fraktionsvorsitzende der Nationalreligiösen Partei, Effi Eitam

1.413.300 (19,9%) Araber (Moslems und Christen) und 309.900 Sonstige" sind. Sonstige!

Der Ethnozentrismus wirkt sich also nicht nur negativ auf die arabische Bevölkerung aus. Das Jüdische als Kriterium für die Staatsbürgerschaft findet auch einen negativen Widerhall bei den russischen Immigranten. So werden die jungen Einwanderer in Israel zu einem weiteren Faktor, an dem sich die Spannungen in der Gesellschaft entzünden. Dabei mangelt es der israelischen Gesellschaft ja keinesfalls an Spannungen und Differenzen; zwischen Juden und Arabern, den religiösen und den weltlichen Juden, den Aschkenasim und den Sephardim und vor allem zwischen einer superreichen und militaristischen Elite einerseits und einer anwachsenden finanziell ungesicherten und oftmals verarmten Arbeiterklasse andererseits.

Der Zionismus hat also keineswegs zur Überwindung des Antisemitismus nach der Vorstellung Herzls beigetragen, sondern im Gegenteil: Die Gründung eines Staates, der auf religiöser Exklusivität beruht, und die von der zionistischen Elite an der arabischen Bevölkerung verübten Verbrechen haben zum Wiederaufleben des Antisemitismus geführt – auch innerhalb der Grenzen Israels, sogar der schlimmsten Art.

Es war Ende Oktober 2005, als mich ein Fax aus Jerusalem erreichte.

> Herr Eng. Hamid Zughair, Direktor der ITS Jerusalem, ist gestern Nacht verstorben.
>
> Abu Ziad

Ich hatte die Vorbereitungen zu meinem nächsten Einsatz im Nahen Osten fast abgeschlossen und das Ticket schon in der Tasche. Allerdings sollte meine Reise nicht nur nach Palästina, sondern zuerst über Ägypten, den Libanon und Syrien weiter nach Jordanien führen, da ich mittlerweile auch mit der Durchführung eines Regionalprojekts für Berufsbildung beauftragt war. Am 13. November sollte sich die Steuerungsgruppe dieses Projekts in Jordanien treffen. Fünf Länder hatten sich vorgenommen, auf hoher Ebene gemeinsame berufsbildungspolitische Ergebnisse zu erarbeiten. Mit im Boot waren auch Dr. Willi Krause und ein ehemaliger Erziehungsminister Jordaniens und geborener Palästinenser aus Nablus. Wir zusammen als Triumvirat teilten uns die Durchführung dieses Regionalvorhabens.

In fünf Tagen wollte ich aufbrechen. Traurigkeit überfiel mich bei der Nachricht, denn Hamid und ich waren uns in den vergangenen Jahren immer näher gekommen. Mein Kondolenzschreiben konnte seine Familie sicherlich nicht über den Verlust hinwegtrösten. Wir hatten in den letzten Jahren bei meinen regelmäßigen Besuchen an der Schule in Beit Hanina viel diskutiert und die Vergangenheit Revue passieren lassen. Denn immer, wenn ich zurück in Palästina war, besuchte ich ihn und die Schule. Hamid war krank, das wussten alle. Sein Herz machte nicht mehr mit – und nun war es geschehen. Ich hatte einen guten Freund verloren, und doch sollte ich erst jetzt nach seinem Tod sein wahres Geheimnis erfahren.

Am Tag vor meiner Abreise bekam ich einen Anruf. Am Apparat war Heinz Berner und er klang recht aufgeregt. Er war eingeladen gewesen zur Trauerfeier für Zughair, die in der Mensa in der Schule in Beit Hanina stattfand. Bei seiner Ankunft war die Eingangshalle geschmückt mit grünen und gelben Fahnen. Als er aber die Mensa betrat, traute er seinen Augen nicht. Alles war drapiert und mit Hamas-Emblemen versehen. An der Wand hing ein riesiges Transparent, auf dem Rantisi, Yassin[347] und Zughair in einer Reihe nebeneinander als Mitbegründer groß abgebildet waren.

„Wusstest du darüber Bescheid?"

Ungläubig erklärte ich Heinz, dass ich davon keine Ahnung gehabt hatte, ja dass ich es wohl besser wissen müsse, als jeder andere von uns. Aber auch unsere anfängliche Vermutung, dass die Hamas aus dem Tod Hamids vielleicht irgendeinen Propagandavorteil für die anstehenden Wahlen ziehen wollte, erwies sich als falsch. Es sah so aus, als dass Hamid Zughair tatsächlich ein Gründungsmitglied der Hamas gewesen war. Mir fiel es jetzt wie Schuppen von den Augen. Die lange Einzelhaft in Ashdod, die permanenten Militäraktionen an der Schule, die nächtlichen Verhöre, die psychologische Kriegsführung gegen seine Person, seine genaue Kenntnis der politischen Lage, die geheimen Karten, die Sitzungen in der Schule mit hohen politischen Vertretern[348], sein Auftreten gegenüber Arafat, der Arrest in der Moskobija – das alles hatte seinen Grund. Einzig die Israelis

---

347 Abdel-Aziz Rantisi als Generalkommandant und Scheich Ahmad Yassin als Chefideologe

348 Z. B. Feisal Husseini, Leiter des Orient-Hauses (inoffizielle Vertretung Palästinas in Ost-Jerusalem).

wussten Bescheid. Und Hamid wusste, dass sie Bescheid wussten. Sein persönliches Umfeld, seine Arbeitskollegen, wir alle hatten davon keine Ahnung.

Er war überzeugter Muslimbruder gewesen und hatte erkannt, dass der Widerstand gegen die Besatzung seines Volks nicht nur allein mit sozialem Engagement geführt werden konnte. Er hatte als Mitglied der Bruderschaft zusammen mit einer Gruppe Gleichgesinnter 1988 im Zuge der israelischen Brutalität gegen die Kinderintifada den militanten Arm der Organisation gegründet. Man sagte mir später er sei es gewesen, der zum ersten Mal das Kürzel benutzt habe, das heute die ganze Welt kennt. Er hatte es kreiert, aus seiner Feder war das Wort Hamas geflossen!

Ich kannte Hamid als Mensch nur allzu gut. Integer, unkorrumpierbar, höflich, hilfsbereit und mit großem Herzen. Seine tiefe religiöse, soziale Verantwortung brachte ihm die Reputation in seiner Gesellschaft, die ihn so auszeichnete. Hamid Zughair war und ist für mich niemals mit dem gleichzusetzen, was heute allgemein für das Wort Hamas steht und was von der Welt so leichtfertig kollektiv übergestülpt wird. Der Bruch musste schon Mitte der Neunzigerjahre entstanden sein, als sich die terroristischen Aktionen der Hamas verselbständigten und der Kontrolle der Führer entglitten. Er konnte die erst individuellen und später dann auch von oben befohlenen Selbstmordanschläge und Busattentate nicht mittragen. Deshalb hatte er immer wieder gesagt: „Wir haben die Kontrolle verloren.“ Die Superradikalen gewannen die Oberhand. Während viele seiner Mitkämpfer sich weiter radikalisierten, stand er auf der Seite des Widerstands, der sich, wenn gewalttätig, dann als Antwort auf erlittene Gewalt gegen die richtete, die diese Gewalt ausgeübt hatten. Sein Einfluss auf die Ultra-Fundamentalisten, die den Kampf von nun an auch in die israelische Zivilbevölkerung trugen, musste dabei natürlich verloren gehen. Gleichwohl blieb seine Reputation bis in die hohen politischen Kreise unantastbar. Er hatte sich und seine politischen Aktivitäten wohl bedeckt gehalten, um damit sein Umfeld zu schützen, auch mich und alle anderen an der Schule. Selbst sein Sekretär, den ich später darauf ansprach, sagte, dass er nicht immer alle seine Korrespondenzen abgewickelt hatte. Keinem war jemals ein Zeichen oder ein Beweis in die Hände gefallen. Er hatte ein Doppelleben geführt, das nur in entsprechenden politischen Kreisen bekannt war. Nichts war von dort nach draußen gedrungen.

All das ging mir noch immer durch den Kopf, als ich mit Willi Krause am 9. November in Beirut zusammentraf. Am Abend erreichten uns im Hotel die Bilder der Bombenanschläge auf die drei Hotels in Amman. Als wir die Namen der Hotels hörten, wurden wir bleich. Das Radisson SAS und der Hochzeitssaal – genau da, in diesem Raum, wollten wir in vier Tagen unsere Sitzung abhalten. Oder besser, hatten wir sie abhalten wollen. Der Saal war in die Luft gesprengt und uns wurde bewusst, wie haarscharf wir einer Katastrophe entgangen waren. Ich hatte das Hotel, seit ich 1992 zum ersten Mal über Jordanien nach Palästina kam, nicht mehr betreten. Wie sehr das alles mit dem palästinensischen Konflikt zusammenhing, war mir jetzt sehr viel mehr bewusst als damals. Ich hätte zu dieser Zeit einen solchen Anschlag kaum mit Palästina in Zusammenhang gebracht. Oder wenigstens nur ansatzweise. Heute sah ich das anders. Nichts geschieht im Nahen und Mittleren Osten, was nicht unmittelbar auch mit dem palästinensisch-israelischen Konflikt zusammenhängt[349]. Selbst der Bush-Krieg gegen den Irak war eine indirekte Folge dieses Konflikts. Die falschen Anschuldigungen der Amerikaner glichen dem Muster, das so oft schon auf israelischer Seite angewandt worden war. Hatten die da etwa mitgewirkt? Auch die israelischen Angriffskriege auf den Libanon entsprangen einem Lügengeflecht, das vorab zur internationalen Rechtfertigung der militärischen Aktionen herhalten musste. Gewonnen wurde am Ende dabei nichts. Hier nicht und dort nicht. Und genau da schloss sich der Kreis. Was hatte ich alles erlebt, was hatte ich alles gelernt? Wie eng sind die USA und Israel in ihrem Pakt miteinander verstrickt? Der Satellitenstaat der USA im Nahen Osten, von dem sich der Patron dann auch noch oft genug an der Nase herumführen lässt. Wie weit und wie tief die gegenseitige Verstrickung beider Staaten geht, ist hier zwar nicht Gegenstand der Untersuchung, doch müssen einige Tatsachen zum Verständnis näher beleuchtet werden. Ein umfassenderes Bild kann man sich leicht in den entsprechenden Lektüren[350] darüber machen. Doch zuerst zur Ursache für den Schulterschluss.

---

[349] Hier bleibt anzumerken, dass der sich schleichend verschärfende innerislamische Konflikt zwischen Sunniten und Schiiten durchaus auch auf eine Radikalisierung des Islam zurückzuführen ist, die auch aus den demütigenden Niederlagen gegen den israelischen Imperialismus entspringt.

[350] Siehe Bibliographie: John Mearsheimer und Stephen Walt, *Die Israel-Lobby* oder Norman Finkelstein, *Die Holocaust-Industrie*

Der Hass, der sich Mitte des 20. Jahrhunderts während der britischen Mandatszeit bei Juden und Arabern gleichermaßen auflud, ging zusätzlich einher mit der Machtübernahme der Nazis in Deutschland, den späteren Kriegsereignissen und der Massenvernichtung jüdischer Bürger in Europa. Daher kam für die Juden in Palästina zum Hass der Araber auch noch die Existenzangst, in einem um Palästina ausgetragenen Krieg am Ende gegen die vereinigten arabischen Streitkräfte nicht widerstehen zu können und alles zu verlieren. Ein Rückzugsgebiet gab es für sie nicht. Der Durchhaltewille der jüdischen Pioniere beim Kampf um Palästina geht sicherlich auch darauf zurück. Gleich nach Beendigung des 2. Weltkriegs fing jedoch die Propagandamaschine an zu laufen und nur wenig später fanden sich genügend Staaten, die die Zionisten in Palästina moralisch und auch militärisch unterstützten.

Die Mär, die nun verbreitet wurde und von der arabischen Übermacht berichtete, war wie heute noch ein probates Mittel, sich den Stempel des unschuldigen Lamms aufzudrücken, das auf die Schlachtbank geführt werden sollte. Diese arabische Übermacht hat es tatsächlich aber nie gegeben, wie wir bereits gesehen haben. Die Mär sollte dazu dienen, die militärischen Maßnahmen, die jetzt folgten, moralisch zu rechtfertigen. In kürzester Zeit konnte sich der neue israelische Staat gründen und etablieren und Land ethnisch säubern, wie das in dieser Region bis dahin noch nicht stattgefunden hatte. Die militärische Übermacht in ihrer Gesamtheit an Menschen und Gerät war deutlich auf jüdischer Seite. Die Araber konnten sich auf konzertierte Operationen nicht einigen und diejenigen, die ausgerückt waren, liefen am Ende davon. Es entstand der israelische Heldenmythos. Dass die Tapferkeit der jüdischen Kämpfer die der arabischen weit überstieg, muss nicht gesondert erwähnt werden, aber hierbei sollte nicht außer Acht gelassen werden, dass sich im Gegensatz zu den Juden die meisten arabischen Bewohner des Landes aus den Kämpfen um Palästina heraushielten. Sie waren Bauern und keine Soldaten und setzten ihre Hoffnung darauf, dass der Kelch an ihnen vorübergehen würde. Was folgte, war Gemetzel und Deportation. Der jüdische Staat war geboren.

Die unerwartete Wehrlosigkeit der arabischen Staaten stachelte in den nächsten Jahren zu weiteren Taten an und die Geschichtsschreibung Israels ging ihre eigenen Wege. Der Militarismus nahm in der Gesellschaft überhand und prägte die Erziehung und die Moral. Was dabei herauskam, bezeugt Abraham Burg[351] in einem Zitat des Stabschefs Eitan, der Soldaten Jahre später an der Nordfront ernsthaft erklärte: „Nur ein toter Araber ist ein guter Araber."

Dass dieser Stachel, der nun so selbstbewusst im Fleisch der arabischen Völker steckte, diese selbst aufstachelte und den Hass gebar, den wir heute im Fernsehen vorgeführt bekommen, muss nicht weiter verwundern. Der Hass auf Israel setzte sich zuerst fest im panarabischen Nationalismus und wurde in den weiteren demütigenden Jahrzehnten letztlich der Aufruf zum Kampf für den Islam. Von Allah und der Religion versprach man sich Rettung, weil man selbst versagt hatte. Der israelische Hass auf Araber wurde dagegen weniger öffentlich zur Schau getragen, aber auch sie wollten mehr.

Unversöhnlich standen sich Mitte der Sechzigerjahre beide Seiten gegenüber, um übereinander herzufallen. Tatsache bleibt, dass im Jahr 1967 der erste Schlag von Israel ausging, und nicht bewiesen sind die Anschuldigungen, dass die vereinten arabischen Nachbarstaaten den Angriff auf Israel wirklich planten bzw. auch umgesetzt hätten. Der israelische Präventivschlag, der den Sechs-Tage-Krieg gebar, war wohlüberlegt und vorzüglich vorbereitet, militärisch und propagandistisch, im Bewusstsein der eigenen Stärke. Keiner intervenierte, als die Israelis zum zweiten Mal arabisches Land nahmen und es sich einverleibten. Die Niederlage der arabischen Nachbarstaaten war total. Das unschuldige Lamm war endgültig zur Kampfmaschine geworden.

Israel hatte sich 1967 militärisch eindrucksvoll durchgesetzt. Nicht 1948, sondern 1967 war die eigentliche Katastrophe für die arabischen Staaten und für die Palästinenser. Denn ab diesem Zeitpunkt wurde Israel für die USA interessant. Der amerikanische Verteidigungsminister McNamara sagte 1967: „Der Nahe und Mittlere Osten ist für die USA von strategischer Bedeutung, weil sich hier politische, militärische und wirtschaftliche Einflüsse überschneiden … Daher setzen wir uns sehr für die Stabilität und stetige Weiterentwicklung im Nahen und Mittleren Osten ein."

Was verstand der Mann unter Stabilität und Weiterentwicklung? Und US-Präsident Nixon erklärte 1970: „Der Nahe Osten ist das

[351] Einstiger Parlamentspräsident der Knesset und Chef der Jewish Agency.

Gebiet, von dem man aus einen großen Teil der Weltbevölkerung und der natürlichen Hilfsquellen der Welt kontrollieren kann."

Endlich eine klare Aussage! Die Interessen des militärischen und wirtschaftlichen amerikanischen Imperialismus überschnitten sich ideal mit denen des zionistischen Judenstaats, denn den Charakter Israels hatte Moshe Dajan schon Jahre zuvor treffend geäußert: „Es liegt an der israelischen Armee, den Kampf auszutragen, der die Errichtung des israelischen Imperialismus zum Endziel hat."[352]

Schon 1958 kam der Nationale Sicherheitsrat der USA zu dem Schluss, dass nur mit Hilfe einer Unterstützung Israels dem wachsenden panarabischen Nationalismus begegnet werden könne, der die Öllieferungen aus den arabischen Staaten zumindest bedrohen konnte. Diese anfangs eher lockere Allianz wurde nach 1967 zu einem festen Bündnis, als Israel den USA den wichtigen Dienst leistete, die Hauptkräfte des säkularen arabischen Nationalismus zu besiegen. Deswegen unterstützte von nun an Washington grundsätzlich die israelische Unterdrückung der palästinensischen Bevölkerung und die Quasi-Annexion der besetzten Gebiete.

Der kleine spartanische Staat war zu einem interessanten Partner im Nahen Osten geworden, der als Brückenkopf für die USA zu den Ölfeldern des Ostens dienen konnte. Die strategische Partnerschaft wurde in den USA tatkräftig von der Israellobby unterstützt, die immer mehr Einfluss zu gewinnen begann. Die Verweigerungshaltung des Rückzugs aus den besetzten Gebieten und das Spielen mit dem Faktor Zeit hatte begonnen. Es sollte ein Mechanismus werden, der umso erfolgreicher funktionierte, je mehr der Einfluss auf die USA zunahm. Und das führte so weit, dass sich die USA selbst von der Gemeinschaft der Staaten abwandten. Allerdings brauchte es dazu erst das Auftreten des Herrn Henry Kissinger[353], der sich gegen jeden inneramerikanischen Widerstand durchsetzte und die US-Politik 1971 dazu brachte, die Zustimmung zur UN-Resolution 242 nachträglich wieder zurückzuziehen. Die gemeinsamen strategischen Interessen zwischen den USA und Israel führten 1981 gar zu einem Abkommen, in dem die Verteidigung des zionistischen Staates als Bestandteil der amerikanischen Nationalsicherheit bezeichnet wurde. Dass zu einem Beschluss solcher Tragweite eine Menge an zionisti-

---

[352] Rundfunkrede vom 12. Februar 1952

[353] Damals in seiner Funktion als Nationaler Sicherheitsberater der USA

schem Beeinflussungspotential in den USA notwendig gewesen war, steht dabei außer Frage. Für Israel war das der vollständige Sieg, denn von da an waren sie mit dem verbündeten Amerika wirklich vereint, um nun gemeinsam alles an Resolutionen der UNO zu boykottierten, was sich im Entferntesten für einen Rückzug aus den besetzten Gebieten und gegen den Status quo aussprach. Israel hatte ja schon vorher jahrelange Erfahrungen darin gesammelt, UN-Resolutionen mit Ignoranz zu begegnen. Nun kam zur Ignoranz auch noch das amerikanische Vetorecht im Sicherheitsrat.

Amerika musste allerdings dafür einen hohen Preis zahlen – es verlor das Vertrauen dieser Welt. Ein schleichender, aber sich langsam beschleunigender Prozess, der unter Bush junior den bisherigen Höhepunkt erreichte. Die heutige Fragwürdigkeit der Dominanz der USA in der Weltpolitik hängt auch mit ihrem unbedingten Willen zusammen, noch immer die Politik der Zionisten gegen die Weltgemeinschaft abzudecken. Die USA haben weltweit durch diese Liaison viel an Kredit verloren. Auch monetär fing der Schulterschluss an, sich für Israel auszuzahlen, und wurde zunehmend zu einer extremen finanziellen Belastung des amerikanischen Staatshaushalts. Im letzten Jahrzehnt erhielt Israel offiziell jedes Jahr knapp fünf Milliarden Dollar von den USA als Finanzhilfe! Bezieht man die durch Zahlenmanipulation und unter anderen Bezeichnungen versteckten finanziellen Zuwendungen mit ein, so zahlen die Amerikaner im Moment jährlich zehn Milliarden Dollar an den Zionistenstaat. Basierend auf den offiziellen Zahlen errechnete der Washington Report on Middle East Affairs, dass Israel seit seiner Gründung insgesamt 135 Milliarden Dollar von den USA an direkten Zahlungen erhalten hat. In Wahrheit kostete das Nahostland die Amerikaner aber noch bedeutend mehr: Der normalerweise pro-israelische Christian Science Monitor[354] publizierte im Jahr 2002 den Betrag von 1,6 Billionen Dollar! Für diese horrende Zahl wies der verantwortliche Washingtoner Finanzexperte darauf hin, dass man nicht nur die eigentlichen US-Zahlungen an Israel berücksichtigen müsse, sondern auch die indirekten Folgekosten, welche der amerikanischen Volkswirtschaft durch die einseitige Israelpolitik entstanden sind, zum Beispiel durch Kriegsgerät, das die amerikanische Industrie nicht an die arabischen Staaten verkaufen durfte, und den daraus resultierenden Verlust an Steuereinnahmen und Arbeitsplätzen, durch die Kosten der militäri-

[354] Renommierte englischsprachige, nicht-religiöse Tageszeitung in den USA.

schen Entwicklungshilfe, die es den Israelis ermöglichte, mit amerikanischem Know-how eigenes Kriegsgerät zu bauen, weiterhin durch die der US-Industrie entgangenen Einnahmen, weil ein proisraelischer US-Kongress für teures Geld israelische Technologie (zurück)kaufe, anstatt die heimische Industrie zu berücksichtigen, und durch entgangene Einkünfte, weil israelische Spione amerikanische Waffensysteme stehlen (jene, die sie nicht schon sowieso gratis erhalten), diese leicht verbessern und dann weiterverkaufen[355].

Würde man solche Folgekosten berücksichtigen, dann komme man eben auf die geschätzten 1.600 Milliarden Dollar, rechnete der Christian Science Monitor seinen Lesern vor, welche Israel die Vereinigten Staaten in Wahrheit gekostet habe – was für jeden einzelnen US-Bürger umgerechnet eine Spende von 5.700 Dollar bedeute. Und Spenden sind es tatsächlich – zumindest diese 135 Milliarden amerikanischer Dollars, die real nach Israel geflossen sind. Obwohl die Mehrheit des zugesprochenen Geldes als Kredite bezeichnet wird, hat Israel jedoch nie auch nur einen Cent zurückbezahlt. Der US-Kongress erlässt dem nahöstlichen Schuldner in regelmäßigen Abständen und ohne viel Aufhebens alle ausstehenden Kredite. Dabei ergab im April 2002 eine Umfrage, dass 71% der US-Bürger eine neutrale Nahostpolitik ihres Landes befürworten, und 60% sprachen sich sogar dafür aus, sämtliche Finanzhilfen an Israel zu stoppen, solange sich die Israelis nicht aus den besetzten Gebieten zurückziehen.[356] Israel ist der einzige Empfänger von Hilfsmitteln aus den USA, der dem amerikanischen Geber die Verwendung der Gelder nicht nachweisen muss. Auch wenn die Mittel offiziell nicht zu militärischen Zwecken verwandt werden dürfen, haben die Zionisten damit also keine Probleme.

Mir wurde am 9. November 2005 abends vor dem Fernseher in Beirut beim Anblick der Bilder des Anschlags auf unser Tagungshotel in Amman und beim Hören der Kommentare in den westlichen Medien über den „Terrorismus“ klar: Ich musste etwas machen, etwas, was mit Aufklärung zu tun hat und mit der Wahrheit um das, wessen ich Zeuge geworden war und was ich erlebt und recherchiert

---

[355] So wurde Israel vor wenigen Jahren durch das empörte US-Militär gezwungen, einen Vertrag mit China zu annullieren, der es dem kommunistischen Riesen ermöglicht hätte, israelische Nachbildungen amerikanischer AWACS-Aufklärungsflugzeuge zu kaufen.

[356] Nachrichtenagentur Reuters

hatte. Denn wie hatte sich meine Einstellung durch die Kenntnis der Lage verändert? Wie nah waren wir an diesen dramatischen Ereignissen? Wie schnell konnte es gehen? Wie schnell konnte es für jeden anderen auf dieser Welt gehen – egal, wo? Selbst in Deutschland. In dieser Nacht beschloss ich, das Buch zu schreiben.

Unser Treffen in Amman wurde natürlich umgehend abgesagt. Ich entschloss mich, meine Aufgaben in Palästina, die ich nach dem Besuch in Jordanien hatte wahrnehmen wollen, nun direkt aufzunehmen, und änderte also meine Reiseroute. Über Zypern wollte ich von Beirut nach Tel Aviv fliegen. Es war schon spät am Abend, als ich in Larnaka ankam. Mein Weiterflug stand schon bereit. Es war eine israelische El-Al, die gerade zum Einsteigen bereit stand. Das Abfluggate fand ich schnell – denn eine lange Schlange stand davor. Da stellte ich mich also an. Zypern ist ein bevorzugtes Reise- und Urlaubsziel für Israelis und mehrere Flüge sind an der Tagesordnung.

Dem jungen israelischen Sicherheitsbeamten, denn hier in Zypern kontrollierten tatsächlich Israelis die Flugreisenden, musste ich zwangsläufig mein Ticket zeigen. Als er las, dass ich von Beirut gestartet war, wurde er nervös.

„Wie sind Sie dahin gekommen? In Ihrem Pass ist kein libanesischer Stempel?"

„Ich habe einen zweiten Pass", antwortete ich ihm. Ich war ausgerüstet mit zwei Sonderpässen – einem mit arabischen Stempeln und einem mit israelischen. Dass ich aus Beirut kam, war ihm schon suspekt, aber nun auch noch zwei Pässe? Er ging mit beiden davon. Dann kam er zurück und sagte, dass er mich nicht mitnehmen könne. Damit war ich natürlich nicht einverstanden, denn es war mein Recht, mit diesem Ticket von jenem Flieger mitgenommen zu werden. Es entspann sich eine Diskussion mit mehreren Israelis, in der ich auch noch meine beiden normalen deutschen Reisepässe vorzog, um zu beweisen, dass ich mit den anderen in offizieller Mission unterwegs war. Das machte das Chaos nur noch größer. Ein Mann mit vier Pässen! Mittlerweile hatte sich schon der Abflug der Maschine verzögert. Sie wollten mich nicht fliegen lassen, aber ich bestand nun auf meinem Recht. Der zypriotische Sicherheitsdienst wurde eingeschaltet. Es fing jetzt an, mir Spaß zu machen, zu verlieren hatte ich ja nichts. Sie wussten nicht, was sie mit mir anstellen sollten. Am Ende kam der zypriotische Sicherheitschef des Flughafens zu mir.

„Mein Herr, ich bitte Sie, auf den Flug zu verzichten. Diese Menschen machen mich krank. Sie sagen, Sie seien ein Sicherheitsrisiko. Kommen Sie zu mir in mein Büro. Ich biete Ihnen an, die Zeit bis zum Abflug einer anderen Maschine dort zu verbringen. Morgen früh können Sie weiterfliegen. Bitte tun Sie mir den Gefallen."

Natürlich nahm ich das Angebot an.

Als wir später bei einer Tasse Tee zusammensaßen, erzählte er mir die Geschichten, die er so mit den Israelis erlebt hatte.

„Ein elitäres Völkchen", sagte er. „Schon oft wurden nicht-israelische Passagiere aus nichtigen Gründen abgewiesen. Sie spielen sich auf, als gehöre ihnen hier alles. Wir lassen sie gewähren, denn sie sind gute Kunden und sie bringen viel Geld ins Land. Aber unsere Nerven ertragen auch nicht jede Arroganz. Es hat schon extremen Ärger gegeben. Sie geben sich so tolerant, aber sie sind es tatsächlich nur untereinander. Sie wenden Demokratie nur bei ihren eigenen Leuten an."

Auf meine Nachfrage erzählte er dann von seiner Tochter, die vor einem Jahr von Jordanien nach Israel gereist war. In Tel Aviv, beim Abflug nach Zypern, fand man in ihrer Tasche Beweise für die Verbindung zu ihrem libanesischen Freund. Auf ihrem Handy, so fanden sie später heraus, war seine Telefonnummer in Beirut gespeichert. Sie geriet in die Fänge des israelischen Sicherheitsapparats. Fast zwei Wochen wurde sie festgehalten, bis sich alles im Nachhinein als „Missverständnis" herausstellte.

„Ihre Zeit in Israel wurde minutiös recherchiert und wir wurden in Zypern aufgefordert, ihre Verbindungen nach Beirut zu erklären. Sie hatte dort an der American University Beirut zwei Jahre lang studiert. Ihre Proteste halfen ihr wenig. Man sagte, sie sei in einem demokratischen Rechtsstaat und sie habe nichts zu befürchten. Wir waren froh, als sie wieder zurück war, aber unsere Zweifel an der Demokratie Israels und an dem Rechtsstaat sind heute größer denn je. Recht ist dort nicht gleich Recht", sagte er.

Tatsächlich stellen sich einige Fragen, wenn man die Demokratie in Israel hinterfragt, die immer den jüdischen Charakter dieser Demokratie betont. Was bedeutet darin das Wort jüdisch? Fakt ist: Israel ist vom Obersten Gerichtshof zum souveränen Staat des jüdischen Volkes erklärt worden. Dazu gehören auch alle Juden außerhalb Israels, die aus der Diaspora[357]. Aber ist der Staat damit auch Staat seiner Bürger? Mit dem nationalen Bewusstsein von Israelis und Juden haben wir uns schon beschäftigt. Gehören nun Araber zu diesem nationalen Bewusstsein dazu? Schon kurz nach der Staatsgründung wurde arabischer Boden enteignet, was zur Folge hat, dass heute 90% von Grund und Boden in Israel jüdischen Nutzern vorbehalten ist, das heißt, dass durch Gesetze und andere Reglements auch der (Wieder)Erwerb von Land durch Araber ausgeschlossen wird. Die Praxis der behördlichen Willkür erschwert dazu die Genehmigungen für Bauanträge bis zu der Situation, dass zum Beispiel in Ost-Jerusalem die unbebauten, ertraglosen und hochbesteuerten Grundstücke aus Kostengründen am Ende gar an jüdische Israelis verkauft werden müssen, die dann die notwendigen Baugenehmigungen natürlich umgehend erhalten. Wer als Araber auf eigenem Grund baut, wird per Gesetz daran gehindert oder muss damit rechnen, dass alles wieder zerstört wird. Unbebaute Grundstücke für kaufwillige Araber sind praktisch nicht vorhanden. Bei gleicher Steuerlast bekommen Araber wesentlich weniger staatliche Zustellungen als jüdische Bürger. So sind beispielsweise die Straßen in den arabischen Dörfern in Israel in einem schlechten Zustand; Beleuchtung, Abwasser- und Anschlussleitungen sind ungenügend. Von der Diskriminierung und der Auslegung des allgemeinen Rechts gegenüber arabischen Bürgern haben wir schon gehört.

Aber auch bei der demokratischen Kultur der politischen Parteien muss nachfragt werden. So werden Parteien per Gesetz nicht zugelassen, die den Staat Israel als Staat des jüdischen Volkes ablehnen. Wer also vollständige Gleichheit zwischen jüdischen und arabischen Bürgern in sein Programm aufnimmt, wird aus der Parteienlandschaft ausgeschlossen. Arabische Parteien umgehen das, indem sie ihre Ausrichtung anders definieren. Sie propagieren ihr Programm darin, die arabische Minderheit in Israel innerhalb einer demokratischen Perspektive zu organisieren, oder aber sie werden gleich ins kommunistische Lager abgeschoben. Der Rest der Parteien Israels

[357] Das Rückkehrgesetz (hebräisch Chok HaSchwuth) ermöglicht allen Juden die Einwanderung und die Erlangung der Staatsangehörigkeit des Staates Israel. Das Gesetz wurde von der Knesset am 5. Juli 1950 als erstes Gesetz nach der Staatsgründung 1948 angenommen. Es besagt, dass Juden nie wieder schutzlos der Verfolgung preisgegeben sein werden und stets im Staat Israel einen Zufluchtsort finden werden, an dem sie willkommen sind.

entstammt dem zionistischen Gedankengut, seien es rechte wie der Likud oder linke wie die Arbeiterpartei. Die vielfältige Ausrichtung dieser Parteien, die sich oftmals nur mit einer kleinen Lobbyistenklientel beschäftigen, kann hier getrost vernachlässigt werden. Es gibt darin nur wenige Gruppen, die klar und eindeutig den Grundsatz vertreten, dass Palästinenser und Juden Menschen mit gleichen Rechten sind. Es gibt also einen großen Konflikt zwischen Demokratie und Zionismus. Israel wendet tatsächlich die Demokratie nur bei den eigenen Leuten an.

Wie stark der Zionismus die großen Parteien infiltriert, zeigt allein die Liste der Vorsitzenden, die ausnahmslos die Ministerpräsidenten Israels gestellt haben. Auffällig ist dabei, dass nahezu alle eine Militärkarriere durchlaufen haben oder in entsprechenden Jugendorganisationen und Kampfverbänden[358] erzogen wurden. Sie gleichen in ihrem Gedankengut einander wie ein Ei dem anderen; eines vielleicht mit mehr und eines mit weniger Dotter. Ihre Grundeinstellung ist jedoch die gleiche – von Rabin bis Scharon, von Begin bis Barak. Diese zionistische Elite hält die Fäden in der Hand. Sie bestimmt den Prozess im Nahen Osten und ob wir Bürger in Europa, Amerika oder in der restlichen Welt uns dem islamistischen Terrorismus aussetzen müssen. Und sie wird in ihrem zionistischen Anspruch massiv unterstützt durch die mächtige Israel-Lobby, die die amerikanische Außenpolitik im Sinne der Sache Israels beeinflusst. Die Konferenz der nicht-paktgebundenen Staaten bezeichnete 1975 den Zionismus als Bedrohung für Frieden und Sicherheit in der Welt. Wie recht sie hatten. Sie wussten, wovon sie sprachen. Wir sollten es allerdings nicht so weit kommen lassen.

Und was bedeutet eigentlich Terrorismus? Terror leitet sich ab vom Wort Schreckensherrschaft, deren legitime Bekämpfung natürlich außer Frage steht. Wer bestimmt nun aber, was Terrorismus ist? Ganz sicher nicht der, der den so genannten Terror ausübt. Israel bezeichnet den Widerstand der Palästinenser und Libanesen gegen die Besatzung auf deren eigenem Gebiet als Terrorismus. Diese Bezeichnung wird auch von den Staaten des Westens leichtfertig übernommen und in den Medien weitergegeben. Am 7. Dezember 1987 erließ die UNO eine Resolution, die den internationalen Terrorismus verurteilt und Maßnahmen zu seiner Bekämpfung rechtfertigt. Diese Resolution schließt aber ausdrücklich aus, dass das „in der

[358] Siehe Index 7 – Betar und Index 8 – Haganah, Palmach (Gadna)

UN-Charta verankerte Recht auf Selbstbestimmung, Freiheit und Unabhängigkeit nicht davon berührt wird, insbesondere, wenn es um Völker geht, denen dieses Recht mit Gewalt genommen wurde … die kolonialer und rassistischer Herrschaft und ausländischer Besatzung oder anderen Formen kolonialer Herrschaft ausgesetzt sind."[359]

Gegen die Resolution stimmten lediglich Israel und die USA! Dass die jüdischen, selbst erklärten „Freiheitskämpfer" während der britischen Mandatszeit im eigenen Lager natürlich nicht als Terroristen bezeichnet werden, versteht sich von selbst. Hier scheint es so, dass die blutige Karriere vieler heutiger „Terroristen" nicht annähernd so blutig ist wie die der verdienten und mit Lob gepriesenen „Männer des Friedens" im israelischen Lager. Und dieses Lager geht durch alle politischen und militärischen Ebenen und erfasst alle zionistischen Wortführer, auch Rabin und intellektuell selbst Peres.

Wenn nun schon der palästinensische Widerstand nicht als Terrorismus bezeichnet werden kann, weil er nach UN-Norm Freiheitskampf ist, dann stellt sich die Frage: Ist allein Palästinas Existenz schon Terror?

Die eifrige Verwendung des Wortes Terror in allen erdenklichen Formen für alle die palästinensische Nationalität betreffenden Angelegenheiten hat zu einem Ausverkauf des Wortes in Israel geführt. So waren schon die Fellachen vor dem Unabhängigkeitskrieg Terroristen, wenn sie die jüdischen Kibbuze angriffen, die auf ergaunertem Land errichtet wurden. Später wurden die Flüchtlinge, die den Verlust ihres Eigentums nicht akzeptieren wollten und sich wehrten, zu Terroristen. Die Lager und Ghettos, in die man sie eingesperrt hatte, waren Terroristennester. Der gesamte nationale palästinensische Widerstand wurde zum Terrorismus erklärt. Palästinensisches Nationalbewusstsein war Terror. Die Menschen im Süd-Libanon, die das Regime der SLA nicht ertrugen, wurden zu Terroristen. Ganz West-Beirut wurde 1982 zum Terroristennest. Die UN-Flüchtlingslager im Libanon, in die sich die Menschen vor den Raketen der israelischen Luftwaffe flüchteten und die deshalb beschossen wurden, nahmen Terroristen auf. Die jungen Steinewerfer der Kinderintifada, die sich den Soldaten entgegenstellten, waren Terroristen. Selbst die PLO war bis Anfang der Neunzigerjahre eine Terrororganisation, obwohl sie schon internationale Anerkennung erfahren hatte. Alles, was mit

---

[359] Vgl. auch Bibliographie: Noam Chomsky, *Offene Wunde Nahost*

Palästina und den Auswirkungen seiner Besatzung zu tun hatte, das ganze palästinensische Volk, die pure Existenz Palästinas mit seinen Menschen und ihrem Anspruch auf Menschenrechte ist also für Israel Terror.

Als sich Mitte der Neunzigerjahre der arabische Widerstand vermehrt in Attentaten und Selbstmordanschlägen auf Zivilisten äußerte, gab es für die Bezeichnung solcher Untaten gar keine Steigerung mehr. Die inflationäre Verwendung des Wortes hat auch in Israel selbst Auswirkungen. Der Gebrauch dieses Wortes hat eine moralische Mauer entstehen lassen, die Einzug in die Erziehung und das Leben der Menschen Israels gehalten hat.

Hinsichtlich der Verwendung dieses Wortes in Israel und in Bezug auf die Reflexion und die Erinnerung der eigenen jüdischen Geschichte las ich dazu Folgendes:

> In dem die Nazi-Hauptverbrecher verurteilenden internationalen Tribunal wurde – sowohl in den Statuten als auch den Urteilen – ausdrücklich bestimmt, dass ein Volk, dessen Land militärisch durch die Armee eines anderen Landes besetzt ist, das volle Recht hat, sich mit allen ihm zur Verfügung stehenden Mitteln (d. h. auch mit Waffen) zu wehren und Widerstand zu leisten.
>
> Wie viele andere Israelis war ich entsetzt, auf meinem Fernsehschirm mit ansehen zu müssen, wie in den beiden Flüchtlingslagern bei Tulkarm mehr als eintausend Männer im Alter von 14 bis 55 auf einem Platz zusammengetrieben wurden und dann ein Offizier eine „Selektion" nach einem entsetzlichen Vorbild durchführte, einige der Männer nach Hause entließ und andere, einige hundert dieser Menschen, gefesselt und ihrer Oberkleidung entblößt, in ein israelisches Haftlager verschleppen ließ. Und dann kam die großsprecherische Fernsehaufnahme des diese Aktion kommandierenden Generalmajors, der stolz behauptete, „die sich kampflos ergebenden „Terroristen" unschädlich gemacht zu haben. Die so krassen, für Israel sich negativ auswirkenden Fernsehreportagen aus den wiedereroberten Flüchtlingslagern, die darin von schwerbewaffneter israeli-

scher Soldateska angerichteten Verwüstungen und die brutalen Gewaltmaßnahmen gegen Zivilisten, Frauen und Kinder, können nicht länger die tagein, tagaus propagierte „Arafat-gleich-Bin-Laden"- und „Terroristenbekämpfungs"-Theorie aufrechterhalten.

Kibbuz Beit-Oren, Israel, 10. März 2002

Dabei hatten die „Terroristen" doch schon so früh begonnen, Friedensangebote zu machen: Sadats Offerte von 1971, die von der PLO und den arabischen Staaten vorgeschlagene Zweistaatenlösung 1976 oder der im Jahr 1982 in Fes verabschiedete arabische Friedensplan. Die Israelis aber dachten im Traum nicht daran, die besetzten Gebiete wieder zurückzugeben. Sie spielten von Anfang an auf den Faktor Zeit. „Aussitzen", proklamierte einmal unser „großer" bundesdeutscher Kanzler Helmut Kohl diese Strategie, die einfach darauf abzielt, durch Ignoranz einen unangenehmen Sachverhalt so lange zeitlich aufzuschieben, bis das aktuelle Tagesgeschäft das Thema überrollt hat und in die zweite Reihe drängt. Den Israelis passten diese arabischen Friedensangebote gar nicht ins Konzept. Es entwickelte sich eine Verweigerungshaltung über die Rückgabe der besetzten Gebiete, in der die Zionisten in den USA den kongenialen Partner fanden. Sämtliche diplomatischen Verhandlungen, mit wem auch immer sie geführt wurden, waren damit bis heute von vornherein vergebliche Liebesmüh. Wirklich gefährlich für den Machtanspruch Israels auf die Palästinensergebiete und für den Erhalt des Status quo war damals tatsächlich nur der palästinensische Nationalismus der PLO, der auf die Gründung eines unabhängigen palästinensischen Staates zielte, der die Menschen in den besetzten Gebieten geistig erfasste und den die Zionisten daher mit aller Macht unterdrückten. Dabei suchten sie anfangs sogar die Nähe zu den religiösen Muslimbrüdern, die sie mit allen Mitteln, als innerpalästinensisch-ideologischen Gegenpol zur säkularen PLO Arafats unterstützten und die von ihnen vorzüglich genährt wurden.

Dass die Unterstützung der ursprünglich rein sozial engagierten religiösen Eiferer einen sehr viel gefährlicheren Feind für Israel gebar, der später den bewaffneten Kampf in die Zivilbevölkerung tragen sollte, ist ein Zynismus, der die Zionisten im Grunde genommen als Förderer der islamischen Extremisten des Terrors entlarvt. Diese Islamisten hatten sich zum nunmehr bewaffneten Widerstand in der

Hamas und anderen Gottesparteien organisiert. Diese Auswirkungen hatten die Israelis schlecht eingeschätzt.

In ihren Augen durfte damals alles passieren, nur der Nationalismus der Palästinenser, die auf ihr Land bestanden, um darauf einen eigenen Staat zu gründen, musste beseitigt werden. Dazu baute Israel in den Siebzigerjahren ein Terrorsystem der Angst, Bestrafung, Zerstörung, Inhaftierung, Folter, Ausgangssperre und Kollaboration in den besetzten Gebieten auf. Die Spirale dieser Gewaltherrschaft drehte sich unentwegt weiter, bis der Punkt erreicht war, wo mit der Kinderintifada der Kessel platzte und sich der islamistische Terror begann zu organisieren. Das oberste Gericht Israels genehmigte daraufhin „moderate physische Nötigung" bei einer so genannten „tickenden Zeitbombe". Wer eine tickende Zeitbombe war und ist, das bestimmt der Inlandsgeheimdienst Shabak. Die Antwort der Israelis: kollektive Bestrafung, gezielte Tötungen, Schläge, Folter, Massenverhaftungen, Deportationen, Ausweitung von Zerstörungen und Ausgangssperren auf ganze Gebiete.

Was die Art und die Brutalität der Maßnahmen betrifft, lohnt sich ein Blick in den eigenen Befreiungskampf der Zionisten. Dass Schamir während der britischen Mandatszeit ihre „Köpfe gegen Mauern und Wände" schlug und „sie wie Heuschrecken zertrat", ließ den Militärhistoriker Uri Milschtein erkennen, dass „verglichen mit uns, die Briten auf den jüdischen Aufstand mit äußerster Zurückhaltung reagierten."[360]

Die militärische Vergeltung auf den Steine werfenden Widerstand der Kinderintifada war weitaus härter als die britischen Maßnahmen, obwohl „unsere Widerstandskämpfer Bomben warfen und Geiseln töteten"[361], schieb ein ehemaliger Gründer der israelischen Armee, der die Verwirklichung des Zionismus drei Generationen lang beobachtet hatte, voller Bitterkeit.

Diese jahrelange Brutalität gegen die Palästinenser, gegen ihre Kultur und gegen die internationale Aufforderung zur Rückgabe der besetzen Gebiete erst änderte die palästinensische Verhaltensweise.

Der Allon-Plan aus dem Jahr 1968, der zunächst die Einverleibung von 40% des Westjordanlandes und die Annexion von Gaza vorsah,

---

360 *Haaretz*, 11. März 1988
361 *Davar*, 15. Januar 1985

erfuhr 1977 eine Ausweitung, die weitere Teile des Westjordanlandes sowie die Übernahme eines Landstreifens im Sinai vom Mittelmeer bis ans Rote Meer vorsah. Israel behielt die Kontrolle über die Ressourcen und nutzbaren Ländereien der besetzten Gebiete einschließlich einer großen, noch nicht definierten Region um Jerusalem.

Mit den syrischen Golanhöhen wurde kurzer Prozess gemacht und es wurden eindeutige Fakten geschaffen. Die Zwangsannektierung der christlichen Einwohner des Golan im Frühjahr 1981 gegen den massiven Widerstand der Drusen, die sich der Unterstellung unter die zivile Gerichtsbarkeit und Verwaltung Israels widersetzten, führte zu Verhaftungen, monatelanger Abriegelung, zur Anwendung von Gewalt und zum Stopp der Zufuhr von Versorgungsgütern, bis die Einwohner die israelischen Pässe akzeptierten. Der eigentliche Grund des Widerstands der Golanbewohner war aber gar nicht die erzwungene Annahme der israelischen Staatsbürgerschaft, sondern die Ungewissheit und Sorge darüber, wie das israelische Recht in der Zukunft mit ihren Belangen und mit ihrem Besitz umgehen würde. Denn die Drusen waren vorgewarnt, als fünf Jahre zuvor, am 30. März 1976, das israelische Verteidigungsministerium die Enteignung eines arabischen Ackers in Galiläa anordnete. Als es in dem Ort Sakhnin daraufhin zum gewaltsamen Protest arabischer Einwohner kam, wurden dabei sechs Araber getötet. Seither ist dieser „Tag der Erde“ zu einem alljährlichen Protesttag der arabischen Bürger Israels gegen Rassendiskriminierung geworden. Die israelische Reaktion auf den „Tag der Erde“ beschränkt sich im Allgemeinen auf den Aufruf, Ruhe und Ordnung im arabischen Sektor zu bewahren; die Schuldirektoren der arabischen Schulen werden aufgefordert, zwei Schulstunden der Diskussion über Werte wie Koexistenz, Zusammenarbeit und aktive Staatsbürgerschaft zu widmen. Wohlgemerkt, die Araber werden dazu aufgefordert, nicht die Israelis!

Die Hand, die sich völkerrechtswidrig den Golan griff, streckte sich tatsächlich auch nach dem Libanon aus. Mit den katastrophalen Folgen der israelischen Einmärsche in das nördliche Nachbarland haben wir uns schon eingehend beschäftigt. Sie und die Erschaffung und Unterhaltung eines Terrorregimes im Südlibanon schufen unversöhnlichen Hass in der libanesischen Bevölkerung. Die Glaubwürdigkeit der israelischen Selbstdarstellungen, die Schilderung der Reinheit ihrer Waffen, die internationalen Zurschaustellungen bekamen ernsthafte Risse, als Wahrheiten ans Tageslicht kamen, die so gar nicht in das vorgetragene Bild passen wollten. Dass dabei auch Köpfe rollten, darf nicht überbewertet werden, denn gerade diese Köpfe saßen fester auf ihren Schultern, als das den ersten Anschein hatte. Die Zionisten ließen keinen ihrer Mitstreiter fallen und nach dem Abflauen der internationalen Proteste wurden sie wieder in Amt und Würden gehoben, manche höher als jemals zuvor, und selbst bezichtigte Kriegsverbrecher tummelten sich bald wieder auf den internationalen Politbühnen.

Wirkliche Probleme entstanden erst, als die israelische Gewalt auch mit brutalsten Mitteln die Kinderintifada nicht stoppen konnte.[362] Über vier Jahre lang bereiteten die kindlichen Steinewerfer den Soldaten einen täglichen Schlagabtausch, und so viele auch von ihnen verwundet oder tot in den Ambulanzen abtransportiert wurden, so viele wurden nahtlos durch andere Jugendliche ersetzt. Diese Jugend war nicht mehr bereit, als Menschen dritter Klasse zu leben. Das eigentlich Überraschende aber war für die Israelis die unglaubliche Ausdauer, Kraft und gesellschaftliche Einheit, die dieser Widerstand in der palästinensischen Bevölkerung hervorrief. Als ich damals diese Zähigkeit erkannte, die Fähigkeit des permanenten Wiederaufstehens, den Durchhaltewillen, die Unbeugsamkeit und den Stolz, da wurde

362 Die IDF verteilte Schlagstöcke an ihre Truppen und forderte sie auf, die Knochen der palästinensischen Demonstranten zu zerschlagen. Die schwedische Organisation „Save the Children" schätzte, dass in den ersten beiden Jahren der Intifada zwischen 23.600 und 29.900 Kinder ihre Schlagverletzungen medizinisch behandeln lassen mussten, wobei nahezu ein Drittel davon Knochenbrüche waren. Fast ein Drittel der zusammengeschlagenen Kinder war höchstens zehn Jahre alt. Weiterhin, dass 6.500 bis 8.000 Kinder, entgegen der Anordnung des stellvertretenden IDF-Stabschefs Ehud Barak „Wenn Sie ein Kind sehen, schießen Sie nicht" durch Gewehrschüsse verwundet oder getötet wurden. Forscher untersuchten 66 der 106 aufgezeichneten Fälle von durch Schüsse getöteten Kindern. Sie kamen zu dem Ergebnis, dass fast alle von ihnen durch gezielten Beschuss getroffen wurden, nahezu 20% erlitten mehrere Schussverletzungen, 12% wurden von hinten erschossen, 15% der Kinder waren zehn Jahre alt oder jünger, dass die meisten Kinder an keiner Demonstration mit Steinwürfen teilnahmen, als sie erschossen wurden, und dass fast ein Fünftel der Kinder erschossen wurde, während sie sich zu Hause oder im Umkreis von zehn Metern von zu Hause befanden.
„The Status of Palestinian Children during the Uprising in the Occupied Territories" 1990

mir klar, dass die Palästinenser am Ende siegen würden, ja mussten. Damit würde Israel und die Welt auf Dauer nicht fertig, daran würde das zionistische Israel zerbrechen. Die palästinensische Bevölkerung in den besetzten Gebieten war eine Macht geworden, die nicht mehr unterschätzt werden durfte.

Die charismatisch-integrative Macht über diese Macht besaß die PLO und in ihrer Funktion als Vorsitzender die Person Jassir Arafat. Der jedoch hatte sich im Golfkrieg Anfang der Neunzigerjahre international isoliert, als er mit Saddam Hussein auf das falsche Pferd gesetzt hatte. Die arabischen Gelder der Golfstaaten drohten zu versiegen und seine Reputation, die er sich im Westen schwer erworben hatte, war wieder auf dem Tiefpunkt. Arafats sehnlichster Wunsch, in sein Heimatland zurückkehren zu dürfen und in Jerusalem einzuziehen, drohte für immer zu zerplatzen.

Da kam ihm der Zufall entgegen. Die von Israel genährten Muslimbrüder hatten sich im bewaffneten Widerstand vereint. Sie drohten in den besetzten Gebieten ein gefährlicherer Gegner für Israel zu werden als die PLO. Und nun kam Arafat die eigene Schwäche zu Gute. Er war ein leichterer Gegner geworden als die religiösen, kompromisslosen Fundamentalisten, denn er war zu Kompromissen und zu Frieden bereit, wie er ja oft genug schon bewiesen hatte[363]. Und er hatte immer noch diesen Traum, den er schon so lange träumte, der ihn aber auch erpressbar und damit noch schwächer machte. Viel Blut hatte er dafür vergossen, junges, palästinensisches Blut. Immer wieder hatte er mit dem V seiner Finger die Schlachtfelder verlassen. Siege hatte er jedoch nie errungen. Niederlage reihte sich an Niederlage. Der Verlust an Kämpfern war ungeheuer. Aber auch er hatte sein eigenes Leben eingesetzt und er war bereit gewesen, für seinen Traum zu sterben. Interne Machtkämpfe hatten ihn ausgelaugt und viele seiner ehemaligen Kampfgenossen hatten ihn verlassen. Er

---

[363] Die Grundzüge eines seit 1976 bis heute bestehenden internationalen Konsenses: Israels Rückzug aus den besetzten Gebieten im Rahmen eines allgemeinen Friedensabkommens, das jedem Staat in der Region – einschließlich Israel und Palästina – das Recht auf Frieden und Sicherheit innerhalb der anerkannten Grenzen zusichert. Praktisch die gesamte Welt – einschließlich der PLO, der wichtigsten arabischen und europäischen Länder, der Sowjetunion und der blockfreien Staaten – hatte damals eine Resolution des UN-Sicherheitsrates mit diesen Grundzügen befürwortet. Nur Israel und die USA waren dagegen – die Resolution scheiterte am Veto der USA.

hatte sich Feinde zugezogen, die nicht nur aus Israelis, sondern auch aus Libanesen, Jordaniern und Palästinensern bestanden. Sein Geheimdienst sorgte dafür, dass sich in seinem eigenen Lager die Gefängnisse nicht mehr leerten, und Liquidierungen standen auf seiner Liste. Und doch stellte er eine Integrationsfigur dar, an der sich die verzweifelte und demoralisierte Bevölkerung in den besetzten Gebieten aufrichten konnte.

Die Wahl Rabins[364] zum Ministerpräsidenten Israels im Jahr 1992 ebnete den Boden für direkte Gespräche mit der PLO, die in Geheimverhandlungen in Oslo[365] mündeten und in denen sich Arafat einerseits seinem Traum näher sah als jemals zuvor, mit denen er sich aber andererseits erhebliches Misstrauen der arabischen Welt zuzog. Der Traum behielt die Oberhand, sein innigster Wunsch siegte vor seiner Ratio und er wurde somit zu einem Spielball der amerikanischen und israelischen Politik. Deren Ansatz war es, seinen nationalen Anspruch auf ein Palästina in eigenen Grenzen auf ein Mindestmaß zu zügeln, so genannte Autonomiegebiete, vergleichbar einem Netz kommunaler Selbstverwaltungen, das, wenn überhaupt, nur geringen Nationalcharakter hatte. Der „Frieden der Sieger", der auch als Oslo I bezeichnet wird, stellte ihm eine Staatsgründung in Aussicht, die vollständig an die Bedingungen der Israelis geknüpft war. Zuckerbrot und Peitsche, so könnte man diesen Akt durchaus bezeichnen. Den Hebel und was Zuckerbrot und was Peitsche war, hielten die Israelis in der Hand. Und hierin wird das wahre Ansinnen der Politik Rabins ersichtlich. Nicht um wirklichen Frieden ging es ihm, sondern um einen Zustand der Ruhe, der die Bedingungen der Zionisten erfüllte und ihnen alle Optionen offen ließ. Und der Westen spielte gegen alle UN-Resolutionen[366], die seit Jahren israelischen Rückzug aus den Palästinensergebieten forderten, himmelhochjauchzend mit. Zwar sprach der Artikel 1 von einem Inkraftsetzen der Resolutionen, jedoch wurde das im Sinne Israels interpretiert: Rückzug als Teilrückzug, wobei die weitere Besiedlung arabischen Bodens nicht ausgeschlossen war.

Als zwei Jahre später dieses kommunale Netzwerk ausformuliert und als Oslo II verabschiedet wurde, war das Ziel der Zionisten erreicht. Ehud Barak verkündete stolz, dass „Oslo II Israel die abso-

[364] Siehe Index 1 – Personenregister
[365] Siehe Index 14 – Oslo-Verträge
[366] Siehe Index 11 – UN-Resolutionen (242 und 338)

lute Überlegenheit auf militärischem wie wirtschaftlichem Gebiet garantiert."[367]

Die zum Abkommen gehörende Landkarte[368] dokumentiert diesen Frieden: Sie entspricht den extremsten Vorschlägen, die 1981 vom Anführer selbst, dem damaligen Verteidigungsminister Scharon, lanciert wurden. Dass Arafat aus einer solchen Friedensunterzeichnung vor seinem Volk nicht ohne Gesichtverlust herauskommen konnte, wurde vom Westen, der diesen Frieden überschwänglich feierte, vollständig ignoriert. Dort wurde alles dafür getan, diesen Abschluss als von beiden Parteien in zähen Verhandlungen errungenen Erfolg darzustellen. Verhandlungen gab es, ja, aber nur um die Unterschrift Arafats unter die israelischen Bedingungen zu erzwingen. Der musste sich dem Diktat der Israelis und Amerikaner beugen. Der Druck auf ihn war ungeheuer und ich höre heute noch Zughair sagen: „Er hat unser Heimatland verkauft um seiner selbst willen." Arafat war zu schwach, als Israelis und Amerikaner ihn beeinflussten, ihn mit der Aussicht auf Rückkehr und mit Geldmitteln lockten und er auch den Duft des Geldes aus Europa roch, das ihm für den Vertragsabschluss angeboten worden war. Sein Flickenteppich und sein Machtanspruch waren auf dieses Geld angewiesen. Und es kam dann ja auch in Massen. Was nicht kam, war die Überzeugung des palästinensischen Volks, dass Arafat stark genug sei, ihre Menschenrechte durchzusetzen. Die Schwäche Arafats musste zwangsläufig zum immer weiteren Erstarken der radikalen Gruppen führen. Die Systematik dieser Politik des Drucks auf Arafat wurde zum Triebwerk, wenn bei späteren so genannten Friedensmissionen aller Art internationale Politiker sich vor den Kameras der Welt medienträchtig als Verhandler im Nahostkonflikt aufbauten und in großen Worten vom Frieden sprachen, aber grundlegend die Position der Israelis vertraten. Im Grunde genommen wurden hier die gleichen taktischen und strategischen Fehler begangen wie im Umgang mit den religiösen Fundamentalisten. Und die internationalen Politiker spielten mit. Anstatt Arafat einen Frieden anzubieten, den das palästinensische Volk nachhaltig akzeptieren konnte, wurde er bis zur Unkenntlichkeit und unter Aufgabe seiner eigenen Prinzipien und Ziele zurechtgestutzt und musste dadurch zwangsläufig die Unter-

---

367 Vgl. auch Bibliographie: Noam Chomsky, *Offene Wunde Nahost*
368 Siehe Karte: Oslo II

stützung in seinem Volk verlieren. Das sollte sich später noch bitter rächen.

Die Kontrolle über die Wasserressourcen, Verbindungsstraßen, Versorgungsleitungen, aber auch über Handel, Transport und Kommunikation blieb bei Israel. Das Land wurde in drei Kategorien von Zonen aufgeteilt. Welche politische Perversion dieser vom Westen gefeierte „Frieden" tatsächlich darstellte, äußerte sich dann schnell auf der technischen Umsetzungsebene.

Seit 1994 beispielsweise führte die Entwicklungshilfe ein äußerst erfolgreiches Projekt in Gaza durch. Es ging um die Müllentsorgung aus diesem Schmelzkessel von Menschen und Unrat. Als im Jahr 1996 der kommunale Ansatz auf Ramallah ausgeweitet werden sollte, wurden die entsprechenden Gelder aus dem Geberland auch sofort bewilligt. Ramallah lag in der Zone A, war also autonom und damit in palästinensischem Verwaltungs- und Sicherheitsbereich. Gleich an der Stadtgrenze begann die Zone B, das hieß, palästinensische Selbstverwaltung, aber israelische Sicherheitshoheit. Das Problem bei der Umsetzung der Müllentsorgung bestand nun darin, dass in der Zone A kein geeigneter Platz für eine Deponie gefunden werden konnte, der den Auflagen für Versickerung und Bodenkontaminierung entsprochen hätte. An diese Umweltschutzauflagen fühlten sich die Geber aber in höchstem Maße gebunden. Gar nicht weit von der Stadtgrenze, nur ein paar Kilometer entfernt, gab es den gewünschten Platz, allerdings in der Zone B. Ich nahm an den ersten Verhandlungen teil, die sich um die Erlaubnis drehten, die Deponie auf diesem Boden einzurichten. Obwohl die Zone B unter palästinensischer Verwaltung stand, wurde aus sicherheitsrelevanten Gründen die Einrichtung der Deponie von den Israelis untersagt. Dem wiederholten Nachfragen, worin das Sicherheitsproblem für Israel bestehe, wurde mit indirekter Ignoranz begegnet. Einer hochrangigen Delegation saß eine mit mittleren Beamten bestückte israelische Gruppe gegenüber, die keinerlei Entscheidungskompetenz besaß und die Verhandlungsstandpunkte nur weitergeben konnte. Ein Affront. Es war die gleiche Verweigerungshaltung in der Umsetzung von praktischen Maßnahmen, wie sie sich in der großen Politik selbst schon etabliert hatte. Das Geberland und die Palästinenser wurden einfach ausgesessen, bis sie desillusioniert aufgaben. Die Deponie wurde nie gebaut, der Müll türmte sich weiter in Ramallah und wurde unsachgemäß entsorgt. Im Gegenzug jedoch verlangte Israel kurze Zeit später den Anschluss der israelischen Siedlungen rund um Ramallah an die von der deutschen Entwicklungshilfe errichtete Kläranlage von Al-Bireh. Die Deutschen sagten aus Sorgen für die Umwelt zu und übernahmen auch noch die Anschlusskosten.

Auch die Wirtschaft war voll unter der Kontrolle der Israelis. Das Paris-Protokoll[369] hatte 1994 in einem Rahmenabkommen die zukünftige palästinensisch-israelische Kooperation in Wirtschafts-, Zoll- und Finanzfragen geregelt. Gedacht war es als Förderinstrument der palästinensischen Wirtschaft, ausgeführt wurde es aber unter der Kontrolle Israels. Was das hieß, konnte ich am eigenen Leib erfahren, als wir 1997 für die betriebliche Ausbildung unserer Schüler an der ITS geeignete Partnerbetriebe suchten. In Al Ram gab es eine kleine, aber feine Metallwerkstatt, in der mit einer CNC-gesteuerten Maschine Motorenteile für die VW-Produktion in Wolfsburg hergestellt wurden. Diese Werkstatt erfüllte sämtliche deutschen Qualitätskriterien – ein Beweis, auf welch hohem Niveau hier unter sehr bescheidenen Verhältnissen gearbeitet wurde. Der Außenhandel aber wurde von Israel kontrolliert und dem Besitzer war es unmöglich, seine Waren direkt an den Auftraggeber zu liefern. Die Zusagen der Israelis für eine Öffnung des Außenhandels, wenigstens in die arabischen Nachbarstaaten, wurden nicht eingehalten. Der Versuch, seine Waren über einen Händler in Amman zu liefern, scheiterte. Der Zoll hielt die Teile an der Grenze fest. Es blieb ihm nur die Möglichkeit, über einen israelischen Händler zu exportieren. Der zog so viel vom Gewinn ab, dass vom Werkstattbesitzer kaum noch Investitionen getätigt werden konnten. Irgendwann konnte er nicht mehr mithalten und musste seine Werkstatt schließen. Ähnliches spielte sich in den verschiedensten Sektoren ab, so zum Beispiel in der Schuhindustrie in Hebron, wo ein namhafter deutscher Schuhkonzern aufgrund des Lohnniveaus in Palästina in großem Stil produzieren lassen wollte, die Fragen des Exports und freien Warenaustauschs aber mit den Israelis nicht zufrieden stellend geklärt werden konnten.

Saeb Bamya, ehemaliger Vizeminister im Wirtschaftministerium in Ramallah, der an den Verhandlungen um das Paris-Protokoll beteiligt gewesen war, der als ausgewiesener Wirtschaftfachmann in vielen Verhandlungen mit den Israelis gesessen hatte und der aufgrund seiner Kompetenz auch in Israel anerkannt ist, sagte zu mir bei meinem Besuch 2008:

---

[369] Siehe Index 19 – Paris-Protokoll

„Sie haben uns betrogen, wo sie nur konnten. Keine der Vereinbarungen haben sie eingehalten. Condoleeza Rice[370] habe ich zugerufen: ‚Wir wollen unsere Chance auf Leben und Entwicklung'."

Und er fuhr fort: „Wie können wir unter solchen Bedingungen überleben? Ohne Zugang nach draußen, ohne Bewegungsfreiheit im Innern. Ihre Blockademaßnahmen gegen palästinensische Exporte zerstören jede Chance auf Existenz, während sie die besetzten Gebiete als Markt für ihre teuren israelischen Waren nutzen. Wir sind ein besonderer Fall, ohne Alternative – entweder wir enden im Desaster oder wir erfahren endlich Erleichterung."

Als Resultat nach Oslo schrumpfte das palästinensische Bruttosozialprodukt pro Kopf um etwa 40% und die Arbeitslosigkeit verdoppelte sich am Ende des Jahres 1998 nahezu. So viel zum Frieden der Sieger.

Als undiskutabel bei den palästinensisch-israelischen Verhandlungen erwies sich in den nächsten Jahren auch das Thema Jerusalem. In dieser Frage ließen die Israelis gar nicht mit sich reden. Jerusalem war und blieb ihre Hauptstadt und sie schlossen den Ostteil mit ein. Arafats Androhung eines Aufstands für den Fall, dass die Palästinenser überhaupt keine Rechte in Jerusalem durchsetzen könnten, wurde in den Medien sofort als Friedenshemmnis breitgetreten, von Israel aber nur kalt belächelt. Das Orienthaus in Ost-Jerusalem war Sitz des offiziellen Repräsentanten[371] der PLO und zum heimlichen Rathaus geworden. Es wurde das Symbol der arabischen, aber auch der internationalen Welt für die Nicht-Anerkennung des israelischen Anspruchs auf Jerusalem. Ab dem Sommer 1999 verstärkten sich die Bemühungen Israels, die „illegalen Aktivitäten" der palästinensischen Autonomiebehörde im Orienthaus zu beenden. Ausländische Diplomaten wurden aufgefordert, das Haus nicht mehr für Treffen zu benutzen. Immer wieder gab es Versuche, das Haus zu schließen. Ich selbst erlebte eine Versammlung von Demonstranten im Hof, bei der selbst ausländische Diplomaten zugegen waren, die demonstrativ zur Solidarität vorgefahren waren. Es half wenig. Am 10. August 2001 nach dem Tod Husseinis und als Reaktion auf ein Selbstmordattentat wurde das Orienthaus von der Polizei geschlossen. Selbst Husseinis persönliche Gegenstände wurden beschlagnahmt und Polizisten

370 US-Außenministerin von 2005 bis 2009

371 Vgl. Fußnote 348

hissten dabei die israelische Flagge auf dem Dach, mussten diese aber nach Protesten kurz darauf wieder entfernen – so weit war man doch noch nicht. Aber ob mit oder ohne Flagge, das Symbol, die letzte arabische Bastion in Jerusalem, war gefallen. Das israelische Signal war klar und unmissverständlich. Alle Bemühungen, das Orienthaus wieder zu öffnen, wurden seither von Israel verweigert, selbst eine EU-Initiative mit einer entsprechenden Forderung an Israel vom November 2008 hatte keinen Erfolg. Die israelische Verweigerungshaltung gegen alle internationalen Vorschläge war festgesetzt.

Ost-Jerusalem hatte sich verändert. Meine intermittierenden Besuche ließen mir die Veränderungen deutlicher sichtbar werden, als wenn ich dauerhaft dort geblieben wäre. In Ost-Jerusalem lebten mittlerweile mehr Juden als Araber. Die Besiedlung in den Außenbezirken war enorm schnell gewachsen. Das von arabischen Eigentümern annektierte Land musste gewaltige Dimensionen erreicht haben. Im Herbst 2004 stand ich in Abu Dis auf der Ostseite des Ölbergs, und obwohl ich dachte, mich könne hier nichts mehr erschüttern, erschrak ich zutiefst. Der kleine Vorort Jerusalems, den ich von früher her als ein quirliges arabisches Viertel kannte, war eine Geisterstadt. Ich stand auf der anderen, der palästinensischen Seite an der alten Römerstraße nach Jericho. Viele Male war ich sie heraufgefahren, aber die Kreuzung, wo ich jetzt stand, erkannte ich nicht mehr wieder. Auf ihr stand ein Ungetüm, das mich von Ost-Jerusalem trennte. Acht Meter hoch, aus grauem Beton, wuchs ein kahles Monstrum vor mir aus dem Boden, das mir Angst machte. Einige Häuser duckten sich an die Mauer heran, so wie ich selbst mich vor so viel Ungeheuerlichkeit duckte. Wer konnte nur so etwas errichten? Was für kranke Hirne dachten sich so etwas aus? Bekam man hier jetzt Depressionen, Wut oder hatte man einfach nur tiefes Mitleid mit den Erbauern?

Aus einem kleinen Laden keine fünf Meter von der Mauer entfernt trat ein Mann, der zu mir herüberkam. Er sah die Ungläubigkeit in meinem Gesicht, als er sich zu mir wandte.

„Sie kamen an einem Tag im Januar, frühmorgens“, sagte er. „Sie brachen die Türen auf und stürmten die Treppenhäuser nach oben. Israelische Elitesoldaten mit schwarz vermummten Gesichtern. Sie besetzten die Dächer der Häuser und richteten ihre Maschinengewehre auf die leere Straßenkreuzung. Dann kamen Lautsprecherwagen der Armee und verkündeten eine Ausgangssperre. Mit fahrbaren

Scheinwerfertürmen leuchteten sie nachts die Straße aus. Sie zerstörten Strom- und Telefonleitungen, als die Bagger die Straße mehr als zwei Meter tief aufrissen und ihr Kran die Betonplatten aufrichtete. Sie bauten am Tag und in der Nacht und nach nur vier Tagen waren sie fertig. Wir waren abgetrennt von Ost-Jerusalem, von Schulen, Büros, Krankenhäusern und von Verwandten. Wir können dahin nicht mehr zurück."

Als ich immer noch sprachlos vor ihm stand, fügte er hinzu: „Wir leben im Nichts, denn das bankrotte Reich des Milliardärs Jassir Arafat beginnt erst einige Kilometer weiter da hinten."

„Wie könnt ihr so überleben?", fragte ich, obwohl ich die Antwort schon kannte.

„Fast alle hier haben ihre Arbeit verloren. Der Weg zu neuer Arbeit ist beschwerlich und lang. Bei Allah, ich sage dir, wir sind verloren, denn wir gehören weder hierhin noch dorthin. Wir mussten allein die Leitungen reparieren und die Wege wieder begehbar machen. Das Wasser wurde uns abgestellt. Wir sind verloren." Und dann fragte er noch: „Willst du etwas von mir kaufen?"

Ich deckte mich über die Maßen mit Fladenbrot, Gemüse und Getränken ein, und als ich mich verabschiedete, rief er hinter mir her: „Erzähl davon, was du hier gesehen hast. Erzähle jedem die Wahrheit darüber."

Die palästinensische Gesellschaft wurde nicht nur in Abu Dis geteilt. Und diese Teilung vollzog sich nun nicht nur physisch, sondern mittlerweile auch geistig und kulturell. An all dem hatte die israelische Politik großen Anteil, wie Zughair das schon lange vorhergesagt hatte. Es war ein langfristiger strategischer Plan, wie wir erkannt hatten, der langsam aufzugehen schien. Es ging darum, die Einheit der Palästinenser zu zerstören, die nach der Kinderintifada gewachsen war, eine unbezwingbare, unzugängliche und kohärente gesellschaftliche Macht. Eine Border Line, die nicht nur Israel von Palästina trennen, sondern auch innerhalb der palästinensischen Gesellschaft wirksam werden sollte. Eine Border Line, die die Zerschlagung der Einheit der palästinensischen Gesellschaft, die Zersetzung des vereinten Nationalitätsgedankens, die Aufspaltung einer gemeinsamen Zukunft, die Einschüchterung der arabischen Minderheit in Israel zum Ziel haben sollte. Eine Border Line, die dazu die Lautlosigkeit zu Terroraktionen aufbrach, die das Schweigen zerriss, die die

Deckung öffnete; denn natürlich wurde die palästinensische Gesellschaft von Extremisten zur Deckung von militanten Anschlägen und Attentaten in Israel benutzt, natürlich war Ost-Jerusalem ein zentraler Anlaufplatz für die Logistik der Bomben und für die Unterbringung der Attentäter auf ihrem Weg nach Israel[372]. Eine Border Line, die beharrlich installiert wurde, auf dem Boden und in den Köpfen, durch den gewaltigen täglichen Druck auf die Palästinenser, durch die politische Verweigerungshaltung Israels und die propagandistisch beeinflusste Vernachlässigungshaltung der Weltgemeinschaft. Die Einzelteile aus dieser Spaltung waren von Israel sehr viel leichter kontrollierbar. Die Einzelteile konnten weit weniger Ansprüche stellen. Der Keil, den ich in Abu Dis in Form der abartigen Mauer sah, war bereits ein Symbol für den Zustand, in den die Palästinenser zunehmend drifteten.

Im August 2005 setzte der Anführer Scharon dazu einen weiteren Meilenstein, als er den Rückzug aus dem Gazastreifen durchsetzte. Die im Westen als Friedenssignal aufgenommene Entscheidung war jedoch schon lange im Plan der Zionisten verankert[373]. Man musste sich dieses brodelnden Kessels entledigen. Dass dabei gleichzeitig eine räumliche Spaltung der Palästinenser eintrat, war ein gewünschtes Ergebnis, das Israels Interessen diente. Gerade im Gazastreifen hatten sich die religiösen Fundamentalisten durchgesetzt und große Teile der Bevölkerung für sich gewonnen. Die ausweglose Situation dieses überbevölkerten kleinen Landstrichs, die Armut und Hoffnungslosigkeit, das Ausgeliefertsein von israelischen Entscheidungen ließ die Menschen in Massen zu den Agitatoren der Hamas laufen, die ihnen Erleichterung versprachen. Die tiefe Religiosität im Gazastreifen, an die sich die klammerten, die alles verloren hatten, als Flüchtlinge hierhin deportiert worden waren und keine Chance hatten, dem Elend zu entkommen, tat ihr Übriges. Schon vor 2005 konnte man den gedanklichen und spirituellen Unterschied zwischen den Menschen der West-Bank und Gaza deutlich wahrnehmen. Die

---

372 Ich sah Ende der Neunzigerjahre das geronnene Blut vor dem Lawrence Hotel auf der Salah Eddin. Ein potentieller Attentäter hatte sich beim Zusammenbau eines Sprengstoffgürtels in einem der Hotelzimmer selbst in die Luft gejagt. Die Explosion hinterließ ein schwarz verkohltes Fenster in der Hauswand und seine Extremitäten, die auf die Straße geschleudert wurden. Das Fenster und auch die Stellen, wo sein Kopf, seine Arme und ein Bein gelegen hatten, waren noch lange Zeit gut auszumachen.

373 Vgl. auch Bibliographie: Noam Chomsky, *Offene Wunde Nahost*

mehr säkulare West-Bank konnte mit dem religiösen Gaza immer weniger anfangen. Man hatte doppelte Ministerien geschaffen, die anfingen, sich zu verselbständigen, und zu immer mehr Entscheidungsunfähigkeit der Regierung beitrugen. Zu dieser geistig-institutionellen Trennung kam nun auch noch die räumliche. Gaza stand plötzlich allein. Der Anführer Scharon hatte Gaza mit dem israelischen Rückzug praktisch abgeschnitten.

Auch wenn viele Palästinenser den Gedanken, dass eine Spaltung der palästinensischen Gesellschaft überhaupt möglich sei, im Jahr 2005 noch vehement von sich wiesen, so darf ich heute behaupten, dass ich recht gehabt habe mit meinen Prognosen. Die Zeichen waren allzu deutlich. Es sollte nicht mehr lange dauern und sie sollten aufeinander schießen.

So oft ich in den vergangenen Jahren durch Ost-Jerusalem lief, fiel mir auch hier die Veränderung der arabischen Einwohner immer deutlicher auf, die sich allerdings genau anders herum vollzog als in Gaza. Die jugendlichen Männer und Frauen trugen Kleidung, die von der der Israelis nicht mehr zu unterscheiden war. Der Haarschnitt und die ganze Art des Auftretens waren schon israelisch. Im Gegensatz zur West-Bank und im Besonderen im Unterschied zu Gaza trugen hier wesentlich weniger Mädchen das Kopftuch und die Musik, die aus vielen Läden erklang, hatte westlichen Einschlag. Die Auslagen der Boutiquen und Modeläden waren mit denen Ramallahs nicht mehr vergleichbar. Das alles vollzog sich unbewusst und jeder hätte sich vehement dagegen gewehrt, hätte man ihn darauf angesprochen. Aber es war so und es ging sogar noch sehr viel tiefer. Viele junge Leute waren durch das israelische Schulsystem gegangen, sprachen heute perfekt Hebräisch und hatten Zugang zu israelischen Universitäten. Diese jungen Araber nahmen die Privilegien, die sich ihnen darboten, unbewusst wahr.

Als ich meinen Geldwechsler Ali Salameh in der Salah Eddin einmal darauf ansprach, sagte der: „Da ist etwas dran, aber du musst auch eins verstehen. Wir Palästinenser in Ost-Jerusalem sind nicht besser dran als die aus der West-Bank. Wir werden argwöhnisch kontrolliert, wenn wir durch Israel reisen. Es ist ein Spießrutenlauf. Das Misstrauen ist groß und so bleibt uns nur unser kleiner Bereich hier in Ost-Jerusalem, wo wir unangefeindet leben können. Viele verlassen diesen Bereich gar nicht mehr. Trotzdem erkennen wir deutlich den Versuch der Israelisierung der in Israel lebenden palästinensisch-arabischen Bevölkerung. Wir werden uns ihr nur schwer entziehen können, denn davon hängen letztlich die Überlebenschancen eines jeden Einzelnen ab."

Aber auch die palästinensische Bevölkerung in der West-Bank hatte sich verändert. Die korrupte Regierung Arafats, seine politischen Klimmzüge, die aus Kompromissen und Zugeständnissen bestanden und nichts positiv veränderten, die schleichende permanente Verschlechterung der Situation für die Menschen, die nur wenig von all den Geldern sahen, die ins Land geschwemmt wurden, die Unentschlossenheit der Regierung, dringend notwendige Reformmaßnahmen endlich anzupacken, und die Unfähigkeit, auf die wirklichen Belange der Bevölkerung einzugehen, ließen auch hier die islamischen Fundamentalisten weiter erstarken. Die Ablehnung als Protest gegen die Situation nahm zu. Arafat war nicht in der Lage, wie ein Staatsmann zu handeln, er war und blieb der Widerstandskämpfer mit nur beschränktem konstruktivem Horizont. Durch Vetternwirtschaft verlor er zusätzlich das Vertrauen engster Helfer. Dabei war er nur noch ein Spielball zwischen amerikanisch-israelischen Interessen, wie wir gesehen haben, und auch zwischen der innerarabischen Zerstrittenheit. Denn er stand als Palästinenserführer mit dem weltlichen Anspruch auf die heiligen Stätten des Islam in Jerusalem mitten in der arabischen Auseinandersetzung um den Führungsanspruch aller Araber, der manchmal offen, aber oft nur verdeckt zu Tage tritt. Und das erschwerte zusätzlich Arafats Situation.

Dieser Führungsanspruch, der aus der Vertreibung der Hashemiten aus Saudi-Arabien herrührt[374] und sich darauf gründet, dass nur ein Sharif[375] als direkter Nachkomme der Familie des Propheten die islamischen Heiligtümer beschützen kann, schwebt wie ein Damoklesschwert über der arabisch-muslimischen Gesellschaft. Neben dem König von Marokko, der als Einziger auch das Recht hätte, diesen Titel zu beanspruchen, ist der Führer des jordanischen Hashemitenhauses der allein anerkannte Hüter dieser Stätten, wozu ausdrücklich und inklusiv auch Mekka und Medina gehören. Der saudische König nennt sich daher auch nur „Custodian", also Wächter dieser zwei Stätten und kann sich niemals sicher sein, dass der jordanische König nicht eines Tages seinen legitimen Anspruch als Sharif in der arabischen Welt erneuert. Denn das würde dessen Hoheit über

[374] Siehe Index 2 – Hashemiten

[375] Arabisch für „*Hüter der heiligen Stätten*" شـ ريف

Mekka und Medina mit einschließen. Als beispielsweise der Irak 1990 Kuwait besetzte, sagte Hussein I. von Jordanien vor seinem Kabinett in Amman, man dürfe ihn getrost wieder Sharif Hussein Ibn Talal nennen[376], was fast einer Kriegserklärung gegen Saudi-Arabien gleichkam.

Diese zwei Ansprüche auf den Haram Al-Sharif[377], Arafats weltlicher und der geistliche des Hashemitenführers, prägten das Verhältnis beider über viele Jahre und führten oft zu erbitterten Auseinandersetzungen. Als König Hussein I. von Jordanien sich die geistige Autorität über Jerusalem im Austausch mit der israelischen Souveränität über die Stadt in einem Pakt mit Israel 1994 bestätigen ließ, war Arafat außen vor. Dafür fehlte er bewusst bei der Unterzeichnung des Friedensvertrages zwischen Israel und Jordanien im Oktober des gleichen Jahres. Der besondere Status für den König von Jordanien in Ost-Jerusalem ist jedoch keine dauerhafte Lösung, die weder für die Palästinenser noch für alle Muslime zufrieden stellend sein kann. Gleichwohl gilt, dass der islamische Anspruch in der Wertigkeit höher steht als ein palästinensischer oder jordanischer. Die von Hussein I. von Jordanien privat finanzierte Erneuerung der goldenen Kuppel des Felsendoms in den Jahren nach 1994 gilt als weithin sichtbares Signal des islamischen Anspruchs des „Sharifen" auch in Richtung Saudi-Arabien.

Diesem innerarabisch-muslimischen Konflikt um Jerusalem konnte also Arafat niemals allein gerecht werden. Wie hätte er es wagen können? Deshalb durfte es auch für ihn in dieser Frage keinen Kompromiss geben. Die arabische Welt hätte ihn zerrissen. Als Ehud Barak in Camp David bei den Verhandlungen im Jahr 2000 andeutete, dass er einige kosmetische Korrekturen in Betracht ziehen würde, wobei er tatsächlich israelische Tabus hatte brechen wollen, aber die palästinensische, arabische und muslimische Herrschaft über den Bereich der heiligen Moscheen und die größeren arabischen Stadtteile ablehnte, war genau das der Grund, weshalb der Gipfel scheiterte. Arafat konnte einen amerikanischen Kompromissvorschlag von US-Präsident Clinton, wonach Teile Jerusalems nur unter palästinensischer Verwaltung stehen sollten, nicht annehmen. Die Sache ging weit über seine Verhandlungskompetenz hinaus.

---

376 Vgl. auch Bibliographie: Bassam Tibi, *Pulverfass Nahost*

377 Vgl. Fußnote 293. Direkte Übersetzung auch „*Heiligtum des Sharifen*"

In den westlichen Medienberichten jener Zeit spielte das Dilemma Arafats keine Rolle. Er und die Palästinenser wurden als Blockierer des Friedens dargestellt und Israel war wieder einmal als „Friedenstaube“ gescheitert. Tatsache jedoch bleibt, dass der Konflikt über Jerusalem mit dem Tempelberg oder dem Haram Al-Sharif erst durch den Einzug des Zionismus in Palästina überhaupt ausbrach. Allein darin liegt die Ursache.

Mit den Menschen Palästinas hatte sich auch die gesamte Gesellschaft nach der Al-Aqsa-Intifada verändert. Die Einheit, die noch von der Kinderintifada herrührte, verschwand. Zu den Moderaten, Demoralisierten, Verzweifelten und Geschundenen kam nun die Gruppe der radikal Militanten und Ultra-Fundamentalisten. Die Hamas und der Islamische Dschihad nahmen überhand. Sie setzten sich sogar über die Bedürfnisse ihrer eigenen Landsleute hinweg. Als militante muslimische Palästinenser im Jahr 2001 von Beit Jala aus die israelische Siedlung Gilo beschossen, sagten mir christliche Bewohner von Bethlehem, dass sie bewusst aus den Häusern der Christen in Beit Jala schießen würden. Die Antwort des israelischen Militärs war die Zerstörung dieser Häuser durch Panzergranaten quer über das Tal zwischen Gilo und Beit Jala hinweg. Es wurde zur militanten Strategie, sich durch Unbeteiligte Deckung zu verschaffen und den Kampf damit zu ihnen zu tragen. Diese verabscheuungswürdigen Methoden führten zwangsläufig zu großen Verlusten unter der Zivilbevölkerung. Und zur weiteren Spaltung der Gesellschaft. Die schrecklichen Attentate auf israelische Zivilisten im Vorfeld und während der Intifada taten dabei ein Übriges.

Dass diese Praktiken von den militanten Palästinensern angewandt wurden, steht außer Frage. Dass die Raketen und Granaten auf die palästinensische Zivilbevölkerung von Israelis abgefeuert wurden, aber auch. Wenn wir von Menschenrechtsverletzungen reden bei zwei Gegnern, die mit Waffengewalt gegeneinander vorgehen, müssen wir natürlich auch beide Seiten betrachten. Wenn wir Israel wegen seiner Brutalität verurteilen, müssen wir neben den Terroranschlägen der militanten und radikal-religiösen Islamisten auch das Leben unter einer palästinensischen Regierung kritisieren, deren Gefängnisse von Kollaborateuren voll sind, deren Liquidationskommandos nachts die Straßen durchstreifen und deren Korruption sich in einem Riesenskandal offenbarte. Aber was erwarten wir? Kritik an Palästinas Menschen zu üben? Das ist mir unmöglich. Kritik zu üben an einer Bevölkerung, die jahrelang durch eine Besatzungsmacht um ihr Lebensrecht, ihr Glück, ihre Zukunft betrogen wurde? Kritik an dem zu üben, was daraus erwuchs?

All die, die berechtigt objektive und sachliche Kritik fordern und damit natürlich beide Seiten einbeziehen, vergessen, dass das, was wir an Kritik gegen Palästinas Menschen richten können, eine unmittelbare Folge der Besatzung ist. Das palästinensische Volk wurde betrogen und missbraucht, auch von der eigenen Führung, ja, aber besetzt wird es von Israel. Hier geht es also nicht um Sicherheitsrechte für Israelis, sondern um Menschenrechte für Palästinenser. Auch können wir erst dann eine Einhaltung von Menschenrechten in Palästina selbst einfordern, wenn der Druck Israels verschwunden ist. Wir können uns erst dann ein Urteil über die Palästinenser erlauben, wenn das Land seine Unabhängigkeit und seine Freiheit erlangt hat. Der Ausnahmezustand der Palästinenser verbietet sachliche und humanitäre Kritik an Palästinas Menschen.

Denn wie schnell wir uns selbst mit unserer Kritik zu weit aus dem Fenster lehnen können, zeigte unsere Reaktion auf die Wahl der Hamas im Frühjahr 2006. Unabhängig vom Ausgang; es war eine demokratische Entscheidung, wie uns unsere eigenen EU-Beobachter ja bescheinigt haben. Dass das demokratische Ergebnis dann nicht in unserem Sinne ausfiel und vom Westen auch nicht anerkannt wurde, sollte uns zuerst über uns selbst zu denken geben. Wie weit reicht eigentlich unser Verständnis von Demokratie? Nur so weit, wie uns das Ergebnis genehm ist? Wie in den USA, wo nur zwischen Demokraten und Republikanern gewählt werden kann, die sich im Kern kaum voneinander unterscheiden? Wo das Ergebnis immer genehm ist? Ist das unser Verständnis von Demokratie?

Was sich im Ergebnis der freien Wahlen im Frühjahr 2006 in Palästina zeigte, war letztlich das Resultat unserer eigenen Unfähigkeit, dieser Tragödie endlich ein Ende zu bereiten. Vier Generationen von Menschen, die unter unmenschlichen Bedingungen der Willkür einer rassistischen Doktrin ausgesetzt sind, sollen sich urplötzlich in Demokraten verwandeln? In Demokraten nach unserem Gusto? So moderat wählen, wie wir das für richtig halten? Wo leben wir eigentlich? Was verlangen wir da?

Das Ergebnis war ein Protest, ein Hilfeschrei an die Welt, ein Aufbäumen gegen Ungerechtigkeit und Gewalt, es war vorhersehbar.

Besorgnis erregend indes war es nicht. Der allergrößte Teil der palästinensischen Bevölkerung ist nicht fundamentalistisch. Trotz der israelischen Aggressionen. Ich wage zu bezweifeln, ob wir uns selbst unter solchen Umständen so anspruchslos, so moderat verhalten würden wie sie. Das palästinensische Volk besteht nicht aus Terroristen und Selbstmordattentätern! Unter Bedingungen, die diesem Volk seine Freiheit und seine Menschenrechte zubilligen, werden wir wahrscheinlich erstaunt sein, wie gemäßigt sie in Wirklichkeit sind. Dass dabei noch ein langer Weg zu demokratischem Bewusstsein zurückzulegen ist, das steht natürlich außer Frage.

Das Ergebnis der Wahl war natürlich eine Katastrophe und sollte uns in der Hinsicht zu denken geben, ob man ein Volk unter solchen Umständen überhaupt zur Wahlurne schicken kann. Dass sie einen Fehler mit ihrem Kreuz gemacht hatten, wurde vielen Palästinensern unmittelbar danach klar, als sich die Hamas und ihre Clique sofort die entscheidenden Positionen bis in die technischen Ebenen der öffentlichen Hand sicherte, alles in Frage stellte, was in zehn Jahren Aufbauarbeit erreicht worden war, und einen religiös motivierten islamistischen Anspruch auf die Ausrichtung des Staates Palästina und seiner Menschen ausrief. Das zusammen war es, was am Ende die Palästinenser in einen Bürgerkrieg trieb. Denn auch die laizistische Fatah wollte ihre Macht nicht aufgeben. Präsident Abbas[378], der als gemäßigter Politiker gilt, konnte seine Stellung in der West-Bank mit Waffengewalt behaupten, die Hamas eroberte ebenso gewaltsam Gaza. Die Trennung war vollzogen. Die Border Line war installiert, zwischen Israel und Palästina und zwischen den Palästinensern selbst. Die Bevölkerung in Gaza war verloren. Isoliert, abhängig von internationalen humanitären Hilfslieferungen, musste das in einem Desaster enden.

Aber selbst gegenüber Abbas blieb die israelische Verweigerungshaltung unverändert, denn allen Abkommen der letzten Jahre zum Trotz geben zionistisches Machtstreben und politisches Kalkül weiterhin den Ton im Alltag Israels an.

In Bezug auf die moralische Bewertung seines Verhaltens ist Israel von dem seiner militanten Gegner kaum zu unterscheiden. Die arabischen Kämpfer, die den Übergriffen der Zionisten Widerstand leisten, leisten diesen Widerstand auf ihrem eigenen Land. Die Zionisten

[378] Siehe Index 1 – Personenregister

antworten heftig und keine der beiden Seiten kann eine moralische Überlegenheit für sich beanspruchen. Allerdings, sollte nicht das moralische Verhalten eines anerkannten Staates der Weltgemeinschaft weit über dem von so genannten Terrororganisationen stehen? Ansonsten stellt man sich doch auf die gleiche Stufe, oder? Muss man sich dann nicht Gedanken um seine eigene Benennung machen? Israels Verhalten gegen seine arabischen Widersacher und die palästinensischen Unterworfenen war zu oft brutal, als dass man einen Anspruch auf ein moralisch überlegenes Verhalten geltend machen könnte, trotz der furchtbaren Anschläge auf israelische Bürger. Wenn die Israelis tatsächlich ein Volk wie alle anderen Völker sein wollen, ein Staat wie alle anderen Staaten, dann muss Israel auch mit denselben moralischen Maßstäben wie jeder andere Staat gemessen werden. Dem allerdings verweigert sich Israel seit Jahren.

Seine Moral bewies Israel früh, als es dem Atomwaffensperrvertrag von 1968 nicht beitrat und auch 1995 unter Rabin bei der Erneuerung den Vertrag der nicht-nuklearen Mächte dieser Welt zum Verzicht von Entwicklung oder Erwerb von Nuklearwaffen nicht unterschrieb. Dass Israel frühzeitig Atommacht war, wurde schon lange hinter der Hand gemunkelt. Aber erst die Flucht des Israelis Mordechai Vanunu, der von 1977 bis 1986 in der Wiederaufarbeitungsanlage im geheimen israelischen Atomzentrum Dimona gearbeitet hatte, dort vor seiner Kündigung heimlich fotografieren konnte und seine entsprechenden Enthüllungen 1986 in der Sunday Times veröffentlichte, bewiesen diese Vermutungen. Israel verfügt über Atomwaffen, die im israelischen Atomzentrum Kirya le-Mehekar Gariny (KAMAG) in Dimona in der Negev-Wüste entwickelt wurden[379]. Vanu-

379 1965 wurden in der NUMEC-Anlage in Apollo/Pennsylvania 53 kg Uran 235 vermisst. Eine Untersuchung ergab, dass seit 1957 insgesamt 178 kg Uran verschwunden waren. CIA und ein Komitee des US-Kongresses vermuteten, dass ein Teil des Urans nach Israel geschafft worden sei. Da die Untersuchungen auf höchster Regierungsebene behindert und schließlich gestoppt wurden, wurde angenommen, dass die einem Zionisten gehörende NUMEC-Anlage nur ein Deckmantel war, unter dem die USA die Entwicklung einer israelischen Atomstreitmacht unterstützten. Das Dementi aus Bonn über die Verwicklung der BRD in das israelische Nuklearprogramm durch das Kernforschungszentrum Karlsruhe im Jahr 1974 war nicht besonders überzeugend.
Schon 1958 bauten die Israelis in der Negev-Wüste mit französischer Hilfe eine „Textilfabrik“, die auffällige Ähnlichkeit mit einem Atomreaktor besaß.

nus marokkanische Wurzeln, die sein Gewissen belasteten, das sich auf seine am eigenen Leib erlebte Toleranz der Araber in Marokko gegenüber Juden und auf seine eigene Mitverantwortung beim Bau der Bombe bezieht, um sie gegen Araber einzusetzen, veranlassten ihn zur Flucht. Die muslimischen Staaten hatten alle den Atomwaffensperrvertrag unterschrieben außer dem Irak und Pakistan, das sich im Wettrüsten mit Indien befand. Vanunu saß 18 Jahre in Israel wegen Hochverrats in Haft, nachdem er aus seinem Londoner Exil nach Rom gelockt worden war und vom israelischen Geheimdienst Mossad entführt wurde. Wer das zionistische Prinzip verrät, muss damit rechnen. Vanunu konvertierte zum Christentum.

Der Grund also, die Atombombe zu bauen, war eindeutig; sie sollte gegen Araber eingesetzt werden. 1973, im Jom-Kippur-Krieg, muss Israel bereits über mehrere Atombomben verfügt haben. Golda Meïr soll angesichts der drohenden Niederlage bedrängt worden sein, mit der Zündung einer Kernwaffe über Ägypten ein Zeichen zu setzen. Doch sie wartete ab. Ein Segen für die Welt im Angesicht des Kalten Krieges. Für Stunden stand die Welt 1973 am Rande eines Atomkriegs, ausgelöst durch Israel, ohne dass irgendjemand irgendetwas davon ahnte[380]. Das Atomwaffenarsenal des zionistischen Staates wird heute auf 100 bis 200 hoch entwickelte Sprengköpfe

---

Mit der Zeit mauserte sich die Anlage zum heutigen, lange geheim gehaltenen Atomzentrum Dimona. Im Spätsommer 1967 in der aufkommenden Angst, die Errungenschaften des Sechs-Tage-Kriegs wieder zu verlieren, wurde offenbar die Entscheidung über den Bau der Atombombe gefällt. Doch damit verschlossen sich die Türen der bisherigen Uranlieferanten, denn immerhin stand der Atomwaffensperrvertrag kurz vor dem Inkrafttreten. So kaufte der israelische Geheimdienst 1968 über eine Mailänder Deckadresse 200 Tonnen Natururan von einer Brüsseler Uranhandelsgesellschaft. Als Zwischenhändler trat die hessische Asmara-Chemie in Erscheinung. Als das Schiff „Scheersburg A“ mit den 200 Tonnen Uran in See stach, begann die „Operation Plumbat“. Kurz vor Zypern, auf hoher See, wurde das Natururan am 29. November 1968 auf einen Tanker umgeladen. Beide Schiffe und die Besatzungen gehörten zum israelischen Geheimdienst. 1977, als die Aktion bekannt wurde, dementierten Bundesregierung und der damalige Kanzler Kiesinger, dass Bonn damals Israel bei dieser Uranbeschaffung geholfen habe.
Neue Hanauer Zeitung Nr. 41, Februar 1988

380 *Spiegel* vom 9. Mai 1977, dpa vom 23. Mai 1977 und *Stern* vom 13. Mai 1980

geschätzt. Und auch über Fähigkeiten, Wasserstoffbomben und biologische und chemische Waffen herzustellen, soll Israel inzwischen verfügen. Die latente Gefahr, dass der zionistische Staat in seiner Hysterie diese Waffen auch einsetzt, besteht weiterhin, mit allen sich für uns daraus ergebenden Folgen.

Israel kann als der einzige Staat der Welt angesehen werden, der Inspektionsbesuche durch die Internationale Atom-Energiebehörde (IAEA) ablehnt. Und selbst den amerikanischen Freunden wird dabei der Zugang versperrt. Aus Sorge sandten diese ihre Nuklearprogrammfachleute nach Dimona, um den Reaktor zu überprüfen. Aber Israel verweigerte den Zutritt. „Nur Israelis sei der Zutritt erlaubt."

Diese Politik der atomaren Zweideutigkeit, bei der Israel die Welt im Unklaren über sein wahres Nuklearpotenzial lässt, bei der es über die Nichtverbreitung von Atomwaffen keine Aussagen macht und jegliche Kontrollen seiner Anlagen abgelehnt, und das alles im Angesicht des eigenen aggressiven militärischen Verhaltens, muss uns zu denken geben. Mit welcher Selbstverständlichkeit Israel sich das Recht nimmt, diesen unangefochtenen Nuklearstatus in der Region zu behalten, mit allen erdenklichen Mitteln[381], das muss uns zu denken geben. Und natürlich auch den arabischen Staaten. Wie können die Araber Frieden schließen mit einem Land dessen Atomwaffen auf sie gerichtet sind? Dass sie zu diesem Frieden trotz aller politischen Geheimhaltung und hysterischen Unberechenbarkeit Israels bereit sind, selbstverständlich zu den Bedingungen des Völkerrechts, das muss uns zu denken geben.

Wie wenig sich Israel um die Angelegenheiten und die Sicherheit anderer in der Welt schert und welche Moral sich im Besonderen dadurch offenbart, zeigten die Ereignisse um den Absturz einer israelischen El-Al-Maschine am 4. Oktober 1992, die nahe Amsterdam in einen Wohnblock stürzte. Das Rätseln um die Ladung dieses Transportflugzeugs begann Monate später, als überdurchschnittlich viele Kinder mit Missbildungen in der Gegend geboren wurden und die Menschen über vehemente Gesundheitsprobleme klagten. Erst viele

[381] Beispielsweise drangen 1979 israelische Agenten in die französische CNIM-Werft von La Seyne ein und sprengten atomare Anlagen, die für den Irak bestimmt waren. 1981 Zerstörung des Reaktors im Irak.

Jahre später[382], nach Lügen, Falschinformationen und Vertuschungsversuchen, gab die Fluggesellschaft El-Al zu, dass 240 Kilogramm einer Chemikalie[383] an Bord des Flugzeugs waren, die unter anderem zur Erzeugung des Nervengases Sarin verwendet wird. Eine solche Moral im Besitz von chemischen und atomaren Waffen, verbunden mit einer Staatsdoktrin wie der des Zionismus, das muss uns zu denken geben.

Wie war es möglich, dass erst die wiederholte Berufung eines parlamentarischen Untersuchungsausschusses gegen den Willen der niederländischen Regierung Jahre später die Wahrheit ans Licht brachte? Wahrheiten über solche Lügengeflechte, die zwar ans Licht kommen, irgendwann jedenfalls, fast immer aber mit zu großer Verspätung, dann, wenn die großen Überschriften der Medien schon die Weltmeinung geprägt haben. In diesem Fall war die Entrüstung groß, weil ein Land und auch Menschen in Europa direkt davon betroffen waren. Im Fall der Aufdeckung von manipulierter Information aus dem Nahen Osten ist unsere Entrüstung allerdings weniger groß. Wir fühlen uns zu weit entfernt, als dass uns die Wahrheit noch nach Monaten oder Jahren wirklich interessiert. Deshalb sollten wir uns angewöhnen, auf die offiziellen Verlautbarungen, Hintergründe und Kommentare der ersten Stunden und Tage zu den Ereignissen des Nahen Ostens nicht allzu viel zu geben. Sie stellen sich nur allzu oft als Informationen heraus, die bewusst manipuliert und ausgerichtet sind und dringend einer Berichtigung und Ergänzung bedürfen.

---

382 Sipke Koopmans, ein Fluglotse, machte vor der parlamentarischen Untersuchungskommission, die den Absturz des israelischen Frachtjumbos 1998 untersuchte, folgende Aussage: „Es gibt einen Tonbandmitschnitt. Daraus geht hervor, dass ein El-Al-Mitarbeiter bei der Flugleitung im Tower anrief und mitteilte, es befänden sich Giftstoffe und Munition an Bord." Der El-Al-Sprecher habe während des Telefonates jedoch gebeten, die Giftladung geheim zu halten. Und so sei verfahren worden. Der Tonbandmitschnitt, so Koopmans vor der Haager Untersuchungskommission, „lag sechs Jahre lang in einem Safe der Flugleitung in Amsterdam. Da niemand danach gefragt hat, blieb er dort liegen."
Yoel Feldschuh, der Chairman der israelischen Fluglinie El-Al, nannte die Aussage des Fluglotsen, dass die wahre Fracht auf Wunsch Israels geheim gehalten werden sollte, „blanken Unsinn". Er unterstrich, es seien „keine Chemikalien" an Bord gewesen.

383 Dimethyl-Methylphosphonat (DMMP)

Das israelische Innen- und Verteidigungsministerium unterhält eigens Abteilungen, die sich um die Propaganda und die Verbreitung und Dementierung von Nachrichten kümmern. Das ist durchaus legitim, wenn sich deren Aussagen auch an der Wahrheit orientieren. Zur Entlastung muss natürlich erwähnt werden, dass solche Praktiken im politischen Tagesgeschäft im Nahen Osten, und nicht nur da, durchaus üblich sind. Auch die arabischen Gegner benutzen Propaganda gezielt, um Zahlen von Toten zu erhöhen, um Bilder von Zerstörung und Verzweiflung zu überdramatisieren und dadurch den Hass auf Israel weiter zu schüren. Das Filtern solcher Informationen fällt uns natürlich schwer in Europa. Daher sollten wir uns angewöhnen, auf die zu hören, die die Situation, durch ihre unmittelbare, langfristige Anwesenheit vor Ort, durch ihre Kenntnis und durch ihre Vertrautheit beurteilen und belegen können.

Ich selbst habe einen solchen Bewahrheitungsprozess mitgemacht. Als ich 2003 zum ersten Mal Syrien betrat, hatte ich ein ungutes Gefühl in der Magengegend. Die Berichte vom Schurkenstaat hatten auch mich bis zur Skepsis beeinflusst. Natürlich ist Syrien noch weit von einer freiheitlichen Gesellschaft entfernt, natürlich bestimmt auch heute noch der Geheimdienst das Leben und die Presse, natürlich sind Menschenrechte in Syrien zu hinterfragen, wenn sie auf politische Dissidenten und Oppositionelle zielen, und trotzdem: Die Entwicklung ist rasant. Als ich im Sommer 2008 an einem warmen Abend durch Damaskus schlenderte und das bunte Treiben auf den Straßen beobachtete, erkannte ich, welch gewaltiges, entwicklungsfähiges Potential Syrien hat. Die jungen Menschen, denen ich begegnete, die sich in Cafés und Restaurants amüsierten, die zum Tanzen gingen oder sich auf den Grünanlagen versammelten, hätten in jede europäische Großstadt gepasst. Eine freie Jugend aller möglichen Religionen, ohne Zwang zum Kopftuch, mit Rastalocken oder Kurzhaarschnitt, mit Kreuz oder Halbmond um den Hals und in Jeans und T-Shirts, drückte ihre Intelligenz, ihre Offenheit und Toleranz mit Überzeugung aus. Dieser Prozess ist in der syrischen Gesellschaft nur durch eine Katastrophe von Außen umkehrbar.

Auch wenn der Weg zur Demokratisierung noch lang ist und die Baath-Partei[384] die uneingeschränkte Macht besitzt, so haben sich

---

384 Partei in Syrien, die bis zum Sturz Saddam Husseins auch im Irak regierte. Ihr arabischer Name lautet: „Arabische Sozialistische Partei der Wiedererweckung", حزب البعث العربي الإشتراكي

darunter doch freiheitliche Strukturen gebildet, wie ein Spektrum von Oppositionsparteien oder die marktwirtschaftliche Ausrichtung im Privatsektor. Die religiöse Toleranz Syriens, wo Sunniten, Schiiten, Alawiten, Christen, Drusen, Ismaeliten und sogar noch einige Juden nebeneinander existieren und das Recht haben, ihre Religionen auch frei auszuüben, setzt ein deutliches Zeichen. Kriminalität findet praktisch nicht statt und so sicher, wie man sich nachts in Damaskus bewegen kann, zählt das nicht unbedingt zur Alltäglichkeit in unserer Welt.

Bei einem Besuch im Souk von Damaskus beim Händler Khaled Al Hakim, einem jungen, gebildeten Geschäftsmann, bei dem ich mich öfter mit arabischen Erinnerungen und Geschenken eindeckte, befragte ich ihn natürlich auch zur Situation der Juden in Syrien.

„Viele junge Juden sind leider fortgegangen, aber die Alten, die hier schon seit so langer Zeit leben, sind geblieben", sagte er in exzellentem Englisch. „Mit einigen in Damaskus habe ich guten Kontakt, sie stellen Silberschmuck her, den ich verkaufe. Es geht ihnen recht gut hier und sie würden Syrien niemals verlassen. Sie können ja jederzeit gehen. Israel hat sie auch schon mehrmals dazu aufgefordert, aber sie sind geblieben. Wir unterscheiden hier deutlich zwischen jüdisch und israelisch – und sie tun das auch. Zionisten sind die Feinde der Araber, nicht die Juden. Wer nicht zwischen jüdisch und israelisch unterscheidet, kann den Konflikt im Nahen Osten nicht begreifen."

So, wie ich Syrien in diesen Jahren erlebt habe, steht das in krassem Gegensatz zu dem Bild, das sich der Westen von Syrien macht. Ungläubig werde ich angeschaut, wenn ich über meine Erfahrungen von da berichte. Wenn unsere Meinung einmal in eine Richtung gelenkt ist, dann fällt es uns verdammt schwer, uns wieder davon zu lösen.

Und so fällt es uns auch so verdammt schwer zu glauben, gegen alle anders lautenden Beteuerungen, dass seit Jahren die Kräfte in Israel die zentrale Macht stellen, die gemäß den Worten Dajans[385] den Sinn des zionistischen Staates in weiterem Expansionsdrang

---

Die Baath-Partei geht von der Doktrin einer einzigen ungeteilten arabischen Nation aus. Als Grundprinzipien gelten Einheit, Freiheit, Sozialismus. Im Kern ist sie säkular, nicht religiös.

[385] Vgl. Fußnote 352

sehen. Das heißt mit anderen Worten, die Rechte Israels ist mit dem Erreichten noch immer nicht zufrieden.

Die Lehre des Ze'ev Jabotinsky, des Begründers des revisionistischen Zionismus[386], ist bis heute unverändert die Ideologie der Likud-Partei. Jabotinsky hatte das Maximum im Blick: „Eretz Israel", das ganze „Land Israel" unter Einschluss der heutigen besetzten Gebiete und auch von Teilen Jordaniens am Ostufer des Jordan. Dieser Anspruch auf Jordanien wurde vom Likud-Block in der Vergangenheit mehrmals verkündet. Mit dem Menschenfreund Begin als Ministerpräsident gelangte der Revisionismus in den Achtzigerjahren an die Macht[387], und die beiden wichtigsten Forderungen dieser Ideologie wurden Staatsräson: keine Aufgabe jüdischen Bodens und militaristische Machtpolitik der harten Hand. Eine Politik des „eisernen Walls" gegenüber der arabischen Bevölkerung Palästinas, die Jabotinsky mit genau diesen Worten begründet hatte. Für den Likud ist es selbstverständlich, dass der israelische Staat ein Groß-Israel im biblischen Sinne werden müsse.

Begins Rückgabe des Sinai an Ägypten und der Frieden mit dem Nachbarstaat widersprachen diesen Prinzipien nicht, denn die Halbinsel gilt nicht als Teil von „Eretz Israel", ebenso wie Gaza. Im Abkommen von Camp David 1978[388] war die Rede von palästinensischer Autonomie – im Sinne Jabotinskys. Die Frage der Souveränität blieb offen. Schamir, der auf Begin folgte, stand ideologisch noch weiter rechts. Einst Mitglied der Lechi, blieb er gar den politischen Zielen des Lechi-Gründers Abraham Stern auch als Ministerpräsident

---

[386] Vor etwa 80 Jahren wurde unter dem Slogan „Der Jordan hat zwei Ufer – das eine gehört uns und das andere auch" der Likud gegründet. Allein der Name (Zusammenschluss) reflektiert diesen Anspruch. Der Gründer, Vladimir (Ze'ev) Jabotinsky, wollte die Entscheidung der britischen Regierung (1921), nämlich die Trennung Transjordaniens (das gegenwärtige Königreich Jordanien) von Palästina, rückgängig machen. Das war die „Revision", für die er kämpfte. Er wollte alles.

[387] Jabotinsky war im Gegensatz zu seinem wichtigsten Schüler Menachem Begin kein Befürworter des Terrors. Nach anfänglicher Begeisterung für den charismatischen Begin irritierte ihn dessen Forderung nach einem militanten Zionismus. Begin schuf in Palästina die Terrororganisation Irgun nach dem Vorbild Garibaldis, vor allem aber der IRA. Für Ben-Gurion waren der Irgun und die noch radikalere Terrorgruppe Lechi Abkömmlinge der europäischen Rechten, die er bekämpfte.

[388] Siehe Index 16 – Die Camp-David-Abkommen

treu. Der Gründer dieser Terrorgruppe stellte 18 Prinzipien der nationalen Erneuerung auf, in denen er auch die Grenzen Israels nach Genesis 15:18 definierte: „Deinen Nachkommen habe ich das Land gegeben vom großen Fluss Ägyptens bis zum großen Fluss, dem Fluss Euphrat.“[389]

Diese Prinzipien stellten selbst Jabotinskys Vorstellungen noch in den Schatten; sie verlangten die Eroberung des Landes mit dem Schwert und formulierten den ewigen und absoluten Anspruch der Juden auf dieses Land. Schamir hat diese Prinzipien nie verraten. Seine Kampagne gegen die PLO und den Terrorismus mit Hilfe seines Botschafters bei der UNO Benjamin Netanjahu und des späteren Verteidigungsministers Moshe Arens sollte den arabischen Widerstand auslöschen, bis die Palästinenser aller Hoffnung beraubt waren, jemals die Juden „ins Meer zu treiben“. Geschickt nutzte Netanjahu die westliche Angst vor dem internationalen Terrorismus und brandmarkte Arafat als Hauptschuldigen für jeden Angriff auf Israel.

Die grundsätzliche Ausrichtung des Likud hat sich bis heute nicht geändert: gegen jeden Rückzug aus einem Teil des „Vaterlandes“, gegen die Evakuierung jeder Siedlung und gegen jeden Kompromiss mit dem „arabischen Feind“.

Hierin offenbart sich die Wahrheit über die Likud-Politiker gegenüber allen anders lautenden Veröffentlichungen. Der Likud steht fest in dieser Linie – von Begin und Schamir über Netanjahu, Scharon und Olmert bis hin zu Livni. Eine feine Reihe getreuer Gesinnungsgenossen bis zum heutigen Tag; eingeschlossen die neue Hoffnungsträgerin des Westens. Zipi Livni unterscheidet sich in nichts von ihren Vorgängern. Wie Ehud Olmert wuchs Livni im revisionistischen Umfeld der Betar-Jugend auf. Sie wurde früh von ihrem Vater Eitan Livni beeinflusst, auf dessen Grabstein die Landkarte seines Wunsch-Israel prangt, das auch Teile Jordaniens umfasst.

Als ich am 30. Mai 2007 auf der jordanischen Seite des Toten Meeres stand und über das stille Wasser nach Palästina hinüberblickte, dachte ich über die letzten Worte des Teeverkäufers Bassam nach, die mir in der Erinnerung geblieben waren. „Das ist die einzige

---

389 Daher werden die zwei blauen Streifen, die auf der israelischen Fahne den Davidstern in ihre Mitte nehmen, oftmals als Nil und Euphrat interpretiert.

Wahrheit! Die Zionisten kamen, das Land zu rauben, und sie sind bis heute im Nahen Osten noch lange nicht damit fertig!" Dieser Bemerkung konnte ich damals noch keine ernsthafte Bedeutung zuordnen, ich konnte ihr wenig Überzeugungskraft abringen. Jetzt aber, spätestens jedoch seit gestern, als Mahmoud Abd El-Malak und ich uns mit einem Beamten des jordanischen Arbeitsministeriums wegen der Zusammenarbeit in der Berufsbildung getroffen hatten, nahmen diese Worte an Bedeutung zu.

Der Jordanier versicherte uns glaubhaft, dass ein neues Spiel begonnen hätte zwischen Israelis und Jordaniern. Landkauf. Auf meine Nachfrage erklärte er: „Israelis haben seit einiger Zeit damit begonnen, Grundstücke in der Wüste Jordaniens aufzukaufen. Sie sind nichts wert und liegen weit außerhalb der Ortschaften. Sie bezahlen sehr gut dafür. Wie dumm müssen die eigentlich sein?"

Als ich seine ungeheure Naivität erkannte, fragte ich ihn, ob er wisse, wie der Konflikt in Palästina begonnen hatte: durch Landkauf. Er setzte sich zurück und sagte nichts mehr.

Die Verweigerungshaltung ist in Israels Politik gang und gäbe, nicht nur bei den Rechten. Sie alle taktieren, gewinnen Zeit, schaffen neue Tatsachen, schieben getroffene Vereinbarungen hinaus und verweigern die Rückgabe des besetzten Landes. Die Parteien des rechten Flügels jedoch haben zusätzlich zum Erhalt des Status quo mit den Vorstellungen Jabotinskys auch noch den Anspruch auf Gebiete in Jordanien übernommen. Der zionistische Revisionismus ist zur Mehrheitsideologie in der Knesset geworden. Und die lässt sich auch dadurch leicht zur Durchsetzung der Ziele der radikalsten Israelis missbrauchen: Der Siedler.

Ich habe diese Gattung von Israelis nur in einem permanenten Abwehrverhalten erlebt. Abwehr gegen Palästinenser, Abwehr gegen Israelis, Abwehr gegen die Staatsmacht, Abwehr gegen Argumente, Abwehr gegen Toleranz, Abwehr gegen Frieden, Abwehr gegen die Welt, Abwehr gegen sich selbst. Tatsächlich nehmen sie sich Rechte heraus, die sonst keinem Israeli zugestanden werden. Das Blockieren von Hauptverkehrsadern als Kriegserklärung an die israelische Öffentlichkeit, das Einschüchtern von israelischen Bürgern, wenn ihrer Aussage nach Dinge außer Kontrolle geraten und Blut fließen wird, die Inanspruchnahme williger Medien zur Verbreitung ihrer abstrusen Ideen, die einem Privatkrieg gleichen, der gegen jeden geführt wird, der nicht ihre Meinung vertritt. Sie drohen damit, die Nation zu spalten.

Dabei ist dies eine Minderheit, die nur etwa 20% der Bevölkerung Israels ausmacht. Aber eine gut organisierte Minderheit. Ihr harter Kern ist in den Siedlungen und den Jeshiva[390] konzentriert und sie ist leicht zu mobilisieren. Sie haben Führer von absoluter Autorität, die im Grunde genommen über dem Gesetz stehen. Ihre totale Disziplin findet in Wahlzeiten ihren besonderen Ausdruck, wenn 99% der Stimmen in religiösen Stadtteilen an den Kandidaten gehen, den der Rabbiner ausgewählt hat.

Das geht so weit, dass ihre politischen Parteien Geld erpressen zur Erreichung von Konzessionen bei der Aufgabe illegal errichteter Siedlungen oder sie mit Wohnqualität versorgen, von der die meisten Israelis nur träumen können. Ihre politische Macht hat diese diktatorische Minderheit längst erkannt.

Die Siedler stellen die loyale Armee des Likud, die die Siedlungspläne in den besetzten Gebieten in die Tat umsetzt. Sie sind geleitet vom Glauben an das göttliche Versprechen, dieses Land sei dem Volk Israel geweiht, und dazu muss jüdisches Land aus der Hand von Fremden befreit werden. Ihre Logik ist die unausweichliche, göttliche Intervention zugunsten des jüdischen Volkes und die Pflicht jedes Einzelnen, handelnd einzugreifen, um das Eintreten des glücklichen Endes zu beschleunigen. Diese Logik lenkt jedoch nicht nur die Schritte der religiös-politischen Fundamentalisten auf jüdischer Seite. Sie findet ihr Pendant in der religiös-deterministischen Logik, die das Reservoir an palästinensischen Selbstmordattentätern so unerschöpflich macht. Es wird getragen durch das Desinteresse an einem Leben, das nicht mehr lebenswert ist, aus dem Bewusstsein, Menschen dritter Klasse zu sein – ein Motiv, das natürlich sehr viel mehr Palästinenser umfasst als nur Selbstmordattentäter.

Hier genau liegt der Grund für den islamistischen Fundamentalismus. Erst die israelisch-fundamentalistisch-jüdische Logik gebar die palästinensisch-fundamentalistisch-islamische Logik. Und aus der Einseitigkeit der westlichen Einflussnahme in diesen und auch andere Konflikte im Nahen und Mittleren Osten entsprang dann der islamistisch-globale Terrorismus. Dieser gegen den Westen gerichtete

[390] Religiöse Seminare, vgl. Fußnote 113

Terrorismus ist sicherlich nicht nur geprägt vom palästinensisch-israelischen Konflikt, aber der war ein eindeutiger Auslöser dafür.

Es war Sommer 2007, als ich das Zentrum von Hebron noch einmal besuchte. Viel war hier passiert seit damals, als ich in der Altstadt sowohl von jüdischer als auch arabischer Verblendung Zeuge geworden war. Die Stadt war quasi geteilt[391]. Ich stellte mein Mietauto im quirligen arabischen Teil ab und ging durch den Zugang zur Altstadt, den die israelische Armee mit Betonblöcken versperrte. Die Shuhada Street hatte ich damals mit dem Auto befahren. Hier hatte das Leben pulsiert. Jetzt wirkte die Straße gespenstisch; zwei alte arabische Männer hockten bei einem Teller mit Süßigkeiten vor einem Geschäft mit Pferdegeschirr und Glöckchen zusammen. Die anderen Läden waren verbarrikadiert. Eine Geisterstraße. Eine Gruppe jüdischer Jugendlicher kam um die Ecke, Maschinengewehre umgehängt. Ich war allein, denn Palästinensern, die nicht hier wohnen, ist das Betreten der Straße mittlerweile untersagt. Wohl fühlte ich mich nicht. Ich erkannte alles nicht wieder. Die Häuser, viele hundert Jahre alt, wunderschöne architektonische Perlen, waren halb verfallen. Die Eigentümer waren fortgezogen. Gar nicht dazu passen wollten die rot gepflasterten Bürgersteige und die malerischen Straßenlaternen, die Teil einer von der internationalen Gemeinschaft 1997 finanzierten Renovierung waren. Allerdings zeigten sie schon Spuren der Vernachlässigung. Diese Überbleibsel eines vergangenen Optimismus standen in krassem Widerspruch zu den metallenen Maschendrahtkäfigen, die die Fenster und Balkons von mehreren Häusern zum Schutz vor Wurfgeschossen umgaben. In ihnen lebten immer noch Palästinenser. Diejenigen, die in ihren Häusern geblieben waren, brauchten jetzt eine Spezialbewilligung. An vielen der geschlossenen Geschäftstüren sah ich hebräisches Graffiti, von Parolen über den Judenstern bis hin zu Fratzengesichtern. Der ehemalige arabische Fleischmarkt an der Straße war angezündet worden. Diese wurde enger und ich sah ein paar arabische Männer die Hauswände unter dem Schutz der Vorbauten über den Geschäftstüren entlang-

---

391 Das Wye-Abkommen von 1997: Gebiet H-1 (10 km²), unter palästinensischer Kontrolle, und Gebiet H-2, (4,3 km²), mit der Altstadt, der Abraham-Moschee und dem früheren Handelszentrum um die Shuhada-Straße, den israelischen Sicherheitskräften unterstellt, auch wenn die Palästinensische Autonomiebehörde (PA) die zivile Zuständigkeit für die dort lebenden 35.000 Palästinenser haben sollte.
Siehe Index 20 – Wye-Abkommen

schleichen. Sie schauten dabei in die Höhe und einer gab mir zu verstehen, ich solle besser die Mitte der Gasse verlassen. Dort, zwischen den Häusern im ersten Stock, hatte jemand Drahtnetze aufgespannt, auf denen Steinbrocken, fauliges Fleisch, Unrat und leere Flaschen lagen. Es stank. Mir wurde übel und ich ging zurück. Die Bewohner im zweiten Stock waren jüdische Siedler, was ich an den israelischen Fahnen sah. Sie hatten es sich zur Freizeitbeschäftigung gemacht, Passanten mit Urin, Exkrementen und Abfall zu bewerfen. Aufgrund dieser Schikanen und zum Teil auch auf Befehl der Armee hatten seit dem Jahr 2000 laut dem israelischen Menschenrechtszentrum Betselem etwa 2.500 Palästinenser ihre Geschäfte hier geschlossen.

Einige Soldaten standen gelangweilt an einer Sperre. Und dann gab es plötzlich doch noch Leben, als eine Gruppe von 15 Personen auftauchte. Sie kamen vom Haram El-Khalil herunter. Israelis, wie ich sofort heraushörte. Ich trat zur Seite. Ein junger Bursche sprach mich an:

„Was machen Sie hier so allein?“ Sein freundliches Lächeln gab der Tristesse gleich eine andere Note. Er trug keine Kippa, also konnte er kein Siedler sein.

„Ich sehe mir an, was hier entstanden ist“, sagte ich noch immer vorsichtig.

Er erkannte meine Bedenken. „Keine Sorge, wir gehören nicht zu den Verrückten hier. Wir sind keine Siedler. Ganz im Gegenteil, auch wir sehen uns an, was hier passiert. Wenn Sie wollen, kommen Sie mit.“

Ich schloss mich ihnen an, noch immer etwas skeptisch, doch das verflog sehr bald. Der junge Israeli gehörte zur Organisation „Breaking the Silence“, einer kleinen Gruppe ehemaliger israelischer Soldaten, die es sich aus Gewissensgründen zur Aufgabe gemacht haben, aufzudecken, aufzuklären und aufzuzeigen, was im Namen des zionistischen Staates in den besetzten Gebieten geschieht, und die seit 2004 die israelische Öffentlichkeit mit der Wahrheit konfrontiert. Der junge Mann führte eine Gruppe seiner Kommilitonen aus Tel Aviv durch Hebron, wo er fast zwei Jahre lang als Soldat stationiert gewesen war.

Wir kamen zum Awraham Avinu, einem mehrstöckigen, verschachtelten Gebäudekomplex, einer Trutzburg gleich. Die Fenster nach außen waren mit Sandsäcken verbarrikadiert, Stacheldraht, eine Bunkerexistenz. An einem stabilen Drahtzaun standen Männer mit schwarzen Hüten und Schläfenlöckchen, die Frauen trugen Häubchen und lange Röcke. Über der Front des Eingangs ein Spruchband. „Dieses Gebäude wurde errichtet auf einem Gelände, das die Araber gestohlen hatten", so übersetzte mir der junge Israeli. Auch ihnen war die Situation im Angesicht der Siedler nicht geheuer und so sahen wir zu, dass wir wieder wegkamen. Er erzählte über Enteignungen und von der täglichen Aggressivität der Siedler, ihren Übergriffen auf Palästinenser, die sich in Sabotage, Zerstörungen, Behinderungen und körperlichen Angriffen äußert. Er erzählte von der Abstumpfung der Soldaten gegenüber der arabischen Bevölkerung, von Erniedrigungen und gewalttätigen Einschüchterungen, an denen er auch selbst beteiligt gewesen war. Die Armee ist für den Schutz der jüdischen Siedler vor den Arabern zuständig, nicht für den Schutz der Araber vor den Siedlern.

Ein Umdenken trat bei ihm ein, als ein Palästinenser eines Tages vor ihm stand, der seinen eben verstorbenen Vater über die Dächer in den palästinensisch kontrollierten Teil der Stadt tragen musste. Die palästinensische Ambulanz durfte nicht hinein und auf der Straße lauerten die Siedler.

„Ich sehe das heute noch vor mir. Er war nicht viel älter als ich. Ich konnte die ganze Nacht nicht schlafen. Seine weinenden Augen sahen mich immer wieder an. Da wurde mir klar, was wir hier machen. Es ist entwürdigend, ein Teil davon gewesen zu sein."

Es sind genau diese Gruppen von israelischen Friedensaktivisten, die meinen Glauben und die Hoffnung an einen Frieden aufrechterhalten. Viele dieser Aktivisten haben sich vom Saulus zum Paulus gewandelt, gerade weil sie mit eigenen Augen gesehen und selbst erlebt haben, was die Besatzung anrichtet, auch mit ihnen selbst. Sie haben erkannt, wo das Übel sitzt und wie sehr der Einfluss ihrer zionistischen Elite die israelische Bevölkerung durchdringt. Sie können endlich zwischen Wahrheit und Propaganda unterscheiden. Sie haben begriffen, dass der gewalttätige Sicherheitswahn eine Gewaltspirale in Gang setzt, deren Dynamik auch durch den israelischen Grenzzaun nur kurzfristig angehalten werden kann. Sie haben erkannt, dass die israelische Gesellschaft dringend einer Aufklärung bedarf, die sie die Wahrheit über ihren Staat erkennen lässt. Sie haben verstanden, dass kein Frieden geschlossen werden kann, der alle Rechte den Israelis zubilligt, wobei die Araber höchstens das Recht haben, sich damit abzufinden.

Wir verabschiedeten uns, denn mein Weg führte in den arabischen Teil zurück, während die Gruppe mir dorthin natürlich nicht folgen konnte. Sie mussten Richtung Kirjat Arba, um von da aus auf der Siedlerstraße nach Tel Aviv zurückzufahren.

Die militanten Siedler stellen ein großes Problem in der israelischen Gesellschaft dar. Dass sie die Ablehnung der Mehrheit der Israelis spüren, macht diesen religiös-messianischen und nationalistisch-fanatischen Zeitgenossen nichts aus. Sie wissen neben der politischen auch um ihre mentale Macht, die einer wankelmütigen, apathischen und verführten Mehrheit in der Gesellschaft gegenübersteht, die sich ihre Ziele und Werte vom Zionismus aufdrücken lässt. Wenn Uri Avnery von einer „klassischen Situation“ spricht, „die in anderen Ländern schon zur faschistischen Diktatur geführt hat, errichtet auf den Ruinen einer Demokratie, für die niemand einzutreten bereit war“, dann sagt das viel aus.

Die Friedensformel dieser Menschen ist recht einfach: „Entweder die oder wir. Man muss stark sein, man muss schießen.“[392]

Diese Entwicklung Israels wurde schon früh vom uns schon bekannten Religionsphilosophen Yeschajahu Leibovitz als faschistisch gebrandmarkt. In Anlehnung an die geradezu heidnisch-kultische Verehrung für die Westmauer, die er als Diskotel[393] bezeichnete, und an die Verherrlichung des Landes „Eretz Israel“ durch die Siedler, warf er der jüdischen Gesellschaft ein Verhalten vor, das einem Götzenkult ähnle.

Meinte er mit diesem Götzenkult gar den Zionismus?

In jedem Fall drücken seine Anspielungen das Hysteriepotential in der israelischen Gesellschaft aus. Diese Gesellschaft, in der sich ein Schwarz-Weiß-Denken eingenistet hat, das dazwischen kaum noch Nuancen erkennt. Wer nicht für uns ist, muss gegen uns sein. Wie sehr sich dieses Denken etabliert hat und wie sehr es das Verhalten

---

[392] *Spiegel* vom 16. Oktober 2000

[393] Wortspiel aus Mauer (hebräisch Kotel) und Diskothek

beeinflusst, beweist nicht nur die Ignoranz gegenüber rassistischen Übergriffen auf arabische Bürger oder ganze arabische Ortschaften in den besetzten Gebieten, sondern sogar in Israel selbst. Nur in extremen Fällen ist die Empörung groß genug, wenigstens kurzzeitig die Aufmerksamkeit der Israelis zu gewinnen. Dann allerdings wird ihr der Spiegel gnadenlos vors Gesicht gezogen und das Erschrecken über sich selbst ist groß.

Auf den Höhen oberhalb der alten arabischen Stadt Nazareth liegt die jüdische Siedlung Nazareth Illit. Am 7. Oktober 2000 fiel als Reaktion auf den Ausbruch der zweiten Intifada ein starker jüdischer Schlägertrupp über arabische Einwohner des östlichen und ärmsten Viertels der Altstadt her. Diese hatten tags zuvor einen Generalstreik ausgerufen und Demonstrationen veranstaltet, die Ausdruck der angestauten allgemeinen Frustration und Enttäuschung waren und auch als Signal galten zur Solidarität mit dem Aufstand ihrer Landleute in den besetzten Gebieten. Am nächsten Abend rückten erneut Hunderte Gewalttäter an, diesmal aus Nazareth Illit und aus Tiberias. Trotz Jom Kippur – dem heiligsten Fest und Fastentag der jüdischen Religion, an dem jede körperliche Tätigkeit verboten ist – legten sie das Viertel in Schutt und Asche. Während die Bewohner sich zu verteidigen versuchten, hofften sie auf das Eintreffen der Polizei. Der Überfall kostete insgesamt zwölf israelische Araber das Leben. Sie starben nach Autopsieberichten an Geschossen der israelischen Sicherheitskräfte oder jüdischer Gewalttäter.

Matan Vilnaï, ein ehemaliger General, sagte unverblümt: „Jüdische Hooligans sind in Nazareth über die Araber hergefallen wie früher in Europa die Antisemiten über die Juden." Und der Gerichtsreporter Mosche Negbi schieb in der Tageszeitung Yediot Aharonot: „Die Pogrome der letzten Woche haben den Eindruck verstärkt, dass unsere Polizei eine Rassenpolizei geworden ist, die ausschließlich der Verteidigung der Juden dient: Todesschüsse wurden nur auf arabische Unruhestifter abgegeben."[394]

In den ersten Tagen des Aufstands verfeuerten die IDF-Soldaten eine Million Kugeln. Die Zeitung Haaretz schrieb dazu in einer Nachbetrachtung dass „die IDF … sich in einen Tötungsapparat

394 13. Oktober 2000.

verwandeln, dessen Effizienz eindrucksvoll, aber auch schockierend sei."[395]

Es ist die Bereitschaft des offiziellen Militärorgans des israelischen Staates, sich unvoreingenommen solchen Vorwürfen auszusetzen, wenn die zionistischen Ziele mit Gewalt durchgesetzt werden sollen. Ein Ausführungsorgan, das sich auch nicht scheut, die als faschistisch und rassistisch bezeichnete Rechte der israelischen Siedlerszene wenn nicht zu unterstützen, dann wenigstens abzudecken. Getragen wird dieses Militär von der Bevölkerung, die sich in einem Militarismus verfangen hat, der seine Überzeugung aus der Vergangenheit zieht, indem sie verherrlicht wird und Unbesiegbarkeit vortäuscht. Ein Ausführungsorgan, das abgestumpft ist gegenüber dem Leid anderer und auch abgestumpft ist gegenüber den Folgen, die seine Gewalt bei den eigenen Soldaten auslöst.

Denn mehr denn je ignorieren die Israelis das palästinensische Leid. Der Israeli Gideon Levy schrieb im Januar 2003 in der Haaretz: „Man nimmt Palästinenser nur wahr, wenn sie herkommen, um den Tod zu säen. Nicht über die in Armut lebenden Kinder spricht man, auch nicht über die Waisen, nicht über diejenigen, deren Elternhäuser vor ihren Augen abgerissen werden, auch nicht über die Kinder, deren Väter mitten in der Nacht unter demütigenden Umständen verhaftet werden, Väter, die ohne Gerichtsverhandlung in Haft sitzen, manchmal monate-, manchmal jahrelang, ehe sie zurückkehren. Ihre Zahl geht bereits in die Tausende. Die meisten Zeitungen und elektronischen Medien erwähnen die Ausgangssperren nicht einmal mehr, ebenso wenig die Belagerungen oder die Armut, das Leid. Auch in den Wahlkampagnen ist dies kein Thema. Die Häuserdemolierungen haben ein erschreckendes Ausmaß angenommen. Inzwischen reißt man auch schon die Häuser von Terroristen ab, die ihre Tat vor einem oder gar mehreren Jahren begangen haben. Immer mehr Familien verlieren ihr Dach über dem Kopf. Gemäß palästinensischen Angaben haben wir Israelis mehr als eine Dreiviertelmillion ihrer Olivenbäume abgeholzt und über 5.300 Hektar Land eingeebnet. Aber das alles brennt sich keineswegs ins Bewusstsein der israelischen Öffentlichkeit ein, denn einerseits wird darüber kaum berichtet und andererseits interessiert es auch niemanden."

---

395 *Haaretz Editorial* vom 16. März 2003

Die Menschen in Israel stehen in einem Verdrängungswettbewerb. Allerdings weniger untereinander als vielmehr gemeinsam. Sie verdrängen die Realität. Sie klammern sich an eine zionistische Täuschung, die ihnen ihr Gewissen erleichtert und ihnen die Augen verschließt. Sie lenkt ab und beruhigt eine Gesellschaft, die das wahre Problem hinter all dem Sicherheitswahn, der Illusion einer Staatsdoktrin und der Existenzhysterie nicht mehr erkennt.

Hier geht es nicht nur um hehre strategische Ziele, nicht nur um die Anerkennung des israelischen Staates durch die arabischen Staaten, nicht nur um das palästinensische Recht auf nationale Einheit und Selbstbestimmung, nicht nur um Vorwürfe des Antisemitismus und den Hass der arabischen Welt auf Israel, nicht nur um den palästinensischen Befreiungskampf gegen eine feindliche Besatzung, nicht nur um internationale politische Einflussnahmen und ökonomische Ziele, hier geht es, verdammt noch mal, um Menschen, ganz einfach Menschen, um einzelne Frauen, Männer und Kinder, die seit 60 Jahren auf ein Leben in Menschenwürde warten.

Die Zustände sind durchaus vergleichbar mit dem Schicksal der Kurden in der Türkei und im Irak und doch weitaus schwerwiegender. Beides ethnische Tragödien des 20. Jahrhunderts, doch während den Kurden bei der Erhaltung der Machtstruktur kein Wert eingeräumt wird und sie damit vernachlässigt werden können, ist der Wert der Palästinenser sogar negativ. Sie sind weniger wert als Null, weil sie die arabische Welt spalten und die strategischen Zielsetzungen der amerikanischen und israelischen Status-Quo-Politik damit sogar erschweren.[396]

Wir müssen diesen Wert verändern, sonst werden wir von ihm verändert.

Denn auch wir in Europa tragen einen Großteil der Schuld auf unseren Schultern. Die britische Weltmachtpolitik des sterbenden Empires nach dem Ersten Weltkrieg erst schuf den instabilen Zustand im Nahen Osten und machte aus einem friedlichen Teil der Welt ein Pulverfass. Dass später die neue Weltmacht USA die israelischen Interessen einseitig und bedingungslos unterstützte und wir uns demütig anschlossen, führte nur den Betrug an den arabischen Menschen dieser Region fort.

---

396 Vgl. auch Bibliographie: Noam Chomsky, *Offene Wunde Nahost*

Die Fehler, die begangen wurden, die säkularen und nationalen Kräfte Arabiens mit Hilfe der religiösen zu bekämpfen, führten zum globalen fundamentalistischen Terror, dessen Auswirkungen nun wie ein Bumerang auf uns selbst zurückkommen. Die Taliban in Afghanistan und die Hamas in Palästina sind erschreckende Beispiele für diese fehlgeleitete Strategie.

Wir sollten uns dessen bewusst sein und die Fehler der Vergangenheit berichtigen, bevor es zu spät ist. Dazu müssen wir zwischen Ursache und Wirkung des Nahostkonflikts unterscheiden und der Ursache unvoreingenommen ins Auge sehen.

Die Unmenschlichkeit der Besatzung zu kritisieren ist nicht antisemitisch, sie ist menschlich.

Allegra Pacheco

In Amerika geborene jüdische Anwältin des Menschenrechts

10 Was bleibt?

Eroberung und Überlebenskampf im Nahen Osten sind eine unendliche Geschichte. Der kleine fruchtbare Landstrich zwischen Mittelmeer und den öden Wüsten Arabiens hat seit Menschengedenken Begehrlichkeiten ausgelöst. Und der Herren gab es viele, die einander abwechselten. Eine gewaltsame Übernahme des Landes war immer auch unmittelbar verbunden mit der Angst, es wieder zu verlieren – das galt damals wie heute.

Auch Israel leidet unter dieser Angst. Da wird es irrelevant, ob jemand den Zeitpunkt bestimmt, wann diese Angst um die Existenz begann. Ob vor 2.000 Jahren oder vor 60. Wer in Angst lebt, wer sie tagtäglich instruiert bekommt, wem die Angst anerzogen wurde, dem sind solche Spitzfindigkeiten egal. Die Angst bestimmt das Leben im jüdischen Staat und ihr wird begegnet, indem man sie zu rechtfertigen sucht. Eine Rechtfertigung, die durch Exklusivität, Verfolgungswahn und Auserwähltheit geprägt ist und die die Menschen blind werden lässt für die Realität. Eine Realität, die durch eine Ideologie, eine Doktrin verdrängt wird, die Rettung vor der Angst verspricht. Diese Angst ist allgegenwärtig, im Denken wie im Handeln. Wer in der Angst lebt, wird durch sie geprägt und gezwungen, die Doktrin zu vergöttern. Sie soll Stärke und Durchhaltewillen geben und schürt dadurch nur weitere Angst. Um zu überleben, muss die Ideologie recht behalten, und sie führt dazu, dass die Angst anderer vor lauter eigener Angst nicht mehr nachvollziehbar ist. Aber nur über das Erkennen der Angst anderer würde die eigene Angst relativiert, auf eine Ebene gebracht, in der man mit seiner eigenen Angst in Zweifel geraten, nachfragen würde. Angst und das Schüren von Angst ist also das Mittel, das den israelischen Staat zusammenhält – wir allein gegen alle anderen – ein permanenter paranoider Wahn, der die Rettung im Zionismus sucht. Der Verfolgungswahn schürt die Angst und diese Angst ist das Mittel zum Zweck und der Zweck heiligt jedes Mittel.

Und dieses Mittel zum Zweck äußert sich vielfältig, im Kult um das eroberte Land, in der Paranoia, im Zionismus. All das kumuliert und manifestiert sich letztlich in Massada[397], das zum Symbol und zu einem mentalen Komplex des Staates Israel wurde. Die Losung der Soldaten der Tzahal, die alle in Massada vereidigt werden, heißt: „Massada darf nie wieder fallen." Ist dieses Bekenntnis der Angst in Anlehnung an die eigene Geschichte nicht vielmehr die Beschwörung zum kollektiven Selbstmord als die Beschwörung zur Freiheit des Volkes ohne Angst? Ist diese Losung nicht der Aufruf zur Schlacht um Armageddon, der Aufruf zum Durchhalten bis zum Untergang, zum Kampf bis zum allerletzten Mann, bis zur Selbstzerstörung? Egal, wie lange diese Schlacht auch dauert? Ist das der Zweck? Was für ein Horrorszenario, was für ein Defätismus, was für eine Angst.

Ja, solche Angst macht blind.

Was bleibt also nach all dem Erlebten, Gehörten, Geschriebenen? Nur ein schlechtes Gewissen? Sicher nicht. Es bleibt die Erkenntnis um die Angst, um die Wahrheit und das Drama, das sich tagtäglich im Nahen Osten abspielt. Es bleibt die Erkenntnis, dass uns das selbst sehr viel mehr angeht, als wir uns eingestehen wollen. Es bleibt die Erkenntnis, dass wir einseitig informiert werden und dies kritiklos übernehmen. Es bleibt die Erkenntnis, dass wir uns an den politischen Zustand so sehr gewöhnt haben, dass wir nur dann aufmerksam werden, wenn die Glut wieder zum Brand wird. Es bleibt aber auch die Erkenntnis, dass wir uns nicht einfach zurückziehen können, wann wir wollen. Wir sind betroffen, so oder so, nicht nur im moralischen Sinn. Jeden Tag können uns die Auswirkungen treffen. New York, Madrid, London, wo ist das nächste Ziel? Berlin, Rom, Paris? Und wann passiert es? Ein islamischer Fundamentalismus, der erst begonnen hat, die Spirale der Gewalt zu drehen, und der die Energie aus der destabilisierenden politischen Situation im Nahen Osten zieht. Die Destabilisierung einer Region, die vom Westen durch falsche Entscheidungen erst hervorgerufen wurde. Eine Destabilisierung, die bewusst durch eine einseitige Propaganda geschürt wird, die sich in Worten und in der Ausübung von wildem Aktionismus äußert. Es spielen viele Faktoren eine Rolle für den islamistischen Terrorismus, aber der entscheidende Faktor und die Wurzel

[397] Felsenfestung am Toten Meer, in der sich die letzten Zeloten (jüdische Freiheitskämpfer) 70 n. Chr. vor den Römern verteidigten und am Ende kurz vor der Erstürmung kollektiven Selbstmord begingen.

aller daraus entstehenden Auswirkungen ist die von den USA gestützte Palästina-Politik Israels!

Wenn wir das begreifen, dann sind wir der Lösung auf der Spur. Wenn wir begreifen, dass die Glut des Hasses nicht verlöscht, wenn es so weitergeht wie bisher, wenn wir begreifen, dass jeden Tag das Feuer aus dieser Glut zum Flächenbrand werden kann, dann sind wir auf dem Weg zur Lösung. Wenn wir begreifen, dass viel weniger die Regierungen der arabischen Länder als vielmehr die Menschen auf der Straße diesen Flächenbrand auslösen können, der auch uns erfassen wird, dann kommen wir der Lösung noch ein Stück näher. All unsere militärische Stärke, all unsere Macht, die wir auf die eine Seite geschlagen haben, all die Überlegenheit wird auch nach dem zu erwartenden Sieg die Glut nicht löschen. Sie schwelt weiter. Wenn wir das begreifen, dann sind wir der Lösung nahe. Und wenn wir dazu unser eigenes Schicksal aus den Händen anderer nehmen, wenn wir uns vergegenwärtigen, wie sehr die USA von der Israellobby infiltriert sind, dann wird die Lösung sichtbar. Wir müssen erkennen, dass wir uns lösen müssen von der Annahme, dass die beiden strategischen Partner Israel und die USA sich für uns im Sinne des Friedens einsetzen. Der eine seiner eigenen rationalen Entscheidungsfreiheit beraubt und der andere durch seine Ideologie verblendet. Der Zustand von 90 Jahren Agonie und Hoffnungslosigkeit auf einen Frieden in der Region muss uns endlich wachrütteln. Die Zeit ist reif. Auch die politische Veränderung durch die neue Präsidentschaft in den USA wird keinen grundsätzlichen Wandel in den Beziehungen zwischen Israel und den USA hervorrufen. Diese Partner werden keinen Frieden bringen. Den müssen wir selbst gewinnen. Wenn wir das erkennen, dann haben wir fast schon die Lösung. Und wenn wir dann noch begreifen, dass unsere Eigeninteressen einem nachhaltigen Frieden, der das höchste Gut für uns sein muss, im Angesicht der Nähe des Nahen Ostens, der uns näher ist, als allein schon der Name ausdrückt, dass also auch individuelle Eigeninteressen dem Frieden untergeordnet werden sollten, was immer das auch kostet, dann halten wir ihn bald in den Händen.

Denn wir selbst, die Staaten Europas, haben den Schlüssel für den Frieden im Nahen Osten in der Hand. Und wer immer uns auf dem Weg zu diesem Frieden begleiten will, der soll uns willkommen sein, natürlich auch die USA. Die Lösung zum Frieden im Nahen Osten, wie sieht sie aus?

Fakt ist, wie die Vergangenheit gezeigt hat, dass der Frieden von den beiden streitenden Parteien bilateral nicht gewonnen werden kann. Dazu sind die Machtverhältnisse viel zu ungleich verteilt und der Anspruch beider Parteien auf den anderen zu hoch. Wenn nachhaltig Frieden erreicht werden soll, müssen sich also beide Parteien disziplinieren. Da die Disziplinierung der Palästinenser schon allein durch die israelische Besetzung ihres Heimatlandes sehr beschränkt ausfällt – wer kann ein Volk disziplinieren, dem alles genommen wurde –, bleibt zuallererst die Disziplinierung der Israelis, die nicht intern von innen, sondern nur durch äußere Einwirkung erreicht werden kann. Das Instrument zur äußeren Disziplinierung Israels sind die wirtschaftlichen Beziehungen zu uns, zu Europa. Denn Europa ist Israels weitaus wichtigster Handelspartner und darüber hinaus verfügt das kleine Land auch noch über einen bevorzugten Zugang zum EU-Binnenmarkt. Hier ist der Hebel, um die Zionisten Israels auf einen Kurs der Menschlichkeit zu zwingen, der einen nachhaltigen, wirklichen Frieden verspricht. Wirtschaftliche Sanktionen in Form eines schrittweisen Embargos israelischer Importwaren nach Europa, das ist das moderate Mittel, das dennoch in relativ kurzer Zeit eine Lösung des Nahostkonflikts bringen wird. Selbstverständlich werden die Anklageglocken des Antisemitismus laut klingeln. Selbstverständlich ist das der ultimativ letzte Schritt. Selbstverständlich muss man diesen Schritt genau überlegen, mit allen seinen Konsequenzen, und vielleicht genügt ja schon die Absichtserklärung einer solchen Maßnahme. Und doch – alles andere bleibt wirkungslos, wie uns die Geschichte zeigt. Wir müssen endlich bereit sein, selbst zu handeln. Auch wenn es weh tut, nicht nur uns, und deshalb werden viele das anfangs entrüstet, aber kurzsichtig ablehnen, und natürlich stellt sich die Frage, ist Europa dazu überhaupt bereit? Aber die Frage ist auch, was ist Brüssel und was ist den Regierungen der EU-Länder die Sicherheit der Welt und die ihrer eigenen Bürger wert, selbstverständlich und besonders auch unter Einschluss der unbeteiligten jüdischen Bürger Europas? Und dann stellt sich natürlich auch die Frage, was werden wir dadurch erreichen und was verlangen wir eigentlich?

Unabhängig davon, ob wir in Europa uns selbst so disziplinieren können, um gemeinsam einen solchen Schritt zu gehen, wollen wir die Auswirkungen einer solchen Maßnahme genauer beleuchten. Wie steht Europa im Vergleich zu den USA und Israel da?

Ein wichtiges Argument gegen eine stärkere Beteiligung der EU am Friedensprozess war bisher der Hinweis auf die stark divergierenden Grundvoraussetzungen amerikanischer und europäischer Nahost-Politik: So dominiert in der operativen Außenpolitik der USA noch immer das traditionelle, militärisch-politische Konzept von Sicherheit, während sich die EU an einem erweiterten Sicherheitsbegriff orientiert, in dem militärische Sicherheit nicht mehr im Mittelpunkt steht. Während die USA als Supermacht mit globalem Führungsanspruch grenzüberschreitenden Bedrohungen weltweit und offensiv begegnen wollen, neigen ihre europäischen Verbündeten eher zu einem regionalen und defensiven Ansatz. Die Beispiele Irak und Afghanistan, wie so viele andere zuvor, haben jedoch deutlich gezeigt, dass mit militärischen Mitteln Frieden nicht zu erzwingen ist. Israel und die USA unterscheiden sich in dem militärisch offensiven Ansatz nicht. Daher ist Europa mit seiner defensiv ausgerichteten Strategie der falsche Gesprächspartner. Allerdings muss auch Europa mittlerweile einsehen, dass die reine Diplomatie nicht mehr ausreicht, vor allem nicht bei einer Auseinandersetzung von zwei solch ungleichen Gegnern wie in unserem Fall.

Dazu kommt, dass Europa im israelisch-palästinensischen Konflikt immer wieder Positionen vertritt, die von denen Israels gravierend abweichen. So haben die Mitgliedstaaten der EU wiederholt erklärt, dass sie nicht bereit sind, Jerusalem als Hauptstadt Israels zu betrachten.[398] Die EU hat zwar das israelische Sicherheitsbedürfnis anerkannt, unabhängig davon aber die Errichtung eines überlebensfähigen palästinensischen Staates befürwortet und die israelische Siedlungspolitik in den besetzten Gebieten und die israelischen Aggressionskriege immer wieder scharf kritisiert. Angesichts dieser Differenzen grundsätzlicher Natur wird die EU in Israel vielfach nicht als objektiver, unparteiischer Verhandlungspartner im Friedensprozess angesehen; allenfalls werden die Bemühungen mit einem süffisanten Lächeln begleitet. In diesem Szenario gilt nun, dass die engen wirtschaftlichen Beziehungen von der allgemeinen Meinungsverschiedenheit im politischen Kontext, hervorgerufen durch israelische Ignoranz der europäischen und internationalen Interessen, bislang weitgehend unberührt geblieben sind.

---

398 Die Botschaften der EU-Länder befinden sich in Tel Aviv und nicht in Jerusalem.

Sollte sich daher die EU aufgrund dieser seit Jahrzehnten anhaltenden Ignoranz zu einem wirtschaftlichen Embargo israelischer Waren entschließen, wird das den Staat Israel finanziell so hart treffen, dass er in relativ kurzer Zeit seine Bereitschaft zu „wirklichen" Verhandlungen um den Frieden erklären wird, ja muss. Diese wirklichen Verhandlungen um einen Frieden, den beide Seiten, Israelis und Palästinenser, nachhaltig akzeptieren können, müssen Voraussetzungen schaffen, die beiden Völkern die Chance auf Leben eröffnen. Die Bedingungen an diese Friedenschance sind von recht einfacher Natur und bestehen im Grunde genommen schon seit langer Zeit – sie sind von der Völkergemeinschaft vorgegeben[399]. Und nichts anderes wird von Israelis und Palästinensern verlangt. Die Einhaltung der Bedingungen der Völkergemeinschaft – nur das und nichts anderes.

Wenn die arabischen Friedensinitiativen nun schon lange Zeit von „Land für Frieden" sprechen und damit den Rückzug der Israelis auf die Grenzen von 1967 meinen, dann ist das eine der Bedingungen, die den Israelis aufgezwungen werden muss. Nicht Stopp des Siedlungsbaus, sondern Rückzug aus den Palästinensergebieten ist die Devise. Der ist in den UN-Resolutionen vielfach festgeschrieben. Aber die Zionisten sind dazu, wie sie hinreichend genug bewiesen haben, nicht bereit. Dabei müsste es doch grundsätzlich in ihrem eigenen Sinne sein, lässt diese erste Bedingung für Frieden doch sehr viel mehr Land für Israel übrig, als der Teilungsbeschluss der Völkergemeinschaft von 1947 für sie selbst festlegte[400]. Der Rückzug auf die Grenzen von 1967 würde also nachträglich zum völkerrechtlich abgesegneten Landgewinn für Israel!

Die Frage, die den Status von Jerusalem betrifft und die die zweite Bedingung für einen nachhaltigen Frieden ist, wurde auch schon von der Völkergemeinschaft eindeutig geklärt und hat sich bis heute nicht verändert. Dieser Status, der nicht nur Israelis und Palästinenser, sondern die gesamte arabische, jüdische und auch christliche Welt angeht, kann demnach auch gar nicht allein zwischen Palästinensern und Israelis entschieden werden. Der selbsterklärte jüdische Anspruch auf Jerusalem als ewige Hauptstadt Israels hat international niemals Akzeptanz gefunden. Also muss auch hier Israel mit allen Mitteln gezwungen werden die Entscheidungen der Völkergemeinschaft zu akzeptieren. Und die sieht Jerusalem als internationale Stadt

---

[399] Siehe Index 11 – UN-Resolutionen
[400] Siehe Karte: UN-Teilungsplan 1947

unter dem Mandat und dem Schutz der UNO vor. Das müssen auch die Palästinenser akzeptieren. Der gleichberechtigte Zugang für alle Gläubigen der drei Weltreligionen, von wo auch immer sie zu ihren heiligen Stätten anreisen, wäre damit gewährleistet.

Was das Rückkehrrecht der palästinensischen Flüchtlinge betrifft, die noch immer außerhalb ihres Heimatlandes zum Teil unter menschenunwürdigen Zuständen leben, so ist diese dritte Bedingung für Frieden durch die Gründung eines unabhängigen palästinensischen Staates ausreichend geklärt. Und ab dieser Staatsgründung beginnt dann auch die Disziplinierung der Palästinenser, die sich mit allen Konsequenzen verpflichten müssen, dafür zu sorgen, dem Staat Israel seine politische Anerkennung und die Sicherheit seiner Bürger zu gewährleisten. Aber nach einem solchen Frieden sehe ich darin das kleinste Problem.

Bliebe allein die Kompensation der Eigentümer des arabischen Landes übrig, das im Unabhängigkeitskrieg 1948 in Israel für sie verloren ging. Unabhängig davon, dass Palästinenser nicht die einzigen Menschen auf der Welt sind, die ihr Land durch kriegerische Ereignisse verloren haben, muss der Staat Palästina dafür sorgen, aus dem israelischen Nachlass der Infrastruktur der Siedlungen in der West-Bank den Ausgleich an Privateigentum für solche Personen herzustellen. Dazu darf Israel allerdings die besetzten Gebiete nicht so verwüstet verlassen, wie das bei Teilrückzügen im Sinai und in Gaza schon geschehen ist. Zusätzliche Finanzhilfen bei der Kompensation und dem Aufbau eines Palästinenserstaates wären dann Verhandlungsgegenstand der Konfliktparteien sowie der westlichen und arabischen Welt.

Im Falle eines solchen Friedens, der sich auf die Auflagen der Völkergemeinschaft stützt, muss der natürlich auch von ihr selbst abgesichert werden. Und hier setzt das ein, was die westliche und die arabische Welt Israel garantieren muss. Ein Israel, das sich solchen Friedensbedingungen unterwirft, muss von allen Parteien sein unwiderrufliches Recht auf Unabhängigkeit, Unversehrtheit, Sicherheit, Verteidigung und internationale Anerkennung in seinen Grenzen erhalten. Auch hierin sehe ich nach einem solchen Frieden und den bereits gegebenen Versicherungen der arabischen Welt kein Problem.

Was also bleibt zu tun? Kann man die Israelis zu ihrem eigenen Glück zwingen? Ja, und ich behaupte sogar, man muss. Unter der momentanen und sicherlich weiter anhaltenden zionistischen Beeinflussungsstrategie der israelischen Bürger, die die Angst um die Sicherheit und die Existenz Israels weiter schürt, ist ein Umdenken der zionistischen Führer Israels und damit eine Aufklärung der Bevölkerung nicht zu erwarten. Die Ideologie verhindert das Umdenken und die Aufklärung. Jede rationale Diskussion, jeder diplomatische Vorstoß wird damit zur Makulatur. Das müssen wir begreifen. Und so schwer es vielleicht gerade den Deutschen mit ihrer historisch-ethischen und moralischen Verpflichtung den Juden dieser Welt gegenüber fällt, müssen gerade von uns die Maßnahmen ergriffen werden, die sich genau aus dieser Verantwortung gegenüber Juden ergeben. Denn eine Disziplinierung des zionistischen Staates Israel hat nichts mit Verantwortungslosigkeit gegenüber Juden zu tun. Ganz im Gegenteil. Durch eine solche Maßnahme würden erst die Voraussetzungen geschaffen für einen Staat der Juden in Frieden, ohne Blutzoll und ohne Angst, als Heimstatt des jüdischen Volkes. Das ist wirkliche Verantwortung Juden gegenüber! Genau das müssen wir erkennen, gerade unsere Politiker, die sich diese Verantwortung so sehr auf ihre Fahnen geschrieben haben. So selbstverständlich wie es sein muss Antisemitismus mit allen zur Verfügung stehenden staatlichen Mitteln zu bekämpfen, so selbstverständlich muss es auch sein mit allen zur Verfügung stehenden staatlichen Mitteln für Würde und Menschenrecht einzutreten. Beides ist in sich gleich und schließt sich gegenseitig nicht aus. Umso verblüffender ist die Tatsache, dass gerade die, die für Würde und Menschenrecht in Palästina eintreten, sehr schnell als Antisemiten bezeichnet werden.

Wir müssen uns kritisch und objektiv mit dem Problem beschäftigen und sollten uns scheuen zu schweigen, auch wenn uns dann das Schüren von Antisemitismus vorgeworfen wird. Kritik an Israel darf kein Tabu sein. Wie kann es denn sein, dass Kritik an Israel Antisemitismus schürt? Nicht die Kritik schürt Antisemitismus, sondern das politische Verhalten des Staates der Zionisten. Gäbe es dieses Verhalten nicht, gäbe es wahrscheinlich weniger Antisemitismus. Der Antisemitismus, den noch der Philosoph Theodor Adorno meinte, als er ihn als „Gerücht über den Juden“ bezeichnete und damit die Stereotypen meinte, mit denen Juden im Nazireich verglichen wurden, hat sich stark verändert. Der heutige Antisemitismus nährt sich sehr viel mehr von der Realität und der nackten Wahrheit. Ist es nicht Zeit darüber nachzudenken?

Der israelische Publizist und Friedensaktivist Uri Avnery warnt jedenfalls davor, jede Kritik an Israel pauschal mit Antisemitismus gleichzusetzen. Gerade die Deutschen sind aufgrund des Holocaust moralisch dazu verpflichtet, gegen Unrecht aufzutreten. In keinem anderen Staat der Welt aber tanzen hohe Politiker aller Couleur auf ein Einbestellen des Botschafters von Israel so devot und so schnell an wie in Deutschland. Wer es wagt, Kritik an der Kriegspolitik Israels zu äußern, wird als antisemitisch diskreditiert. Das kann Stimmen kosten. Ist es tatsächlich so? Wer es wagt, die Wahrheit zu sagen, der schürt antisemitische Ressentiments? Nahum Goldmann[401], selbst im Zionismus erzogen, sagte dazu im Oktober 1981: „Wir müssen begreifen, dass das Leid, das die Juden durch den Holocaust erlitten, nicht mehr als Schutzschild dienen kann, und wir müssen ganz sicher davon Abstand nehmen, den Holocaust zur Rechtfertigung unseres Tuns heranzuziehen. … eine Banalisierung der heiligen Tragödie der Shoah, die nicht als Begründung für eine politisch zweifelhafte und moralisch verwerfliche Politik missbraucht werden darf."[402]

Das Schwert, das Israel aus seiner Scheide zieht, wird immer stumpfer. Es schneidet nur noch bei den Opportunisten. Der Schutzmantel hat seine Tarnung verloren. Und nicht nur bei uns.

Der deutschstämmige Israeli Abraham Burg[403], dessen Vater als Rabbiner erst im September 1939 Nazi-Deutschland gerade noch frühzeitig genug verlassen konnte, bezeichnet heute Israel als zionistisches Ghetto, von einem paranoiden Verfolgungswahn getrieben: „Der Staat selbst ist ein Grund für den Antisemitismus in der Welt."

Der religiöse Linke, einer der umstrittensten und meistgehassten Querdenker in Israel, spricht aus, was viele in diesem Land denken, aber nur wenige zu sagen wagen. Seit Jahrzehnten sind die Trennung von Staat und Religion sowie die Auflösung aller jüdischen Siedlungen im Palästinensergebiet ihre Themen. Das radikale Umdenken des einstigen Offiziers einer Fallschirmspringereinheit, dessen Vater in nationalreligiösen Kreisen zu Lebzeiten eine Institution war, lässt seine Kritiker scharf reagieren. „Ich war viel mehr israelisch und weniger jüdisch, als mein Vater sich das gewünscht hatte, heute bin ich jüdischer denn je und weniger israelisch", sagt er von sich, wobei

---

401 Präsident der jüdischen Weltorganisation von 1956 bis 1968
402 Vgl. auch Bibliographie: Noam Chomsky, *Offene Wunde Nahost*
403 Siehe Fußnote 351

er, der sich 2003 von allen politischen Ämtern seines Landes zurückzog, betont, dass jüdisch nicht religiös im Sinne von gottesfürchtig bedeutet. Hut ab, Herr Burg!

Und wie zur Bestätigung dessen beweisen die Tage zu Beginn des Jahres 2009 seine und meine Aussagen. Es wird sich nichts ändern, solange die Zionisten dieses Land befehligen. Sie sind alle austauschbar, wer auch immer auf der Regierungsbank in Israel Platz nimmt. Dass die Worte von UN-Generalsekretär Ban Ki Moon, der eine dringende Untersuchung über die Vorgänge in Gaza forderte, oder von EU-Kommissar Louis Michel, der vom Nichtrespektieren des humanitären Völkerrechts sprach, im leeren Raum verhallen, ist nicht mehr hinnehmbar und sollte uns allen zu denken geben. Schüren etwa auch diese hohen Würdenträger der Völkergemeinschaft Antisemitismus, weil sie mit eigenen Augen gesehen haben und aussprechen, was dort passierte? Der Name der Operation „Gegossenes Blei" allein verdeutlicht den unverhältnismäßigen Angriff der israelischen Militärmaschinerie, der in diesen Tagen von Gaza über 1.400 palästinensische Tote und ungezählte Verletzte brachte. Man muss sich vor Augen führen, was dort geschah.

Der komplett abgeriegelte Gazastreifen, in dem die Hamas seit 2007 die Macht hält, ist international isoliert und vollkommen auf israelische Gnade angewiesen. Die Bevölkerung des am dichtesten besiedelten Landstrichs der Welt, die in einem 360 Quadratkilometer großen Gefängnis vegetiert, lebt nunmehr seit über 40 Jahren unter dem Diktat des Zionismus. Internationale Hilfslieferungen werden nur von Israel genehmigt. An Lebensmitteln und sonstigen Gütern verdient sich die israelische Industrie eine goldene Nase. Ein Entkommen der 1,5 Mio. Einwohner, die alle Vertriebene der israelischen Staatswerdung und von Stacheldrahtanlagen und Mauern eingeschlossen sind, ist unmöglich. Die soziale Not ist unerträglich, seit Israel vor Jahren seine Grenzen für Arbeiter geschlossen hat. Das Ausgeliefertsein, die Perspektivlosigkeit, die Hilflosigkeit und die Armut zwingen die Menschen geradezu in die Hände der Fundamentalisten. Ich behaupte heute, jeder von uns, der unter solchen Umständen leben muss, wird zum religiösen Fundamentalisten oder zum militanten Freiheitskämpfer – ohne Ausnahme. Und nicht nur ich behaupte das. Der frühere israelische Premierminister Ehud Barak gestand einmal, dass er „einer Terrororganisation beigetreten wäre", wäre er als Palästinenser geboren worden[404].

Wie lange soll dieser Zustand noch anhalten? Wie lange können Menschen so existieren? Nachdem sich nichts, aber auch gar nichts für die Bewohner Gazas verändert hatte, nachdem die Verhandlungen und der Waffenstillstand zwischen Hamas und Israel nicht den kleinsten Funken Hoffnung für die Menschen auf Verbesserung brachten, nachdem dringend benötigte Lieferungen von Medikamenten, Kraftstoffen und Lebensmitteln rationiert wurden, nachdem die Grenzen geschlossen blieben und selbst Grundnahrungsmittel knapp wurden, nachdem einzelne Palästinenser die Nerven verloren und Khassam-Raketen abschossen, nachdem die Israelis die Waffenruhe Anfang November 2008 durch einen Vorstoß verletzten, nachdem die Welt durch ihre eigenen Sorgen die Menschen in Gaza vergessen hatte, nachdem die Ausweglosigkeit wieder einmal vor der Hoffnung überhand genommen hatte, nach all dem fingen nach Ablauf der Waffenruhe Hamasaktivisten wieder an, Raketen über die Grenze zu schießen. Zumeist auf ein Gebiet, das die Israelis immer noch gegen das Völkerrecht annektiert haben[405]. Die ersten Opfer dieses Beschusses waren bis zur israelischen Antwort aus gegossenem Blei zwei palästinensische Mädchen, die auf dem eigenen Gebiet von einem Blindgänger dieser unkontrollierbaren Geschosse verletzt wurden. Befehlshaber der bleischweren Antwort war der gerade oben zitierte Ehud Barak, der dafür schon Monate vorher trainieren ließ.

Bleischwer und unverhältnismäßig, so wird nicht nur der Goldstone[406] Report der UNO zitiert, wenn er von Bestrafung und Terrorisierung der Zivilisten in Gaza während des Bombardements berichtet. Bleischwer und unverhältnismäßig waren und sind alle israelischen sogenannten Vergeltungsaktionen im Nahen Osten. Und wie so oft, wie natürlich auch im Juli 2006, als die Wohnhäuser in Beiruts Süden dem Erdboden gleichgemacht wurden, so wurde auch in Gaza gravierend gegen die Genfer Konvention verstoßen.

Der Angriff aus der Luft begann schon einen Tag früher als angekündigt. Die Menschen hatten keine Chance. Die „präzisen Schläge", die laut israelischer Aussage nicht gegen die palästinensische Bevöl-

---

404 *St. Petersburg Times*, Bill Maxwell, 16. Dezember 2001

405 Siehe Karte: UN-Teilungsplan 1947

406 *Ehemaliger Chefankläger des Internationalen Gerichtshofs in Den Haag*

kerung gerichtet sind, brachten schon am ersten Tag Tote unter Kindern und Frauen. Man muss sich das vorstellen. Es gibt keine Chance zu entrinnen, die Einschläge von Tonnen von Sprengstoff aus der Luft kommen überraschend, eine Gegenwehr ist ausgeschlossen. Jeder kann das Opfer sein, in seinem Haus, auf der Straße, wo immer er sich aufhält. Es ist ein Abschlachten, ein Gemetzel gegen einen Gegner und eine Bevölkerung, die nur ihren verzweifelten Mut und ihre aufgestaute Wut dagegensetzen kann. Und Israel zeigt nach amerikanischem Vorbild pervertierte militärische Präzision im Fernsehen, die sich in Verletzten und Toten ausdrückt, die zerrissene Gliedmaßen und verstümmelte Körper zurücklässt. Die Brandwunden der Phosphorbomben auf den Körpern von Zivilisten, Frauen und Kindern konnten die hilflosen Ärzte in den Krankenhäusern Gazas, denen alsbald die Medikamente und Versorgungsmittel ausgingen, nicht mehr versorgen. Und was tut die Welt? Die UNO fordert Untersuchungen, Amerika schweigt, Europas Außenminister bestätigen sich gegenseitig ihrer Freundschaft zu Israel und Deutschlands Kanzlerin gibt die Schuld an dem Blutbad der Hamas. Wo vergräbt sie eigentlich ihr christliches Gewissen?

Begründet wird die Aussage mit der besonderen Verantwortung gegenüber Israel und dem Recht auf Verteidigung. Eine besondere Verantwortung Deutschlands gegenüber Israel? Natürlich gibt es eine besondere Verantwortung für uns Deutsche für Juden, die aber nicht heißt, sich widerspruchslos auf die zionistische Seite zu stellen, gegen alle moralischen und politischen Grundsätze des Menschenrechts. Denn dann machen wir uns selbst wieder schuldig. Es gibt keine Formel, die Deutschland an die Seite des zionistischen Staates gegen das Menschenrecht zwingt, auch nicht Merkels „Staatsraison". Dann sind wir unglaubwürdig und mitschuldig! Das müssen wir begreifen.

Und Recht auf Verteidigung? Wer ist der Aggressor? Wer hält die palästinensischen Gebiete besetzt, gegen alle Resolutionen der Völkergemeinschaft? Von welcher Verteidigung sprechen wir hier? Recht auf Verteidigung ist legitim, wenn mir das gehört, was ich verteidige.

Der nochmalige Rechtsruck nach den israelischen Wahlen 2009, der eine eindeutige Bestätigung des Gesagten ist und nach dem Überfall auf Gaza die Beeinflussung der israelischen Bevölkerung verdeutlicht, beweist, wie das Prinzip Selbstbetrug funktioniert. Gewalt kann nur mit Gewalt bekämpft werden, die Maxime der Zionisten, weil die nur über die Gewalt ihren großen Traum weiterträumen können.

Dass für israelische Sicherheit Gewalt notwendig ist, ist die Täuschung, der die Bevölkerung unterliegt. Dass die Gewalt aus der Besetzung der palästinensischen Gebiete entspringt, ist die Wahrheit, die sie nicht erkennt. Dass die zionistische Elite die besetzten Gebiete nicht hergibt, ist der Fakt, vor dem sie die Augen verschließt. Sie sind blind geworden für die Wahrheit – die Zionisten wollen keinen Frieden –, auch das ist Fakt.

Die Bürger Israels sind von der zionistischen Erziehung und Propaganda so unterwandert, sie übernehmen die Stereotypen mit solcher Überzeugung, dass selbst nach einer Gewaltmaßnahme wie in Gaza ein Umdenken, ein Nachdenken nur bei wenigen stattfindet, was ja der Ausgang der Wahl beweist. Es gibt wenig Einsicht, die klarmacht, dass gerade ihre Unnachgiebigkeit der Faktor ihrer eigenen Verwundbarkeit ist. Der Teufel wird mit dem Beelzebub ausgetrieben. Die Bevölkerung Israels merkt nicht, wie sehr sie dem Apparat der zionistischen Argumentationsmaschinerie verfallen ist, wie sehr der Betrug ihre eigene Urteilsfähigkeit beeinträchtigt. Die Friedensaktivisten im eigenen säkularen und religiösen Lager werden als Antisemiten, Nazis und Spinner beschimpft und die Ursachen und die Auswirkungen, die aus dem zionistischen Anspruch auf Herrschaft, Macht und Eroberung entstehen, werden ignoriert.

Um aus diesem Teufelskreis von Ursache und Wirkung, von Verführung und Ignoranz herauszukommen, bedarf es also der äußeren Disziplinierung dieses Staates, eines massiven Drucks, der ihn dazu zwingt, den Frieden für sich und die anderen zu gewinnen und der Aufklärung eine Chance zu geben. Dazu bedarf es auch bei uns eines Umdenkens, denn gerade in Deutschland ist ein gesundes, ehrliches Verhältnis zu Israel noch immer viel zu stark von der Geschichte beeinflusst. Die führenden Kreise in Politik und Medien in Deutschland werden schwerlich zugeben, dass ihre Unterstützung für Israel auch eine der Ursachen ist, die die erbärmliche Lage der Palästinenser ausmacht. Wir, das Volk, müssen das verändern. Wir müssen die Instrumente unserer Politiker verändern.

Was werden wir durch den Druck auf den Staat Israel, der ihn zum Frieden zwingen wird, erreichen?

Der Terrorismus, der sich aus dem palästinensisch-israelischen Konflikt nährt, wird versiegen. Den islamistischen Scharfmachern werden die Argumente entzogen, die Basis wird zerbrechen. Die

Kosten für Sicherheit werden sich drastisch reduzieren und die Bürger Europas werden um einen Großteil sicherer leben können. Der Nahe Osten wird wirtschaftlich prosperieren, Israel eingeschlossen, und die armuts- und perspektivlos bedingte Zuwanderung aus dieser Region nach Europa wird abnehmen. Das Leben wird sich wieder lohnen in den Ländern des Nahen Ostens und viele Zuversichtliche werden heimkehren. Unsere politische Einflussnahme wird sich erhöhen und die EU kommt ihrem Traum von der euromediterranen Zone näher. Es ist an sich so einfach.

Und was wird das israelische Volk erreichen?

Dem israelischen Volk rufe ich zu: Schickt eure zionistische Elite zum Teufel, verbrennt ihre Schulbücher und bittet die Palästinenser um Verzeihung! Für sechzig Jahre Menschenrechtsverletzungen und Rassismus, für Lügen, Betrug und Täuschung, für Landraub, Zerstörung und Deportation, für Tod und Verderben, Kriegsverbrechen, Entbehrungen und Leid.

Besinnt euch, hört auf eure Aufklärer und jagt die Siedler davon, dahin, wo sie einst herkamen in ihrem zionistischen Wahn. Und wenn ihr das gemacht habt, dann erwartet mit Recht, dass auch die Palästinenser eure Verzeihung erbitten. Und ihr werdet diese Verzeihung erhalten, für Bombenanschläge, Mord und Terror, für Hass, Antisemitismus und Feindseligkeit.

Denn die Menschen in Ramallah, Kairo, Amman, Damaskus und Beirut werden auf den Straßen tanzen. Sie werden tanzen vor Freude, um ihres eigenen Glückes willen. Sie werden tanzen, bis ihnen die Füße wehtun. Und sie werden euch die Hand reichen. Erst zögerlich, dann immer mehr. Denn ihr Israelis müsst beweisen, wie ihr diesen Frieden gestaltet. Die Welt wird euch danken, und danken werdet ihr euch am Ende selbst. Und eure arabischen Mitbürger in eurem Land, denen ihr dann eines Tages die Rechte eines Bürgers zugestehen werdet, sie werden mit vollem Herzen Israelis sein, wenn erst der Zionismus zusammengebrochen ist. Dann werdet ihr sein, was ihr immer sein wolltet. Dann habt ihr euer Ziel erreicht. Ein Heim für Juden, ein Staat der Toleranz, offen und multikulturell, friedliebend, aber wehrsam, eingebunden in das Recht der Völker, akzeptiert und etabliert. Genau wie alle anderen Formen von Rassismus und Fremdenhass könnt ihr die Geißel des Antisemitismus nur bewältigen, indem ihr euch selbst der internationalen demokratischen Kultur von

Menschlichkeit zuwendet. Steht auf und jagt sie zum Teufel, diese Enkel von Herzls Zionismus, denn sie haben seine ursprünglich pluralistischen Ideen zu einem Fluch erweitert, den der Ideologe so radikal gar nicht im Sinn hatte. Herzl formulierte den ersten Entwurf der politischen und gesellschaftlichen Ordnung des jüdischen Staates in Palästina, indem er die Auffassung vertrat, die in Palästina lebenden Araber würden die neuen jüdischen Siedler freudig begrüßen. Er ging davon aus, dass die arabische Bevölkerung dem jüdischen Staat aufgeschlossen gegenüberstehen würde, so, wie auch dieser Staat sich ihnen selbst aufgeschlossen verhalten wollte. Herzls Staat sollte ursprünglich so funktionieren. Ein Staat der Juden und vieler Völker und Hautfarben, vereint in ethnischer Toleranz, Gleichheit und Einheit. So, wie sich Israel heute gern seinen vielen Gästen präsentiert.

Es war ein wunderbarer Abend für uns damals im Dezember 1999, als beim Chanukka-Fest[407], unsere beiden Mädchen zusammen mit dem weltberühmten israelischen Philharmonieorchester in der Oper von Jerusalem vor ausverkauftem Haus auftraten. Aber nicht nur der Schülerchor der Anglican International School war vertreten, sondern eine Vielzahl von verschiedenen Musikern und Künstlern, die ihre Volksgruppen in Israel vertraten. Diese Vielfältigkeit wurde entsprechend moderiert, und wer an diesem Abend nicht von Israel begeistert war, der war nicht da gewesen. Auch wir fuhren begeistert nach Hause, jedoch in der Erkenntnis, dass wir auch die andere Seite dieses Staates kannten. Die Vielfältigkeit, die sich musikalisch beschwingt und tänzerisch anmutig dargeboten hatte, fand nur auf der Bühne statt, war gespielt, sie war Show. Wir, die wir lange genug in diesem Land gelebt hatten, wussten darüber Bescheid, die, die heute in der Oper, als touristische Gäste des Landes das Vergnügen hatten, zuschauen und zuhören zu dürfen, kannten diese dunkle Seite nicht. Ihnen bot sich das lebensfrohe Bild, das Israel an diesem Abend von sich gemacht hatte, und keiner von ihnen, der nicht Bescheid wusste, hätte uns damals auch nur ein Wort geglaubt.

Ich nahm Abschied. Jedenfalls schon einmal innerlich. Es war November 2008, als ich mit Frank Klein, der den israelischen Staat bis dahin nur in Form von Kampfflugzeugen und ihren Hinterlassenschaften auf Beirut erlebt hatte, über die Ben Jehuda in Jerusalem schlenderte. Auch er war begeistert. Nach Ost-Jerusalem war der

---

[407] Chanukka, das jüdische Lichterfest, erinnert an die Wiedereinweihung des zweiten Tempels in Jerusalem im Jahr 164 v. Chr.

Westen der Stadt für ihn, wie ursprünglich auch für mich, ein unerwartetes Erlebnis. Wir wichen einem kleinen Regenschauer in ein überdachtes Straßencafé aus.

Die Gäste saßen an kleinen Tischchen, tranken in angenehmer Atmosphäre Tee und Kaffee und dezente Musik erklang leise aus den Lautsprechern. Vor gar nicht einmal zwei Wochen hatten wir genau so auch in Düsseldorf noch zusammengesessen.

„Man kann es nicht glauben. Es ist beeindruckend und bedrückend zugleich, wenn man weiß, wie ganz anders der Nahe Osten Israel ansonsten kennt", sagte Frank. Er wusste, dass ich gegenwärtig das Buch schrieb, er kannte schon einiges vom Inhalt und er kannte die politische Lage in der Region zur Genüge. Auch konnte er das politische Verhalten Israels im Gegensatz zu seinem kulturellen Potential sehr genau abschätzen. Wir beide wussten Bescheid. Und doch merkte ich ihm an, dass er über das, was er heute hier erlebte, beeindruckt war. Das unmittelbare Erleben, das sich bei einem Besuch offenbart, ist doch von ganz anderer Intensität als das, was man aus dem Fernsehen und von Berichten aufnimmt. Wir waren bei unserem Auftrag über das Bundesland Nordrhein-Westfalen quer durch die West-Bank gereist, bis hinauf in den Norden nach Jenin, und nun war dieser Besuch in West-Jerusalem am Ende unserer Mission fast wie ein Kulturschock. Es ging ihm wie mir auch. Wir konnten beide die Diskrepanz nicht verarbeiten. Das bunte Treiben auf der Straße, die Offenheit, die Lebensfreude und die Lebensart einer kultivierten Gesellschaft – das alles passte nicht zu der Verhaltensweise des Staatsapparats, der vieltausendfach Tod, Zerstörung und Leid über die arabischen Völker bringt. Der Staatsapparat und die Bevölkerung, es schien, als seien das zwei verschiedene Dinge. „Wie ist so etwas nur möglich? Wo ist das wahre Gesicht?", fragten wir uns.

Das wahre Gesicht Israels zeigt sich nicht den Kaffee- und Teetrinkern auf der Ben Jehuda, nicht den Touristen und Urlaubern am Mittelmeer, nicht den Politikern beim Staatsbesuch, den Bewunderern der Musik und der Kunst, den Lesern der Literatur, den Besuchern der Museen, den Gedenkenden des Holocaust, den Archäologen, Wissenschaftlern und Geschäftsleuten, die dieses Land besuchen. Es zeigt sich nicht einmal den eigenen Bürgern. Der größte Teil der israelischen Gesellschaft hat überhaupt keine Ahnung über die Durchführung und die Folgen der Besatzung. Sie kennen das wahre Gesicht ihres eigenen Staates nicht.

Das wahre Gesicht zeigt sich im zionistischen Anachronismus, der Rassismus predigt und lebt, der beherrscht und bestraft, der Machtstreben signalisiert, der religiöse Verblendung und Expansionsdrang legalisiert, der Gewalt und Verderben ausübt.

Appelle und Aufrufe der europäischen Gemeinschaft zum Ende solcher Gewalt lassen den israelischen Wahnsinn unbeeindruckt. Sie wirken seit jeher lächerlich. Und die unter uns, die weiterhin nur den Dialog fordern und auf Einsicht hoffen, sind unverbesserliche Träumer, die die Realität verdrängen. Für überzeugte Zionisten und ultraverblendete Siedler gibt es keinen Dialog über „Eretz Israel"!

Für Toleranz und Humanismus ist da kein Platz. Nichts wird die Zionisten abbringen von ihrem Plan, wenn nicht wir selbst dafür Sorge tragen. Wir halten den Schlüssel für ein Ende des Konflikts, für ein Ende der Unmenschlichkeit in Nahost und für ein Ende des Islamo-Terrors in unserer Hand. Wir brauchen die Tür nur aufzuschließen.

Was mir blieb, war das schlechte Gewissen, bis zu dem Zeitpunkt, als ich begann, dieses Buch zu schreiben. Was mir jetzt bleibt, ist das Abwarten, was noch alles auf uns zukommt.

> Kein Mensch auf der Welt braucht zwischen Israel und Palästina zu wählen. Man kann – und soll – für beide sein. Die wahren Interessen Israels und Palästinas stehen nicht im Widerspruch, denn beide Völker brauchen Frieden. Die Eskalation der Gewalt und die gegenseitigen Gräueltaten, die täglich begangen werden, können uns alle ins Unglück stürzen. Um zu einer vernünftigen Lösung zurückzukommen, brauchen wir, Israelis und Palästinenser, die Unterstützung Europas, auch Deutschlands, für eine Politik der Versöhnung und des Ausgleichs. Wer eine der beiden Seiten, Israel oder Palästina, einseitig und bedingungslos unterstützt, hilft keinem. Wer Israel in diesem Sinne, aus dieser Gesinnung heraus, kritisiert, tut eine gute Tat.
>
> Uri Avnery

Indexverzeichnis

1 Personenregister:

Abbas, Mahmoud (genannt Abu Mazen): * 26. März 1935 in Safed, Galiläa

Ein führender Politiker der palästinensischen Fatah. Er war zu Beginn der 1960er Jahre einer der Gründer der Palästinensischen Befreiungsorganisation (PLO) und der Fatah-Bewegung.

Am 19. März 2003 wurde Abbas von Jassir Arafat offiziell aufgefordert, das Amt des Ministerpräsidenten zu übernehmen, der auf Druck Israels und der USA nicht weiter als Gesprächspartner für Friedensverhandlungen akzeptiert wurde. Abbas erhielt danach alle Vollmachten zur Umstrukturierung der Verwaltung, Finanzen und Sicherheit. Seine Reformen wurden von Arafat jedoch sabotiert, da diese Forderungen zwangsläufig zur Entmachtung Arafats geführt hätten Abbas scheiterte schließlich als Ministerpräsident, nachdem die so genannte Roadmap, der Friedensplan für die palästinensische Autonomiebehörde (PNA), durch mehrere palästinensische Selbstmordattentate und einen israelischen Raketenangriff auf den Hamas-Gründer Ahmad Yassin im August 2003 gescheitert war.

Daraufhin reichte Abbas am 6. September nach nur 100 Tagen bei Jassir Arafat seinen Rücktritt ein, der das Rücktrittsgesuch annahm und ihn bat, bis zur Bildung eines neuen Kabinetts zunächst weiter zu amtieren. Einen Tag später erklärte Mahmoud Abbas offiziell seinen Rücktritt als palästinensischer Ministerpräsident und begründete seine Entscheidung neben der Enttäuschung über mangelnden Rückhalt im palästinensischen Parlament auch mit der Weigerung Israels, sich konstruktiv am Friedensplan zu beteiligen. Weiter äußerte er seinen Unmut darüber, dass Israel durch die internationale Gemeinschaft, insbesondere die USA, zu wenig unter Druck gesetzt werde.

Nach dem Tod von Jassir Arafat übernahm Mahmoud Abbas von diesem im November 2004 das Amt des PLO-Vorsitzenden und wurde von der Fatah als Kandidat für die palästinensischen Präsidentschaftswahlen aufgestellt.

Seit dem 15. Januar 2005 ist Abbas Präsident der PNA. Aufgrund anhaltender Konflikte, die aus den Parlamentswahlen 2006 herrührten und im Juni 2007 bürgerkriegsähnliche Ausmaße zwischen Fatah und Hamas annahmen, erklärte er das Einheitskabinett beider Parteien für abgesetzt und berief am 15. Juni 2007 eine Notstandsregierung, nachdem die Fatah ihren Einfluss im Gazastreifen gänzlich verloren hatte. Sowohl die EU als auch die USA unterstützen seither Abbas in der Westbank. Der Gazastreifen der Hamas ist international isoliert.

Allon, Jigal: * 10. Oktober 1918 in Kfar Tabor, Galiläa, † 29. Februar 1980 in Afula.

Allon war israelischer Politiker der Arbeiterpartei und langjähriger politischer Gegenspieler Moshe Dajans. Er war von 1974 bis 1977 der vierte Außenminister Israels. Nach ihm ist der Allon-Plan benannt.

Im israelischen Unabhängigkeitskrieg kämpfte er in die Armee als Generalmajor und Befehlshaber der Südarmee.

Der Allon-Plan ist ein 1967 vorgestelltes Konzept zur Besiedlung des Westjordanlandes (West-Bank). Der Plan wurde noch erweitert und lag 1970 in der Endfassung vor; er beinhaltete im Wesentlichen zwei große Punkte:

Zum einen sollten Siedlungen im Bergland der nördlichen West-Bank entstehen, da dieses Gebiet von großem strategischem Nutzen ist. Man kann von dort sowohl einen großen Teil der israelischen Küste als auch das Jordantal übersehen.

Zum zweiten sieht der Plan die Sicherung des israelischen Einflusses in Jerusalem und Umgebung vor, die laut gesellschaftlichem Konsens nie mehr geteilt werden sollte, wie das 1948 geschehen war.

Arafat, Jassir: * 4., 24. oder 27. August 1929 in Kairo, † 11. November 2004 in Clamart, Frankreich.

Geboren als Muhammad Abd ar-Rahmān Abd ar-Ra'ūf Arafāt al-Qudwa Al-Husseini, lebte er zum Teil in Gaza und Jerusalem bei der Familie seiner verstorbenen Mutter. In Kairo hatte er während seines Studiums der Elektrotechnik 1946 intensiven Kontakt zu Amin Al-Husseini, der die wichtigste politische Leitfigur der Palästinenser im Kampf gegen die jüdischen Ziele war. Arafat als seinem Neffen wurde gelegentlich unterstellt, er habe seinen Namen geändert, um seine Verwandtschaft zu Al-Husseini zu verbergen. Ab April 1948 brach er sein Studium in Kairo ab und nahm aktiv am Krieg in Palästina teil. Er trat der Moslem-Bruderschaft bei, die im Gazastreifen und in der Schlacht bei Kfar Darom kämpfte. Als die ägyptische Armee am 15. Mai 1948 in den Palästinakrieg eingriff, wurde Arafat und seiner Einheit befohlen, abzuziehen. Dies war für ihn ein prägendes Erlebnis. Er beschuldigte später die arabischen Staaten des Verrates, weil sie den Palästinensern nicht geholfen hätten, die Schlacht zu gewinnen, und ihnen nicht erlaubt hätten, zu kämpfen.

1956 absolvierte er sein Studium an der Universität Kairo als Ingenieur. 1957 gründete er in Kuwait zusammen mit Abu Dschihad die erste Zelle der Bewegung zur Befreiung Palästinas (Al Fatah), aus der 1959 die gleichnamige politische Partei hervorging. Ab 1958 war Arafat Vorstandsmitglied und ab 1968 Vorsitzender der Fatah. 1964 rief er die Palästinensische Befreiungsorganisation PLO mit ins Leben. Durch seine aktive Teilnahme an der Schlacht von Karame 1968 (Hauptbasis in Jordanien für Anschläge in Israel) begründete er seinen Heldenmythos und war seit 1969 Vorsitzender der PLO. Als Staat im Staate Jordanien wurde die PLO zur Bedrohung. Im Juni 1970 brachen offene Kämpfe aus, die mit der Vertreibung der PLO und Verlegung der PLO-Stützpunkte aus Jordanien in den Libanon endeten.

Aufsehen erregte der historische Auftritt Arafats vor der UN-Vollversammlung am 13. November 1974, bei dem er in Uniform, mit der Kaffiah und umgeschnalltem Pistolenhalfter eine Rede hielt, die von arabischen und kommunistischen Staaten mit Begeisterung aufgenommen wurde. In der Rede reklamierte Arafat den alleinigen Machtanspruch über Palästina für die PLO. Er sprach davon, eine Welt ohne Kolonialismus, Imperialismus, Neokolonialismus und Rassismus in all seinen Ausformungen, einschließlich des Zionismus, schaffen zu wollen. Arafat vermied es, von Israel zu sprechen, um dem Staat jegliche Legitimität abzusprechen, und verwendete stattdessen den Begriff zionistische Entität. Den Zionismus stellte er in dieser Rede als eine imperialistische, kolonialistische und rassistische Ideologie dar, die – dezidiert reaktionär und diskriminierend – mit dem Antisemitismus gleichzusetzen sei. Ferner behauptete er, der Zionismus wolle, dass die Juden ihren Heimatländern keine Treue entgegenbrächten und auf einer anderen höheren Ebene als ihre Mitbürger leben sollten. Er sprach der UNO das Recht ab, das unteilbare Heimatland der Palästinenser zu teilen, und wies damit den Teilungsbeschluss von 1947 zurück. Außerdem bestand er darauf, der arabisch-israelische Krieg von 1948 sei von Israel und nicht von den arabischen Staaten begonnen worden.

Als Konsequenz des israelischen Libanonfeldzugs gegen das Hauptquartier der PLO in Beirut im Juli/August 1982 musste Arafat nach Tunesien fliehen. Er verließ mit seinen Gefolgsleuten das von Israel besetzte Beirut und errichtete einen neuen PLO-Sitz im Exil in Tunis.

1988 erkannte Arafat Israel indirekt an und erklärte 1989 die PLO-Charta von 1964, in der zur Zerstörung des Staates Israel aufgerufen wurde, für hinfällig. Er erklärte, dass die PLO die UN-Resolution anerkenne und den Willen zum Kompromiss zeige. Die gewaltsamen Aktionen der PLO wollte Arafat allerdings als legitimen Widerstand verstanden wissen. In dieser Rede wird auch die Interpretation der Resolution 194 der UN-Vollversammlung bekräftigt, nach der diese das Rückkehrrecht der palästinensischen Flüchtlinge garantiere, womit er eine Doktrin festlegte, die auch heute noch, zumindest in offiziellen Verlautbarungen der PLO, Bestand hat. In der Rede gestand Arafat den Juden nicht explizit ein Recht auf nationale Selbstbestimmung zu und akzeptierte nicht ausdrücklich, dass Israel ein jüdischer Staat sein könnte.

Im Jahre 1990 begrüßte Arafat den irakischen Einmarsch in Kuwait und solidarisierte sich mit Saddam Hussein. Die reichen arabischen Ölstaaten an der Seite des Kriegsgegners USA froren daraufhin ihre finanzielle Unterstützung für die PLO ein. Heute wird die Unterstützung Saddam Husseins allgemein als historischer Fehler Arafats gewertet. Am 13. September 1993 bei der Unterzeichnung der Prinzipienerklärung über die vorübergehende (palästinensische) Selbstverwaltung zwischen dem Staat Israel und der PLO in Washington kam es zu einem historischen Handschlag zwischen Arafat und dem israelischen Ministerpräsidenten Jizchak Rabin.

Nach 27 Jahren Exil kehrte Arafat in Folge des Autonomieabkommens im Juli 1994 nach Palästina zurück und bildete in Gaza eine autonome Regierung, die Palästinensische Autonomiebehörde PNA. Im Dezember 1994 erhielt Arafat gemeinsam mit Schimon Peres und Jizchak Rabin den Friedensnobelpreis.

2000 verhandelte Arafat mit dem israelischen Ministerpräsidenten Ehud Barak und US-Präsident Clinton in Camp David über die Schaffung eines palästinensischen Staates. Die Verhandlungen scheiterten jedoch. Der abtretende Präsident Clinton und Barak, der kurz darauf in allgemeinen Wahlen von seinem politischen Gegner Ariel Scharon abgelöst wurde, gaben Arafat die alleinige Schuld am Scheitern dieser Verhandlungen.

In der Folge duldete er oder unterstützte sogar den erneuten Palästinenseraufstand, die so genannte zweite Intifada oder Al-Aqsa-Intifada. Sie wurde im Gegensatz zur ersten Intifada ein militanter Aufstand. Als Reaktion auf diese zweite Intifada besetzte Israel wieder große Teile der autonomen Palästinensergebiete und betrieb dort eine Politik der totalen Unterwerfung der Bevölkerung und der gezielten Tötung von Protagonisten radikaler Palästinenserorganisationen wie Hamas oder Islamischer Dschihad, die für Selbstmordattentate verantwortlich gemacht wurden. Die israelische Regierung machte auch Arafat selbst für diese gewaltsamen Übergriffe verantwortlich.

Im Mai 2002 stellte der BND fest, dass die Verwendung von EU-Geldern für den Terrorismus „nicht auszuschließen" sei, da Arafat offensichtlich nicht zwischen der Struktur des Autonomie-Regimes und seiner Fatah-Bewegung trenne. Das Gutachten spricht weiterhin von „bekanntem Missmanagement" und „weit verbreiteter Korruption". Seit 2001 wurde der in Ramallah lebende Arafat von Israel mehrfach unter Hausarrest gestellt. Im Jahr 2002 zerstörte die israelische Armee einen Großteil von Arafats Hauptquartier, der Muqata'a.

Am 11. September 2003 fasste die israelische Regierung den Beschluss, Arafat auszuweisen. Mit einem Hubschrauber sollte er ins Exil nach Nordafrika gebracht werden. Nach dem Ausweisungsbeschluss gingen zehntausende Palästinenser protestierend auf die Straße. Arafat appellierte an die Bevölkerung, Widerstand gegen den Beschluss zu leisten. Er wolle „lieber sterben, als sich zu ergeben“. Am 14. September 2003 stellte der stellvertretende israelische Ministerpräsident Olmert auch ein Attentat auf Arafat als eine „legitime Möglichkeit“ seiner Entfernung dar. Am 16. September 2003 ließen die USA eine Resolution des Weltsicherheitsrates gegen die Ausweisung Arafats an ihrem Veto scheitern. Deutschland enthielt sich der Stimme. Am 28. Oktober 2004 verschlechterte sich sein Gesundheitszustand. Am folgenden Tag wurde Jassir Arafat zur weiteren Behandlung nach Paris geflogen. Die israelische Regierung hob aufgrund seiner schweren Krankheit das Reiseverbot auf und sicherte ihm eine Rückkehr ins Westjordanland zu.

Balfour, Arthur, seit 1922 1. Earl of Balfour: * 25. Juli 1848 in Whittingehame, † 19. März 1930 in Fisher's Hill nahe Woking, Surrey.

Britischer Politiker und ehemaliger Speaker des Unterhauses. Von 1916 bis 1919 war er Außenminister. In dieser Funktion ging er mit seiner Balfour-Deklaration (2. November 1917) in die Geschichte ein. Darin sicherte er Lionel Walter Rothschild, 2. Baron Rothschild, und den Zionisten seine Unterstützung zu. In Verbindung mit dem Sykes-Pikot-Abkommen war er damit Wegbereiter der Staatsgründung Israels durch die UN-Teilungserklärung von 1947 geworden.

Barak, Ehud: * 12. Februar 1942 im Kibbuz Mischmar haScharon.

Israelischer Ministerpräsident und ehemaliger General.

Ehud Barak trat 1959 in die israelischen Streitkräfte ein und diente dort 35 Jahre. In dieser Zeit stieg er bis zum Generalstabschef und in den höchsten Rang der israelischen Armee auf. Er gilt als der am höchsten dekorierte Soldat in Israel.

Am 17. Mai 1999 wurde Barak zum israelischen Ministerpräsidenten gewählt. Er versuchte, den Friedensprozess mit den Palästinensern, der während der Regierungszeit seines Vorgängers Netanjahu ins Stocken geraten war, wieder in Gang zu bringen. Ein Durchbruch gelang jedoch aufgrund des Misstrauens beider Seiten nicht. Die Verhandlungen in Camp David mit Arafat scheiterten. In seiner Amtszeit zog sich die israelische Armee aus dem Südlibanon zurück, den sie seit 1982 besetzt hielt. Als am 28. September 2000 der damalige Oppositionsführer Scharon den Tempelberg betrat und die zweite Intifada auslöste, war Barak mit seiner Politik gescheitert. Er hatte kaum mehr Rückhalt in der Bevölkerung. Bei der vorzeitig angesetzten Wahl am 6. Februar 2001 unterlag er Scharon, der ihm im Amt des israelischen Ministerpräsidenten folgte. Am 18. Juni 2007 wurde er zum neuen Verteidigungsminister Israels gewählt.

Begin, Menachem: * 16. August 1913 in Brest-Litowsk, † 9. März 1992 in Jerusalem.

Ministerpräsident und Außenminister Israels. Seit 1929 gehörte er der zionistischen Betar-Bewegung unter der Führung von Wladimir Jabotinsky an. 1939 floh er vor den einrückenden Deutschen nach Litauen und wurde dort von den einmarschierenden Russen inhaftiert und zu acht Jahren Zwangsarbeit in Sibirien verurteilt. Im Jahr 1941 wurde er freigelassen, trat freiwillig den polnischen Streitkräften in der Sowjetunion bei und wurde in den Nahen Osten überstellt.

Er desertierte 1942 und trat der terroristischen radikal-zionistischen Untergrundorganisation Irgun bei, deren Führer er 1943 wurde. Nach Auflösung des Irgun gründete Begin 1948 die Cherut-Partei, die später die führende Kraft im Likud-Block wurde. Seine Partei, die eine Ausdehnung Israels auf dessen Grenzen im frühen Altertum anstrebte, wurde 1949 drittstärkste Kraft im israelischen Parlament. 1970 verließ er die Regierung, um gegen die Land-für-Frieden-Politik zu protestieren. 1973 beteiligte er sich an der Verschmelzung der Cherut zum Likud und wurde 1977 der erste Likud-Ministerpräsident. Im November desselben Jahres kam es zum historischen Treffen mit Ägyptens Präsident Muhammad Anwar as-Sadat. Auf Vermittlung von US-Präsident Jimmy Carter war das Jahr 1978 gekennzeichnet durch Verhandlungen auf dessen Feriensitz Camp David, die in einem Abkommen gipfelten und im März 1979 zum israelisch-ägyptischen Friedensabkommen führten. Begin und Sadat erhielten für das Camp-David-Abkommen den Friedensnobelpreis des Jahres 1978.

Durch die Räumung des Sinai musste sich Begin erheblichem Widerstand innerhalb des eigenen Regierungslagers erwehren; dies führte zu einem Bruch innerhalb des Likud-Blocks. Vor allem seine gegenüber der Arbeiterpartei weitergehenden Siedlungspläne für das Westjordanland und die Besetzungspolitik der Golanhöhen in Syrien brachten ihm die Stimmen vieler orthodoxer und sephardischer Juden ein, während er damit auf internationaler Ebene einen neuerlichen Konfliktkurs einschlug.

1982 ließ Begin die Armee in den Libanon einmarschieren. Dies rechtfertigte er mit der Begründung, dass die Palästinensische Befreiungsorganisation PLO von dort aus über die nördliche israelische Grenze Raketenangriffe steuerte. Unmittelbarer Anlass des Angriffs war ein Anschlag auf den israelischen Botschafter in Großbritannien, der jedoch nachweislich nicht von der PLO ausgeführt wurde.

Die Operation „Frieden für Galiläa“, die lediglich sechs Monate dauerte, war der Beginn der Stationierung israelischer Besatzungstruppen im Südlibanon bis zum Jahr 2000.

Weltweites Aufsehen erregte die Besetzung und Bombardierung Beiruts mit dem Massaker in den Palästinenserlagern von Sabra und Chatila im September 1982. Christliche libanesische Milizen massakrierten dort Hunderte von Palästinensern – Frauen, Männer und Kinder –, ohne dass die in Beirut stationierten israelischen Armeeeinheiten eingriffen. Nach einer israelischen Untersuchung musste der Hauptverantwortliche für die Libanon-Intervention, der damalige Verteidigungsminister Ariel Scharon, zurücktreten. Am 17. Mai kam es zu einem israelisch-libanesischen Abkommen, das einen vollständigen Rückzug der israelischen Truppen vorsah. Im Juli des Jahres zog Begin einen Teil der Truppen tatsächlich ab.

Begin selbst trat am 15. September 1983 enttäuscht und deprimiert über den nicht zustandegekommenen Friedensvertrag mit dem christlichen Präsidenten des Libanon und den dort anhaltenden syrischen Einfluss und wegen langer Krankheit zurück.

Ben-Gurion, David: * 16. Oktober 1886 in Ptonsk, † 1. Dezember in Tel Hashomer.

1948–53 erster Ministerpräsident und Verteidigungsminister Israels. Geboren als David Grün in Polen, wandte er sich dem Zionismus und dem Sozialismus zu. 1906 wanderte Grün von Polen nach Palästina aus und beteiligte sich dort am Aufbau der jüdischen Untergrundorganisation Hashomer. Er arbeitete zunächst in einem Betrieb, der Orangen anbaute, dann als Journalist und nahm später als Politiker den Namen „Ben-Gurion“ an. Er wurde Führer der jüdischen Arbeiterbewegung.

Am Aufbau der Haganah, des militärischen Arms des Zionismus in Palästina, war er beteiligt. 1930 gründete Ben-Gurion die Mapai, eine zionistisch-sozialistische Arbeiterpartei. Ben-Gurion vertrat das jüdische Establishment und war als moderater Politiker bekannt. Die Briten arbeiteten teilweise mit ihm als Vertreter der Haganah zusammen, um Mitglieder von radikaleren militanten Gruppen verhaften zu können. Er war allerdings auch an gewaltsamen zionistischen Aktionen beteiligt, als seine Organisation kurzzeitig mit Menachem Begins Irgun kooperierte. David Ben-Gurion schrieb an die Exekutive der Jewish Agency im Juni 1938: „Ich bin für Zwangsumsiedlung (der Palästinenser); darin sehe ich nichts Unmoralisches.“ An der Vorbereitung des Bombenanschlags gegen die britische Mandatsverwaltung im King-David-Hotel 1946 wirkte er zwar mit, widersprach dann aber erfolglos der Ausführung des Plans.

Am 14. Mai 1948 verlas Ben-Gurion die israelische Unabhängigkeitserklärung und führte die neue Nation im unmittelbar folgenden israelischen Unabhängigkeitskrieg. Ben-Gurion veranlasste während des Krieges die Vertreibung der palästinensischen Bevölkerung aus ihren Wohnorten. Parallel bemühte sich Ben-Gurion darum, die verschiedenen bewaffneten Gruppen der zionistischen Bewegung zur israelischen Armee zusammenzufügen.

Am 25. Februar 1949 wurde David Ben-Gurion zum ersten Premierminister des Staates Israel ernannt. 1953 gab er seinen Rücktritt von der Regierung bekannt und kehrte 1955 zunächst als Verteidigungsminister, noch im selben Jahr aber wieder als Premierminister an die Staatsspitze zurück. In dieser Funktion bereitete er in enger Zusammenarbeit mit Frankreich und England den Suezkrieg von 1956 vor. 1963 trat er aus persönlichen Gründen vom Amt des Premierministers zurück und schlug Levi Eschkol als seinen Nachfolger vor. Zwei Jahre später überwarf er sich mit Eschkol und der Mapai und gründete mit Mosche Dajan und Shimon Peres die Rafi-Partei. Nach dem Sechs-Tage-Krieg sprach Ben-Gurion sich 1967 dagegen aus, weiteres arabisches Land zu annektieren. Als sich Rafi 1968 mit Mapai zusammenschloss, gründete er die Avoda. 1970 zog sich Ben-Gurion aus allen seinen politischen Ämtern zurück.

Bernadotte, Folke, Graf: * 2. Januar 1895 in Stockholm, † 17. September 1948 in Jerusalem.

Schwedischer Offizier und Philanthrop. Von 1943 bis 1948 war er Vizepräsident und später Präsident des Schwedischen Roten Kreuzes. Am 20. Mai 1948 wurde er zum ersten Vermittler in der Geschichte der Vereinten Nationen (UNO) gewählt und in Palästina eingesetzt. Während seiner Tätigkeit im ersten Palästinakrieg von 1948 legte er unter anderem den Grundstein für das Hilfswerk der Vereinten Nationen für Palästina-Flüchtlinge im Nahen Osten (UNRWA). Er setzte sich in den Verhandlungen mit den Israelis für eine Anerkennung des Rückkehrrechtes der palästinensischen Flüchtlinge ein. Konkret bat er am 17. Juni 1948 die Israelis, die Rückkehr von 300.000 Flüchtlingen zu ermöglichen.

Am 17. September 1948 wurde er zusammen mit UN-Beobachter Colonel André Serot von militanten Führern der jüdischen Terroristen-Gruppe Lechi erschossen. Grund für die Ermordung war sein öffentliches Bekenntnis, die palästinensischen Flüchtlinge hätten einen Anspruch, in ihre Heimat zurückkehren zu dürfen. Seine Vorschläge zur Lösung des Flüchtlingsproblems waren die Basis für die am 11. Dezember 1948 von der UN-Vollversammlung beschlossene Resolution 194, in der das Recht auf Rückkehr für die Flüchtlinge beider Seiten festgestellt wurde.

Die Drahtzieher des Anschlags erhielten wenige Monate später trotz dringenden Tatverdachts Generalamnestie von der israelischen Regierung.

Dajan, Moshe: * 20. Mai 1915 im Kibbuz Degania, † 16. Oktober 1981 in Tel Aviv.

Israelischer General und Politiker. Er trat bereits im Alter von 14 Jahren der Haganah bei. 1939–1941 war er wegen illegaler Tätigkeit gegen die Briten in Akko inhaftiert.

1941 kommandierte Dajan eine Palmach-Einheit unter dem Befehl der 7. Australischen Infanterie-Division. Die Alliierten rückten zusammen mit freifranzösischen Streitkräften von Palästina aus in den vom Vichy-Regime besetzten Libanon ein, der dadurch quasi befreit wurde. Während dieser Operation verlor Dajan sein linkes Auge. Eine französische Kugel traf das Fernglas, das er gerade benutzte. Die leere Augenhöhle bedeckte er später stets mit einer schwarzen Augenklappe, die zu seinem bekanntesten Merkmal wurde. Auf die Empfehlung eines australischen Offiziers erhielt er den Orden „Distinguished Service Order", eine der höchsten Auszeichnungen des britischen Empires.

Nach seinem militärischen Einsatz im Unabhängigkeitskrieg übernahm er 1948 die Leitung der israelischen Delegation bei den Friedensverhandlungen auf Rhodos. 1954 wurde Dajan, nachdem er in England einen Generalstabslehrgang absolviert hatte, Generalstabschef und Oberkommandierender der israelischen Streifkräfte. In dieser Funktion befehligte er den Sinai-Feldzug. 1959 wurde er Mitglied der sozialdemokratischen Mapai-Partei. Nach einer politischen Karriere als Landwirtschaftsminister stand er in enger Verbindung mit dem ersten Ministerpräsidenten Israels Ben-Gurion. Im Zuge der Spannungen im Mai und Juni des Jahres 1967 zwischen Israel und der arabischen Welt wurde Dajan auf massiven Druck der Bevölkerung hin von Eschkol, dem Nachfolger Ben-Gurions, zum Verteidigungsministers ernannt. Eschkol, obwohl er niemals in der Armee gedient hatte, hatte diesen Posten vorher selbst innegehabt. Er erwarb vor allem durch seine Verdienste während des Sechs-Tage-Kriegs ein hohes Ansehen in Israel und einen großen Bekanntheitsgrad in der Welt. Sein Amt musste er 1974 wegen des beinahe verlorenen Jom-Kippur-Kriegs 1973 aufgeben. Er war als ranghöchster Militär für die militärischen Planungen verantwortlich und dabei besonders für die Kontrolle der Aufklärung zuständig. Es bestehen geringe Zweifel daran, dass der „Held des Sechs-Tage-Kriegs" zum Teil die Verantwortung dafür trägt, dass die israelische Führung die Zeichen des aufziehenden Krieges nicht erkannt hat. Nach den schweren Niederlagen in den ersten zwei Tagen änderte er seine Meinung radikal und war nahe daran, bei einer Pressekonferenz den „Untergang des dritten Tempels" zu erklären. Öffentliche Proteste führten zu seinem und Golda Meïrs Rücktritt.

Dajan verließ die Mapai und wurde Mitglied des konservativen Likud. Von 1977 bis 1979 war er Außenminister unter Begin und spielte in diesem Amt eine wichtige Rolle bei der Ausarbeitung des Friedensabkommens mit Ägypten von 1979 (Camp David I). Von diesem Amt trat er aus Protest u. a. gegen die Siedlungspolitik der Regierung zurück. Im Jahre 1981 gründete Dajan die Partei Telem, die eine unilaterale Trennung vom Westjordanland und dem Gazastreifen befürwortete. Die Partei eroberte zwei Sitze in der zehnten Knesset (Wahlen vom 30. Juni 1981), aber Dajan starb kurz danach an den Folgen eines Krebsleidens.

Herzl, Theodor: * 2. Mai 1860 in Budapest, † 3. Juli in Edlach, Niederösterreich

Österreichischer Schriftsteller, Publizist, Journalist und zionistischer Politiker. Seine hebräischen Vornamen waren Benjamin Ze'ev. Sein Pseudonym im zionistischen Organ „Die Welt" war Benjamin Seff.

Er schrieb 1896 anlässlich antisemitischer Tendenzen in Paris sein Buch „Der Judenstaat". Die Wirkung dieses Buches, vor allem aber der von ihm begründete politische Zionismus setzten eine Entwicklung in Gang, die wesentlich zur Gründung des modernen Staates Israel im Jahr 1948 beitrug.

Joffe, Avraham: * 25. Oktober 1913 in Jawneel, † 12. April 1983.

Israelischer General und Abgeordneter der Knesset. Bekannt wurde er vor allem durch seine Rolle als General der israelischen Streitkräfte im Sechs-Tage-Krieg.

Wie viele andere Mitglieder der Haganah trat er bei Ausbruch des zweiten Weltkriegs der britischen Armee bei. 1947 verließ er sie im Rang eines Captains. Zurück in der Haganah baute er ein Infanteriebataillon im Jordantal auf. Im Unabhängigkeitskrieg kämpfte er im Norden an der Grenze zum Libanon, später in der Golani-Brigade und als Operationsoffizier des Regiments und wurde im Kampf verwundet.

1953 wurde er Kommandeur der 9. Brigade, die er auch im Sinai-Feldzug von 1956 führte. Hier eroberte er Scharm El-Scheich. Nach dem Krieg wurde er Kommandeur der Offiziersschule und Chef der Ausbildungsabteilung im Rang eines Generalleutnants. Anschließend war er zwischen 1958 und 1962 Kommandeur des Südlichen Kommandos. 1962 wurde er schließlich Kommandeur des nördlichen Kommandos.

Nach zweijährigem Ausscheiden wurde er im Sechs-Tage-Krieg als Kommandeur einer Reservedivision für die Armee reaktiviert. Seine Division war zentral an der Sinaifront eingesetzt und schaffte es, durch ein wegen des Sandes als unpassierbar geltendes Wadi die Bir-Lafhan-Verbindung zu erobern und damit die ägyptische Armee vom Nachschub abzuschließen.

Nach dem Sechs-Tage-Krieg schlug er eine politische Karriere ein und gründete die Bewegung zum Wohle Groß-Israels, die die eroberten Gebiete behalten wollte und eine der wichtigsten Fraktionen des sich gründenden Likud wurde. Nach dem Jom-Kippur-Krieg wurde er für den Likud in die 8. Knesset gewählt. Dort war er Mitglied im Außen- und Verteidigungsausschuss sowie im Innen- und Umweltausschuss.

Meïr, Golda: * 3. Mai 1898 in Kiew, † 8. Dezember 1978 in Jerusalem.

Israelische Politikerin und langjährige Außenministerin. Vom 17. März 1969 bis 1974 der erste weibliche Premierminister Israels.

Schon während ihrer frühesten Kindheit in Kiew erlebte Golda Meïr Pogrome. Ihr Vater floh in die USA, als sie fünf Jahre alt war, und holte 1906 seine Familie nach. Sie interessierte sich für Politik und wurde Mitglied der sozialistisch-zionistischen Bewegung. 1921 zog sie mit ihrem Mann nach Palästina. 1923 trat Golda Meïr der Mapai-Partei bei. Von 1928 an war sie Aktivistin in der Gewerkschaft Histadrut, in der sie ab 1940 eine führende Rolle als politische Leiterin spielte. Die Histadrut entsandte sie in die USA zum Studium der dortigen Frauenorganisation. Nach ihrer Rückkehr baute sie die zionistisch-sozialistische Frauenbewegung in Israel auf. 1929 wurde sie Mitglied des Zionistischen Weltkongresses. Seit 1946 leitete sie die politische Abteilung der Jewish Agency.

Vor der Proklamation des Staates Israel führte Golda Meïr geheime Verhandlungen mit dem jordanischen Emir und späteren König Abdullah I. Geprägt von ihrer Jugend im antisemitischen Russland war Politik für sie ein Kampf ums Überleben. Sie sah keinen möglichen Kompromiss zwischen den Interessen der arabischen und der jüdischen Bevölkerung in Israel.

Golda Meïr war 1948 die erste Botschafterin Israels in Moskau, zwischen 1949 und 1974 war sie Abgeordnete der Knesset, zwischen 1949 und 1956 war sie Arbeitsministerin in Israel; 1956 bis 1965 leitete sie das Außenministerium. Von 1966 bis 1968 war sie Generalsekretärin der Mapai-Partei. Im März 1969 wurde Golda Meïr schließlich zur Ministerpräsidentin gewählt. 1970 setzte sie gegen heftigen Widerstand in den eigenen Reihen den Waffenstillstand am Suezkanal durch. Wegen des anfangs erfolgreichen Überraschungsangriffs geriet sie am Ende des Jom-Kippur-Kriegs von 1973 in heftige innenpolitische Kritik. Deshalb gab sie im Dezember 1973 ihren Rücktritt bekannt. Infolge einer längeren Regierungskrise übernahm sie das Amt der Ministerpräsidentin im März 1974 noch einmal und wurde im April 1974 durch Jizchak Rabin abgelöst.

Netanjahu, Benjamin: * 21. Oktober 1949 in Tel Aviv.

Israelischer Politiker des konservativen Likud-Blocks. Von Mai 1996 bis Mai 1999 israelischer Ministerpräsident.

Netanjahu gilt innerhalb des Likud als Hardliner (Falke); er gehört zu den Gegnern eines unabhängigen Palästinenserstaats. Innerparteilich war er ein Konkurrent des früheren israelischen Premierministers Ariel Scharon. Obwohl in Israel geboren, wuchs er im US-Bundesstaat Pennsylvania auf. Er diente in der Sayeret Matkal, eine bekannte Spezialeinheit der israelischen Streitkräfte mit dem Einsatzschwerpunkt Terrorismusbekämpfung und nachrichtendienstliche Aufklärung. 1967 nahm er in einer Eliteeinheit am Sechs-Tage-Krieg und 1973 am Jom-Kippur-Krieg teil.

Von 1984 bis 1988 war er Botschafter bei der UNO unter der Regierung Begin. 1988 wurde er stellvertretender Außenminister, 1991 stellvertretender Minister im Amt des Ministerpräsidenten und war Vorsitzender des Likud von 1993 bis 1999. Nach der ersten Direktwahl wurde er 1996 mit knapper Mehrheit zum Ministerpräsident gewählt. Er brachte den von den Regierungen Rabin und Peres eingeleiteten Friedensprozess ins Stocken, schloss aber 1998 das Wye-Abkommen. Durch eine Untersuchung wegen Korruptionsverdacht wurde er bei den Wahlen 1999 von Barak geschlagen.

Im Mai 2002 suchte Netanjahu den Konflikt mit Scharon, als er auf einem Parteitag des Likud für eine Politik der Nichtanerkennung Palästinas eintrat und hierfür 60% der Delegierten hinter sich brachte. Ab November 2002 Außenminister unter Scharon, unterlag er noch im selben Monat diesem bei der Wahl zum Vorsitzenden des Likud; bei der Neubildung der Regierung. am 28. Februar 2003 wurde er Finanzminister (Rücktritt im August 2005 aus Protest gegen den israelischen Abzug aus dem Gazastreifen). Nach Aufkündigung der Großen Koalition durch die Arbeiterpartei und Scharons Austritt aus dem Likud im November 2005 wurde Netanjahu im Dezember 2005 dessen Nachfolger im Likudvorsitz. Bei den Wahlen am 28. März 2006 verlor der Likud mit ihm als Spitzenkandidat seine vormalige Bedeutung und errang nur noch 11 Mandate. Bei den Neuwahlen vom 10. Februar 2009 konnte Netanjahus Likud im Vergleich zur vorherigen Wahl 15 Mandate hinzugewinnen und wurde zweitstärkste Kraft nach der Kadima.

Olmert, Ehud: * 30. September 1945 in Binjamina.

Israelischer Politiker und von April 2006 bis Januar 2009 Ministerpräsident Israels.

Ehud Olmert wurde erstmals im Jahre 1973 für den Likud in die 8. Knesset gewählt. In den Jahren 1981 bis 1988 war Olmert Mitglied des prestigeträchtigen Auslands- und Sicherheitsausschusses. Während seiner Karriere als Mitglied der Knesset war er als Minister ohne Portfolio im Kabinett unter Schamir. Später wurde er Gesundheitsminister.

Im November des Jahres 1993 wurde Olmert Bürgermeister von Jerusalem. Während seiner ersten Amtsperiode geriet der Status Jerusalems durch die Eröffnung des Viertels Har-Homa und eines antiken Tunnels unter dem Tempelberg ins Blickfeld des öffentlichen Interesses. Olmert verfocht zu diesem Zeitpunkt den Standpunkt Großisraels einschließlich der Integrität ganz Jerusalems unter israelischer Kontrolle und lehnte jede Konzession an die Palästinenser ab, die Ost-Jerusalem als Hauptstadt eines künftigen palästinensischen Staates beanspruchen. Konsequent führte er eine harte Politik der Ausbürgerung von Palästinensern aus dem Ostteil der Stadt durch. 1999 forderte Olmert Ariel Scharon als Parteivorsitzender des Likud heraus, scheiterte jedoch bei den parteiinternen Wahlen.

Nach seiner Wiederwahl in die Knesset im Jahre 2003 gab er im Februar 2003 sein Amt als Bürgermeister auf. Im Februar 2003 wurde Ehud Olmert zum Industrie- und Handelsminister sowie zum stellvertretenden Ministerpräsidenten ernannt. Olmert galt als enger Vertrauter Ariel Scharons und wurde als sein Sprachrohr angesehen. Nach einem Machtkampf innerhalb des Likud gründete sich 2005 die Kadima-Partei. Sie ist politisch zwischen dem Likud und der Arbeiterpartei angesiedelt und sieht sich als eine liberale Partei in der Mitte des israelischen Parteienspektrums. Die neue Partei um Ariel Scharon, der 2005 wegen wachsendem Widerstand aus dem Likud austrat und der sich auch Olmert anschloss, gewann die Parlamentswahlen. Nach Ariel Scharons Schlaganfall am 4. Januar 2006 übernahm Olmert vorläufig die Regierungsgeschäfte als Ministerpräsident. 2006 wurde er als Ministerpräsident bestätigt. Wie Scharon ist Olmert von der Ideologie eines Großisraels abgerückt und tritt dafür ein, dass der israelische Staat einseitig seine Grenzen festlege. Dies bedeutet, dass er die Grenzen Israels ohne Kooperation mit den Palästinensern endgültig festlegen will.

Nach Beendigung des Libanonkriegs 2006 wurden gegen Olmert Vorwürfe schwerer Versäumnisse laut. Gegen ihn laufen auch Ermittlungen wegen Verdacht auf Korruption aus seiner Zeit als Handels- und Industrieminister von 2003 bis 2005. Ende Mai 2008 drohte deswegen seine Koalitionsregierung mit der Arbeiterpartei Avoda zu platzen. Darauf erklärte Olmert seinen Rücktritt als Parteivorsitzender der Kadima im September 2008. Am 21. September 2008 trat er von seinem Amt als Ministerpräsident zurück, was zur Auflösung der Knesset führte.

Bis zur Bildung einer neuen Regierung bleibt er weiter im Amt. Bei den Neuwahlen im 10. Februar 2009 gewann Kadima, aber der Likud bekam den Auftrag zur Regierungsbildung.

Rabin, Jizchak: * 1. März 1922 in Jerusalem, † 4. November 1995 in Tel Aviv.

Generalstabschef der israelischen Streitkräfte sowie Verteidigungsminister und Ministerpräsident Israels. Über viele Jahre war Rabin einer der wichtigsten Entscheidungsträger Israels in außen- und sicherheitspolitischen Fragen.

Ersten vor-militärischen Unterricht hatte Rabin schon seit dem Jahre 1935 in der Giwat HaSchloscha Schule erhalten. 1941 wurde er für die neu gegründete Palmach, eine Eliteeinheit der Haganah, rekrutiert. Im gleichen Jahr nahm er als Angehöriger der britischen Armee an militärischen Operationen in Syrien und dem Libanon teil. 1945 wurde er stellvertretender Palmach-Befehlshaber der Truppen, die gegen die britischen Mandatstruppen kämpften. Hier war er etwa bei der Befreiung von Holocaustüberlebenden beteiligt, die von den Briten in Lagern unter anderem bei Haifa und auf Zypern interniert wurden.

Während des Unabhängigkeitskrieges 1948 befehligte er bei der Verteidigung Jerusalems die Harel-Brigade und wurde im Negev Stellvertreter des Chefs des südlichen Frontabschnittes Jigal Allons. Nach dem Krieg und der Auflösung des Palmach wurde Rabin als einer der wenigen Offiziere in die Armee Israels übernommen. Nach einem kurzen Zwischenspiel als Leiter dieses Kurses wurde er in den Generalstab befördert. Als Generalmajor übernahm Rabin 1953 bis 1956 die Leitung der Ausbildung der israelischen Armee. 1961 wurde er zum stellvertretenden Generalstabschef und 1964 zum Generalstabschef der Tzahal ernannt. Unter seinem Kommando errang die Tzahal den umfassenden Sieg im Sechs-Tage-Krieg.

Im Dezember 1967 gab Rabin seinen Posten als Generalstabschef auf und widmete sich der Politik und Diplomatie. Er wurde im Februar 1968 als Botschafter in die Vereinigten Staaten entsandt und vertrat dort bis 1973 die Interessen Israels. Rabin erkannte das Potential, das in guten Beziehungen zu den USA steckte. Als Botschafter hatte Rabin besonders engen Kontakt zu Premierministerin Golda Meïr, die er in sicherheitspolitischen Fragen beriet.

1973 wurde Rabin als Mitglied der Arbeiterpartei in das israelische Parlament gewählt und diente als Arbeitsminister unter Golda Meïr. Bei den Wahlen vom 2. Juni 1974 führte er die Arbeiterpartei in einen Wahlsieg und wurde Nachfolger Golda Meïrs als Ministerpräsident. Nach zwei großen Krisen, der Ankunft von vier Kampfjets an einem Shabbat und wegen eines illegalen Dollarvermögens seiner Frau musste Rabin 1977 sein Amt aufgeben. Er verblieb jedoch als Mitglied der Arbeiterpartei im Parlament. 1984 wurde Schimon Peres Ministerpräsident Israels und Jizchak Rabin kam in sein Kabinett als Verteidigungsminister in der Einheitsregierung. Er setzte umstrittene bis brutale Methoden ein, um die erste Intifada zu beenden, und wurde 1988 mit dem Ausspruch zitiert: „Wir sollten ihre Hände und Beine brechen“, was ihm in der arabischen Welt den Titel „Knochenbrecher“ einbrachte. Auch nachdem 1986 Peres wieder durch Schamir abgelöst wurde, blieb er bis 1990 Verteidigungsminister. Nach dem Tod Dajans und Allons galt Rabin als die unumstrittene Autorität Israels in verteidigungspolitischen Fragen.

Im Mai 1989 nahm das israelische Kabinett seinen Plan zu einer Zusammenarbeit mit den Palästinensern an. Ab 1990 wurde Rabin zu einem der wichtigsten Fürsprecher eines fortschreitenden Friedensprozesses zwischen Israel und den Palästinensern und den arabischen Nachbarn. Er warnte vor einem Einfrieren des Friedensprozesses in der zweiten Amtszeit von Schimon Peres und kündigte 1990 seine Kandidatur als Vorsitzender der Arbeiterpartei gegen Peres an. Aus dieser Wahl ging die Arbeiterpartei zum ersten Mal seit zwei Jahrzehnten als umfassender Sieger hervor und Rabin wurde 1992 erneut Ministerpräsident Israels. Seinen Vorgänger Schimon Peres machte er zum Außenminister, er selbst behielt das Verteidigungsministerium.

Von 1993 an spielte Rabin eine tragende Rolle bei den Friedensgesprächen mit den Palästinensern sowie den arabischen Ländern. 1991 kam es zu Friedensgesprächen in Madrid, nach denen Israel getrennt mit Vertretern seiner Nachbarn verhandeln sollte. Die PLO wurde bei den Verhandlungen nicht eingeladen. 1992 kündigte Rabin Syrien einen Abzug der Truppen aus den Golanhöhen an, zeitgleich verschärfte sich der Streit mit den Palästinensern und der PLO und es kam vermehrt zu Terrorakten, die die Friedensgespräche der israelischen Regierung unterlaufen sollten. Am 17. Dezember 1992 veranlasste Rabin die Verhaftung und völkerrechtswidrige Deportation von 415 Hamas-Anhängern in den Südlibanon. Dies rief die UN-Sicherheitsrat-Resolution 799 hervor. Im Sommer 1993 kam es zu ersten direkten Gesprächen zwischen Vertretern der PLO und der israelischen Regierung. Die Gespräche führten im Oslo-Abkommen zu einem Erfolg, das einen Abzug der israelischen Armee aus dem Westjordanland und dem Gazastreifen sowie eine palästinensische Selbstverwaltung in diesen Gebieten bei gleichzeitigem Gewaltverzicht der Palästinenser vorsah. Nach einer Übergangszeit sollte ein dauerhafter Status der Gebiete ausgehandelt werden. Die Verträge wurden am 9. und 10. September unterschrieben. Am 4. Mai 1994 erfolgte eine weitere vertragliche Regelung in Washington, bei der die PLO erstmalig eine anerkannte begrenzte Autonomie für den Gazastreifen und das Gebiet um Jericho bekam. Für seine Beteiligung an diesem Prozess erhielt Rabin 1994 zusammen mit Jassir Arafat und Schimon Peres den Friedensnobelpreis.

In der Folge des in Kairo 1994 endgültig bestätigten Abkommens wurden israelische Truppen aus den Autonomiegebieten abgezogen. Die PLO durfte eine Polizeitruppe von 9.000 Mann bilden, um ihrer Aufgaben der Verwaltung und Kontrolle gerecht zu werden, außerdem wurden etwa 8.500 palästinensische Gefangene freigelassen.

Am 28. September 1995 trafen Jizchak Rabin, Jassir Arafat, König Hussein I., Husni Mubarak und Bill Clinton erneut zusammen, um das zweite Osloer Abkommen zu unterzeichnen, mit dem die palästinensische

Autonomie auf den größeren Bevölkerungsteil der Araber im Westjordanland ausgedehnt wurde.

Rabin wurde am Abend des 4. November 1995 bei einer großen Friedenskundgebung auf dem Platz der Könige Israels in Tel Aviv von einem jüdischen Extremisten erschossen.

Salah ad-Din, Yusuf bin Ayyub (Saladin): * 1137 oder 1138 in Tikrit, † 3. oder 4. März 1193 in Damaskus.

Als Sultan Saladin wurde er zu einem Mythos, zum größten aller Helden der muslimischen Welt und vorbildhaften islamischen Herrscher. Er eroberte im Jahr 1187 Jerusalem und begründete die Ajubiden-Dynastie. Als erfolgreicher Gegenspieler der Kreuzritter (Richard Löwenherz) wurde er oft verklärt und romantisiert. Für viele heutige Muslime ist er vor allem ein Freiheitsheld.

Schamir, Jizchak: * 15. Oktober 1915 in Ruzinoy, Polen.

Israelischer Politiker, geboren als Izchak Jaziernicki. Er war von 1983 bis 1984 und erneut von 1986 bis 1992 israelischer Ministerpräsident. Von 1980 bis 1986 war er Außenminister Israels.

Schamir kam 1935 nach Palästina. Er wurde Mitglied des Irgun. Als sich 1940 der Irgun spaltete, schloss sich Schamir der radikalsten Gruppe an, der von Avraham Stern geleiteten Etzel. Im Jahre 1941 wurde er von den Briten inhaftiert. Nach der Tötung Sterns durch die Briten im Jahre 1942 entkam Schamir aus einem Internierungslager und wurde 1943 einer der drei Führer der Terrorgruppe, die er als „Lechi" neu gründete.

Nach dem erfolgreichen israelischen Unabhängigkeitskrieg war Schamir von 1955 bis 1965 Mitglied des Auslandsgeheimdienstes Mossad. Er wurde 1973 erstmals in die Knesset gewählt und wurde 1977 ihr Präsident. Im Jahre 1980 wurde er Außenminister und 1983 Begins Nachfolger als Ministerpräsident.

Obwohl Schamir als Hardliner des Likud bekannt war, übernahm er den Vorsitz beim Besuch des ägyptischen Präsidenten Anwar El-Sadat im Jahre 1977 und den anschließenden Friedensgesprächen. In den Jahren 1981 und 1982 führte er die Verhandlungen mit Ägypten an, welche die Beziehungen nach dem Vertrag normalisieren sollten, und leitete auch 1983 Verhandlungen, die zu einem Abkommen mit dem Libanon führten (welches jedoch niemals von der libanesischen Regierung ratifiziert wurde).

Weil er damit scheiterte, Israels inflationäre Wirtschaft zu stabilisieren, kam es 1984 außerplanmäßig zu Neuwahlen. Es wurde eine Koalition aus seinem Likud mit der von Schimon Peres geführten Avoda gebildet. Peres übernahm den Posten des israelischen Ministerpräsidenten für den ersten Teil der Amtsperiode und wurde im September 1986 von Schamir abgelöst. 1987 begann die erste Intifada (Widerstandskampf der Palästinenser gegen die israelische Besatzungsmacht), die die Regierung Schamir mit weiterer Gewalt beantwortete.

Im Jahre 1988 wurde die große Koalition wiedergewählt, worauf Schamir und Peres eine neue Koalitionsregierung bildeten. Nach dem Austritt der Arbeiterpartei 1990 stand Schamir einer Minderheitsregierung vor.

Im Jahre 1991 nahm die Regierung Schamir nach heftigem amerikanischem Drängen an den Friedensgesprächen von Madrid teil. Gleichzeitig ließ Schamir zahlreiche jüdische Siedlungen im Westjordanland ausbauen oder neu errichten. Unverwandte Mordvorwürfe von Seiten arabischer Gipfelteilnehmer bezüglich seiner Untergrundaktivitäten und zunehmendes Misstrauen seitens der Amerikaner angesichts seiner starren Haltung schwächten seine Verhandlungsposition erheblich.

Im gleichen Jahr befahl er die Umsiedlung tausender äthiopischer Juden. Nachdem Israel während des Irakkriegs von einer Salve irakischer Scud-Raketen getroffen worden war, verzichtete die Regierung Schamir auf einen Gegenschlag, weil die USA die arabisch-westliche Kriegskoalition in Gefahr sahen. Obwohl Schamir lange als Hardliner galt, nahm die Zustimmung zu seiner Regierung ab, weil befürchtet wurde, sie sei den Palästinensern gegenüber zu konziliant. Nach der Abwahl des Likud im Jahre 1992 wurde Jizchak Rabin (Arbeiterpartei) sein Amtsnachfolger.

Schamir trat im März 1993 vom Vorsitz über den Likud zurück, nachdem er von seinem Nachfolger Benjamin Netanjahu für seine Unentschlossenheit in der palästinensischen Frage kritisiert wurde.

2 Hashemiten: Arabische Herrscherdynastie aus dem Stamm der Beni Hashem.

Namensgeber der Dynastie ist Hashim Ibn Abd al-Mana'af, der Urgroßvater des Propheten Mohammed väterlicherseits. Alle Hashemitenherrscher gehen seither in ununterbrochener männlicher Linie auf Hashim Ibn Abd al-Mana'af und damit auf Mohammed zurück. In der 38. Generation nach Mohammed war Hussein Ibn Ali seit 1908 Großsharif in Mekka und damit inoffiziell Führer aller Araber. Er und drei seiner Söhne, Ali, Feisal und Abdullah, wurden Hauptakteure des arabischen Aufstands auf der Seite Englands gegen das osmanische Reich von 1916 bis 1918, zu dessen Beginn Hussein Ibn Ali sich als König „der arabischen Länder, Asir und Jemen" (Hedschas) ausrief. Durch den Verrat des Sykes-Picot-Abkommens 1916 zwischen Frankreich und England, das den Nahen Osten nach Kriegsende unter beiden aufteilen sollte, wurde dem Sharifen das von Großbritannien 1915 gegebene Versprechen der Unabhängigkeit der arabischen Halbinsel, Syriens, Palästinas, des Libanon und des Irak gebrochen.

Der Sohn Feisal Ibn Hussein gründete 1920 das unabhängige arabische Königreich Syrien unter dem Einschluss von Irak, Libanon, Palästina und Jordanien, wurde allerdings wenige Monate später von Frankreich nach der Konferenz von San Remo im gleichen Jahr wieder gestürzt. Dort wurde auf Völkerrechtsbasis von England und Frankreich die Neuaufteilung des Nahen Ostens beschlossen. Frankreich sicherte sich Syrien einschließlich des Libanon, während Großbritannien Palästina (beiderseits des Jordan) und Mesopotamien (Irak) einschließlich des kurdischen Nordirak erhielt. Nach Errichtung des britischen Mandats über Mesopotamien folgten dort blutige Aufstände. Nach einem Plebiszit wurde mit britischer Hilfe der Hashemit Feisal Ibn Hussein 1921 zum König des Irak ausgerufen und der Aufruhr damit beendet. Er regierte als König Feisal I. von 1921 bis 1933 in Bagdad.

1923, unter britischer Mandatsverwaltung, wurde Palästina in zwei Teile getrennt, die dem Jordan gegenüberlagen. Östlich des Flusses entstand das Emirat Transjordanien mit dem Hashemiten Abdullah Ibn Hussein als Emir und Staatsoberhaupt. Er hatte nach nur wenigen Monaten Herrschaft, von 1920 bis 1921, als König im Irak zugunsten seines Bruders Feisal wieder auf den Thron verzichtet. Das abgetrennte Palästina westlich des Jordan (Cisjordanien) hätte nach Sykes-Picot unter internationale Verwaltung gestellt werden sollen. Die Trennung war Resultat der Balfour-Erklärung (1917), die 1922 in das Völkerbundsmandat für Palästina aufgenommen wurde. Sie sicherte die Gründung einer nationalen Heimstätte für das jüdische Volk zu. Der Konflikt mit den Hashemiten war unvermeidbar.

Der Vater Hussein Ibn Ali, Großsharif von Mekka, verlor dadurch die Allianz mit den Briten. Er ließ sich 1924, als in Istanbul durch Atatürk auch der letzte osmanische Kalif abgesetzt wurde, selbst zum Kalifen ausrufen und erhob damit den für viele provozierenden Anspruch, der Beherrscher aller muslimischen Gläubigen zu sein. Dadurch zog er sich die Feindschaft des größten Konkurrenten um die Herrschaft im engeren arabischen Raum zu, Abd al-Azīz Ibn Saud, dem Regenten des Nedschd und späteren ersten König von Saudi-Arabien. Die Verstimmung mit den Briten nutzte Abd al-Azīz Ibn Saud 1924 zu einem sowohl politisch als auch religiös motivierten Angriff auf den Sharifen. Noch 1924 dankte Hussein zugunsten seines Sohnes Ali ab und verzichtete zugleich auf den angemaßten Kalifentitel. Doch musste König Ali Ende 1925 vor den Saudis aus Mekka flüchten. 1926 war auch die letzte Bastion Jeddah verloren Das Stammland der Hashemiten ist seither für diese Dynastie verloren und bis heute Teil Saudi-Arabiens. Nach seiner Verbannung durch die Briten nach Zypern starb Hussein Ibn Ali 1931 in Amman. Ali ging ins Exil zu seinem Bruder Feisal in den Irak.

Dort wurde der Sohn Feisals I. als Ghazi I. (1933-1939) Nachfolger. Unter dessen Sohn Feisal II. und seinem Onkel Abdallah, dem Sohn Alis, beendete 1958 ein Militärputsch die Herrschaft der Hashemiten im Irak. Grund war die pro-westliche Politik gegen das Zentrum des arabischen Nationalismus, das Ägypten des Militärdiktators Gamal Abdel Nasser, der 1958 mit Syrien eine Vereinigte Arabische Republik gebildet hatte. König Feisal, sein Onkel und der Regierungschef Nuri Al-Said wurden gestürzt und ermordet, ihre nackten Leichname vom aufgeputschten Pöbel durch die Straßen von Bagdad geschleift.

1946 erlosch das britische Mandat und Transjordanien erhielt seine volle Unabhängigkeit. Emir Abdullah Ibn Hussein wurde 1948 als Abdullah I. König von Jordanien. Er annektierte, nachdem er im israelischen Unabhängigkeitskrieg von 1947 bis 1949 dank des Einsatzes der jordanischen Arabischen Legion nach Kriegsende Ost-Jerusalem und die West-Bank kontrollierte, 1950 den Teil Palästinas, der nach der Staatsgründung Israels übrig geblieben war, und regierte dort mit harter Hand. Dieser Restteil Palästinas war im UN-Teilungsbeschluss im November 1947 Palästina als Staat zugeschrieben worden. Abdullah I. starb 1951 von der Hand eines Attentäters, der der einflussreichen Jerusalemer Familie Al-Husseini nahe stand, beim Besuch des Tempelbergs zwischen Felsendom und Al-Aqsa-Moschee. Auf seinen geistig kranken Sohn Talal I. (1951-1952) folgte dessen Sohn Hussein I. (1953-1999) 18-jährig als König von Jordanien. Seit 1999 regiert dessen Sohn Abdullah II. das Königreich.

3 Sechs-Tage-Krieg: Dritter arabisch-israelischer Krieg vom 5. bis zum 10. Juni 1967.

Dem Krieg gingen unmittelbar die Sperrung der Straße von Tiran für die israelische Schifffahrt und ein militärischer Aufmarsch vor allem der ägyptischen Armee an den Grenzen Israels voraus. Der Krieg begann mit einem Angriff der israelischen Luftwaffe auf ägyptische Luftwaffenbasen, aus israelischer Sicht ein Präventivschlag, der einem eventuellen Angriff der arabischen Staaten zuvorkommen sollte.

Am 11. Juni bereits wurde der letzte Waffenstillstand unterzeichnet. Israel konnte große Gebiete unter seine Kontrolle bringen: die Sinaihalbinsel, den Gazastreifen, Judäa und Samaria (West-Bank) mit der historischen Altstadt von Jerusalem sowie die Golanhöhen. Strategisch waren vor allem die Golanhöhen interessant, da das übersichtliche Gelände gut zu verteidigen ist. Die seitdem von Israel besetzten Gebiete Gazastreifen, Westjordanland und Ost-Jerusalem sind bis heute ständige Unruheherde. Die israelische Armee zog sich 1982 nach Friedensverhandlungen mit Ägypten aus der Sinai-Halbinsel und 2005 aus dem Gazastreifen zurück.

4 Intifada: Intifada ist der Name für zwei palästinensische Aufstände gegen Israel.

Die erste Intifada: Sie begann als so genannter „Krieg der Steine“ 1987. Die Gewalt ging seit 1991 zurück. Sie endete mit der Prinzipienerklärung von Oslo im August 1993 und der nachfolgenden Schaffung der palästinensischen Autonomiebehörde.

Die zweite Intifada: Sie ist bekannt als „Al-Aqsa-Intifada“ und begann am 28. September 2000 durch den Besuch von Ariel Scharon auf dem Tempelberg. Mit dem Abschluss eines Waffenstillstands zwischen dem Präsidenten der palästinensischen Autonomiebehörde Abbas und Israels Ministerpräsidenten Scharon im Februar 2005 ist die Al-Aqsa-Intifada offiziell beendet.

5 PLO: Palästinensische Befreiungsorganisation (Abkürzung aus dem englischen Palestine Liberation Organisation).

Die PLO wurde am 29. Mai 1964 gegründet, um die Gründung eines unabhängigen arabischen Staates Palästina zu erreichen. Ihr Vorsitzender war seit 1969 bis zu seinem Tod am 11. November 2004 Jassir Arafat. Neuer Vorsitzender ist derzeit der Präsident der Palästinensischen Autonomiebehörde Mahmoud Abbas.

Die PLO besteht aus der Fatah, der Demokratischen Volksfront zur Befreiung Palästinas (DFLP), der Palästinensischen Befreiungsfront (PLF), der Arabischen Befreiungsfront (ALF), der Popular Struggle Front (PSF) sowie anderen kleineren Gruppen. Die Volksfront zur Befreiung Palästinas (PFLP) ist die zweitgrößte Fraktion der PLO und verließ 1974 das Exekutivkomitee (nicht jedoch die PLO selbst) mit der Begründung, diese verrate das Ziel der Zerstörung Israels zugunsten einer Zweistaatenlösung. 1981 ist die PFLP wieder eingetreten.

1964 trat der erste Palästinensische Nationalrat (PNC) in Jerusalem zusammen und beschloss am 1. Juni die Gründung einer „Organisation zur Befreiung Palästinas“. Unter dem Vorsitzenden Shuqairi (bzw. nach 1967 Hammudi) war die PLO anfangs ein Werkzeug ägyptischer Politik. Der damalige ägyptischen Staatspräsident Gamal Abdel Nasser beanspruchte die Führung in der arabischen Welt für sich. Die PLO sollte eine offizielle Vertretung des arabischen Volkes von Palästina darstellen und unter der Kontrolle der Arabischen Liga stehen. Die Führung der verschiedenen palästinensischen Gruppen, die bis dahin als geheime Widerstandsbewegungen agiert hatten, sollte zentralisiert werden.

Die Fatah blieb der PLO vorerst fern. Der Sechs-Tage-Krieg 1967 führte zu einer Verschärfung des Palästinenserproblems im Nahen Osten und Hunderttausende Palästinenser gelangten unter Fremdherrschaft Israels oder flüchteten. 1968 wurde die Machtübernahme der Widerstandsgruppen in der PLO eingeleitet und die Mandate der PLO neu verteilte. Die

Widerstandsbewegungen bildeten nun die Mehrheit. Fatah war die stärkste Fraktion der PLO. Der bewaffnete Kampf gegen Israel wurde in die Nationalcharta, das Grundsatzprogramm der PLO, aufgenommen. Am 13. Februar 1969 übernahm Jassir Arafat, Gründer und Chef der militant-revolutionären Al Fatah, das Kommando. Die Nationalcharta rief zur Zerstörung Israels auf.

Mit der Machtübernahme durch die Fatah verschob sich der Schwerpunkt der Arbeit vom Politischen ins Militärische. Anfangs von Jordanien und nach dem „Schwarzen September“, als palästinensische Aktivisten 1970 einen Staat im Staate schaffen wollten und vertrieben wurden, operierte die PLO seit 1970 vom Libanon aus. Im Libanon war die PLO bald erneut Auslöser eines Bürgerkriegs, als sie sich in Gefechte mit der maronitischen Phalange-Miliz und später mit der schiitischen Amal-Miliz einließ. Aus diesem Grund ist die PLO bei vielen Libanesen – Moslems wie Christen – äußerst verhasst. 1982 musste sich die PLO-Führung auf Druck Israels aus dem Libanon zurückziehen und richtete in Tunis ihr neues Hauptquartier ein.

Immer wieder organisierten sich Teile der PLO-Gruppierungen neu oder verließen die Organisation. So 1974 die Ablehnungsfront als Antwort auf die von Arafat immer stärker propagierte mögliche Teilstaatlösung, 1983 die Al-Fatah-Rebellen, um gegen Arafats Bruch mit Syrien zu protestieren, oder 1974, als die terroristische Gruppe um Sabri Al Banna (Abu Nidal) aus der PLO ausgeschlossen wurde, da sie unter anderem auch Anschläge gegen PLO-Mitglieder verübt hatte. Durch zahlreiche Anschläge, Geiselnahmen (Olympische Spiele von München 1972) oder Flugzeugentführungen erlangte die PLO weltweite Aufmerksamkeit. Auf dem Treffen der Arabischen Liga 1974 wurde die PLO als einzige rechtmäßige Vertretung des palästinensischen Volkes anerkannt, kurz darauf auch von den Vereinten Nationen; sie erhielt Beobachterstatus in der UN-Vollversammlung.

Mit der ersten Intifada ab 1987 litt ihr Alleinvertretungsanspruch und ihre Führungsrolle unter den Palästinensern. Organisationen mit noch radikaleren Standpunkten gewannen mehr und mehr an Bedeutung. Ab 1993 spielte die PLO als palästinensischer Partner in den Verhandlungen von Oslo und Kairo mit den USA und Israel eine bedeutende Rolle und trieb die palästinensische Autonomie voran. Bei den ersten Wahlen in den Autonomiegebieten am 20. Januar 1996 erhielt sie einen hohen Stimmenanteil und PLO-Führer Arafat wurde zum Präsidenten der Autonomiebehörde gewählt. Die umstrittenen Passagen der Zerstörung Israels, jahrelang ein Haupthindernis für die Aufnahme von Verhandlungen mit Israel, waren bis Dezember 1998 gültig, als sie vom Palästinensischen Nationalrat im Rahmen des Wye-Abkommens annulliert wurden. Mit dem Scheitern der Verhandlungen in Camp David 2000 war eine Friedensregelung wieder in weite Ferne gerückt, mangelnde Kompromissbereitschaft auf beiden Seiten führte seitdem zu wachsenden Konflikten. Seit Gründung der Autonomiebehörde verlor der Begriff PLO immer mehr an Bedeutung im alltäglichen Sprachgebrauch zugunsten der Fatah-Partei.

6 Weißbuch von 1939: Das Weißbuch war eine von der britischen Regierung verfolgte Politik, die die Idee einer Teilung des britischen Mandats über Palästina zugunsten einer gemeinsamen jüdisch-arabischen Regierung aufgab.

Das Weißbuch, das unilateral von den Briten konzipiert worden war, wurde am 17. Mai veröffentlicht und sah eine neue Vorgehensweise vor. Es war weniger beeinflusst von der katastrophalen Lage der Juden in Europa als vielmehr von dem Versuch, als Gegengewicht zur deutschfreundlichen Politik von Amin Al-Husseini, Großmufti von Jerusalem, die Araber vor dem heraufziehenden 2. Weltkrieg auf die britische Seite zu ziehen. Außerdem wurde es unter dem Druck der vorangegangenen arabischen Aufstände veröffentlicht. Es forderte die Errichtung eines vereinigten Staats in Palästina innerhalb der nächsten zehn Jahre. Die Grenzen dieses Staates sollten der Jordan und das Mittelmeer sein. Obwohl das Weißbuch erklärt, es sei der Balfour-Dklaration verpflichtet, schränkte es sowohl die jüdische Einwanderung nach Palästina als auch die Möglichkeit dort Land zu kaufen, substantiell ein. Das Weißbuch sah einen fünfjährigen Zeitraum vor, in dem die Einwanderung von 75.000 Juden (10.000 pro Jahr und 25.000 Flüchtlinge zusätzlich) gestattet sein sollte. Danach sollte der weitere Zuzug nur mit arabischer Zustimmung gestattet werden. Verglichen mit dem Status quo war es eine außerordentliche Niederlage für die jüdische Seite, die es als Verrat an dem britischen Versprechen (der Errichtung einer jüdischen Heimstätte in Palästina) ansah. Das Weißbuch bestimmte die britische Politik in Palästina bis 1947, als die Briten klarmachten, dass sie ihr Palästinamandat aufzugeben wünschten.

7 Betar: Jüdisch-zionistische Jugendorganisation.

Betar wurde im Jahr 1923 in Riga (Lettland) durch den Zionisten Ze'ev Jabotinsky gegründet und kann als Vorläufer der israelischen Parteien Cherut und Likud betrachtet werden.

Der Name Betar ist eine Abkürzung für „Bund Yosef Trumpeldor" (und gleichzeitig Name einer Ortschaft bei Bethlehem, wo der Führer des Aufstands gegen die Römer Bar Kochba starb). Yosef Trumpeldor hatte im ersten Weltkrieg zusammen mit Jabotinsky an der Aufstellung einer jüdischen Einheit (des „Zion Mule Corps") mitgewirkt, die als Teil der britischen Armee in der Schlacht von Gallipoli und später auch in Palästina kämpfte. 1920 war er bei der Verteidigung einer exponierten jüdischen Siedlung gegen arabische Angreifer gefallen. Anders als Trumpeldor, der einen zionistischen Sozialismus verfolgte, gehörte Jabotinsky jedoch dem revisionistischen Flügel der zionistischen Bewegung an.

Während des 2. Weltkriegs gründeten Mitglieder Betars den Żydowski Związek Wojskowy (jüdischer Militärverband, ZZW), der sich an der Verteidigung des Warschauer Ghettos beteiligte.

Die israelischen Ministerpräsidenten Menachem Begin, Jizchak Schamir und Ehud Olmert waren/sind ehemalige Mitglieder von Betar, ebenso der frühere Verteidigungsminister Moshe Arens. Ein Prinzip ist, die Assimilation von jüdischen Jugendlichen in der Welt zu verhindern.

8 Haganah, Palmach: Zionistische paramilitärische Organisationen in Palästina während des britischen Mandats.

Die zionistische Führung gründete aus Verteidigungsgründen aus der HaSchomer im Juni 1920 die zentralisierte und besser organisierte Haganah. Infolge der Unruhen des Jahres 1929 änderte sich die Rolle der Haganah, einer bis dahin losen Organisation örtlicher Verteidigungsgruppen in größeren Orten und wenigen Siedlungen, dramatisch. Sie wurde zu einer wesentlich größeren Organisation, umfasste beinahe alle Jugendlichen und Erwachsenen in den ländlichen Siedlungen und hatte tausende Mitglieder in den Städten. Sie begann, ausländische Waffen zu besorgen, einfaches militärisches Gerät sowie Handgranaten herzustellen und wandelte sich von einer untrainierten Miliz zu einer ernst zu nehmenden paramilitärischen Vereinigung. Für die Jugendlichen, die ideologisch an den Zionismus herangeführt werden sollten, wurde die Gadna gegründet. Es war die Jugendtruppe der Haganah, die zur vormilitärischen Ausbildung Jugendlicher diente.

Im Frühjahr 1941 gründete die Haganah zusammen mit den Briten die Palmach (Akronym für Plugot Mahatz – Einsatztruppen), eine militärartige Einrichtung, die sich auf das Training von Jugendlichen konzentrierte, auch als Antwort auf Nazi-Deutschland. Sie war vergleichsweise klein. Bis 1947 umfasste sie nur fünf Bataillone (ca. 2.000 Mann), spielte aber eine wichtige Rolle, da ihre Mitglieder grundlegende militärische und auch Führungsfähigkeiten erhalten hatten, die sie für gehobene Funktionen in der späteren israelischen Armee qualifizierten. Der britische Versuch, sie 1943 zu entwaffnen, schlug fehl und die Palmach ging in den Untergrund. Sie führte von da aus strategische Schläge gegen arabische Milizen und britische Einheiten durch.

Später wurden die Haganah und die Palmach in die neu gegründeten israelischen Streifkräfte überführt. Bekannte Mitglieder der Haganah und Palmach waren Jizchak Rabin, Ariel Scharon und Moshe Dajan.

9 Arabische Legion: Transjordanische (östlich des Jordan) Elitearmee.

Sie stellte für jeden Feind einen ernstzunehmenden Gegner dar. Ihre Gesamtstärke betrug etwa 6.000 Mann, davon 4.500 Kampftruppen und 45 britische Offiziere. Aufgestellt war sie in vier Regimentern, zwei leichten und zwei schweren, zu je 1.500 Mann. In jedem der vier Regimenter gab es 12 gepanzerte Fahrzeuge, drei Schützenwagen-Schwadronen und eine Kommandoeinheit. Zur Bewaffnung gehörten Panzerabwehrkanonen, Feldartillerie sowie Mörser. Das Offizierskorps war britisch, ebenso die Finanzierung und der Nachschub. Kommandeur war John Bagot Glubb.

10 Lechi, Irgun: Jüdische Terrorgruppen.

Die Irgun spaltete sich 1931 unter der Führung von Avraham Tehomi von der Haganah ab, bestand bis 1948 und führte ihren Kampf vor allem gegen die Mandatsmacht, im Israelischen Unabhängigkeitskrieg zunehmend auch gegen die Araber aus. Ideologisch waren die Untergrundaktivitäten stark von Jabotinskys Betar-Jugend geprägt, die damals den italienischen Faschisten nahe stand und sich heute selbst als „die Wiege des Likud" bezeichnet.

Tehomi kehrte 1936 gemeinsam mit anderen gemäßigten Kommandeuren zur Haganah zurück. Diese Spaltung führte zu einer weiteren Radikalisierung der Irgun, die vor allem in der Zeit zwischen 1937 und 1939 unter der militärischen Führung von Moshe Rosenberg (1937-1938) und Wladimir Jabotinsky (ab 1938) verstärkt durch Bombenanschläge auf Cafés, Marktplätze und britische Polizeistationen von sich reden machte.

1940 spaltete sich Lechi von der Irgun ab. Ab 1943 wurde die Irgun von Menachem Begin kommandiert, unter dessen Führung die Irgun 1946 das Attentat auf das King David Hotel in Jerusalem verübte, das vorwiegend Offiziere der britischen Mandatsmacht mit ihren Familien bewohnt hatten. Im Jahr 1948 folgte die teilweise gewaltsame Auflösung und Unterordnung in die israelische Armee.

Mittlerweile gibt es Hinweise darauf, dass damals noch aktive Splittergruppen im Jahr 1952 versuchten, Bundeskanzler Konrad Adenauer zu ermorden, um die Wiedergutmachungsverhandlungen mit Deutschland zu stoppen. Bei dem Anschlag mit einer Paketbombe wurde ein Polizist in München getötet.

Der politische Flügel der Irgun sammelte sich in der von Menachem Begin gegründeten Cherut-Partei die jedoch erst an Einfluss gewann, nachdem sie 1973 in einem Mitte-Rechts-Bündnis den Kern des Likud-Blocks bildete.

11 UN-Resolutionen:

Resolution 181 der UN-Generalversammlung: Die Resolution wurde am 29. November 1947 von der UN-Vollversammlung verabschiedet. Darin wurde die Teilung Palästinas in einen jüdischen und einen arabischen

Staat sowie die Internationalisierung Jerusalems vorgesehen. Zu diesem Zweck hatten die Vereinten Nationen eine Kommission, die UNSCOP, ernannt.

Die Vereinten Nationen empfahlen die internationale Verwaltung der Städte Jerusalem und Bethlehem wegen der wichtigen religiösen Stätten dort. Die zwei Staaten, wie sie der Plan vorsah, bestanden jeweils aus drei größeren Teilen, die über exterritoriale Verbindungsstraßen miteinander verbunden sein sollten. Der jüdische Staat sollte die Küstenebene von Haifa bis nach Rehovoth, den Osten von Galiläa (auch um den See Genezareth und den galiläischen Pfannenstiel) und die Negev-Wüste einschließlich des südlichen Außenpostens Umm Rascharasch (heute Eilat) enthalten.

Beinahe die Hälfte des Landes war zu diesem Zeitpunkt besitzerlos, insbesondere die Regionen der unfruchtbaren Negev-Wüste, die etwa ein Drittel des Landes ausmacht. Etwa 47 Prozent des Landes waren in arabischem Besitz, etwa 6 Prozent des Landes hatten die Juden besessen oder erworben.

Der arabische Staat sollte West-Galiläa mit der Stadt Akko, das Bergland von Samaria, das Bergland von Judäa, die südliche Küste bis nördlich von Majdal (heute Ashkelon, was den heutigen Gazastreifen enthält) und einen Wüstenstreifen entlang der ägyptischen Grenze enthalten. Der UNSCOP-Bericht hätte Jaffa, eine Stadt mit hauptsächlich arabischer Bevölkerung, die südlich von Tel Aviv liegt, dem jüdischen Staat zugeschlagen, aber eine Änderung des Plans, bevor er den Vereinten Nationen vorgelegt wurde, machte sie nun zu einer Enklave als Teil eines arabischen Staates. Der Plan war ein Kompromisspapier, das auf zwei anderen Plänen basierte.

In dem vorgeschlagenen jüdischen Staat hätte es nach Angaben der jüdischen Einwanderungsbehörde eine Bevölkerung von 498.000 Juden und 325.000 Nichtjuden gegeben. In dem arabischen Staat hätten 807.000 Nichtjuden und 10.000 Juden gelebt. In der vorgeschlagenen Internationalen Zone hätten 105.000 Nichtjuden und 100.000 Juden gelebt. Palästinensische Quellen beziffern die Zahl der Nichtjuden jedoch weit höher.

Da die arabische Bevölkerung ein Mehrfaches der jüdischen betrug (die Zahlen schwanken nach jüdischen und arabischen Quellen zwischen doppelt und dreifach), aber die Gebietsaufteilung zu mehr als 56% zugunsten der Juden ausfiel, wurde der Plan von den arabischen Staaten abgelehnt und ebenfalls von den jüdischen Nationalisten, denen der Gebietsanspruch nicht weit genug ging. Es kam in der Folge zu Auseinandersetzungen zwischen Juden und Palästinensern.

Resolution 194 der UN-Generalversammlung: Die Resolution wurde am 11. Dezember 1948 kurz vor Ende des ersten arabisch-israelischen Krieges verabschiedet. Mit der Resolution wurde eine UN-Vermittlungskommission geschaffen, die zur Beendigung des arabisch-israelischen Krieges beitragen sollte.

Die Resolution 194 besteht aus insgesamt 15 Artikeln, die meistzitierten unter ihnen:

Artikel 7: Schutz und freier Zugang zu den heiligen Stätten

Artikel 8: Entwaffnung und UN-Kontrolle für Jerusalem

Artikel 9: Freier Zugang zu Jerusalem

Artikel 11: Rückkehr von Flüchtlingen

Die meisten Bestimmungen der Resolution 194 wurden bis heute von allen beteiligten Parteien ignoriert. Die Zustimmung zur Resolution durch Israel war eine Bedingung für die Aufnahme Israels in die Vereinten Nationen (siehe Resolution 273 der UN-Generalversammlung). Es war daher wenig überraschend, dass Resolution 194 sehr schnell von der israelischen Regierung akzeptiert wurde. Die genaue Bedeutung und zeitliche Umsetzung der Resolution wurde von Anfang an heftig diskutiert. Ägypten, Irak, Libanon, Saudi Arabien, Syrien und Jemen stimmten im Gegensatz dazu gegen die Resolution.

Artikel 11 der Resolution 194 wurde seit Ende der Sechzigerjahre zunehmend von denen zitiert, die den Artikel als Basis des Rückkehrrechtes palästinischer Flüchtlinge sehen. Israel hat sich stets gegen diese Auslegung gewandt und darauf hingewiesen, dass der Text lediglich feststellt, den Flüchtlingen „sollte erlaubt werden", zum „frühestmöglichen Termin" in ihre Heimat zurückzukehren, und dass diese Empfehlung sich nur auf jene bezieht, die „es wünschen, (...) im Frieden mit ihren Nachbarn zusammenzuleben". Speziell der frühere Ministerpräsident Israels, David Ben-Gurion, bestand in einem Gespräch mit den Mitgliedern der Versöhnungskommission darauf, dass, solange Israel nicht auf den Willen der arabischen Staaten setzen könne, „in Frieden mit ihren Nachbarn" zu leben, die Wiederansiedlung der Flüchtlinge für sein Land keine Verpflichtung sei. Ben-Gurion begründete dies mit der Weigerung der arabischen Staaten, Israel anzuerkennen. Die Anhänger dieser Lesart stellen auch heute die Frage nach einem Rückkehrrecht für die aus arabischen Staaten geflüchteten Juden, für die ebenfalls die Resolution 194 angewendet werden könnte. Diese Flüchtlinge könnten auch auf das Recht zur Rückkehr zu ihren zurückgelassenen Besitztümern in arabischen Staaten pochen.

Resolution 242 des UN-Sicherheitsrates: Die Resolution wurde am 22. November 1967 verabschiedet und fordert den Rückzug Israels aus den besetzten Gebieten, die während des jüngsten Konfliktes besetzt wurden, im Gegenzug für eine Anerkennung Israels und die Respektierung seiner Sicherheit frei von Bedrohung und Gewalt.

Die Resolution lautet wie folgt:

Der Sicherheitsrat, in Bekundung seiner ständigen Sorge über die ernste Lage in Nahost, in Betonung der Unzulässigkeit, Gebiete durch Krieg zu erwerben, und der Notwendigkeit, für einen gerechten und dauerhaften Frieden zu arbeiten, in dem jeder Staat des Gebietes in Sicherheit leben kann, in Betonung ferner, dass alle Mitgliedstaaten durch die Annahme der Charta der Vereinten Nationen die Verpflichtung eingegangen sind, in Übereinstimmung mit Artikel 2 der Charta zu handeln,

1. bekräftigt, dass die Erfüllung der Grundsätze der Charta die Errichtung eines gerechten und dauerhaften Friedens in Nahost verlangt, der die Anwendung der beiden folgenden Grundsätze einschließt:

a Rückzug der israelischen Streitkräfte aus (den) Gebieten, die während des jüngsten Konfliktes besetzt wurden;

b Einstellung aller Behauptungen oder Formen eines Kriegszustandes sowie die Beachtung und Anerkennung der Souveränität, der territorialen Unversehrtheit und der politischen Unabhängigkeit eines jeden Staates in diesem Gebiet und die seines Rechtes, innerhalb sicherer und anerkannter Grenzen frei von Drohungen und Akten der Gewalt in Frieden zu leben,

2. bekräftigt ferner die Notwendigkeit

a die freie Schifffahrt auf den internationalen Wasserstraßen des Gebietes zu garantieren;

b eine gerechte Regelung des Flüchtlingsproblems zu verwirklichen;

c die territoriale Unversehrtheit und die politische Unabhängigkeit eines jeden Staates in dem Gebiet durch Maßnahmen sicherzustellen, zu denen die Schaffung entmilitarisierter Zonen zählt.

3. ersucht den Generalsekretär, einen Sonderbeauftragten zu ernennen, der in den Nahen Osten reist, um dort Kontakt mit den betroffenen Staaten aufzunehmen und aufrecht zu erhalten, mit dem Ziel, Einigkeit zu fördern und Anstrengungen zu unterstützen, um eine friedliche und anerkannte Schlichtung in Übereinstimmung mit den Bestimmungen und Richtlinien dieser Resolution zu erreichen;

4. ersucht den Generalsekretär, dem Sicherheitsrat über den Fortschritt der Anstrengungen des Sonderbeauftragten so früh wie möglich zu berichten.

Die Resolution wurde einstimmig angenommen.

Nach israelischer Interpretation wird der Rückzug Israels nicht bedingungslos gefordert. Unstimmigkeiten ergeben sich aber aus der französischen Fassung, die vom Rückzug „aus den Gebieten“ spricht – die russische, englische, spanische und chinesische Fassung sind gleichberechtigt gültig. In der spanischen Version hieß es zwischenzeitlich „aus den Gebieten", sie wurde aber der englischen Version angeglichen. Der Original- und Arbeitsentwurf war auf Englisch und hatte keinen bestimmten Artikel. Der Versuch der Sowjetunion, das Wort „alle" einzufügen, scheiterte in den Verhandlungen. Die USA nahmen ihre Zustimmung zur Resolution 1971 zurück!

Resolution 338 des UN-Sicherheitsrates: Die Resolution wurde am 22. Oktober 1973 vom UN-Sicherheitsrat verabschiedet. Darin rief der Sicherheitsrat zum Waffenstillstand und Ende des Jom-Kippur-Kriegs zwischen den vereinigten Streitkräften Syriens und Ägyptens gegen Israel auf.

Die Resolution fordert alle an den gegenwärtigen Kampfhandlungen Beteiligten auf, sofort, spätestens zwölf Stunden nach dem Zeitpunkt der Verabschiedung dieses Beschlusses in den von ihnen jetzt besetzten Stellungen jedes Feuer einzustellen und jede militärische Aktivität zu beenden und sofort nach Einstellung des Feuers damit zu beginnen, die Resolution 242 in allen ihren Teilen durchzuführen. Sie beschließt, dass sofort und gleichzeitig mit den Feuereinstellungen Verhandlungen zwischen den beteiligten Parteien unter geeigneter Schirmherrschaft mit dem Ziel aufgenommen werden, einen gerechten und dauerhaften Frieden im Nahen Osten herzustellen.

Die Resolution wurde auf der 1747. Sitzung des Sicherheitsrats mit 14 Stimmen ohne Gegenstimme verabschiedet (China nahm an der Abstimmung nicht teil).

Da Israel zu diesem Zeitpunkt den Angriff seiner arabischen Nachbarn bereits zurückgeschlagen hatte und Ägypten und Syrien dabei hohe Verluste erlitten hatten, leisteten die drei Staaten dem Appell der internationalen Gemeinschaft Folge. Noch am selben Tag endeten die Kampfhandlungen an der Nordfront (Syrien), am 24. Oktober auch im Süden (Ägypten). Kurzfristige Folge des Jom-Kippur-Kriegs war die Ölkrise von 1973, langfristig ergaben sich neue Verhandlungsmöglichkeiten, die 1977 zum Israelisch-ägyptischen Friedensvertrag von Camp David und der Anerkennung Israels durch Ägypten führten.

Resolution 3379 der UN-Generalversammlung: Die Resolution mit dem Titel „Beseitigung aller Formen der Rassendiskriminierung“ wurde am 10. November 1975 beschlossen.

Sie besagte, dass Zionismus eine Form des Rassismus und der Rassendiskriminierung sei. Die Resolution wurde mit 72 zu 35 Stimmen bei 32 Enthaltungen angenommen. Die Ja-Stimmen stammten im Wesentlichen von den arabischen Ländern, von Staaten der Dritten Welt sowie des

Ostblocks (u. a. der Sowjetunion und der Deutschen Demokratischen Republik). Die meisten westlichen Länder (u. a. die USA und die Bundesrepublik Deutschland) stimmten gegen die Resolution. In der Folge diente der Beschluss den USA als offizielle Begründung für ihren Boykott der ersten beiden UN-Rassismuskonferenzen in den Jahren 1978 und 1983.

Die umstrittene Resolution wurde nach dem Zusammenbruch des Ostblocks von der UN-Generalversammlung am 16. Dezember 1991 mit 111 zu 25 Stimmen bei 13 Enthaltungen zurückgenommen (Resolution 46/86). Kein arabischer Staat stimmte für die Rücknahme. Das israelische Außenministerium erklärt, dass Israel seine Teilnahme an der Madrider Friedenskonferenz 1991 von der Rücknahme der Resolution abhängig gemacht habe.

Resolution 425 des UN-Sicherheitsrates: Die Resolution wurde am 19. März 1978 vom UN-Sicherheitsrat beschlossen.

Grund war die fünf Tage zuvor erfolgte Invasion der israelischen Streitkräfte in den Libanon (Operation Litani). Die Resolution rief Israel dazu auf, unverzüglich seine Streitkräfte aus dem Libanon abzuziehen.

Um den Rückzug der israelischen Streitkräfte herbeizuführen und die Autorität der libanesischen Regierung im südlichen Libanon wiederherzustellen, setzten die Vereinten Nationen aufgrund des Verlangens der libanesischen Regierung eine Friedenstruppe, die United Nations Interim Force in Lebanon (UNIFIL) für das Gebiet, welches Israel besetzt hatte, ein.

Resolution 478 des UN-Sicherheitsrates: Die Resolution wurde am 20. August 1980 vom UN-Sicherheitsrat verabschiedet. In ihr wurde unter anderem die Annexion Ost-Jerusalems durch Israel nach dem Sechs-Tage-Krieg 1967 für nichtig erklärt. Bis zum Abzug Israels aus Ost-Jerusalem wurden die UN-Mitgliedstaaten aufgefordert, ihre diplomatischen Vertretungen aus Jerusalem abzuziehen. Die Resolution ist nicht unter Kapitel VII der UN-Charta verabschiedet und somit nicht völkerrechtlich bindend. Zu diesem Zeitpunkt hatten von 45 Staaten 13 den Sitz ihrer Botschaften in Jerusalem: Bolivien, Chile, Kolumbien, Costa Rica, die Dominikanische Republik, Ecuador, El Salvador, Guatemala, Haiti, die Niederlande, Panama, Uruguay und Venezuela. Alle anderen Botschaften hatten ihren Sitz in Tel Aviv.

Alle 13 betroffenen Staaten folgten der Resolution. 1982 verlegten zwei Staaten, Costa Rica und El Salvador, ihre Botschaften zurück nach Jerusalem. Im August 2006 verlegten erst Costa Rica und 14 Tage später El Salvador ihre Botschaften jedoch wieder zurück nach Tel Aviv.

Somit haben derzeit (2007) keine Staaten ihre Botschaften in Israel in Jerusalem; Griechenland, Großbritannien und die USA unterhalten jedoch Generalkonsulate in Jerusalem.

Weitere Resolution des UN-Sicherheitsrates als Zusammenfassung:

Die UN-Resolution 252 vom 21. Mai 1968, die feststellt, dass alle Maßnahmen Israels wie z. B. Landenteignung, die den legalen Status Jerusalems verändern sollen, unwirksam sind und den Status Jerusalems nicht verändern.

Die UN-Resolution 267 vom 3. Juli 1969 stellt fest, dass sich Israel nicht an die Beschlüsse der Resolution 252 von 1968 (siehe dort) gehalten hat, und wiederholt, dass alle Maßnahmen zur Veränderung des Status von Jerusalem unwirksam sind.

Die UN-Resolution 271 vom 15. September 1969 fordert Israel auf, die Richtlinien der Genfer-Konvention zu beachten und jeden Akt der Entweihung der Al-Aqsa-Moschee in Jerusalem zu unterlassen und alle Maßnahmen des Obersten Moslemischen Rates zur Wiederherstellung und Erhaltung heiliger Stätten des Islam in Jerusalem zu unterstützen.

Die UN-Resolution 446 vom 22. März 1979 stellt die Illegalität der israelischen Siedlungen in den besetzten Gebieten fest.

Die UN-Resolution 452 vom 20. Juli 1979 enthält den dringenden Aufruf an die Regierung Israels und an die israelische Bevölkerung, die Gründung, den Bau und die Planung von Siedlungen in den seit 1967 besetzten arabischen Gebieten einschließlich Jerusalems zu unterlassen.

Die UN-Resolution 465 vom 1. März 1980 stellt fest, dass alle Maßnahmen Israels zur Veränderung des physischen Charakters, der demographischen Zusammensetzung, der institutionellen Struktur oder des Status palästinensischen oder arabischen Territoriums der Genfer Konvention zum Schutz der Zivilbevölkerung zuwiderlaufen und ein ernsthaftes Hindernis für den Frieden im Nahen Osten sind.

Die UN-Resolution 469 vom 20. Mai 1980 verlangt die Rückkehr der vertriebenen Bürgermeister von Hebron und Halhul und des Scharia-Richters von Hebron. Ferner soll ihnen die Ausübung der Funktionen, für die sie gewählt und ernannt wurden, ermöglicht werden.

Die UN-Resolution 471 vom 5. Juni 1980 verurteilt die Anschläge auf die Bürgermeister von Nablus, Ramallah und Al Bireh und fordert, dass die Verantwortlichen zur Rechenschaft gezogen werden. Weiterhin ruft die Resolution Israel dazu auf, alle Opfer mit einer adäquaten Entschädigung zu versehen. Alle Staaten werden aufgefordert, Israel nicht in Verbindung mit den Siedlungen in den besetzten Gebieten zu unterstützen.

Die UN-Resolution 476 vom 30. Juni 1980 stellt die überfällige Beendigung der Besatzung arabischen Territoriums einschließlich Jerusalems durch Israel fest. Des Weiteren werden Verletzungen der Genfer Konvention in Bezug auf die Zivilbevölkerung durch Israel festgestellt.

Die UN-Resolution 484 vom 19. Dezember 1980 fordert von Israel die Einhaltung der Genfer Konvention und dass den Bürgermeistern von Hebron und Halhul die Rückkehr an ihre Wirkungsstätte und die Ausführung ihrer Amtsgeschäfte wieder ermöglicht wird.

Die UN-Resolution 592 vom 8. Dezember 1986 stellt ausdrücklich fest, dass die Genfer Konvention auf alle von Israel besetzten Gebiete anwendbar ist. Die Resolution verurteilt ferner die Eröffnung des Feuers auf unbewaffnete Studenten, bei dem es Tote und Verwundete gab. Darüber hinaus wird die sofortige Freilassung aller in diesem Zusammenhang verhafteten Studenten der Bir Zeit Universität verlangt.

Die UN-Resolution 605 vom 22. Dezember 1987 verurteilt die Tötung und Verletzung von wehrlosen palästinensischen Zivilisten.

Die UN-Resolution 607 vom 5. Januar 1988 verlangt von Israel, die Deportation palästinensischer Zivilisten aus den besetzten Gebieten zu unterlassen.

Die UN-Resolution 608 vom 14. Januar 1988 wiederholt diese Forderung.

Die UN-Resolution 636 vom 6. Juli 1989 ruft Israel auf, alle deportierten Palästinenser freizulassen und eine sofortige und sichere Rückkehr in ihre Heimat zu gewährleisten.

Die UN-Resolution 641 vom 30. August 1989 beklagt die andauernde Deportation palästinensischer Zivilisten und verlangt ihre sofortige Freilassung und Rückkehr.

Die UN-Resolution 672 vom 12. Oktober 1990 verurteilt die israelischen Streitkräfte wegen der gewaltsamen Vorgänge vom 8. Oktober in Jerusalem, bei denen über 20 Palästinenser getötet und über 100 verletzt wurden. Gleichzeitig wird die Entsendung einer UN-Mission in die Region beschlossen.

Die UN-Resolution 673 vom 24. Oktober 1990 beschäftigt sich mit der Weigerung Israels, die mit Resolution 672 beschlossene UN-Mission zu empfangen.

Die UN-Resolution 681 vom 20. Dezember 1990 drückt die Besorgtheit der UN über die Missachtung der Resolutionen 672 und 673 aus.

Die UN-Resolution 726 vom 6. Januar 1992 verurteilt zum wiederholten Male die Deportation palästinensischer Bürger.

Die UN-Resolution 799 vom 18. Dezember 1992 verurteilt die Deportation hunderter Palästinenser durch Israel und verlangt ihre sofortige Freilassung.

Die UN-Resolution 904 vom 18. März 1994 verurteilt das Massaker in Hebron, bei dem 29 Palästinenser getötet und mehrere hundert verletzt wurden. Die UNO fordert Israel des Weiteren auf, für die Entwaffnung der Siedler zu sorgen, um deren gewaltsame Übergriffe zu verhindern.

Die UN-Resolution 1322 vom 7. Oktober 2000 bedauert die Provokation bei Haram Al-Sharif in Jerusalem und die Gewalt, die anschließend dort und an anderen heiligen Stätten stattfand und mit dem Tod von mehr als 80 Palästinensern und vielen Verletzten endete. Der exzessive Gebrauch von Gewalt gegenüber Palästinensern wird verurteilt.

Die UN-Resolution 1397 vom 12. März 2002 fordert die sofortige Einstellung aller Gewaltakte und ersucht die israelische und die palästinensische Seite und ihre Führer auf, den Tenet-Arbeitsplan und die Empfehlungen des Mitchell-Reports mit dem Ziel der Wiederaufnahme von Verhandlungen zu berücksichtigen.

Die UN-Resolution 1402 vom 30. März 2002 fordert beide Seiten zum Waffenstillstand auf und Israel zum Rückzug seiner Truppen aus den Städten Palästinas.

Die UN-Resolution 1405 vom 19. April 2002 betont die Dringlichkeit des Zugangs medizinischer und humanitärer Hilfsorganisationen zu der palästinensischen Bevölkerung. Die Resolution begrüßt ferner die Initiative des UN-Generalsekretärs, die Vorfälle im Flüchtlingslager von Jenin zu untersuchen.

Die UN-Resolution 1435 vom 24. September 2002 fordert die Einstellung aller Gewaltakte. Israel wird aufgefordert, alle Maßnahmen in und um Ramallah zu unerlassen, die zur Zerschlagung der zivilen Infrastruktur und der Sicherheitsstruktur Palästinas dienen. Palästina wird aufgefordert, alle für Terroranschläge Verantwortliche vor Gericht zu bringen.

Die UN-Resolution 1515 vom 19. November 2003 fordert die Einhaltung der Roadmap.

Die UN-Resolution 1544 vom 19. Mai 2004 fordert Israel auf, die Zerstörung von Häusern zu beenden. Ferner wird die Besorgnis über die humanitäre Situation der Palästinenser ausgedrückt, die im Gebiet um Rafah heimatlos wurden, und ruft erneut zur Einhaltung der Roadmap auf.

12 Notstandsverordnung über das Eigentum Abwesender vom 12. Dezember 1948:

Die Volkszählung im November 1948, als die Vertreibung der arabischen Bevölkerung nahezu abgeschlossen war, war der erste Schachzug, eine Rückkehr der Palästinenser auch gesetzlich unmöglich zu machen, indem Israel alle, die zu diesem Zeitpunkt nicht an ihrem Wohnsitz waren, zu Illegalen erklärte, die ausgewiesen werden konnten. Es folgte die Notstandsverordnung, in der die Flüchtlinge ihres Eigentums beraubt wurden.

13 UNRWA: United Nations Relief and Works Agency for Palestine Refugees in the Near East.

Das Hilfswerk der Vereinten Nationen für Palästina-Flüchtlinge im Nahen Osten ist ein temporäres Hilfsprogramm der Vereinten Nationen (UN), das seit seiner Gründung 1949 regelmäßig um drei Jahre verlängert wurde (zuletzt bis zum 30. Juni 2008). Der Hauptsitz des Hilfswerks war zunächst Beirut, wurde 1978 aufgrund der Unruhen im Libanon nach Wien und 1996 weiter nach Gaza-Stadt in Palästina verlegt.

Zur Betreuung palästinensischer Flüchtlinge infolge des ersten Palästinakriegs wurde am 19. September 1948 der Sonderfonds UNRPR (United Nations Relief for Palestine Refugees) eingerichtet. Das Ziel des Fonds bestand darin, Hilfsmaßnahmen zu koordinieren. Da dies jedoch nicht ausreichte, wurde die UNRWA gegründet, welche ihre Arbeit am 1. Mai 1950 aufnahm. Sie leistet seitdem Unterstützung bei der Befriedigung der Grundbedürfnisse der mittlerweile rund 4 Millionen palästinensischen Flüchtlinge in den Bereichen:

- Medizinische Versorgung
- Humanitäre Maßnahmen
- Erziehung
- Ausbildung
- Verbesserung der Infrastruktur
- Beschaffung von Arbeitsplätzen.

Die UNRWA unterhält Einrichtungen in Jordanien, Syrien, Libanon, dem Gazastreifen und dem Westjordanland.

14 Oslo-Verträge: Friedensbeschlüsse zwischen der PLO und Israel.

Oslo I: Das Abkommen über die palästinensische Teilautonomie im Gazastreifen und im Gebiet von Jericho, kurz Gaza-Jericho-Abkommen, auch Kairoer Abkommen genannt, wurde am 4. Mai 1994 in Kairo von Israel und der PLO unterzeichnet. Es führte zu einer Präzisierung der Autonomierechte Palästinas. Dieses Abkommen ist Teil des Oslo-Friedensprozesses und entstand in Folgeverhandlungen zur 1993 vereinbarten Prinzipienerklärung über die vorübergehende Selbstverwaltung, die am 13. September 1993 von Israel und der PLO durch Rabin und Arafat in Washington unterzeichnet wurde. Damit bekamen die Palästinenser das erste Mal seit 1967 ein selbst zu verwaltendes Gebiet zugesprochen. Durch das Abkommen fielen die Stadt Jericho und der Gazastreifen (mit Ausnahme der jüdischen Siedlungen) unter palästinensische Kontrolle.

Oslo II: Das Interimsabkommen über das Westjordanland und den Gazastreifen von 1995 wurde zum ersten Mal am 24. September 1995 in Taba auf der Sinai-Halbinsel in Ägypten unterzeichnet und war ein komplexes Schlüsselabkommen über die Zukunft des Gazastreifens und des Westjordanlandes. Die Unterzeichner Israel und die PLO unterzeichneten es ein zweites Mal vor der Weltöffentlichkeit am 28. September in Washington. Bei der Zeremonie waren neben dem israelischen Ministerpräsidenten Jizchak Rabin und dem Vorsitzenden der PLO Jassir Arafat auch der Präsident der Vereinigten Staaten Bill Clinton und andere Zeugen aus Russland, Ägypten, Jordanien, Norwegen sowie der Europäischen Union anwesend.

15 Muslimbruderschaft:

(Arabisch Al-Ichwān Al-Muslimūn) ist eine der einflussreichsten islamisch-fundamentalistischen Bewegungen im Nahen Osten.

Die Muslimbrüder wurden im Jahre 1928 in Isamiliya als Reaktion auf den Zusammenbruch des Osmanischen Reiches und den britischen Kolonialismus in Ägypten gegründet. Ziel war die Verbreitung islamischer Moralvorstellungen und die Unterstützung wohltätiger Aktionen und sozialer Einrichtungen, aber auch die Befreiung des Landes von der fremden Okkupation sowie der Kampf gegen die britisch-westliche „Dekadenz“, die sich im Lande ihrer Meinung nach offenbarte. Anfangs war die Bruderschaft eine religiöse Gesellschaft, die im Umfeld säkularistischer Tendenzen und Ansprüche Großbritanniens ihre islamischen Moralvorstellungen verbreiten wollte und wohltätige Aktionen unterstützte.

Die Bruderschaft wuchs sehr rasch. Ende der Dreißigerjahre noch eine Gruppe von wenigen Hundert, hatte sie 1941 schon ungefähr 60.000, 1948 ungefähr 500.000 Mitglieder und Hunderttausende Sympathisanten. Sie war streng hierarchisch organisiert, hatte eigene Moscheen, Firmen, Fabriken, Krankenhäuser und Schulen und besetzte wichtige Posten in Armee und Gewerkschaften. Sie legte viel Wert auf Bildung und Ausbildung im Sinne ihrer islamischen Gesellschaftsvision. So gelang es ihr, großen Einfluss im ägyptischen Staat zu gewinnen.

Am 26. Oktober 1954 verübte die Bruderschaft ein Attentat auf Staatspräsident Nasser, das jedoch erfolglos blieb. Daraufhin folgten brutale Repressionen, viele Anhänger wurden verhaftet. Die Bruderschaft wurde verboten.

Besonders nach dem Zusammenbruch des panarabischen Nationalismus nach dem Sechs-Tage-Krieg 1967 sowie durch den „Export“ ägyptischer Lehrer und Techniker auf die arabische Halbinsel im Zuge des Ölbooms nach 1973 nahm der Einfluss der Muslimbrüder wieder zu. Präsident Sadat ließ die Betätigung offiziell dulden, ohne das Verbot aufzuheben, und entließ 1971 die Gefangenen. Vor allem an den Universitäten, aber auch unter den verarmten Landflüchtlingen hatte die Bruderschaft weiterhin großen Erfolg; ihre Zahl wird zu dieser Zeit auf eine Million Aktive und mehrere Millionen Sympathisanten geschätzt.

Ab 1972 übernimmt Umar At-Tilimsani die Führung der Muslimbruderschaft und propagiert den gewaltlosen Kampf.

Nachdem sich Ende der 70'er Jahre die radikale Gruppe Islamischer Dschihad (Al-Jihad Al-Islami) abspaltete, zählt die ägyptische Bruderschaft eher zu den gemäßigten islamistischen Organisationen, die Gewalt als Mittel der Politik grundsätzlich ablehnt, aber sie ausdrücklich im Kampf gegen „Besatzer" billigt. Diese Einschränkung zielt insbesondere gegen Israel und die Besatzungstruppen im Irak.

Die Muslimbrüder haben heute in allen arabischen Staaten viele Millionen aktive Mitglieder und unterhalten verschiedene karitative Einrichtungen wie Krankenhäuser und Sozialstationen, vor allem in den ärmeren Vierteln. Armenspeisungen und die Schaffung von Arbeitsplätzen für Jugendliche haben dazu geführt, dass die Muslimbrüder vor allem aus den unterprivilegierten Schichten Unterstützung erfahren.

In Palästina ging im Zuge der Intifada 1988 die Hamas (Harakat Al-Mukhawama Al-Islamija) als politischer Arm aus der Bruderschaft hervor.

Seitdem hat sich die Muslimbruderschaft in andere Länder, einschließlich Syriens und Jordaniens, ausgebreitet. In den jeweiligen Ländern – mit Ausnahme Syriens – ist die Muslimbruderschaft eine der einflussreichsten politischen Bewegungen geworden. Sie gilt als die erste revolutionäre islamische Bewegung.

16 Die Camp-David-Abkommen: Von den USA geleitete Nahostverhandlungen.

Das Camp-David-Abkommen I vom 17. September 1978: Annäherungsverhandlungen zwischen Israel und Ägypten.

Den Anstoß zur Aufnahme direkter Gespräche zwischen Ägypten und Israel hatte der Besuch des ägyptischen Präsidenten Anwar El-Sadat in Jerusalem im November 1977 gegeben. Es folgten langwierige Verhandlungen, in die zunehmend die USA als Vermittler eingriffen. Diese Verhandlungen basierten auf der Grundlage der Resolution 242 des UN-Sicherheitsrates.

Der Gazastreifen und das Westjordanland sollten einen fünfjährigen Autonomiestatus bekommen, erst danach sollte eine endgültige Regelung getroffen werden. In den Verhandlungen wurde die Frage nach der Souveränität der Regionen ausgespart. Israel verpflichtete sich, die „legitimen

Rechte des palästinensischen Volkes" anzuerkennen. Außerdem sollte ein Normalisierungsprozess zwischen Israel und Ägypten auch eine Vorbildfunktion für andere Länder haben. Forderungen während der Verhandlungen waren der israelische Rückzug von der Sinai-Halbinsel und ein Friedensvertrag mit Ägypten. Dieser Friedensvertrag sollte die gegenseitige Anerkennung beinhalten und diplomatische Vertretungen in den Ländern erlauben, ebenso wie einen freien Warenaustausch zwischen beiden Nationen.

Am 21. März 1979 wurde der abgeschlossene Vertrag von der Knesset mit großer Mehrheit gebilligt. Das Ergebnis war die Unterzeichnung des Israelisch-Ägyptischen-Friedensvertrags im März 1979. Die Israelis zogen ihre Truppen bis April 1982 aus Sinai ab. Ägypten geriet durch diesen Separationsfrieden in die Isolation innerhalb der arabischen Welt.

Allgemein kann man die Camp-David-Verhandlungen als einen ersten Schritt zu einer Aussöhnung mit dem jüdischen Staat sehen.

Das Camp-David-Abkommen II vom 25. Juli 2000: Gespräche zwischen Präsident Bill Clinton, PLO-Chef Jassir Arafat und dem israelischen Ministerpräsidenten Ehud Barak.

Camp David II sollte auf der Basis des Oslo-Abkommens von 1993 zu einer weit reichenden Entschärfung des Nahostkonfliktes führen. Am 11. Juli trat der Gipfel zusammen. Er endete am 25. Juli, ohne dass ein Ergebnis erzielt werden konnte. Beide Seiten beschuldigten sich gegenseitig für das Scheitern: Die Palästinenser behaupteten, ihnen sei nicht genug angeboten worden, und die Israelis behaupteten, sie könnten nicht mehr anbieten. Die Gründe:

1. Der letzte Vorschlag Baraks sah 10% der seit 1967 von Israel kontrollierten West-Bank als zukünftiges israelisches Staatsgebiet vor (hauptsächlich Siedlungsblöcke mit 69 Siedlungen, in denen 85% der israelischen Siedler leben). Dies sollte im Austausch mit einem Gebiet des Negev geschehen. Die übrigen 90% der West-Bank hätten zur Schaffung eines palästinensischen Staates zur Verfügung gestanden. Die Palästinenser erklärten, dass die Annahme dieses Vorschlags die Reduzierung des zukünftigen Staates Palästina auf ein Homeland bedeutet hätte: zerstreute Gebiete, die durch israelische Schnellstraßen, Sicherheits-Checkpoints und israelische Siedlungen getrennt würden. Zusätzlich wären nach dem Vorschlag Israels die Wasserressourcen und die Sicherung der Außengrenzen (vor allem an der Jordangrenze) sowie der Zoll des palästinensischen Staates für 20 Jahre unter israelischer Kontrolle geblieben. Dies hätte nach Ansicht der Palästinenser jedoch weitere 10% der strittigen Gebiete bedeutet. Die Israelis erachteten dies jedoch für ihre Sicherheit als notwendig.

2. Der endgültige Status von Jerusalem. Obwohl ihnen ein Großteil Ost-Jerusalems angeboten wurde, konnten die Palästinenser die Verwaltung über den Tempelberg nur zurückweisen, weil es nicht die volle Souveränität in Ost-Jerusalem bedeutet hätte. Dies hätte für Israel jedoch nicht nur einen Verlust der prestigeträchtigen Ost-Stadt, sondern auch der Klagemauer bedeutet, dem bedeutendsten Heiligtum des Judentums.

3. Das palästinensische Flüchtlingsproblem. Obwohl die Palästinenser akzeptierten, dass nicht alle Flüchtlinge zurückkehren können würden, argumentierten sie, dass ein sinnvoller Friedensvertrag auf die Zukunft dieser Menschen Rücksicht nehmen müsse. Im Besonderen forderten sie ein Rückkehrrecht und das Eingeständnis der Israelis, dass sie eine Mitschuld an der Entstehung des Flüchtlingsproblems tragen. Israel verwies darauf, dass ein Großteil der palästinensischen Flüchtlinge durch arabisch motivierte Kriege vertrieben worden sei und die betreffenden Angreifer nie ausreichend zur Entschädigung und Beherbergung der Flüchtlinge beigetragen hätten. Gleichzeitig verwies Israel auf die parallel entstandene Flüchtlings- und Einwanderungssituation im eigenen Land, wie etwa auf das Schicksal von ca. 700.000 orientalischen Juden, die aus ihren arabischen Heimatländern seit 1948 ohne jede Entschädigung vertrieben wurden und die – selbst wenn sie wollten – nicht zurückkehren könnten.

Aufgrund des Scheiterns der Verhandlungen wurde Ehud Barak 2001 von Ariel Scharon abgelöst. Die Enttäuschung über das Scheitern bewirkte einen Rechtsruck in der israelischen Politik.

17 Jom-Kippur-Krieg: Vierter arabisch-israelischer Krieg vom 6. bis 24. Oktober 1973, auch Oktoberkrieg bzw. Ramadankrieg genannt, da er in den muslimischen Fastenmonat Ramadan fiel.

Der Krieg begann mit einem Überraschungsangriff Ägyptens und Syriens am höchsten jüdischen Feiertag Jom-Kippur auf den Sinai und die Golanhöhen, die sechs Jahre zuvor von Israel im Zuge des Sechs-Tage-Kriegs erobert worden waren.

Nur während der ersten 24 bis 48 Stunden rückten die Streitkräfte Ägyptens und Syriens vor, danach wendete sich der Verlauf des Krieges zugunsten der Israelis, die zunächst ihre Truppen mobilisieren mussten. Nach der zweiten Kriegswoche waren die Syrer vollständig aus den Golanhöhen abgedrängt worden. Im Sinai waren die israelischen Streitkräfte zwischen zwei einmarschierenden ägyptischen Armeen durchgebrochen, hatten den Suezkanal (die alte Waffenstillstandslinie) überschritten und eine ganze ägyptische Armee abgeschnitten, bevor der Waffenstillstand der UN am 24. Oktober in Kraft trat.

Der Krieg hatte weit reichende Folgen. Die arabische Welt, die durch die vollständige Niederlage der ägyptisch-syrisch-jordanischen Allianz des Sechs-Tage-Kriegs gedemütigt war, konnte aus den anfänglichen Erfolgen des Krieges psychologische Vorteile ziehen. Diese psychologische Bestätigung war die Voraussetzung für die Friedensverhandlungen, die folgen sollten. Sie machte auch Liberalisierungen in Ägypten möglich. Der israelisch-ägyptische Friedensvertrag, der relativ bald nach dem Kriege folgte, führte zu normalen Beziehungen zwischen Ägypten und Israel – zum ersten Mal erkannte ein arabischer Staat Israel an.

18 Palästinensische Nationale Front (PNF): Politisches und gesellschaftliches Bündnis in der West-Bank ab 1973.

1972 rief die PLO bei den ersten Kommunalwahlen in der West-Bank unter israelischer Besatzung zum Boykott auf, wohl wissend, dass sie bei diesen Wahlen aufgrund ihrer Durchführung nach jordanischem Wahlrecht keine Chance hatte, da dieses nur Männern ein Stimmrecht gewährte, die Grund und Boden besaßen und Vermögenssteuern zahlten, was de facto bedeutete, dass ohnehin bei diesen Wahlen nur ein Austausch innerhalb der traditionellen pro-jordanischen Clans und Eliten stattfinden konnte. Die Abhaltung dieser Wahl, die erwartungsgemäß traditionelle und konservative Führer einflussreicher Familien in die Bürgermeisterämter brachte, war Anstoß zur Formierung der oppositionellen Kräfte in der West-Bank in der PNF im August 1973.

Sie war ein breites Bündnis aller gegen die israelische Besatzung und für ein Recht auf Selbstbestimmung eintretenden politischen und sozialen Kräfte in der West-Bank und im Gazastreifen. In ihr waren sowohl politische Gruppen und Parteien wie die Fatah, DFLP, Baath und die jordanische kommunistische Partei als auch Vertreter gesellschaftlicher Gruppen wie berufsständischer Organisationen, Studienräte, Frauenorganisationen etc. sowie Angehörige des religiösen Establishments eingebunden. Die PNF erkannte die PLO als einzig legitime diplomatische Vertretung der Palästinenser in eventuellen Verhandlungen an und im Gegenzug wurden Vertretern aus den besetzten Gebieten 100 Sitze im Palästinensischen Nationalrat zugestanden.

Die PNF war jedoch keinesfalls die Vertretung der PLO in den besetzten Gebieten oder als ein auf Betreiben der PLO entstandenes Bündnis zu betrachten, sondern das Verhältnis, besonders zur Fatah, war äußerst ambivalent. Dies war in der Tatsache begründet, dass die Kommunisten in den besetzten Gebieten die am besten organisierte und innerhalb der PNF die stärkste politische Kraft waren.

19 Paris-Protokoll: Unterzeichnet am 29. April 1994.

Mit dem Pariser Protokoll wurden die grundlegenden ökonomischen Fragen in den palästinensischen Gebieten und die Wirtschaftsbeziehungen zwischen Israel und Palästina bzw. Drittländern festgeschrieben. Wichtige Gebiete wie Energie, Handel und Industrie, ausländische Investitionen, Transport und Kommunikation unterliegen dabei dem Vetorecht Israels.

Das Paris-Protokoll gab den Palästinensern administrative Selbstverwaltung über die palästinensischen Gebiete, für den Bereich des öffentlichen Dienstes und einer formalisierten Politik der ökonomischen Kooperation und Integration mit Israel, in Bezug auf den Austausch von Waren, für die Finanzpolitik, von Währungsabkommen und von Arbeitsdienstleistungen. Das Paris-Protokoll war entworfen, um die vorhandenen ökonomischen Vorbereitungen mit Israel zu formalisieren und zu verbessern, um palästinensische ökonomische Entwicklung zu fördern und Unstimmigkeiten mit Israel zu verringern. Das Paris-Protokoll bestand aus folgendem Maßnahmenkatalog:

- eine Zollunion, die verschiedene palästinensische Exporte mit seinen arabischen Nachbarn erlaubte,
- ein Steuerabkommen über israelischen Steuereinzug und Rückgabe an die PA,
- Koordination der MWSt. und anderer indirekter Steuersätze,
- anhaltender Zugang palästinensischer Arbeiter zum israelischen Arbeitsmarkt durch ein reguliertes Erlaubnissystem,
- Maßnahmen zur Förderung des Privatsektors, wie die Entwicklung von Finanzinstitutionen u. a.

20 Wye-Abkommen: Unterzeichnet am 23. Oktober 1998.

Das Wye-Abkommen war ein Abkommen, das den weiteren Truppenabzug der Tzahal aus dem Westjordanland regeln sollte. Es setzte das Interimsabkommen über das Westjordanland und den Gazastreifen vom 28. September 1995 um.

Unter der Vermittlung des damaligen amerikanischen Präsidenten Bill Clinton und des Königs von Jordanien, Hussein II. trafen sich Israelis und Palästinenser in Wye Plantation in der Nähe von Washington DC, um den ins Stocken geratenen Friedensprozess wieder in Gang zu setzen. Ministerpräsident Netanjahu und der Vorsitzende der palästinensischen Autonomiebehörde Arafat unterzeichneten das Abkommen im Weißen Haus, Bill Clinton diente als Zeuge. Am 17. November 1998 stimmten 75 der 120 Abgeordneten der Knesset für das Abkommen, 19 Stimmten dagegen. Der Ausbruch der zweiten Intifada im September 2000 verhinderte ein Umsetzen des Wye-Abkommens. Das Wye-Abkommen beinhaltete vor allem folgende Bestimmungen:

- Abzug der Israelis in Schritten aus weiteren 13% der Gebiete, die seit dem Sechs-Tage-Krieg von Israel gehalten wurden.

- Vollständige Übertretung der Verwaltung von weiteren 14% der Gebiete, die bisher unter gemeinsamer Verwaltung standen (Zone B).
- Vereinbarungen über den Ausbau von Handel und Verkehr
- Zusicherungen der palästinensischen Seite, den Terror, insbesondere die Hamas, zu bekämpfen (Einsammeln von Waffen) und die Entlassung von Terroristen nach wenigen Monaten Gefängnisaufenthalt zu beenden.
- Änderung der PLO-Charta.
- Reduzierung der palästinensischen Polizei, die auf das Doppelte angewachsen war, auf die im Abkommen von Oslo vereinbarte Anzahl.

Bibliographie

Fisk, Robert, *Pity the Nation – Lebanon at War* (Oxford Univ. Press 2001)

Mearsheimer, John und Walt, Stephen, *Die Israel-Lobby* (Campus Verlag, New York 2007)

Ben-Sasson, Haim Hillel, *Geschichte des jüdischen Volkes* (C. H. Beck Verlag, München 1980)

Schneider, Richard Chaim, *Israel am Wendepunkt* (Kindler Verlag, München 1998)

Chomsky, Noam, *Offene Wunde Nahost* (Europa Verlag, Hamburg 2002)

Novick, Peter, *Nach dem Holocaust – der Umgang mit dem Massenmord* (Deutsche Verlags-Anstalt, Stuttgart 2001)

Tibi, Bassam, *Pulverfass Nahost* (Deutsche Verlagsanstalt, Stuttgart 1997)

Wolffsohn, Michael, *Wem gehört das heilige Land* (Piper Verlag, München 2002)

Hadawi, Sami, *Bittere Ernte, Palästina 1914-1967* (Rastatt Verlag 1969)

Schreiber, Friedrich und Wolffsohn, Michael, *Nahost. Geschichte und Struktur des Konflikts* (Opladen 1992)

Morris, Benny, *The Birth of the Palestinian Refugee Problem 1948-1949* (Cambridge 1987)

Finkelstein, Norman, *Die Holocaust-Industrie* (Piper Verlag, München 2001)

Pappe, Ilan, *The Ethnic Cleansing of Palestine* (Oneworld, Oxford 2006)

Sietz, Henning, *Attentat auf Adenauer – Die geheime Geschichte eines politischen Anschlags* (Siedler Verlag, Berlin 2003)

Hadawi, Sami, *Village Statistics 1945, A Classification of Land and Area Ownership in Palestine, Facts and Figures – No. 34*

Sundenbrink, Ute, *Die PLO in der Krise?* (LIT Verlag, Berlin 1993)

Zertal, Idith und Eldar, Akiva, *Die Herren des Landes. Israel und die Siedlerbewegung seit 1967* (Deutsche Verlags-Anstalt, München 2007)

Goldmann, Nahum, *Das jüdische Paradox – Zionismus und Judentum nach Hitler* (Europäische Verlagsanstalt, Hamburg 1978)

Karpin, Michael und Friedman, Ina, *Der Tod des Jitzhak Rabin. Anatomie einer Verschwörung* (Rowohlt Verlag, Reinbek 1998)

Bamford, James, *NSA – Die Anatomie des mächtigsten Geheimdienstes der Welt* (C. Bertelsmann Verlag, 2001)

Brenner, Lenni, *Zionismus und Faschismus* (Edition Zeitgeschichte Band 21, 2007)

UN-Teilungsplan 1947

Jerusalem 1949 - 1967

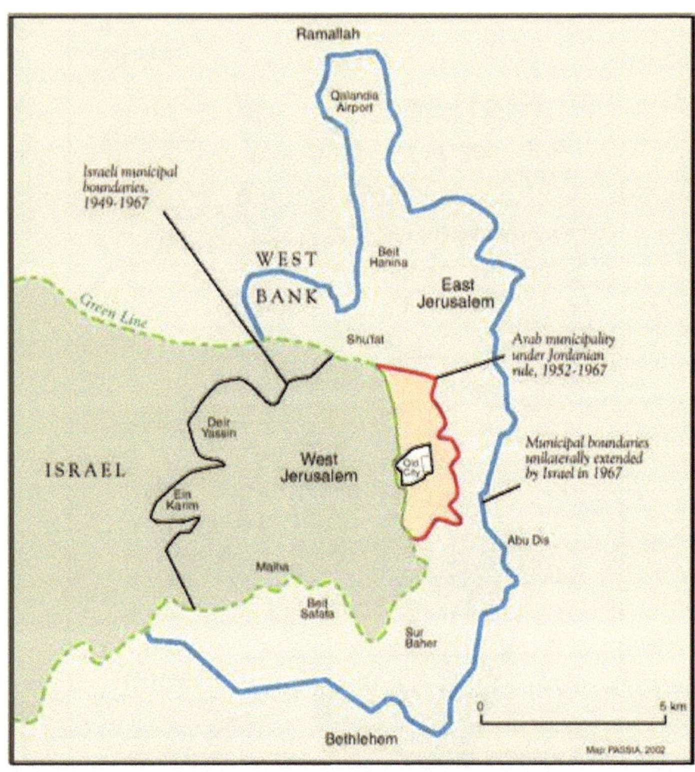

Oslo II, 1995

Palestinian Academic Society for the Study of International Affairs (PASSIA)

Israel und besetzte Gebiete